风流去

鲍鹏山 著

中国青年出版社

目录

父亲的家国

代序

2003 年春天，父亲患带状疱疹，辗转数家医院竟无医生能确诊。两个多月以后，还是我一字不识的母亲突然悟出，父亲得的可能是蛇丹疮（即带状疱疹的中医名），以此提醒某大医院的医生，医生方恍然大悟。但此时我父亲已经被剧烈的病痛折磨得奄奄一息，从此引发多种疾病，直至无药可医。

2004 年暑假，我回老家看望父亲。此时的父亲骨瘦如柴，并且由于药物的副作用，双目视力几乎完全丧失，两耳的听力也微乎其微。

但是，在精力好的时候，父亲的谈兴还好，他给我们说起他年轻时候的孤危和艰难。我们鲍姓在当地是小姓，我的祖父没有兄弟，单门独户又忠厚朴拙。我父亲也只有弟兄二人，叔叔老实可欺。说着说着，父亲就给我们背了一首诗：

人情相见不如初，多少英雄守困途。
锦上添花到处有，雪中送炭世间无。
时来易借金千两，运去难赊酒一壶。
识破人情全是假，还须自己着功夫。

　　背完此诗，父亲还顺带跟我们说起他的一位朋友。说起我父亲的这位"朋友"，我们倒都认识，是镇上人。那时的镇上人，吃商品粮的，和我们相比，几乎是两重天。我不知道当初他们是在什么情况下结交的，在我的记忆中，他们好像没有什么来往，也从来没有见过他们有什么杯酒之欢。到了后来，竟至于不来往了，我们也不明白为什么。父亲此时才告诉我们，原来，有一年，我父亲的这位朋友病了，父亲听说后，要去看望，可是家里实在太穷，什么也拿不出来，踌躇多日，只好硬着头皮，几乎空手去了，心想，朋友一定会理解。但没想到，朋友一见父亲几乎空着手，当时就拉下了脸。我父亲觉得大受伤害，也对"朋友"等等，心灰意冷。

　　父亲性情刚烈慷慨，仗义重谊。这次，他给我们背这首诗，带着满腹伤感，几乎唏嘘。我心里极感震动，那种人生的寒凉，一下子就包围了我。我问父亲，这是谁的诗？父亲说，他也不知道，是他年轻时，到一户人家，人家的中堂上，就写着这首诗，因为说中心中隐痛，触动心中感慨，一下子就记住了。

　　过了几日，我和大哥坐在父亲病床边，父亲和我们聊。那天他的情绪很好，他说有一首诗，是邵康节先生的，很好，就又背给我们听：

> 每日清晨一炷香，谢天谢地谢三光。
> 惟求处处田禾熟，但愿人人寿命长。
> 国有忠臣扶社稷，家无逆子恼爷娘。
> 四方平定干戈息，我纵贫时也不妨。

　　我父亲少时读私塾，读《语》《孟》，读《千家诗》，几年的私塾教育，使他终身都像一个读书人，有着读书人的情怀气质，常常民胞物与，感怀万端；有着读书人的思维方式，时时礼义廉耻，仁义道德；还有着天下家国的眼光，总是忠臣孝子，修身齐家。我后来到了城市，在城市里见到不少我父亲这个辈分的人，他们大多认识字，能读报，还有各自的技术或专业，见识也广，但是却没有父亲的那种读书人的气质。这促使我思考什么才是真正的教育，什么才是真正的文化，什么才是真正的素质。

　　深受私塾熏陶的父亲后来终身在农村，做一个地道的农民，身边几乎没有一个人能理解他的情怀和感慨。他是何等的孤独啊。这种孤独，是那样的深，却又那样的长——长到他自己的一生。

他后来砸锅卖铁，也要让我们念书，在没有高考的时代，在社会禁锢阶层流动的时代，这样念书完全没有什么目的。他大概是太寂寞了吧，希望通过自己的培养，让我们能听懂他的心声？

在父亲给我们背的两首诗中，我感受到了他对这个世界的失望和伤感，也感受到了他对家国的真诚祈祷。

不久，我的父亲就去世了。在那样偏僻的乡下，在那样一个完全无人注意的角落，我的农民父亲，对人生有着那样苍凉的感受，还有着那样深重的对家国的关怀，这令人难以置信。这是一个文化的奇迹，也是一个人的奇迹。

父亲曾经对我有很多的期望，但是，他最后对我的交代，就仅仅是希望我花钱不要大手大脚，"你负担重啊"，这是他对我说的最后的话。

我知道我不能实现父亲对我的全部期望，但我会一直秉持良心写作和教书。因为，我生活在父亲的家国，我会像我父亲一样，为了天下家国祈祷。

2008 年 12 月 1 日　于沪上偏安斋

第一部

天纵圣贤

（纪元前 6—纪元前 3 世纪）

老子
颠倒的世界和扭曲的哲学

一

　　老子是一位令人望而生敬的人，因为我们不知道他硕大的头颅内究竟包含着多少人生的智慧；他还是一位令人望而生畏的人，他额际密密的皱纹中不知隐藏着多少阴谋与陷阱；当然，他还是一位令人望而迷惘的人——他神奇地出现在我们民族的孩童时代，大约是失望，或另有使命，又神奇地消逝他方。

　　在夕阳的余晖中，他晃动着远去的身影，弃我们如弃敝屣。他对我们竟没有一毫留恋之意，让我们世世代代为此难堪自惭。是的，老子出关而去是一件意义重大的事件，它表明，我们已经不配受哲学的引导；而我们自己由于迷醉与迷失于物质世界，也可耻地抛弃了哲学。一位绝顶的哲人，不屑与他的同胞为伍，甚至不愿埋骨乡梓，这难道不使他的同胞自信与自尊受挫吗？我们怎么了？真的是堕落得万劫不复了吗？真的是不配这样一位哲人来教导吗？

　　老子的行踪可以用这样一个词：神出鬼没。有人说他是神龙见首不见尾，在云端里半隐半显。不过，就算他是飞鸿，偶然经过我们的时空，也还是留下了雪泥鸿爪，还是给我们留下了怜悯和慈悲。司马迁不知有何依据，断言他是楚苦县厉乡曲仁里人。苦县原属陈，陈又为楚所灭，所以又属楚了。当时南方北方的民风与学风已有较大不同，楚国也就以道家学派及由此而生成的文化传统与齐鲁大地的儒家、三晋大地的法家比肩而立鼎足而三。

老子的著作叫《道德经》。何谓德？一物之所以为一物谓之"德"，用今天的话说，就是事物的本质属性，特殊属性；何为道？万物运行之规律谓之"道"。所以，老子研究的、感兴趣的，是较为纯粹的哲学问题，是对客观具象事物的抽象。

他也是一位深谙历史的学者，司马迁说他是周守藏室之史，就是周王朝政府档案馆的馆长。那时的政府档案馆中所保存的文献，不外乎是史官们记事记言的历史罢了。他整天关在阴冷的屋子里读这些东西，能不"一篇读罢头飞雪"？难怪他"生而发白"。他生在那么多既有的历史之后，如历史的一个晦气重重的遗腹子般。是的，对于有些人来说，人类集体的经历和创痛不外乎就是他最个性的感性体验，而老子正是这类超常人中的一个。面对着"上疆场彼此弯弓月。流遍了，郊原血"（毛泽东语）的历史血河，他怎能不由美少年变为鸡皮"老子"，并在他额头上深深浅浅密布的皱纹中，埋下与阴谋、与冷酷甚至与残忍难分难解的智慧？班固说，道家出于史官，是有感而发吧。

看多了罪恶，不是与世同浊，心肠随之冷酷，便是脱胎换骨，超凡入化，蜕化出一颗大慈大悲的心灵。综观老子的遗著，好像他这两者兼而有之，犹之乾坤始奠之前的混沌宇宙。不过我相信，当老子带着满头风霜，一脸慈悲，走出守藏室时，他已洞穿人生的厚壁。在阳光下他眯眼看人间，人间混乱而无道，正如一塌糊涂的历史。他心如止水。一切把戏他都已了如指掌，各色人物他也都似曾相识，周朝大厦将倾，山河将崩，九州幅裂，小小的守藏室亦将面临一场浩劫，"金玉满堂，莫之能守"，那些厚重的典籍守不住也藏不住了。他抬头看看西天的晚云，去意满怀。是的，该走了。

不过，我们还算幸运。据司马迁记载以及后来神仙家的推衍，当老子骑着青牛要出关而去时，被关令尹喜挡住了。这位尹喜对老子说"子将隐矣，强为我著书"——在您抛弃我们之前，能否劳神一下，为我们留下您的思想？

多年以前，我揣摩老子此时的心情，假托老子口吻，写过一篇《老子出关》：

我已经没有什么故事告诉你们了。

我曾预言过劫数的到来。我曾以薄薄的柳笛吹起晚岚。然而那时你们甜寐于未朴的岁月之梦，白白地错过了时光。

召唤已经传来，我将离去。在另一国度的土地上播撒幻梦之粒。在我走进血红的夕阳之前，我留下这五千言的零乱箴言，在世纪的废墟中如泼散的弹子。愿你们仔细地收捡，当一切都已堕落，一切都已不可为，你们就去玩弹子。

那时，我正在翻检老子的五千言《道德经》，我的感觉就如同下午阳光下马路边上玩弹子的顽童。所不同者，玩弹子的顽童兴致勃勃，而玩老子五千言汉字"弹子"的我，则有些百无聊赖。那时我的处境不妙，并很灰心。灰心的人看老子，也算是一种精神寄托吧。渐渐地，除了我不大感兴趣的什么宇宙生成构成外，我把老子的五千言理出两条思路：一曰治国；二曰处世。下面我就分别来谈谈。

二

老子治国的方法，也就是班固所说的"君人南面之术"了。老子大约是看多了历史上君主种种行为所带来的灾难，他知道，那些在冠冕堂皇的文告中被打扮得正义非凡的行为，不过是统治者本人嗜欲的间歇性发作而已。为此，他对症下药地开出一剂药方："无为。""无为"？让他们不修筑生前的宫殿和死后的陵墓了？不发动开边的战争去抢夺土地、子女与玉帛了？所以这剂药是统治者万难下咽的。不过真要是"无为"了，那确实就简单了，所以他宣称"治大国若烹小鲜"，治国之简单易行就如同烧一碟小鱼而已！为什么这么简单？因为照他的说法，治国的关键不在于殚精竭虑地去做什么，只要把现在正干的事停下来，什么也不干就是了：

不崇尚贤才，从而使百姓不争夺；不看重难得的财货，从而使百姓不做盗贼；不让百姓看见能引起占有欲的东西，从而使百姓的人心不乱。所以，圣人治理天下，是让人民心灵空虚而肠胃充满，志向卑弱而筋骨强健。让人民经常处于无知识无欲望的状态，从而让那些智者不敢有什么作为。实行了无为，就是无所不为了。

原文：不尚贤，使民不争；不贵难得之货，使民不为盗；不见可欲，使民心不乱。是以圣人之治，虚其心实其腹，弱其志强其骨。常使民无知无欲，使夫智者不敢为也。为无为则无不为。（三章）

一口气说出八个"不"字，四个"无"字，听起来就是摇头如拨浪鼓似口里一连串的"不不不……"和"别别别……"，冷眼看世界乱哄哄、热闹闹，终于看破其机关，于是来个全盘否定。这里有些句子我们分析一下。"贤"是什么？贤是人的智力、能力和德行的总和，是对一个人的综合评价。"贤"的坏处在于它是"有为"的工具，人越贤，闹的动作也会越大，潜在的可能性也就越大。而一切可能性都是现存世界秩序的潜在杀手与颠覆者。被历史与现实的无穷变幻与无数鬼脸弄得心惊肉跳神经兮兮的老子渴望宁静，那种远古的无争无夺、无知无识的、无是无非的宁静。所以老子要"不尚贤"。"货"是什么？是人人都欲得的物质享受。"货"的坏处在于它刺激了人的欲望。这"货"与"贤"相辅相成。据段玉裁的意思，"货"乃辗转易手之财，"贤"则是由"多财"引申而出的人之多能。故而，"货"是所争的目的，"贤"则是争夺的手段。越贤，争夺就越激烈，阴谋就越周密，用心就越机巧。所以老子说"圣人之治"应该是"虚其心实其腹，弱其志强其骨"。这个"虚心"是指"无欲"之心，这个"志"也是"欲望"的同义语。这当然是"愚民政策"，而且是很阴险的愚民政策。不过，就我的观察，中国历代的统治者却连这点也做不到。何以故？因为他们虽则想尽办法虚人民之心，弱人民之志，或者进行奴化教育——钱锺书先生就说过，古代的愚民政策是让人民不受教育，现代的愚民政策是让人民只受一种教育——但他们是决不能忍受让人民"实其腹""强其骨"的。中国穷，黄河流域尤其穷，所以必须以大部分人吃不饱来保证一小撮吃得好。这一点，倒是档案馆中读死书的老子不能明察的了，或者，在这里，他比"率兽食人"（孟子语）的统治者当权要仁慈得多了。

"使夫智者不敢为"，这一句也该提出来特别说一说。鲁迅曾迷惘地问道：一间铁屋子里一群人昏睡以待死，而有一两个人醒来了，这一两个人是喊叫好还是也一同昏睡好？英国著《论自由》的穆勒也谈过类似的问题，他说，在专制社会里出现过并且还会出现伟大的思想家，但决不会出现思想活跃的大众。所以，思想家天才的思想火花只能在小范围内悄悄地传播，并自生自灭，而永不能以其光辉照亮社会的一般生活。这是穆勒对世界史中已有现实的描述，而老子，则是在该状态未出现之前对此进行设想。他真不简单呢。试想，智者面对这样一群胃里充实头脑空虚，筋骨强健心志卑弱的大众，他还敢为么？愚昧的大众往往以集体的暴力成为暴政的同伙啊。

作为"为"的产物，"仁""义""礼"等等，老子当然大加反对。他认定一切都在堕落："大道废，有仁义；慧智出，有大伪；六亲不和，有孝慈。"所以他预言：

> 所以道丢失了，然后才出现德；德丢失了，才出现仁；仁丢失了，才出现义；义丢失了，又出现了礼。这个礼，它就是忠信的消亡，混乱的开始。
> 原文：故失道而后德；失德而后仁；失仁而后义；失义而后礼。夫礼者，忠信之薄而乱之首。（三十八章）

我们只要看看周公之德，孔子之仁，孟子之义，荀子之礼，就可知他对历史的惊人预见。大约到荀子的"礼"，再往下便无法收拾了，只好再用韩非的"法"，于是出现暴秦，真正是"忠信之薄而乱之首"。通过这段话，我们也可见老子对历史的悲观，对人类文化史的基本评价。在他看来，人类道德是一个逐渐堕落的过程，人类历史是一个衰退的过程而不是发展的过程，而人类在历史长河中的文化"创造"，只不过是对堕落人性的被动适应，甚至是对其取媚。所以，他认为，人类历史应该反过来，逆向行走——去追溯本源的"道"。也就是说，只有"逆历史潮流而动"，才能不屈服于人性的堕落，制止人性的堕落。这个过程，就是他所说的"复归于婴儿"，复归于"朴"，复归于"无"的过程，也就是复归人类本质的过程。他以为，这是人类唯一的自赎之路。你看他如此"逻辑"推论——

> 根除了圣明和智慧，对老百姓而言，是百倍有利的事；根除了仁与义，人民就会孝顺和慈爱；根除了机巧与利用，盗贼也就消失了。
> 原文：绝圣弃智，民利百倍；绝仁去义，民复孝慈；绝巧去利，盗贼

无有。（十九章）

把这一章和上引三十八章对照看，我们可以得出这样一个结论：人类已有的历史是人性的退化史，而逆向行走，才是人性的进化史——这真是世界历史上最令人惊诧的"进化论"！

思想家往往是不与时代同步的。他们或超前于时代，提出未来之蓝图，如柏拉图、马克思，中国的荀子也算一个；或落后于时代，留恋过去之生活，如老子、孔子。后者对逝去的一切嗟叹不已，为之洒泪哭泣，如已死时代的守墓人。他们往往太纯洁、太敏感、太钟情、太理想主义，他们甚至还太崇高，崇高到不计一切功利地为已逝的文化传统讴歌甚至殉身。是否可以这样说，和时代拉开一定距离往往是产生真正思想家的前提之一，与时并进的往往是机会主义者。思想家毕竟不是机会主义者，思想亦不是机会。

前者发现现世之所缺，后者发现现世之所失。他们共同发现时代之缺失、之不完美，并从而对之进行批判。唯其批判，才是文化。文化的本质使命即是批判。比如马克思主义学说，除了提出人类最伟大的理想，在设计未来方面显示天才，显示对人类的终极关怀外，还有一点，也是最重要的一点，那就是对现存资本主义的批判。没有这种对现存社会的文化批判、道德批判与政治批判，马克思主义学说不就黯淡无光了么？

无为而治，是否定形式的"治"。如果我们不怕大胆推论的话，我们可以这样发问，既然"无为"了，还要统治者干什么呢？还要社会组织干什么呢？实际上，老子对此已预先做了回答：

国小民少，使得既有的各种机巧之器弃而不用，使得人民看重生死而不远徙他乡。即使有了船和车，也没必要乘坐；即使有了盔甲和兵器，也没有仗可打。使得人民再用起结绳记事的老办法。以其所食为甘甜，以其所穿为美丽，以其居住为安恬，以其风俗为快乐。邻国可以互相望见，鸡犬之声可以互相听闻，而人民从小到老死，也不相往来。

原文：小国寡民，使有什佰之器而不用，使民重死而不远徙。虽有舟舆，无所乘之；虽有甲兵，无所阵之。使民复结绳而用之。甘其食，美其服，安其居，乐其俗。邻国相望，鸡犬之声相闻，民至老死不相往来。（八十章）

　　国小，民少，这是老子对他理想国家所定的规模。这是出于管理上的需要，可以省去很多管理机构，也是为了限制统治者的欲望，甚至也是为了消除战争。另外，小国林立，可能也使小百姓有更多可能的选择吧，要"偷渡"不就容易些么？抬起腿就可以"适彼乐土"。还是"绝圣去智"的需要，何以故？"有什佰之器而不用""有舟舆，无所乘之"，车船什佰之器等机巧之械没有用场了，自然就会绝迹。机巧之械绝迹，根据后来的庄周先生的观察，是可以杜绝人的"机巧之心"的。技术的世界，往往影响人的心灵世界，太重智慧，可能损害德性，这是中国古代各派思想家几乎一致的观点。

　　通过这段文字，我们还可以明显地看到老子对文化与文明的恐惧。文化、文明的进步，往往伴随着对传统道德的亵渎，往往是以传统的崩溃至少是痛苦变革为代价的。老子无法心平气和地面对这些，所以，他在他的理想国中扬弃了文化与文明，在"结绳而治"的古朴中圆一个道德之梦。为了人性的纯洁，他已什么都不顾惜了。

　　与此相应地，老子当然反对人与人之间文化上的、社会组织上的联系。他要斩断这种人与人的文化纽带，让人回到自然的血缘纽带中去，回到家族中去，从而人与人的关系不是有序社会组织中的协作关系、分工关系、阶级关系，而是原始的自然关系，如同一头鹿之与另一头鹿的那种若有若无的关系，甚至一头鹿与树上一只斑鸠的关系，彼此心无牵挂，却又和平共处。看来老子对人与人之间的社会交往评价极低，抱悲观的态度。所以他要人不远徙，安其居，乐其俗，邻国相望（可见国之小），鸡犬之声都可以互相感发，但人却必须"老死不相往来"。不相往来，是"无为"的结果，既然"无为"，哪有往来？又何必往来？也是"无为"的手段，既然不相往来了，怎么去"有为"？

　　可见他的小国寡民的设想实际上是解散建立在文明基础上的社会制度，他认为这种制度是"有为"的结果，是人类退化的标志。显然他对现存社会秩序评价更低，近于一笔抹杀。作为国家档案馆的馆长，竟然著文否定现存社会制度，否定周文、周武以及天才政治家和伟大道德家周公建立的这一已延续数百年的社会政治制度与文化制度，必欲瓦解之而后快，这是什么行为？他的这套理论欲置周天子于何地？当初周之始祖古公亶父从岐山六十里发迹，进而霸有天下，难道错了吗？他想让周天子再去当一个小小的、连邻国鸡犬之声都可以骚扰他的春梦的原始部落的一个小酋长吗——好荒谬的建议！好悖忤的言论！但，好大的胆子！好伟大的批判勇气！

鲁迅《汉文学史纲要》中说："老子之言亦不纯一，戒多言而时有愤辞，尚无为而仍欲治天下。其无为者，以欲无不为也。"真正是洞若观火，把几千年前扑朔迷离的老子看得透彻敞亮：老子的很多话，不过是发泄不满的愤激之辞罢了！

三

《道德经》中引人注目的第二方面便是他的处世哲学。治世是"外王"，处世即"内圣"。由于在治世上老子既已倡导"无为"，可说的话就不多，所以，老子把更多的关注放在处世上。这一方面最能显示老子思想的特点，也最能体现道家哲学中人生哲学的特点。在中国古代，在漫长的封建专制社会中，人们喜欢他的哲学往往是喜欢他哲学中的这一部分，人们说他充满人生的大智慧。可另一方面，他受人诟病，被人骂作"阴险"，也是因为这一点。

何谓"阴险"？因为"阴"所以"险"。"阴"与"阳"相对，"阴谋"与"阳谋"相对，大权在握者搞阳谋，而实力无法与之抗衡的一方就只能搞阴谋。世上若只有"阳谋"，而没有"阴谋"与之抗争，至少是削弱阳谋的威严，那处于弱势的一方岂不就万劫不复了？我以前看过黎子耀先生的一本谈老子的书，书名我忘了，那书中认定《老子》一书乃是写奴隶起义，连老子的"李"姓，也拆成"木子"，象征箭；"周守藏室"被解成月亮，象征弓。那可真是被压迫的"阴"在反抗主宰的"阳"了。这种说法太玄乎，我不相信，但老子哲学最推崇"阴"却是事实。我情感上愿意理解为他是在帮无告的人、无实力的人说话。"阳"也是君，"阴"即是臣，他是帮臣民说话的。这与他的后学韩非子尊君抑臣，帮君主出主意来算计可怜的臣子百姓，是大异其趣了——趣者，趋向也，目的也。

与此对应，他提出了"柔弱胜刚强"的观点。汉语由于缺少时态虚拟等表达，有些句子搞不清是客观已成之事实的描述，还是仅表达一种愿望。像这"柔弱胜刚强"五个字，是对一种客观必然规律之描述呢，还是仅表达一种可能性呢？是对柔弱者的鼓舞与安慰呢，还是仅表达被压迫的弱者的阿Q式愿望呢？从他整体的论述看，好像是第一种，但也不排斥后几种可能。总之这五个字可以说是老子人生哲学之纲。

我们看他很自信地宣言：

> 我有三种为人处世的法宝，我谨持不放：第一种叫"慈"，第二种叫"俭"，第三种叫"不敢为天下先"。
>
> 原文：我有三宝，持而保之：一曰慈，二曰俭，三曰不敢为天下先。（六十七章）

当然，《道德经》毕竟是帝王南面之术，比如这地方的"我"乃是代言体，代表侯王说话。但不能否定这番话的普遍性意义，王公大人的政治哲学往往演变为普通人的人生哲学。后来我们就真的把"不敢为天下先"算作人生三法宝之一了。但敢为天下先，才能有足够的自信和创新精神。这种勇气与精神既是一个民族进步的动力，也是个人进步的关键。但老子不要了。这当然与他反对文明进步有关，但最主要的、最真实的想法可能还是怕为天下先要倒霉吧。不敢为天下先，是从险恶的政治和社会环境中滋生出来的充满毒素的智慧呢。我们要注意，这地方是"不敢"而不是"不愿"。这就提示我们问题症结之所在。"不敢"是老子的法宝，是他的经验，这种经验，肯定来自我们民族从"敢"到"不敢"的过程。为什么要"不敢"呢？因为：

> 勇于敢为的人就被杀，勇于退缩不为的人则能活下来。
>
> 原文：勇于敢则杀，勇于不敢则活。（七十三章）

"勇敢"这个对一种品性的褒奖词，可能最早即出现于此。但老子的原意恰恰是否定这个"勇敢"的，他好像在推崇"勇于不敢"。"不敢"是懦弱，是畏缩，为什么还要"勇于"才行？因为在很多情况下，"不敢"并不就如"不敢走夜路""不敢喝凉水"那么简单单纯，而是要在这"不敢"以及随之而来的退缩中失去一些东西，甚至很宝贵的东西。比如"不敢"讲真话；"不敢"在关键时刻坚持自我；"不敢"在邪恶猖獗时挺身制止等。在这种时候，"不敢"就需要一种特殊的"勇气"——当懦夫的勇气，昧着良心的勇气，贬低自己的勇气。当小偷当着你的面偷窃别人的钱包，你能不能勇于承受小偷藐视你人格的勇气？如果不能，你就"勇于敢"地制止他；如果能，你就"勇于不敢"地让小偷偷去别人的钱包，也偷去你的尊严，从此以后，你将失去道德上的自我肯定，你的道德自我肯定的资格也被偷走了。这种损失你可以看得很小，但也可以看得很大。如果看得很大，你以后可能不能毫无羞耻地面对自己。想想这种后果，你不需要勇气吗？当然，老子也警告过你另一种后果了：勇于敢，可能要被"杀"；"勇于不敢"，你可以很安全地"活"着。

这个问题我们还可以用逻辑学家墨子的话来说明。《墨经》上说：

勇，志之所以敢也。以其敢于是也命之，不以其不敢于彼也害之。

——勇是人内心中敢于做，由于某人敢于做这件事就可以称之为勇，并不因为他不敢于做另一件事而妨害称之为勇。墨子真是善于辨析，他这里就说得好极了。我们至少可以这么理解：勇敢与不勇敢，相互依存。恰是因为某一方面勇敢，才在另一方面不勇敢。比如一个人敢于承担，则必羞于退缩。反之亦然：正是因为某一方面不勇敢，才在另一方面特勇敢。比如不敢面对邪恶，才特勇于做懦夫与屠头，勇于放弃自尊；不敢"断送老头皮"（东坡语），才特勇于不要老脸皮。

没有道德感的人是没有道德痛苦的，没有良好文化熏陶的人往往也就没有文化负担（当然，受过文化熏陶的人中也有不少人更没有文化负担）。这"痛苦"，这"负担"，是人生枷锁。但若没有了这种枷锁，那不就成了如孟子所说的"放僻邪侈，无不为已"的恶棍了么？这也可以解释，在中国的文化传统中，为什么有得志者往往是小人，成功者往往是庸人这种反常却又普遍的现象呢？

这生下来就头发花白的老子，到底要教我们什么？就教我们如此下贱如此卑鄙地活着么？

很多人都在这种层面上大骂老子，否定老子。这是完全可以理解的，因为我们不可以像老子所说的那样生活，那样社会就太卑污了，我们自身也太肮脏了。我们不能像老子所说的那样自渎清白。但我在这里要为老子辩护几句，我在上文已经为他的治世哲学做过辩护，此处我还要为他的处世哲学做辩护。这也是我这篇文章的主要目的之一。

首先，辩护一，前面我提到，由于汉语缺乏必要的时态限制和虚拟语气，有些句子我们既可以理解为作者的理论主张，也可以理解为一种客观事实。我们看刚才分析的句子，"勇于敢则杀，勇于不敢则活"，我们是把它看成老子的理论主张的，看成是他的一种提倡；但把它看成一种社会现象的描述不也可以吗？鲁迅说老子时有愤激之辞，我们把它看成是老子对这种颠倒的社会现象的愤激之辞不也可以吗？

辩护二，撇开辩护一的理由不谈，我认为，读老子的著作，重要的不是看他提倡什么，而是看他向我们描述了什么，看他向我们描述的我们的生存状态是多么可怕。

人生哲学一般包含两个内容：首先是对生存状态的研究与描述，然后才是在此生存状态的基础上提出相应的生存态度或生存对策。这里，显然起决定作用的乃是生存状态。对老子哲学，我们应侧重研究他所描述的生存状态，看他所描述的我们这个民族的生存状态是多么可怕。马克思说，中华民族是早熟的儿童。我想，一个民族早熟未必好，烂熟更不好。老子的时代是什么时代？应该是人类的童年时代吧？从野蛮状态走出来才几百年，文字的成熟也才几百年，可他已经是"老子"而不是"孩子"了。浪漫天真的希腊人在地中海那边唱着童谣一般的英雄史诗，在海滨灿烂的阳光下相互炫耀他们健美的体形和膂力，而地球的这一侧，却是苦难重重：

什么样的血没流过？

什么样的阴谋没有被制造过？

什么样的悲剧、闹剧没有上演过？

什么样的纯洁没被玷污过？

什么样的正义与良心没有被扼杀过？

什么样的邪恶与残忍没有猖獗过？

什么样的友情没有被利用过？

什么样的信义没有被出卖过？

什么样的承诺没有被背叛过？

老子熟读历史，他的心早就冷了。他知道丑恶是用什么掩盖着的，真善美是用什么名义去扼杀的。鲁迅不也从中国历史布满"仁义道德"的字缝中看出"吃人"二字么？

我以前认为，韩非子是第一个对人性失去信心的人，可后来我发现，韩非的学术高高祖老子，才是第一个对人性失去信心的人。历史太黑暗了，在阴暗的散发着霉变之气的档案馆里青灯苦读的老子，心灵也不免随之阴暗；现实太邪恶了，饱学博识的老子亦不免随之油滑，甚至狡诈。这是黑暗的历史与现实侵蚀正常的心灵，使心灵亦随之蜕化变质的典型事例。老子《道德经》中朗朗上口的韵文，也可看作是变态心理学的典型材料。

颠倒的世界扭曲了思想家的心灵，也扭曲了他的哲学。智慧有两种，世俗的智慧与理性的智慧。反复无常的政客，以及生活中无处不在的智商极高的小人，拥有的是世俗智慧；迂腐的孔子、苏格拉底等人拥有的是理性智慧。这两种人往往格格不入，这两种智慧也极难融合统一在一个人身上。有理性智慧的人未必有世俗智慧；有世俗智慧的人也往往缺少、藐视理性智慧。而老子，却是这两种智慧兼而有之。是啊，身处不完美的社会，仅有理性智慧固然能明哲，但没有世俗智慧又何以保身？

老子的哲学，是夹缝中生存的技术，是盘根错节的社会中游刃有余的智慧，是专制社会中唯一能保护自己肉体存在的法术。其诀窍就是通过压缩主体精神与人格，来取得苟且偷生的空间。一句话，有专制，必有老子思想。正如有专制，必然导致全社会的变态。

所以，与其批评老子提倡一种不健康的人生哲学，不如批判老子所描述的那种不健康的生存环境与文化传统；与其喋喋不休地提倡一种"正确"的生活态度，不如先设法建立一种正当的社会秩序。因为，"正确"的生活态度，只有在正当的社会秩序中才行得通。有了正当的社会秩序，人才能用正当的方法生存于社会。老子"戒多言而时有愤辞"，他在直面惨淡人生、不讲空头大道理上倒可以做我们的榜样。

你看他的话：

　　强梁者不得其死。（四十二章）

这难道不是人类古老而又古老的普遍经验与鲜血常新的教训么？在这个问题上，孔子与老子的见解竟是惊人的一致，这只能说是由于生存状态的相同。在《论语·先进》篇中，一帮弟子侍立在孔子周围。孔子看看刚强的子路，突然无限伤感地说：子路，你总是这么雄赳赳的样子，你将来可能不得好死啊。

就因为子路雄赳赳气昂昂，就判定他不得好死，这难道不是对"强梁者不得其死"的社会感触良深么？而且后来的事实更证明了孔子预言的正确——或者说证明了"强梁者不得其死"这一般规律的正确——在卫国之乱中，刚强而仗义的子路被人剁为肉酱。还有更好的例子，秦始皇统一天下后，不就是在"坑儒生"（这些"儒生"是思想上的"强梁"）的同时，又"杀豪俊"么？这个例子可以让我们明白，是什么东西造成了"强梁者不得其死"。也提醒我们，在权力至上的社会里，强梁者是不得好死的，权力与强梁是相克的一对，权力需要的是服从，是一致，所以，历代封建统治者、专制君主是决不讲"优生"的。当然，被压迫者生下来就体力孱弱，智力愚弱，心志卑弱，也就减少了反抗的可能，减少了权力受到挑战的可能，这对统治者而言未尝不是"优生"。为了眼前的权力而出卖民族的未来，这也是一切专制统治的必然选择。

既然"强梁者不得其死"，"柔弱"也就是最佳的处世姿态。为了说明这一点，老子是不厌其烦。我们看他举例：

> 人在活着时肢体柔弱软和，当他死了时便僵直坚硬。草木也同样如此，其生时柔和软弱，其死时枯槁坚硬……
>
> 原文：人之生也柔弱，其死也坚强；万物草木之生也柔脆，其死也枯槁……（七十六章）

所以他下面断然道：

> 所以，"坚强"属死亡一类，"柔弱"是生存一属。所以兵器太坚硬就会脆折，木头太坚硬就会折断。坚强的事物总处于下面，柔弱的事物又总是处于上方。
>
> 原文：故坚强者死之徒，柔弱者生之徒。是以兵强则灭，木强则折。坚强处下，柔弱处上。（七十六章）

是啊，坚强的牙齿会脱落，而柔软的舌头将永在。"坚强处下，柔弱处上"，这不是典型的颠倒的世界图像么？

而下面的一段话，更是哲理与诗意融贯一体，如行云流水，既像歌咏，又像叹息：

> 天下没有什么东西比水更柔弱，但这柔弱的水一旦攻坚胜强，却没有什么东西能胜过它。因为没有什么东西能让水改变它的本性。弱战胜强，柔克服刚，天下没人不知道这个道理，却又没人能按此道理行事。
>
> 原文：天下莫柔弱于水，而攻坚强者莫之能胜，以其无以易之。弱之胜强，柔之胜刚，天下莫不知，莫能行。（七十八章）

在中国，北方文化可以说是"土"的文化，土中含玉，理玉而生理性精神；南方文化是"水"的文化，水势汪洋恣肆，而生浪漫精神。老子虽久处周之柱下，为"土"所围，但毕竟是南人，内心无时不在"望穿秋水"。这七十八章，是水的赞歌，又是人生的叹息。天下还有比水更柔弱的么？还有比水更随和而没有个性的么？随物赋形，是其温柔，是其卑弱，但攻坚胜强，舍水其谁！柔弱的水啊！你"以天下之至柔，驰骋天下之至坚"，你是"无为"的象征，又是"无不为"的典型。

既然柔弱胜刚强，老子更进一步要求人们守住柔弱，而不要追求极盛。月圆而亏，日中而倾，物方生方死。"大曰逝，逝曰远，远曰反""反者道之动"，世界万物都处在一种循环之中，所以，守住弱，便是守住了发展的生机；走向鼎盛，则是走向衰败的转换。所以一旦强大，万不可轻傲，而更要谦恭自守，甚至自损，以保持持续的生机：

> 即使知道自己是雄，也要以雌的态度自守，要做天下的溪壑。做天下的溪壑，正常的德性就不会偏离，就会复归婴儿般纯洁无邪而快乐的境界。
>
> 即使知道自己是突出的风光的，也要以卑微黯淡自守，要做天下的轼（扶手）。做天下的轼，正常的德性就不会差错，就会复归于永恒。
>
> 即使知道自己是光荣的，也要以屈辱自守，要做天下的山谷。做天下的山谷，正常的德性就会充足，就会复归自然。
>
> 原文：知其雄，守其雌，为天下豁。为天下豁，常德不离，复归于婴儿。知其白，守其黑，为天下式。为天下式，常德不忒，复归于无极。知其荣，守其辱，为天下谷。为天下谷，常德乃足，复归于朴。（二十八章）

我曾写过一篇文章，认为老子的哲学经验往往取之于古代的房中术。你看下面的句子：

强大的国家，总是处于天下的下游，是天下最终交汇之处，是天下的雌性对象。雌性对象总是以贞静柔顺来征服雄性，以贞静柔顺居于雄性之下。

原文：大邦者下流，天下之交，天下之牝。牝常以静胜牡，以静为下。（六十一章）

自然之门开阖自如，（生养万物）能无雌性吗？

原文：天门开阖，能为（无）雌乎？（十章）

而三十六章，更是以牝胜牡的战略战术：

将要压缩它，必先扩张它；想要削弱它，必先强化它；想要废弃它，必先推行它；想要取消它，必先支持它。这是最普遍的道理。（这样做了，就可以）柔胜刚，弱胜强。

原文：将欲翕之，必固张之；将欲弱之，必固强之；将欲废之，必固兴之；将欲取之，必固与之。是谓"微明"。柔弱胜刚强。（三十六章）

我们知道，古代的阴阳家本来就把男女交合谓之"采战"的，且明清之际的通俗话本，更是直接称之为"交战"。而战之结果，却正如老子所言，"柔胜刚"。"谷神不死，是谓玄牝，玄牝之门，是谓天地根"！（六章）

林语堂说："以牝代表东方文化，而以牡代表西方文化……在中国的消极力量里，有一些东西很像子宫或山谷……"弗洛伊德也说，大凡凹形，如山谷湖海等，往往为女阴或子宫的象征。而这些"天下之溪""天下之谷"，好像是藏天下之污，纳天下之垢，却正是天地之根，生机之源。在这里，老子真可以说是道破玄机了。

四

老子在当时，算老字辈，独学无友，颇寂寞。年轻一代的，如孔子，又大都锋芒毕露，不知"无为"，处处要显身手。道不同，自然难相为谋，但他的最大寂寞还不在此。思想家本身内心就极寂寞，而哲学一旦被现实拒绝，其寂寞就无可名状，"吾言甚易知，甚易行。天下莫能知，莫能行……知我者希，则我者贵。是以圣人被褐而怀玉"（七十章）。于是，这位看破人生的老者，击釜而歌：

> 众人都兴高采烈，像赴宴，如游春。
> 而我不显露自己，淡泊宁静。
> 混沌如婴儿，闲散似无家。
> 众人富足我穷乏——我是愚人吗？！
> 人人都风光，唯独我昏茫；
> 人人都灵巧，我笨头笨脑。
> 沉静恬淡如大海，
> 飘逸无系不知止。
> 众人各自有所得，我独顽冥又陋鄙。
> 我与众人本不同，
> 依道而生随道死……
> 原文：众人熙熙，如享太牢，如登春台。我独泊兮，其未兆。沌沌兮如婴儿之未孩，傫傫兮若无所归。众人皆有余，而我独若遗——我愚人之心也哉！俗人昭昭，我独昏昏；俗人察察，我独闷闷。澹兮其若海，飂兮若无止。众人皆有以，而我独顽似鄙。我独异于人，而贵食母……（二十章）

这真是长歌当哭，涕泪合流。但这哭，并不是悲痛，而是感动，为自己感动，为寂寞感动，为无所不在地主宰我们的道而感动。这是独自一人领悟世界真谛，独自一人窥见世界本质之后的激动与感恩。弘一大师圆寂之前说他的感受是"悲欣交集"，老子出关之前也应该是这种感受吧。

他去了，一去杳然……

孔子
黑暗王国的残烛

一

　　孔子的长相颇怪，"生而圩顶"，就是说，他天生脑袋畸形，头顶上中间低，四周高。司马贞说，其形状恰如倒过来的屋顶，名之曰丘，固当。不知命相学家是如何解释的，这种头顶是否暗示着承受天地之甘露阳光？孔子自学而成大才，其天赋必然很高。而其身长亦不凡，"九尺有六寸"，这在那时可以说是"硕人"了，"人皆谓之长人而异之"，人人感到惊异，都说他是长人。真正一个齐鲁大汉。不过，这个"长人"的身影也确实够长——长到遮蔽了整个中国漫长的历史，我们一直顺着他的身影已经前行了两千多年，

　　据司马迁和《孔子家语》的记载，孔子乃是商汤的后裔。那个有名的"仁义之师"的统帅宋襄公，便和他同宗同祖。难怪他也像宋襄公那样泥古不化，自讨苦吃。用古老的仁义道德去对付现世的流氓强盗，这也是他家族的遗传秘诀吧，只可惜常常不灵。到孔子的六世祖孔父嘉，"五世亲尽，别为公族"，不再属王族，姓也成了"孔"。后来孔父嘉又为人

所逼而奔鲁，所以孔子确实出身于"没落贵族"。到他父亲叔梁纥，便是连人丁也很寥落了：正妻连生九女，一妾生子叫孟皮，却又是个跛子。年近七十的叔梁纥大约非常绝望。但他还要做最后的努力，于是便向颜氏求婚，颜氏少女颜徵在"从父命"而嫁给了古稀之年的叔梁纥。所以，司马迁说这是"野合"。"野"与"礼"相对，夫妻双方年龄差别太大，不合周礼，所以这婚姻不是"礼合"，而是"野合"。"野合而生孔子"，这实在太有意味了，为什么呢？孔子终其一生都为"礼坏乐崩"而头疼，而愤怒，而奔走呼号，要人们"克己复礼"，孰料他本人即是不合礼的产儿呢。如果他的那位老父亲真的克制自己来恢复周礼，可就没有孔子了。真玄哪！要知道，这不合"礼"的产儿，竟是这古老家族之链上最辉煌的一环，也是我们这古老民族历史上最辉煌的人物啊！

宋人说，"天不生仲尼，万古如长夜"。好抬杠的李贽就此讽刺道，怪不得孔子出生之前，人们都点着蜡烛走路。我想，话不能这么说，也不是这么说的。我觉得，孔子确实是悬挂在那个遥远古世纪的一盏明灯，他使我们对那个遥远的时代不再觉得晦暗和神秘，他使那时代的人与后代、与我们沟通着。我们由他知道，即便在那个动乱的时代，也有阳光普照，万物竞发生机勃勃；而那个时代发生过的，后来同样还在这片土地上发生着：暴力和弱者的呻吟、混乱和宁静的企望、束缚与挣扎、阴谋与流血、理想碰了钉子、天真遇见邪恶、友情温暖、世态炎凉。我们甚至在他手订的《诗经》中，可以体验到最个性的感受——当那些面孔不一情性各异的个人复活时，那个时代不也就复活了吗？

孔子生活的时代也真像他所说的，确实是混乱无道。他为之伤心不已：辉煌的"郁郁乎文哉"的周王朝已日薄西山，伟大的周公英魂远逝，他制定的"礼""乐"也土崩瓦解。"弑君三十六，亡国五十二"，到处都是乱臣贼子，且个个生龙活虎。西周古都废墟上的青草与野黍一茬一茬地青了又黄，黄了又青，根深而茎壮，掩埋在草丛中瓦裂的陶器早已流尽最后一滴汁液。九鼎不知去向，三礼流失民间。东周王呢？龟缩在洛邑弹丸之地，可怜巴巴地看着那些伯霸诸侯纵横天下，看着他们将九州版图瓜分豆剖。无可奈何花落去，还有谁来用红巾翠袖，擦去周王混浊的老泪？在这种时候，要"兴灭国，继绝世，举逸民"，真无异于痴人说梦。孔子正是这样的一位痴人。痴人往往缺乏现实感。他的精神就常常脱逸出现实的背景，沉浸在过去的辉煌中，追寻着万物逝去的方向。是的，他一生都在追寻，他周游列国，颠颠簸簸，既是在找人，找一个能实施他主张的人，更是在找过去的影子，找东周昔日的文明昌盛。面对这一伟大帝国的文化废墟，孔子领悟到并承诺了自己的使命。但挽狂澜于既倒，或知其不可而为之，终究不过是一种令人钦敬的悲剧精神罢了，他最终失败了。当他奔波倦极归来，在一条小河边饮他那匹汗马时，他偶然从平静的流水中惊见自己斑驳的两鬓，"甚矣，吾衰矣！"（太惨啦，我已经衰老了！）他顿时心凉如水。这衰弱的老人，壮志不酬，多少雄心都失落了，多少理想都破灭了。眺望茫茫无语的宇宙，他心事浩茫。人世渺小，天道无情，青山依旧，哲人其萎。于是，一句意味深长的叹息便如一丝凉风，吹彻古今："逝者如斯夫！"

我在几千年后的漆黑的夜里写这篇文章时，宛如见到他当初衰弱地站在苍茫高天之下的无情逝水边。那无限凄惶的老人的晚景使我大为感动。于是这篇文章的题目也就一闪而现了：这衰弱的，即将随着时间的流水逝去的老人，不就像黑暗旷野上快要燃尽的一支蜡烛吗？四面飙风，寒意四逼，这支蜡烛艰难地闪耀……

孔子死后，鲁哀公装模作样悲痛一番，悼念一番，他写了一篇诔文，似乎感伤得很："上天太不公平啦！不肯留下一位老人陪我，让我一人在鲁国孤零零的，唉，多么悲痛！"孔子的弟子子贡毫不客气地顶了回去："生不能用，死而诔之，非礼也！"其实，对孔子"生不能用"的，岂止一位鲁哀公呢？孔子一生见过不少诸侯，如楚昭王、齐景公、卫灵公……有谁用他呢？天下人事纷纷扬扬，新生事物层出不穷，人人都在玩新花样，搞新名堂，他老先生拿着一把过时的且是万古不变的尺子，东量量，西测测，这也不合"礼"，那也不合"乐"，别人对他敬而远之也是很自然的。他又像一位蹩脚的推销员，推销早已过时的产品，且这产品不按顾客的需求设计，倒要以产品规格来要求顾客，正如韩非嘲笑他的，不是根据脚的大小来选鞋，而是根据鞋的大小来"削足"。他这么不合时宜，被人拒绝不是很正常的么？子贡以他的经济实力和外交天才，到处为老师打点，鼓吹，也没有什么效果。子贡的悲愤心情是可以理解的。

二

痴人有多种，或因情深而痴，或因智浅而痴，孔子属于前者。因情而痴的孔子常常沉湎在对过去的怀想之中："郁郁乎文哉！吾从周！""逝者如斯夫！"

这时，他就是一位抒情者，抒得很动情，很感人。在一个抽象的、冷酷的、沉闷的老子之后，出现一个一往情深、感怀万端的孔子，使我们再次感受到一种温暖，一种熨帖，这实在是让我们大大松了一口气。历史终于在绝望中咧口而哭出了声，一些可怕的心理能量在孔子的歌哭、幽默、感喟中被释放了。孔子使一些无序的暴力变成了有目的有方向的努力与企望，他使天下英雄入于他的彀中，并带着这些社会精英致力于建构新的理想。当混乱的历史有了理想与方向时，混乱就不再是一无是处，相反，倒往往显示出一种蓬蓬勃勃、生机无穷的魅力。春秋战国时代是一个刀光剑影的时代，一个流血漂卤的时代，一个杀人盈城、杀人盈野的时代，但不也是一个充满理想，充满激情，充满公理仁德的时代吗？谁开辟了这样的时代？是孔子。非常具有象征意义的是，当孔子和弟子们周游列国的时候，他往往自己驾车——他确实是在驾着这个时代的马车。弟子们在车上或呼呼大睡或哈欠连天，一脸凄迷与怀疑，只有他永远目光炯炯，自信目标就在前方。

有一次，在汤汤而流的河边他们找不到渡口了。远处的水田中有两人在耕作，子路便上前去打问。

其中一个细高个子却不回答子路的询问，而是反问子路：

"那个执缰绳的人是谁？"

子路恭敬地回答："是孔丘。"

"是鲁国的那个孔丘吗？"——可见孔子的知名度颇高。

子路答："是。"

细高个冷冷地来了一句："既然是鲁国的那个孔丘，他应该知道渡口在哪里嘛。"

没奈何，由绿林好汉改邪归正到孔子门下的子路，只能按捺住火气，转过身去问另一位。这一位魁梧雄杰，是个大块头。大块头也反问子路："你是谁？"

子路仍然恭敬地回答："我是仲由。"

"你是孔丘的门徒吗？"

"是。"

现在又轮到大块头来教训子路了："天下混乱，举世皆然。谁能改变这种局面？我看你身体强壮，是个好庄稼汉。与其跟随孔子这样的避人之士东奔西走，鼓唇摇舌，倒不如跟随我们这些避世之士，躬耕垄亩的好！"

这里我先解释两个词。什么叫"避人"呢？避人就是择人，就是避开那些昏庸无道的诸侯，去寻找志同道合的有为之君，一同来重整乾坤。良禽择木而栖，贤才择主而事嘛，不择主，只要给富贵就帮他卖力，那是苏秦、张仪的作为。孔子一心要的是救世，而不是个人富贵，所以他恓恓惶惶驾车在纵横阡陌间奔走扬尘，就是要避开身后的昏君而去寻找前面的明君。所以，孔子是"避人之士"。什么是"避世"？在"避人"的基础上再跨一步，冷了心，闭了眼，认定天下不可能有什么诸侯还能与他一起改变这世界，于是彻底绝望，回到田园中去，回到自己内心中去，告别都市、政治与熙熙攘攘的外部世界，这就叫避世。

再回头说子路被这两人教训得一愣一愣的，又要注意自己此时的身份，不能发作，只好垂头丧气地回来向孔子汇报。孔子听完，不尽迷惘，谁说这两位隐士说得不对呢？这不正是孔子自己内心中常有的感触吗？但他历尽艰辛，学而不厌，"十年磨一剑，霜刃未曾试"，难道就此卷而怀之？他有教无类，诲人不倦，门徒三千，贤者七十二，难道就为了培养一批隐士，或者懂文化的农夫？于是他感慨万端："人总不能与鸟兽一起生活在山林之中啊，我不和芸芸众生生活在一起，与他们共享欢乐共担不幸，我又能和谁生活在一起呢？他们说天下无道，但不正因为天下混乱无道，才需要我们去承担责任吗？假如天下有道，还需要我们吗？"

《论语》中的这一段，很传神，两千多年了，那条汤汤之河边发生的这场争论就好像发生在昨天似的。这几个人好像还在我们身边。我尤其为孔子感动。他恓惶而寂寞，迷惘而执拗。"志于道"的人越来越少了，不少人顺应潮流，摇身一变成了新贵，或成了新贵的红人，其中甚至有他的门徒，比如那个顶善于察言观色的弟子冉求。又有不少人冷了心，折断宝剑为锄犁，平戎策换得种树书，如长沮、桀溺。其中可能也有他的弟子，如樊迟。樊迟向他问稼，问为圃，大概也准备避世了吧？望望眼前，路漫漫其修远兮；看看身后，追随者渐渐寥落。"道不行，乘桴浮于海，从我者，其由与！"（道行不通了，我只能乘小船漂荡到大海中去了。到那时还能跟随我的，可能只有一个子路了吧）这位可敬可叹的老人，想凭自己个人的德行与魅力来聚集一批年轻人，让他们传道义之火、文化之火；拯民于水火，匡世于既颠，但年轻人不容易经受得住各种诱惑——"吾未见好德如好色者"（我从未见过一个喜爱德行比得上喜爱美色的人）；"吾未见刚者"（我未见过刚强的人）；"吾未见好仁者，恶不仁者"
（我未见过喜好仁厌恶不仁的人），"未闻好学者"（没听说过好学的人）——
这些话不也把他的三千弟子甚至七十二贤者都包括在内了吗？让这些弟子们
"无欲而刚""好德如好色"都不可能，更何况别人？韩非就曾刻薄尖酸地
揶揄孔子，说，凭着孔子那么巨大的个人德行，不就只有七十子之徒跟随他么？
而下等君主鲁哀公却能让一国人都服从他，孔子本人也不得不向鲁哀公臣服。
所以，人是多么容易向权势屈服，而向慕仁义的人又是多么少啊！孔子此时
的处境，真正是令人同情。

　　但他更让我们尊敬。这就是他的那种"知其不可而为之"的殉道精神。"三
军可夺帅也，匹夫不可夺志也"（三军可以更改主帅，匹夫却不能逼他改变志
向），匹夫尚且不能夺志，更何况圣人之志，得天地浩然正气，至大至刚，岂
容玷污？天下一团漆黑了，不少原先追求光明的人也练就了猫头鹰的眼睛，从
适应黑暗而进于喜欢黑暗，为黑暗辩护，他们把这称为提高了觉悟和认识，并
且沾沾自喜于在黑森林中占据了一棵枝丫，又转过头来嘲笑他人不知变通。而
孔子，这位衰弱的老人却一意孤行！我很喜欢"一意孤行"这个词，很喜欢这
个词所指称的那种性情与人格。敢于一意孤行的人必有大精神、大人格。一位
楚地的狂生曾经警告孔子："往者不可谏，来者犹可追。已而已而，今之从政
者殆而！"（你过去糊涂就算了，以后你可改了吧！算了吧算了吧，现在追随
政治危险得很啦！）但不能因为政治危险，就置天下苍生于不顾，听任他们受
暴政的煎熬，置自己的伦理责任于不顾！"政者，正也"——政治，就是对暴
政的矫正！就是正义！所以孔子庄严宣告："志士仁人，无求生以害仁，有杀
身以成仁。"虽然他也说过"危邦不入，乱邦不居，天下有道则见，无道则隐"
之类的话；虽然他也称赞蘧伯玉"邦有道则仕，邦无道则可卷而怀之"，宁武
子"邦有道则知，邦无道则愚"，并慨叹"其知可及也，其愚不可及也"（他
的聪明别人能及得上，他的糊涂别人就比不上了），大有郑板桥"由糊涂入聪
明难，由聪明入糊涂尤难"的意味，但他对自己，却有更高的要求，那就是如
他的学生曾参所说的那样，"仁以为己任，死而后已"！

　　自魏晋以后，中国的文化传统中，就有了一种极古怪的现象，那就是人格
理想与伦理责任的分离。最受人敬仰的人格乃是那些在天下苦难面前卷而怀之，
闭目养神的隐君子！他们的伦理关怀哪里去了？他们的道德痛苦哪里去了？作

为知识分子，他们的基本人道精神哪里去了？难道我们不应该要求知识分子以起码的价值关怀吗？但我们却偏偏认为他们是涵养最高、道德最纯洁的人！鲁迅禁不住对这种人怒形于色：泰山崩，黄河溢，隐士目无见，耳无闻！这种目不关注人间苦难，耳不听弱者呻吟的人物，不就是饭桶酒囊茶壶甚至权势的尿壶么！一个人让人尊敬是有条件的。在孔子那里，在他的学说之中，那种古典的崇高确实让我们这些聪明机灵的后来人愈显扁平而单薄。

三

孔子的哲学核心是"仁"。在《论语》中，"仁"以不同的面目，在不同的背景下出现了无数次。这些闪烁不定的面容并不是因为孔子的"仁"没有"一以贯之"的主旨，而恰恰说明了"仁"内涵的丰富。樊迟问"仁"，孔子答曰"爱人"；颜回问"仁"，孔子答曰"克己"。曾子概括说："夫子之道，忠恕而已。"朱熹解释说："尽自己的力量去办事叫忠，推己及人叫恕。"这样看来，孔子的"仁"，也就是从人我双方立论，相当于我们今天常说的"人类共存意识"吧。"仁"的内涵里，主要的两方面就是"忠"和"恕"。有了这个"忠"，就会有足够的自我约束；有了这个"恕"，就会有足够的对他人的宽容。这个顶重要了。孟子后来讲"仁"，就不大讲"恕"了，这就一步一步走向专制。孟子就没有孔子可爱。当然，孔子的"仁"，不仅仅是指一个人应当具有的人格境界，而且还应该是一个社会应当具有的政治理想。是公理，是正义。因而，在非常时刻应当"杀身以成仁"，而决不能"求生以害仁"。他自己一生，倡导"仁"，实践"仁"，修自身为"仁"，又要改造社会政治为"仁"。修自身成"仁"，他是做到了；改造社会政治为"仁"，他失败了。但他"造次必于是，颠沛必于是"，何曾有一丝一毫的媚俗之态！他正大光明，磊磊落落；他一意孤行，坦坦荡荡。他亦知道改造社会是不可能的，但他"知其不可而为之"，关键在于做！他可能已经意识到了他在未来的影响，所以他要用自己的行为树立一个榜样，以自己的生命之汁点亮一盏明灯，使后世一切以各种借口逃避伦理责任的行为无所遁形——既然他已经在知其不可的情形下做了，而且做得如此艰苦，如此卓绝，如此寂寞，又如此轰轰烈烈，如此失败，又如此辉煌灿烂。因失败而辉煌，这是古典悲剧的基本定律，不失败何以感人心？

不辉煌何以长人志？但这失败必须是大失败，必须是必然的失败，是自由在逻辑面前的失败，是个人意志在历史规律面前的失败，而且必须是主人公已经预知的失败。他已经预先知道结局了，但高傲的心性使他无法改变自己人生的方向。在古典悲剧中，生命的投入是人格成就的最后一道工序，如干将莫邪之铸剑，最后必以自身血肉之躯投入熔炉，用自己的血光赋宝剑予阳刚杀气。孔子的"得其真传"的弟子曾参，有一段话："士不可以不弘毅，任重而道远。仁以为己任，不亦重乎？死而后已，不亦远乎？"这段话包含两个推论，所以我们可以把它译成问答句：士为什么要弘大坚定？因为他们任重道远；为什么说他们任重？因为他们是把仁当作自己的人生责任的；又为什么道远？因为他们除非死掉，不然就不能卸下这副担子。这就是自讨苦吃式的崇高。我上文说，让人尊敬是有条件的，不能因为你读了不少书，甚至读了不少洋文书，知道各种主义，就能受人尊敬。你还得有所承担。孔子及其弟子们，在那么一个时代，就已经意识到担当道义是知识分子的最高使命，甚至是无法摆脱的宿命了，就已经知道执行文化批判而不是文化媚俗文化献媚是知识分子的基本职责了，他们怎能不伟大，又怎能不为这伟大而颠沛、造次！

那些冷了心肠的隐士讽刺孔子，还有些愤世嫉俗的道理。而下面这位"丈人"对孔子的批评就莫名其妙了：

子路跟随孔子周游列国，掉队了。遇上一位老人，用木杖挑着除草的农具。

子路问："您看见我老师了吗？"

老人说："四肢不勤劳，五谷分不清。谁是老师？"把木杖插在地上，开始除草。

子路拱手站在一旁。

老人留子路住宿，杀鸡、做黍米饭给子路吃，让两个孩子出来见了子路。

第二天，子路赶上孔子，把这件事告诉了孔子。

孔子说："这是隐士啊。"让子路回去看老人。子路到了那里，老人却走开了。

子路说："不出来做官是不义的……您想洁身自好，却乱了君臣间大的伦理关系（这是因小失大的）！君子之所以要从政做官，是为了推行义

（而不是为了个人富贵）。至于我们的道不能行得通，（这是我们）早就
知道的了。"

原文：子路从而后，遇丈人。以杖荷蓧。

子路问曰："子见夫子乎？"

丈人曰："四体不勤，五谷不分，孰为夫子？"植其杖而芸（耘）。

子路拱而立。

止子路宿。杀鸡为黍而食之。见其二子焉。

明日，子路行以告。子曰："隐者也。"使子路反见之。至，则行矣。

子路曰："不仕无义……欲洁其身而乱大伦！君子之仕也，行其义也。
道之不行，已知之矣。"

这一段中的"四体不勤，五谷不分"，后来成为不少人批评孔子的口实
（事实上，这位老人批评的是子路）。是的，在一个小农意识很浓厚的国家里，
这种情形较易发生，并且较易引来阵阵喝彩。甚至人们还能这样想：你孔子四
肢不勤劳，五谷分不清，你连一个农夫都比不上。这种说法会引来更多的喝彩，
因为很多人一下子从孔子的缺点中找回了自己的自信心——但我要说，这种批
评的荒谬性太明显了。

在春秋后期，我们缺少一位农夫吗？

减少一位卓越的思想家，增添一名普通的农夫，我们就是这样算账的吗？

我们这个民族的历史与文化会因此更加辉煌灿烂吗？我们这个"文明古国"
会更加文明吗？

我们这个民族在那个时代连养活一位像孔子这样的大思想家的经济能力都
没有，还必须他自己去耕种自存吗？又或者，我们这个民族连给孔子这样伟大
思想家提供必要的生活条件都不愿意，而必欲使之和农夫一样刨地求食才心满
意足吗？

不妨换成现代场景再问：我们必须分给陈景润一块自留地，由他自己播种、
收获、磨粉、蒸馒头，吃完再去桌子边求证他的哥德巴赫猜想吗？

如果不是这样，他证出了"1＋2"，由于他不会种麦子、蒸馒头，于是
我们就鄙夷他连一个庄稼把式、一个馒头师傅都不如吗？

我这问法不是没有道理的。二十多年前，我们就这么干过。那时，遍布全

国的那么多的"干校"是干什么的？

樊迟问稼问为圃，孔子怒不可遏，甚至在背后骂他是"小人"。又有不少人说，这是孔子轻视体力劳动，现在某些大学教材上就有这种说法。这种批评也太师心自用了。问如何种菜种小麦，需要问孔子吗？孔子的回答已经说得很明白了："我不如老农民，我不如老菜农。"你樊迟要学这些，你何必到我这儿来？你去问老农就是。要学腌泡菜蒸馒头切土豆丝，需要去中科院问博士生导师吗？以上的问题还在于，培养一个老农容易，至少在孔子那时，没有什么农业技术学校，遍地是老农在种麦子种菜，但培养一个知识分子就难了。孔子的时代，传播知识，提高人口素质，似乎比精英自己亲自参加劳动更迫切。所以，孔子的这些言行，与轻视体力劳动如何扯得上。这一位"植其杖而芸（耘）"的"丈人"，耘来耘去，也就那一亩二分地，所养活的，不过就是他自己及家人。这又如何能与孔子比呢？他自己言行能够传留后世，还是沾的孔子的光呢。孔子所耕耘的是什么荒？是文化之荒！所培养的是什么苗？文化之苗！柳诒徵《中国文化史》云：

> 孔子者中国文化之中心也，无孔子则无中国文化。自孔子以前数千年之文化赖孔子而传，自孔子以后数千年之文化赖孔子而开。

孔子所给予我们这个民族的，甚至全世界的，又如何能估量？

四

因为怕孔子到楚国后说陈蔡诸侯的不是，陈蔡的小政客们便把孔子围在郊野。小政客毕竟是小政客，他们把孔子围住后，却拿不准到底要怎么样。面对一位文化巨人，他们的内心毕竟很虚怯。他们很憎恨孔子文化人格的光芒，所以，他们把他包围起来，试图挡住这光芒四射，但他们又绝没有胆量去迫近光源——于是在陈蔡之野，便有了这样一种既滑稽又尴尬的场面：里面的人出不去，外面的人也不进来。彼此都迫切希望有一个第三者出现，来给大家一个台阶下。在第三者楚昭王派兵迎接孔子之前，孔子和他的弟子们在饥肠辘辘与满脸菜色中进行了一番有趣的对话，其主题是讨论道与势的关系。孔子的知音司马迁在记叙这一段历险时，把孔子的人格精神写得淋漓尽致。据司马迁记载，此时的孔子，有意识地利用这次挫折，来考验、考察弟子们对道的忠诚贞定。

孔子先叫来子路，问他："难道我的主张不对吗？我为什么落得这个下场？"忠厚的子路疑疑惑惑地说："是不是我们还不仁呢？人们不信任我们？是不是我们还不智呢？人们不放心我们？"

孔子说："仲由啊，你听着，假使仁义的人一定受信任，怎么会有饿死首阳山的伯夷和叔齐？假使智慧的人一定行得通，怎么会有被纣王挖腹剖心的王子比干？"

子贡进来了，孔子用同样的问题问他。子贡说："老师，你的道太伟大了，所以这狭隘的世界容不了你。你能不能稍微降格以求呢？"

孔子说："赐啊，好的农夫只问耕耘不问收获，好的工匠只追求技巧而不追求苟顺人意，作为君子，修习大道，是不能讲苟合的啊！"

最后是颜回入见，这位比孔子小三十岁的小学生，聪慧谦让，悟性高，不爱显山露水，能过苦日子，深受孔子的喜爱。他的回答，令先生愁肠顿开："夫子之道至大，故天下莫能容。虽然，夫子推而行之，不容何病？不容然后见君子！夫道之不修也，是吾丑也。夫道既已大修而不用，是有国者之丑也。不容何病！不容然后见君子！"孔子欣然而笑，说："说得好啊，颜家小子！将来你发财时，我给你赶车吧！"

五

孔子晚年，倦于奔波。鲁迅曾在一篇颇似游戏的文字中推测孔子晚年有严重的胃病。对一个常年在坎坷的道路上颠簸的人，这个判断很容易下。总之，孔子老了，病了，不能再奔波了，况且奔波又有什么收获呢？于是，在离开鲁国十四年之后，靠弟子冉求的疏通，又回到了鲁国故乡。此时孔子已是知命了，不说心如死灰，但心如止水却是必然的。鲁君无意用他，他也懒洋洋地不求用了。回到自己多年的老屋，撩去门楣窗棂上的蛛网，拂去案几上的积尘，他坐下来，心境一片茫然。这时，外面的世界更混乱了，乱臣贼子们活得更神气了，但也令他更无奈了。宝剑折断，铩羽而归，他还能做些什么呢？他打开了竹简。这是一个有世界意义的举动。孔子现实政治活动的失败使中国少了一位晏婴、子产或管仲式的人物，却使世界有了一个伟大文化的源头。这生力绵绵不绝的文化之源，浩浩荡荡，渐远渐无穷，使整个东方世界都浸润其中。是的，当孔子的现实政治活动失败后，他埋头于古代典籍的整理。在被自己的时代拒绝之后，他成功地通过文化符号进入了未来的世纪；在被若干国家的诸侯和政客拒绝之后，他的影响力却遍及全世界，名声响彻天下。

孔子本来是想通过立功来传名后世的，像他终生倾慕的周公一样。但这一点已经毫无疑问地没有可能了。"君子疾没世而名不称焉！"（君子很惧怕死后没有名声留传啊）于是他便想通过立言来不朽。我们知道，在这一点上，他成功了，而且在立言中他还立了德。立功、立言、立德，"三不朽"他完成了两项。据司马迁的记载，"六经"都是经他手订的。也正因了他的手，这些积满时光尘土的古典才成为"经"，而为后世不断地钻研，又在这不断地琢磨中发出历久弥新的光芒。那本"饥者歌其食，劳者歌其事"的三百零五首"诗"，记录着那么遥远时代的真切的痛苦，更是因为他的手订，由愚夫愚妇引车卖浆者流的歌吟一跃而成为六经之首，"诗云"与"子曰"并称。实际上，就是因了"孔子曰"，孔子的赞誉，《诗》中愚夫愚妇们的"云"，才成为中国古代文学的圣经。他对这三百零五首《诗》说过些什么呢？他和子夏讨论过"巧笑倩兮，美目盼兮"；他和子贡讨论过"如切如磋，如琢如磨"；他说"不学《诗》，无以言"，他还说，"《诗》可以怨"！他把《诗》当作教材，传授给弟子们，正是因为这种口耳相传式的传授，才使得《诗经》能避开暴君嬴政的焚书之火和莽汉项羽的复仇之火，斯文不灭。他还庄重地为《诗》回护，说："《诗》三百，一言以蔽之，曰思无邪！"这就使后世很多对《诗经》暗怀不满的人，比如朱熹，只能做些鬼鬼祟祟的歪曲的勾当。孔子是文学的守护神呢！原来他不仅是一位庄严谨恪的人，还是一位情感丰富的人！因此，他不仅要求人类的道德，他对人类的情感——包括对人性的弱点，他也有那么多善意的回护与爱惜！他要人们好德，但也不反对人们好色，"国风好色而不淫"，不过分，就行了嘛。说到这里，插入一件小事。子夏有一个毛病，那就是吝啬。知生莫如师，孔子深知子夏这一毛病，于是就刻意为他遮掩。一次孔子出门，碰上下雨，而子夏有伞，孔子却不去借，甘冒雨淋之苦。有人问孔子为何不向子夏借伞，孔子说，子夏有这个小毛病，若向他借伞，借，他心里不痛快；不借，不是把他的缺点暴露给众人了吗？如果能掩盖住别人的缺点，我淋点雨算什么呢？

　　文学是人学，文学就是人性的表现。不能对人性的优点有极崇高的敬意，对人性的弱点有极宽厚的怜悯，是不可能理解文学的。我们再举一个相反的例子，朱熹，来看看他对《诗经》中一首诗的评论。《诗经·卫风》中这首诗叫《氓》，是一位被遗弃女子的哀歌。这个女子坚持要明媒正娶地嫁给她所爱的男人（这就是"乐而不淫"），做了妻子后又辛勤贤惠，但最后还是被抛弃了，即便这样，她也依然那么理智，节制，哀而不伤，怨而不怒。老实说，我读到这首诗的最后"亦已焉哉"（唉，算了吧），是颇失望的，我私下里希望她能报复对方一下。我知道这种想法不对，既不合法也不合理。但我觉得这才合情。美狄亚就实施了惨烈的报复么。孔子也提倡"以直报怨"么。但朱熹对这个不幸女子的评论，使我觉得他很冷酷，没有孔子那般对人性的宽容。他说："此淫妇为人所弃，自叙其事以道其悔恨之意也。"（这个淫荡的女子被别人始乱终弃了，自己追叙自己的所作所为，倾吐出悔恨之意）读到这样的议论如果不觉得朱熹冷酷无情，就不是正派人。因为朱熹凭空污人清白（在这首诗中一点也看不出这个女子有什么淫荡的地方）；他对一位多情的恋人（婚前）和一位贤淑的妻子（婚后）毫无首肯之意。理学家之不懂欣赏女人，于此可见一斑，而理学家之仇视一切鲜活的女性，对人间痛苦缺乏基于人性的同情心也在此得到突出表现。"以理杀人"的后儒们，他们何曾及得上孔子的一分一毫啊。

　　由于孔子丰富的文学情怀，他把人格修养的最高境界理解为一种自由的艺术境界，而不是严谨的道德境界。在这一点上他又和后世的道德家们大相径庭。我们也一直没有注意这一点。孔子在道德的熔炉里冶炼自己，而最后出炉的结果却大出我们意料：他熔炼出的不是森森剑戟，而是如此温润幽默生动。这真让人喜出望外。你看他说的："志于道，据于德，依于仁，游于艺。"又说："兴于诗，立于礼，成于乐。"他最后的形象是"成于乐"而"游于艺"！他一下子变得亲近了，不再壁垒森严了。你看他"闻《韶》，三月不知肉味"，这时他能是一位皱着眉头板着面孔不苟言笑的人么？他是一位手之舞之，足之蹈之的老顽童哩！他极爱音乐，即便在围困之中，也是每日"弦歌不衰"，只要附近没有死丧，他每日都大声地唱歌。司马迁的《孔子世家》中记载了孔子与音乐的一件逸事：他在师襄子那里学了一首曲子，一连弹了十数天，直到他从这首曲子里"听"出了那个肤色黝黑、身材颀长、眼神忧郁的文王的形象！"作

《易》者，其有忧患乎！"文王可不就是一位满腹忧患的古之高人么？孔子的精神通过飞散的音符，而与之相通了！

有这样的音乐修养与音乐情怀，"三百五篇孔子皆弦歌之"。这是多么宏伟壮丽的大乐章啊。我们今天已经不能再聆听孔子弦歌过的音乐了，"此曲只应天上有，人间能得几回闻"。但那古老而简朴的文字仍留传下来，那远古时代活生生个体的欢乐与哀伤，希望与失望，怨愤与爱慕……仍然如此鲜活。是的，那远古的神经末梢仍在向我们传来敏锐而清晰的刺痛……

《诗经》中有一百六十首都是采自民间，包括黄河流域，汉水、汝水流域。我们可以由此贴近这片辽阔土地上的风、水、丘陇与庄稼，贴近这片土地上的阳光、情感、悲欢与离合。班固与何休都提到当时有专门采诗的行人，摇着木铎顺着乡间小道去采诗。我有时痴想，没有比这更好的职业了，还有什么比这更快乐的工作呢？

　　——冬日的蛰居过去了，春光融融，芳草萋萋。我立于道口，望农夫荷锄远来，而他的歌声亦悠扬而感伤……

　　我在村落间徘徊，看顽童嬉闹，我亦走上田头，看麦苗油油，静观灌溉之水汩汩流淌。

　　那么多忧伤的故事啊。有一个人因想念远方的恋人远去了，从此杳无音信；一位多情的女子被人遗弃了，哭泣着回到娘家来；而服役归来的人，拄杖立于田头，他的家园已成一片废墟，丘垅上葬着他的亲人……

　　在远处飘来的歌声面前，我老泪纵横。

这是我写在《中国古代文学史》教案上的一段话。我是被《诗经》感动了。最幸福的时候就是被感动的时候。谁能说当孔子对这三百零五首诗逐一弦歌时，他不也是感怀万端呢？"四方有羡，我独居忧。民莫不逸，我独不敢休"（《十月之交》），这样的句子，如此贴切他忧患人生的情怀，如此真切地反映他奔波为天下的辛苦，他能不感慨吗？而那一位走过周朝旧都，面对废墟上的野黍而"中心摇摇"悲不自禁的诗人，不更是他的知音吗？面对伟大朝代的文化废墟，他不更是忧患满怀吗？"知我者谓我心忧，不知我者谓我何求。悠悠苍天，此何人哉？"（《黍离》）是啊，孔子，他是一位什么样的人呢？

六

　　《尚书》之流传具有传奇色彩,我们今天读到的本子乃是东晋豫章内史梅赜所献的《孔传古文尚书》。这个"孔"字乃是孔安国,司马迁的老师。他也是孔子的十一代孙。而这个孔安国所传的《尚书》,乃是汉鲁共王从孔子故居的墙壁中得到的。仅这一点,就可知孔子与《尚书》之关系了。如果说《诗经》是中国历史上最早的诗歌总集,那么作为"上古之书"的《尚书》,乃是中国历史上最早的散文集。同时,如果说《诗经》是民间的(风、雅都可以算作是民间的),那么《尚书》就是朝廷的;《诗》是民间的情感,《书》是朝廷的意志;《诗》是抒情的,《书》是理智的;《诗》是散漫的,《书》是约束的;《诗》唱个性感受,《书》倡国家价值;《诗》是艺术,《书》是道德;《诗》是大地,是天空,是大地上的野花,是天空中的飞鸟,《书》是庙宇,是碑石,是庙宇中的祖训,是碑石中的箴言;《诗》是音乐,《书》是建筑(谢林说,音乐是流动的建筑,建筑是凝固的音乐);《诗》是意志的流动,《书》是情感的凝固……我们民族最古老最本质的东西,都积淀在《诗》《书》之中了。它们都与孔子有关。

　　《易》据说最初乃是"大墙文化",乃是周文王为商纣所拘押,在狱中无聊,又担心自己就此玩完,"没世而名不称",推演而成。但文王的《周易》,纯属卜筮之书,对一般读者来说不啻天书。"孔子晚而喜《易》,序《彖》《系》《象》《说卦》《文言》,读《易》,韦编三绝。"(《史记》)他的研究成果,经口授学生,学生整理成册,始有"十翼"。翼者,辅翼,辅助理解也。应该说,孔子是把卜筮之书改造成了哲学之书,综合天地人,探究天道人道,从"究天人之际,通古今之变"而"成一家之言"。所以,就《易》在这个意义上影响中国传统文化,我们又是在这个意义上理解《易》,毋宁说《易》乃是孔子的著作了。孔子晚年,一边穷年兀兀以研《易》,一边却又担心时不我与,叹息道:"假我数年,若是,我于《易》则彬彬矣。"天不灭斯文,孔子而后,《易》果然彬彬而盛。"易者,易也,不易也。"这截然不同却又相辅相成的训释,恰好表明了天道人道的反复,变与不变的统一。《诗经》说"鸢飞戾天,鱼跃于渊"(《旱麓》),《易》言"天行健,君子以自强不息"，"天地之大德曰生"，这是一个生机盎然蓬勃如斯的宇宙，这也是一个满腹忧患，自强不息的人生！

《礼》《乐》亦是孔子的教化工具。孔子对枯燥乏味的周代官制、礼仪的记录《仪礼》进行研究，指出其内涵、作用与本质。这一切都不过是"托古改制"而已。孔子说，"夫礼，先王以承天之道，以治人之情"，仍然是天道与人道。伟大的周公盛世初建，制礼作乐，为天下立法，开创了灿烂的周文化；伟大的孔子身当乱世，礼坏乐崩，他所做的，乃是在文化废墟上的考古、整理与保存。

周的庞大躯体，已然僵仆，他不能使之复生，他能做的唯有使周的精神与文化长存人间。他所唱的，乃是伟大文化的挽歌，世运不可回，人事有兴替，挽歌者，挽留之歌也！

在《礼运》中，孔子根据可考历史的发展情况，预见未来的道路。他认为，人类社会之发展经历着三个阶段：据乱世，升平世和太平世。据乱世，就是他所处的时代了，而他为后人设想的"太平世"，是什么样子呢？

> 天下为公，选贤与能，讲信修睦。故人不独亲其亲，不独子其子。使老有所终，壮有所用，幼有所长，矜寡、孤独、废疾者皆有所养。男有分，女有归。

谁说孔子只是向后看呢？他也展望未来啊！只是这位衰弱的老人自知自己是等不到那黄河清的一天了！

《乐记》也还是在谈哲学，谈政治：

> （音乐）清明象天，广大象地。终始象四时，周还象风雨……乐行而伦清，耳目聪明，血气和平，移风易俗，天下皆宁。

好像不能一味指责孔子把文艺都搞成道德教化，都搞成政治蓝图。你看他所处的是什么时代？一个"仁以为己任"的思想家，他不关心天下不宁，还关心什么？他不祈望天下皆宁并为之奋斗，他还祈望什么？让他回到家里，关上门，温壶春酒，泡杯苦茶，弹琴逍遥吗？

最后就要谈到《春秋》了。这是使一个时代都因此得名的著作。

晚年的孔子顾视日影，喟然叹息："不行啊不行啊，君子很惧怕死后没有留下名声啊。我的道行不通了，我凭什么在后世传名呢？"他搬来鲁国历代太史记录的史料，开始著作历史。以前在做官审案时，他很谦虚地与其他陪审官商定判辞，而此时他却突然"专断"起来，"笔则笔，削则削，子夏之徒不能赞一辞"，连弟子插嘴提建议的机会都不给！这本以"微言大义"著称的历史著作，孔子是有意把它写成政治学著作、伦理学著作的！他在这里要审判的，是整个历史！而且他所进行的不只是历史批判，更重要的倒是他的政治批判与道德批判！他希望他的这本书能成为人的道德准则，更希望它能建立一种合理有序的政治运行法则。这就是这本书使"乱臣贼子惧"的原因。孔子在给弟子们讲授《春秋》时感慨地说："后世知丘者以《春秋》，而罪丘者亦《春秋》。"丘吉尔说，影响历史的最好方法就是写历史。"春秋"以后的历史，不都受《春秋》的影响么？孔子一直在参与着历史的进程啊，只是他本人没有到场罢了，他只是一个缺席者而已。

七

我认为，孔子最伟大的贡献乃是他的"私学"。最初开办私学的人未必就是孔子，但把私学办成传授文化、培养人格、培养知识阶层的场所，则毫无疑问是孔子。正是在他的私学里，才出现了中国历史上第一批真正意义上的知识分子——这些人既不是世袭贵族，也不是后来的科举士大夫，不是官僚机构中的成员。他们是那时代冒出来的"新人"，名称叫"士"。后来《礼记》宣称"大德不官"，魏文侯之师田子方宣称，"行不合，言不用，则去之楚越，如脱履然"，可以见出这些人的傲慢与偏见——对诸侯的傲慢是那么显眼，对学问的偏见又是那么深固。谁培养了这一批特立独行的知识分子？是孔子。孟子与田子方都是孔门后学。所以，孔子的私学促成了文化的独立，文化由权势者股掌之间的小妾，蜕变为特立独行的汉子，"大丈夫"（孟子语）。这种文化不以取悦权势换得宠爱为目的，而以社会批判为天职。文化而以社会批判为天职，这就是文化的本质属性了。谁赋予了文化这种本质属性？是孔子。对于世俗政权而言，权力体制自身的制衡是必要的、重要的；而文化批判所产生的文化制衡尤其重要。中国后来漫长的封建社会里，之所以没能在权力体制之中产生制衡，这与封建政权把文化纳入权力体制，取消其独立性，否定其文化批判的必要性、合理性有极大关系。也就是说，当我们否定了文化批判之后，权力内部的制衡也就相应地被消解。官僚系统之内的权力制衡，是为了政府及其各职权部门行为的合法有序及防止权力滥用；而文化批判所产生的制衡，则是保证整个社会的行为合乎人性，合乎理性。孔子以后的百家私说，不都是在这个意义上讨论世俗政权的合理性么？

八

孔子曾这样描述自己："学而不厌，诲人不倦，不知老之将至。"在他的身边，一批勤奋好学安贫乐道的年轻人在成长着。看看这些蓬勃的春花，他真的就想不到自己已是秋天的一枚黄叶？这句话我看应该这么理解，正是因为知道自己老冉冉而将逝，才抱定"朝闻道，夕死可矣"的信念与日逐走，学而不厌。同时又把自己的心得传授给弟子们。他已是明白地知道，自己来日无多了！鲁迅晚年自知不久于人世，便一再告诫自己"要赶快做"。孔子也是在与自己的生命赛跑，赶快做啊！"天下无道久矣，莫能宗予"，他已无力回天了，"道不行，乘桴浮于海"，他要离开我们去那道山了！

颜渊死了，他的精神受到沉重的打击。"天丧予！天丧予！"（天要灭我，天要灭我啊）安贫而乐道的颜回死于贫困，死后连棺材也没有，孔子为之深深恸哭，"我不为他哭还为谁哭呢？"他越来越老了，世道也越来越混乱了。不久，有消息传来，子路被人剁为肉酱死在卫国了，正中了孔子以前忧心忡忡对子路命运的预言："不得其死。"子路是众弟子中唯一敢于冲撞他的学生，小他九岁，总是雄赳赳的样子。孔子知道这个有些粗野的弟子其实最为忠厚义气，他还曾设想，当他远遁人世时，让子路跟随着他。可现在子路又死在他前面了。他已经多次承受这白发人送黑发人的惨痛了。他的心境更为凄凉了。做生意的端木赐（子贡）来看他时，他正拄着拐杖在门外看西山的落日，那落日如血的余晖最后一次染红大地与天空。孤独的孔子问端木赐："赐啊！你为什么到现在才来看我呢？"接着便低吟了一首绝命歌，那十二个字里厚重的内涵使人想到宇宙中最简单而又最本质的哲理，人间的生死竟也牵动着宇宙的毁成：

太（泰）山坏乎！

梁柱摧乎！

哲人萎乎！

　　圣人洒泪而尽了，带着他的雄心去了。如蜡烛最后一次耀眼一跳，熄灭了。天地之间，一片黑暗。但，也从那一刻起，他不再仅属于一个时代，而属于千秋万代！

墨子
向帝国挑战的剑侠

一

在孔子还很雄壮的时候，他与他的弟子们赶着马车，在阡陌间奔波，周游列国。虽然劳顿辛苦，风尘满面，但那情景却有趣动人：孔子谈笑风生，弟子们兴高采烈。碰了那么多的壁，却不能碰掉他们的热情、信心与幽默感。孔子坐在马车上弦歌不绝，弟子们也齐声歌唱，到了大树下，演礼之余，仍然是鼓瑟鸣琴，与蝉同歌。他们去武城，在郊外很远的地方就听到城中传出百姓们的歌咏之声，那是弟子子游在用音乐对百姓进行教化陶冶呢，孔子欣慰地莞尔而笑……

你看，孔子周游列国，在野外行进时，很像是乡村歌手或什么乐队在巡回演出。虽然孔子内心很沉重，很严肃，但他们的这支政治队伍，竟毫无政治的严峻与刻板，而是团结紧张，严肃活泼，很富于浪漫情调。

后来，孔子死了。"将军一去，大树飘零"（庾信语），中原大地的田野上一下子冷清下来，如同曲终人散，花落春空，颇令人气闷、寂寞与伤感。

在那人生的渡口边，真的没有"问津者"了么？

孔子死后的短暂的真空中，那种氛围很像中唐韦应物的那首《滁州西涧》：

> 独怜幽草涧边生，上有黄鹂深树鸣。
>
> 春潮带雨晚来急，野渡无人舟自横。

这是一种辉煌过后的黯淡，热闹过后的清冷，繁华过后的萧条。幽草依然芳香，而人迹已杳，黄鹂一两声清脆的鸣叫也如同碎玉，入水无声。笙歌散尽，游人敛迹，春空难耐。哲人哪里去了？真的是如孔子所云"哲人其萎"了么？

在专制时代，哲人是时代的唯一亮点。孔子这风中之烛熄灭之后，世界真的又踅入"万古长如夜"的黑暗中去了吗？

我们在等待。难道大路尽头再也没有鲁迅笔下"过客"一类的人出现了吗？

这个等待的时间并不长，但令人心惊胆颤。

我们不知道我们的希望是否还在。

我们甚至不知道我们还该不该等待。

我们不知道孔子播下的文化种子，是已然霉烂，还是正在悄悄地抽芽。

终于，在大路的尽头，我们看到了一个独行的身影踽踽而来。我们欣慰之余又不禁黯然神伤：再不是孔子那样的车辚辚马萧萧的浪漫之旅了，来者是一位独行客：他光着头，赤着脚，穿着粗短布的衣衫，面目黧黑，焦虑急切。他腰中的短剑与眼神中的坚毅，使我们心中一惊：这是一个侠客！

这就是墨子。中国历史上第一个剑侠，最伟大的剑侠！

这剑侠来路不明，这更增加了他的神秘感。司马迁在《史记》中大作《游侠列传》，但对游侠之祖，墨子，却几无记载，只在《孟子荀卿列传》的最后，附寥寥数言，权作敷衍："盖墨翟，宋之大夫，善守御，为节用。或曰并孔子时，或曰在其后。"我对司马迁的《孟荀列传》最为困惑，这篇文字好像很不是那么回事。名叫《孟子荀卿列传》，却在写孟子时，寥寥数语，且语焉而不详，择也而不精，写孔子之后、孟子之前最伟大之人物墨子，更是如此草草，连起码的考证都不去做。这就使后人大为麻烦。现在，关于墨子的生卒年，我们只能说他与楚惠王大约同时，再扩大一点，可以说是生在公元前468年至公元前376年之间（孙诒让的考证）。甚至他的姓名，都有不同的说法：有说他叫墨翟，又有人说他叫翟乌。钱穆认为墨子因崇尚苦行，形同受刑之人，而墨刑乃古代刑名之一，故被人称为墨。我想如果可以这样推理，还有两点也可当作"墨"之来源：一是墨子是木匠，惯用绳墨，故姓墨，二是墨子脸黑而姓墨。关于他的籍贯，更是莫衷一是，甚至荒诞不经。司马迁说他是宋人（葛洪也持此说），高诱说是鲁人，毕沅、武亿说是楚人，胡怀琛、卫聚贤说他是印度人。他的出身，有人说他是孤竹君之后，与孔子同祖，有人说他是平民，钱穆甚至认定他是刑徒奴隶。

武侠小说大师金庸笔下的大侠们，都有一段身世之谜，扑朔迷离，颇增神秘感。墨子的身世之谜，也够悬人之念的了！

而墨子的学术渊源又如何呢？

《淮南子·要略》云：

> 墨子学儒者之业，受孔子之术，以为其礼烦扰而不说（悦），厚葬靡财而贫民，（久）服伤生而害事，故背周道而用夏政。

也就是说，墨子最初是儒家门徒，学孔子的思想，但越学越不对胃口，越学越觉得儒学不是那么回事。儒者的礼那么烦琐而不切用，儒者提倡的厚葬浪费财富而使人民贫穷，长期服丧伤害生命而妨碍正事，所以他背弃儒家，当了儒门的叛徒了！这一叛，非同小可，这不仅仅是叛出师门，而且是政治上的背叛。我们知道，儒家是热烈礼赞周王朝，维护周王朝的文化的，他既叛儒，当然也就背叛了周王朝，成了周王朝的叛臣逆子！

孟子曾对"杨朱、墨翟之言盈天下"的状况非常愤怒，发誓要当圣人之徒，力距杨墨，匡正天下，匡正人心。他一厢情愿地设想出了天下言论汹汹滔滔，最后又都万川归海般归纳于儒家的次序："逃墨必归于杨，逃杨必归于儒。"显然，他是把儒学看成一切学术的最高阶段，当然也是一切有出息的学术的最后皈依。他把历史看成线性的发展了，但他忘了世界往往是螺旋式循环，相生相克，如同小孩子们玩的锤子、剪子、布，相克而周而复始：锤打剪子，剪子剪布，布包锤……用这公式去观察孟子的宏论，就会发现少了一环。这实在是孟子的一个阴谋。正确的应该在孟子的"逃墨归杨，逃杨归儒"后面，再加一句："逃儒必归于墨。"噫！天下的事，原来这么有趣！而不是孟子宣扬的那么严肃。墨子本人不就是从儒门中叛逃的么？"逃墨归杨，逃杨归儒"还仅仅是理论上的一个假设，或者说是孟子主观上的愿望，而"逃儒归墨"，却有一个历史事实在着呢。

叛徒墨子自据山头，自立门派，自树旗帜，并且还真的振臂一呼，应者云集。他的学派及思想，到了战国中期，孟子的时代，已是弥满天下，压倒儒学。儒学眼看就不济了，所以孟子才有那么大的"道德愤怒"，骂杨朱为无君，骂墨子为无父，全是禽兽，必欲扑灭之而后快。但是，虽然儒学在战国中期又出现了孟子这样的大师，且这位大师又如此党同伐异，哓哓善辩，仍不能阻止墨学的传播与发展。到了战国后期，韩非子时，墨家仍然足以与儒家分庭抗礼，瓜分天下。韩非子说："世之显学，儒墨也！"

总之，孔子后，孟子前，面目黧黑的墨子及他的一帮刑徒一般蓬头垢面的门徒，在诸侯之间穿梭来往，以完全不同于孔门的学术及为人风格，开始影响天下。天下又热闹了起来，古道上往来的问津者又多了起来。

二

我把墨子称为向帝国挑战的剑侠，有两点依据：一，他是剑侠；二，他是在向一个有几百年赫赫历史与辉煌文化的古老王国及其文化挑战。

韩非子曾列出危害国家的五种蛀虫，其中之一就是"带剑者"。这"带剑者"就是墨子后学的流亚。韩非子说他们常常"以武犯禁"——以武力违犯法禁。后来汉代的公孙弘、班固也极力贬排这类人。公孙弘用行政手段，借国家机器来杀这类人，班固则借文化讲坛来骂这类人，两者配合默契，一武一文。但司马迁的看法却不同。司马迁著《史记》，专列一章《游侠列传》，并对秦代以前游侠的"湮灭不见"感到极大的遗憾。他是这样评价游侠的：

> 虽然他们的行为不符合正义，然而他们言必信，行必果。已许诺的事一定要实现，往往能为别人的厄困灾难而奔波，不爱惜自己的躯体。等到他们把将亡的保下来，把将死的救下来，却并不夸耀自己的功劳才能，更不炫耀自己的恩德，所以有很多值得称道的地方。

原文：其行虽不轨于正义，然其言必信，其行必果，已诺必诚，不爱其躯，赴士之厄困，既已存亡死生（案：当作"生死"，"存亡生死"意为保护快灭亡的，救活将死的）矣而不矜其能，羞伐其德，盖亦有足多焉。

正是因了司马迁对游侠如此珍惜，认为他们有足够值得肯定与赞扬的地方，他才记载了汉代的游侠朱家、郭解等多人，并给予深深的敬意。这一点正是司马迁高于班固的地方。

孔子不大喜欢"勇"。他和子路讨论"勇"，说："君子有勇而无义为乱，小人有勇而无义为盗。"说得也对。他和子贡讨论君子所厌恶的事情，其中一条就是"勇而无礼"。他说："好勇疾贫，乱也。"对刚勇之人，他也不欣赏。他毕竟是贵族气息较浓的人，讲究温良恭俭让，不屑于一般意义上的勇。他最欣赏的学生是颜回，颜回的特点就是纤弱。他手下的子路，原来是个野人，野性难改，比较强亢，他就对他"每下毒手"（李贽语），进行摧折，"由也兼人，故退之"。他还警告子路，如果不改掉这种刚勇的毛病，将会不得好死。有一次他老先生又在那里大夸颜回如何如何，子路颇不服气，要和孔子较个真，就问孔子："你要是带领三军去打仗，你要谁去帮衬你老人家？"（"子行三军，则谁与？"）这实在是子路被老先生的这种弱化教育逼急了。所以，孔子的儒，确实有柔弱的味道。"儒"就是"懦"，而"犬儒"这个词就更不好听。墨子则不然，他很赞赏勇，《修身》篇说"战虽有阵，而勇为本焉"——作战虽然有阵法之妙，但根本还在于战士的勇敢。这话要是让子路听到了，这位仁兄不知会多高兴多得意。汉代陆贾在他的《新语·思务篇》中，说"墨子之门多勇士"，这都是墨子培养的结果。孔门有一个子路，孔子还要"下毒手"摧折他，墨子却满门勇士。《淮南子·泰族训》这样写墨子的门徒：

墨子服役者百八十人，皆可使赴火蹈刃，死不旋踵。

这墨子学派，简直是一支敢死队，特别行动队！这些粗短服饰的"侠客"们一个个怒目圆睁，随时拔刃相向，甚至挥拳相向，与宽袍大服，风流儒雅，口诵诗书的孔门"君子"，真是大异其趣了！

这些勇士们关键时候是可以弯弓搭箭舞刀弄棒的。在楚国吴起之难中，为阳城君守城殉难的墨者达一百八十六人，他们本来是可以弃城自全的（见《吕览·上德》）。墨子与公输盘在楚王面前较量高低，最后一招，也是最关键的一招，就是，他有三百个弟子在宋城上武装到牙齿地等待楚国的来犯。墨子门下多勇士的名声太大，吓得楚王赶紧打消了进攻宋国的念头。

上引司马迁《游侠列传》中说游侠往往能为别人的厄困灾难而奔波，不爱惜自己的躯体。等到他们把将亡的保下来，把将死的救下来，却并不夸耀自己的功劳才能，更不炫耀自己的恩德，这简直就是《公输》一文中墨子的形象。大概太史公一边写这几句话，一边就在想着墨子吧。你看，墨子听说楚国将要攻打宋国，便从齐国出发去阻止，这不是千里奔赴，为人解难么？齐国与楚国，在交通极不便的那时，真是令人望而却步的遥远与坎坷啊。他一走便是十日十夜，磨秃了头顶，走肿了脚跟，这不是不爱惜自己的躯体么？《墨经》中说任侠乃是"士损己而益所为""为身之所恶，以成人之所急"，这不正是佛陀的精神，基督的精神么？最后墨子终于说服楚王，使之打消了进攻宋国的念头，弱小的宋国得以保全，这不正是"存亡生死"么？墨子止楚攻宋后，回归途中经过宋国，恰遇大雨，他准备到闾门中去避雨，守闾门的人却不让他进去，这不正是"不矜其能，羞伐其德"么？

墨子著作中，自第五十二篇《备城门》至第七十一篇《杂守》，除去缺篇现存共十一篇，都是谈防守。这缺失的九篇，也应该是谈防守技术的。他反对攻，当然尽力研究守。司马迁说他"善守御"，显然是把他看成军事家了。这十一篇完全是谈防守的技术，若和《孙子兵法》参看，是很有意思的。《孙子》能从哲学与政治角度讲战争；《墨子》却纯从技术角度谈战争，《孙子》颇重视战略；《墨子》却只留意于战术。看他这十一篇兵书，其实他的防守思想并不新颖，更不出色，新颖的是他的科学知识，出色的是他的高超技术。他的防守思路不新颖可以理解，因为他不是进攻的一方，只谈防守，并且是消极、被动的防守。敌方攻城门怎么办？敌方爬城墙怎么办？敌方挖隧道陷城墙怎么办……凡此等等，都是消极应对，难怪后世"墨守"一词乃是贬义。看来墨子因为一味地反对"攻"，所以他不理解最好的防御其实是进攻。他彻底否定"攻"（注意，墨子讲的是"非攻"而不是"非战"，看来，他反对一切主动性战争），否定战争的一切正面价值，以至于也否定了进攻与防守的价值与意义。他的思想不允许他有这样的念头出现。他自居于弱者一方，不想进取，只图保全，这就使他的防守思想很保守。所以，他的防守之所以成功，或说在当时之所以有效，只是他的工具先进，设计科学，禽滑釐等三百弟子在宋城上守御，使得楚千军万马望而却步，乃是凭借他的"守圉（御）之具"的先进，超过了公输盘的"攻城之械"。从他这十一篇兵书看，他是一位专业木匠、科学家。看来他讲勇，更讲科学，讲技术。他挖隧道，其长度、宽度，他造器械，其尺寸、方圆，都一一标明，宛如现代兵工厂的兵器设计图。孔子是不谈战阵之事的，卫灵公向他讨教这方面的知识，他说他只学过"俎豆之事"（礼让揖节），而"战阵之事"不曾学过。孔子反战，乃不言战。墨子反战，却是以守反攻以战反战。这又是儒侠（墨）之间的大区别之一。

三

但墨子最锋利的剑还不是他的守城之具，而是他思想的锋芒。这思想锋芒的寒光直逼一个大帝国的咽喉，使本来就苟延残喘的周王朝，顷刻间就失去了苟活的依据。

前面讲到《淮南子》说墨子"背周道而用夏政"。是的，他背叛儒家之处，就是背叛周朝之时。而所谓"用夏政"，只不过是以其人之道还治其人之身，用一个更古的圣人大禹来与好古的儒家较量罢了。

墨子毕竟是孔门之徒，所以，有些思想与儒家还是一致的，这是他认为"理自不可异"的地方，如他的《亲士》《修身》《所染》诸篇，其思想、观点，与儒家如出一辙，不大有意思。有意思的是他与儒家不同的地方，这才是墨子自己的真创见。有些题目，一看就知道和儒家对着干，《非儒》不说了，《兼爱》《尚贤》直刺儒家的"亲亲"与贵族政治，《非乐》《节用》《节葬》直刺儒家的礼乐文化与厚葬靡费的传统，《天志》《明鬼》反对儒家的道德政治与敬鬼神而远之的观念，《非命》反对孔子的"死生有命，富贵在天"……可以说，墨子由孔儒的思路，来个反向思考，从而别立一派，成一家之言，卓然而为一大宗。这种特立独行的精神，也正是独持偏见，一意孤行的大侠客做派。

毋庸置疑，在墨子时代，反儒即是反周。儒家文化实际上乃由周公礼乐制度而来。到了春秋之末，礼坏而乐崩，周王朝政治大厦眼看不支，周王朝的文化之树也秋叶飘零。孔子乃强为之作柱，力求维持。而墨子作为一个"贱人"（穆贺说他是"贱人"，他也默认了），知道那贵族封建制度对平民而言，毫无益处，所以，他眼里看着周王朝的大厦将倾，心中却暗暗欢喜，并暗暗出力，推而排之。孔子是尊周王的，看他的《春秋》即可知道，连纪年月都来一个"王正月"。在孔子眼里，"王"只有一个，那就是周王。《春秋》和《左传》也只称周天子为王，其他诸侯则只以爵位称之。而墨子则在暗示王公大人，舍旧谋新，王侯将相宁有种乎！他的目的，就是要建立一个完全不同于周王朝的新大一统。这勇气可佩极了。他开口闭口即是"王、公、大人"，这个"王"冠他轻易就送人了。我们看一下历史纪年。公元前 325 年，最蛮不讲理、最无文化约束、最敢恣意妄为的秦，才敢公开称王，在此前后数年之间，各大诸侯国也才相继称王。而此时距墨子之死，至少有半个多世纪了！一直到公元前 256 年，这个虎狼之秦才灭东周，而墨子则是在此前一百多年，就已经在心底里视周王、周王朝如无物，在理论上把这腐朽没落的、可怜兮兮的、龟缩在洛阳周围弹丸之地的东周格杀了。而这东周，在孔子那里，则是他的一块心肝宝贝呢。德国诗人海涅说，不要轻视闭门苦思的哲学家（何况墨子还不是闭门苦思），因为他可以产生雷霆万钧的力量；将他视为无足轻重的无害的学究，那就低估了他的能量。假如康德没有使唯理论神学家的上帝权威扫地，罗伯斯庇尔就不会砍掉国王的脑袋——我们也可以这样说，如果没有墨子等思想家使儒家的礼乐文化权威扫地，各诸侯国就不会对名义上的"天下共主"周王敬而远之，更不会有秦的铁骑虎贲秋风扫落叶一般"吞二周而亡诸侯"（贾谊语）！

四

那么，何处是墨子的剑锋所向呢？

首先，他已有意地忽略周王的存在，不把他看作"天下共主"，而是把他摒弃于天下政治之外。这种冷处理尤其恶毒，清冷而落寞地苟存在洛阳的东周最怕的就是被人遗忘。墨子抬出一个有意志的"天"，来代替周"天子"，表明天下尚无天子，只有"天"。诸侯也只需对"天"负责，而没有什么"天子"值得去在意。孔子说："天下有道，礼乐征伐自天子出；天下无道，礼乐征伐自诸侯出。"这"天子"，就是天的意志的代表，也就是周王，对天负责，就是对天子负责。他要天下有道，当然就要恢复周王的权威。墨子也反对战争，甚至钻牛角尖到反对一切战争，但他并不像孔子那样，从政治角度来考虑战争，而是从道德角度来考虑战争。战争的不义，在孔子看来，乃是由于不是出自天子而是出自诸侯，是政治的失序。而在墨子看来，攻打别国，正如同偷窃与强盗，其行为本身即当否定，不论什么身份的人都不能偷窃，所以，不论什么身份的人当然也就无权发动战争。也就是说，孔子把战争看成一个政治事件，关乎政治秩序；墨子把战争看成一个道德事件，关乎伦理原则。当作政治事件，当然关注它的合法性。合法性，往往只是一个技术操作问题。比如，在孔子看来，只要战争是出于天子，是由天子发动的，那就是正义的。而诸侯发动战争，就是非法的。

当作道德事件，当然关注它的合理性。合理性，则容不得敷衍。墨子把攻打别国与偷窃杀人在性质上等同起来，无论什么人，哪怕是周天子，也不具有偷窃杀人的道德支持。故而他考虑的是战争的道德根基，而与周天子之类的政治秩序无关。就他的反战理论，我们完全可以推导出，即便是周天子的征伐，也是不义的，形同盗窃的。这就逻辑地剥夺了周天子从立朝以来便拥有的政治权力。

他与鲁阳文君之间的一次讨论很有意思。鲁阳文君，是楚惠王时的封君，封在鲁阳（今河南鲁山县），与郑国接邻，他想攻打郑国以扩大自己的封地，墨子便去阻止他。他先打比方说："假定在您的封地之内，大都攻打小都，大家攻打小家，肆意杀人，大肆抢掠财物，您认为可以吗？"

鲁阳文君回答说："在我的封地之内，就算是我的属下，如果大都攻小都，大家攻小家，我一定不轻饶。"

墨子的回答是这样的：

（同样的道理）天的拥有天下，也就如同你拥有你的封地。你既然要严惩你封地内发生互相攻伐的行为，那么，天也不会允许在它的天下内发生互相攻伐的行为的。现在你要发兵攻打郑国，天的惩罚难道不会降临吗？

原文：夫天之兼有天下也，亦犹君之有四境之内也。今举兵将以攻郑，天诛其不至乎？（《鲁问》）

这里我们稍微分析一下。在鲁阳的四境之内互相攻伐，鲁阳文君不会坐视不管，因为他是一境之主。那么，诸侯国之间互相攻伐，谁作为天下之主来管一管呢？若要孔子来说，则定是周天子，孔子反对战争，其理论根据即是如此。但是墨子这里没有了周天子，而直接上达到"天"。显然，在诸侯与"天"之间，少了一个天的意志的人间代表者：天子。这是墨子眼里无周王的铁证。从孔子的"礼乐征伐自天子出"到墨子的"征伐自天出"，显然有一个大变化，这个变化就是周王朝及周王从实际社会政治中逐渐淡出的结果。"天子"的缺位，显然不是墨子的最后目的，他的最后目的是要用新的天子来取而代之。

没有"天子"，当然也就没有了与之相应的"天下"，所以墨子也是第一个大量使用"国家"这个词的人。他把诸侯的"国"与大夫的"家"合起来，用来指代原先天子的"天下"所包含的一切内涵。而且他的一切主张都是为了这种"国家"的：

> 假如一个国家混乱，就告诉他们尚贤尚同的道理；假如一个国家贫穷，就告诉他们节用节葬的做法；假如一个国家喜好声乐、沉迷于酒，就告诉他们非乐非命的好处；假如一个国家荒淫、怪僻、不讲究礼节，就告诉他们要尊天事鬼；假如一个国家以欺侮、掠夺、侵略、凌辱别国为事，就告诉他们要兼爱、非攻。
>
> 原文：国家昏乱，则语之尚贤尚同；国家贫，则语之节用节葬；国家熹音湛湎，则语之非乐非命；国家淫僻无礼，则语之尊天事鬼；国家务夺侵凌，则语之兼爱非攻。（《鲁问》）

你看，他已不再是周天子的理论家，而自甘做诸侯大夫的理论家了。他的"天下"，将从这些"国家"中熔铸而成；他的"天子"，更将从众多贤良中破壳而出。一切腐朽没落的，必将死亡，墨子在呼唤着新的世界！

五

墨子否定周王朝，更主要的表现在他对周文化的否定上。他的"兼爱"是反对"礼"的等级尊卑制度，"尚贤"是反对"亲亲"的贵族封建世袭制度。这两点实际上是周王朝政治运作与社会整合的主要环节。他的"节用""节葬""非乐"又是反对周王朝的文饰，这正是孔子所倾心向往的"郁郁乎文哉"的王朝风范。墨子认定"俯仰周旋，威仪之礼，圣王弗为"，显然，制礼作乐的周公在墨子这里绝不是圣王了，以礼乐文化为特色的周王朝当然也就不是什么圣朝了。

我们对他的一些主要观点略作探讨。

兼爱。"兼爱"之根本不在"爱"，而在"兼"。提倡"爱"，是儒墨共同的，不同在于儒家讲"别"（有差等的爱），墨家讲"兼"（无差等的爱）。有差等的爱，自然就是"亲亲"；无差等的爱，落实到政治上当然就是"尚贤"。所以，在墨子论"兼爱"的上中下三篇里，只第三篇有意义，因为在第三篇（《兼爱》下）中，墨子力证"兼"胜于"别"，然后论证了"兼爱"可以实现。我认为，论证兼爱胜过有差等的爱，比较容易，因为这只是在做一个很抽象的价值判断与选择。但论证兼爱可以实现就很难。这个论证有点像孟子证明人性善，吃力而不讨好。墨子的主要论据是：一、《尚书》中记载，古代曾经有过一个兼爱的时代，甚至讲"亲亲"的儒家所推崇的商汤、文、武、周公也都是兼爱的模范人物（这个论据现代的读者当然会不以为然）。二、还有比这更难的，只要君王提倡，都做到了。他举了三个例证：楚灵王好细腰，于是大臣自觉挨饿；越王勾践好勇，于是士兵们不惜生命；晋文公好敝衣，于是晋国人纷纷穿上破衣烂衫。他说，挨饿、轻生、敝衣，这三种天下难事，只要君王提倡，也能形成风气，何况"兼爱"，只能带来益处而不会带来坏处呢？但这种论证仍然漏洞很多。我宁愿相信墨子论兼爱与孟子论性善一样，都是出于一种良好的愿望，而不是科学的结论。而墨子的良好愿望中还带有推翻周文化的革命目标。他认为天下之所以混乱，乃是人们不相爱，而不相爱的原因，则正在于周文化的"亲亲"。"亲亲"导致自私，自私乃天下大害。墨子是第一个看穿统治者自私本质（也就是阶级本质）的明眼人。什么天下、百姓，全是骗人的鬼话。在这里，他比孔子清醒得多，锐利得多。孔子迷信"公天下"，而墨子则明白地看出了"家天下"的本质。

尚贤。在"尚贤"的主张中，我们可以看出"贱人"出身的墨子所代表的平民阶层的政治要求。我觉得，他的"尚贤"论证比"兼爱"论证费力少而收功多，简明扼要而铁证如山。面对周王朝"亲亲"传统的文化破烂，他恼火非常：

现在的王公大人，他们使之富，使之贵的，都是王公大人的骨肉之亲、无缘无故暴富暴贵的，以及面貌美丽的人。这样的人一定都聪明吗？如果不聪明，让他们去治理国家，国家的混乱不是可想而知吗？

原文：今王公夫人，其所富，其所贵，皆王公大人骨肉之亲、无故富贵、面目美好者也。今王公大人骨肉之亲、无故富贵、面目美好者，焉故必知哉？若不知，使治其国家，则其国家之乱，可得而知也。（《尚贤》下）

他还用了他最拿手的逻辑法和他的工匠经验：

现在的王公大人，有件衣裳不能制作，必定要借助好的工匠，有只牛羊不能宰杀，必定要借助好的屠夫……而一到国家混乱，社稷倾危，就不知道尚贤使能地来治理它了。

原文：今王公大人有一衣裳不能制也，必藉良工；有一牛羊不能杀也，必藉良宰……逮至其国家之乱，社稷之危，则不知使能以治之。（《尚贤》中）

墨子在论"非攻"时，也用了这个方法。用墨子的话说，这叫"不知类"。这种证明方法是颇具说服力的。

应该说，这种封建世袭之弊，确实是当时天下混乱，王朝崩溃，人民苦难的主要根源。吏治腐败，必然导致政府行为腐败，从而整个社会结构一触即溃。可以说，在中国思想史上，虽然孔子也小心翼翼地提过"任贤"以作为"亲亲"之弊的补偿，但对"亲亲"政治结构之危害做如此透彻的分析，对之进行如此彻底的清算，指出其非理性，使之臭名昭著，墨子实为第一人。同时，还应当指出，"尚贤"取代"亲亲"，乃是郡县制取代封建制的重要一环，甚至是关键一环。如此说来，在李斯议立郡县制前二百多年，墨子已经为之做好了理论准备。

非乐、节用、节葬，墨子倡导这些，我认为有两个原因。一是咱们的老祖先在黄河流域贫瘠的土地上生存繁衍，不比那地中海边的希腊城邦。农业经济的特点之一是积累慢而有限，经不起消耗，不比商品经济工业经济之生生不息。汉初几代的积累，只武帝一人就耗费干净；盛唐的富庶也只一场安史之乱便使之室屋荡尽。孟子大倡王道，但即便是他的王道实现之后，也是七十岁以上的人才能吃肉，五十岁以上的人才能穿上好衣服。在这样的生存环境中，开源既难，不节用怎么行？一节用，其极端一点的，便是如墨子，"区区不近情"（元遗山语），尽量削减衣食以外的消费：从活人身上省去娱乐费，从死人身上省去丧葬费。他甚至要人自身的生殖繁衍能力都充分利用而不浪费：男子二十必须娶妻，女子十五必须嫁人。为什么？赶紧生孩子以增殖人口呀！所以，墨子倡"节用"，还要"非乐""节葬"，实出不得已。庄子说墨子的这种做法（主要指"非乐"）不近人情，非常人所能忍受，但南方的庄子哪里知道北方生存环境的艰难呢！

原因之二，乃是墨子出身于平民。我想，这里大家彼此有个误会。周王朝的"乐""奢葬"等等，可能仅要求贵族，只有贵族才能享乐、听乐和观舞，只有贵族才能厚葬，服久丧，而一般平民既无资格，也无财力。贵族守丧三年有人供饭，平民守丧三年他喝西北风？况且谁替他纳赋贡税？没人纳赋贡税了，贵族的收入不也大大减少？把贵族的做法推广到民间确实太冬烘了，而墨子果然挺身反抗。实际上，与"礼不下庶人"一样，"乐"岂能下庶人？庶人而欲"乐"，简直是僭越。儒墨两家争个不休，其实只是一场误会。当然，从墨子的措辞之中，我们仍可看出他对周王朝礼乐文化的深恶痛绝。

墨子文章中，以"非"这种否定式为题的就有四个：《非儒》《非命》《非乐》《非攻》。除《非攻》是对一种社会现象进行否定外，其他三种都是对现存文化传统的否定。除此之外，我们前面还指出过，《尚贤》《兼爱》反"亲亲"，《节用》《节葬》反礼乐……我们可以说，墨子是在对前代文化进行清理，在对根深蒂固的文化传统大声说"不"！他冒天下之大不韪，撄虎须，犯众怒，独持偏见，一意孤行，他的思想观点，既是批判的武器，也是武器的批判，是对前代文化的批判。通过对周王朝的文化批判，以及对周王朝的文化进行批判，他建立了他的批判的文化——在这个意义上，他不愧是一个向帝国挑战的大剑侠。

六

上文提到，在墨子眼中已经没有了周天子。这表明，在他的政治框架中，出现了"天子"缺位的情况。缺位，就得补，他如同项羽一般，是认定"彼可取而代之"的。如何取代呢？在这里，墨子的思想放射出令人惊异的色彩，他提出了一个在后来中国两千多年历史中都没有人敢于响应的政治构想，我们甚至可以称之为民主联合政府：

> 选择天下贤良、聪明而又善辩的人，推举他为天子……选择辅佐天下贤良、聪明而又善辩的人，推举他为三公……划分天下区域，设立数以万计的诸侯国君……又选一些贤人，立为国君左右的将军、大夫以及里长……
>
> 原文：选择天下贤良、圣知、辩慧之人，立为天子……选择天下赞阅贤良、圣知、辩慧之人，置以为三公……靡分天下，设以为万诸侯国君……择其国之贤者，置以为左右将军大夫，以至乎乡里之长……（《尚同》中）

在这里，天子是在"尚贤"的标准下民选的，天子而下则有三公，构成最高权力机关，然后是诸侯国君，左右将军大夫，直至乡里之长，相当于基层组织。现行的政治体制彻底被抛弃了，贵族特权被否定了。除了民主选举这一点外，如果把诸侯国君改成郡、县，不极像后来的郡县制么！而其通过民众选举，推举贤良、圣知、辩慧之人为天子、三公、诸侯国君、民之正长，则极易使我们想起卢梭。这是一种多么伟大的思想！

但是，生活在遥远古代的墨子毕竟不能等同于近代的卢梭。在民主政治这一点上，他几乎没有可资利用的思想资源。再往下看，我们就又灰心失望了。这一段话如果译成白话，就会大大削弱墨子那种斩钉截铁不容置疑的口气，我们就引原文：

> 天子、诸侯国君，民之正长，既已定矣，天子为发政施教，曰："……上之所是，亦必是之；上之所非，亦必非之……上之所是不能是，上之所非不能非……下比而非其上者，上得则诛罚之！万民闻则非毁之！"

读这样的话，直让人倒吸冷气。太可怕了！难道我们选出一个天子来，就是让他实行专制吗？就是让他代替我们全体民众的思想，而全体民众只能俯首听从吗？如果是这样，我们还能有下一次选举的权利吗？而且，墨子的这种专制，不仅是君主专制（上得则诛罚之），而且还是集体的暴虐（万民闻则非毁之）。如若照墨子所言，我们中华大地，真的是没有异端的藏身之地了！没有异端的民族，难道不是一个濒于灭绝的民族么！

仔细回头再看他的题目，恍然大悟："尚同"也者，"上同"也，同于上也，和上面保持一致也。既然要同，就容不得异，并否定异端存在的伦理依据。这不是典型的专制么？难怪荀子批评他："有见于齐，无见于畸。"（《天论》）这是一切专制政治的理论基础呢。这里，我们可以看出来，墨子并非卢梭，倒是很像霍布士。

当然，墨子也看到了这一点，所以他在天子之上又预设了"天"，且是有意志的。《天志》《明鬼》两篇，我以为是墨子整个理论的最后补充，很像是墨子式的"宪法修正案"，主要目的就在于限制政府的权力，防止权力的滥用。为此，他力证"天"比"天子"更聪明、更仁慈、更有威力。天子若暴虐下民，天就要给他惩罚。他就这样解释夏桀、商纣、周厉王亡国殒身的下场的。应该说，这是一种吓唬战术。只可惜，中国古代的专制暴君往往是一些无所畏惧的唯物主义者，并不惧怕天志与鬼神。

有些论者认为，墨子在春秋后期还坚持天是一个有意志的实体，还相信鬼神的存在，是一种倒退。我并不这么看。这种"倒退"在汉代董仲舒那里也出现过。我想，这是有原因的。在贵族政治中贵族可以形成对皇权（天子）的一定约束，而在一个没有贵族的政治体制中，用什么来约束皇权？这当然是反对贵族政治的墨子必须考虑的，也是诸侯国灭亡以后董仲舒必须解决的。他们迫不得已，便只好借助于天与鬼神。我想，墨子谈鬼，乃是使人有所惧而有所不为；谈非命，则又是使人有所望而有所为；谈天志，则是使人（尤其是天子）对自己的欲望与行为有所检束。鬼神的迷信，是道德的一种补偿手段，迷信就是道德的一种实现（约束）形式。天的信仰，是法律的一种补偿手段，天志也是法律的一种实现（惩罚）形式。唉，墨子劳心竭虑的，不就是在想，如何对权力有所约束么？儒家寄希望于权力拥有者自身的道德约束，而墨子则开始寻找一种权力之外的约束。就这一点说，墨子不是倒退，而是进步。

另外，还有一点也应指出，墨子是提倡义利一致的，他在《经上》中说："义，利也。"这是中国古代对道德问题的最好的见解。道德的本质乃是利益之保障，或者说是利益实现的最方便的途径，从个人角度讲，道德的行为会使人得到最大的利；从社会角度言，道德的行为亦是社会以最小代价而获得最大效益的最佳方式。而不道德的社会行为，如墨子在《耕柱》篇中所说的"大国之攻小国"，结果是大国小国全都不划算，全都受损失。

孟子
王者师与大丈夫

一

孟子是"亚圣"。从学问渊源上讲，他也算是孔子的嫡传。他受业于孔子的孙子子思的门人，而子思又是受业于对孔子思想"独得其宗"的曾子的，这就显示出孟子的正统地位了。这正统地位，连野心极大用心极深篡位之欲极强的唐代韩愈都不敢有任何微辞。韩愈可是攻坚拔固的好手，他一路势如破竹地向历史进攻，连荀子都给他推翻了，并踏上一只脚。但到了孟子跟前，也许是看看孟子太强大，自己确实不是对手；也许是自己已是强弩之末，只好对之顶礼膜拜，在孟子身后给自己"敷座而坐"，擦擦头上的虚汗（他的身体差得很哩），摆出一副自我作古的派头，俨然在道统中有了一席之地。

但孟子的"亚圣"地位，是不靠嫡统，不靠韩愈式的自封，而是靠他对儒门的大贡献的。也就是说，他于儒门有别人难以企及的大功勋。可以这样说，在孔门的历代弟子中，数孟轲先生最有斗志，有干劲，有热血，而又最无私心，无渣滓心，无势利心。一句话，最无"小"心。

孟子对儒门的大贡献，至少有三点：

第一，他把孔子的"仁"发展到了"义"。孔子谈"仁"也谈"义"，孟子谈"义"也谈"仁"，但两者还是有侧重点的不同。孔子重"仁"，孟子重"义"，所以孔曰"成仁"，孟曰"取义"，孔子讲"杀身成仁"，孟子讲"舍生取义"。"仁""义"区别在哪里？其实两者本质并无不同，只是表现的地方不同。孟子就进行过区分，他说："仁者，人心也；义者，人路也。"（仁，是人的内心修养；义，是人所遵循的正道）他又说："仁，人之安宅也；义，人之正路也。"（仁，是人安身立命之所；义，是人行事的正确法则）孟子把孔子的"仁"发展为"义"，乃表明他更注重对人外在行为的评价，这除了表明他更希望人把仁心表现出来，施及于人，也表明他更注重实际——一个人内心的真实思想我们是无从知道的，也无须知道，无须控制也无从控制，只要他外在行为合乎道德规范即可。所以，"义者，宜也"（义，就是行为适当）。所以，孟子的"义"比孔子的"仁"，更具体可行，操作性强。

有一次，齐宣王坐在朝堂之上，看到一个人牵着一头牛从外面经过，这头牛一边走一边发抖。原来这头牛要拉去宰杀，用牛血去衅钟。宣王看着这牛发抖，心里不是滋味，就下令放了这头牛，另换一只羊去衅钟。这事让孟子知道了，他据此一口咬定齐宣王有仁心（连宣王自己都不大相信），是块好料子，现在只差孟子来给他雕琢成器了。孟子教导他说，光有内在的隐藏不露的"仁心"是不够的，只有把这仁心中的仁爱表现在政策上，推恩于天下，才真正有益于百姓。他尖锐地批评齐宣王"恩足以及禽兽，而功不至于百姓"，乃是"不为"，也就是不在外在行为上行"义"。"义"就是按"仁"的法则去做。这一点，他似乎比孔子讲究实际一些。

同时，"义"的评价比"仁"的评价也可行得多。评价一个人的行为是否"义"（适宜），总比了解一个人的内心是否仁德要容易得多，也可信得多。

义，对道德实践者而言，也便于操作。要真正地在内心意志上达到圣人的境界谈何容易？但约束自己的行为，或者说，在内心的欲求与"义"发生矛盾时，能克制自己而屈从"义"，则较易做到。孟子可能是意识到，要求人人都有一颗圣贤之心，实在是一种妄想，现实一点的是，要人人都能对自己有所约束。应该说，孟子走的这一步，是使得不可企及的孔子人格理想走向大众。大众不可能人人在事实上成圣，但大众可以通过自我约束，而过一种体面的生活。孔子的"圣贤"理想只能是一小撮精神贵族的追求，而孟子的"义"则有可能成为普遍的伦理道德规范。在孟子对儒学的三点发展中，这一点最值得我们肯定。

第二，如果说，孟子把孔子的"仁"从道德角度发展为"义"，那么，从政治角度，他又将之发展为"仁政"，也就是他的"王道"。在这一点上，孟夫子可是为儒家学派立了大功。孔子也讲过"仁政"，但对其内涵并没有做详细的说明，显得空洞而浮泛，无论在理论层面，还是在操作层面，都没有进行有说服力的论证。是孟子接过手，把这工作做完了，而且我们还得承认，他做得蛮出色。他把孔子的伦理思想演义为一整套的政治构想，完成了由学术向政治的过渡，学者成为政治幕僚，孟子也就自封为"王者师"。

这套理论，使得学统、道统与政统融合无间，合而为一，从而"学"与"仕"不再有任何学理上的隔膜，"学而仕"变成"直通车"，"士"变成"士大夫"成了顺理成章之事，从这个意义上说，谁能说孟子的"融合三统"不是为后来的科举取士奠定了基础呢？

同时，这一套政治构想上有"六经"之依据，下有统治者之扶持，从而儒术才能在后来"独尊"。鲁迅说，孔夫子是中国的权势者捧起来的。权势者为什么单单相中了孔夫子，而捧他尊他呢？就是因为孟子的这套政治理论。毋庸讳言，以道德为基础的政治必然是专制政治，而专制政治也必以道德为基础。所以，孟子这一套建立在道德基础之上的政治构想，必然与专制政治"狼狈为奸"，从而贻害无穷。

简单地说，孟子的政治构想是这样的，很有一厢情愿的味道：人本性是善的，因此就有仁心的苗子，把这仁心加以扶植，不让其放失，且使之枝繁叶茂，便是养身了；然后用自身这光辉的形象做样板，"刑于寡妻"（给妻子做道德示范）便是齐家，"以御于家邦"（以此治理家国）便是治国；用仁政治国，就是行王道，行王道当然是"天下莫之能御"（天下没有人能够抵挡），从此天下太平。这种构想的幼稚性实在太明显了，而这种幼稚的政治构想竟然蒙蔽了整个中国封建社会，那些劳心竭虑想求治的士人们只知道耐心地等待一个不失仁心且能将这仁心推恩到广大百姓的圣明君主，并且在无数次失望后也想不出要另谋生路。直到"五四"后，以蔡元培、李大钊、胡适等十六人为代表的知识界，还提倡"好人政府主义"呢。在孟子这一棵树上，吊死了多少代英雄豪杰与智谋之士？这里面有统治者的阴谋吧？但我想，关键还在于文化自身的缺陷。即此一点，我斗胆地说，中国的封建文化，有它不成熟并且永远也不可能再成熟的地方。现代读者能觉得出孟子这一套构想的幼稚，应该说是得力于"西学东渐"，知道换一个角度看问题，从而换一种活法。古代的那些智谋之士，其个人智慧不管多大，也不能窥破这个文化阴影之中的机关。孟子这一套宏伟的雄辩滔滔的政治构想，似乎包含有严密的逻辑推理，似乎有不可摇撼的威严和合理性。但我想，他的前提是否错了？一旦不能证明人性是善的，证明君主们都能不丧失这微弱的善的小苗苗，且在花天酒地醇酒妇人以及血腥"相斫"时，还能扶植这个小苗苗，使之蔚然而成大气候，那么，孟子的整个政治建筑都将土崩瓦解。这就要谈到孟子的"性善论"了。

性善论是孟子对儒学的第三大贡献。孔子不愿意谈人性，他可能意识到这是一个不能解答的问题。《论语》中只模糊地提到"性相近，习相远"，只说人性之初大致相近，有共同的人性，并未做善恶之分。所以，从这一点讲，孟子道性善，荀子言性恶，都与孔子不矛盾。但孟子的性善论实为儒家哲学、伦理学、政治学之基础。在这一点上，孟子对儒家可谓功勋卓著。后来程朱等人严厉批评荀子的性恶论，并借此认定荀子已失去儒家的根本，他们也算明白人，知道在性善问题上决不能做丝毫的让步，因为这一步让出去了，儒家就没有立锥之地了。但孟子在他的七篇大作里并没能证明"人性善"。程朱等也还是不能证明"人性善"。

傅伟勋先生在他的《儒家心性论的现代化课题》一文中，列出孟子证立"性善论"的十大论辩。但傅先生也客观地指出，这十大论辩都不能直接证立"性善论"为真。既如此，那就不管数量多少也没用了。十个不完全的论证，不能凑成一个完全的论证。一百个也不行，一千个一万个也不行。

可以说，在对人性本善的论证上，聪明绝顶的孟子已经绞尽脑汁了，能想到的都想到了，能利用的都利用了，以至后来的程朱及当今的第三代新儒家们，再也不能提出什么新的证明。

我想，人性问题，无论是证善，还是证恶，都缺乏足够的理论支持。这极有可能是一个不能证明的问题。它不属于理性范畴，而可能属于非理性范畴。孟子运用不少经验证明，比如，孟子用"恻隐之心"来证明人性本善。但，经验证明不是有效证明，对此我们完全可以举出更多相反的经验。我们每个人几乎都有触动恻隐之心的经验，好像其普遍性足以证立人性本善，然而，我们是否也普遍具有"小人之心"的经验呢？如若孟子所说，我们看到一头牛将被杀，一个小孩将落井，马上就会有怜悯和救助之心涌现；但另一时刻，我们是否也暗暗存有别的一些念头和情感，比如妒嫉、幸灾乐祸、争夺之心呢？所以，若以经验来证明，我们也可以证立人性恶。

孟子还特别喜欢类比证明。但用比喻论证实在是冒险，是冒险的证明，也是证明的冒险，当然，也可能是一种有意为之的骗局，这要视证明人的品性而定。

告子认为，人性如同流水，挖开西方则向西流，挖开东方就向东流。所以，就如同水没有一定的方向一样，人性没有善与不善。孟子批驳说："水确实不分东西。但也不分上下吗？人性的善，就如同水往下流一样。人的本性没有不善的，水没有不往下流的。"告子用比喻例证，孟子也用比喻反驳，而且也以水为喻。真正的善辩，就地取材，操斧伐柯。但告子似乎仅仅以比喻来说明，而孟子则直接用比喻来证明。用比喻来说明是可以的，但用比喻来证明则是不允许的。在这里，孟子就犯了两个错误。一是，水固然往下流，但这也不是水的本性，这是地球引力的结果，与告子所说的往东往西流一样仍然是外在影响。山上的石头若失去支撑和摩擦力，也会往下滚呢，往下的岂止是水？孟子不懂地球引力，但他看不出万物都向下落吗？难道有人看见苹果落地会发现地球引力，而我们就只能以此证立一种道德观点吗？孟子犯的另外一个错误是，这个比喻论证可以证立其真，也可证立其伪，也就是说，水永远向下，只能比喻人性有一固定趋向，但并不能证明它的具体方向。我们把孟子的原话改动一个字，改"善"为"恶"，变成这样看一看——"人性之恶也，犹水之就下也，人无有不恶，水无有不下"，这个比喻不仍然成立么？孟子能证明什么呢？

二

既然不能从事实上证明人性善或恶，那可能就不得不退而求其次，做价值层次上的选择。孟子就是这么做的。他已被自己的证明搞得焦头烂额了，还不如趁早摊牌，获得解脱。他有一句话，表明他认定性善，乃是出于价值考虑而非事实认定。这句话是："言人之不善，当如后患何？"——他的意思是，你若说人性不是善的，那么人要是做了坏事，并安心于做坏事，且声称这是出自人的本性，你有什么理由制止他呢？唉，这位天真迂阔的孟夫子，他竟幼稚到想用道德激励的方法来防止罪恶！后来，我们也就这么干了。我们喊几声"皇上圣明"，心里并不认为那个憨大真的圣明，而是想借此鼓励他变得圣明一些；喊"皇上仁慈"，也并不认为那凶徒真的仁慈，而是想借此使他不好意思凶恶。噫！当我们认定性善，撤去一切自我防范，把一切都交给这个伟大光荣正确的皇上后，我们除此之外，能有其他什么法子么？谁让我们撤除了对权力的戒备的呢？是"人性善"呀！所以我们也只有等待着君主们偶一良心发现，像爱惜一头牛一样爱惜我们了。

写到这里，我想起了黑格尔关于人性的议论。他也承认无法从事实上证立性善或性恶，所以他认为，说人性善恶都对，但他下面的话很有意思：人们以为，当他们说人性本善的这句话时，他们就说出了一种很伟大的思想；但是他们忘记了，当人们说人性本恶这句话时，是说出了一种更加伟大的思想——为什么说人性恶比说人性善伟大得多？我想，在这里，精通逻辑思虑冷静的老黑格尔，显然比冲动激情的孟夫子老成而深刻，而中西文化在这里显然分出了一些优劣：说人性善，只能祈求人们向善，它相信人的自我道德约束，最终导致的是政治专权；说人性恶，便能积极地去防恶，它导致的是对权力的制衡。真的，孟子说出了一种伟大的思想，老黑格尔却说出了更伟大得多的思想。

三

孟子的言论，往往有不刊之论，这是其不朽之处。但这也是他的障眼法。读者读他的那些正大之论，会被他的道德正义所感染，热血沸腾心旌摇荡，从而忽略了他的不通事实，不合逻辑处。他的正大之论，往往和他所要解决的具体问题不构成对应关系：他的哲理，或不能从他摆出的事实中推理出来，或不能解答他要论证的问题。所以，他的文章，徒以气势胜，而缺乏内在逻辑。为了说明这一问题，我们举一例，《公孙丑》上：

孟子说："造箭的人难道（天生）比造铠甲的人不仁吗？造箭的人唯恐不能伤人，造铠甲的人唯恐人受到伤害。（唯恐自己的法术不灵救不活病人的）巫医和（唯恐不死人棺材卖不出去的）木匠也是如此。所以选择职业不可不慎重啊。孔子说：'自居于仁的位置是最好的。选择自己的位置时不自居于仁，哪里算聪明呢？'……不仁、不智、无礼、无义的人，只能做仆役……"

原文：孟子曰："矢人岂不仁于函人哉？矢人唯恐不伤人，函人唯恐伤人。巫匠亦然。故术不可不慎也。孔子曰：'里仁为美。择不处仁，焉得智？'……不仁、不智、无礼、无义，人役也……"

这一段话前面几句所叙的事实是正确的。它恰恰说明了抽象道德观念的无用。人的行为有一具体目标，这一目标即是利益及其最大化，而非抽象的道德。道德只是对实现这一目标的行为进行规范化，使之合理合法有序地运作。但孟子得出的结论不是这样，而是正相反：他由抽象道德至上的观念得出了"术不可不慎"的结论，实在令人匪夷所思。如果照他的说法，人在造箭与道德之间只能做出一种选择：要么去造箭而不要道德，要道德就不能造箭。而他是鼓励人们不造箭以完成道德自我完善的。但我担心的是，如果像他说的那样，道德自我完善是完成了，而他所极力称道的商汤周武的征伐却完不成了：他们哪里有弓箭去征伐呢？而那些为商汤周武的征伐而造箭的人也是不仁的吗？

再之，孟子讲厚葬，他对古代的棺椁大小尺寸了解得很透彻，主张"不以天下俭其亲"，并且身体力行厚葬了自己的母亲。如果他要求造棺材的木匠都谨慎地重新选择自己的职业，以完成道德自我完善，那孟子葬母的大典就完不成了，除非孟子自己去造棺。而那为孟子先母造棺椁的人也是不仁的吗？

况且，没有了箭，还要铠甲干什么呢？如果没有了"自居不仁"的造箭者，"自居于仁"的造铠甲者不也消失了么？

如果说，孟子的"术不可不慎"是说，职业（或专业）也有道德与非道德之分，那么，他的"为役"论，则又好像在说，地位的高低也有道德与非道德之分。一个大思想家竟然糊里糊涂地搞出这么一个结论，真让人为他脸红。

我有时在家里发呆，像孟子这样绝顶聪明的人，何以会犯这么多的简单的逻辑错误。他不是说他为人有两大优点，其一就是"知言"么？他曾指斥过他那个时代言论上的诸多毛病，将之概括为诐辞（偏而不正的言论）、淫辞（过头的言论）、邪辞（不正当的言论）、遁辞（吞吞吐吐的言论）。其实，他著作中的诐辞、淫辞、邪辞与遁辞比谁都来得多，来得绝，来得固执，来得自信与傲慢，当然，可能还来得自觉与故意。后来，我渐渐地看出门道，原来孟子谈问题，不是在说"这样是真的"，而是在说"这样是好的"。所以，他所谈的，不是真理，而是道理。他认定价值判断优于事实判断。甚至对历史，他也采取这种态度。他所谈的历史，往往不是事实中曾有的历史，而是他想象中的历史，在想象中美化或丑化的历史，或者说，是他主观中的历史。你看他谈尧舜，谈汤武，谈他们的立身、行事和政绩，哪一点不是他主观认定"该是这样的"？用这种态度来研究历史，是不科学的，但他的这种方法，却影响了中国几千年，影响了中国知识界几千年来关于历史的信念和道德的信念。他和孔子一起，几乎是"创造"了一个上古的历史。

司马迁给孟子作传，只寥寥数言，比之于他给老子、孔子、庄子、韩非子所作的传都要短，甚至短得多，还不及那个齐国怪杰邹衍的传长。司马迁大概是不大喜欢孟子对自己那一套理论的狂热吧。传说中，梁惠王认为孟子是"迂远而阔于事情"，这很可能也是司马迁的看法。因为紧接着下面司马迁就说，孟子的时代，秦国用商鞅，富国强兵；楚魏用吴起，战胜弱敌；齐威王、宣王用孙子田忌之徒，逼得诸侯都向东朝拜齐国。天下这时都在搞合纵或搞连横，以能攻善战为本事，孟子却一味在那里说什么仁政，当然不合时宜了。

总之，孟子用正义的原则来代替逻辑的原则，又用他那半通不通的逻辑推理代替事实，正如同用复仇行为代替法律审判，又用推理来断案。但读复仇故事比旁听法庭审理过瘾，读孟子的文章就有这种过瘾的感觉。在先秦散文大家中，数孟子和庄子最为偏激，最钻牛角尖，但他们的文章却也因此最好看。与偏激的人聊天较有趣味，与公允之状可掬的人打交道则乏味透顶。读文章也是如此。张岱说："人无癖不可与交，以其无深情也；人无疵不可与交，以其无天真气也。"是的，庄子有大癖，所以他的文章中有大深情，深不可测；孟子有大疵，所以他的文章有天真气，真气淋漓。他们的文章，是天下之至文！

四

孟子政治构想的脆弱易碎，还不仅仅在于他的基础"性善论"的可疑。这只是第一个问题。还有第二个问题，这个问题同样致命。这第二个问题是：即便出现了一个绝对的圣人，而他又具有了绝对的权威，他能仅凭一己的道德示范治理天下吗？结论是明显的，韩非等人也早就提出过这个问题，并给予了否定的回答。我曾写过一篇文章叫《孔孟的道德和家庭》，发表在《美文》一九九七年第九期上，就是刺一刺那个什么"内圣外王"之道的。因为这篇文章与孟子的政治思想关系极大，就转录于下：

　　被列入儒家经典"四书"之首的《大学》上，有这样一段话："古之欲明明德于天下者，先治其国；欲治其国者，先齐其家；欲齐其家者，先修其身；欲修其身者，先正其心；欲正其心者，先诚其意。"一气贯注又大气磅礴，雷霆万钧而席卷天下，你根本无机会清醒就已点头称是，唯唯诺诺，这也实在是作文唬人的一个好法子。然后，它笔锋一转，又来个逆向推理，顺原路横扫回去，更其驾轻就熟，势不可挡："意诚而后心正；心正而后身修；身修而后家齐；家齐而后国治；国治而后天下平。"——好厉害！老子说"治大国若烹小鲜"怕也不比这更洒脱倜傥了。记得我初读《大学》时，见此一段高论，立刻佩服得五体投地，俯首帖耳。对什么"内圣外王"之道啦，新儒家所谓"内宇宙外宇宙"啦，更是心仪不已。以后每次念及中国历史之黑暗与残忍时，都愤愤然于历代统治者之不诚意不正心不修身；又每每哀叹何以几千年的封建社会，那么多走马灯似的皇帝，"圣明天子"，竟无一人能行王道。但我又想，孔子一直是被人称为德配于王而无王位的，甚是可惜了，孟子在这一层道德与遭际上也与孔子差不离，若是孔孟能当政，大概他们是能做到修身齐家治国平天下的。于是我便自然地迁怒于鲁定公、卫灵公以及齐宣王、梁惠王之流了。

　　但是，我对于孔孟之道的信仰，却在某一天变得不自在了：照《大学》上的理论，是修身便能齐家，家齐便能治国，国治便能平天下的。孔孟没有机会去治国平天下，我们一直是认为他们有此能力而无此机缘，有此理论却又被现实扼杀的——但他们的家，齐得怎么样呢？如果用他们的这套理论，果然治得家里父慈子孝，夫良妻贤，那倒还好，还真让我们为他们的不得志而抱怨千载之下，但若他们的家齐得不好，就是说，凭他们个人巨大崇高的德行，甚至不能感化妻子，我看这一套理论就得崩溃，这实在关系着儒家的命脉，新儒家们当心了。

　　我的这种挨千刀的想法是在某一天无聊，一人琢磨《论语》时想到的。《论语》中有孔子这样一句话感喟："唯女子与小人为难养也，近之则不孙（逊），远之则怨。"这话是大家都熟识的，但这里面有一个问题，我们知道，孔子是一生不和女人有瓜葛的，他曾很愤激地说过"吾未见好德如好色者"的，这话也可算是一个证据。况他手下有三千弟子七十二贤者，有一些高足更是行则同车止则接席，老先生若是和女人有来往，肯定不大便当，也有损形象，并且《论语》中确也无这方面的记载——古代严正的哲学家和现代浪漫的艺术家是有不同的为人风格的。他老先生只是在恓惶中和卫君的那位美而妖的南子夫人乘车在街上风光了一回，就遭到了认真而呆板的子路的质疑，弄得他指天发誓说明自己清白。人到了"圣人"的地步，就不大能恋爱自由了。所以我想，孔子这句发自肺腑的感慨决不是经历的女人多了，在女人那里吃的亏多了，才这样醒悟的。小人他倒是碰到过不少，并且是大吃其亏。又，孔子那时，还没有《妇女心理学》《第二性》这一类科研项目，他老先生自己热心安邦治国，要"兴灭国，继绝世，举逸民"，任重而道远，对女人问题他并没做过专门研究，没有办妇女杂志，没有散发一些心理咨询的表格让女人们填写，更没有带上录音机去采访女名人或女明星，然后一同很暧昧也很兴奋地喝咖啡吃螃蟹——那么，他的这句意味深长的感慨因何而发？毫无疑问，来自他的夫人（总不会有什么新儒认为孔子有丰富的外遇或者认为孔子这句感慨来自他那位守寡一生的孤苦的母亲颜徵在吧）。对圣人的这位悲苦的夫人我们现在茫昧然了，好在孔子有子名鲤，字伯鱼，由伯鱼可以逆推其母的存在。现在我们来平心静气地研究孔子的话："近之则不逊，远之则怨"，更可知此"难养"的女人，实即孔夫人无疑，不然孔子还和另外哪位女人有此种有时近有时远，聚合又分别，分别又聚合，忽而亲如胶漆，忽而疏如楚越的丰富体验？而这也正是孔夫人的写真。当圣人"志于道"而周游列国的时候，孔夫人独守空房，能不有些闺怨之情？她又不是"志于道"的女圣人。待终于盼到丈夫归来，当然想亲热一些，大概圣人还是板着因壁碰得太多而铁青的面孔，一副圣人样而非丈夫样。孔子不怪自己疏于齐家，轻视夫人，反而怪妇人不逊且怨，并进而推论凡女性皆难侍候，这总不大公道吧。

　　再看亚圣孟轲先生。在他的七篇大作里，也没有提到孟夫人。他在齐国稷下很阔地做客卿时，孟夫人是否也一同享受荣华？好像也没有，他是把自己的夫人丢在家里自己去做独闯天下的"大丈夫"的，不过他有"以顺为正者，妾妇之道"的话，可见其对女性的面孔。《韩诗外传》载，他的夫人傲慢，他就要休她，这比孔子更冷酷了，孔子只装成一个左右不是的受气包的样子。《列女传》说孟子夫人在自己卧室中袒露了些，孟子就不进房门。这更可怕，要在今天，肯定会被怀疑为生理不正常者。今日的歌舞影星袒在舞台，众目睽睽，不也光彩得很么。

由以上看来，即便是在人伦最高等级的孔孟圣人，也是没有齐好家的，至少他们的夫妇关系就不和，甚至要离婚休妻。而照儒家的说法，是先有夫妇然后有父子（孝），有父子然后有君臣（忠）的，可见夫妇是家和国的基础。而这两位儒家偶像，一个是抱怨夫人怨而不逊，难侍候；一个是怪夫人傲慢，有些"嫳屑"，要休掉。我真不知道孟子在齐宣王面前大肆吹捧王道时，内心是否虚怯。他甚至还敢于引《诗经》中赞美文王的诗呢，《诗》云："刑（型）于寡妻，至于兄弟，以御于家邦。"真是言之凿凿，气壮如牛，但不知内心是否惴惴不安。大概宣王忠厚，不知道孟子夫妇不和，不然反将孟子一军，"你先用道德感化你的妻子给我看看"，那真会出现历史上最大的笑话。

韩非子是曾怀疑过舜的，他说，舜既然能用德行治好天下，为什么在他没有得到禅让的权势之前不能感化他的父亲瞽叟他的后母及兄弟象呢？我也在这里怀疑孔孟之道，既然儒家代代都有人鼓吹道德可以治国，治国根本在于修身，为什么即便德高如孔孟，都感化不了自己的妻子反而闹得要离婚呢？

上文提到傅伟勋先生在他的《儒家心性论的现代化课题》一文中，说孟子关于他的"人性善"，有"十大论辩"。真理只需要一个证明，甚至不需要证明，几何学中"两点之间直线最短"就无须证明。连狗都知道循直线跑去抢骨头，而不是弯弯绕地去。所以，我以为，要批倒内圣外王，不需要人山人海的大批判，也不需要学者们的什么"现代化转换"之类的学问和功夫，只要请出孔夫人、孟夫人，让她们谈谈孔圣人孟亚圣如何理家及其效果，即可。《大学》上不是明白地宣称"其家不可教而能教人者，无之"么？即便"内圣"了，"外王"还不是一句空话？

五

孟子是一个颇多争议的人物，这一点不比孔子，孔子坚如磐石。最早批评孟子的是荀子，这位和孟子同在稷下、同尊孔子的后辈好像和孟子有些过节，他对孟子的批评非常感情用事，很有一些泄愤的味道。这与他一贯的公允平实大有径庭。到东汉更有王充，用极为刺眼的《刺孟》来刺他。不过，总体而言，荀子批孟乃学术之争，颇有创见；王充《刺孟》虽然不免强词夺理，乱刺一通，但他的着眼点仍在寻孟子的逻辑错误与言行矛盾，并且还真的找出了一些孟夫子在夸夸其谈时犯下的错误，对我们颇有启发。而后来的一些卫道士对孟子的批评就不同了，他们批评孟子，不是学术之争；相反，他们对孟子的那一套政治构想是无条件赞同的，他们批评的是孟子的人格。在与君主的关系上，孟子"大丈夫"气太足了，使乐于做妾并做出甜头的他们颇为心烦。比如程颐，他赞孟子"仁义"，赞孟子"养气"，赞孟子"性善"，赞孟子"以道自任"，一路赞下来，却在另外一处停了下来，瞧来瞧去不顺眼，嗅来嗅去不是味："孟子有些英气"——他说对了——"才有英气，便有圭角"——他又说对了——"英气甚害事"——害什么事呢？照他的意思，当然是害成圣成贤之事。但我还是戳穿了他说，害成妾成臣之气。

孟子有英气，英气勃发，那是丈夫初长成时的阳刚之气，浩然之气。孟子有圭角，凛然难犯，那是男儿的铮铮傲骨，无一丝邪媚之态。这正是孟子最了不起的地方。

我喜欢孟子，乃是相较于程朱们的。就人格而言，我喜欢堂堂正正的刚烈汉子，讨厌那种百媚千娇的温软小妾。孟子比起程朱，确乎是顶天立地的豪杰、硬汉子，他的浩然之气充塞于天地之间，使得后世的曲学阿世之流愈显卑弱而屠头，他的粗嗓门发出的是黄钟大吕般的声音，愈显后儒们的声音如尖细的秋虫之鸣。

中国古代政治与文化的关系，恰如夫妻关系。有时文化甚至连妻的地位都没有，而是妾。妻妾很小心地侍奉丈夫，温柔敦厚，即便怨也不能怒，即便哀也不能伤。"夫为妻纲"与"君为臣纲"是并列的，文人一旦做了"臣"，君就是他的纲，而"臣"与"妾"合成一个新词叫"臣妾"。可见做了人家官僚机构中的一员后，便如同做了妾，臣为君所弃，或降职、流放，亦如同美人之失宠，打在冷宫。这一点，连旷代的大英雄，以五十人冲入对方五万人大营活捉叛徒的辛弃疾也不免，他就以汉代失宠于汉武帝的陈皇后陈阿娇比喻自己失意于宋孝宗。我在教学中，每当讲到他这首"敛雄心，抗高调，变温婉，成悲凉"（周济评语）的《摸鱼儿》词"更能消几番风雨"，便心灰意冷。纵使你有万丈雄心，碰到哪怕像宋孝宗这样的庸碌的君，你不也一变而为温婉又悲凄的小妾？这种文化传统太可怕了。

但在孟子的时代情形还不是这样。至少那时候诸侯多，又没有包办婚姻，更没有"一女不事二夫"之说，所以，可以移情别恋，也可以独身。孟子就有意识地保持自己的独立，宁做处士（这个"处"也是"处女"的处呢），也不随便入你彀中。他在齐国就只做客卿，"不治而议论"，在"不治"中保持"议论"——也就是文化批判的权利、自由与视角，保持文化的独立品格，他说，"以顺为正者，妾妇之道也"，妾妇之道也就是为臣之道，他不愿意顺，所以他不臣。他要做"王者师"，王者若不认他这个师，他就做独立的大丈夫。不吝去留，了无牵挂，就是不做委身事人的臣妾。

李贽曾倾心赞美齐宣王为"一代圣主"，这个意见我也是同意的。至少从胸襟气度上讲，古往今来，比得上他的还真没见。让一帮人在他身边"不治而议论"，专挑他的不是，他还供给这些人很不错的饭碗、别墅和车辆，宣王大矣哉！

宣王的资质禀赋也很不错，所以他成为孟子最好的对话者。哲学往往就是在智者之间的对话中自然生成。不过像孟子那样盛气凌人，党同伐异，一般人是不愿意和他辩论的。他在稷下学宫就好像没人和他辩。他的"好辩"名声太大，而且一辩就必欲置对方于死地，辩论风度极差，一点也不费厄泼赖，甚至辩不过就骂，比如他骂杨墨：

> 杨氏为我，是无君也；墨氏兼爱，是无父也。无父无君，是禽兽也。（《滕文公》下）

这种骂法，人们当然对他敬而远之。孟子此时会有独立荒野，拔剑四顾无敌手的寂寞吧。这时齐宣王常派人来请他去聊聊，实在是雪中送炭，但他偏偏还摆架子，说什么圣君有不召之臣，必须先师之然后臣之，让齐王来见他。他先糊弄出一个理论根据，说人受尊重有三点：年纪大；学问大；地位高。宣王只占了一条地位高，而我孟子占了两条，二比一，当然应该是他来见我。孟子的朋友景丑就责怪孟子说："我是常常看见齐王敬重您，而从未见过您何时敬重过齐王。"孟子食人之禄却没有一点谀媚之态，反而端起碗吃人酒肉，放下碗骂人爹娘，颐指气使，大大咧咧，如同别人欠了他什么！宣王位尊权重却没有一点蛮横之状，反而恭敬有加，小心翼翼地听从教训，如同犯了错误的学生。这是理想的文人与侯王的关系，也是理想的"道"与"势"的关系。我们算是在孟子那里见着世面了，就凭孟子让我们开了眼这一点，他也理当受我们三拜。

孟子好骂。他骂杨墨，但他更骂诸侯。他常常骂得齐宣王"勃然变乎色"，"顾左右而言他"。对梁惠王梁襄王父子，他好像尤其恼火，一则当面骂梁惠王"率兽食人"（带着野兽来吃人，这简直是说出了专制君主的共同兽性），"不仁哉，梁惠王也"！再则背后骂梁襄王"不似人君"。他把当时所有的诸侯，一律骂为"五霸之罪人"，全都"嗜杀人"。我以为，在先秦，有五种主要的人格理想（请参见本书"庄子"一文），其中一种就是孟子式人格。孟子式人格是什么？就是大丈夫！

> 以顺从作为自己的本性，是妾妇的为人之道。居住于天下宽敞的住宅——"仁"，站立于天下正确的位置——"礼"，行走于天下广阔的道路——"义"。得志时，和人民一起实行这些，不得志时，独自实行这些。富贵不能使他的心智惑乱，贫贱不能使他的节操改变，威武不能使他的意志屈服，这才叫作大丈夫！
>
> 原文：以顺为正者，妾妇之道也。居天下之广居，立天下之正位，行天下之大道。得志，与民由之，不得志，独行其道。富贵不能淫，贫贱不能移，威武不能屈——此之谓大丈夫！（《滕文公》下）

由"大丈夫"到"臣妾"，再到清代的"奴才"，这是中国封建专制社会的人格史。

我们再看看孟子"大丈夫"的表现。孔子是"畏大人"的，而孟子则越是在"大人"面前，越是昂藏一丈夫，孟子说：

向当权的大人进言，要藐视他，别瞧他高高在上的样子。殿堂的基础数丈高，屋檐几尺宽，我即使得志，也不屑这样做。面前摆满食品，侍妾数百人，我即使得志，也不屑这样做。饮酒作乐，驰骋打猎，跟随的车子上千辆，我即使得志，也不屑这样做。他们的所作所为，都是我不屑于干的；而我的所作所为，都合乎古代的制度。我为什么怕他们呢？

原文：说大人则藐之，勿视其巍巍然。堂高数仞，榱题数尺，我得志弗为也。食前方丈，侍妾数百人，我得志弗为也。般乐饮酒，驰骋田猎，后车千乘，我得志弗为也。在彼者皆我所不为也，在我者皆古之制也。吾何畏彼哉？（《尽心》下）

他们那种种腐朽与堕落的生活，即使我得了志，也不愿意过，那我还为什么敬畏他们呢？真正是"壁立千仞，无欲则刚"。这种正大光明，这种浩然正气，使得一切蝇营狗苟者都黯然失色。只有在这种伟大的"民"面前，君才会"轻"。孟子大倡"民贵君轻"，不亦宜乎！

要等到有文王这样的圣君出来支持才能成就事业的人，是平庸的人。至于真正的英雄豪杰，即使在没有圣君的时代，也能做出伟大的事业！

原文：待文王而后兴者，凡民也；若夫豪杰之士，虽无文王犹兴！（《尽心》上）

我很惊讶这样的话出现在孟子的作品中。我想，这是孟子政治思想的光辉顶点。伟大的人民能管理好自己，他们不需要圣贤与帝王的安排，"从来就没有什么救世主，也不靠神仙皇帝！要创造人类的幸福，全靠我们自己"！

孟子的这种人格，也是时代的赐予。孟子是他那个原野上的参天大树，也仅仅那个原野可以有参天大树。随着专制渐深，能生长的也只有一些"无人知道的小草"，而满足于"大地把我拥抱，阳光把我照耀"了。这些小草没有精神，没有性情，当然也就"从不寂寞，从不烦恼"。时乎！时乎！明太祖朱元璋，就不能容忍孟子。他年轻时不读书，只杀人。待到杀上王位，才开始读书。一读，才知道那大名鼎鼎的在孔庙配享孔子、受后人祭拜的孟夫子，原来对权势是如此的大不敬！专制魔王大动肝火了，他破口大骂："这老东西如果生在我明朝，他能免于一死吗？”

朱皇帝恨不得把他大明王朝的鬼头刀伸向先秦，去砍杀孟轲。他可能在他阴森森的宫殿中谋算过，要学伍子胥去掘坟鞭尸吧？至少他是把孟子从孔庙中赶出来了，把他的书删节了。我在六百年后仍能听到朱皇帝咬牙凿凿，仍能看到他眼中邪火闪闪，但反过来看，一个人的文章能让千年之后的暴君恶棍如此咻咻不已，肯定是好文章。暴君的切齿声，是对孟子文章的最高评价。

事实上孟子如此大倡民贵君轻，辩才无碍，口若悬河，理直而气壮，气盛而言宜，若在后来大一统的专制王朝，早就祸从口出，断送老头皮了，哪里还有什么机会去做“亚圣”？

庄子（上）
永恒的乡愁

一

在先秦人士中，庄子是很独特的一位。我认为当时沸沸扬扬色彩斑斓的文士可分为三类：一类是像苏秦、张仪，唯利是求，没什么特操与价值标准，只要有官做，能富贵，既可悬头于梁刺股以锥，也可以朝秦暮楚，卖友求荣，而他们中的走运者，最终也进入了实际的政治生活，成为统治者中的一员，合纵连横，权倾朝野，名满天下。《孟子》中载景春对孟子说："公孙衍、张仪难道不确实是大丈夫吗？他们一怒诸侯便恐惧，他们安居不动，天下也就安定无事，"可见他们的显赫与威风。纵约长苏秦"位尊而多金"，风度翩翩地来往于六国之间，身兼六国相任，皮包中装着六国相印，碰碰撞撞发出舒心的响声，连他的父母都洒扫而郊迎三十里了。一部《战国策》说尽这些人杠杆天下之势。这颇使第二类人如孟子者满腹酸醋。孔墨孟荀等人，有自己的哲学，有自己的价值观，并坚持不放如同身家性命，且还负有一种"有道则出，无道则隐"的气节，故而常常不得志，常常对诸侯发牢骚，对第一类人吹冷风。他们暗中羡慕第一类人，却又只能冷眼旁观，眼看着人家把天下闹得沸反盈天，一塌糊涂，自己的呼声却愈来愈被淹没，愈来愈受诸侯的白眼，便只好退回房里，把满腔不平和八斗之才都落在竹简上，给后世留下一部部好文章。但以上两类人虽有大区别，亦有大相同，他们都热衷于都市生活，喜欢在人群中出风头，抢镜头。孔子在野外的时间不少，并且也颇受苦难磨炼，但他那辆常由他自己执鞭驾驶的在阡陌间奔驰扬尘的车马，其辙印是直通城市，且直通诸侯官邸的；孟子一生足迹不出齐稷下、魏大梁和滕文公的衙门；韩非出身韩国贵公子，更是自小在闹市中厮混；墨子呢？他出身"贱人"，但他是城市中的手工业者，他的主要活动也是以城市及诸侯背景展开的。这些人还汲汲于从"治于人"变为"治人"，津津于研究如何"治人"。由此，以上两类人都是城市文化的代表，是热闹场中的人物。

　　而第三类，除了一些在历史典籍中忽隐忽现扑朔迷离的隐者外，有大著作大人格且以大背影遮挡后世的，就只有我现在要写的这位表情古怪的冷嘲大家庄周先生了。当别人在都市的热闹中争执得不可开交时，他独自远远地站在野外冷笑，而当有人注意他时，他又背过身去，直走入江湖的迷蒙中去了，让我们只有对着他消逝的方向发呆。他是乡野文化的代表，他的作品充满野味，且有一种湿漉漉的水的韵味，如遍地野花，在晨风中摇曳多姿，仪态万方，神韵天成。如果说孔孟荀韩的著作中多的是社会意象或概念，充斥着令人生厌的礼呀、仁呀、忠恕呀、战争呀、君臣呀的话，那么他的著作中却是令人心脾开张的新世界，一派自然的天籁。这里生活着的是令人无限景仰的大鹏，怒气冲冲挡车的螳螂，自得其乐的斥鷃，以及在河中喝得肚皮溜圆的鼹鼠，这些自然意象构成了他的著作中独特的魅力。他一生没有在大都市里混迹过，官也只做到漆园小吏，大概比现在的乡长还小——并且决没有贪污索贿。所以他不但没有大宗遗产留给儿孙，便是他自己，也穷得向监河侯借粮。监河侯知道这位庄先生借得起还不起，就巧妙地拒绝了。后来他只好以打草鞋为生。据他的一位穷同乡——不过后来发了迹——"一悟万乘之主而从车百乘"的曹商说，当他从秦王那里得到一百辆车的赏赐，高尘飞扬地回乡炫耀于庄子时，他见到庄子已穷得"槁项黄馘"——脖子干枯而皱，面皮削瘦而黄了。不过此时庄子的智慧与幽默还依旧焕发且锐利无比，使得这位曹商先生反显龌龊，他含蓄而尖刻地讥刺曹商舔了秦王股沟中长脓的痔疮。这种讥刺后来有个成语"舐痔得车"，被中国民间经常用来讥嘲拍马屁的人。

庄子的乡野文化特征及其挨饿本色，都是先秦其他学子所没有的。比如孔子，假如他真的"自行束脩以上，吾未尝无诲焉"，他也有三千块腊肉了，所以他能"食不厌精，脍不厌细"，肉要切大小相同的正方形，再加上生姜细细炖烂，这才下箸。而且他酒量特大，一般喝不到失态的地步。孟子呢？带着他众多的门徒在齐宣王那里一面大吃大喝，一面又发"君子远庖厨"以及"万物皆备于我"的既清高又潇洒的言论，齐宣王甚至要给他在国都正中盖别墅，再用万钟谷禄来养他的弟子哩。由此可见，庄子的独特，挨饿本色村夫家相是其一。

不过这里得交代一句，庄子并不是没有城市户口，不愿在城市里做盲流才住乡下的——他本来至少可以到城市开一家鞋店，干干个体经济，说不定还能暴发——庄子之住乡下，乃是他死心塌地的选择。楚王曾派人去请他，说愿意以天下相烦，客气得很，但此时庄子正专心致志地在濮水上钓鱼，眼神直盯着水面上的闲逸的浮子，没有理会这飞黄腾达的机遇，冷冷地把使者打发走了。而他自己像个真正自由的野田之龟，弋尾于涂，虽则不如孔孟炫赫与实惠，却其乐无穷。他的这种心境实在是人类心灵的花朵，永远在乡村野外幽芳独放，一尘不染，诱引着厌倦城市生活的人们。

庄子的第二个独特之处在于，他是先秦诸子中唯一不对帝王说话而对我们这些平常人说话的人。当别人都在对着诸侯不甚耐烦的耳朵喋喋不休地说着如何如何"治人"的时候，庄子转过身来，恳切而激动地告诉我们如何自救与解脱，如何在一片混乱中保持心灵的安宁与清净，如何在丑恶世界中保持住内心的自尊自爱，不为时势左右而无所适从，丧失本性，以及如何在"无逃乎天地之间"的险恶中"游刃有余"地养生，以尽天年。无疑，他是较为亲切的。吕思勉《先秦学术概论》说庄子哲学"专在破执"，可谓一语道破，很多我们执著不放孜孜以求的所谓价值，到底对我们心灵有什么好处呢？"破执"后来是佛教的特色，难怪《庄子》一书被后世的道教徒称为《南华真经》而与佛教抗衡呢。

二

庄子也寂寞。他和名声赫赫的孟轲是同时代人，并且两人还有共同的朋友（比如梁惠王），但孟子的著作中没有提到庄子，庄子也没有提到孟子，可见他与世隔绝得多么严重，我是常常为此感到遗憾的。据说老子与孔子是相见过的，并且有些抵牾，但这两人都不善辩论，没有留下太精彩的对话，一个朴拙深厚，长者风度，言简意赅；一个彬彬有礼，温良谦让，立论中庸。两个平和的人在一起，是不大能有趣味的。但庄子和孟子就不一样了，若他俩能相见，一样的傲慢与偏见，一样的激情浩荡，那该会出现什么样的结果？孟子是当时的辩论高手，这方面名满天下，以"好辩"著称；庄子呢？言语文章汪洋恣肆，一泻千里。况且这两人，一个仗浩然之气，无敌不摧，无坚不克；一个肆诗性智慧，浩浩荡荡，大气包容。一人力距杨墨；一人终身剿剥孔子之道。这两人若能相见，会在历史的原野上战成甚番气候！会有多少好看的文章传世！

哲学乃是智慧的对话或碰撞。当代两位最了不起的哲学家却如此隔膜，实在叫人费解。梁惠王被李贽贬讽，说其资质太差，我看真有这么回事，不然，他何不知道引见孟庄两位呢？

庄子一生中，唯一的朋友是惠施，这两人中间有不少争论。总的来说，惠施现实，讲实证，恪守物我界限；庄子玄想，讲悟性，力主物我贯通。因此，惠施讽刺说庄子的言论大而无当，所以为人所弃；庄子反唇相讥，说惠子被茅塞堵心，不知天外有天，固执无知。这两人生前有猜疑，并不十分友好，惠子疑心庄子要抢他相位；庄子则刻薄地说惠子是视腐鼠为美餐的鸱鹰。但惠子死后，庄子却十分悲伤，在惠子墓前唏嘘难禁，以"郢人失质"为喻，痛吊这位老对手。因为除惠子外，再无人与他辩论阐发了，这也可见他当时的寂寞心境。

另外，如果不怕别人指我为偏激的话，我还认为，在先秦诸子中，就其著作所讨论的范围和深度而言，真能称得上为哲学著作的，除了《老子》，也只有《庄子》了。试平心想一想，《孟子》中除了论"人性"的几节有哲学意味外，其他的不都是谈政治甚至政策吗？

三

毫无疑问，先秦诸子中，庄子最有魅力。当庄周先生对炙手可热的暴发户们——他当着梁惠王的面直指为"昏君乱相"——投以轻蔑的一哂，并把他超人的智慧转向对人的生存状态的研究时，他就魅力无穷了。他给我们指出了人生中的无数尴尬，"无逃乎天地之间"的窘迫以及我们心智上的种种迷障，我们在他的嘲弄面前面红耳赤却又处处豁然。当他唱着"迷阳迷阳，无伤吾行，吾行郤曲，无伤吾足"（带刺的迷阳草呵迷阳草，不要挡住我的路，不要伤了我的脚，我已经在绕着弯儿走了）时，我们会马上想到自身常有的人生触觉——而这时，他简直就是我们的知心了！他知道我们的怨怒以及求和而不能的委屈，他的魅力真正动人肺腑。我总觉得，虽然《论语》中有孔子的形象，《孟子》中有孟轲的形象，但都不及《庄子》中庄子的形象来得有魅力——坦率地承认，我最尊敬孔子，最同情韩子，但我最热爱庄子。我曾说庄子是表情古怪的，这是因为我无法想象他的形象。孔子似乎是一贯严正而间或幽默的；孟子是气势汹汹咄咄逼人的；韩非子是怀才不遇冷峻孤单的，但庄子呢？他的表情太丰富了，一会儿是尖锐无比的人生解剖师；一会儿又是沉湎往事的诗人；一会儿是濮水上的泛舟者、闲钓者；一会儿又是土屋前困坐无聊的穷汉。有时他去远游；有时他又安坐家中洋洋洒洒地记录着他的思想——我们确实无法界定他的形象，他太丰富，太浪漫，太抒情，太不拘一格，或者说，有时他太出格。同时他又行踪不定。我们可以对孔子的行踪了如指掌，孟子、韩子也一样，我们知道他们在哪里求学，然后又在哪里求用，我们知道去什么地方找他们或等他们。但对庄子，我们只有张皇四顾，不知道他从哪里来，又到哪里去了。从江湖上传来的他的消息总是云遮雾障，且他是一个充满去意的人，谁知道他什么时候像老子一样一去渺然呢……

我寻求庄子魅力的秘密已有多年，现在我愈加坚定了自己的信念。我认为，庄子的魅力就在于他的激情与超脱，两者奇迹般地融合在一起。大凡一般人在激情与超脱之间只能取其一，并已显难得，而庄子却能熔铸而兼之——从超脱上讲，没有人能像庄子那样藐视一切，漠视一切，高高在上地俯视一切并嗤之以鼻。当这种时候，他站在世界的对面打量着，打量着这个庞大丰富的对手，但他最终发现这个世界微不足道如草芥，虚张声势如小丑，于是他背身就走了，深愧来到这里。这时，他的灵魂确实已飘然远去，去了那"无何有之乡"，只有他憔悴的身影仍在人间伶仃而孤傲，如夏天的最后一朵玫瑰。但是，他又能在如此超脱与轻蔑时，表现出充沛的激情而无一丝的尖酸（试问谁能做到这一点？）——因此，同样地，没有谁能像他那样热爱一切，充满激情地对我们谈论一切了！他使万物都具有了灵性，或者说具备了感动人心的诗性，他使鬼魂、神灵以及种种动物、植物甚至土偶桃梗都栩栩如生地对我们说话——他简直就是点化万物的巫卜！他在蔑视与摒弃这个世界时，又使这个世界如此生机勃勃，意趣盎然，充满诗性光辉！于是我们感到，他与这个世界做了最长久的厮守，故而有了最绵渺的缠绵！这时，我们看到他对这个世界像对待一个久已失去昔日风采的恋人，那种既恼又怜且遮掩的丰富神情简直使我无所适从。在极端的蔑视里有极端细致的体察与回忆，在极端的怜惜里有极端的失望与无奈。这当然归源于庄子超人的理智与心灵：他的理智时刻像哲人那样的清醒，如蛇行草上，不黏不滞，寒气渗透而又敏锐无比；他的心灵却无时不像诗人那样沉醉，如鸽立檐间，不怨不怒，怜悯四溢而柔情万种。他当众把一切都掷在脚下，作践给我们看，并遏止不住地冷笑；而当众人散去，他又收拾起这一切，把它们拥在胸前，独自失声痛哭。他不就是这样恣肆怪诞、汪洋浪漫吗？一路挥洒着他的天才、激情与痛苦，在那个受了伤的时代，还有谁比他抚摸伤口的姿势更令人难以忘怀呢？还有谁的著作像他那样，纯是一片弥漫开去的天才、激情，甚至热血呢？

所以，别人写文章是为了哲学，为了政治，为了争辩甚或为了富贵，庄子写文章似乎只为了打发他的天才，打发一个天才谪居混乱流血的人间时的那种无聊漫长的时光。对人间苦难的深重怜悯压迫着他，使他不得不对人间有所作为，有所供奉，虽然他充满去意并且认定人间只是短暂的逆旅。才华是人生之累，它往往带给人双重压迫。首先，越趋近天才，便越能感觉到天人之际的悲哀，这种形而上的悲哀是致命的毒液，并无人间的良药可解，"天乎！人乎！""人不胜天久矣！"庄子曾这样感喟，可见他曾如何地挣扎解脱而又终于认命。同时，在险恶的人生中，才华还会引起像妒嫉、排挤之类无聊至极的陷害。只要这个社会以平庸为平衡，那么这种厄运便永不可免。庄子是个体经营，又独居乡野，不与人争权夺利，用韩愈的话说，是属于"疏远又不与同其利者"，所以他倒不怕这些。但他身处乱世，深知"膏火自煎，山木自寇"的道理，况他木秀于林，总能预先感受到一些不祥的风声，所以他说他要处于"才与不才之间"——这是在险恶中生出的智慧，但也更需要能在刀丛中赤足跳舞的技巧。他于学无所不窥，但真正令人无法望其项背的是他的汪洋天才。我有时在陇海线上驰过河南商丘地段时，在车窗中望着这一片近乎贫瘠的土地，常常讶然这片土地的内在生育力。或许她贡献出一个庄周时已倾尽地力了，才显得如此的寒伧？但我相信，庄子已使这片土地神秘而神圣，无尚光荣。

　　商丘的庄周把他得之于造化的天才及痛苦转化为汹涌而出的智慧。庄子的见解与其说是知识、哲理或逻辑，毋宁说是智慧，是层出不穷的智慧。这种真哲人的气质令我心仪不已。真的哲人，大智慧的人，在面对世界时并不吃力，相反，倒是轻松自如得心应手。谁能像他那样用微笑来面对丑恶？而这微笑，只是轻微的一丝，不易察觉地掠过他的脸，便如炎阳照雪，那些丑陋便悄然融化，而那些涂抹得完美厚实的凶恶，也就狼狈地原形毕露了。仅举一例。我们知道他是反对战争的，这种兼并而致的统一往往不过是统治者的权欲而已，人民并不认为只要统一，宁愿生活在像嬴政那样的暴政之下。但庄子对此并不像墨子那样辛苦而急切，也不像孟子那样愤怒而失态，他只微微一笑，给人们讲了一个故事，显出大智慧在面对丑恶世界时所有的从容与最使人忍俊不禁的平淡。他说："你们知道那寸许长短的迟缓、丑陋、肮脏的蜗牛吗？别看它微不足道，它身上寄生着很认真的寸土不让的生灵呢，有一个在蜗牛左角立国的国家，叫触氏；一个在蜗牛右角立国的国家，叫蛮氏，这两国有一天为了争夺土地而发生了大规模的战争，战争的结果是伏尸百万，战胜的一方追逐失败的一方，竟旬又五日而后返，整整十五天才回来！"——还有比这更让人辛辣难忍的幽默吗？还有比这更高明的寸金杀人的技巧吗？他经常踟蹰乡野，在田坎、水堤以及湿漉漉的树林里颇有兴趣地研究各种小东西，观察仔细，极度耐心，孜孜不倦，欢欢喜喜如一个老顽童，而研究这类小东西的执著认真煞有介事却不亚于孔孟之研究君王大臣。他当然知道什么是蜗牛，他更知道微观世界与宏观世界的辩证关系，他实际上是充满恶意地把人间的价值、利益等掷到那黏糊糊的蜗牛角上了！然后，像所有导演恶作剧的孩子一样，得意洋洋地看着别人出丑卖乖，他不动声色袖手旁观，有时又掩口而笑——我由此领悟，真的高手击败对手不过是微微一笑！但这种挟泰山以超北海的雍容气度又岂是常人所能具有的呢？

四

　　织草鞋的庄周神情枯淡，不疾不徐。但我相信他此时的精神正在那九万里的高空，青天在背，人世在俯。他是江湖上人，他就从水中孕育出那超越尘埃的大鸟，横空绝世，惊世骇俗。逍遥而游的大鹏在九万里高空独来独往，那种俯视人生之态势，莫之夭阏之洒脱，那份孤独与骄傲，确让儒家所热衷的世俗功名黯然失色。我常常能感受到儒家的严正在庄子略带滑稽的微笑面前的尴尬与不安。儒家坐稳了国教的高椅，用铁的原则规范所有的行为甚至思想，煊赫威严，神圣难犯。但它难免芒刺在背：一个杀手在野外游荡着，并且以超出的智慧，使它束手无策。

　　我不能避开庄子的人格不谈。在先秦，我认为主要有六种人格理想：孔子的圣人人格，温良恭俭让，望之俨然，即之也温，听其言也厉。申申如也，夭夭如也；墨子的苦行侠人格，赴汤蹈火，摩顶放踵，利天下而为之；杨朱的贵我人格，绝对自我，拔一毛而利天下，不为也；孟子的大丈夫人格，锋芒毕露，正义在胸；荀子的君子人格，平和公正，循规蹈矩；再一种便是庄子式的人格了：独来独往，不吝去留，若垂天之云，悠悠往来聚散，在一种远离的姿态中显出格外的美丽与洒脱。虽然后来荀子式的人格遍布天下，那种带有老人和妇人特征的思维方式及性格几成民族性格，我依然敬仰墨子尊重杨朱，佩服孟轲而心仪庄周。没有人愿意为天下自苦如墨子，也没有人敢于为个人自私如杨朱，更没有人敢在专制的社会里学孟夫子，学庄子的遁世无闷也极难。正因为这样，才显得凤毛麟角，才显出大勇气，大人格，大精神。

　　这里不谈别人，只谈庄周，当庄子唱着"一而不党"的调子从我们身边掉臂而过时，我们不能不感到"于我心有戚戚焉"。他是在瓦解铁板一块举手措足都强求一律的政治。况且我们在人群之中感到多少孔子所津津乐道的"恕"了呢？孔孟都讲德、行，但这种建立在人群中的德、行，不是往往"事修而谤兴，德高而毁来"（韩愈语）么？不是有很多人为他的高尚的道德而付出代价，更有一些人却大获其卑鄙的好处吗？我倒并不是反对人群，但人群中如不给个人以选择自己行为与思想的自由，这人群就不值得留恋，还不如"一而不党"，没麻烦。孔子讲"己欲立而立人，己欲达而达人"，"己所不欲，勿施于人"，这里面包含着一个很重要的潜台词，那就是他认为人性是一致的，有共同的趋鹜与规避，因而也就可能有一种大家共同接受的标准原则来统一人们的追求和幸福感。于是"礼"就出现了，它既像它所许诺的那样，是对人群幸福的保障，也是对"非礼"进行起诉和惩罚的根据，这便使得儒家文化有一种根深蒂固的专断意味。庄子呢？他对此冷笑：怎么能断定你厌恶的不正好是我希求的呢？怎么能断定你希求的不正好是我厌恶的呢？我与你既然是不同的个体，为什么不能有不同的个性与趣味呢？为什么不能有不同的思想与志向呢？凭什么一定要统一它们呢？统一它们到底是为了谁的利益呢？有足够的道德依据吗？天下有不易的人人喜爱的"正味""正色""正处"吗？在《齐物论》中，他证明的就是万物的差异性与不完美性，从而论证世间万物的平等并存关系，否定儒家的"礼"。他真个是专制政治与专制思想的死对头，又是难以制服的对手。他游荡江湖，我行我素，独持偏见，一意孤行，在历史的擂台上飘然落定，使对手不寒而栗。

如果儒家坚持要求个人削平个性，适应社会，认为完美的个性就是无我地奉献给社会，那么庄子则要求社会适应个人。他坚定不移地认为，假如一个社会是道德的、合理的、正义的，是生机勃勃的而不是僵死的，那么这个社会就必须尽可能地为个体提供自由与发展的条件。同样，个体能否感到自由与幸福，能否有充分的权利表明自己的思想与意愿而不受到暴虐，是这个社会存在的最终道德历史依据。庄子就在他乡下的土屋中一厢情愿地充满理想主义色彩地炮制出这一套反对"城市规则"的纲领，他是自由个体经营者，当然反对井田制，未开阡陌之前的随意种植与收获很合他的心意。但他的这些天才的目无王法的纲领使得宣布"溥天之下，莫非王土；率土之滨，莫非王臣"的专制君王大为气馁与不安，也使得卫道者们在历史的每一时期都对此劳神竭虑又无可奈何。

五

但是，庄子留恋的已经失去，他所向往的又迟迟不能到来。诺瓦利斯说，哲学就是怀着永恒的乡愁寻找家园。从庄子那里，我们知道了这种致命的乡愁与致命的寻找，他的哲学就是对失去的家园的怀念。而他自己，也在时时眺望着故乡，计算着回归的日子。人间的世界不过是逆旅，而这世界又是多么的贫乏、混乱，无诗意无色彩呵！所以，当他的老妻死了时，他击缶而歌，送她回到"故乡"。现在，寄寓土屋的旅人只他一个了，他可能更加自由，但也更加无聊与落拓了。"而已反其真，而我犹为人猗"（你已返回故乡了，而我还要寄寓人形之内），在这人间羁旅啊——孟子反、子琴张在朋友子桑户灵前的这悲歌，就是庄子对人间满怀倦意的流露。"予恶乎知说生之非惑邪！予恶乎知恶死之非弱丧而不知归者邪！"（我怎么能知道悦生不是一种迷惑呢！我怎么

能知道恶死不是像顽童离家不知归去一样呢）

庄子疲倦了，他已经不胜乡愁了。对着永恒消失的故乡，他只能对着落日唱着永恒的恋歌，不再希冀安居；对着被眼泪和血污充满的历史之河，他长歌当哭，这是怎样的忧伤绝伦的调子啊！他唱着，掉头不顾了。他一生都浪迹在帝王们找不到他的江湖上，在流浪结束的时候，他走向永恒，走进我们代代血脉相传的记忆。

是的，他大树长青，永垂不朽，而他的思想则正如他自己所说的："薪尽火传，不知其尽。"

庄子（下）
人在江湖

一

　　往昔有人，名曰庄周。周之奇不知其所以然也。化而为书，名曰《庄子》，书之妙不知其所以然也。是书也出于意想之外，而游于溟悻之初。吾乌乎读之？句与为句乎？字与为字乎？庸讵知吾之所谓句即《庄》之所谓句，吾之所谓字即《庄》之所谓字邪？文与为文乎？义与为义乎？庸讵知吾之所谓文即《庄》之所谓文，吾之所谓义即《庄》之所谓义耶？

　　以上这段仿庄子的文字，乃是清代学者张潮读庄周时读出的感受（《读庄子法小引》）。我看得出来，张潮先生读庄子是到了这样的境地了：爱不释手却又终难释义，不能释义却又终于不能释怀。古往今来，不知多少人像张潮一样，被庄子弄得进退两难，无所适从。

　　读庄子的人，定知道那是多层的愉快。你正在惊异那思想的奇警，在那踌躇的当儿，忽然又发觉一件事，你问那精微奥妙的思想何以竟有那样凑巧的、曲达圆妙的辞句来表现它，你更惊异，再定神一看，又不知道那（哪）是思想那（哪）是文字了，也许什么也不是，而是经过化合作用的第三种东西。

（闻一多《古典新义·庄子》）

当一种美，美得让我们无所适从时，我们就会意识到自身的局限。"山阴道上，目不暇接"之时，我们不就能体验到我们渺小的心智与有限的感官无福消受这天赐的过多福祉么？读庄子，我们也往往被庄子播弄得手足无措，有时只好手之舞之，足之蹈之。除此，我们还有什么方式来表达我们内心的感动？这位"天仙才子"（李鼎语），他幻化无方，意在尘外，鬼话连篇，奇怪迭出。他总在一些地方吓着我们，让我们充斥经验、知识以及无数俗念的心灵惴惴不安，惊诧莫名。而等我们惊魂甫定，便会发现，呈现在我们面前的，是朝暾夕月，落崖惊风，我们的视界为之一开，我们的俗情为之一扫。同时，他永远有着我们不懂的地方，山重水复，柳暗花明；永远有着我们不曾涉及的境界，仰之弥高，钻之弥坚。造化钟神秀，造化把何等样的神秀聚焦在这个"槁项黄馘"的哲人身上啊！

二

庄子钓于濮水。楚王使大夫二人往先焉，曰："愿以境内累矣。"

先秦诸子，谁不想做官？"一朝权在手，便把令来行。""在其位，谋其政。""君子之仕也，行其义也。"谁不想通过世俗的权力，来杠杆天下，实现自己的乌托邦之梦？庄子的机会来了，但庄子的心已冷了。这是一个有趣的情景：一边是濮水边心如澄澈秋水身如不系之舟的庄周先生，一边是身负楚王使命恭敬不怠颠沛以之的两位大夫。两边谁更能享受生命的真乐趣？这可能是一个永远聚讼不已不能有统一志趣的话题。对幸福的理解太多样了。我的看法是，庄周们一定能掂出各级官僚们"威福"的分量，而大小官僚们永远不可能理解庄周们"闲福"对真正人生的意义。这有关对"自由"的价值评价。这也是一个似曾相识的情景——它使我们一下子就想到了距庄子约七百多年前渭水边上发生的一幕：八十多岁的姜太公用直钩钓鱼，用意却在钓文王。他成功了。而比姜太公年轻得多的庄子（他死时大约只有六十来岁），此时是真心真意地在钓鱼，且可能毫无诗意——他可能真的需要一条鱼来充实他的辘辘饥肠。庄子此时面临着双重诱惑：他的前面是清波粼粼的濮水以及水中从容不迫的游鱼；他的背后则是楚国的相位——楚威王要把境内的国事交给他了。大概楚威王也知道庄子的脾气，所以用了一个"累"字，只是庄子要不要这种"累"？多少人在这种累赘中体味到权力给人的充实感成就感？这是生命中不能承受之"重"。

　　庄子持竿不顾。

　　好一个"不顾"！濮水的清波吸引了他，他无暇回头看身后的权势。他那么不经意地推掉了在俗人看来千载难逢的发达机遇。他把这看成了无聊的打扰。如果他学许由，他该跳进濮水洗洗他干皱的耳朵了。大约怕惊走了在鱼钩边游荡试探的鱼儿，他没有这么做，从而也没有让这两位风尘仆仆的大夫太难堪。他只问了两位衣着锦绣的大夫一个似乎毫不相关的问题：楚国水田里的乌龟，它们是愿意到楚王那里，让楚王用精致的竹箱装着它，用丝绸的巾饰覆盖它，珍藏在宗庙里，用死来换取"留骨而贵"呢，还是愿意拖着尾巴在泥水里自由自在地活着呢？两位大夫此时倒很有一点正常人的心智，回答说："宁愿拖着尾巴在泥水中活着。"

　　庄子曰："往矣，吾将曳尾于涂中。"

　　你们走吧！我也是这样选择的。这则记载在《秋水》篇中的故事（司马迁在《史记》中复述了这个故事，文字略有出入），不知会让多少人暗自惭愧汗颜。这是由超凡绝俗的大智慧中生长出来的清洁的精神，又由这种清洁的精神滋养出拒绝诱惑的惊人内力。当然，我们不能以此悬的，来要求心智不高内力不坚的芸芸众生，但我仍很高兴能看到在中国古代文人中有这样一个拒绝权势媒聘、坚决不合作的例子。是的，在一个文化屈从权势的文化传统中，庄子是一棵孤独的树，是一棵孤独地在深夜看守心灵月亮的树。当我们都在大黑夜里昧昧昏睡时，月亮为什么没有丢失？就是因为有了这样一两棵在清风夜唳中独自看守月亮的树。

一轮孤月之下一株孤独的树，这是一种不可企及的妩媚。

<h1 style="text-align:center">三</h1>

庄子就这样带着他特有的神秘莫测的微笑，从俗人的世界中掉转了头。有人说，庄子到自然中去了，到江湖中去了。但若我们再细心一点，我们会发现，庄子的自然是神性的自然，而不是后来山水田园诗人们的人性的自然。他的自然，充满灵性，充满神性，充满诗性，超绝而神秘，清凉而温柔，它离俗人世界那么远，而离世界的核心那么近。用现代哲学的话说，他走近"存在"了。语言是存在的家——这话说得真是太好了。在庄子的语辞密林里，"存在"如同一只小鸟，在里面做巢。在上一篇里，我说庄子是在永恒的乡愁中追寻着"家园"。追寻就是构筑。庄子用他的"无端崖之辞""荒唐之言""谬悠之说"构筑着家园。这是一个天仙被贬谪到无聊混乱人间后对理念世界模糊记忆的追踪，虽然无奈，但仍执著。在固执的回忆中，他把头脑中模模糊糊影影绰绰的理念世界幻象捕捉到文字中。这是在我们意料之外的另一个世界，这里云山苍苍，天风荡荡，处子绰约，婴儿无邪。在这里活动的都是一些"大有径庭，不近人情"的高人，这是一些身上的尘垢秕糠都能陶铸出尧舜的高人：

> 在缥缈遥远的姑射山上，有个神人居住。他的皮肤洁白如冰雪，体态轻妙如处女。不食五谷杂粮，吸清风饮甘露。乘云气驾飞龙，遨游于四海之外……这个神人啊，这样的德行啊，将混同万物而为一……这样的人啊，没有什么能伤害他，滔天的洪水也不能淹没他；天下大旱金石都被融化、土山都被烧焦而他却不感到灼热。
>
> 原文：藐姑射之山，有神人居焉。肌肤若冰雪，淖（绰）约若处子。不食五谷，吸风饮露。乘云气，御飞龙，而游乎四海之外……之人也，之德也，将旁（磅）礴万物以为一……之人也，物莫之伤，大浸稽天而不溺；大旱金石流、土山焦而不热。（《逍遥游》）

圣人的生就是天道在运行，圣人的死就是与物同化。安静时他们与阴气同寂，活动时他们与阳气同步……无自然之灾害，无外物之累赘。没有人的非议，没有鬼的责难。他的生如同漂浮，他的死如同休歇……他的睡眠没有梦，他醒来也没有忧愁。他的精神纯净精粹，他的灵魂优游安逸。他虚空而恬淡，合乎自然之道。

原文：圣人之生也天行，其死也物化。静而与阴同德，动而与阳同波……无天灾，无物累。无人非，无鬼责。其生若浮，其死若休……其寝不梦，其觉无忧。其神纯粹，其魂不罢（疲），虚无恬淡，乃合天德。（《刻意》）

"礼乐囚姬旦，诗书缚孔丘"（王绩诗），可能囚缚得住这些人？儒家的"圣人"是人伦之圣；庄子的"圣人"则是人格之圣。这是冲决一切束缚的人生，这是莫之夭阏的人格。这是一个无情的世界，又是一个大情大义的世界。这些人超凡脱俗，这些人又激情满怀。他们或击缶而歌；或凭几而嘘；或形为槁木；或心如死灰，有时踌躇满志洋洋四顾；有时或歌或哭不任其声；有时南首而卧为高士；有时却又拊脾雀跃做顽童，"不失其性命之情"（《骈拇》），"恢恢乎游刃有余"（《养生主》）。他们"无不忘也，无不有也，澹然无极而众美从之"（《刻意》），"天地与我并生，万物与我为一"（《齐物论》）；他们"乘天地之正，御六气之辩，以游无穷"（《逍遥游》）；他们如此远离我们，却又如此吸引我们！他们那么无情，却又那么富于激情；他们那么丑陋其形，却又那么美妙其神；他们对人间那么不屑，却又那么富于同情心，对人世间存有那么多的怜悯——一部《庄子》，一言以蔽之，就是对人类的怜悯！庄子似因无情而坚强，实则因最多情而最虚弱！庄子是人类最脆弱的心灵，最温柔的心灵，最敏感因而也最易受到伤害的心灵……

四

胡文英这样说庄子：

庄子眼极冷，心肠极热。眼冷，故是非不管；心肠热，故感慨万端。虽知无用，而未能忘情，到底是热肠挂住；虽不能忘情，而终不下手，到底是冷眼看穿。

这是庄子自己的"哲学困境"。此时的庄子，徘徊两间，在内心的矛盾中做困兽之斗。他自己管不住自己，自己被自己纠缠而无计脱身，自己对自己无所适从无可奈何。他有蛇的冷酷犀利，更有鸽子的温柔宽仁。对人世间的种种荒唐与罪恶，他自知不能用书生的秃笔来与之叫阵，只好冷眼相看，但终于耿耿而不能释怀，于是，随着诸侯们剑锋的残忍到极致，他的笔锋也就荒唐到极致；因着世界黑暗到了极致，他的态度也就偏激到极致。天下污浊，不能用庄重正派的语言与之对话，只好以谬悠之说，荒唐之言，无端崖之辞来与之周旋。他好像在和这个世界比谁更无赖，谁更无理，谁更无情，谁更无聊，谁更无所顾忌，谁更无所关爱，谁更赤条条来去无牵挂，从而谁更能破罐子破摔，谁更无正义无逻辑无方向无心肝——只是，我们谁看不出他满纸荒唐言中的一把辛酸泪？对这种充满血泪的怪诞与孤傲，我们又怎能不悚然面对、肃然起敬、油然生爱？

鲁迅先生曾说，孔夫子是中国的权势者们捧起来的。科举制度后，孔孟之道是应付考试的必读书，是敲开富贵之门的敲门砖。而老庄哲学则全凭庄子的个性魅力（如前文所说，此魅力包括庄子的魅力与《庄子》的魅力）吸引着一代又一代的士子们，并经过他们，进入我们民族记忆的核心。可以说，孔孟之道是朝廷的，老庄哲学是民间的，民间的庄子构成了我们民族心理中最底层的基石。所以鲁迅先生又说，研究中国人，从道家这一角度去考察，就较为了然。林语堂先生也说，街头两个孩子打架，拳头硬的是儒家，拳头软的是道家。我们说若朝廷是拳头硬的，民间不就是拳头软的么？古代那些温习功课准备科考的士子们，他们桌子上摆着"四书五经"之类的高头讲章，但若我们去翻翻他们枕头底下，一定放着一本《庄子》。有庄子垫底，他们的心里踏实多了。考中的，便高谈阔论高视阔步地去治国平天下，做儒家；考不中的，回到陋室，凄凄凉凉，头枕《庄子》，做一回化蝶之梦，或南柯之梦，也是一剂镇痛良方。而梦醒之后，悟出"世事庄周蝴蝶梦"，齐贵贱，等生死，则眼前无处不是四通八达的康庄大道，身旁无处不是周行不殆的造化之机——庄周庄周，本即是康庄大道周行不殆之意也！

荀子
养在深闺人未识

一

　　写出"养在深闺人未识"这个题目，我是在说，
儒家学说到了荀子，如同深闺美人一般，初长成啦，
春心动啦，可以嫁人，相夫教子啦。嫁谁呢？当然
是嫁与帝王家。相夫，就是相帝王，这"相夫"之"相"
与"宰相""丞相"之"相"是一个意思。"教子"
教谁呢？教化人民啊。官为父母，民为子女，视民
如子嘛。当然，更下之，则民为禽兽，如此更需驯育，
教民也就成了"牧民"的重要手段：先驯化之，然
后再驱使之。汉代官职中，"牧"，就是把民当禽
兽"牧"，生而野性，何以能牧？当先教之。以何
教之？以荀子思想。"之子于归，宜其室家"（《诗·桃
夭》），荀子思想确实很宜帝王之家。班固言儒家：
"出于司徒之官，助人君顺阴阳，明教化者也。"（《汉
书·艺文志》）果然！"相夫教子"——相人君教
百姓——这是儒家几千年来的传统角色。

　　可以这样简单勾画一下春秋战国之时的儒家人
格史角色史。孔子是没落贵族中流落到市井去的不
谙世情一片天真的子弟。他有一种高贵的品性，近

乎淳朴的品性，也有贵族的爱好与教养：音乐、艺术、射、御、《书》《诗》《易》……但他不得不在市井中厮混，从而对下层人民有了解与同情，并在此基础上，创立了"仁者爱人"的仁学思想，大同思想。但他骨子里仍日日盼望回到他以前的圈子中去，所谓的"兴灭国，继绝世，举逸民"，真是他的朝思暮想，当然也是他这个"逸民"的痴心妄想。他如同曹雪芹"秦淮风月忆繁华"一般，哭东周，哭周公，哭曾经郁郁乎文哉而如今飘落殆尽的周文化，哭历史背弃的一切，哭他失去的一切。他所做的，是对前代文化的整理与保存，好似在收拾后事一般，既严肃恭敬，又满怀凄凉。他打开积满尘土的竹简，在几百年积累的文献中分类、编排、抄写、揣摩，一边叹息流泪；一边孜孜矻矻，忽而拍案惊奇；忽而仰天长叹。他敢情是在做着一个大大的复辟梦，而他的学说，则真真是一本厚厚的变天账。天可怜见。我老是这样想象他：在深夜，飙风四起，风声鹤唳，四野一片漆黑，他用他苍老的双手，小心地围拢一枚烛光，使它不至熄灭……

到了战国中期，孟子，流浪既久，那种皈依的情怀早已随时光的流逝而消磨干净。他不再是高堂老屋中的被迫出走者，失去主人身份者，远远的艳羡者，他是来去绰绰自由的客人了。他是那行空的天马，独来独往。与他同时代的庄子表现了与他同样的对自我身份的感觉，那种自由自在的感觉："一而不党，命曰天放。"好一个"一"，好一个"不党"，好一个"天放"！他们是天民，以放为天，天下之大，绰绰有余裕，何施不可！所以，他们的天性，是如此的自由解放！孟子自称"天民"，且是"天民之先觉者"，他追求的是"天爵"，他与旧贵族，已判然而划出界限，他既不属于上层的流裔、失势者，又不属于"治于人"者。在齐国，他只做客卿，"不治而议论"，除了"议论"，什么也不干，不愿成为官僚花名册中的在册人丁（孔子却做过大大小小好几任的官），他自诩为"王者师"，是来教导他们，教训他们走正道的。若是那些不肖的王们不配他的教导呢，他就满怀失望也满怀轻蔑地转身走开，不吝去留。他是一位特立独行的大丈夫。这是吾中华民族人格史上最光辉的一段，是中国阳刚之气最充沛的一段。

再后来，便是荀子了。从恓恓惶惶的贵族没落少年到特立独行的大丈夫，到荀子，竟突然蜕变为一个端庄明慧的淑女，循规蹈矩的君子。端庄明慧的淑女是做妻妾的好人选，循规蹈矩的君子是做臣子的好材料。写到这里，聪明的读者会觉出我对荀子的极大不满。是这样的，我老实招认，但这事出有因，你看他《成相》篇中的宣传鼓动诗：

> 曷谓贤？明君臣，
> 上能尊君下爱民。（其五）

> 辨治上下，
> 贵贱有等明君臣。（二十五）

明于君臣之分，谨守臣道。臣道是什么呢？就是区分贵贱上下，以"礼"的秩序安顿天下，然后自己上尊君，下爱民，做一个忠心耿耿勤于事务忠于职守的幕僚。

> 臣下职，莫游食，
> 务本节用财无极。
> 事业听上，
> 莫得相使一民力。（四十六）

> 守其职，足衣食，
> 厚薄有等明爵服。
> 利往（唯）卬（仰）上，
> 莫得擅与孰私得。（四十七）

读起来平平仄仄，可摇头，可晃脑。乒乒乓，乒乒乓，不要游食要仰上。且慢摇头晃脑地陶醉罢！不要"游食"，而要忠于一个主子，利唯仰上——一切生活来源须仰仗主子的供给。这样，"守其职"的幕僚，也就可以得到赏赉，"丰衣足食"了，不需要也不能去擅自搞一点"私得"。从主动方面看，自愿去做笼中鸟池中鱼，这种人格与孟子、庄子差别太大，不可能让我尊敬；从被动方面看，荀子竟然要从剥夺经济独立权着手，来剥夺人的思想独立行为自由，这够狠的。读这样的句子我也不可能对荀子有好感。更要命的，他竟然还兜售

"持宠处位终身不厌之术"，这实在是古典的厚黑学了：

> 主子尊重自己使自己富贵呢，就要又恭敬又逊退；主子信任宠爱自己呢，就要懂得谨慎和谦让；主子专任自己呢，就要又拘谨又周详（万不可张狂）；主子接近自己呢，就要恭敬顺从而不邪妄；主子疏远自己呢，就要忠贞纯一而不违背；主子斥退自己呢，就要满怀畏惧而不能怨恨。地位高贵了，不能奢侈浮夸；受到信任了，不能惹起嫌疑；权力很大时，不能擅自专权。财利到来时，要觉得自己的善行还不足以获得，要先表示谦让之意，然后才去接受。福事到来，要和悦地去处理；祸事到来，要稳静地去处理。富了，要广泛布施；穷了，要节约财用。可以处贵可以处贱，可以处富可以处贫，可以被杀掉而不可以做坏事。这便是保持尊宠、守住官位，终身也不被废弃的方式！
>
> 原文：主尊贵之则恭敬而撙；主信爱之则谨慎而谦；主专任之则拘守而详；主安近之则慎比而不邪；主疏远之则全一而不背；主损绌之则恐惧而不怨。贵而不为夸；信而不处谦；任重而不敢专。财利至则善而不及也，必将尽辞让之义然后受。福事至则和而理；祸事至则静而理。富则施广；贫则用节。可贵可贱也，可富可贫也，可杀而不可使为奸也。是持宠处位终身不厌之术也。（《仲尼》）

你看这种语气、人格，与孟子、庄子，有多大的距离？这真正是乡愿，是工媚暴政大盗的乡愿；这真正是妾妇，是被孟子斥责过的，"以顺为正"的妾妇之道！

你再看他在《臣道》篇中论为臣之道：

> 事奉君主却不顺从的人，是不敏捷的人；敏捷而不顺从的人，是不恭敬的人；恭敬而不顺从的人，是不忠的人；忠诚而不顺从的人，是不能成事功的人；能成事功而不顺从的人，是没有德行的人。
>
> 原文：事人而不顺者，不疾者也；疾而不顺者，不敬者也；敬而不顺者，不忠者也；忠而不顺者，无功者也；有功而不顺者，无德者也。

这简直是一篇"顺"字赞！也是汉代以后那些苟合取容以媚顺固宠的官僚们的"护官符"！在荀子的观念中，举凡优秀品性，率有一"顺"字在。学问做到这里，真是和大盗眉目传情了。紧接上文，下面断然道：

> 所以，无德之人的行为，伤害敏捷，堕坏功业，灭没勤苦，所以，君子不愿做！
>
> 原文：故无德之为道也，伤疾、堕功、灭苦，故君子不为也！（《臣道》）

这荀子式的"君子"，不特没有了庄周式的超逸，更没有了孟子的"浩然之气"，不再是天马行空、"一而不党"的隐士，更不是特立独行、正道直行的"大丈夫"。郭沫若先生曾据此篇中有斥责"偷合苟容以持禄养交"之类"国贼"的话，认为此篇《臣道》思想高尚，与《仲尼》篇思想不合，从而认为《仲尼》篇的思想"卑鄙不堪，不一定出于荀子"。（《十批判书·荀子的批判》）这是郭沫若先生大意了，《臣道》篇的思想也高不到哪里去。我们就看他斥逐"偷合苟容以持禄养交"的一段：

> 听从命令而有利于君，叫作顺；听从命令而不利于君，叫作谄；违逆命令而有利于君，叫作忠；违逆命令而不利于君，叫作篡；不顾念君主的荣辱，不顾念国家的利弊，丧失原则苟且相容以保持禄位私结外交，叫作国贼。
>
> 原文：从命而利君谓之顺；从命而不利君谓之谄；逆命而利君谓之忠；逆命而不利君谓之篡；不恤君之荣辱，不恤国之臧否，偷合苟容以持禄养交而已耳，谓之国贼。

一切以是否"利君"为判断标准！孔子的"造次必于是，颠沛必于是"的"仁"呢？"仁以为己任"（曾子语）、"君子之仕，行其义"（子路语）的道义呢？孟子的"舍生取义"呢？全没了！只剩一个可怜兮兮弱智兮兮的"忠"了！是的，荀子是特别提倡"忠"的，甚至提倡"进言于君，用则可，不用则死"（《臣道》），士阶层的骨气，到了荀子，真是扫地以尽！

二

荀子在八十岁左右（一说五十岁左右）的时候，做出了一个不论对儒家学派还是对中国学术都极重要的决定。那就是，打破"儒者不入秦"的传统，去秦国考察。八十多岁了，这匹儒家的老骥，仍志在千里，也真是一位壮心不已的烈士。这是一个极富象征意义的举动，它预示着儒家的仁政学说，将与专制统治联姻，已到慕少艾之年的儒家学说，开始对帝王暗送秋波。在秦国，他不仅大拍应侯范雎的马屁，自打嘴巴般地夸奖秦国官吏如何好，人民如何乖（以前，在《性恶》篇中，他可是大骂过秦地百姓不懂礼义的），而且还与秦昭王进行了颇有意思的对话，极似产品推销者与买主之间的讨价还价。秦昭王对儒家学派颇不以为然，他对荀子说："儒者对国家没有用处。"摆出一副拒绝的姿态。我们记得孟子在见梁惠王时，梁惠王也猝然而问："老头子，你不远千里来到我这里，你的学说对我的国家有利吗？"孟子当即顶了回去："王何必曰利？亦有仁义而已矣！"我这儿没有什么利与用处，我这儿只有仁义！我是来指导你走正道的，可不是来推销贱卖的！孔子在卫灵公问"战阵之事"时，也拒绝回答。相比之下，荀子在秦昭王面前全没有孔孟的骨气与正气，他啰啰嗦嗦，自卖自夸，颇使人气短。他局局于阐明儒者之用，屑屑于表明投怀送抱之心。不论多么能言善辩，已是自处于被告之席为自己做有用无罪辩护，投他人所好，以博赏赉了。他说：

> 儒者，效法先王，尊崇礼义，谨守臣子的本分，是非常敬重他的主上的。主上录用他，就守职本朝，事事相宜；不用他，就退处乡里，恭恭谨谨，必定做一个顺从的百姓……职位在别人之上，他就是辅佐王公的干才；职位在别人之下，他就是国家的能臣、君主的瑞宝。
>
> 原文：儒家法先王，隆仁义，谨乎臣子而致贵其上者也。人主用之，则势在本朝而宜；不用，则退编百姓而悫，必为顺下矣……势在人上，则王公之材也；在人下，则社稷之臣，国君之宝也。（《儒效》）

多好的一块"宝贝"！严守臣道，尊崇君主，即便被遗弃，也做个顺顺遂遂的良民！孔子说"君子不器"，庄子说"王公大人不能器之"，孟子不官不王，而荀子则屑屑于证明儒者是国君最顺手最有用的"器"！近来学者们在谈什么"政统"与"道统"，若荀子，何来"道统"？"道统"不过是政统的"臣妾"而已！

当然，从荀子对秦昭王的答辩中，我们还是看出，这位先秦儒学第三代的自负与自信，这不是"敝帚自珍"，而是卞和献璧式的自负与自信。经他改造过完善过的儒家学说，综合先秦各家学说中的治世良策，形成了一整套适合专制统治的内法而外儒的政治理论。"养在深闺人未识"毕竟是不甘心的，既然"天生丽质难自弃"，当然渴望"一朝选在君王侧"（白居易语）！汉武帝的"独尊儒术"，二百多年前的荀子就已在那里眼巴巴地盼望了！

公正地说，鲁国的国君，包括孔子极反感、常常出言伤害的权臣季氏，对孔子还是很尊重的，也很想和他合作，但他们就是找不到和这个固执倔强的老头子沟通的途径，他们与孔子总是话不投机，道不同而不能相为谋。孟子也一样，齐宣王对他是极尊重极用心笼络的，滕文公更是小心翼翼地听从他的教导，把一线希望寄托在他的指教上。连梁惠王这样粗鲁的人也很真诚地向他请教过有关治国的问题，但孟子一开口便"迂远而阔于事情"，他们之间，也总是对不上茬口，他们的思路，实在是风马牛不相及。究其原因，乃在于孔孟等人悬得太高，立论太苛。这一点，孔子的弟子，天才外交家子贡，就给孔子指出过，并希望孔子能稍微降低一点标准，以便寻找与诸侯合作的可能性："夫子之道至大也，故天下莫容夫子。夫子盖少贬焉？"（《史记·孔子世家》）老师您的道太大了，所以天下没有哪一个君主能容受得下您。老师何不稍微降低迁就一些呢？孟子的学生公孙丑也对孟子提出过类似的问题："道则高矣，美矣，宜若登天然，似不可及也。何不使彼为可几及而日孳孳也？"（《尽心》上）先生的道确实高啊，美啊！正好像登天一样，似乎不可能赶上。为什么不使它变为有希望达到，而使人们一天一天地逐渐接近它呢？但孔子抱定只问耕耘不问收获的坚定，孟子抱定"引而不发"为天下式的倔强。他们都热衷于使自己的理论完美，以追踪所谓古代圣王的治迹，而不介意其与现实间的差距。孟子希望"中道而立，能者从之"，但假如没有人能跟从而来怎么办呢？那他们也就自甘于其理论的寂寞，而不愿使自己的理论贬低降值。在这种情形之下，他们的理论和兴趣，都集中在对现实的抱怨和批判上，至于能否与他们合作，这倒是次要的。

这种倾向，至荀子，为之一变。他关注的是用，是器，而不是道本身的完善。理论而求为器，不就是御用的开始吗？不就是堕落吗？

使一种理论更完善，有两种方式选择：一种是使理论本身更具理性，更具逻辑性，更具有合目的性；一种则是努力使理论更具实用性。前者往往使理论趋近于理想境界，成为一种空想式的乌托邦；后者则往往使理论蜕变为实用工具，增加它的御用性。荀子显然更重视的是其实用性、合用性。他在小心地寻找理论与现实的契合点，寻找学术与世俗政治合作的途径。为此，他不再自居王者之上，不再以道自任，而是甘心去做一个忠实的、勤勉的、尽职尽责、呕心沥血的幕僚。他把兴趣与精力都放在具体问题的处理上，而把方向性的、价值取向性的大问题交给"君"去做决定了。臣民们只是去完成君主制定的长期或短期目标，目标由君主决定，方向由君主把握，蓝图由君主绘制，理想由君主确立，我们只去无怨无悔地完成这些目标，而对这些目标的合理、合法性不作思考，更不能诘问。理论完全工具化了，道的沦丧自此拉开序幕，人的沦丧也从此开始：当我们放弃了思想，我们即只能是工具性的存在。

是幕僚，就要一方面能把握大局，窥测方向，预测未来，有良好的规划与安排，适时地提出正确的政策和策略；一方面又要能委曲求全，坚韧不拔，忍让周曲，不论在什么情况下，坚持合作第一。像范增就不是一个好幕僚，因为他一受气，就不合作了。范增是有一些孟子式的脾气的。按他的年龄，大约其生年与孟子卒年基本相接。他一出场，便是一位古稀老者，指点项梁项羽一点一点由弱到强，被项羽尊为"亚父"。这种精神地位，很像是"王者师"，而不同于荀子式低眉顺眼的幕僚。同是老人，范增的性情，偏狭、急躁、爱钻牛角尖，凡事爱一蹴而就，一了百了，不知变通与耐心等待；而荀子则全没有这位"亚父"的毛病，他的高寿使他更沉稳，虑事更周详，立论更公允平实。他不像范增那样"好奇计"，他注重稳扎稳打，步步为营。他不急不躁，不愠不火，老成持重，俨然一个好幕僚！可惜秦昭王有眼无珠了！

三

我在写孟子时，极严厉地批评他的"性善论"，同时，对"性恶论"给予一定的好感。但是读到荀子的"性恶论"，这好感又没有了。这怪不得我。我对"性恶论"寄予的希望，让荀子一一给我毁灭了。是的，"性恶论"可以引出分权学说，如亚里士多德；也可引出专制理论，如荀子。"性善论"与专制结合，还有劝人向善的意愿；"性恶论"与专制结合，只能是血淋淋的暴政。"性善论"与专制是孪生手足，不可分离，所以，要避免专制，必须在政治学领域内反对"性善论"。"性恶论"则可以有两条走向。只可惜荀子走错了！他从"人性恶"的前提中，引出了冷酷无情的君主专制理论，并由他的学生韩非和李斯使之变成了血淋淋的政治现实，并且这种血淋淋的政治体制竟延续了两千多年！

我估计荀子与孟子是见过面的，孟子死时八十四岁，而那时荀子已是五十多岁了，又恰巧都在齐国的稷下学宫待了那么长时间，说不定荀子还听过孟子的演讲辩论。但这个晚辈在他的著作里点名批评孟子，说孟子："其僻违而无类，幽隐而无说，闭约而无解。"（《非十二子》）意思是孟子"非常怪诞而不伦不类，神秘而不可通晓，晦涩而不能理解"，这个批评倒真让我糊涂了。因为孟子的著作固然有很多自以为是的地方，但却一点不神秘，不怪诞，不晦涩。大约是荀子与孟子在很多根本问题上见解不同，"便残酷斗争，无情打击"。在《性恶》篇中，他更是对孟子实施重点打击，他开口即说："人之性恶，其善者伪也。"让人觉得他不经论证，先就如此下断语，武断得不得了，这大约也是对孟子有成见而意气用事。郭沫若先生认为这是荀子想独树一帜，招人喝彩，也可备一说。

孟子证立"人性善"，有所谓"十大论辩"（请参阅本书"孟子"一文），可谓苦心孤诣。而荀子在论证性恶时，也如法炮制，以数量取胜。"然则人之性恶，明矣"，这样的结论性句子，《性恶》一篇，凡九见，可见数量之多，但质量仍然不尽如人意。郭沫若先生就指出其中的"无之中者，必求于外"一节实属勉强。在这一节里，荀老先生先定下一个前提：假如本身不具有，必向外寻求，反过来，"苟有之中者，必不及于外"，本身具有，就不必旁求，结论："人之欲为善者，为性恶也。"他从人求善的冲动与欲望中推导出人性中缺少善，从而论证人性为恶。对这种论证，我们可以反问他一句：渴求善的冲动，也是人性中的恶的推动吗？答案如果是"是"，那么人性中的所谓"恶"自有其值得肯定的地方，但我们下文将谈到，荀子并不肯定人性中的"恶"；如果答案是"不"，那么，这种推动力又是从何而来的呢？

不过，荀子也有他的杰出处，比如他指责孟子不知道分别人之本性与后天习得的区别，这是先秦人性论中的一大进步。孟子有著名的"四端"说，说礼义仁智都是由人的本性所生，而荀子则明确地说，礼义，是生于圣人们的文化创造，而不是生于他们的本性。在这里，他提出了一个对后世影响很大的说法——"化性起伪"：

> 圣人变化了恶的人性，发起了改造人性的行为；改造人性的行为产生了礼义；礼义产生了，又催生出法度。那么，礼义法度这些东西，乃是圣人的创造。所以，圣人与人相同而不异于一般人的，就是人性；与人不同而又超过一般人的，就是改造人性的人为。
>
> 原文：圣人化性而起伪；伪起而生礼义；礼义生而制法度。然则礼义法度者，是圣人之所生也。故圣人之所以同于众其不异于众者，性也；所以异而过众者，伪也。（《性恶》）

"伪"就是人为。礼义法度都是人为，而不是人性。这一点又显然较孟子为可信。

倡"人性恶"，却又为何没能走向民主与法治？我以为，这里还应当具备两点才行：一是对人欲的肯定；二是对权力的约束。而这两点，又恰为荀子所不具备。以下分述之。

既倡"人性恶"，须有对"恶"的肯定，才能对人性抱有善良意味，才能走向尊重个性与感情，也才能相信人的自律，相信人民能自己管理好国家和自己。而荀子却没有这一点。他把人的诸多自然本性定义为道德上的恶，然后又用礼法锄而去之。这实在是开了后世理学的方便之门。我们看他在《性恶》篇中作为"恶"而列出的"人欲"都是些什么：

> 一、今人之性，生而有好利焉……生而有疾恶焉……生而有耳目之欲，有好声色焉……
> 二、今人之性，饥而欲饱，寒而欲暖，劳而欲休……
> 三、若夫目好色，耳好声，口好味，心好利，骨体肤理好愉佚，是皆生于人之情性者也。

四、人情甚不美，又何问焉？妻子具而孝衰于亲，嗜欲得而信衰于友，爵禄盈而忠衰于君……

从上四例中，除了第四项勉强可以算作人类的毛病外，其他三项，应该都是人的正常欲求，而荀子一律把它们看作是万恶之源。他这样定义"善"与"恶"：

所有天下古今所谓的善，即正当合理公平秩序；所谓的恶，即偏狭危险背离混乱……所以，古代圣人以为人的本性恶劣，认为人性偏狭险恶而不正派，悖理而不顺治……

原文：凡古今天下之所谓善者，正理平治也；所谓恶者，偏险悖乱也……故古者圣人以人之性恶，以为偏险而不正，悖乱而不治……（《性恶》）

人的正常欲求既可能是恶的萌蘖地，也可能是善的源泉。也就是说，道德意义上的善和恶，具有同一土壤，那就是人性。所以，人性只有欲，而无道德意义上的善恶。人性属于自然的范畴，而善恶属于伦理范畴，自然范畴内不存在道德内涵。到自然现象中去寻找道德意义，或把道德依据托之于自然法则，是典型的唯心主义，也是古今中外思想家常犯的错误。所以，我以为，哲学史上关于人性善恶之争实际上是无中生有的命题。人性只是土壤，这土壤中既可盛开善之花，又可盛开恶之花；既可养育善类，又可庇阴毒蛇猛兽。善类与毒蛇猛兽都寄生于大地，而大地本身却无所谓善恶。况且，即使毒蛇猛兽也未尝不是大自然正常秩序中不可或缺的一环，也就是说，也是合于善的目的的。人性属于自然领域，道德属于社会领域。荀子固执地认定人性的自由发展只能产生恶，那他就无法说明礼义从何而来。他既然说——

故圣人之所以同于众其不异于众者，性也；所以异而过众者，伪也。（《性恶》）

那么，圣人的"伪"又是从何而来？圣人为何能"伪"？既然他们与众人本性相同，他们为何能改恶从善？其动机何在？我真想起荀子于地下一问之！

恩格斯说"正是人的恶劣的情欲——贪欲和权势欲成了历史发展的杠杆"，"恶是历史发展的动力借以表现出来的形式"（《马克思恩格斯选集》）。十八世纪前后，当人们以科学的态度来探讨历史时，发现了一个似乎令人难以置信的事实：被中世纪贬斥了千余年的人性、人欲，竟然是历史的最有力推动者！历史的原动力，往往是一直以来被人们当作"恶"的东西！霍尔巴赫认为："利益或对于幸福的欲求，就是人的一切行动的唯一动力。"可见，灭人欲，往往也就在摧毁历史前进的动力。况且，人类追求自身欲望的满足，追求自身的福祉，这不正是最大的善么？在先秦诸子中，老子对人性是怀疑的，没有信心的，但从理论上如此周密地对人性做有罪的判决，荀子还是第一个，而他的学生韩非，就拿着这纸判决对人性实行拘办刑罚了。荀子是法官，韩子就是狱吏。我们看这法官的判词：

> 人之本性，生来就有好利的趋向，如果顺遂这一点，就会导致争夺，辞让就消失了；生来就有憎恶的趋向，顺遂这些，就会滋生残暴，忠信就消失了；生来就有耳目的欲望，耳好声而目好色，顺遂这些，则就会产生淫乱，礼义文明天理就消失了。可见，听从人的本性，顺遂人的性情，就一定产生争夺，最终会落到违犯身份悖乱天理的境地而归于暴乱！
>
> 原文：今人之性，生而有好利焉，顺是，故争夺生而辞让亡焉；生而有疾恶焉，顺是，故残贼生而忠信亡焉；生而有耳目之欲，有好声色焉，顺是，故淫乱生而礼义文理亡焉。然则从人之性，顺人之情，必出于争夺，合于犯分乱理而归于暴！（《性恶》）

如此一个意气用事武断不讲理的法官！他用推理法断案！而他的推理，又是何等偏颇不公，攻其一点不及其余！他为何不能发现人的好利恶疾等本性，也是人类不断进化社会不断发展的动力呢？细揣他的意思，倒好像是利不好而疾好，幸福不好而痛苦好，满足不好而贫乏好。一个哲学家如果偏执地去干所谓提高人类道德水平之类的"崇高的事业"，会降低其思想的哲学质量的。

我们看看荀派的《礼记·王制》：

> 作淫声、异服、奇技、奇器，以疑众，杀！

这就干脆走到人类幸福的对立面去了。

荀子的这种反人性思想，后来在宋明理学那里达到了顶峰。比如南宋陆象山就说："学者所以为学，学为人而已，非有为也。"（《陆九渊集·年谱》）这种学者，还不如一个空心泥菩萨！

一个思想家如果借口纯洁人的心灵，而不惜牺牲人的肉体欲望，其结果，都会走到这一步。

理学家们一方面反对荀子的"性恶论"，这是为了使道德政治有一个"性善论"的基础；另一方面，却又把人性看得极丑恶，必欲戕贼之而后快。他们为了弥补自己理论上的自相矛盾，又分出什么性与情，认为性善而情恶，一切人欲都是性骚动后所成之情的后果。我们从理学家们的理论中，可以见出荀子反人性的严重后果。

四

既倡"人性恶"，还有一点也应该明白，那就是，"恶"往往借权力来实现，因权力而肆虐。只有绝对的权力，才能使恶绝对地实现。而荀子为了防止普遍的恶（这一点他也开后来理学家的先河，认为人民的人性中普遍地、大量地、每时每刻地存在着、产生着恶或败德的欲念），他竟天真而荒唐地想出一种方法：用绝对的权力来防止世俗之"恶"。这就出现了荀子"性恶论"的第二大恶果：绝对的君主集权与集权政治。他说——

> 树立一个绝对权力的君主，以便昭明礼义，是因为人性本恶（必须有所镇压）。
> 原文：立君上，明礼义，为性恶也。（《性恶》）

因为"人性恶"，所以要立一个可以"为人师"的君上，用礼义的方法来对付人性这个毒蛇猛兽。这样，君为体，礼为用，荀子的政治蓝图就这样一笔而就了。反过来——

> 去除君上的权势，没有礼义的教化；消除法正的治理，没有刑罚的禁

止，靠在一边旁观天下百姓的相处，像这样，就会强者加害弱者而侵夺之，众者欺凌寡者而讹诈之，天下的混乱灭亡不要片刻就到了。

原文：去君上之势，无礼义之化；去法正之治，无刑罚之禁，倚而观天下民人之相与也，若是，则夫强者害弱而夺之，众人暴寡而哗之，天下之悖乱而相亡不待顷矣。（《性恶》）

这里，人民不但是愚氓，而且是品性不端、顽劣丑恶的愚氓，是注定要堕落的愚氓。在这种认识基础上，荀子抬高世俗之君的地位，使之统御人民，也就可以理解了：

现在的人，假如没有遵从的法律，就会偏狭奸险而不正派；没有礼义的约束，就会悖理暴乱而不治理。

原文：今人无师法，则偏险而不正；无礼义，则悖乱而不治。（《性恶》）

整个《性恶》一篇，充满了对普通民众智识的蔑视与道德的鄙视，同时，对于世俗之君，他又毫无理由地认定他们具有智识与道德的双重优势，将人类的希望寄托在他们身上，人类不堕落的保证也放在他们身上。

荀子的"尊君"，还有另外一个原因，那就是"制天"。可以说，他是中国历史上第一个思考自然与人类关系的思想家，也就是说，他将自然环境对人类生存的影响，自觉地作为他哲学关注的对象。陈炎先生曾指出，黄河流域的古代中国，乃是属于马克思所说的"亚细亚的古代"，与希腊的"古典的古代"有大不同。"古典的古代"其国家的形成乃是生产力发展的自然结果，而"亚细亚的古代"的中国，国家的建立则是由于环境的逼迫。陈炎先生指出："生活于黄河流域的古中国人的天职不是去海上冒险，而是要兴修水利。这种工作……需要大量的人力和高度的社会组织结构。"（陈炎《积淀与突破》）荀子也正是从"制天"的角度，来理解国家及其代表"君"的产生的：

人……气力比不上牛，奔跑不及马，但牛马却为人所用，为什么呢？答：人能合作，它们不能合作。

原文：人……力不若牛，走不若马，而牛马为用，何也？曰：人能群，彼不能群也。（《王制》）

正因为人能"群"（合作、组织起来），才能在生物界中一枝独秀。而这个"群"，又是如何实现的呢？

君主，是善于协调人群的人。

原文：君者，善群者也。（《王制》）

君主是什么呢？答曰：能协调人群。能协调人群的说法，是怎样的呢？答曰：善于生养人，善于治理人，善于显扬人，善于文饰人。善于生养人，人也就亲近他；善于治理人，人也就安顺他；善于显扬人，人也就喜欢他；善于文饰人，人也就称誉他。这四者具备了，天下就归顺了，这种能力就叫能协调人群。

原文：君者何也？曰：能群也。能群也者，何也？曰：善生养人者也，善班治人者也，善显设人者也，善藩饰人者也。善生养人者人亲之；善班治人者人安之；善显设人者人乐之；善藩饰人者人荣之。四统者俱而天下归之，夫是之谓能群。（《君道》）

孟子是倡"民贵"而"君轻"的。荀子显然要颠而倒之，要贵君而贱民了。《战国策·齐策》记赵威后问齐使，以为民为本而君为末，荀子又要颠而倒之，以君为本以民为末了。你看：

人类的生活，不能没有群体。群居共处而没有区分，就会发生争夺；争夺，就会发生混乱；混乱就会导致穷困（这是说民之丑恶愚贱）。所以，没有区别，是人类的大害；有区分，是人类的大利；而人民的君上，便是掌管这种区分的中枢（这是说君之美好尊贵）。所以，赞美君上，就是赞美天下的基础；安顿君上，就是安顿天下的基础；尊重君上，就是尊重天下的基础（这是说赞美、尊贵、安顿君王的重要）！

原文：人之生，不能无群。群而无分则争；争则乱；乱则穷矣。故无分者，人之大害也；有分者，天下之本利也；而人君者，所以管分之枢要也，故美之者，是美天下之本也；安之者，是安天下之本也；贵之者，是贵天下之本也！（《富国》）

由《左传》的"民本"，孟子的"民贵君轻"，《战国策》的"民本君末"，至荀子，一变而为"君贵""君本"。荀子固然不要我们"尊天"了，也不要我们"事鬼"了，他要我们"尊君"！在先秦诸子中，孔孟不谈"忠"——我是指那个"忠于君上"的"忠"，而荀子则大谈特谈。"忠"是幕僚、臣妾的第一天职！从"性恶"和"制天"这两个角度，我们可以看出君王的"枢要"地位。人本性是恶的，要善就必须"伪"，就要学习，师法。法由谁掌握呢？当然是君，所以君主就是人师。人类要生存，就得"制天"。制天不能单靠个人，而要把零散的个人与零散的部落组织统一起来，置于一个绝对的权威之下，由这个权威来统一调度，这就要"协群"，也就是"分"。由谁来"分"而"协"之呢？还是那个君。那么君又是靠什么来正人心与协人群呢？靠"礼"。荀子提倡"尊君""隆礼"的理论归结就此一目了然。

应该说，荀子的这种理论，其产生是有地缘因素的。贫瘠的黄河流域，催生的只能是这种集权理论，黄土高原上开放的也只能是这朵恶之花。

五

我们不需要大费周章就能理解，这地方的"君"，显然是指各个时代的当代之君，而不是已经作古的那几个作为模范榜样的"圣君"。因为荀子所尊崇的有"伪"与"分"双重职能的君，只能是在现实政治体制中存在并起作用的，而不是一种精神的存在与感召。这样，我认为人们可以为聚讼纷纭的"法后王"下一结论：这一"后王"，显然是指当代君主，而不是什么夏商周三代之王，或这三代王中后面的王。我想荀子不会这么晦涩，弯弯绕，除非他故意让我们糊涂。况且，如果真是指夏商周三代的王或这三者中后面的王，那他与孟子的"法先王"有什么区别？郭沫若先生就在《十批判书·荀子的批判》中断然道："他的所谓'法后王'和孟子的'尊先王'毫无区别。"但这显然和荀子对孟子"法先王"大为恼火，横加冷嘲热讽不合。

对荀子的"法后王"，我们曾经给予极高评价。但我们还要对之怀有戒心。陈炎先生曾指出："在欧洲历史上，除了英王詹姆士和法王路易十四等少数几个被公认为狂妄自大的暴君外，没有谁像秦始皇以后的历代中国皇帝那样，公然宣布法律的源泉来自世俗的君主或国家元首，而是将其归结为超验的宇宙主宰，或将其看成是经验的社会契约。"（《积淀与突破》）那么，谁使嬴政及其后来的君主们如此狂妄呢？是荀子！是他的"法后王"！是他，赋予每一位现任君主以绝对的权力，而且其自身又是权力的来源。孟子的"法先王"，墨子的"天志"，都是约束当代王的。孟子的"法先王"，是以先王做一道德样板，认为一切行为要符合先王之道，这就为起诉当代暴君提供了依据。比如他宣称，"五霸是先王之罪人，当今诸侯，又是五霸的罪人"，至少在理论上，可以对比先王，而指出后来者是罪人，这就构成了一种约束。荀子又反对墨子的"天志"，这固然具有科学精神，但也因此消弭了"天"对当代君主的约束。没有了先王，没有了天，那么当代君主在行事上，既无事实约束，又无道德约束，还没有宗教约束，真是畅快极了！中国历史上那么多恣意逞快的暴君，是荀子给他们松的绑呢！岂止是松绑，他还给他们插上绝对权力的翅膀，这真如他学生韩非所讲的那样，如虎添翼，飞入通都大邑，择人而食了！比如秦始皇，焚书坑儒，涂炭天下之肝脑，离散天下之子女，以供他一人逸乐，行起事来，如入无人之境，既不受现行政体的限制，又不受任何理论观念的谴责，因为他，包括他同时代的荀韩学说，都已失去了判断君王行为的标准，甚至"判断"本身都已被荀子早早地取消了。君主意志即是君主行为的判断标准，批判的武器与武器的批判变成一物了。苏轼指责荀子应对秦的暴政负责，不是很有洞见吗？荀子能为自己做无罪辩护吗？

从荀子关于君主"枢要"的论述中，我们还能推理出，在荀子那里，君不再是一种人类实现自身目的争取自身发展的一种手段，而是手段与目的的合一，甚至直接成了"目的"，一国全民一切贡献与牺牲都是为了"君主"这个"目的"——"美之者，是美天下之本也；安之者，是安天下之本也；贵之者，是贵天下之本也"！自西周以来，《左传》《孟子》等先秦著作中再三珍重的"民本"思想，被荀子的"君本""君原"思想所取代，悲惨世界人间地狱也就同时拉开了序幕。司马迁《酷吏列传》记载汉代酷吏杜周，贪残好杀，专看武帝的眼色行事，别人质问他："君为天子决平，不循三尺法，专以人主意指为狱，狱者固如是乎？"杜周答："三尺安出哉？前主所是著为律，后主所是疏为令，当时为是，何古之法乎！"好一个"当时为是，何古之法"！既然当代君主的一切意指都"是"，而我们又"法后王"，纯以当代君主的意志为"法"，那么，对像嬴政这样的历代暴君，我们还能有什么样的政治伦理依据去批评他？孟子让我们相信君主们本性是善的，荀子又让我们必须以当代君主的意指为是，我们只要"天子圣明，臣罪当诛"地磕头便是了！

还有一点也须提到，嬴政这一类暴君又往往都是不信鬼神、不怕鬼神、不迷信的。彻底的唯物主义者是无所畏惧的，那么，是不是也什么都敢干了呢？

六

孟子大谈道德，他是将它作为一项标准来要求诸侯的，他要诸侯实行仁政，推行王道。他的理论，和世俗政权是拉开了距离的，是作为世俗政治的批判者出现的。他甚至认为人民之所以起来造反为盗，"放僻邪侈，无不为已"，乃是由于统治阶级过分剥削造成的，颇有后来"官逼民反"的思想。他把统治阶级逼民造反，"然后从而刑之"，看成是设下陷阱与罗网来陷害人民。这一点孔子也有大致相同的看法。他们如此解释人民犯罪的原因，即使不完全科学，也颇令人感动。而荀子则相反。如果说，孟子认为人民犯罪是统治阶级逼出来的，荀子则认为人民犯罪是统治阶级放纵出来的。我们从后来李斯的《论督责书》中不是可以看出荀子这朵恶之花结出来的什么果么？孟子没有发明什么对付老百姓的办法，作为一个绝顶的哲学家、理论工作者，他不得不去为人民争取一点赖以生存的土地和最起码的生活资料。他写文章，也只教训诸侯，而不"教育"人民，他要做"王者师"。而荀子呢？他要做的是君主的幕僚，人民的"德育教授"！

当然，谈荀子，有些麻烦，因为此老寿命特长，前后思想的差异往往很大。比如，在《性恶》一篇中，他还认为秦人"纵性情，安恣睢，慢于礼义"，不像齐鲁之民那么温顺孝敬，而在他晚年去了秦国后，观点就大大变化了。应侯范雎问他："到秦国后有何观感？"他盛赞："其百姓朴，其声乐不流污，其服不佻，甚畏有司而顺，古之民也。"（《强国》）大致说来，越到晚年，他越崇尚法，与法家思想越接近。不过在《君道》篇中，他认为君的职能在于能

"群"，而"群"的含义他解释为善于长养人民（善生养人）；善于治理人民（善班治人），善于显扬人民（善显设人）；善于文饰人民（善藩饰人），提出要让人民"衣暖而食之，居安而游乐"，颇能以民生民愿为重，这与"惨礉少恩"的法家还是有相当距离的。大致说来，荀子还重在讲使人民幸福、富裕、安乐，而到了韩非，则只讲使国家强大、稳固、能攻。只是我们必须认识到，韩非的思想是荀子思想合乎逻辑的延伸："性恶论"是法家思想的基础，"法后王"是法家政治体制的精髓，而由"礼"到"法"，也仅只一步之遥；况且这一步，在荀子晚年，他已颤颤巍巍却又毫不犹豫地跨出去了。

<h2 style="text-align:center">七</h2>

孔子的时代是怀旧的时代，所以孔子倡导的是旧式周王贵族的内在修养："仁"。孟子的时代是批判的时代，他要用古老的道德标尺来衡量当代政治与道德的"宜与不宜"——也就是"义与不义"，所以他倡导的是"义"："仁者，人心也；义者，人路也。""仁者，人之安宅也；义者，人之正路也。"总而言之，孔孟都是向后看的。而荀子，则是儒家人物中第一个乖巧地向前看的人——不然他不会去秦国，所以他倡导的是礼——一个新时代的秩序、规范，同时也是社会整合的手段。

礼，是黄河流域贫乏的农业社会的特殊政治现象。农业社会的特点是积累慢而损耗快。汉初四代（不计高后）的积累也不敷汉武帝一代的损耗。唐初近百年（以玄宗即位计）的积累也经不起一个"安史之乱"的折腾。开源既难，节流便尤显重要，且要在人群中保证一小部分人过得好，大多数人又能心安理得地承认这种现实，从而实现政治与社会的稳定，"礼"便是最便捷的手段。所以，它首先是一个政治现象，然后才是文化现象。在"礼坏乐崩"的时代，孔子讲的"礼"，是对一种古老政治秩序的回忆与怀念，是对一种古老文化景象的回忆与怀念，是保存与发扬古老道德传统的努力。"子在川上曰，逝者如斯夫"，那是一种怀旧，是一种无奈，是一种没落的感伤，面对冲却"礼"的大堤的人性的洪流，他手足无措，只在那里空洞地喊着："克己！复礼！"可是没有人克己复礼，却处处都是僭越与颠倒。孟子讲礼，是从辞让之心谈礼，他天真热情，对人类抱着善良的信心，认为礼产生于人本性中的善，是一种先

验的存在。它首先是一种心理现象，是自然的产物，然后才表现为普遍的社会
文化现象。"辞让之心，礼之端也"，"礼"就是从这天生而就的"辞让之心"
中产生的。显然，孟子心中有一"君子国"的理想在。到荀子就不一样了，这
位认定"人性本恶"的思想家，从"争夺之心"来谈礼，你看他如何解释礼的
产生：

　　　　礼是在什么情况下兴起的呢？回答说：人生下来就有欲望，欲望如果
　　没满足，就不能不求取；求取如果没有分寸和界限，就不能不争夺；争夺
　　就会混乱；混乱就会导致穷困。先王憎恶这种混乱，所以就制定了礼义来
　　分别它，借以保养人的欲望，供应人的求取，使人们的欲望不被物质所穷
　　窘，使物质不被欲望所压倒，这两者同步增长，这便是礼义兴起的原因。
　　　　原文：礼起于何也？曰：人生而有欲，欲而不得，则不能无求；求而
　　无度量分界，则不能不争；争则乱；乱则穷。先王恶其乱也，故制礼义以
　　分之，以养人之欲，给人之求，使欲必不穷乎物，物必不屈于欲，两者相
　　持而长，是礼之所起也。（《礼论》）

　　在这里，荀子实际上谈了两层关系：人与自然（物）的关系；人与人的关
系。"物"是有限的，而人欲却是无限的，所以必须以"礼"来约束欲，使
物与欲保持平衡，而不至于让欲淹没了物："使欲必不穷乎物，物必不屈于欲，
两者相持而长。"这里我们明显地看到贫乏的自然环境是礼所产生的首要原因。
另一方面，物的有限，必然引起人的争夺。这人类内部的争斗会导致混乱与无
秩序，混乱而无秩序必然会降低人与自然抗衡的能力，就会更加穷困。所以，
礼的另一功能便是协调人与人之间的关系。孟子从辞让之心谈礼，属于道德的
范畴，其对象乃是人的道德自觉自律，它最终产生的是义务思想；而荀子从争
夺之心谈礼，则显然是属于法的范畴，其对象乃是物的"度量分界"，它最终
产生的是权利思想。

　　"礼"如何使人不争不夺，各安其分呢？荀子的"礼"的第一功能便是给
人分等级：

　　　　（两人地位相等，就不能互相役使）比如贵者不能去侍奉贵者，贱者

也不能去使唤贱者，这是天数……先王厌恶这种混乱而无秩序的状态，就制定了礼义来人为地分出贵贱贫富来，然后让他们互相制约，是治理天下的根本。

原文：夫两贵之不能相事，两贱之不能相使，是天数也……先王恶其乱也，故制礼义以分之，使有贫、富、贵、贱之等，足以相兼临者，是养天下之本也。（《王制》）

两人地位相等，就不能互相役使，怎么办？分！用"礼"的方法把他们分出贵贱贫富来！然后让他们互相制约。他还引《尚书》中的话说"维齐非齐"，不齐才能齐！他又说"斩（崭）而齐，枉而顺，不同而一，夫是之谓人伦"——参差才是整齐，弯曲才能顺畅，不同才是一致——这就是所谓的人的社会等级！

这种等级是由生到死都不能逾越的。在《礼论》中，他讲丧礼，天子如何，诸侯如何，大夫如何，士如何，庶人如何，从棺材的厚度到聚丧的范围，都一丝而不能苟。

讲到社会人伦，他要"君君臣臣父父子子兄兄弟弟夫夫妇妇"：

请问为人君，曰："以礼分施，均遍而不偏。"

请问为人臣，曰："以礼待君，忠顺而不懈。"

请问为人父，曰："宽惠而有礼。"

请问为人子，曰："敬爱而致文。"

请问为人兄，曰："慈爱而见友。"

请问为人弟，曰："敬诎而不苟。"

请问为人夫，曰："致功而不流，致临而有辨。"

请问为人妻，曰："夫有礼则柔从听侍，夫无礼则恐惧而自竦也。"

（《君道》）

除此之外，还有"农农士士工工商商"，他也都一一划定他们的职分。"农以力尽田，贾以察尽财，百工以巧尽械器，士大夫以上至于公侯莫不以仁厚知能尽官职。夫是之谓至平。"《王制》篇中，荀子不厌其烦地规定百官的职责权利与义务：司徒、司马、太师、司空、治田、虞师、乡师、工师、伛巫、治市、司寇、冢宰、辟公、天王，各负什么责，各有什么权。荀子果真是一位宰相之人！

荀子的"礼治"思想，实在是两千年中国封建社会的政治纲领、伦理纲领。直到十九世纪，被人称为第一代启蒙思想家的龚自珍，还在写《平均篇》，还在宣扬"有天下者，莫高于平之之尚也"。而这"平"，又正是荀子式的不平之平，比如喝汤，"君取盂焉，臣取勺也，民取厄焉"——君喝一大盆，臣喝一大勺，民喝一小酒盅！对这种礼，荀子宣称：

> 天下从之者治，不从者乱；从之者安，不从者危；从之者存，不从者
> 亡。小人不能测也。（《礼论》）

其实，不齐之齐，不平之平，确实是存在的，并且是合理的。问题是，这种不齐、不平，是由权利确定的呢，还是由权力规定的呢？取决于权利还是权力，这才是关键。而荀子，显然是鼓吹后者。

八

梁启雄在《荀子简释自叙》中说：孟子言性善，荀子言性恶；孟子重义轻利，荀子重义不轻利；孟子专法先王，荀子兼法后王；孟子专尚王道，荀子兼尚霸道。我还要补充几句：孟子讲道，荀子讲器；孟子讲民贵君轻，荀子讲君为邦本；孟子唯心，荀子唯物；孟子反战，荀子不反战；孟子倡辞让，荀子讲争夺；孟子讲义（务），荀子讲权（力）……

还有，就个人性情而言，孟子天真，荀子老成；孟子光明磊落，荀子颇有心机；孟子疾恶如仇，动辄拔刀相向，荀子视仇如险，往往敬而远之；孟子书生气重，荀子世故味浓；孟子之文是少年之激情，荀子之文是老人之理智；孟子是理想主义者、道德主义者，专注于理论构想，荀子是实践主义者、实用主义者，专注于技术操作……

荀子见多识广。这是由于他游历广，寿命长。他生在赵国，待在齐国与楚国，又游历秦国。而赵、齐、楚，分别是先秦法家、儒家、道家的发源地。秦又是新兴的，代表着未来的国家。他受到这些不同风气的浸润，难怪他的思想也博采众家。他又生在战国后期，各家学派早已纷纷上台表演，又加上他年纪

大，有足够的时间来对各家进行分析与钻研。学问大，年纪大，见识多，这就形成了他文章的风格：立论公允平实；论证缜细周密。平实而浑厚，析密而思精。他的时代已不同于孟子、庄子的时代，更不同于孔子的时代。愤怒与激情过去了，诗人的时代过去了，经师的时代开始了。漫无边际的谈论、争辩结束了（荀子严厉斥责惠施、邓析等人的诡辩术），天才的、放纵恣肆的批判嘲讽也结束了（荀子也严厉斥责孟子与庄子）。是的，荀子的出现，标志着博览群书的、见多识广的平实稳健的饱学之士代替了恣肆无端的天才人物；周密的思考代替了偏激的言论；推心置腹的出谋划策代替了逞快泄愤的冷嘲热讽；老成持重的带有明显世故气息的条分缕析代替了血气方刚的带有明显书生意气的挥斥方遒。孟庄是毫无节制地表达自己的正义，挥霍自己的才华，宣泄自己的激情，展露自己的青春，或声色俱厉，或柔情万种；而荀子一变为平和公正，务实达变，谦虚深沉。孟庄如李白，随心所欲，胆大包天；荀子如老杜，动静有矩，谨小慎微。从这个角度看，荀子的文章虽然不是最好的文章，毫无疑问必须让位于孟子、庄子，但他的文章却是有法度的文章，有章可循、有理可据的文章。议论文章到荀子，算是成熟了。孟子新闻猎奇式的冷嘲热讽，庄子寓言虚构式的奇谈怪论，在荀子那里，都云开日出一般不见了。他是认认真真地写文章，有板有眼地讲道理，层次清清楚楚，意思明明白白。大量的、层出不穷的比喻代替了一惊一乍的寓言和真真假假的新闻，逻辑性强，学究味也浓。当然，如果我们不为他那精彩的比喻障住了眼光的话，我们还会发现，荀子的文章反反复复，絮絮叨叨，真的谈不上精练。这可能与他的年纪有关吧。大凡人到了荀子那一把年纪，又有学问，便不免啰嗦。好在荀子真是饱学之士，所以，每论一个题目，连类而及的联想就特别多，真正是浮想联翩。他的一串一串没完没了的比喻就是这样出来的。我们每每惊异并惊喜于他美妙贴切生动的比喻之中，而忘记了他为一句话能说明白的某个意思，已经用了太多的比喻。这是用一种特别突出的优点来掩盖缺点的最好例子。

从文章结构上看，孟庄的散文是开放式的结构，其形式是辐射状的，扩张型的，我们不知道他们会在哪里结束，而他们又常常在我们意料不到的时候戛然而止。他们的结构是松散的、随意的，即使后人从中添加一些什么或抽出一些什么，也可以乱真或不易被发现。而荀子的文章则是结构谨严，层次井然，不容造次的。他据题抒论，环环相扣，是一种自足的封闭式的结构。这一点，荀子也像老杜：老杜在诗中建立规范；荀子在议论文中建立规范；老杜是"诗圣"；荀子是经师。

《论语》的简古，《孟子》的激烈，《庄子》的荒诞，都是散文在未成形之前的自然形态。那可真是一个野芳遍地的时代！我们常常有不期而遇的惊喜。荀子把散文的野花移入家中，养成盆景，按一定的美学规范来培育修剪它了。不枝不蔓，端庄严正的经师之文，就是这样剪出来的。这种千锤百炼的散文，至少为庸人提供了一种规范，俾使我们这些天分不高者，按他的规范来操作，也能糊弄出什么论文来。学诗岂容学李白？学文也不能学孟庄，那是天才的创造，岂容我们模仿？但学诗可以学杜甫，作文可以学荀子。即此一点，我们也当对荀子有相当的感谢！

九

荀子在《非相》篇中曾说人有"三不祥"，其一是"贱而不肯事贵"；又说"人有三必穷"，其一是"为下则好非其上"，如此则不肯事贵，偏好非上的孟子、庄子，其不祥与窘穷，是势在必然了。我读荀子这样的句子，隐约觉得他就是在骂孟子（他对孟子很反感，不知这两位前后辈是否在齐稷下有些过节）。可是，讲究"顺上"的他，遭遇又如何呢？同样是不得志的。秦昭王不用他，不信他，让他的一张老脸没处搁，灰灰的。在齐国，他也没有什么可以证实的职位。在楚国，春申君信任他，但两者也有过不愉快，况且后者也只让他做一个小小的兰陵令，也不见有多大作为。春申君死，他的小小兰陵令也当不成了。

> 世之愚，恶大儒，
> 逆斥不通孔子拘。
> 展禽三绌，
> 春申道缀基毕输。（《成相》）

这个"大儒"，春申君一死，他就输了个精光，只好一唱三叹那"自古圣贤尽贫贱"的调子。一个理论在一个国家受信任的程度，决定于这个理论适用这个国家的程度。荀子的理论是为来世准备的，兼并的战国时代与暴秦时代都还不需要他。他受人称赏，是在汉代，董仲舒、刘向都信仰他。而他生前，声誉并不很高，以至他的弟子们颇为他抱不平：

孙卿（荀）为乱世所压迫，为严刑所威逼，上无贤明的君主，下又遇暴秦，礼义不能行，教化不成功，仁者受委屈，天下一团黑。行为完善反受打击，诸侯之间互相倾轧。在那个时代，（对于天下之事）智者没机会思考，能者没机会治理，贤者没机会行使权力。所以，君上蒙蔽而不长眼睛，贤人也远离而不受支使。然而孙卿内怀大圣之心，外表则盖着佯狂的神色，向天下展示愚拙的假象。《诗经》上说："既明且哲，以保其身。"说的就是荀子的这种做法啊。这也就是他名声不显露，信徒不众多，光辉不远照的原因啊。

原文：孙卿迫于乱世，鰌于严刑，上无贤主，下遇暴秦，礼义不行，教化不成，仁者绌约（委屈），天下冥冥（黑暗）。行全刺之，诸侯大倾。当是时也，智者不得虑，能者不得治，贤者不得使。故君上蔽而无睹，贤人距而不受。然则孙卿怀将圣（大圣）之心，蒙佯狂（假装为狂）之色，视（示）天下以愚。《诗》曰："既明且哲，以保其身。"此之谓也。是其所以名声不白，徒与不众，光辉不博也。（《尧问》）

殚精竭虑地进行理论构想，为君主老爷们鞠躬尽瘁、呕心沥血，可结果却是"名声不白，徒与不众，光辉不博"。真够惨的！刘向曾感慨地说："为人君能用孙卿，庶几于王。"《尧问》篇也说："今之学者，得孙卿之遗言余教，足以为天下法式表仪……天下不治，孙卿不遇时也。德若尧禹，世少知之；方术不用，为人所疑；其知至明，循道正行，足以为纪纲。呜呼！贤哉！宜为帝王！"

至少是帝王称职的幕僚，缺的就是一纸委任状。

屈原（上）
无路可走

　　屈原不好写。我几次动笔都叹口气放下了。写屈原的困难在于，我们不知道哪些东西是他的，哪些东西不是他的，这不仅指他的作品，也指人们指认给他的那些思想、性情、性格。是的，屈原是一个"箭垛式人物"（胡适语），我们后人附会给他的东西太多，在中国古代人物中，没有一个人像屈原那样，被后人随己意或随时代需要而加进去那么多东西。我们固然可以因此说，屈原是一部大书，每个读者都可以从中读出自己的东西，每个读者都可以按自己的理解与逻辑来认识屈原，但屈原也因此面目全非，或千人千面，如同一千个读者的一千个哈姆莱特。屈原的生平留给我们太多的盲点与疑点，为他作传的司马迁情绪激动，心潮起伏，不能心平气和地记录他的身世行踪，大段的主观抒情议论占据了不短的篇幅。司马迁可能意识到，对于屈原来说，他的精神远比他的生平事功更重要。由此，后来的屈原研读者只在乎自己的理解能够自圆其说，不自相矛盾，能构成一个可理解的自我体系。这样做事实上也并无不妥，历史的本体本来就是不存在的，不可复现的，存在的只是我们对历史的认识，

更何况疑窦丛生的屈原？韩非曾疑惑地说，孔墨死后，其不同的后学都自谓真
孔墨，孔墨不可复生，谁能定孔墨之是非？我们也可以说，屈原不可复生，我
们谁又能定屈原之是非？不同的读者有不同的屈原，屈原的内涵也因为有了这
些附着，而越来越丰富，其影响也越来越深巨。所以，我们也可以说，屈原是
一个滚雪球式的人物。

　　我觉得，屈原之影响中国历史，不在于他的思想，也不在于他的事功。这
两点他都不突出。他的思想——美政，在《离骚》中也只有"举贤而授能""循
绳墨而不颇"以及效法先王几条，空洞而且没有原创性。他的事功更只是昙花
一现，还没开始便夭折，以至于在先秦典籍中根本就没有他的名字。赵逵夫先
生独具只眼地在《战国策·楚策一》"张仪相秦谓昭雎"一节中，考证出该段
文字中的"有人"即是屈原，从而证明先秦确有屈原其人，但这也恰好证明屈
原在先秦之无名望无影响，以至《战国策》中以"有人"来代称他。如果没有
他精彩绝艳的"楚辞"，他极可能淹没在历史的尘沙之中，连同他的痛苦、不
幸与委屈。

　　屈原之影响后代，乃是因为他的失败。这是个人对历史的失败，个性对社
会的失败，理想对现实的失败。屈原在他的作品里（主要在《离骚》和《九章》
里）淋漓地展现了这种失败。可以说，在中国历史上，这是第一次有关独特的
个人与社会、历史发生冲突并遭致惨痛毁灭的记录。在此之前的诸子及所谓儒
家的六经，都只是对所谓社会秩序、历史规律的认知——包括价值认同，并没
给独特个体及个性留多少余地，而《诗经》中的为数不多的个性痛苦（指个体
在社会体制中的感觉记录）也因"乐而不淫，哀而不伤"而黯淡无光。比屈原
稍前的庄子已经看出了个性与社会的不可调和的矛盾和冲突的必然性，同时他
也悲观地认识到，在这场正面冲突中失败的一方只能是个性，故而他避开了社
会冷酷的锋芒，避免与之发生冲突，他几乎是不战而退。而比屈原稍后的荀子（注
意这三人都与楚文化有关），则是通过对人性的否定，进而否定个性，否定
独特个体的道德价值，或者说，否定个体在社会秩序之外的独立价值（请参阅
本书"荀子"一文）。唯独屈子，既要坚持个性，又要坚持以自己的个性去改
变世界，以个性的温热去融化那冷酷的秩序。因此，他的失败是一次意味深长
的历史事件，也是人类永恒的悲剧。甚至我们可以把他的作品看成是有关人类
自由、幸福的启示录。

他以至善至美的古圣贤做自己立身行事的榜样——天真的屈子并不知道，这些古人的"至善至美"往往只是后人的想象甚至是有意的欺骗，他更不知道，至善至美往往不能与现实并存，因为至善至美往往不能宽容。聪明的庄子看穿了这种历史骗局，他推倒一切圣贤，把他们通通置于他的戏侮之下。犀利的韩非更是从唯物的角度拆穿儒家的美化，把古人推下神坛。而屈原对这些道德幻象则是真诚地信奉，甚至还把自己看成是古圣人的影子，并把自己当成是古圣人意志的现世体现者，由此便出现了这样的结果：他把君主应当"效法先王"的命题（这也是稍前于他的孟子的主张）不经意地变成了君主应当"听信贤臣"，应当对贤臣信任、重用，守信而不改。因为这样的臣子就是先王意志的化身，"先王"由一种抽象的精神传统具体为一个活生生的人，与君主对峙。屈原就是这样与楚怀王对峙着。当然，与孟子一样，他不能明白的还有，道德模范式的圣人及其个人魅力决不是现行体制的对手！所谓的"法先王"，不过是一种幼稚而天真的愿望而已！

当楚怀王背弃"成言"，"悔遁而有他"（《离骚》）的时候，屈原才发现，"君可思而不可恃"（《惜诵》），这时他感受到了个人在体制中的委屈与孤独。《惜诵》一篇所倾诉的就是这种委屈与孤独。甚至他认定一国之中没有一个人能理解他，"举世皆浊我独清，众人皆醉我独醒"（《渔父》），他慨叹"人之心不与吾心同"（《抽思》），至此，他就把自己放在整个世界的对立面去了，不仅是一个壅君，几个奸臣小人，而是所有人。一个人站到所有人的对立面是什么结果？可悲的是，屈原在为大多数人谋福利，但大多数人并不能对他援之以手——姐姐骂他，不支持他，还要他屈服；太卜郑詹尹很有分寸地缄口不言；渔父甚至对着他"莞尔而笑"，唱了一曲"清斯濯缨，浊斯濯足"来讽谕他，然后便"不复与言"。在别人眼里，他太固执，太钻牛角尖，不容易对话与沟通。屈原就只能死在孤独之中，死在壅君的昏愦、奸人的险恶以及大众的沉默中了。

> 忽反顾以流涕兮，
> 哀高丘之无女。

《离骚》中的"求女"，就是"求知音"，而"无女"当然也就是无知音。

屈原笔下的"求女"都是失败的。屈原的知音在后代，而不在当代。他的最早的知音大约是贾谊，一位年轻有为而又多愁善感情绪不稳的书生，天才政治家，当然也同屈原一样，是一个失败者。当他被贬为长沙王太傅时，过湘水，投书以吊屈原。后来司马迁将他两人合传，不同时代又无学术承传而合传，除《刺客列传》《游侠列传》外，仅此一例。显然，这三种传记，都取的是精神上的承传，际遇的相似。我有时犯糊涂，不知道司马迁是因了贾谊的遭际像屈原才将他续传在屈原的后面呢，还是因了要传贾谊才想起此前还有一个更哀婉动人的屈原。我觉得后一种可能性大一些。是贾谊的追悼使屈原回到了人间。而此时，距屈原自沉汨罗，已是"百有余年"了。

屈原也缺少孔墨孟荀等人的达观。他毕竟不是冷静从容的哲人，他是诗人。同时，他也缺少他们曾经有过的苦难磨炼。

当屈原二十岁行冠礼作《橘颂》时，他是何等儒雅自信，前途远大。而孔孟等人同样年龄时还在社会底层挣扎，受尽白眼与辛酸，因而他们有韧性。他们不像屈原那样出身高贵，连孔子都干过一些"贱人"才干的"鄙事"，还被人从宴席中赶出来。至于墨子，本来就是"贱人"。

而屈原，他纯洁无瑕的贵族血统与心性使他无法面对失败。在失败面前他不能沉默，不能隐忍，不能迂回，不能无闷。他呼喊，他叫屈，他指责，他抗争，于是他得到的是更大的打击与蔑视，是别人对他的彻底的失望。

他掸去灰尘，保持自己的皓皓之白。他凛然地站在邪恶的对立面，与他们剑拔弩张。一点也不含蓄，一点也不躲闪，一点也不讲策略，他怒形于色。他给对方看他的伤口，让对方知道他的仇恨与报复心切。他由此遭到邪恶的全面彻底的攻击。邪恶无法容忍他的存在，因为他把自己摆在与邪恶你死我活的对立面上，邪恶即使仅仅为了自己的活，也要让他死。

而屈原的伟大与可贵也正在这里：

他不理解邪恶与不公。他无法和他们和平共处，哪怕是虚与委蛇。他谨持着他理想的绝对纯洁。是的，他至死也不曾丢失一寸土地。他是代表独特个体而与社会宣战的最伟大最惨绝人寰的战士。因为他的绝不让步，这世界有可能免于全面堕落。

而他的这种行为必然会遭到一些屠头式的批评。比如扬雄与班固。

扬雄看到了人性自身的弱点与功利趋避。他要个性收敛自己的光芒与芬芳，降低自己的精神品位，从而与世俗取齐。他认为与其与对方弄得鱼死网破，倒不如以自己的苟活换得对方的宽容，或者，以自己对对方的道德宽容忍让换得自己的苟活。他大概是在为自己附莽做辩护吧？（扬雄《反离骚》）

而班固，他认为对君上是不能批评的，对小人也是不应该斗争的。而屈原则偏偏"责数怀王"，"竞乎危国群小之间"（班固《离骚序》），所以屈原简直是咎由自取了！

屈原坚定地忠于自己的内心感受。屈原爱君、恋君，这只是因为只有楚怀王才能实现他的理想，对那个顷襄王，他就毫无思慕之情，因为他对这个憨大屠头不抱任何希望。他是一个个性极强，意志极强，脾气也极坏的人，是一个极自尊的人。他的作品是"发愤以抒情"的产物，是无休无止的"怨"，"信而见疑，忠而被谤，能无怨乎"！刘安、司马迁所标揭出来的，就是屈原的"怨君"及其合理性。而班固则只承认屈原"忠君"，而不满于他的"怨君"。班固的这一改造，便是几千年的沉沉大雾：由"忠君"（班固）到"忠国"（王夫之）再到"忠民"。但我这里要恢复屈原的本来面目：他忠于自己，忠于自己的感觉，忠于自己的良心！

《九歌》是屈原生活以外的作品，体现的却又恰是屈原内心的柔情。他本来应该生活在"九歌"的境界中的，他应该是"九歌"中的人物：浪漫、多情、敏感，诗意纵横，文采斐然。《九章》是屈原生活的记录，却又是屈原内心中最无奈的境遇。《九歌》和《九章》实在是水火不相容的两个世界：一个是柔情似水，佳期如梦；一个是炼狱之火，死去活来。屈原就挣扎在这两个世界之中：一个最柔情的人碰到最冷酷的现实；一个最纯洁的人落在最肮脏的泥塘；一个如此遵循心灵真实的人不得不应付现实的虚伪；一个如此热爱真理与正义的人却得不到真理与正义的庇护——是的，是我们以血肉之躯支撑着真理与正义，而不是真理与正义在支持着我们的事业！

屈原之死常常使我想起另一个楚人之死：项羽。两人都是自杀，且都死在水边：屈原自沉于汨罗之波，项羽自刎于乌江之畔。两人都死于自己对他的不宽容：项羽决不宽容秦人。

这两人的死，可能暗示着，我们民族的真性情死了，我们民族最殷红的血流失在水中，被冲淡了。

乡愿活着，滑头活着，奸诈活着。他们使这个世界的生态更加恶化，更不适合人的生存。

屈原确实偏激。岂止是偏激，屈原还有许多别的缺点。但我总以为偏激的人往往有真性情。更重要的是，偏激的人往往不是小人——因为小人总是很圆通的。

况且，有缺点的战士毕竟是战士。

完美的苍蝇终究是苍蝇。

屈原是一个心性偏狭的人，是一个因为太纯洁而偏狭的人；屈原是一个不稳重的人，是一个因为太多情而不稳重的人。他脆弱，却是因为他太珍惜一些东西，在这一点上他又有真坚定，真强大。他也浮躁，因为他执著于理想而不能片刻安于现实。他在他的理想中陶醉着，时时被他的理想鼓舞着，以至有时失却了现实感。他不是一位"成熟"的政治家，则正因为他有一切世俗"政治家"所不具有的那种政治热情，以及对政治的信念——这一点他与孔子相同，他认定：政者，正也——不正的东西不是政治，政治手段应与政治目的一样纯洁无瑕，无懈可击。就从这地方，他开始越来越不像"政治家"，并在现实政治中遭致失败，但他无疑是我们理想中的大政治家，如周公、华盛顿、杰弗逊、林肯。无特操与性情的"诗人"往往成为政客，富于理想的政治家则往往成了真正的诗人。屈原就这样由失败的政治家变成了卓绝百代的诗人，而且是一位浪漫的诗人。他无论是在政治上，还是在诗艺上，都不可能是写实的。现实的土地上有那么多的丑恶，他怎么能在这上面安然地生存，诗意地栖息？这当然又是"诗意地栖息"在现实大地之上的众多当代诗人学者无法理喻的。他们不能望屈原的项背，但他们说他们是因为不屑，他们的生存智慧确实高出屈原。屈原"无路可走"（刘熙载语），自杀了，他们却活着，并且越活越觉得四通八达，越活越有"诗意"。活着的人比死去的人有优势：他们能说话，能抢占话筒，总能"变白以为黑，倒上以为下"。当黄钟被毁弃的时候，瓦釜就开始雷鸣了。屈原与现实中的黑暗势不两立，而他们却能游刃有余，甚至与之搞合作，讲互利。他们策高足，踞路津，在屈原与邪恶战死的地方，他们开始讨论幸福。

"孤伟自死，社会依然，四语之中，函深哀焉。"（鲁迅语）

屈原死了，我们苍白了。

魂兮归来！

屉原（下）
面向风雨的歌者

一

屈原是一本大书，可以让我们代代翻阅而不能尽其意；或者如胡适所说，是一个大"箭垛"，让我们人人都可以在他那里射中心中所想；或者，如我曾经比喻的，是一个大大的"滚雪球"，当它在时光的坡道上滚过一代又一代时，一代又一代的人都可以在上面附着上自己的东西：既是对屈原的新发现，也是价值的增值。是的，物理存在的屈原在纪元前278年即已死去，但精神的屈原却永在生长，且日益枝繁叶茂，硕果累累，庇荫着吾国吾民的精神家园，滋养着我们的精神力量。

比经学家把《诗经》学术化、意义化，从而使其失去了生动鲜活更严重的是，学者们对屈原的所作所为，首先是对屈原作品的种种猜疑，学者们用他们各自不同的判断标准，对哪篇作品是或不是屈原所作下了种种结论。现有屈原的所有作品，包括《离骚》是否为屈原所作都曾被怀疑过。我承认他们工作的严肃性与重要性，容不得我这个没学问的人说三道四，但我不耐烦他们的争论，远避而去，总还是我的自由，套用一句古人的话，"何苦将两耳，听此寒虫号"。当然，现在的学者早不是"寒虫"，在鼓励学术的政策下，他们都暖洋洋的。

更令人气闷的是，学者们还挑起了一场"历史上有无屈原"的争论，弄得东瀛日本国的学者们也来凑热闹，直让我怀疑他们的用心。以我这个头脑简单的人的想法，"屈原"本就是一个符号。它代表着一个人，不错，但却是一个早就死去的人——据说还是投江而死的人，也就是说，作为一个"物理事实"，他早已消失，"他"早已变成了"它"。而我们今天讲的这一个"屈原"，乃是一个"人文事实"。不管历史上——实际上也就是在楚怀王楚顷襄王时代——这个人物是谁，或根本不存在这个人，但至少从汉代贾谊、刘安开始，这"屈原"两个字就已作为一个"人文"符号而存在，并在不久得到了大史学家司马迁的认可，并为之作传。在贾谊、刘安和司马迁那里，"屈原"代表的是一种命运，一种精神，一种品性，这些东西让他们起了共鸣。而这些东西是抽象的，他们感兴趣的就是这些"抽象"出来的东西，而不是那个已经消亡的肉体。自那时起，我们民族的记忆中就有了"这个人"，并且"这个人"还在漫长的历史时期里施加了他的影响，也就是说，随着历史的发展，"这个人"的文化内涵越来越丰富，他的"抽象"意义越来越丰富，而成了一个无可否认的"人文事实"。这个事实是否定不了的，而那一个所谓"物理事实"——即那个血肉之躯，是张三还是李四，甚至是否存在，则无须否认也无须坚持。因为无论如何，"屈原"这个符号，在当时是指"这一个"还是指"那一个"，甚或如论者所说，不存在，都无关紧要，因为"他"实际上已经不存在了，存在的，只是一种精神性的东西。屈原对我们的意义，不是来自物理性存在的"个体"，那么一个由血型、指纹、DNA、身份证、户口本、职工登记表等生物或社会体系认定的具体的"那一个"，恰恰相反，对我们有意义的，是一个"人文事实"，这个事实是由其文化内涵决定的，比如忠贞、坚定、爱国爱民、冤屈等等，都是一些抽象概念。而这种"文化内涵"是由文化史派生的，在文化发展过程中不断堆垒，附着而成的，比如"爱国""改革"就是很后来才附着上去的。说白了，从本质上讲，它无关乎"事实"，而与"价值"有关。我把屈原称之为"滚雪球式人物"，意思是说，"屈原"这两个字上所包含的意义、价值、精神等等，是在文化史上不断附着上去的，正如一个雪球，我们若层层剥开它去寻找所谓的事实，则最终仍不过是雪块而已——所谓的"真正的事实真相"不存在。极言之，文化史上众多人物与文化现象何尝不都是一个个一直滚动，滚到今天，滚到我们面前的雪球？当他们从我们这儿滚过时，若我们能在上面附着上什么东西，就功德圆满了，何苦要拿着"学问的凿子"，硬凿下去，要找出所谓最后的"真相"？待到最后，一切剥落，"真相"会令我们失望：原来什么也没有，而且我们还糟蹋了历代的文化成果，把它弄成一堆碎渣。这难道是"学问"？这是作孽。

二

屈原的代表作《离骚》，若从其具体政治主张上讲，实际上并不见得有多高明。这话定会让很多人恼火，但我恳求他们让我诚实地说出我诚实的看法。《离骚》的诉说有三个对象：对君；对自己；对小人。简单地说，对君是"忠"，屈原标志着对士之朝秦暮楚式自由的否定，对士之"弃天下如弃敝屣"式自由的否定，也标志着另一种观念的建立："忠"。这与荀子是一致的，荀子比较起孔孟，特别强调这个"忠"。在孔孟那里，"忠"的对象是普泛的，甚至更多的是指向一般的人际关系，曾子的"为人谋而不忠乎"，孔子的"忠恕"并称，都是例证。而孟子，就其个性而言，那种对君主的"忠"，他是撇嘴表示不屑的。但荀子特别强调的就是对君主的"忠"。荀子比屈原稍晚，而且就待在楚国，这是有消息可循的。

忠而见疑，便是怨。这怨之来处，即是"忠"。由忠而见疑而产生的"怨"，很近于"妾妇之道"，颇为自卑而没出息。更糟糕的是，《离骚》还把自己的被委屈、被疏远、被流放归罪于小人对自己光彩的遮蔽，对自己清白的污染。这小人很像是第三者，插足在自己与君王之间，导致自己被弃。不可否认的是，中国文化传统中，失意官僚普遍存在的弃妇心态，就是从屈原开始的。

对外在权威的皈依和依恃，导致先秦士人自由精神的没落。屈原的选择标志着路已只剩下一条：在绝对君权下放弃自己的主体选择，除了获得一个特定的君主的认可之外，不能有更多的自由空间。这几乎是一条绝路。贾谊、晁错式的悲剧早在屈原那里已发生，难怪贾谊独独心有戚戚于屈原。

好在《离骚》中还有对自我的充分肯定与赞扬，这在很大程度上洗刷了"忠君"带来的污垢，而保持住了自己的皓皓之白。这可能是因为先秦士人主体精神的强大基础尚未坍塌，屈原尚有精神的支撑。令人稍感吃惊的是，正是在屈原这样一位向君权输诚的人那里，这种桀骜不驯的个性精神表现得尤其强烈和突出，除了孟子外，大约还没有人能和屈原相比：他那么强调自己、坚持自己、赞美自己（有不少人就据此认为《离骚》非屈原所作——他们的根据是：一个人怎能这样夸奖自己），而且一再表明，为了坚持自己，他可以九死不悔，体解不惩。正是这种矛盾现象，使得屈原几乎在所有时代都会得到人的肯定，又得到另一部分人的否定。我想提醒的是，在我们大力宣扬屈原忠君爱国爱民的同时，一定不要忘了他张扬个性的一面。这后一点，也许是屈原最可贵的东西。谁能像他那样让自己的个性直面世界的碾压而决不屈服？谁能像他那样以自己个性的螳螂去挡世界的战车？谁能像他那么悲惨，谁能像他那么壮烈？谁能像他那样成为真正的战士？

在中国古代，优美的抒情作品实在太多了，但像《离骚》这样的华丽的交响则太少。单从篇幅上讲，它就是空前绝后的，全篇三百七十二句二千四百九十余字，是中国古代诗歌史上最长的一篇，几千年来没有人能打破这个纪录。而其结构的繁复，主题的丰富，情感的深厚，更是令人叹为观止。作为抒情诗，而能展开如此宏大的篇章，不能不令人叹服屈原思想和个性精神的深度和广度。同时，我们也必须注意到他形式上的特点，正是由于他自设情节，使得一首抒情诗才能像叙事诗那样逐层打开，而逐层深入，深入到精神的深处，游历到精神之原的开阔地带。抒情诗而有了"情节"，也就必然是象征的隐喻的，所以，象征和隐喻也是《离骚》的主要艺术手法，比起《诗经》的比兴，屈原"香草美人"的系统性设喻，与上天入地，求女占卜等等自设情节的使用，是一次巨大的历史飞跃。

不管怎么说，屈原仍然是历史上第一位伟大的诗人。我们可能听这类表述太多了，但我是认真地说这话的。"第一位"，盖因他之前尚无称得上伟大的诗人，甚至连"诗人"也不易觅得。《诗经》中可考的作者也有多位，有几位还颇有几首诗保存在这被称之为"经"的集子中，但我总觉得，《诗经》之伟大，乃是整体之伟大，如拆散开来，就每一首诗而言，可以说它们精致、艺术、有个性，但决说不上"伟大"。"伟大的诗人"，须有绝大的人格精神，可以滋溉后人；须有绝大的艺术创造，可以标新立异，自成格式，既垂范后人，又难以为继。应该说，在这两点上，屈原都是当之无愧的。就前一点而言，屈原已成为一种精神的象征，虽然对他的精神价值，根据不同时代的价值需要，代代有不同的阐释，比如有时我们阐释为"忠君"，有时我们阐释为"忠民"，有时我们又阐释为"爱国"，总之，他已是我们在不同历史时期精神力量的来源之一，重要的思想资源之一，人格精神的诱导之一。就后一点而言，"屈平辞赋悬日月，楚王台榭空山丘"（李白语），他在后半生人生绝境中的数量不多的艺术创造，已胜过楚国王族——也是他的祖先——几百年创下的世俗政权的勋业。他寄托在他诗歌创造中的志向与人格，"虽与日月争光，可也"——这是刘安和司马迁的共同评价。我们知道，司马迁对历史人物的评价，是一言九鼎的。而屈原的艺术创新，"轩翥诗人之后，奋飞辞家之前"，超经越义，自铸伟辞，"衣被词人，非一代也"——这又是中国历史上最杰出的文论家刘勰对他的评价。一个史界的司马迁，一个文论界的刘勰，两个在各自领域中的顶尖人物，对他的精神与艺术，人格与风格，做这样至高无上的推崇，屈原之影响人心，之折服人心，于斯可见。

三

其实，屈原作品的数量并不多。班固在《汉书·艺文志》中列出的数目为二十五篇，刘向的已散佚的《楚辞》及王逸的《楚辞章句》中列出了这二十五篇的篇名，它们是：《离骚》一，《九歌》十一，《天问》一，《九章》九，《远游》《卜居》《渔父》各一。一篇被梁启超称为"全部楚辞中最酣恣最深刻之作"的《招魂》，不在此列，我颇为遗憾。近世有不少学者力主此作仍为屈原的作品，我虽拙于考据，但从情感上说，我很希望这篇作品的著作权归于屈原。多年以前，我"支边"去青海，一待十七年之久，常起故乡之思（我本楚人），每吟那"内崇楚国之美，外陈四方之恶"的《招魂》，尤其是那结尾三句，即不任感慨之至：

> 湛湛江水兮，上有枫，
> 目极千里兮，伤春心，
> 魂兮归来，哀江南！

我们知道这"哀江南"，后来被那羁留北方的江南人庾信敷衍成一赋《哀江南赋》，其赋其序，都是文学史上的名篇。

　　除此之外，即便在二十五篇之列的《远游》《卜居》《渔父》，也有不少
人否认为屈原作品。作为学术研究，他们说什么自有他们的根据，但要让我来
做这样的判断，我则没有心情——我不大喜欢他们的"根据"，因为那"根据"
本身不算稳固，我还是依我的"心情"，这三篇，仍为屈原作品。你看这样的
句子，多么好：

　　　　惟天地之无穷兮，哀人生之长勤。
　　　　往者余弗及兮，来者吾不闻。（《远游》）

　　这是何等杳不可及，一往不复的寂寞？一个人好像突坠深黑无底的宇宙黑
洞，扪天叩地，寂无回音。近千年后，幽州台上的陈子昂，还在唱这样的调子。
再看这样的句子：

　　　　谁可与玩斯遗芳兮？长向风而舒情！（《远游》）

　　谁？！谁与我一同赏玩芳草？！我只长向风雨，舒我情怀！这样的句子，
除了屈原，除了这个被命运的风雨拨弄得死去又活来的人儿，谁能写得出？
　　《卜居》乃屈原卜自己以何居世，这样的大问题，似乎也只有屈原才发问。
屈原向太卜郑詹尹一口气问了十八个涉及人格、人品、人生策略与人生道德原
则的大问题，把郑詹尹问得哑口无言。是的，这样深刻的问题，谁能回答出？

　　　　世混浊而不清，
　　　　蝉翼为重，千钧为轻；
　　　　黄钟毁弃，瓦釜雷鸣；
　　　　谗人高张，贤士无名。
　　　　吁嗟默默兮，谁知吾之廉贞？

　　如果说，《卜居》是写公共生活中，人以何种面目面世；那么，《渔父》
则是写在私人生活中，人如何背转身来，面对自己。"渔父"给出了一种随波

逐流，与世推移的人生策略，但屈原则不能忍心于以自身的皓皓之白，蒙世俗之尘埃。这确实是不可调和的矛盾。人的伦理责任确实在很大程度上障碍着我们自身的逍遥。但在屈原身上，我们却也看到了，正是这种伦理责任压力，使得屈原精神之流的压强增大，使他的人格不断向上，使他臻于伟大之境。

四

屈原的二十五篇作品，可以分成三类：《离骚》《九章》《远游》《卜居》《渔父》为一类，是屈原政治生活、社会生活的记录，是他公共生活形象的写真，是他的心灵史、受难史、流浪史，是他生得伟大、死得光荣的见证。《九歌》十一篇为第二类，这是一组深情绵渺的情爱类作品，本之于楚国巫风中的娱神歌曲，屈原把它们改造了，变成他自己的独创，因为他把自己那一往情深的心灵寄托在了里面。第三类只有一篇：《天问》。这是一篇独特的作品：不仅在屈原作品中是独特的，在整个中国诗歌史上都是独特的、怪异的，又是令人震惊的。全诗一千五百多字，三百七十多句，叩问一百七十多个问题，"怀疑自遂古之初，直至百物之琐末，放言无惮，为前人所不敢言"（鲁迅《摩罗诗力说》）。其实，屈原在问"天"之前，已问过"人"：他问过太卜郑詹尹，问过渔父，问过灵氛，问过女媭，问过虞舜……但无"人"能回答他"天"大的问题，"天"大的委屈，"天"大的痛苦，"天"大的不幸，所以他只能仰而叩问苍天，只有"天"才能回答他那一百七十多个至今也没有答案的问题！只是——

天意从来高难问，况人情老易悲难诉！（张元干《贺新郎》）

海水呀，你说的是什么？
是永恒的疑问。
天空呀，你回答的是什么？
是永恒的沉默。（泰戈尔《飞鸟集》）

是的，屈原就是那噪动不息的大海，他为那些"永恒的疑问"所折磨，所苦恼，他的《天问》永存天地之间，而成为"永恒的疑问"。而天空，对这些疑问，大概也只能报以"永恒的沉默"——人生，亦正在此一"问"一"默"之间。

关键还不是这一百七十多个问题，而是这种疑问的精神与勇气。这种精神与勇气是人类精神的象征。人类精神总是通过人类最杰出的分子——人之子，来作最集中的体现。

在他的第一类作品中，我们可以看见他的痛：

> 日月忽其不淹兮，春与秋其代序。
> 惟草木之零落兮，恐美人之迟暮。
> …………
> 老冉冉其将至兮，恐修名之不立。
> …………
> 长太息以掩涕兮，哀民生之多艰。
> …………
> 亦余心之所善兮，虽九死其犹未悔。
> 怨灵修之浩荡兮，终不察夫民心。
> …………
> 忳郁邑余侘傺兮，吾独穷困于此时也。

这是《离骚》中的句子，充斥着"恐""太息""哀""怨""忳"（忧愁）……骚者，哭也！为时光哭，为生命短暂哭，为短暂的生命里不尽的痛苦、失意哭。注意，他诗中的"民"，也就是"人"，"民生"即"人生"，"民心"即"人心"。他开始从"人"的角度、"人"的立场来表达愤怒，提出诉求。我们知道，《诗经》中的愤怒，往往是道德愤怒，是集体的愤怒；而屈原的愤怒，虽然也有道德的支撑，但却是个人的愤怒。屈原很执著地向我们诉说他受到的具体的委屈：他政治理想的破灭，楚怀王如何背叛了他，顷襄王如何侮辱他，令尹子兰与靳尚如何谗毁他……他起诉的是这些人对他个人的伤害与不公。他指责他们的不道德，指责他们没有责任心，指责他们道德上与智力上的双重昏聩，但这都出自他很自我的判断。更重要的是，我们从他的诗中读出了人生的感慨，读出了人的命运，读出了一个不愿屈服的个人所感受到的人生困窘，一个保持个性独立意志的个人在集体中受到的压迫甚至迫害。如果说，讲究"乐而不淫，哀而不伤"的《诗经》，其人生感受的尖锐性因此大有折挫而略显迟钝的话，那么，怒形于色，被班固批评为"露才扬己"的屈原，则以其"发愤以抒情"（《惜诵》），"自怨生"（司马迁语）的诗歌，向我们展示了，当个性在面对不公与伤害时，是何等的锋利而深入。这种锋利，一方面当然是对社会的切割；而更重要的，则是对自己内心的血淋淋的开剥。伟大的个性，就从这血泊中挺身立起。

> 曾歔欷余郁邑兮，哀朕时之不当。
> 揽茹蕙以掩涕兮，沾余襟之浪浪。

我们在《离骚》《九章》等作品中，看到了一个泪流满面的诗人；看到了一个时时在掩面痛哭的诗人；看到了一个面向风雨"发愤以抒情"，又对人间的邪恶不停地诅咒的诗人；一个颜色憔悴，形容枯槁，行吟泽畔，长歌当哭，以泪作诗的诗人。可他并不脆弱，并不告饶，并不退却，并不招安——不，决不。他已从人群中上前一步，成为孤独而傲慢的个体，与全体对立，他绝不再退却：

> 亦余心之所善兮，虽九死其犹未悔！
> …………
> 虽体解吾犹未变兮，岂余心之可惩！

《诗经》的俗世精神很了不起，但从另一方面讲，这种俗世精神恰恰消解了个人的意义，消解了个性与社会的对立，从而障碍了个性的伟大。它入世的深度恰恰减少了个性的深度。而屈原，由于他已被主流社会抛弃——他的被流放是一个很有象征意义的事件，而他的《远游》，则正是他精神的自我流放——他有深刻的孤独，在以单个的、不堪一击的个体面对命运时，个性在绝望中显示了它的高度、深度与完美。

我们来看看这样的诗句，除了屈原，还有哪位诗人能写得出：

> 经营四方兮，周流六漠。

> 上至列缺兮，降望大壑。
>
> 下峥嵘而无地兮，上寥廓而无天。
>
> 视倏忽而无见兮，听惝恍而无闻。
>
> 超无为以至清兮，与泰初而为邻。（《远游》）

个人从来没有以这样嶙峋的面目面对世界，世界也从来没有向我们展露出它如此峥嵘的色相。面对天地玄黄，面对宇宙洪荒，人站在哪里不是深渊？！这是中国文学史上最为孤绝的人格，空前而绝后。庄子有他的"大"，却似乎缺少他的决绝，缺少他的自绝于世界的惨烈。

五

刘勰说楚辞是"气往轹古，辞来切今，惊采绝艳，难与并能"。鲁迅说《楚辞》是"逸响伟辞，卓绝一世"，并且较之《诗经》，说它"其言甚长，其思甚幻，其旨甚明，凭心而言，不遵矩度"。这一"凭心而言，不遵矩度"，就唱出了个性。屈原是被人群抛弃的，有人会说抛弃他的只是楚怀王楚顷襄王父子，但从对体制高度认同的屈原来说，被这一对肉头父子抛弃，就足以使他有"国无人莫我知兮"（一国中没人知道我）的孤独感。假如屈原是一个脆弱的人，或者说，他的个性还不够坚定，他可能会试图改变自己，再回到人群中去，但偏偏他是一个倔强而不肯迁就一丝的人，纯洁而不受一丝污浊的人，一个九死不悔的人，于是，便出现了这样惊心动魄的对峙：一边是世俗的强大权力及权力控御下的人群及其观念，一边是孤独无依却一意孤行决不屈服的个人。屈原的伟大，即体现在这种对峙之中。他的失败与孤独，就因为他取对立的立场而不曾屈服；他的成功与辉煌，他的光荣与梦想，也是因为他取对立的立场而不肯屈服。所以，我在《屈原：无路可走》一文中说："屈原之影响后世，乃是因为他的失败，这是个人对历史的失败，个性对社会的失败，理想对现实的失败。"屈原的作品，是中国历史上第一次有关一个具体的活生生的血肉之躯与社会、文化发生冲突，并遭致毁灭的记录，是有关人类自由、幸福的启示录。所以，如果我们说，《诗》是北方世俗生活的记录，它反映了周代社会生活的方方面面，并因此被冠之以"现实主义"的名目，那么《骚》，则是一个苦难心灵的记录；《诗》反映的是生活中的冲突，《骚》则由生活中的冲突深入到内心的冲突。"离骚者，犹离忧也"（司马迁语），"离，犹遭也；骚，忧也，明己遭忧作辞也"（班固语），是的，"离骚"乃是一个强悍不屈的个性心灵的痛苦心声。它体现了个性的深度、痛苦可以达到的深度，它是自我的觉醒，自我的坚持，自我的抗争，是追求自由、幸福与个人信仰的曙光。

所以，屈原的作品，数量虽然不多，但却几乎都是"大诗"，有大精神，大人格，大境界，大痛苦，大烦恼，大疑问。大爱大恨，大悲大喜，他直往个性的深处掘进，决不浅尝辄止，决不"怨而不怒，哀而不伤，乐而不淫"，他就往这不"中庸"的狂狷的路上走，决不回头，直至决绝而去，一死了之。他对邪恶，怨而至于怒了；他对自己，哀而至于伤了。他的文学形式，较之《诗经》的节制，他的篇幅与情感，真的是"淫"（过分）了。所以，《诗经》中任一首诗，单列出来，都略显渺小，它们靠的是群体的分量而占有文学上的一席之地。而屈原的作品，如《离骚》《天问》《招魂》《九章》中的那些杰出的篇目，是可以单独地自立于诗歌之林，单独地成为一道风景，称得起"大诗"的。即如他的《九歌》，写苦写痛，写爱写痴，写恋写愁，写盼写思，无不一往情深，直叫人有惊心动魄之感：

> 帝子降兮北渚，目渺渺兮愁予。
> 嫋嫋兮秋风，洞庭波兮木叶下。（《湘夫人》）

这样的野风中飘来的歌声直让人在那心灵深处，突然升起一腔柔情蜜意，不拥入怀中不能自已。可那袅袅秋风，已不知从何处悄悄袭来，让洞庭生波，让木叶飘零，让山河变色，让我们心底生凉……

> 秋兰兮青青，绿叶兮紫茎。
> 满堂兮美人，忽独与余兮目成。
> 入不言兮出不辞，乘回风兮载云旗。
> 悲莫悲兮生别离，乐莫乐兮新相知。（《少司命》）

较之《诗经》中的爱情诗，《九歌》的境界更高，意味更深，情韵更永。

事实上是，《诗经》中的爱情诗，都来自于具体的"爱情事件"，即它都是具体的爱情经历的记录。而《九歌》中的爱情诗，则没有这样的背景，它纯粹出自于对爱情的想象。所以，它更抽象，更哲学，是哲学化的爱情，所以也更有象征的意味。如果说，《诗》中的爱情诗让人觉得亲切，让人恋起俗世的温暖与幸福，那么《九歌》中的爱情诗，则让人飘忽，让人惆怅，让人怀疑俗世幸福的可能性与爱情的真实性。屈原是悲剧性的，无论是他的人生，还是他的艺术。他有直探世界悲剧本质的洞察力。即使是温暖的爱情，他在写出它的温馨与令人哀哀欲绝的柔情的同时，却也写出了围绕在它四周的寒凉，使其不可驻如梦，不可掇如月，不可揽如云，不可止如水……他的这一组写情爱的诗足可以上升为哲学，成为哲学寓言。本来，他写的就是对神灵的崇拜与爱慕，是人对上帝的爱，对自然的爱，对世界的爱……

屈原的作品，被称为"楚辞"。何为"楚辞"，我用一句话来说，即是——楚国诗人屈原等人在吸收楚国民歌艺术营养的基础上创作出来的带有鲜明楚国地方语言色彩的新体诗。"楚国诗人""楚国民歌""楚国地方语言色彩"，说明了"楚辞"中的"楚"字，而"新体诗"，则说明了此"辞"并非《诗经》式的旧体诗，它不再是四言体式，而是自由奔放的杂言诗，篇幅长大宏阔，情感深沉博大，思虑曲折深刻，"衣被词人，非一代也"（刘勰《文心雕龙·辨骚》），"其影响于后来之文章，乃甚或在三百篇之上"（鲁迅《汉文学史纲要》）。

仲尼弟子

昨夜星辰

一

"为政以德，譬如北辰，居其所而众星共之"，这是孔子谈政治的话，透露着他的璀璨梦想：他多想能以德行安居政治中心，形成"周公吐哺，天下归心"的"大一统"啊。可是，"不在其位，不谋其政"，在如此美好的梦中醒来，他内心一片迷惘。不过，"施于有政，是亦为政"，孔子为人以德，其人格也如同北斗星辰，而他的那些弟子，则正是拱卫在他周围的灿烂群星，在那个筚路蓝缕的时代，他们共同构成了吾民族头顶上深邃而灿烂的天宇。这些昨夜的星辰，至今仍在那遥远的地方闪烁，向我们送来他们意味深长的注视。

据孔子自己说，他的受业弟子中，身通六艺的有七十七人。这些都是一些极有思想、极有个性、极有血性的人。他们思虑深刻，情感丰富，个个生龙活虎，志向远大。他们无一丝小儿女态，无一丝求田问舍之想。他们跟随孔子，颠沛为天下，在苦难中展示他们的风流，在艰苦中显露他们的卓绝。他们并不完美，但他们追求完美，正如他们生活在充满缺憾的时代，却又坚定不移地追求理想的世界。他们并不崇高，但他们决不否定崇高，而是以此悬的，作为自己人生磨砺的旨归。所以，尽管他们有种种缺点、种种不足，甚至不免偶然也有一些小人作态，但他们仍然可爱、可敬，他们的缺点与不足，正如子贡所说："君子之过也，如日月之食（蚀）焉：过也，人皆见之；更也，人皆仰之。"据孔子颇为得意的介绍，在弟子中，以德行见长的有颜渊、闵子骞、冉伯牛、仲弓；以语言见长的有宰我、子贡；以政事见长的有冉有、季路；以文学（学问）见长的有子游、子夏。这十人后人称之为"孔门十哲"。其实，孔门高徒远不止这个数，比如那个成就卓著的曾子曾参就不在此列。《史记·孔子世家》还记载，正由于孔子手下人才济济，反而使楚昭王有所顾忌，而不敢分封给他土地，怕他有朝一日强大起来，危害自身。

有教无类的孔门私学里，不仅弟子们出身各异，个性也极丰富。作为一位伟大的教育家，孔子并不要求弟子们在思想上保持一致，对他们各自的个性也给予足够的宽容甚至鼓励，孔氏私学由此获得了极活跃的细胞，从而保持了强大的生命力与学术创新能力。孔子曾以欣赏的口吻谈论弟子们的个性与天赋：子张狂放，曾子迟钝，高柴愚直，而仲由季路则改不掉粗鄙的毛病。颜渊呢？安于贫穷，家里的米缸老是空空如也。端木赐子贡则不拘泥于老师君子喻义小人喻利的说教，有大兴趣且花大精力于生意场上，他的投机活动往往百投百中，从而积聚了大量的财富……但不管他们如何丰富多彩，千人千面，他们仍然是孔子的学生，因为他们的共同特点是对于仁义的信仰，对文化的虔诚，对自身道德的磨砺、人文人格的坚持与发扬，以及，对天下汹汹滔滔罪恶的反抗，对民间苦难的关注，对一切卑鄙政治的高度敏感。他们总是如琢如磨，如切如磋，学而不厌，诲人不倦……

二

孔子最欣赏颜回，一则曰"吾不如也"，一则曰"吾为尔宰"，慨叹自己不如这个颜家小子，并祝福贫寒病弱的颜回能多多发财，然后自己去做他的管家，我便先写写他罢。不过，我对颜回的看法，与孔子做的鉴定有些出入。老实说，我对颜回的印象不大好。这可能是由于我对一切道德楷模的过敏性反感，颜回就是孔子推荐出来的道德楷模。在一个张铁生都曾成为我的榜样的人生经验中，我不能不小心地对待一切被推荐的人格模范。我真心又放心地向我的一位邻居学习勤勉，向我的一位同事学习忠厚，向我的一位领导学习关心人，以及，更早的，向我的父亲学习正直与对万物的仁慈，向我的母亲学习无私的奉献……这些人都是我自己能触摸到的，而且，他们也没让我向他们学习。人们往往有一种逆反心理，即便是他们本来想要的好东西，一旦有人向他们喋喋不休地推荐，他们马上就会弃之不顾。孔子为什么推荐颜回呢？这是一个我不得不小心的问题。颜回没有一点实际事功，也不见他对实际事务流露过什么兴趣，在孔门弟子中，颜回一直是一个袖手旁观却又时时发些高妙之论的人物。孔子曾夸奖他："用之则行，舍之则藏。"我倒觉得他的这种无可无不可的神情太过冷漠，很不像孔门弟子的整体作风，不像春秋战国这个"轴心时代"的精神风貌，倒好像和二十世纪末的一些解构主义者们有些相似。我该不会把对各种"后"主义的反感移到"先"秦的颜回身上了吧？

　　颜回深受孔子赏识，我以为有两个原因。一是颜回乖顺而悟性高；二是他的死亡。颜回，这枝病弱的花朵，孔子曾经希望他能结出一枚大大的果子来啊。这枚果子没有物理性地成为现实，但在孔子的心理上，它是那么一种真实的、刻骨铭心的存在。谁能在凋落的花蕾中看到期待中的果实化为一梦，谁就是不可救药的感伤主义者。在孔子"天丧予！天丧予"的恸哭中，我们是否心碎于老圣人的又一次失败与绝望？

　　我以为，孔子在颜回生前不遗余力推重他，是为了确立颜回衣钵传人的地位，而这地位显然并不稳固——子路和子贡都有资本和资源取代他，所以孔子必须不断地对颜回的接班人地位进行加固；而在颜回死后不断地推重他，乃是一种心理需求。他已看见自己黯淡的未来，他已无力把握未来，他已无力推开失败，他太疲倦了，他也早没有自信了，他渴望有人早一点接过他的"斯文"之棒，替他跑下去，可是，正当他努力把接力棒传给对方时，对方先倒了下去，这是多大的打击？在强烈的挫折感中，那记忆中死者颜回的容颜是他无法忘却的，是他又一次失败的象征，也是他心头唯一的温暖……

　　颜回是那么乖巧，乖巧的孩子或孩子的乖巧是老人晚景中最顺心的拐杖。颜回是善解人意的，他知道老师在现实政治中碰过太多的钉子，受到不能挽回的失败，所以，他尽量避免和老师发生冲突，以免伤害老师那颗疤痕累累的心。他从不在老师说话时有什么反诘，"不违如愚"，在这种场合他往往呆若木鸡，又唯唯诺诺，即使不明白或不理解，他也等着退下来后自己去琢磨。这就是孔子赞赏过的那种常人"不可及"的愚吧？对此，孔子也似有微辞："回也非助我者也，于吾言无所不说（悦）。"——颜回不是那种能助益我的人啊，这是《论语》中唯一一处孔子对颜回的批评。实际上，孔门不少弟子都是敢于和孔子"商榷"的，也正因为这样，才使得"教学相长"，不仅有助于学生，还有助于孔子本人。颜回如此"先生步亦步，先生趋亦趋"，可能出于天性的恭顺和德性的厚朴，也可能出于对老师的虔诚乃至崇拜。

颜回赞孔子："仰之弥高，钻之弥坚，瞻之在前，忽焉在后……虽欲从之，末由也已。"也许是颜回对孔子的无限崇拜，使得他对孔子的感觉是"仰之弥高，钻之弥坚"；也许是颜回绝高的眼界，他最早看出了他所跟随的，是一个超绝历史与现实中一切人的伟大人物，所以他只能亦步亦趋。其实，颜回确实是幸运的，他碰到了孔子这样的老师；而颜回也确实是智慧的：既然跟随孔子这样伟大的老师，他要做的，也只能是亦步亦趋。

三

曾皙曾参父子都追随孔子。孔子曾说，曾皙和漆雕开"已见大意"，可见修养的大体已具。孔子和子路、冉有、公西华及曾皙谈志向，轮到曾皙时，曾皙竟说出一段诗情画意的话来——"莫（暮）春者，春服既成，冠者五六人，童子六七人，浴乎沂，风乎舞雩，咏而归"，一下子让孔子心旷神怡，喟然叹服。有人把这几句意译如下：

> 二月过，三月三，
> 穿上新缝的大布衫。
> 大的大，小的小，
> 一同到南河洗个澡。
> 洗罢澡，乘晚凉，
> 回来唱个"山坡羊"。

一袭布衫，大袖飘飘，身体的宽舒与心灵的自由相得益彰。几个大人，又必配上几个嬉闹无状的顽童，才能使这气氛活泼而不拘谨，游戏而不做作。如果说老子的依道而生太哲学太抽象，孔子的"乘桴浮于海"或要"居于九夷"太疏略浮泛，那么，曾皙是亲切的了，他的这种境界我们似乎伸手可及：只要我们愿意，心远地自偏。我们只要一抬脚，清粼粼的沂水就会盈漾在我们的目睫之间，漫润在我们的心灵之中。

曾皙在《论语》中不多见，有意思的话也仅此一处，但这就够了。在历史的长河中能留下一句格言都了不起，何况他给我们留下了一首诗，一种人生的境界呢？

但他最好的作品应该是他的儿子，大孝子曾参。这个孝子孝得有点出格，有些永远长不大的感觉。据《韩诗外传》载，他父母活着时他只做个小官，俸禄也少，但他每天仍能熙熙而乐，因为可以以此养亲。父母去世后，他做了大官，俸禄多了，他却常常"北向而泣"，为什么呢——因为"悲不见吾亲也"。孟子也说，曾参父亲曾皙喜欢吃一种羊枣，曾皙死后，曾参就再也不吃这种枣了，因为一吃羊枣，就会万分悲痛地想起父亲。这种表现，若不是做作，就是心理疾患。父母老，而后死，乃是自然规律，像曾参那样一直哭下去，怎么是好？都像他那样，岂不是人人后半生都在悲哭父母中过日子？这样的人生太黯淡了吧？"身体发肤受之父母，不敢毁伤"，他也是身体力行者。临死前，他把门弟子召来，让他们仔细察看他的手、他的足是多么的完好，然后告诉他们，他一生"战战兢兢，如临深渊，如履薄冰"般地保护他的身体发肤不受任何伤害，"而今而后，吾知免夫"——从今以后，我终于可以放心了！这一漫长的，提心吊胆的过程由于死亡的到来终于结束了，解脱了。曾子生活得够累的，你想，要在漫长的"与物相刃相靡"（庄子语）中，保护自己的身体发肤不受一点伤害，这需要多少谨慎，多少小心，多少退缩，多少忍让？神经会因此多么紧张，心灵会因此多么拘闭？老子说"吾之大患，在吾有身"，这曾子，他的身体皮囊，当真成了他心灵的大负担了！"慎终追远，民德归厚"的话也是他说的，他确实是充分地——我以为是过分地——发展了"孝"字，使之成为人生的负担、生命的束缚和心灵的敌人。司马迁说《孝经》就是他作的。在道德问题上，花大精力去论证与推求，在科学问题上，反而大而化之，得过且过，这是我们民族的一大国粹哩。一个"孝"字，子女对父母的情感问题，值得为此去写一本书吗？没有《孝经》之类著作的其他民族，也不见得就一定虐待老人。反过来，古往今来，我们这方面的记录也不见得比别人的好。

曾子也是一个安贫乐道的人物。就其穷，大约不让于颜回、原宪。庄子《让王》篇中曾用很形象的语言摹画曾子的穷窘之状，那文字太好，直接引入：

> 曾子居卫，缊袍无表（乱麻做絮的衣服表面破烂），颜色肿哙（脸色因饥饿而浮肿），手足胼胝（手脚生老茧）。三日不举火，十年不制衣。正冠而缨绝（正正帽子带子就会断），捉衿而肘见（提提衣襟臂肘就外露），纳屦而踵决（穿穿鞋后跟就裂开）。

然而，就是这样，他还是飘散着发带，放声高歌《商颂》，声满天地，若出金石，天子不得臣，诸侯不得友。我怀疑庄子是把这位儒家人物道家化了。

当然曾子也有他的真伟大。孔子说曾子愚钝，历史上成大事者往往得力于愚钝。盖愚钝者也往往愚钝于诱惑与变化，从而能专能精。愚钝者往往缺乏情趣，又正因为如此，他们往往能安于枯燥无味而终获突破。这类人往往以牺牲生活和情趣来换取学问的精进。曾子，论血性不及公良孺，论悟性不及颜回，论聪明秀出不及子贡，论胆力过人不及子路，论机灵活泛不及冉求，论宽洪简重不及仲弓，论辩才无碍不及子夏，论才高意广不及子张。但最终，从学问角度言，他的成就似乎最高，对儒门的贡献最大，在历史上的影响最远，孟子就出自他这一脉。读《论语》中记载的他的言论，很有深厚蕴含的圣人气象，下面这段话，是我不能不提到的：

> 曾子曰：士不可以不弘毅，任重而道远。仁以为己任，不亦重乎？死而后已，不亦远乎？

这是知识分子对自己的身份、社会职责的最高体认。用这个标准去检验，一下子就能测试出历代大大小小文人的真实分量。

四

《论语》中若无子路，如同《水浒》中没有李逵。金圣叹评点《水浒》，说及李逵，有一段话，我先移过来与读者看样，彼说李逵处，正合我欲说子路心也：

> 李逵是上上人物。写得真是一片天真烂漫到底。看他意思，便是山泊中一百七人，无一个入得他眼。孟子"富贵不能淫，贫贱不能移，威武不能屈"，正是他好批语。

金圣叹的这段话，也正是子路的"好批语"。金圣叹还说，李大哥一开口，总有奇绝语，我也以为，子路兄一说话，便百媚千娇。此人原也是一条绿林好汉，专打天下不平人。司马迁写子路的出场，是头上插着公鸡羽毛，身上佩挂公猪牙齿，"呔"的一声跳将出来，将孔子的马车拦住。又是公鸡，又是公猪，敢情是子路兄雄性荷尔蒙太旺盛。不过，在这方面，他又和梁山好汉李逵、鲁智深一样，无一丝淫邪之意，可以说是真正的伟丈夫。后来不知孔子用了什么法术，诱使子路委质于他。司马迁说是"设礼以诱之"，我不大相信，那一套繁琐厌人的礼，岂能构成对子路的诱惑？但不管怎么说，最后总是舞刀弄棒的子路被舞文弄墨的孔子降服了，请求做了他的弟子。身边有了这么一个武艺高强勇猛异常的弟子，孔子的腰杆子直多了，说话的嗓门也粗了。据孔子自己说，自他得到子路后，恶言不闻于耳，再也没有人敢对他老人家说不恭敬的话了。这一点倒又似乎说明了，子路腰间的宝剑比孔子胸中的仁义有威慑力。

我以为，子路是孔门弟子中无一丝小人之心的君子，无一丝虚伪之习的真人，无一丝畏怯之态的丈夫。孔门弟子中，像子路这样的人，不可无一，不可有二。不可无一者何？孔门中若没有这样一个真君子伟丈夫，真令孔门黯然无光；不可有二者何？此等天真人，岂能重出？孔子说："道不行，乘桴浮于海，从我者，其由与！"他也知道，等到他的大道在这浊世不能施展的时候，等他彻底绝了世俗之望，要乘一叶扁舟，江海寄余生的时候，他的那些弟子们都会作鸟兽散——大家投奔他而来，一半也是为了富贵，而不是为了对仁义的向往吧？况且即便是仁义，到了被现实拒绝的时候，还有什么意义——此时，能仍一如既往地跟随他的，哪怕烟波满眼也无怨无悔的，会有一个子路。但也只有一个子路。是的，子路只能有一个。

但孔子毕竟是一个贵族气息较浓的人，他喜欢"文化"的王朝，也喜欢"文化"的人，他自己从少年艰辛到中老年奔波，"学而不厌"，也是要使自己"文化"起来。而他的"诲人不倦"，则又是力图使别人"文化"起来。子路却一直雄赳赳气昂昂，素面朝天虚室生白，没有经过"文化"，或者"文"一直在他那里"化"不下去，那种天然野生的状态，于孔子而言，总是不大对他的胃口。这一点，孔子似乎不及五台山上的那个智真长老。智真长老是一眼便看出鲁达乃是修成正果的人，那些恭敬修行的人反不及他。所以，智真长老是一味地迁就鲁达，为之护短。而孔子对子路，则是每下毒手，对他进行打击和折挫，务欲使之"文化"，让百炼钢化为绕指柔。比如，同样的问题，对子路的回答就不一样，据孔子解释，这是为了因材施教，"由也兼人，故退之"。经过孔子长期这样的折辱，英雄的子路确实变成了一个文质彬彬的君子的子路。读《论语》中孔子遇到隐士那几段，我由衷地觉得子路的行为又可笑又可爱：他受长沮的讽刺，受桀溺的奚落，受丈人的教训……他怎样呢？他一言不发，拱手而立！按他以前做绿林好汉时的脾气，他早就挺剑而斗了吧？而现在，他像一个挨老师训斥的小学生，那俯首帖耳的样子，能不使我们心中粲然一乐猛然一热么？是的，子路毕竟是身通六艺的文化人，无论怎样强亢，终究不是李逵。

　　倒是对自己终身服膺的老师，子路反没有一点颜回式的乖顺。当面指责老师迂腐的是他；"佛肸召，子欲往"时，公开表示反对的是他；陈蔡绝粮时，拉长脸给孔子看的是他；"公山弗扰以费畔，召，子欲往"时，是"子路不悦"；"子见南子"时，还是"子路不悦"。他就是这样常常使老师尴尬非常，前后矛盾。但，这不正是孔子所提倡的"当仁，不让于师"的精神么？要知道，正因为有子路常常直率表示反对或"不悦"，才使孔子避过智者千虑中的一失，改变一时糊涂的主意，没有做出不合圣人身份的事。我们甚至可以这样说，子路，对孔子而言，是一种压力，一种考验，一面镜子，这何尝不是一件玉成圣人的好事？有子路，孔子就要时时注意自己言行的一致，时刻反省自身，否则耿直的子路真的会让他下不了台，让他不能自圆其说，让他被自己的矛刺中，或自己的盾折断自己的矛。从这个意义上说，孔子成圣人，子路有功劳。我们设想一下，假如不是子路阻止，孔子去了佛肸或去了公山弗扰处，我们现在如何评价他呢？他还能成为圣人吗？至少他有一些无法说清的污点吧？

　　读《论语》，我常常被子路的天真烂漫弄得忍俊不禁。你看下面这一节：

　　孔子对颜渊说："用我,我就去干;不用我,就隐居起来。只有我和你能够做到这样吧!"子路说:"老师您如果统帅三军(去作战),那么,您要谁去帮您呢?"孔子说:"赤手空拳打老虎,没有船只蹚过河,死了都不知后悔的莽撞人,我不和他在一起。(我要的人)必须是遇事知道害怕而谨慎,善于谋划而最后把事情做成的人。"

　　原文:子谓颜渊曰:"用之则行,舍之则藏,唯我与尔有是夫!"子路曰:"子行三军,则谁与?"子曰:"暴虎冯河,死而无悔者,吾不与也。必也临事而惧,好谋而成者也。"(《论语·述而》)

　　这子路,何等真,何等朴,何等赤子心肠,何等冰雪精神!又何等妩媚,何等童真!只是又受到了老师的打击!而这打击,又愈显出子路的天真烂漫!

　　毫无疑问,子路是孔门中精神最健全,人格最完整,自我最舒张的人物。对社会现状,他比孔子有容忍度,对一些人和事,他也比孔子看得开通。他终究还没有修养成圣,离普通人还较近,所以,对普通人的人性缺点,他有更宽宏的蕴含度。这使他更可爱,更可亲可近。同时他又是一个理想主义者,"君子亦有穷乎?"这种诘问恰好表明了他对道德、人格力量的崇拜与信仰。"君子之仕也,行其义也",又表明了他自己立身处世的态度,一种绝对崇高的救世心态。他悟性极高,在孔门弟子中,恰恰是他这样的"野人",具有真正哲人的心态。这一点也颇像在五台山上撒泼弄野,却有真佛心灵与缘分的鲁智深。孔门弟子中,樊迟关心耕稼;颜回关心仁德;曾子致力于孝道的扩张;子夏关心学问的精进;公西华仗着年轻,记忆力好,整天在那里背记繁琐的周礼条文;子贡则心有旁骛,眼盯着市场的行情变化。"子不语怪力乱神","夫子之言性与天道,不可得而闻也","子不语"的,恰恰是一些纯哲学问题。只有子路,在别人纷纷致力于经世致用之学的时候,他问"死",问鬼神,问"成人"(完美的人),谁能想到,偏偏是这个粗莽的人,关心着这类形而上的问题?

　　"子路有闻,未之能行,唯恐有闻。"子路深感痛苦的,不是闻道之难,而是行道之难。孔子说:"朝闻道,夕死可矣。"这话要让子路说,他肯定会说:"不可以。因为还没有行道,怎么能死?""道"不能是一小撮精神贵族充实内心的精神食粮,而应该是大众的呼吸与空气,是阳光和水,是土壤和风,应当把这些还给大众。子路急于把他领悟到的东西公诸大众,如果还未能做到这一点，他宁愿"不闻"：和大众一样贫乏是可以的，而拥有大众没有的东西是不可以的。是绝对的大公无私，他的精神中不能存有任何独享的东西，哪怕是暂时的。在子路这样的圣贤面前，一切自以为的"精神贵族"都显得龌龊，我们自以为"贵"，却正显出我们的"贱"。在子路身上，因为他绝无一丝自爱自恋，反而是一种真正的高贵。这种高贵，步伐不快，但我们赶不上；调子不高，但我们盖不住；悬得不远，但我们射不中。孔子问："仁远乎哉？"子路会答："不远。我欲仁，斯仁至矣。"我们会答："远。仁有好处吗？"我们和子路就这样判然有别了。

孔子曾含蓄地批评子路：

> 好仁不好学，好知不好学，
> 好信不好学，好直不好学，
> 好勇不好学，好刚不好学。

说他因此而愚，而荡，而贼，而绞，而乱，而狂。但子路有他自己的看法。他说："有民人焉，有社稷焉，何必读书，然后为学？"这话说得太好了！它足可以纠孔子之偏，纠千百年来中国知识体系之偏！尤其对今日学界而言，子路的话，不啻是一剂猛药。到底是生活重要，还是所谓的学问重要？假如有些学问只是使我们忘掉真正的生活，甚至扼杀真正的生活，躲开生活的阳光与风雨，不去正视生活中的淋漓的鲜血，漠视大众的喜怒哀乐，还叫什么学问！

子路如此刚直、天真、胸无点滓，毫无城府，邪恶的世界当然不会让他得到善终。孔子洞明世事，早已预言子路将"不得其死"。在那时人的观念里，"死"，乃是人生命的自然终点，也就是庄子所讲的"天年"。"不得其死"，就是指他的生命将意外地终结，从而得不到（或等不到）那个自然的终局。后来的事实证实了孔子的预言，在卫国的蒉聩孔悝之乱里，子路不避其难，挺身赴险，虽然子路为卫国内乱而死，境界不高，但既然生命的终局总是死，为什么不能利用"死"来为生命争取最后的荣耀？从这个意义上说，子路是死得其所。而那些没有真正生活过的人，才是"不得其死"，他们的生活实际上已经终止了，他们活泼的生命、心智与德性，都已经死亡了。

子路死亡的消息传到鲁国，七十多岁的孔子停止了肉羹之食。这是他老人家终生喜爱的食物。圣人的生活开始缺少滋味。第二年，孔子驾鹤西去。

五

写完子路，一定得写与子路一直关系不错的冉求。冉求与子路，是同学兼同事。他们同在季氏那里做家臣，配合得还算不错。冉求比子路小二十岁，年龄差距很大，但似乎两人并不因此生分。他俩能配合，是有原因的，唯子路能容忍冉求的一些宵小之态，唯冉求能羁縻子路的粗莽之性。子路心宽体胖，对冉求的毛病不以为意；冉求心思缜密，对子路的粗鲁能随意调适。《论语》中"季氏将伐颛臾"章中，冉求子路一起来为此事探孔子的口风，孔子一开口即是："冉求！这不该责怪你吗？"接下来的对话中，全是孔子对冉求大加批评与责备，几无一句及子路。这可不是孔子袒护子路，而是孔子知道，在季肥那里，真正受重用得信任从而能起作用的，是心思缜密善于察言观色的冉求，而子路只是一个没有多少主见的配角罢了。

冉求多才多艺，这一点孔子也屡次提到并予以夸奖，"求也艺"，并且认为完美的人应当有像冉求那样的才艺。但冉求帮助季氏聚敛，使季氏富比公室，孔子大为恼火，于是号召弟子们："冉求再也不是我的学生了，你们可以擂着鼓去向他进攻！"孔子对不少学生都不满意，如宰予、樊迟，但公开宣布逐出师门的，大约就这么一位冉求。

孔子对别人的缺点，尤其是政治与道德上的缺点，是太敏感了。而子路正相反，他对别人的缺点则是十分不敏感，所以他能同冉求共事。冉求有时候确实有一些宵小之徒的毛病，我们看一段师生对话。一次，孔子和子路、冉求、曾皙、公西华一起聊天，孔子要大家无所顾忌地谈谈自己的志向。率直的子路抢先说话：

> 子路轻率地抢着回答说："一个拥有一千辆兵车的国家，夹在大国之间，受到别国军队的侵犯，又遇上凶年饥荒，我去治理，等到三年，就可以使人民勇敢，而且知道遵守礼义。"
>
> 原文：子路率尔而对曰："千乘之国，摄乎大国之间，加之以师旅，因之以饥馑，由也为之，比及三年，可使有勇，且知方也。"（《论语·先进》）

子路自信自负，说他能治理好一个内忧外患重重的国家，让人民能在困难中有勇气，看到希望，这是可以的，这也是他的专长。但千不该万不该说话时不谦让，尤其不该说自己有能力让人民"知方"——懂得礼义。这就让孔子对他不禁加之以哂笑，而这一切，都让善于察言观色的冉求看在眼里。轮到他说话时，他说：

> 一个方圆六七十里，或者五六十里的小国，让我去治理，等到三年，可以使人民富足。至于礼乐教化方面，那要等待君子去实行了。
>
> 原文：方六七十，如五六十，求也为之，比及三年，可使足民。如其礼乐，以俟君子。

几乎每一句都在对比着子路。子路说大话，说他能治理一个千乘之国，冉求就说他只能治理方圆六七十甚至更小到只有五六十里的土地。注意他在这儿的改口——大约说了方圆六七十后，看了看老师的脸色，为了表示自己十分谦虚，又减少了十个方圆，变成五六十。子路说三年，他也说三年。子路说可以使民有勇，他说要使民富庶。他知道孔子不喜欢勇，无论是君子的勇还是小人的勇，孔子都心存畏惧。他说要让人民富足，也有投老师所好的嫌疑。他以前和孔子一起去过卫国，见到那里人口繁庶，就问孔子，人口多了，下一步怎么办？孔子答，让他们富起来。他又问：富了以后呢？孔子答，教育他们。所以这里他说"使足民"，是完全在揣度孔子的喜怒。当然，冉求是个经济专家、财政专家，让方圆五六十里土地上的人民富足起来，对他而言，其才能绰绰有余。唯其如此，才可见出他的谦虚，尤其是对比子路而表现出的谦虚。更令人不快的是，针对子路大言不惭地要让百姓懂得礼义，他特别在最后补了一句"如其礼乐，以俟君子"——至于礼乐这样的事，只有圣人才能做到，我冉求只能是打好经济基础，等待这样的圣明君子——这句话其实完全没有必要说，他这样说，就是有意让子路难堪，并以此显示自己的优点。这种做法，简直让子路无立足之地！

深察别人的缺点，有意为之遮掩，这是圣人的境界；若处处故意显示自己哪方面的优点，以反衬别人的缺点，使其昭彰若揭，则无疑是小人的心机。

好在子路并不能觉察到这一点。他既不能发现老师在笑他（或者即便发现了，也满不在乎），更不能看出冉求对他的挤兑。越是这样，越是显出冉求的用心，越是显出子路的坦荡之心。

六

　　子贡是孔门中最聪明的人，却又十分的正派，有极浓厚的人情味。不知为什么，我总是把子贡和琼瑶小说中的男主人公联想到一起，这大约是受庄子的影响。庄子在《让王》一篇中写子贡见原宪，其打扮派头，十分像琼瑶笔下的多情公子。但我对琼瑶小说中的男主人公向无好感，我以为他们只有一个爱好，只在一件事上刻苦——谈恋爱。庄子笔下的子贡，大约和他们只有一点相似：风流倜傥。他是我爱敬有加的人。子贡在《论语》中出现的次数仅次于子路。他非常能干，非常机敏，非常忠诚。他岁数不大，比孔子小三十一岁，在孔门高徒中年龄偏低，但他倒很像是一家中的长子，敬上爱下，不违师长，还能延誉同门。在孔子还活着的时候，就已经有不少人认为子贡比他老师还要贤智。确实，子贡比他老师更能了解当世，贴近现实，也更能灵活机动地调整策略。像子贡这样的人，若不受老师理论的束缚，解放思想，实事求是，针对国情，把目标分阶段实现——比如充分认识并确定初级阶段理论，从而不仅问耕耘，也问收获，那他定能做出一番大事业。是的，子贡是英雄，但他在文化中被消磨掉了。文化的功能之一，就是消磨英雄的雄心，使之对命运安之若素。

　　子贡曾问过老师孔子，你看我是什么样的人呢？孔子回答说，是器。是什么器呢？孔子答，瑚琏也。瑚琏，是宗庙中盛黍稷的重器，以玉饰之，乃器中之贵重而华美者。器在宗庙，又盛黍稷，大约孔子是在说子贡乃是国家社稷的栋梁之材吧。他曾说"君子不器"，是则子贡虽不能做到"不器"，却也是不可或缺的国之重宝。孔子培养人的目标乃是造就一批道的传承者，以斯文不灭，所以他不大重实干之才。他臧否人物也有自己的独见，偏重于肯定人性中看似消极的特点，像愚拙、迟钝、木讷、柔弱，这些性格，在他看来，都近于仁。是的，他有一种把智识上的弱点看成道德上的优点的倾向。反过来，他对诸如聪明、善辩、勇敢这些人性中看似积极的特点，又往往持怀疑态度。也就是说，他又有一种把智识上的优点看成是道德上的缺点的倾向。所以，他喜欢的是颜回、曾参、漆雕开、闵子骞等人，而不大喜欢子贡、子路、冉求、宰我、子夏、子张诸人，总是用一种怀疑而审察的目光看着他们。实际上，他最喜欢颜回，确实是因为颜回的生命境界超绝诸人之上，但就事功而言（无论是实际的行政事务、外交事务还是学问的弘扬光大），子贡诸人全在颜回之上。子贡，就是春秋时期最杰出的外交家，著《左传》的左丘明、著《史记》的司马迁，都对子贡极为佩服。

孔子时代，鲁卫这一对兄弟之国（它们分别是周公和康叔的后代），都很弱小而又一片衰退之象，孔子对这两国情有独钟。孔子曾很伤感地叹息"鲁卫之政，兄弟也"，鲁卫的历史，是兄弟；鲁卫今日之政，更是一对难兄难弟。孔子是鲁人，子贡是卫人。卫有内乱，子路死之，算是对得起老师了。鲁国有了外侮，卫人子贡也会挺身而出。齐国的田常为了缓解国内矛盾，进一步独揽大权，移兵于鲁，鲁岌岌可危。孔子又伤心，又难过，埋怨自己的弟子们："鲁乃是祖先所埋的地方，父母所在的国家啊。国家危险到这地步了，你们为什么还不出手相救啊？"子路要去，孔子制止了，子张、公孙龙要去，孔子也制止了，他在等着另外一个人表态，只有这个人，才能仅凭自己的三寸不烂之舌，就能阻止齐人的战车。这个人就是子贡。子贡知道老师的心思，他承担了。他先去齐国，根据田常的心思，巧妙地劝说田常弃鲁伐吴，但田常担心伐吴无借口；子贡又去吴，以称霸中原诱劝吴王伐齐（以便给田常移师伐吴一个借口），可吴王又担心越国乘机在背后报会稽之仇；子贡又去越国，劝越王派兵助吴，以迷惑吴国。于是吴王发动九郡兵力攻伐齐国，齐吴战于艾陵，齐人大败，一举解除了齐对鲁的威胁。此前子贡又抢先一步到中原大国晋国，让晋国做好迎战吴军的准备。艾陵大胜后，又骄又躁的吴王果然以兵临晋，企图打败晋国，攫取霸主地位。两国交战于黄池，吴军大败。越王勾践抓住机会，涉江袭吴，吴王率败馁之卒仓皇回师，与越战于五湖，三战不胜，城门不守，越国遂灭吴。三年后，越国称霸中原。《左传》及《史记》在叙述这一段历史后，都以极赞赏的口气说："子贡一出，存鲁，乱齐，破吴，强晋而霸越。子贡一使，十年之中，五国各有变。"

《孙子》云："上兵伐谋，其次伐交。"若子贡，可谓伐谋伐交，孔子这一文人集团，不出一兵一卒，而改变天下大势，更挽救父母之国，子贡之功伟哉！

子贡还是一位成功的商人。据《史记·货殖列传》所载："七十子之徒，赐最为饶益（子贡最为富足）……子贡结驷连骑（车马成群），束帛之币以骋享诸侯（带着丰厚的礼品去诸侯各国访问，参加他们的宴会），国君无不分庭与之抗礼（平等行礼）。"你看这个子贡，凭借着巨大的财力，来往各国之间，是何等的风光！司马迁还说："夫使孔子名布扬于天下者，子贡先后之也。此所谓得势而益彰者乎？"原来孔子赢得生前身后名，很大程度上竟得力于子贡财力的襄助！子贡提着大钱包跟在老师身后哩。

哀公十六年，孔子病重，子贡赶紧去看望。孔子正拄着拐杖在门口彷徨，一见子贡，夫子唏嘘难禁："赐啊，你为什么到现在才来啊？"虚弱的夫子此时觉得端木赐是那么亲切，那么值得信任和依靠。以前，他一次病重，子路乘他神志不清，临时聘了几个家臣来侍奉他。他清醒后，对子路大为光火，他是宁愿死在自己学生的环绕之中的。现在子路已在前一年死去，子贡的到来，给了老人最好的临终关怀。七天以后，夫子安然阖目。

孔子死后，他的弟子们都服三年心丧。三年以后，大家哭泣着道别而去。将军一去，大树飘零，一个以孔子为核心的文化中心不复存在。分散各地的弟子们一个个如遥远天边的粒粒寒星，等待时光的巨鸟来啄食他们。在这些悲哭的弟子中，座中泣下谁最多？——

　　唯子贡庐于冢上，凡六年，然后去。

子贡又继续为老师守丧三年，"然后去"然后去哪里呢？

走出倚庐，乱发飘蓬的子贡是否满怀迷惘？

六年倚庐生活，六年寂寞，六年伤悼。与老师的灵魂寂然晤对六年，他是否如同承受了千年的风霜？

一个熟悉的世界随着一个人的离去而消隐了。眼前是沉舟侧畔千帆过，病树前头万木春。

只是，鲜花为谁而放，丧钟为谁而鸣？

一个没有了孔子的时代，一定依然喧哗而躁动。

但是，也一定有人会真切地感受到寂寞。

第二部

彀中英雄

（纪元前 4—纪元 1 世纪）

商鞅
斯人自杀

一

读《史记》中的商鞅传，商鞅是一个令人敬、令人惜、令人怜的人物。

令人敬，乃是由于他意志坚定，理想执著，目光远大，行起事来雷厉风行，果断斩决，一意孤行，不计后果。他具备了一切改革家应当具备的优点，又有秦孝公始终不渝的信任，二十余年里放着手，放着心，让他这把锋锐的刀在秦国羸弱多疾的肌体上切割剜除，果真就在这边鄙戎狄之地做出了一番大事业，让连续几代积贫积弱的秦国一跃而为诸侯列国的前茅，且矛头所向，势如破竹，"诸侯敛衽，西面而向风"（桑弘羊语），奠定了秦统一六国的政治体制基础、思想基础和军事基础。商君相秦十年后，《史记》记载是："秦民大悦，道不拾遗，山无盗贼，家给人足，民勇于公战，怯于私斗，乡邑大治。"

令人惜，乃是因为他是一个善处事而不善自处的人，或者说，他能做大事，却只能做小人。处事练要，为人刻薄。为国谋，善；为己谋，拙。以小人的方法去做大事，事成了，人却败了。郭沫若认为，他与秦孝公都是大公无私的人（顺便提一下，"公私分明"这个词最早就出现在《商君书》里），其实孝公还有为子孙谋的私心，而商君真是把一切都奉献出来了。《战国策·秦策三》记秦国后来的应侯范雎说商鞅：

> 事奉孝公，竭尽自己所能没有二心，一心为公不顾私利，使赏罚诚信而致国家大治，用尽自己的才智，表达自己的思想，不惜承受怨恨，欺骗故友，俘虏魏国的公子卬，最终帮秦国擒获敌将破败敌军，略地千里……
>
> 原文：事孝公，极身毋二，尽公不还私，信赏罚以致治，竭智能，示情素，蒙怨咎，欺旧交，虏魏公子卬，卒为秦禽（擒）将破故军，攘地千里……

商鞅真正是到了把良心都献出去的地步。为了秦国，他把自己的名誉、人格都丢弃不要了。当一个人对一种政治实体皈依到"无己"的地步，悲剧就开始了。因为人类毕竟有基本的安身立命的原则。这关乎着人类的尊严、价值、幸福的根基，是人与上帝之间的信诺，是一切一时的政治需要所不能取代和凌驾的，郭沫若对此不能理解："虽然是兵不厌诈，人各为主，但那样的出卖朋友，出卖故国，实在是可以令人惊愕的事。"秦孝公死，那个被商鞅处罚过的太子即位成了新主宰，风声日紧，不祥的阴云越来越浓。已请求退休、蛰居自己封地的商鞅，如芒刺在背，惶惶不安，便带着家属老母要回归魏国。魏人不接受，理由是："因为您竟然能出卖欺骗您的老朋友公子卬，我们无法知道您的人品。"更具讽刺意味的是，由于商鞅使秦国强大，各诸侯国还不敢得罪秦国，谁也不敢收留他。《吕氏春秋·无义篇》就此议论道："故士自行不可不审也。"出卖良心去附会政治，抛弃价值去迎合权势，这种"大公无私"，实在是中国几千年来知识分子常常发作的羊角风啊。

让人怜，又是他被车裂的结局。故国不接纳他，当他被复仇的人群逼得走投无路的时候，他只好带着他的为数寥寥的徒属北上击郑，做无望的困兽之斗，大约想在秦以外自营一块容身之所。他知道他在秦已无立锥之地。那些官衔、封号，连同商於十五邑的封地，顷刻之间灰飞烟灭。诸侯各国纷纷对他关起大门，如避瘟神。身后，是被他割了鼻子、八年闭门不出的公子虔，对他咬牙切齿；眼前，是四面竖起的墙壁，一片说"不"的声音，"所逃莫之隐，所归莫之容"

（《新序》），天下之大，幅员之广，除了那几个死心塌地的徒属，再无他的朋友——他以前太无视朋友的价值，太践踏基本的为友之道了。当个人毫无自身的独立意志与独立操持，抛弃一切基本的道德信条而依附体制时，体制能给予你的，当然也可以拿走，一切自上而下的改革也往往免不了人亡政息的结局（假如再没有外部压力或对外部压力说"不"的话）。聪明绝顶的商鞅难道真的不知道这一天终会到来？在他被车裂前五个月，赵良就警告过他："秦王一旦捐宾客而不立朝，秦国之所以收君者，岂其微哉？亡可翘足而待。"——老秦王一旦伸腿死了，秦国以罪名来收捕你的，人数会少吗？你的死期很快就要到了！五个月后，可怜的、走投无路的、被世人所抛弃的商君，被杀死在郑国的黾池，然后尸体又被残忍地车裂（此据《史记·商鞅列传》。《秦本纪》言似直接车裂）。咬牙切齿的复仇者们杀了商鞅全家，包括白发苍苍的老母。到此时，商鞅简直是把自己的性命、全家族的性命都奉献给秦国了。其罪名真是极具黑色幽默："莫如商君反者！"——一个把良心生命都献了出来的忠心耿耿的人，最后却得到了"反叛"的罪名！不知商鞅在目睹自己白发苍苍的老母血溅屠刀的时候，这个力倡大公无私的人，有何等样的想法？

所以，对商鞅，我实在不忍心说他的坏话。事实上，我内心里倒给他十分的敬意。在读到他走投无路仰天长叹时，还为他掬一把辛酸泪。可是，读完《商君书》，却又不得不说他的坏话。好在《商君书》并不一定全是商君所作，高亨认为至少有五篇不是他的，而郭沫若则认为除《境内》篇外，其余均非商君所作，这样，我写下面的文字时，感情上就不会十分的别扭——且让我自欺一回罢。《史记》中的商鞅和《商君书》中的商鞅，确实给我两个极不协调的形象。如果说《史记》中的商鞅令人敬、令人惜、令人怜，那么，《商君书》中的商鞅形象则是令我惧、令我恶、令我恨。

事实上，对商君，司马迁的态度也颇暧昧。在写有关商鞅的行事及政绩时，太史公几无一句贬责之词，甚至说出"秦民大悦"的话来。同时还令人可疑地写了一大段商鞅以帝王之迹干孝公，不得已而后用霸道的文字："迹其欲干孝公以帝王术，挟持浮说，非其质矣。"这不能不说有为商鞅开脱之嫌。可是，在传后例行的"太史公曰"里，他又说商鞅是"天资刻薄人也"，"少恩"，"卒受恶名于秦，有以也夫"——这不颇有点幸灾乐祸的味道么！

二

《商君书》，一言以蔽之，一曰壹民；二曰胜民。这是我读枯瘠、冷酷、蛮不讲理的《商君书》后得出的结论。

壹民，据我的分析，有两层含义：一是，国家只要一种"民"——耕战之民，平时耕田，战时攻敌。其他如"学民""商民""技艺之民"（《农战篇》所列）、"士""以言说取食者""利民"（吃利润的人或投资者。《去强篇》所列）等等，则统统是危害国家的六种"虱子"，应使他们无路可走，逼他们归入"农战"一途。二是，国民只做一件事：农战。农与战看似两件事，实则是一件事。民为体，农战为用，一体而二用。其目的则在于建立一个绝对一元化的社会，使社会结构简化、单一化、垂直化，社会生活单调化，由一个绝对中心控制：

《赏刑》曰：

> 圣人的治国，实行一种赏赐，一种刑罚，一种教育。
>
> 原文：圣人之为国也，壹赏，壹刑，壹教。

《算地》曰：

> 对内，要求人民一律从事农业；对外，要求人民一律尽力战争……人民的倾向一致，才肯务农。人民务农就朴实。人民朴实，就安居故土，不愿意外出游荡。
>
> 原文：入使民壹于农；出使民壹于战……民壹则农，农则朴。朴则安居而恶出。

"壹民"的目的，当然在于使民"朴"，也就是愚朴顺从。"壹民"的具体措施，则是先从经济（利益）的一元开始，然后达成政教的一元：

《说民》曰：

人民的欲望有千万种，而满足的途径只许有一条（农战）。

原文：民之所欲万，而利之所出一。

百姓的欲望千差万别，而我们只让它们从一个渠道来达成：农战。这就是商君所津津乐道地宣传的集权的好处：能集中社会所有力量于一途，从而达成其他国家所不能达成的目的。至于其中有多少普通民众深被创伤，付出惨重的代价，则在所不计，而民众的意愿，更是完全置之度外。

《靳令》曰：

抱定十个方针，国家就乱；抱定一个方针，国家就治。

原文：守十者乱，守壹者治。

朝廷的利禄，从一个孔儿出来，国家就无敌。

原文：利出壹空者，其国无敌。

《农战》曰：

国家实行"绝对一律"一年，就十年强盛；实行"绝对一律"十年，就百年强盛；实行"绝对一律"百年，就千年强盛。千年强盛的国家，就成就王业了。

原文：国作壹一岁者，十岁强；作壹十岁者，百岁强；作壹百岁者，千岁强；千岁强者王。

这种运用国家机器把全民的意志高度统一到政府目标上来的做法，可能有其短期的合理性、有效性，但其致命的弱点却无论如何不能熟视无睹：

一、这种做法无视一切个体意志与个体差异，使社会目标单一化，蔑视并抹去了任何一个特殊个体的个人目标，个体幸福被当作不正当的欲求和国家集体的障碍物而踏平碾碎，个人只是实现政府目标的手段与工具，如《商君书》中的"民"，只是国家生产的工具和战争的工具，只有利用的价值，没有被关心的意义。作为个体的人，在这样的社会里只是国家机器中无可奈何的零部件而已，毫无独立价值与尊严，不仅其精神存在被当作无用有害的东西而彻底抹杀，甚至其肉体存在的合理性都要视他能否充当国家工具而定。所以在这种情形下，即使国家目标完全合乎道德，合乎全民或全民中绝大多数的根本利益与长远利益，其与人类的根本福祉仍然是背道而驰的，不可能存在任何真正意义上的个体幸福。而没有个体幸福，只有秩序和国家意志的地方，我们只能说它是——监狱或劳改营。商鞅在秦国设立的监狱更绝：他不容许有人给罪犯送饭，说这样能令人惧怕监狱而认真开垦农田（《垦令篇》），这真正是斩尽杀绝。不过，我们可以这样想一想：不垦田，就要进监狱，这已使垦田不再是为民造福的事，而是使它一开始就成了人民生活中的可怕威胁。而另一方面，监狱中只有在没有饭吃的时候，才对监狱外的良民构成威慑，这恰好证明了，商鞅治理下的秦国，与监狱的差别只在于有没有面包而已，秦国的社会只不过是有面包的监狱罢了（假如秦国的百姓能有面包吃的话），良民和罪犯一样，都是没有自由的。这样的国家不可能有任何个人幸福。当然，有两种人除外：感到痛苦却不得不服从的奴隶；因长期服从而失去痛苦感甚至感到幸福的奴才。奴才没有幸福，只有幸福的感觉，甚至幻觉，他们往往特别热衷于探究或鼓吹幸福的主观性。而对幸福的客观性——幸福所需要的社会条件则有意加以忽略。

二、在这样的社会里，政府目标的合理性是无法得到保证的，甚至大多数时候更是君主一个人的意愿。所以，全民意志的高度统一往往变成了异己的怪兽，不仅每一个生存其中的个体被它吞噬，而且这种国家力量在"一致对外"的时候，还极可能使一个国家变成全人类的祸患。秦国在先秦典籍中一般被称为"虎狼之国"，读《商君书》中的《境内》篇，通篇都写着血淋淋的"斩首"。"不逐北，不擒二毛"的中原传统，在变法后的秦国，扫地以尽。据《史记》累计，秦在统一过程中斩杀的六国人数在一百五十万以上，这还不包括秦国自己士兵的死亡人数。像白起这样极其残忍的人物，也是秦的将军。可以说，秦国残忍地践踏了基本的人道原则。这种现象不仅在战国时代的秦国那里充分显示出来，二战期间的德、日法西斯，就是现代的"虎狼之国"。

"壹民"还有一种作用，那就是在整个社会造成一种垂直性的上下关系，而斩断一切横向的平行关系，这是一切专制政治的基本构图。在这种垂直关系的最上端，只有一个人：君王。正如孟德斯鸠所云："专制政体是既无法律又无规章，由单独一个人按照自己的意志与反复无常的性情领导一切。"这里我想对商君打击秦国宗族权贵说一点看法。我们当然不会同情宗族大姓，但假如我们不从道德角度看问题，那就会发现，打击这些有世袭经济特权和政治特权的宗族，其目的实际上就是为了君主独裁！吴起、李悝，包括屈原所做的，都是这样的工作。我们从《尚书·周书·洪范篇》及《国语·周语》中"召公谏厉王"一节中知道，周代政体应是贵族民主制，国家行政首脑"天子"，是必须听取斟酌各方意见，接受约束的，而一旦拒绝这种约束，如周厉王，其结果并不是周厉王肆无忌惮大肆镇压，并在最后玉石俱焚，王朝崩溃（这是中国后来集权社会改朝换代的基本模式），而是周厉王被流放，周公与召公共同执政。发生变故的只是天子一人，社会并没有太大的震荡。出现这种局面乃是由于权力有制约机制，而制约权力的就是贵族集团。所以，要实行君主专制独裁，必须先打倒贵族集团，解除贵族集团对君权的限制。所以，商君也好，李悝也好，吴起也好，他们把打击贵族集团当作实现政治一元的必经之径，必要手段，这当然也就形成了后来韩非所说的"法术之士"与"大臣"（宗族成员）之间的你死我活的矛盾。

所以，"壹民"是一个大大的乌托邦狂想，而一切乌托邦最终都是以一元社会为基本特色。设若国家如《商君书》所云，极而言之，则最好的政治乃是刑律，最好的国家当是监狱。这样的绝对一致的一元社会，就是一个不折不扣的大监狱，所有的人都是劳改犯，在国家指令下劳作，在劳作中改造，苟生，创造国家财富，维持国家生存，而个体自身，则只有义务，没有任何实质意义上的权利。

《说民》篇公开说："王者，国不蓄力，家不积粟。"国不蓄力，就是耗尽民生，有时就发动战争来"杀力"；家不积粟，就是剥夺一切私有财产，榨尽民脂民膏，从而摧毁一切独立人格和思想，消灭一切与国家机器不和谐的音符，消灭一切异端！

所以，商鞅治理下的秦国，固然具有极强的攻击力，在列国纷争中频频得手，但对人民来说，却毫无幸福可言。生活在这样的国家实在是极大的不幸。商鞅治秦，对外固然有"天子致胙，诸侯毕贺"（《史记》）之功，对内则不免"老母号泣，怨女叹息"（《盐铁论·非鞅篇》）。《商君书》中有一篇《徕民》，至少写在商鞅死后八十多年，就写到三晋民众多而土地匮乏，秦地人民少而土地有余，为什么三晋之民不到秦国来呢？因为"秦士戚而民苦也"。所以——

三晋（赵、魏、韩）不能战胜秦国，已经四世了……大大小小的战争中，三晋被秦掠夺的财富，也不可胜数。但即使这样，三晋的人民仍然不屈服秦国，秦国可以凭武力掠夺三晋的土地，却不能得到三晋人民。

原文：三晋不胜秦，四世矣……小大之战，三晋之所亡于秦者，不可胜数也。若此而不服，秦能取其地，而不能夺其民也。

最后，这个为秦国上下一致憎恨的商鞅，"惠王车裂之，而秦人不怜"（《战国策·秦策一》）。

"壹民"还有一个严重后果，当然这正是专制论者、一切国家主义者所追求的目标，那就是，消灭私人空间，造成一个透明的社会，每个人都处在国家和他人的严密监视之下。商鞅搞户籍制度，置什伍之制，行连坐之法，倡告发之风，让居民们互相纠察，互相监视。告发奸人，予以重赏；不告发奸人，加以重罚。什伍之内，一人有罪，他人连带有罪，人民在战争中不勇敢，本人处死，父母、兄弟、妻子连坐。有告发官吏为奸的，可以承袭所告之官的职位。甚至——

治国的最高境界，是可以让夫妻、朋友不能相互掩盖罪行错误，而不因为彼此关系亲近就（互相包庇）妨害对国家的诚实。人民百姓不能相互隐瞒遮盖。

原文：至治，夫妻、交友不能相为弃恶盖非，而不害于亲，民人不能相为隐。（《禁使》）

连夫妻、朋友都要相互告发，而不为亲情所动，真是透明极了的社会。同一篇文章中还提到，要真正让人互相告发，必须避开利益相同的关系，因为利益相同就会互相包庇，所以要使人人"事合而利异"，利用人们的利己之心去害人，告发别人。何其歹毒也哉？

《画策》一文中给我们描写出了透明社会的图景。这段文字精练之极，不忍遗漏，全引于下：

所谓明察，就是无所不见。这样群臣就不敢为奸，百姓就不敢为非。国君坐在高椅之上，听着丝竹的音乐，而天下自然就井井有条了。所谓明察，就是让人民不得不干（国君要他们干的）事。所谓国君的强干，就是战胜天下人。战胜天下人，就能集中天下人的力量。因而勇猛的人不敢做横暴反叛的事，智慧的人不敢做欺诈不忠的事，他们会整天思考着怎样为君主效力。天下所有的人，没有人敢不做国君喜欢的事，也没有人敢做国君不喜欢的事。所谓强大，就是使勇而有力的人不得不效忠自己。

原文：所谓明者，无所不见。则群臣不敢为奸，百姓不敢为非。是以人主处匡床之上，听丝竹之声，而天下治。所谓明者，使众不得不为。所谓强者，胜天下。胜天下，是故合力。是以勇强不敢为暴，圣知不敢为诈，而虑用。兼天下之众，莫敢不为其所好，而避其所恶。所谓强者，使勇力不得不为己用。

这是一个何等可怕的情景！暴君踞坐在交椅之上，在天下的中央枢纽，如同盘踞在蛛网中心的巨型毒蛛，任何一点轻微的信息都会被他敏锐地捕捉到。这使我想起英国人奥威尔（George Orwell）的名著《一九八四》："海洋国"的执政党是"内党"，"内党"的领袖叫"老大哥"，"老大哥"从不露面，但他的照片却到处张贴，他炯炯有神的眼睛，伺察着他的臣民。他的臣民们的私人居室，都装有一个"电子屏幕"，可以视，可以听，还可以发号施令，房间里的一举一动一言一语，都在这电子屏幕的伺察之下，平时无事，电子屏幕就没完没了地播送大军进行曲、政治口号之类。这个电子屏幕由中央枢纽控制，个人无法关掉……

奥威尔所写的一切，在两千多年前，就由中国的商鞅设计出来了！只是商鞅那时没有今日的科技，其纠察手段没有这么现代化而已！

社会的文明与进步，如果不与科技的进步同步，则科技只是为专制者提供更方便的统治手段而已，只能成为专制的帮凶，而不能为人类带来福祉。

社会的透明，对私人空间的挤兑，其最终目的就是控制人，使人"不敢为非"又"不得不为"国君（往往借国家民族集体的名义）所要求的事，以一人或一个集团胜天下，占用天下一切聪明、才智、勇力和其他社会公共资源。"不敢为"是对自由的禁止；"不得不为"，则是连沉默的权利也要剥夺。"不敢为"和"不得不为"，最透彻地说出了专制政治对人的全面剥夺！

三

《商君书》的第二个思想，就是"胜民"。《商君书》的文章，往往蛮不讲理，武断地下结论，令我们不知他有何根据。比如这样的话："民弱国强，国强民弱，故有道之国，务在弱民。"（《弱民》）不知道为什么民弱了国反而能强，要国强必须民弱。有这样一个无理的前提，他得出的结论也就十分令人错愕。类似的话在《商君书》中比比皆是：

> 人民战胜政府，国家就弱；政府战胜人民，兵力就强。
> 原文：民胜其政，国弱；政胜其民，兵强。（《说民》）

> 国君的政治战不胜群臣，官吏的政治战不胜人民，这叫作六种虱子战胜了政府。
> 原文：君之治不胜其臣，官之治不胜其民，此谓六虱胜其政也。（《靳令》）

> 人民弱，国家就强；人民强，国家就弱，所以，人民所喜欢的，是人民强，如果人民强了，而国家又使他们更强，结果，国家的兵力就弱而又弱了；人民所喜欢的，是人民强。如果人民强了，而国家用政策来削弱他们，结果，国家的兵力就强而又强了。
> 原文：民弱国强；民强国弱，故民之所乐民强，民强而强之，兵重弱。民之所乐民强，民强而弱之，兵重强。（《弱民》）

商鞅是一个追求国强能攻的人，他对人民的幸福并不在意。而他又认定国与民不可兼强，国与民如跷跷板，一上必有一下；又如矛与盾：要让国的矛无坚不摧，民的盾必须弱不禁风。于是，为了强国，他必然要弱民。《画策》篇这样说：

> 古代帝王能够制服天下，必先能够制服人民；能够战胜强敌，必先能

够战胜人民。战胜人民的基础在于制服人民，就像冶金的人对于金属，做陶器的人对于泥土一样。

原文：昔之能制天下者，必先制其民者也；能先胜敌者，必先胜其民者也。故胜民之本在制民，若冶于金，陶于土也。

这种赤裸裸的制民理论，令人不寒而栗。这自然使我们想起庄子在《马蹄》篇中的议论。显然，如果我们有正常的理性，我们不能不在庄子与商鞅之间更喜欢庄子。我在本书"庄子"一文中说过，在先秦诸子中，我最喜欢《庄子》，那么，现在我还要说，我最憎恶《商君书》。其原因，除了人格性情等因素外，一半就是因为《庄子》是竭力挽护私人空间和私人生活的，而《商君书》则在不遗余力地挤榨私人空间。这一点《商君书》确实开了《韩非子》的先河。但《韩非子》还有不少正面价值和认识论意义，而《商君书》则纯然是赤裸裸的血淋淋的政治学说、整人理论！

读《韩非子》，觉人心险暗，险暗如盲人骑瞎马，夜半临深池。

读《商君书》，觉政治残酷，残酷得妇子皮骨空，蝼蚁微生贱！

《商君书》既倡胜民，必先制民，当然就会设计出"制民"之良方。我细细研读，发现他的"制民"手段约略有五。深夜读《商君书》，不胜恐怖——恐怖不就是专制政治的法宝么？但为使读者诸君能了解在中国历史上曾经有过这样一种恐怖理论，并且在"文明古国"的璀璨光环下普遍施虐于芸芸小民，我将在下文一一加以介绍。对这种恐怖理论，著文介绍和阅读都不会很愉快，请读者诸君和我一起硬起头皮，硬起心肠来。我只是想说明，我们有五千年的文明，我们也有五千年的野蛮、愚昧、残忍与罪恶，以及由此而形成的"简直不似人间"（鲁迅语）的大黑暗！

"制民"之手段一：以弱去强，以奸驭良，实行流氓政治小人政治。

直接鼓吹以弱民去消灭强民，甚至用奸民去驾驭良民，这实在令人惊愕。不读《商君书》，绝对想不到世界上还有这种混账理论：

国家用强民来去除强民，就会削弱；国家用弱民来去除强民，就会强大。

原文：以强去强者弱，以弱去强者强。

这个句子原封不动地在《商君书》中两次出现（《去强》和《弱民》），应该是作者很得意的政治格言吧？至少是他发明的专制政治的要诀。为什么"以强去强者弱"？因为用强民来除去另一部分强民，剩下的还是强民，政治和政府要面对的还是不大容易对付的强民，政府就相对显得弱了。所以不如直接用弱民来除去一切强民，剩下的自然都是侏儒之群，对付起来就游刃有余。中国几千年的专制王朝，杀豪俊，搞优汰劣胜、愚民、弱民，既是体制的需要（只要专制体制不消灭，这种政策就永不可免），也是君主们一直在受《商君书》的教导。

《弱民》篇中还说：

> 用强民来攻治强民和弱民，最后剩下的仍然是强民；用弱民来攻治弱民和强民，强民就会被消灭。强民存在，国家就弱。强民消灭，就能成就王业。
>
> 原文：以强攻强弱，强存；以弱攻弱强，强去。强存则弱；强去则王。故以强攻弱，削。以弱攻强，王也。（此段文字原文不可通，从高亨训释）

这最后一句泄露了一个天大的秘密。历代统治者和被驯服的士人们所津津乐道的"王"道太平盛世，原来就是这样的一个侏儒之国！

死水一潭的社会确实太像"稳定"了，萎靡不振的国民也果然貌似柔顺，但是，一个充斥着愚弱之民的国家真的能强大、能稳定么？清朝末年，曾有一个目光炯炯的知识分子看出这个大秘密大黑暗，他就是龚自珍。他在《乙丙之际箸议第九》中沉痛地说：

> 当彼其世也，而才士与才民出，则百不才督之缚之，以至于戮之……戮其能忧心，能愤心，能思虑心，能作为心，能有廉耻心，能无渣滓心。

这种弱民攻强民，不才杀才民的结果是什么呢？龚自珍沉痛地指出：这种结果乃是社会中不但没有了才士、才民、才商等等，甚至连"才偷""才驵""才盗"都没有了！

而这不正是专制统治者所孜孜以求的么？

一个生物死亡了，可能不会再闹事惹麻烦，但一个社会的死亡可能恰恰要出大事，惹大麻烦。一个完全没有了个性意志的一元社会，不是在沉默中灭亡，就是在沉默中爆发。

比"以弱去强"更可怕、更丑恶、更暗无天日的，《商君书》竟然提出要"以奸民治"：

> 国家利用良民来统治奸民，国家必乱，以至于削灭；国家利用奸民来统治良民，国家必治，以至于强。
>
> 原文：国以善民治奸民者，必乱，至削；国以奸民治善民者，必治，至强。（《去强》）

读者诸君可曾见过这样违背人伦天理的政治理论？

几千年来，流氓奸民独霸一方鱼肉人民的情况不少见吧。如果能把人民训练得能忍受流氓了，民自然也就弱了。可以说，流氓地痞是专制皇权的第一道防线，故《说民》篇曰：

> 利用善民来治国，国家必乱，终至于削灭；利用奸民来治国，国家必治，终至于强大。
>
> 原文：以良民治，必乱至削；以奸民治，必治至强。

《商君书》的这种办法必造成基层的流氓政治，而这又正和中层及上层的小人政治相辅相成（他所提倡的告发制度、袭位制度适足以形成小人政治）。以流氓来压服基层人民，以小人的勾心斗角来实现互相的纠察，这就是专制君主的黔驴之技。我们看看《商君书·赏刑》篇中关于告发的意见：

> 掌握法律、负担职务的官吏中，有不执行国王的法律的人……他周围的官吏，有人晓得他的罪行，向上级揭发出来，自己就免了罪，而且无论贵贱，便接替那个官长的官爵、土地和俸禄。
>
> 原文：守法守职之吏有不行王法者……周官之人，知而讦之上者，自免于罪，无贵贱，尸袭其官长之官爵田禄。

告发同僚，不仅可以自己免罪，还可以获得被告发人的官爵、封地及俸禄。这种办法有效吗？未必，岂不闻官官相护，甚或共同作案？这种告发制度非但不能清洁吏制，反而促成人心卑险，政治也沦为小人政治。

而基层的流氓政治，固可能有一时压服之效，但往往促成地火在地下运行，最后必将冲破这地壳，喷涌而出，使天柱折，地维绝。《水浒传》中所写的，不就是这种流氓政治和小人政治么？而这两种结合的政治，又何尝有真正的稳定呢？

如此的专制政治必然产生大量的流氓和小人。反过来，流氓和小人充斥的社会又似乎证明了政治专制的合理性与必要性——流氓地痞横行的地方，小人奸佞猖獗的地方，人们往往渴望专制。这如同渴极的人不惜饮鸩。如果流氓小人是狡兔，则专制政治就如同逐兔之犬。专制政治一面大喊大叫惩治流氓和小人，一面却又怂恿流氓和小人，并在自身体制内不断滋生出数量更多的流氓和小人。是流氓和小人构成了专制政治的合法性基础，它们互为因果，恶性循环。商鞅早就道破这两者之间的关系了——"以奸民治，则民亲制"，让奸民来治理人民，因为人民失望于奸民，自然就亲近"制"。制者，国家专制权力也！流氓地痞对于朝廷之上的君主而言，其作用就是为渊驱鱼为丛驱雀！

"制民"之手段二："壹教"。

《赏刑》篇说：

> 所谓统一教化，就是：（朝廷）不使人们凭借如下品质取得富贵，即广见闻、能辩论、有智慧、诚实、廉洁、懂礼乐、修品德、结党羽、行侠义、有声名、清高等；不准许根据这些批评刑罚；不准拿独立的个人意见对君上陈诉。坚强的人，破败他。锋利的人，挫折他……想要富贵，门径只有一个——到前方为国家打仗。
>
> 原文：所谓壹教者，博闻、辩慧、信廉、礼乐、修行、群党、任誉、清浊，不可以富贵；不可以评刑；不可以独立私议以陈其上。坚者被（破），锐者挫……然富贵之门，要存战而已矣。

一口气说出了八种品质，然后又是一连三个斩钉截铁的"不可以"。除了战争（当然还有耕作），不承认一切价值。拥有"农战"以外的一切品质，都"不可以"。你坚强吗？国家破败你；你锋利吗？国家挫折你，甚至你的生存方式谋生手段都要由国家来安排：

> 所以境内的人民，如果都变为爱好辩论，喜欢学问，经营商业，搞手工业，避免农战，那离亡国也就不远了。一旦国家有事，儒生憎恶法度，商人投机取巧，手工业者不为国所用，所以国家易于破灭。
>
> 原文：故其境内之民，皆化而好辩乐学，事商贾，为技艺，避农战，如此则不远矣。国有事，则学民恶法，商民善化，技艺之民不用，故其国易破也。（《农战》）

我们现在通过这一段话来看看专制论者的话语方式。这一段话有两层意思，分别剖析之。

第一层，"皆化而好辩乐学……"乃是一个假设。其推论过程是这样的：某人好辩乐学——假设——国之人皆好辩乐学，则无人耕田打仗——国家离灭亡不远了——所以此人有罪。建立在假设基础上的推论是违背逻辑的，而违背逻辑则正是专制政治的基本话语方式。照《商君书》所言，一千人中若有一人好辩乐学事商贾等等，则千人皆怠于农战而好学问去行商。《商君书》又言：

> 朝廷不准许音乐、杂技到各地方去，那么，农民在劳动的时候，就看不到这些，在休息的时候，就听不到这些。农民在休息的时候听不到这些，精神气质就不浮荡；在劳动的时候看不到这些，意志欲望就能专一。农民意志专一，精神不浮荡，荒地就必然耕垦了。
>
> 原文：声服无通于百县，则民行作不顾，休居不听。休居不听，则气不淫；行作不顾，则意必壹。意壹而气不淫，则草必垦矣。（《垦令》）

不让音乐技艺到各地巡回演出，农民就看不到这些，从而精神不动摇，意志必专一，就能开垦荒地了。综而言之，《商君书》作者认为，不能有农战之外的人存在，有了也不能让他们被农战之士看到，否则天下人都学他们而不农战了。《商君书》作者这种推论的前提错误，那就是，不承认人与人之间实际上的差异及不平等，以及由此而必然要求于社会的多元化。一元论者是天然的专制论者。由"好辩乐学"到"有罪"，关键一环就是那个不可能出现的假设。这个假设成了判定有罪的逻辑前提。

更可怕的还不是这种推论的前提错误，而在于它必然导致的两个结果。第一个结果，每一个人都必须为他的爱好、生存方式，甚至职业而为意想不到也不可能出现的那个可怕结果负责，并付出代价。这种定罪方式让它能为任何一个既无犯罪事实也无犯罪动机的人定罪，且罪行其大无比。事实上，这种推测定罪法，乃是使社会上任何一个个体的人都处在被告的位置，只是开庭审判日期不同，任何一个人在其有生之年，都在惊恐地等着一张传票，接着便是有罪判决。比如，《商君书》可以为任何一个农民或士兵定罪：对农民说，都像你只知种田，谁来当兵打仗？你让国家没有了军队，毁我长城，罪莫大矣；对士兵说，都像你只知扛枪打仗，谁来生产？你让国家经济崩溃，罪莫大矣！——到了这时，我们就发现运用《商君书》的思维推理方式，也能驳倒《商君书》作者自己：反逻辑的东西无法获得逻辑的保护，专制一元论者也必为它自身的逻辑所否定。

第二个结果是，既然每个人的个人生存方式如此事关重大，就必须由政府来钦定一种"正确"的、被允许的生活方式，由政府来保证对这种生存方式非但不加惩罚，反而要加以褒奖。这种生活方式被外在地赋予绝对性，且有绝对的价值权威，于是，便又出现两种假设：

A. 都像政府所倡导的那样，则天下治；

B. 都像"你"（任一作为被告的主体），则天下乱。

A项成为指控B项的伦理依据和法律依据。某种生活方式甚至个人性格趣味都会成为否定其他生活方式和个性特征的依据，于是，需要树立各种模范或榜样以引导大众。树立榜样或模范，是其统治的法宝之一。榜样与模范，是一元化的胚胎或因子，人人都像榜样或模范，乃是一元社会之蓝图。

第二层，"学民恶法，商民善化，技艺之民不用"，这种定罪同样是出于"莫须有"——"莫须有"就是"也许有"，而《商君书》用的却是全称肯定判断。为什么在国家有事时，儒生就一定憎恶法度？商人一定投机取巧？手工业者一定不为国家效力？这毫无理论根据，更毫无事实根据。这种蛮不讲理的说话方式乃是《商君书》中一贯的方式。一部《商君书》，只有《徕民》一篇思维尚称缜密，立论尚顾证据，其他大都是这种没有逻辑事理依据的武断之论。语气上好像是逐层推理，事实上却是前提与结论间并无必然联系，而论点与论点之间更是跳脱不相关。如果是商鞅所作，倒真像他的武断之风，也像他的躁急之性，更符合他居高临下、以势压人、以法刑人的身份特征。

"制民"之手段三：剥夺个人资产，造成一个无恒产、无恒心的社会。

《商君书》中有不少观点实在让人匪夷所思，比如下面的话：

> 治理国家，能使穷人变富，富人变穷，国家就有雄厚的实力。国家有雄厚的实力，就能成就王业。
>
> 原文：治国能令贫者富，富者贫，则国多力，多力者王。（《去强》）

> 治国的措施，重要的在于使穷人变富，使富人变穷。穷人变富，富人变穷，国家就强，农、商、官三种人中就没有虱子。国家长期强大而且没有虱子，就必能成就王业。
>
> 原文：治国之举，贵令贫者富，富者贫。贫者富，富者贫，国强。三官（指农、商、官）无虱。国久强而无虱者必王。（《说民》）

这真是奇怪之论。他要这样反复折腾干什么呢？大约是要经过这样无休止的折腾，使人民无复有安全之感吧。单个、无保障、无安全感的自耕农是其统治的天然基石之一。因为这些自耕农需要朝廷来代表他们的利益，保护他们的面包，便不惜交出自由。"无恒产则无恒心"，这是孟子的发现。那么《商君书》的作者也就是要通过财产的"无恒"来实现人心的"无恒"吧？一群患得患失的人民，一群自感虚弱无力的人民，一群没有自信不能主宰自己的人民，又怎能不依附于国家听命于国家，把自己的命运交给国家去摆布呢？

不仅要剥夺人民的恒产，而且连带剥夺人民的自立能力，这样才能彻底解决问题：

> 说客的本钱在于嘴巴，隐士的本钱在于思想，勇士的本钱在于气力，手工业者的本钱在于两只手，商人的本钱在于自身的才智。他们把天下看

成自己的家，浑身都是本钱。他们把身上的本钱看得很重要，从而借此依托外国势力，带着这些本钱，效力于私人门下，这样的人，尧舜也难以治好他们，所以汤武禁止他们，结果立功成名。

原文：谈说之士资在于口，处士资在于意，勇士资在于气，技艺之士资在于手，商贾之士资在于身。故天下一宅，而圈身资。民资重于身，而偏托势于外，挟重资，归偏家，尧舜之所难也，故汤武禁之，则功立而名成。（《算地》）

韩非说，要剪断鸟的翅膀，才能使鸟驯服；让臣民不得不依恃国君的俸禄生活，臣民才会听话。这种思想，在《商君书》中已有了，而且比韩非说得更彻底。简直是要铲除人的一切谋生能力。如果天下人各有所资，当然不能辐凑而求食于君，君何得恃势而逞意？故统治之要务，在于剥夺人的经济来源，使万民除政府俸禄以外无所赖、无生机、无生趣，然后"坚者破，锐者挫"（见上文引），摧残天下之生气，摧残天下之民气，造成一犬儒世界，一奴才世界，一邪媚世界！

"制民"之手段四：辱民、贫民、弱民。
《弱民》云：

人民卑辱，就重视爵位；怯弱，就尊敬官吏；贫穷，就重视赏赐。朝廷用刑罚统治人民，人民就乐于出力；用赏赐驱使人民战争，人民就看轻死亡……人民有私人的光荣，就轻视爵位，卑视官吏；人民富裕，就看不起赏赐。国家统治人民，用刑罚来羞辱他们，到战争的时候，他们才肯战斗。

原文：民，辱则贵爵；弱则尊官；贫则重赏。以刑治，民则乐用；以赏战，民则轻死……民有私荣，则贱列卑官；富则轻赏。治民羞辱以刑，战则战。

为了使君主的爵、官、赏具有吸引力，当然要使人民辱、弱、贫。人民有私人的光荣，就轻视爵位，卑视官职；人民富裕，就不能用赏来诱惑。所以，治理人民，要用刑罚来羞辱他们，他们才会在有战事的时候肯出力卖命。这是彻头彻尾的法西斯主义！

同一篇中，还有这样的句子：

> 农民有了剩余的粮食，就会成年安逸享乐；商人获致了大的利润，贩卖华丽、玩好的物品，就会对日用必需物品发生不良的影响。
> 原文：农有余食，则薄燕于岁，商有淫利，有美好，伤器。

所以必须剥夺农民的余食，使他们终年惶惶，刨地求食；剥夺商人的余利与商品，一使他们无利可图而至彻底消灭这一阶层，二使国家控制的日用品不受损害——一句话，国家利益必须通过垄断来实现。

《商君书》的作者一再鼓吹要"重刑"，"禁奸止过，莫若重刑。刑重而必得，则民不敢试"（《赏刑》）。他的这个"重刑"，是轻罪重罚的意思。这又显然不及韩非，韩非在《难二》中议及"刑"的问题时，说"刑当无多，不当无少"，这就比较符合法之间的平衡原则。《商君书》的这种轻罪重罚思想，甚至还不及《汉书》苏武传记中一位匈奴贵族左伊秩訾。当苏武等人因谋杀单于近臣卫律而要被判死罪的时候，这位左伊秩訾说了一句话："即谋单于，何以复加？宜皆降之。"——假如因为谋害卫律就要杀头，那么，假使他们要谋害单于，又怎样加重处罚呢？法律是一个互相制约的系统。量刑的当与不当，实在关系着法律自身的秩序。轻罪而至于重罚，那罪犯在犯罪时也就直接犯重罪——假如因少量的偷窃而判死罪，窃贼就会直接去杀人越货。《商君书》的作者，在这点上实在是掉以轻心！

下面我们再看他的奇怪之论：

> 加重刑罚，减轻赏赐，就是君上爱护人民，人民就肯为君上而死；加重赏赐，减轻刑罚，就是君上不爱护人民，人民就不肯为君上而死。
> 原文：重罚轻赏，则上爱民，民死上；重赏轻罚，则上不爱民，民不死上。（《去强》）

"重罚轻赏"竟然成了君主爱民的表现，而贱民们呢？反而因此愿为君上而死；"重赏轻罚"，倒是君主不爱民了，民也不愿为君主死了。照《商君书》的作者看来，则君主都是施虐狂，而人民则普遍患有受虐癖。读这样的文章叫人如何能心平气和！

你看他的强权理论：

> 刑罚产生实力，实力产生强盛，强盛产生威力，威力产生恩德——可见恩德是从刑罚产生的。
>
> 原文：刑生力，力生强，强生威，威生德——德生于刑。（《说民》）

管仲论政治，要诀是："俗之所欲，因而予之；俗之所否，因而去之。"《庄子》亦在《徐无鬼》中，借牧童之口谈治天下之道，说治天下人民如同牧马，把对马有害的东西去掉就行了，黄帝称之为"天师"。儒家亦有借民口知政之善败——"行善备败"之说（《国语·周语》）。而《商君书》的作者，又是反其道而行之——

> 政策建立人民所憎恶的东西，人民就弱；政策建立人民所喜欢的东西，人民就强。人民弱，国家就强；人民强，国家就弱。
>
> 原文：政作民之所恶，民弱；政作民之所乐，民强。民弱国强；民强国弱。（《弱民》）

政策必须专门与人民作对！建立人民所憎恶的东西！我不知道世界上还有没有第二家这样主张的！

"制民"之手段五：杀力。

上面的几种方法都是通过遏制生机、毁灭生意来使"强民"不得出现，把"强民"扼杀在萌芽状态。而"杀力"则是对已经出现的"强民"进行肉体消灭。《商君书》的作者把"强民"看成是"毒"，是"虱"，一旦产生，必须输之于外：

> 国家贫穷，而努力于战争，从而毒素灌输到敌国去，本国没有六种虱子，国家就必定强。
>
> 原文：国贫而务战，毒生于敌，无六虱，必强。（《靳令》）

国强而不去战争，毒素灌输于国内，礼乐虱害就产生了，这样，国家
必削；国强就去战争，毒素输于敌国，国内没有礼乐虱害，这样，国家必强。

原文：国强而不战，毒输于内，礼乐虱害生，必削；国遂战，毒输于
敌，国无礼乐虱害，必强。（《去强》）

把这"毒素"输给外国，既可拓展土地，又可屠杀强民。所以——

圣人的治国，能够集中人民的力量，又能够杀灭人民的力量……他杀
灭人民的力量的方法，是用杀敌人来鼓励人民。

原文：圣人之治国也，能抟力，能杀力……其杀力也，以割敌劝民也。
（《壹言》）

所以能够培养力量，而不能够消耗力量，这叫作"攻打自己"的国家，
结果国家必削弱。

原文：故能生力不能杀力，曰自攻之国，必削。（《说民》）

能够培养实力，而不能够消耗实力，这叫作"攻打自己"的国家，结
果必削；能够培养实力，也能够消耗实力，这叫作"攻打敌人"的国家，
结果必强。

原文：能生不能杀，曰自攻之国，必削；能生能杀，曰攻敌之国，必
强。（《去强》）

可见，所谓"杀力"，就是要通过战争手段缓解内部张力，消灭国内强民；
同时，还可以输毒于外，把这内部张力引到国外，把内部矛盾转化为外部矛盾，
侵吞别国领土，真正是一举两得，一箭双雕。算盘打得够精了，可心思也太歹
毒了！

四

大约在商鞅被杀的五个月前，商鞅和赵良之间有过一次很有意思的对话。

在《商鞅传》里，司马迁用几乎四分之一的篇幅记录了这次谈话。在这次谈话中，商鞅认为自己治理秦国有移风易俗之功，想把自己和穆公时代的五羖大夫比。而赵良则从商鞅所作所为的六个方面对商鞅进行了批评。这六个方面是："非所以为名""非所以为功""积怨蓄祸""非所以为教""非所以为寿""非所以得人"。几乎对商鞅改革的政绩一笔抹杀。在秦汉之际，对商鞅的评价确实是各执一词。赞之者谓功高百代，贬之者谓遗臭万年。客观地说，商鞅的改革，对于秦之强大能攻，确实有非常之功：

> 秦孝公保崤函之固，以广雍州之地，东并河西，北收上郡。国富兵强，长雄诸侯，周室归籍，四方来贺，为战国霸君，秦遂以强。六世而并诸侯，亦皆商君之谋也。夫商君极身无二虑，尽公不顾私，使民内急耕织之业以富国，外重战伐之赏，以劝戎士。法令必行，内不阿权宠，外不偏疏远，是以令行而禁止，法出而奸息。故虽《书》云"无偏无党"，《诗》云"周道如砥，其直如矢"，《司马法》之励戎士，周后稷之劝农业，无以易此，此所以并诸侯也。故孙卿曰："四世有胜，非幸也，数也。"
>
> （《新序》，《史记·商君列传》集解引）

商君之功，可谓大矣；但他的过，也许更大。我们不能"知其为秦开帝业，不知其为秦致亡道"（《盐铁论·非鞅》）。他——

> 弃道而用权，废德而任力，峭法盛刑，以虐戾为俗，欺旧交以为功，刑公族以立威，无恩于百姓，无信于诸侯。人与之为怨，家与之为仇。（《盐铁论·非鞅》）

对商君的肯定评价，往往集中在对他经济与军事上的成功，而对他的否定评价，则又集中在对他的严刑峻法苛刻下民上，连司马迁这样的大家也无法调和二者。所以一边称赞商君变革使"秦民大悦，道不拾遗，山无盗贼，家给人足"，一边又在传后的"太史公曰"里说商鞅是"天资刻薄人也"，说他"少恩"。我想，对商君的这种肯定与否定都有道理。但我看关键还得思考一下商君本人为何竟成了人民公敌，而秦国在统一六国后又为何很快土崩瓦解？我的结论是，一个人也好，一种体制也好，不管在经济或军事上暂时取得什么成绩，只要他（或它）侵刻下民，不给人自由，否定人的尊严，用马克思的话说"践踏人、不把人当人"，那他（或它）就只能是人民的公敌。秦的崛起与崩溃说明了这一点。人民并不像《商君书》作者想象的那样，只要面包，不要自由，没有自尊。人争取自由自尊的冲动乃是天赋予人的本能，自由与尊严也是天赋予人的基本权利，谁剥夺这些，谁就注定要被推翻，哪怕他（或它）强大一时。

五

司马迁在《商君列传》中，记载了如下一个极有寓意的细节：

> 秦孝公卒，太子立，公子虔之徒告商君欲反，发吏捕商君。商君亡至关下，欲舍客舍。客舍人不知其是商君也，曰："商君之法，舍人无验者坐之。"商君喟然叹曰："嗟乎！为法之敝一至此哉！"

真是三十年河东，三十年河西。以前砸向异端的石头落到了自己的脚上。区别只在于时势。这不是"作法自毙"嘛！商君此时尝到了没有私人空间的透明社会的滋味，专制之人死在自造的专制枷锁中。是的，专制就是专制自身的掘墓人。如上文所说，专制的逻辑否定一切，也否定自身。专制的维持靠的不是逻辑，而是权势，是所谓的"法"，"而这些独裁者心目中的法律则不外是军法和戒严法"（黄仁宇《中国大历史》），所以，一旦权势崩溃，专制者自身就陷在自设的陷阱中，受到他曾给予别人的一切惩罚，甚至手段都千篇一律——只是往往更加残忍而已。《盐铁论·非鞅篇》说：

> 故孝公卒之日，举国而攻之，东西南北莫可奔走，仰天而叹："嗟乎！为政之弊至于斯极也！"卒车裂族夷，为天下笑。斯人自杀，非人杀之也。

"斯人自杀"——我就用这做题目来写商鞅。

谢谢上帝！

我不是权力的轮子，

而是被压在轮子下的活人之一。（泰戈尔语）

谢谢上帝！他给我们苦难，可也给我们反抗的权力，对专制的反抗就是对上帝的顺从。宁愿被压在轮子之下，也不要做权力的轮子。写完商鞅，我战栗地想起，一位伟大的人道主义者的良知。

韩非
折断的双刃剑

一

我们现在将春秋战国时期那一段极热闹极好玩的学术氛围称为"百家争鸣"。虽然不及"百家"（班固《汉书·艺文志》搜括为"九流十家"），但确实已是沸沸扬扬，人声鼎沸，咳唾成玉。他们各执一端，互不相让，好在没有谁来一致他们，没有谁规定必须站在什么立场用什么方法观点思考与发言，他们也就放肆无惮了。在他们的文章里，有淫辞，有诐辞，有偏辞，有遁辞，无所不用其极：或独持偏见而孤傲；或一意孤行而钻牛角尖；或目空一切而狂热；或妄自尊大而荒唐；或危言耸听；或冷嘲热讽；或意味深长；或声泪俱下；或热烈；或冷漠；或急切；或优游，真可谓"人人自谓握灵蛇之珠，家家自谓抱荆山之玉"（曹植语），都认为自己的一套可以包治世态百病，兼拯世道人心，但又无不走上极端而遗漏多多，偏又在各自的片面中，显示了他们各自无人可及的深刻。所以，读诸子的书，是必须相比较才能有鉴别的，比如——当我们被儒家的两位祖师孔子和孟子的理论所痴迷、所蛊惑，认为治国平天下，只在"道德"二字。此时，若我们来读一读一位年轻却冷静的韩国公子韩非的书，便会又是另一种想法。

韩非是荀子的学生，与飞黄腾达于秦的李斯是同学。我以前非常疑惑，何以"大醇而小疵"（扬雄评荀子语）的儒学大师荀况先生的两个得意弟子都背儒而尚法，而这"法家"，据司马迁编的谱系，又是源于"道德家"老子的，故而韩非的传不附于荀子后而纂入老子后了。不知这种情况是荀况先生教育生涯的失败呢，还是成功。后来读苏轼先生的集子，又知道东坡干脆据此指控荀况先生应为秦的暴政负责。不过，荀子的思想中有很多地方确实是韩非法家思想的逻辑起点。也就是说，荀子的一些重要见解，只要稍稍再前行一步，就会很合乎逻辑地导出韩非的观点。比如他倡导"人性恶"，这便是法家思想尤其是韩非思想的总基石。为了防止人性的堕落，遏制恶的人性，他要"隆礼"，也就是说，要用他改造了的、全新意义上的"礼"来对社会进行整合。从逻辑上说，到了荀子式的"礼"，离"法"也只一步之遥了。因为假如仅从社会整合角度言，"法"显然比"礼"更有效，所以，这小小的一步迟早是要被跨越的。实际上，完成这个跨越的还不是荀子的学生韩非，而是荀子自己。到了晚年，荀子已越来越重视"法"，"法"在他晚年文章中出现的频率越来越高。再如荀子的"法后王"思想，必然会导致韩非式的极端"尊君"思想：这个"君"不但不受传统约束，不受大臣约束，甚至不受天命鬼神约束，因为荀子同时还是反天命反鬼神观念的"唯物主义者"呢。顺便说一句，专制暴君往往是无神论者，秦始皇虽然也封禅，也访求仙山，但他就不怕湘水之神。

二

韩非对人性毫无信心。这不难理解，他的学术高高祖老子以及他的恩师荀子，都对人性极悲观，到他这里，对人性近乎绝望。荀子借舜之口哀叹："人的性情啊！人的性情啊！太不美啦，还问它干什么呢？"（《性恶》："人之情乎！人之情乎！甚不美，又何问焉？"）口气中透露的是失望与惋惜。而韩子则用极端厌恶的心态来对待人性，我们甚至可以想见他皱着眉头，透着让人不能忍受的轻蔑。他的这种心态，与正统儒家几千年如一日地对人性抱有令人惊佩的耐心与信心恰成鲜明的对照。在儒家看来，每个人都可以成为尧舜，故尔道德教化与道德期待乃是治国平天下的首要手段，甚至是唯一合乎道德的手段。而韩非则认为，若无严酷的惩罚或可观的赏赐，每个人都会在自私自利的本性驱使下变成恶棍、道德堕落者，同时，也会在贪图逸乐逃避劳作的本性引导下，一步一步走向贫穷与愚昧。故而，道德教育若不和利益结合起来，只能是一厢情愿式的愚蠢，而道德期待则更是守株待兔式的愚蠢——尧舜即便真的那么圣哲美好，也只是人类历史大树下偶然撞死的兔子。因此，期待尧舜，不如实行法治。以法治国，并御之以术，恃之以势，才能收到成效。

　　韩子对人性自私自利的丑陋一面的洞彻与毫不留情的揭露，即便有些偏执，但仍不失其深刻，不失其锐敏。韩子是神经极坚强之人，能面对一切丑恶而坦然指点。他似乎很不能容忍因为由于心理脆弱而掩盖真相，在丑恶面前掉转头去；不能容忍为了人类的自尊而自高自大地粉饰人性；更不能容忍仅仅为了道德理想或理想的道德而美化现实。而这正是儒家的毛病。儒家极力把一切伦理关系——人与人，国与国，都罩上一层温情脉脉的面纱，由夫妇之间的"敬"到父子之间的"孝"，再推及君臣之间的"忠"，构成一条道德之链。他们很陶醉很美好地设想，道德的鲜花在这一藤蔓之上次第开放，楚楚动人。墨子更是把"兼爱"悬之为道德之鹄。但韩子毫不手软毫不心跳地撕去这层面纱，看到了与他们不同的情景：那才更接近事实的真相，只是太血淋淋了。这样做，韩子可能会体验到一种隐秘的快感吧，他在对我们过分的道德自信进行报复与嘲弄哩。凡是这一类文字，他都写得淋淋漓漓，沉着痛快。我们看他写父子关系：

　　　　就拿父母亲之于子女来说吧，生了儿子大家就互相祝贺，生了女儿就把她杀了。子女都是父母所生，但是生儿子受到祝贺，生女儿却把她杀了，这是因为父母亲考虑到自己以后的利益，从自己的长远利益打算的缘故啊。所以，父母亲对于子女，尚且以盘算对自己是否有利的观念去对待他们，更何况是没有父子之恩的君臣呢？

　　　　原文：父母之于子也，产男则相贺，产女则杀之。此俱出父母之怀衽，然男子相贺，女子杀之者，虑其后便，计之长利也。故父母之于子也，犹用计算之心以相待也，而况无父子之泽乎？（《六反》）

原来人间至情父母子女，都存"计算之心"？我们还不能理直气壮地驳斥他，因为他的论据就来自市井，来自普通的人情。我们还会趾高气扬吗？再看他谈夫妻关系：

> 夫妻么，不是有什么血缘骨肉的恩情的，相爱则亲近，不爱则疏远。
>
> 原文：夫妻者，非有骨肉之恩也，爱则亲，不爱则疏。（《备内》）

还有这么一则故事，又是来自市井调查：

> 卫国有一对夫妻祷告神灵，妻子祷告神灵说："请神灵保佑我，让我白白捡到一百捆布。"丈夫说："为什么只要这么少？"妻子回答说："超过了这个数，你就要拿多余的去买妾了。"
>
> 原文：卫人有夫妻祷者，而祝曰："使我无故，得百束布。"其夫曰："何少也？"对曰："益是，子将以买妾。"（《内储说下·六微》）

这是一对愚夫愚妇，以为祷告一下就可以出门撞大运，白捡钱财，丈夫甚至还以为要多少便能捡多少。读到此处，你会觉得他们愚不可及，但最后这句回答"再多一些，你就会拿去买妾了"，却显示出这位愚妇比我们聪明得多！因为她知道，夫妻之间的关系，往往不是因了感情，而是因了一种平衡，一旦平衡失去，夫妻关系也随之瓦解。难道这不是我们情感难以接受而理智却不得不承认的真相吗？

甚至，在帝王、诸侯之家，后妃、夫人往往盼望她们的夫君早死，这又是为什么呢？

> 男人年至五十而好色的习性还未消解，而妇人则年至三十即已美色衰老。以一个色衰的女子来侍奉好色的丈夫，则不可避免要被疏远贱待，从而导致她所生的儿子可能不能成为继承人，这就是后妃、夫人希望她们夫君死掉的原因。
>
> 原文：丈夫年五十而好色未解也，妇人年三十而美色衰矣。以衰美之妇人事好色之丈夫，则身见疏贱，而子疑不为后，此后妃、夫人之所以冀其君之死者也。（《备内》）

原来她们担心由于自己失宠而使她们的儿子不得为继位人，所以，她们宁愿丈夫在爱上下一个女人之前死掉！韩子还提到，富贵人家，往往兄弟不和，原因也在于争利。唉，一个"利"字，打败了多少"义"字！"道德"的城防在"利"的洪水面前，土崩瓦解……

父子夫妻关系既如此，则君臣关系便可想而知了。他由夫妻父子之间的"计算之心"推出了君臣之间的"异利"关系：

> 臣子对于他们的君主，不是因为有什么骨肉之亲才为君主效劳的，而是因为受到权势的约束而不得不为君主效劳……连妻子的亲近和儿子的亲爱，尚且不可以信任，那么其余的人就没有可以信任的了。
>
> 原文：人臣之于其君，非有骨肉之亲也，缚于势而不得不事也……夫以妻之近与子之亲而犹不可信，则其余无可信者矣。（《备内》）

韩子的目的，本不在于挑拨我们的父子、夫妻关系，他不至于这么邪恶。他如此偏执地谈父子夫妻的利害关系，目的就在于指证君臣关系——他不是伦理学家，他是政治家，他研究的也不是社会道德伦理问题，而是帝王之学。他认为，人臣总是无一刻休止地窥伺君主，而人主则不能觉察，反而沾沾自喜骄傲自大，这样下去，总有一天会倒霉的。他举了很多这类疏于防臣御臣而倒霉的君主的例子，君臣之间，本来就不同利：

> 君主的利在于根据能力而任命官吏，臣下的利在于无相应的能力也能得到更大的官；君主的利在于给有功劳的人爵禄，臣下的利在于没有功劳也能富贵；君主的利在于使用豪杰发挥他们的才能，臣下的利在于结党成帮而任用自己的人。
>
> 原文：主利在有能而任官，臣利在无能而得事；主利在有劳而爵禄，臣利在无功而富贵；主利在豪杰使能，臣利在朋党用私。（《孤愤》）

这些大臣，在韩非看来，全都是无才无功无用，却又自私贪婪邪恶。既如此，当然要有御臣之术，他主张人主用"刑"与"德"这"二柄"来导制臣下，这"刑德"二柄，如虎之爪牙，虎正因了有爪牙，才能制服狗，若失去了爪牙，岂不反为群狗所制！

关于治服臣下，韩子说得最多，出的主意也最多，并且往往又聪明又恶毒，是一个极聪明的人才能有的恶毒。他说，驯鸟的人剪断鸟的翅膀和尾巴上的长羽毛，这样，鸟就不得不依赖人的喂养，那它还能不驯服吗？英明的君主蓄养臣子也应当这样：使臣子不得不仰仗君主的俸禄生活，那臣子又怎能不驯服呢？韩非！阴险的韩非已经知道，剥夺人的经济独立性，是培养奴才的最好方法！是的，当我们一切都依赖国家，依赖供给，依赖官僚机构的位子及相应的俸禄的时候，我们还会有独立性吗？

在封建时代，土地私有的农村，还是有一些独立性可以保持的。那些不愿合作、独善其身的隐士们，依赖的就是那私有的"方宅十余亩，草屋八九间"（陶渊明《归园田居》）。对于这些凭借私有财产、独立自存不臣王侯的人，韩非咬牙切齿地说：

> 如果权势不能使之驯化，就除掉他！
> 原文：势不足以化，则除之！（《外储说右上》）

韩非既已认定人没有独立存在的价值，人不是一个自足的存在（从现代意义上说，就是彻底否定一切人权），那么，人的价值，甚至人作为一个肉体存在的依据，都只能是在一种自上而下的权力关系中才能得到保证。独立的人不仅不是一个道德主体，甚至其自身存在都是不道德的，当然也就应该杀掉。齐国隐士田仲因为"不靠仰人鼻息糊口"（不恃仰人而食），自立自存，便被韩子借人之口讽刺为全无用处的坚如石头的葫芦（《外储说左上》）。齐国东海上有名叫狂矞和华士的两兄弟，"不臣天子，不友诸侯，耕作而食之，掘井而饮之"，"无求于人……不事仕而事力"，要自食其力，便被姜太公杀掉，因为他们不愿做官，就不好管理；不愿任职，就不会效忠君主（《外储说右上》）。你看，在韩非的理论里，人是一种什么样的存在？是工具形式的存在，是国家的工具，更明白一点说，就是权势的工具！

我们悲哀地看到，先秦诸子特别可贵的独立性，包括人格独立和学术思想独立，都被韩非卖与帝王家了！

三

我不能不提韩非对道德问题的见解。在这方面，他比先秦诸子中任何一位都更能抓住本质，更接近事实。甚至，在整个古代中国，像他这样对道德问题有如此深刻洞悉的，也不多见。他是古代中国接近道德内核的、接近真理的第一人。

首先，韩非认识到，道德绝不仅仅是一种令人愉快的社会氛围，一种轻松的、令人感到无上快乐的道德游戏，它是功利的、实用的，否则它就是应当被抛弃的，比如已经过时的、失去对当下社会整合作用的古老的"仁义"。把尘土当饭，把稀泥当羹，可以作为孩子"过家家"的游戏，而不能真吃，它们不具备充饥的条件，先王的所谓"仁义"也是如此。我们说，道德是一种"成本"，是社会所获得的总效益的最小成本，但韩非认为还有比这更小的成本，那就是他所倡导的"法"，所以，他毫不犹豫地抛弃了道德，以"法"代之。

其次，他坚持认为，人的一切行为，其动力都是"利"，而不是道德。他在《五蠹》中说，尧舜的禅让，并不是如儒家鼓吹的那样，是道德的高尚，而是那时当天子太辛苦而没好处，禅让出帝位给别人，简直就是逃避吃苦，躲开责任。这肯定会让儒家大为光火，但我相信他说的才是事实，而儒家只是一种善良的想象。他接着说，今人连一个小小的县令之职都争得不亦乐乎，也不是今人特别的卑鄙无耻，而是当今做官的好处太多，捞到的财富可以让子孙几代人都能享用。在春天青黄不接，家里揭不开锅的时候，连幼小的弟弟都不给饭吃，而到了秋天丰收季节，连疏远的客人都会得到很好的招待，这难道是爱过客而憎幼弟吗？只是由于粮食的多少不同罢了！

再看下面的一段话：

> 造车的人造成了车子，就希望别人富贵（以便卖出车子）；木匠做好了棺材，就希望别人夭折早死（好售出棺材）。并不是造车的人仁慈而木匠残忍，而是因为别人不富贵，车子就卖不掉；别人不死，棺材就没人买，木匠的本意并不是憎恨别人，而是因为他的利益在别人的死亡上。
>
> 原文：故舆人成舆，则欲人之富贵；匠人成棺，则欲人之夭死也。非

> 舆人仁而匠人贼也，人不贵，则舆不售；人不死，则棺不买，情非憎人也，利在人之死也。（《备内》）

这一段话我们似曾相识，不是吗？对了，孟子也曾用这个方式说明过问题。孟子说，造箭的人唯恐箭不能伤人，造铠甲的人唯恐不能保护人，造棺材的人盼人早死，所以，要有好的品行，选择职业很重要啊。我在本书"孟子"一文中已对孟子的这种职业决定道德论进行了批评，如果我们把孟子的结论和韩子的结论对照一下看，显然，韩子是科学的，而孟子是唯心的。

再次，韩非还认为，道德观念是随着时代的发展而不断变化的。这又是与宣称"天不变，道亦不变"的儒家对着干。韩非真是儒家的死对头，而且这对头又是那么强大、犀利。庄子批儒，乃重于给儒家画脸，使之出丑；韩子批儒，则重于剖心，使之露拙。所以，真正从逻辑、事理角度批儒，而极有摧毁力的，乃是韩子。

应该说，直到此时，韩非都比儒家高明、诚实。糟糕的是，作为集权主义者，他最终是要站在君主、权势的一方，来整治臣民，这就使得他具有不少科学精神的理论，成为冷酷无情的利剑。

既然韩非已经认定道德以及由此而界定的人之品格、行为，都不过是利益的一种隐蔽形式，是一种含而不露乔装打扮的欲望形式，那么，所谓的才智、贤良便不足为凭，尤其不能赖以治国。这就不仅反对墨子，而且也和他的老师荀子叫板了。荀老师可是认定，在贤与法之间，贤是更重要的。他宣称，有治人，无治法。也就是说，只要贤人在位，无法也能治国；而若是奸人当道，有法又有什么用？韩子显然对老师的这些谆谆教诲不屑一顾，弃之如敝屣。他也宣称，既已有法可依，中等以上才智品行的君主就可以抱法而治，还要贤良干什么？相反，臣子贤良，还可能对君主构成威胁，田成篡简公，子之篡子哙，都是因为臣子贤，可见贤于治国无益，而于篡国有助。这就显然是老子"不尚贤"愚民政策的翻版。愚民本身就是弱民，因为它剥夺了人的自身发展权利。韩子要以牺牲天下人才智，剥夺天下人自身发展权利的代价来换得君主地位的稳固，在他看来，人民不需要才智，只需要服从。韩子直言不讳地这样宣传，简直是毫不顾忌我们的自尊心。这真正是马克思所指责的，践踏人，不把人当人的专制理论。

当然，我们还应该公正地说明一下，韩子反对仁义、贤智等等，不是说它们"不好"，而是说它们"无用"。在"孟子"一文中，我说，孟子大倡仁义道德，不是在说"这是真的"，而是说"这是好的"。我想，这里韩子与孟子的区别在于，韩子讲的是实用，孟子讲的是信仰，两者在价值取向上是不同的。

由此，韩非是不相信统治者的个人德行的，至少他不期待。因为这种期待无异于守株待兔。他说，像尧舜这样的大圣与桀纣这样的大逆，极端的好与极端的坏，大约都是千年才出一个。尧舜可以不要法而治，桀纣也是法所不能约束的，但世上最多的，不是中等的君主吗？这些中等君主，上不及尧舜贤德，下也不做桀纣那样极端的坏事，这样的君主，"抱法处势则治，背法去势则乱"，所以，他恳切地说，我的理论，就是为这些人构想的啊。他把他的理论和儒家的进行比较，说，像儒家那样，"废势背法而待尧舜，尧舜至乃治，是千世乱而一治也"，而用我韩非的法治理论，"抱法处势而待桀纣，桀纣至乃乱，是千世治而一乱也"（《难势》）。这是多么清醒的理智，又是多么辛苦的救世热肠呵！尧舜这样的人尚能千世出一个，他对人性不也够乐观的么？事实上，从韩非到今天，几个千年过去了，出过一个尧舜吗？

四

道德与权力，往往是政治的两翼。谈了韩非对道德的见解，就不能不谈他对权力的看法。以韩非的敏锐，他不可能不发现权势的重要。在《功名》一文中，他说明智的君主立功成名必须依赖四个条件：一是天时；二是人心；三是技能；四是势位。聪明的读者会很快看出来，这四点中真正重要的还是势位。因为天时可遇而不可求；人心只是政治的后果，是政治争取的对象或目标；技能才智是内在的，也往往是先定的；唯一一个主动的、可资利用为政治工具的，只有势位。韩非说："有材无势，虽贤不能制不肖。"又说："桀为天子，能制天下，非贤也，势重也；尧为匹夫，不能正三家，非不肖也，位卑也。"可见才能、道德都不是权势的对手。在《五蠹》中，他还说，孔子，是天下的圣人，可是追随他的也就七十几个人；而鲁哀公，不过是一个下等的君主，但他南面君国，境内的百姓没有敢不服的，连孔子本人也只好做他恭恭敬敬的臣子，而他却高高在上地做孔子的君主。可见在义势之间，势几乎是必胜的，而义简

直无胜算的可能。一般的人性弱点，是易于服从于势，而很少有真正倾心向义
的，尤其是在利害选择面前。既然势有如此巨大的力量，深刻的韩非，当然是
看出了权力的危害以及权力造成的种种罪恶。在先秦诸子中，系统地阐述权力
危害的，就是韩非，在他极重要的论文《难势》里，他假借慎子及两位批评者，
对权力的危害及消弥，进行了具有真正意义的探讨。慎子极称权势对于政治的
重要，而发难者却指出权力的两面性——"便治而利乱"——便于治天下，也
易于乱天下！确实如此。权力，只是一个事实，我们无从回避它，无从评判它，
因为它无价值取向。而什么样的社会力量或个人掌握权力，用什么样的方式运
作权力，这才是一个问题，才有讨论的意义。关于这一点，韩非又有他一贯的
对人性的悲观。他认为，根据人性，贤良的人少而不肖的人多，所以，权势落
入不肖人手中的可能性与次数也较多，这样，权势所起的作用，当然是治天下
的时候少而乱天下的时候多。而邪恶的人一旦得到了权力，那就如同老虎又添
上了翅膀，将要飞入通都大邑，挑选着人来吞食了。桀纣筑高台，挖深池，耗
尽民力，设置炮烙之刑，残害人命，不就因了他们有天子的权势么？假如他们
只是一个平民，他们还没有做一件坏事，就被制止了。韩非假借这位发难者之
口，尖锐地指出："势者，养虎狼之心而成暴乱之事者也，此天下之大患也！"

到这里，韩非实际上已经深入到权力内核了。池田大作说，权力天然具有
反民众的特性，人类必须永远警惕权力的罪恶。如果我们极端地说一句权力是
万恶之源，是不过分的，因为权力至少可以助纣为虐，使人性中的恶不受制约
地肆虐！

那么，对于权势这个客观存在，我们怎么办呢？像无政府主义那样抛弃它
吗？在贫瘠的黄河流域，那瘦薄的黄土上绝不可能产生无政府主义的苗苗，那
么，只有两条路了。一条是儒家的贤人政治，如果权势如马车，那我们就等着
一个贤人来驾驭它吧。这也是韩非的老师荀子的对策。但这想法太幼稚，我在
前面写孔子、孟子、荀子时已一再指出过。如果把问题简化一下，那就是，如
果没有贤人，或恶人多贤人少，那我们就听天由命任由恶人作践我们，把我们
引上绝路吗？还是引用韩非的话来问更明确：如果中原地区一个人落水了，我
们一定要等着南方越国会游泳的人来救他吗？

而另一条路，就是韩非给我们指出的"法势并治"，以法来约束权力。他
说，一般的君主，如果能够拥有权力而又能守法，以法治国，就不仅可以避免

权力的危害，而且可以治好天下了！

在中国漫长的历史里，这实在称得上是一个天才的思想，他至少指出，权力，是需要有所约束的！

但韩非的这种思想仍是天真的。不管认定人性恶、惨礉少恩的韩非多么不惮于用最大的恶意来推测人，他还是比君主们天真善良：他一厢情愿，充满美好愿望地认为，君主们都是能自觉地甚至乖觉地守法的，是遵纪守法的模范。但事实上，"以法制权"，有两个先天性致命的缺陷：一是，假如有权势的君主们不守法，无权势的大众又能怎样？只能起义，实行暴力革命吗？那这套政治构想也就随之破产了。二是，这"法"，是由谁来立的呢？又有谁来执法呢？如果立法的是君主，执法的又是君主，这"法"又怎么能约束君主呢？这也恰好就是荀子宣称"有治人，无治法"的根据。问题在于这种"法"，是在体制之内还是独立于体制之外？如果是在体制之内，那它确实避不开荀子的怪圈。《管子》早就一言道破此种尴尬："国皆有法，而无使法必行之法！"（《七法》）任何一国都有法，但都没有保证这些法一定得到遵循的法！这实际上已朦胧地意识到，要使法律得以无碍地运行，必须建立独立于权力之外的法律运行机制。但韩非在这里不仅止步不前，甚至后退了一步：将法置于权力之下。他痛失了一次接近真理的良机。

显然，遏制权力，仅靠不能保障一定得到遵从的法，或体制之内权力之下的法，远远不够。韩非想到了应当约束权力，遏制权力的滥用，但他又是一个尊君抑臣的独裁者、集权者，他决不可能想到"以权力约束权力"，他不能容忍君臣共同治国，当然也不能容忍臣子分得君主的权力，尤其是互相制约的权力。而这一点，比他早近一百年的古希腊的亚里士多德想到了，并大胆地肯定了。集权主义者韩非，则最终还是走回了他老师荀子的老路：荀子为抑制人性恶，竟荒唐地想到用加强权力的方式来解决之；韩非看到了权力的罪恶，也想到权力应当有所约束，但他仍在那里鼓吹集权！为什么在中国，很难产生分权思想呢？这难道仅仅是我们思想家的过错吗？人们会说，在面对恶劣的自然条件时，中央集权有利于集中力量战胜自然挑战，这是导致中国几千年专制思想一直盛行的原因。但是，我们能否反过来想一想，高度的统一（包括思想统一）真的能使一个民族强大有力吗？长期的集权专制，不是恰恰使一个民族愚弱贫穷，从而非但不能增强，反而大大削弱了其改造自然的创造力么？

所以，韩非的"法治"与我们今天的法制甚至与资产阶级的法制是大异其趣的。他的"法治"只是一种手段，是实现国家权力的工具，所以，它不但不能保护人民的权利，反而是集权统治剥夺人民权利的帮凶。剥夺天下的权利而集之于帝王一身，这就是韩子"法治"的本质。而近现代意义的"法制"，则是一种制度，一种目的，它是把国家权力置于法律的控制之下，这样，就能有效地防止权力的罪恶。在独立运行的司法制度下，分权的目的得以实现，以权力约束权力的目标得以实现，社会成员的个人自由得到保障。客观的事实是，国家权力不可能由每一个社会成员来直接行使，而只能是他们中的一部分人来代表他们行使，所以，损害个人权利往往以国家名义进行，但事实上很可能只是这一小部分人的权益与意志。如果我们以为政权与政府是不受法律约束的，岂不就很简单地可以从理论上推导出，那一部分掌握国家权力的人是不受任何法律约束的？这是一种多么可怕的情形！而这种恐怖的情形，曾经在中国存在几千年了。

五

在中国传统的价值观念里，包含着这样一个极深刻的矛盾：人格理想与道德理想的分离。韩非是最先对这种现象感到痛心并加以揭露的人，可惜后世对这样一份极有价值的思想精华严重忽略了，以至这种分离现象愈演愈烈。所以，犹豫再三，我还是写下这一节，为韩非的理论喝一声彩，叫一声屈。

在中国思想史上，不仅仅是避世的道家，即便貌似与道家严重对立、注重事功的儒家，在他们那里，弃天下如弃敝屣，避世风流、个人逍遥乃是最崇高因而极推崇与企羡的人格理想，这类人往往被目为高洁之士，道德有行之士。而投身人众之中，以天下之苦痛为心病，通天下之务，忧天下之患，则反被目为俗人，往往被嘲讽与讥笑，其行为也往往被歪曲。在这里，显然地，人格的审美理想、道德的伦理理想发生了严重的偏离，审美与道德严重对立。这种偏离与对立使得道家超凡脱俗的个人修行和儒家至大至刚的"兼济天下苍生"都可能蜕变为"明哲保身"的自私自利的犬儒哲学。同时，儒家的政治思想，往往过分重视社会的稳定，哪怕是一潭死水的所谓"稳定"。在儒家学术里，关于稳定的理论可说是汗牛充栋，且精致无比，但社会发展却被忽视了，而要扼杀社会发展，首先又必须扼杀人的个性发展与人的天赋能力与权利，尤其要扼杀人对物质的欲求心。在这里，儒家和道家几乎一致地认为，社会可以在极度贫乏的物质条件下获得稳定，稳定的条件是道德的昌盛而不是物质的繁荣，而个人则完全可以在一种低级的稳定里通过心灵的调节获得满足与幸福，而不是成就感。这种调节心灵的功夫而不是改变世界的能力，被当作衡量一个人人格层次的标尺。这够可怀疑的了。而这种观念一旦转化为道德评判，那些有所作为、有所建树的人，其遭受厄运也就可想而知了。与之相应地，那些退归自然或内心、洁身自保、自私自利，在大是大非面前随波逐流、无主见做屠头的人，却获得人们普遍的赞扬，声誉鹊起。韩非悲愤地列出了一大堆这种是非颠倒的现象：

> 贪生怕死，逃避危难，是投降败北的逃兵，但社会上却把他们尊称为"珍重生命的人"；学习道理创立学说，是背离法度的人，而社会上却把他们尊称为"文化学术之人"；游说他国，给养丰厚，是谋食之人，而社会上却把他们尊称为"有才能的人"；花言巧语，狡诈多智，是虚伪诡诈的骗子，而社会上却把他们尊称为"雄辩聪明的人"；行凶杀人，互相攻夺，是凶残冒险的暴徒，而社会上却把他们尊称为"刚正勇敢的人"；救助贼子，窝藏邪恶，是应该判处死刑的罪犯，而社会上却把他们尊称为"护佑良善之人"。
>
> 原文：畏死远难，降北之民也，而世尊之曰"贵生之士"；学道立方，离法之民也，而世尊之曰"文学之士"；游居养厚，牟食之民也，而世尊之曰"有能之士"；语曲牟知，伪诈之民也，而世尊之曰"辩智之士"；行剑攻杀，暴憿之民也，而世尊之曰"磏勇之士"；活贼匿奸，当死之民也，而世尊之曰"任誉之士"。（《六反》）

为韩非所指控的这"六民"，是否都是"奸伪无益"之民，我们现代人当然有不同看法，尤其是在一个人权社会里，人有权力选择自己的生活态度与生活方式，只要他能适应，或者，为社会所容。但韩非在这里指出社会行为和社会评价的矛盾，应当值得我们重视。再看下面：

> 为老朋友徇私叫作"不弃朋友"；拿公家的财物散发施舍被称作"仁

人";轻视俸禄而看重自身叫作"君子";枉法偏袒亲人叫作"有行";放弃官职看重私交叫作"有义气";逃离现实回避君主叫作"清高傲世";互相争斗违抗法令叫作"刚强之才";施行恩惠收买民众叫作"得民心"——"不弃朋友",官吏就有奸了;有了"仁人",国家的财产就受损了;有了"君子",民众就难以驱使了;"有行"了,法制就遭到破坏了;"有义气"了,官职就出现空缺了;"清高傲世"了,民众就不侍奉君主了;有了"刚强之才"了,法令就不能实行了;他们"得民心"了,君主就孤立了。

原文:为故人行私谓之"不弃",以公财分施谓之"仁人",轻禄重身谓之"君子",枉法曲亲谓之"有行",弃官宠交谓之"有侠",离世遁上谓之"高傲",交争逆令谓之"刚材",行惠取众谓之"得民"——"不弃"者,吏有奸也;"仁人"者,公财损也;"君子"者,民难使也;"有行"者,法制毁也;"有侠"者,官职旷也;"高傲"者,民不事也;"刚材"者,令不行也;"得民"者,君上孤也。(《八说》)

韩非指控这八种行为是"匹夫之私誉,人主之大败"。应该说,在一个秩序的社会里,一个法制的社会里,韩非所指控的这八种行为,或是犯罪,或是落伍的道德信条。在一个法律至高无上的社会里,哪怕是让罪犯逍遥法外,也决不容忍私人的复仇。因为犯罪只是冒犯法律,而随之而来的复仇,却是将法律取而代之。在这里,韩非的思想显然是很现代的了。

与之相关的一个有趣也极有研究价值的现象是,韩非不再把人分成君子和小人两类(这是他之前各家学派共同的分法),因为君子和小人都不过是时势使然,时势的变换往往也导致角色的变换,况且大多数情况下,一个人身上,往往既有所谓"君子"的属性,也有所谓"小人"的属性。因而,君子小人的两分法毫无现实根据与理论根据,更没有现实意义与理论意义,甚至有害:那些出身低微的先天性"小人"在这种理论面前,不再追求道德上进;而那些出身高贵的先天性"君子"则凭空生出了道德上的傲慢与偏见。韩非用新的标准来对人进行分类,他的这种分类竟也十分现代:他把人根据其行为分为为公和为私的两类,并且分别冠之"公民"和"私民"之名。这可能是汉语中"公民"这个极现代的词汇的极古老来源吧!显然,这种分法有极重要的现实意义,它避开了抽象道德的无聊，操作性强，客观性强。很有意味的是，很多儒家观念中德行高尚的仁人君子，在他的标准里，恰成了为私的一类。他双目炯炯，一咬牙，一口气列出了如下十二位儒家名人：许由、续牙、晋伯阳、秦颠颉、卫侨如、狐不稽、重明、董不识、卞随、务光、伯夷、叔齐，认为这些人若从抽象道德角度言，不可谓不高，他们"或伏死于窟穴，或槁死于草木，或饥饿于山谷，或沉溺于水泉"（《说疑》），但他们有一人是为国而死的吗？是为民而死的吗？韩非的这种质问实际上也是站在道德的立场上，只不过他对于道德善的理解和儒道不同罢了，他把"国家"看成道德的最高实体了。但他的这个思想有其逻辑合理性：道德至高的善应是什么？就是介入当世的纷争，为正义与公理而战。这些人介入了当世的纷争了吗？不，他们都退避远祸去了！对于韩子的这种指责，我不应当为他喝一声彩叫一声好吗？

　　西方人的人格理想是那种智勇双全的英雄。刘劭《人物志》这样定义"英雄"："聪明秀出谓之英，胆力过人谓之雄。"故英雄，一定是介入当世纷争，勇于承担，有大作为、大动作、大贡献的人，"该出手时就出手"，毫无一丝退避之心的人。可以说，在"英雄"的内涵里，道德的伦理理想与人格的审美理想是统一的。而中国人对"英雄"往往是规避、畏惧并不失时机地加之以陷阱的。曹操与刘备饮酒，说袁绍袁术等都不值一晒，"天下英雄，唯使君（刘备）与操耳"，刘备就吓得连筷子都掉到地上去了。可见，在中国做英雄，或者被人目为是有作为或将有作为的人，都极其危险，因为这类人往往破坏"稳定"呀！在中国，最高的人格理想是"君子"，那种荀子式的循规蹈矩、中庸守旧、"动静咸有规矩"的君子。这种"君子"，阮籍《大人先生传》中对之有极入木的刻画。不过，在"君子"的内涵中，则显然已发生了道德理想与人格理想的偏离。我们憎英雄爱君子，实质上乃是我们怕发展而求稳定，也表明国民心态的虚懦。

六

　　对于韩非，我是敬憎交织的。我敬他的坦率、真诚，敬他的直面惨淡人生的勇气，但对他的网罗小民以奉一君的专制思想则免不了愤愤。他开诚布公地说出了人们的实际作为，而不是人们应当的作为，这种思维方式与儒家正好倒了个儿。同时，他敢于这样做，也说明他具有非凡的勇气。要知道，假如一个人是医生，我们就不能因为他对病状的坦言相告而怀疑他对病人的用心。同样地，不能因为有人指出了我们道德上的不足，精神上的缺陷，人格上的污点，我们就认定他没有善意。一种话该不该说，是道德问题，而从科学的角度看，只存在所说的是否事实的问题，而不存在该不该说的问题。从这种立场看，我们应当对他表示应有的敬意与谢意。另外，从学术自由的角度言，把自己的发现与发明公之于众，这正是最高的学术良心，是学术的价值和尊严所在。因为这不仅是学术的权利，更是学术应对社会承诺的义务。

但在这一节里，我不得不指出韩非对于"私学"的意见。这一意见在他的整个思想体系中可能微不足道，但它给我的感觉却如此之糟，以致我耿耿而不能释怀。

我们知道，韩非本人是出身于私学，受惠于私学的。他从私学大师荀子那里，锤炼出他严谨犀利的文笔，造就出他深刻独到的思想。但他后来反戈一击，将他出身所自的"私学"彻底否定了。

是的，先秦诸子，写到韩非，结束了。私学结束了。漫无王法、自由洒脱的时代结束了。哲人枯萎了，而政客则亢奋起来。我要说的是，嬴政皇帝用刀与剑、坑与火结束的时代，韩非早就用他那只磨砺于私学、锋锐无比的笔把它结果了。这样说我也不愉快，将一位诚实的学者和一位暴虐的君王相提并论，可能不公正，但我只能尊重事实。

在我们上引的《六反》的一段文字中，韩非就把"学道立方"（学习道理追求真理）的行为，看成是背离国家的法度。难道韩子真的认为，人只应当追随权势，追随权力意志，而不能追求真理吗？他的老师曾慷慨地宣称："从道不从君，从义不从父，人之大行也。"（《子道》）这种精神已被他彻底抛弃了吗？

《显学》中，韩非完全从实用的角度来看待学术，而其实用的范围，又是那么狭隘，不过"耕战"二字，这使得韩非成为先秦诸子中最无哲人气象的一位。他对当时天下"言无定术，行无常仪"表示了极大的不安，而人主对这些各执一端的言论竟然"兼礼之""俱听之"，这又使他极为不满。他已经对"百家争鸣"表示他的厌倦了。他出主意说，在这些纷纷然的言论中，要寻找一种适合统治的（当然也就是他的法家理论），使之官方化，用官府文告的形式加以公布，变成官方哲学，体现官方意志，而对那些落选的学术理论，则实行消灭，"去其身而息其端"——除掉发表这些言论的人，消灭这些议论的根源！韩非韩非！他赤裸裸地鼓吹从肉体上消灭异端学术！本是同根生，相煎何太急！

学术的价值在于提供方法与思路，这种方法和思路也许在遥远的将来才会显示它的价值和启示性。所以，学术储备很重要，即使从实用的角度言，我们也可把它看成是智库。为了一时的是非与实用，我们就要扼杀一切未来的可能性吗？

《诡使》一文中，韩非对"私学"的讨伐达到了极致。他把"私学"称之为"二心私学"，也就是不和君王同心同德的私学。这种指控太有效，也太可怕了，因为它直接激起了君王对私学的愤怒。对"私学成群"的现象，师生之间的"师徒"关系，他都反感。这实在让人匪夷所思。因为，在他那时，"最为老师"的私学第一大师正是他的恩师荀子，而他与荀子之间也正是"师徒"关系的。为什么他所学的，就不是"二心私学"，而是忠心耿耿的"私学"，别人的一定是犯上作乱的呢？他如何在个人档案的履历表上填写自己的人生经历呢？

我们看他对私学的判决："私者，所以乱法也……而士有二心私学……大者非世，细者惑下。"——注意他的口气，他用的可全是肯定判断，也就是说，他如此骤下断语，是把他自己也装进去了的。而下面的判语更是无理至极，蛮横至极，血淋淋至极："凡乱上反世者，常士有二心私学者也。"——凡是犯上作乱，反对现存社会的，常常是读书人中那些怀有异心搞私学的人——多么可怕的指责！中国文人几千年的悲惨命运，几千年的不受信任，几千年的被杀戮、囚禁、流放、贬抑、灭族，就是从这里开始的吧？你看他主张如何处置这些搞私下学术的人——"禁其行！""破其群！""散其党！"这些短促而急切的句子，是从咯咯响的牙缝中射出来的么？

他的这些主张果然在秦王朝那里得到了施行。他的同学，一位冷酷而势利的幕僚李斯，对秦始皇帝嬴政说：

> 私学的人互相非议政府法令教化，人们听到朝廷有什么政策法令出台，就各自依据自己所学的理论来妄加评论，在家则腹诽，出门则巷议，以批评君主来博取名声，以故作新奇来显示高明，率领群众妄造批评舆论。像这样而不加禁止，则君主的威严降于上，朋党的勾结成于下，立即禁止才对！

原文：私学而相与非法教，人闻令下，则各以其学议之，入则心非，出则巷议，夸主以为名，异取以为高，率群下以造谤。如此弗禁，则主势降乎上，党与成乎下，禁之便！（《史记·秦始皇本纪》）

始皇三十四年（公元前 213 年），议封建，引出"禁书"事件。三十五年（公元前 212 年），又引出"坑儒"事件。韩非的主张终于成了血淋淋的现实！

但是，中国历史上的那些"犯上作乱"者，真的是文人么？——

　　竹帛烟销帝业虚，关河空锁祖龙居。
　　坑灰未冷山东乱，刘项原来不读书！（唐·章碣《焚书坑》）

好一个"刘项原来不读书"！好让人感慨唏嘘的"刘项原来不读书"！

七

韩非这种不给自己留后路的学说终于断送了他自己的生路。在论君臣关系时，他是那么尊君抑臣，好像他对臣子的奸诈有一种神经质似的恐惧，但他怎能不知道，相对而言，在君臣关系中，弱者是臣子呢？他的学术高高祖老子，是帮弱者出主意的，而他却帮强者出主意，他忘了自己就是臣子，就是弱者了。他给私学下死刑判决，却忘了他自己也是私学，是他要扑灭的诸子百家中的一家，并没有哪个君主封他为官学，他的学说也没有取得官方思想的地位。他对人性问题有那么深入的洞察，却不能看透势利的同学李斯的心思。他对"国亦有狗"，大臣阻挠法术之士晋见君主的情形那么明了，却不能明白，他万不可以得罪秦王的宠臣姚贾。更重要的是，他那么深察、游说君主的危险，自己却偏偏撞进罗网。他一再警告不要去撄人主逆鳞，自己却偏偏为了保存韩国不惜以身试法，用自己的生命与鲜血为他的《说难》做了最生动的注脚。因了要救李陵一家性命而得罪汉武帝，惨遭宫刑的司马迁，在韩非的传记里，全文录引他的《说难》，并一再叹息："韩非知说之难，为《说难》书甚具，终死于秦，不能自脱。""余独悲韩非为《说难》而不能自脱耳！"司马迁深谙历史，不也不能自脱么？司马迁这是在借他人之酒，浇自己的块垒吧！不过，我想，在专制社会里，"明哲"与"保身"岂能两全呢？韩非聪明，司马迁更聪明，但他们仍不能自脱，这一点，庄子早就冷眼看穿了，"无所逃于天地之间"！是的，当专制君主一人拥有所有权力的时候，如何讨好他，便是唯一真正的聪明，这种聪明的最本质特征，乃是放弃良心！所以，在中国漫长的专制社会里，聪明不是一种素质，不是一种先天的生物潜能，也不是后天的知识积累，而是对一种关系的处置：把聪明放在良心之上者，为"真聪明"；把良心放在聪明之上者，如韩非要存韩，司马迁要救李，那就"不聪明"了！小人往往少犯错误，小人往往比君子"聪明"；君子往往触霉头，在小人的精明伎俩面前一败涂地，区别不就在于对聪明与良心两者关系位置的处置不同么！那么，是谁在理论上鼓吹给予君主这样至高无上的、不受任何约束的、对天下苍生生杀予夺的权力的呢？恰恰是韩非。他的法制思想是一把双刃剑，而且是一把无柄的剑，让使用它的人也会受伤。韩子之死，从逻辑上说，不就死于自己的理论么？他无法为自己叫屈，更不能对杀害他的暴力进行起诉——因为他没有起诉的理由。

这把无柄的双刃剑，不仅指向其理论创造者韩子自己；而且，也指向短命的秦王朝，韩子理论的实践者。秦始皇原本就是韩非的崇拜者，他用法家的耕战思想权诈理论扫六合而并天下，他又用法家的苛刻少恩法术理论御宇内而治天下。最后，在这一柄无情剑下受伤的，不仅是广大的、血泪斑斑的黎民百姓，王朝自身也崩溃了。而这一切，都证明着韩子理论的致命的缺陷。是的，不受约束的权力，或曰自上而下的权力，对于人民，是致命的；对于统治者和政权本身，同样是致命的。一把无柄的双刃剑，它是注定会折断的。

折戟沉沙铁未销……

李斯
斯人斯鼠

一

李斯者，楚上蔡人也。年少时，为郡小吏，见吏舍厕中鼠，食不洁，近人犬，数惊恐之。斯入仓，观仓中鼠，食积粟，居大庑之下，不见人犬之忧。于是李斯乃叹曰："人之贤不肖譬如鼠矣，在所自处耳！"

司马迁何等人物？玩古往今来帝王将相才子佳人于股掌之上，称他们的斤两，论他们的货色，一言而九鼎，盖棺而论定，第一等人物也！《李斯列传》写李斯，写这千古一相，一开篇，即墨毫轻扫，如灶妇扫尘，李斯就入了另册，成了鼠类，在历史的长廊中，画定了他贼眉鼠眼的形象。司马迁写人物，往往在开头写一两件不太起眼的小事，似乎写的仅是人物的小节，却往往借此给人物定性，并暗示将来之命运。上引《李斯列传》的开头一节，即是典型的例子。

在写韩非时，我提到，先秦诸子，写到韩非，结束了。哲人的时代过去了，而政客则亢奋起来。

这"亢奋的政客",我隐隐指的就是李斯。他既是韩非的同窗,又是韩非的嫉妒者和谋杀者。在先秦,有著作有学问而在一般场合不被人以"子"相称的,只有商鞅和李斯。这好像不仅因为他们是官僚,那齐国国相矮脚佬晏婴,不也称"晏子"么?连苏秦、张仪这样的人也偶有称他们为苏子、张子的。"子"是尊称,必须兼具道德学问两方面的优长才行。大约因为商鞅和李斯在当时人及后人的眼里,道德上的污点太大吧。

李斯做出了惊天动地改天换地的大事,但他自己却一直没能大起来。他好像永远是上蔡小吏,永远摆不脱那种小人物小人格的心态,小气小器小心翼翼,永远蜕不出那种委琐细屑,患得患失,首鼠两端。他既不及商鞅的一意孤行一往无前,更不及后来王安石的坦荡磊落忘怀得失。是的,他终身受控于他皮袍下的那个"小"字,他绝顶聪明,但心智有限,德不胜才。我这里讲的"德",不光指"道德伦理"之"德",更是指一个人的定性,一个人面对世界时的那种自大自信,超然豁然,那种把握自己,不被世界左右的定性,在诱惑或在压力面前保全正常理智,不被其淹没或误导的心力。在这一点上,李斯显然有些弱不禁风。他的老师荀子是知道他的缺点的,所以,当李斯做了秦丞相的消息传到他老人家耳朵后,这位世故的学者和地方老吏(他长期做楚兰陵令),不仅不为他高兴,反而忧愁得吃不下饭,他已预见到这位不能把握自己的学生将要自蹈不测之祸了(见《盐铁论·毁学》)。

李斯一生孜孜矻矻,机关算尽,他好像总是皱着眉头,心事重重。他是一个典型的以聪明处世的人。我以为,就处世而言,最高境界是以赤子之心待人接物,超越利己利他;其次是以正常理性处世,摒弃大费周章的一切人生戒律和道德教条;再次就如芸芸众生,随自己的喜怒哀乐待人接物,不求活得高尚,只求活得真实,不求有理有据,只求随性适意;而最差也最危险的处世方式,就是以一己聪明来对付世界万千世相及其不可穷尽的变化。人之聪明有限,而世途之险暗无涯,"以有涯随无涯,殆已"——以有限去应付无限,危险啊!这是庄子的告诫。

说这些,我是想说,李斯是一个典型的机会主义者——一切以聪明来处世的人无一不是机会主义者。但李斯仍有他别人难以企及的高度:他是一个鼠,但却似乎并不全是"鼠目寸光",可以说他是中国历史上少见的富有远见的大政治家。他两次力排众议,顶住压力,反对分封而倡立郡县,其中第一次他所顶住的压力还来自他上司——丞相王绾，其时李斯还只是一个廷尉。如果我们细心留意一下历史，我们会发现，三代递代，及更早的黄帝杀蚩尤，炎黄大战，乃氏族部落战争。周代立国，广封天下诸侯，在最初分封的诸侯中，"立七十一国，姬姓独居五十三人"（《荀子·君道》），以一家血脉涵盖天下，一举消除了氏族战争的隐患。这是周公的大功德。而周王朝的灭亡，则是由于诸侯兼并。秦立郡县，又一举消除了地方诸侯对中央挑战的危险，自此以后，于秦，则是"有叛人而无叛吏"；于汉，则是"有叛国而无叛郡"；于唐，则是"有叛将而无叛州"（柳宗元《封建论》），从体制上彻底解决了地方利益集团威胁中央的问题（汉代的"有叛国而无叛郡"更是从正反两面验证了李斯的论断），李斯之功大哉，李斯之见远哉！难怪司马迁要在事功这一点上把他和周公旦相提并论！

其实，指责李斯是机会主义者，也完全是道德主义的立场。如果李斯不善于发现机会，抓住机会，他也不会成功。当他在荀子那里学"帝王之术"时，他就在做"十年磨一剑"的功夫。他对学问本身的兴趣远在韩非之下：当韩非在思辩的玄想中完善自己的理论体系时，李斯却一边听荀老师讲课，一边心有旁骛，很像是孟子指责过的那种不专心，"一心以为有鸿鹄将至"——不，一心想着自己将如鸿鹄，志向远大，羽翼已就，一飞冲天。他的眼角不时地扫向书室之外，窥测方向，以求一逞。他匣中的宝剑时时作鸣，要扬眉出鞘。在纷争的七国之中，他也早瞅准了远在西北的秦，那是一颗呆呆跃起的天狼星，将要吞食崤山以东死到临头还吵吵嚷嚷、睚眦相向的六国昏蛋。他对自己的祖国——楚国，简直不屑一顾：一个逼死屈原的祖国还有什么值得留恋？孟子就说过，若无故而杀士，连大夫都可以叛逃他国。况且，连贵族出身的屈原都无能作为，他这样的一介上蔡布衣还能有什么指望？他对荀子说，当此"游说者之秋"，如不抓住时机，为自己挣得富贵，就不合乎正常人性。而秦国无疑是最有希望也最有接纳天下人才雅量的大国。于是他打点行装，告别恩师，向西一路逶迤而去。按荀子晚年对秦国的好感，他定不会阻拦，甚至会鼓励自己野心勃勃而才干出众的弟子去秦国实现理想，也使自己呕心沥血的理论化为政治现实。

待价而沽的李斯显然比屈原、韩非自由。屈原、韩非是有负担和拖累的，这拖累就是他们出身所系的祖宗之国。"毕业"以后，李斯可以毫无拖累地根据自己审时度势的判断来决定自己的去向，而出身于韩国宗室的韩非则必须回到韩国，如同今日的"定向委培"。问题是，韩国并不真的需要他，更不需要他的理论，他只好退回内心，继续纸上谈兵做理论研究。而此时的李斯，在秦国的事业和个人前途都已一片光明了。可怜的韩非只能成为黑格尔，而李斯则成了罗伯斯庇尔。假如德国的黑格尔到了法国，并要取代罗伯斯庇尔，罗伯斯庇尔也会杀掉黑格尔吧？

二

到了秦国的李斯见机行事很乖巧地先投靠左右秦国实际权力的吕不韦，并取得了他的信任，被任命为郎官，有了游说秦王的机会。李斯非池中之鱼，他真正的目的就是要借秦王的军队、财富、权势、国土及国土上的人力，来实现自己的伟大抱负。在与年轻的秦王谈论中，他又一次提到了"时"——时机。他极具煽动性地说，当前是"灭诸侯，成帝业，为天下一统"的"万世之一时"，而且这个"时"，稍纵即逝：等山东诸侯再次恢复元气，也恢复他们的理智——再次联合起来时，即使黄帝再世，也无法一统天下了。天佑暴秦！在天才商人吕不韦垂暮之年，锐气渐失的时候，又为秦国送来了这么一个精通"帝王之术"的李斯，在秦国的肌体上，输入了新鲜的血液！而这血液，何等鲜活、骚动，充满毒素，又富于攻击性！

李斯的到来，也中断了秦国改善自己形象的最后机会。吕不韦晚年召集门客著《吕氏春秋》，并悬之国门，我以为这是他试图引进百家思想，好填充秦人一张白纸似的脑瓜。是的，秦是公认的"虎狼之国"，它在当时各国中几无信任度。一直以来，它只有策略、权术及攻杀手段，而无思想理论，无任何价值取向与价值坚持。蔺相如曾一针见血地总括秦的不光彩的外交史："秦自缪公以来二十余君，未尝有坚明约束者也。"（《史记·廉颇蔺相如列传》）为什么不能"坚明约束"？就是因为没有价值约束，没有人文取向。可怜可敬的吕不韦，他定是预见到自己的政治生命即将随着（据说是）他自造的那个孽种的成长而终结，于是，他想在他被彻底清除之前再做一件大事，那就是，为秦国，为这必将统一天下的新王朝寻找一种统治理论。他在《吕氏春秋》中杂取百家之说，并不能完成这种理论构想，但显然他是在试图改变秦人一直以来残暴不文的形象——可怕的是，这一国家形象，是如此富有戏剧性地集中体现在新秦王嬴政的身上——他鼻如黄蜂，胸如鸷鸟，声如豺狼，眼睛细长，令人不寒而栗，一望而知是个阴险毒辣、刻薄寡恩、心似虎狼、贪残好杀的人物。这简直就是秦国国家形象的象征！这形象直接吓跑了大梁人尉缭。秦国太需要将自己文明化了！太需要改变以往的形象了！作为边鄙小国，它可以以无赖的面孔占得一些便宜，但要走向政治中心，它难道不需要哪怕是伪装的文明与礼仪么？但李斯的到来，使吕不韦的一片苦心付之渭水东流。秦以后即便在武力上统一了中国，但它自身仍是无赖，它完全不能胜任新的角色：在二世胡亥的身上，我们可以充分领略到这代代血脉相传的无赖本质，以及握有权力之后，更无以复加的丑陋。班固很粗野地骂二世是"人头畜鸣"。是的，一个肉体骨骼像人，而精神还停留在野兽阶段的怪物——他的祖先一直不愿在这方面有所进化。在冷兵器时代，文明与野蛮的冲突中，野蛮总占着莫大的优势。

李斯带来的是一套可以立竿见影的计策，其中包括对六国人士的贿赂和暗杀。他是国家恐怖主义活动的倡导者。我以为，与其说李斯继承了他老师的思想，倒不如说他捡起了他同学韩非的理论；与其说他在秦国推行他同学韩非的理论，又不如说他只是支离破碎地从《韩非子》中抽出一些有临场用途的东西，来为他的行为找注脚。我们读他的大作《谏逐客书》可以发现，和先秦诸子相比，除了抄自他老师荀子的"王者不却众庶，故能明其德"几句外，这篇鸿文中根本没有任何人文背景和道德根基！它只是灭六国强秦国的相当聪明的策略而已！先秦诸子大多只讲道，而不屑于或羞于谈权，商鞅、李斯等法家则正相反：弃道用权！只讲权术，不讲道义！没有道的约束，权术会演变成何等恐怖模样？！

在大学课堂讲司马迁的《项羽本纪》时，我对学生说，项羽是有爱憎而无策略的；刘邦则是只有策略而无爱憎。所以，一个可爱可惜；一个可憎可惧。那么，李斯怎样呢？他只有策略而无原则！甚至一些最基本的、为先秦诸子各家各派所坚守的人道原则他都没有！他在荀子那里真是白学了！那么伟大的老师和那么杰出的同学，对他都是浪费了。他只是一架追名逐利的功利机器，难怪他永远那么渺小！

三

秦国这辆攻无不克斩无不获的超级战车现在更加凌厉了。因为驾驭这辆战车的，是年轻气盛的、血液中饱含自然荷尔蒙的嬴国王政，以及血液中饱含文化毒素的李廷尉斯。似乎仅仅是一转眼之间，这辆战车就变成了巡游之车，而车上还是那两个人，只不过身份与称谓都变了：一个改称始皇帝，一个已升任为丞相。就他们的心智所能想到的，他们都达到了。在他们志骄意满的巡游旅途中，除了一路上留下蝗虫过后一般的劫后惨景——包括为了向神灵抖威风而把一些山头伐为童山——还留下了六块刻石。它充分表达了临时东拼西凑捉襟见肘的国家价值观，也充分表达了李斯个人的种种天赋：文字才能与书法功力，还有那首屈一指的歌功颂德的技巧。其中五块的碑文因为记录在《史记》中，至今仍蹲踞在历史的一角，试图说服我们向他们感激恩德。而我们当代的一些可爱可怜的心智不全的傻学者，也确实在感恩戴德着。他们歌颂着秦的统一，歌颂着秦的旷代武功，而把秦在"统一"过程中数以百万计的杀戮看成是历史的光荣。由一百五十多万具尸体（据《史记》累计）垫起来的统一多么伟大呀！这一百五十多万具尸体还只是被秦国斩首的六国人数，秦国自己士兵的死亡还不在其内。而其时，全国范围内的人口总数也只有约两千万！秦的鬼头刀不仅毫无人性地砍杀其当代人，还阉割了后世我们的良心，使我们听不到死者的厉叫，只听从权势魔鬼的笛音，并随之翩翩起舞。

四

斯长男由为三川守。诸男皆尚（娶）秦公主，女悉嫁秦诸公子。三川守李由告归咸阳，李斯置酒于家，百官长皆前为寿，门庭车骑以千数。李斯喟然而叹曰："嗟乎！吾闻之荀卿曰：'物禁太盛！'夫斯乃上蔡布衣，闾巷之黔首，上不知其驽下（笨拙卑下），遂擢（提拔）至此。当今人臣之位无居臣上者，可谓富贵极矣。物极则衰，吾未知所税驾（结局如何）也！"

李斯是成功者，又是失败者。他成功地利用了权力及其极端形式——暴力，横扫天下，走上了事业的顶峰，也爬上了权力的顶峰，由一介上蔡布衣而成为天下宰相，由牵黄犬逐狡兔于上蔡东门，而麾虎贲逐鹿于中原，宰割天下人民，涂炭天下肝脑，离散天下子女。绝对权力玉成了他，却也将最后毁灭他——在绝对权力面前，任何人都只能是权力的傀儡！李斯是绝对权力的鼓吹者，所以他的毁灭不像是悲剧，倒像是喜剧。绝对权力绝对要引来心术不正之徒的觊觎，并最终会被其中手段最毒辣、品行最恶劣、人格最丑陋的人所控制。乘其隙而售其奸——我这里说的就是赵高。李斯可以在高位之上手握权力之剑而藐视天下英雄豪杰，杀之戮之，聚金咸阳铸为铜人，毁坏城廓而为田地，解御战马驾车送粪，当此之时，他颐指气使，天下莫可与争锋。但他决不能小视一个身体都残缺不全的阉人赵高——阉人正常的德性往往随着生殖器一起被阉掉，但却不能阉掉他们的奸巧。李斯可以用权力之帚扫除六国英雄，却不能清除宫殿角落里的肮脏臭虫。赵高，这个精通法律的歹徒与李斯一起策划篡位时，已在秦的深宫中存活了二十余年。以他的阴鸷之性、隐忍之德，在操纵权力、玩弄阴谋上，他已远远超出李斯之上。况且他除了对权力的兴趣之外，不再能有其他兴趣，这就使他的力量更能集中于一点。显然，他比起李斯，更能专注其精力于权力之上。读司马迁《史记·李斯列传》的后半部分，我觉得传中主人公已不再是李斯而是赵高了，那个曾经意气风发、聪明过人、策算无穷，写出《谏逐客书》那样鸿文的李斯已不复存在，这个以感悟老鼠生存状态起家的政治家，此时真如一只在猫爪下任其玩弄最后被吞食的小鼠，而那玩得游刃有余、兴致勃勃的猫，就是赵高。赵高的小人手段，简直是层出不穷又战无不胜。看他竟能设计出"指鹿为马"的活剧，赵高大英雄也！

是的，赵高是一个玩大了的小人，李斯是一个玩小了的君子。所以他俩能合作，却最终又你死我活。一篇《李斯列传》，前半部写李斯聪明，后半部写赵高聪明。李斯的聪明在于能干事，干成了几件大事业；赵高的聪明在于会整人，整死了几个大人物。赵高的聪明压倒了李斯的聪明，李斯的聪明在赵高面前不堪一击，处处棋输一着，算逊一筹。写小人之智慧超群，写小人之手段绝伦，写小人在纷争中百战百胜，司马迁真是鬼斧神工，造化手笔也！

对于秦王朝来说，也可以说是成亦李斯败亦李斯，古人就说"李斯亡秦，兆端厕鼠"。从他慨叹厕鼠，就知他最终要弄垮秦朝的帝国大厦，这也有些道理，虽然很皮相。李斯确实无法抗拒赵高的威胁加利诱——他不能失去他既得的一切，他好不容易从一个厕鼠变为仓鼠，他再不愿意由仓鼠变为厕鼠（李斯一直大不起来，他只能在两类鼠之间给自己定位），况且赵高还警告他：若失去仓鼠的资格，则连厕鼠也做不成。在这紧要关头，他在荀子那里所受的教育未能阻止他的跌价，他开始与赵高取同一立场。一个大学者、知识分子，竟与赵高这等丑类取同一立足点，自此，他的堕落不可挽回，他与赵高相比，已不再有任何优势，他自己放弃了自身的高度，也不再有任何优点。李斯果真又变回去了，变成了一只鼠，和阉人赵高及"人头畜鸣"的胡亥合作，制造了一个惊天大阴谋。更有甚者，为了讨二世的欢心，他竟然抛弃自己的既定立场，作了一篇"劝行督责之术"的书奏来误导二世，弄得二世以为谁杀人多，谁就是忠心不贰；谁敢吸百姓骨髓多，谁就是不贰忠心！"相"是给盲人引路的，丞相（或宰相）是为国君引路的，二世本来就只有肚子和生殖器，没有头脑，再加上这样一个混蛋不负责任的"相"，"与之为无方"（庄子语）而不惜"危吾国"，只求不"危吾身"，秦的这套马车此时还能走向哪里呢？

五

李斯倡立郡县制，确实解决了诸侯纷争威胁中央的问题，但新问题也随之而来：一个高度集权的中央，谁能制约它，使它不致疯狂？顾亭林在《郡县论》中指出："封建之失，其专在下；郡县之失，其专在上。"作为丞相、政治家，李斯如何解决这一"其专在上"的问题？他甚至可能根本没有意识到这个问题，所以他的所作所为，乃是使"其专在上"的弊病越来越重。秦经过历代改革，尤其是商鞅变革，其贵族集团本来就很寥落，不足以制约皇权。二世上台后，更是对自己的同胞兄妹大加诛残：十二公子在咸阳砍头，十个公主在杜县肢解。公子高为保住三族，争得主动，自请殉葬始皇。这样一来，外无诸侯，内无贵族，这个皇权也实在太无所顾忌了！李斯又是焚书，又是坑儒，禁绝批评，扼杀思想，这时的李斯，真正是目光如豆的贱鼠！

但到二十世纪后半叶，甚至直到今天，仍然有学者在为他辩护，说"这是统一的需要"！统一就一定要搞统一思想搞一元化吗？甚至不惜为此使用暴力？汉唐都是统一的王朝，但汉代焚过书坑过儒吗？唐不是儒释道三家并重吗？它们有多么闳放！如果为了一时的政治需要，焚书而可为，杀人而可为，那什么不可为？是可忍，孰不可忍！更有甚者，有些学者无比愚蠢地说："这是统一思想的需要。"在他们的头脑里，"统一思想"已经成为无须证明天然合理合法的东西了！

"其专在上"的弊病渐深，人民的苦难渐深。李斯只注意到诸侯可以反噬天子，但他那载舟之水的小民，也可以覆舟！这可是荀子的谆谆教导，李斯怎么能对老师的告诫如此掉以轻心？当他坐在权力之舟上时，就一点也没有覆舟之虞？大约还是过分迷信权力的力量了吧？迷信权势、权术与惩治约束小民的所谓法律，是一切专制者的通病。郡县制由于官吏由中央任免，当然驯顺中央，而无"叛吏"（也不一定，秦末叛吏也不在少数，会稽郡郡守殷通就串谋项梁造反，而县级官吏如司马欣、萧何也都参与了项羽和刘邦的队伍），但"叛人"（民），却是豪杰蜂起，相与并争，不可胜数。一个"戍卒叫"，便令"函谷举"，楚人一炬，那王朝数百年的辛苦，数百年的坑蒙拐骗所得，杀伐掳掠所获，都化为焦土！只是，在这一兴一亡中，兴，百姓苦！亡，百姓苦！

是的，周公解决了氏族攻伐问题，李斯解决了诸侯兼并问题，但那普通民众的星星之火，自陈涉至洪杨，谁能扑灭得了？五百年必有王者兴，何时才能出现解决这一问题的大政治家？

公道而论，导致秦王朝覆灭的，不是李斯，甚至也不是赵高、胡亥，而是专制制度本身的痼疾。李斯、赵高、二世道德上的缺陷只有在权力的保护下，借权力之力，而变成国家人民的灾难。我一直认为，道德问题不是道德问题，而是技术问题，一切人类恶德，追根溯源，都与各种形式的专制有关。李斯个人的道德缺点和智识缺点使他成为一个害人者、祸国者，他杀同学，坑同门，焚书籍，搞暗杀，他的行为确实加速了秦的崩溃，他的计策使秦的暴政得以更有效地推行，但同时，我们也应该看到，他也是一个受害者。专制政体像附身的魔鬼，附着在李斯的身上，借他人性的缺点来害人，然后又害了他。在最后的岁月里，李斯遭受了无以计数的酷刑，"榜掠千余"，被折磨得无复人形。他被逼承认了赵高诬陷给他的一切罪名，他的精神彻底崩溃了。他看到了自己一生所作所为所求的荒诞。世界在荒诞中幻灭。当二世见到对李斯的审讯记录后，心有余悸又高兴地说："如果没有赵君，我几乎被丞相出卖了！"这是最后的，令人亦哭亦笑的大荒诞。

　　二世二年七月，具斯五刑（黥面、割鼻、斩足、割生殖器、砍头），论腰斩咸阳市。斯出狱，与其中子俱执，顾谓其中子曰："吾欲与若复牵黄犬俱出上蔡东门逐狡兔，岂可得乎？"遂父子相哭，而夷三族。

　　这儿提到了他的中子。那个做三川守，为父亲轰轰烈烈排场炫人地做寿的长子李由呢？——几乎同时，被项羽和刘邦斩杀在雍丘。

　　一年以后，二世三年八月，赵高逼杀二世。

　　九月，立子婴，"天下"小得不能再称皇帝，改称王。子婴计杀赵高。

　　十月，刘邦入咸阳。子婴肉袒出降。

　　十二月，项羽入关，杀子婴，屠烧咸阳。

　　三个月的绵延大火过后，白茫茫大地真干净。

　　没有了老鼠，也没有了仓。

张良
绵软的剃刀

一

古之所谓豪杰之士者，必有过人之节。人情有所不能忍者，匹夫见辱，拔剑而起，挺身而斗，此不足为勇也。天下有大勇者，卒然临之而不惊，无故加之而不怒，此其所挟持者甚大，而其志甚远也。（苏轼《留侯论》）

此何人哉？——留侯张良也。秦汉风云的幕后总导演张良也。

张良是刘邦的谋士，但我以为他只不过是躲在幕后，利用刘邦的力量来达到自己的目的：推翻暴秦，为韩报仇。和刘邦手下其他人不同，他与刘邦不像上下级关系，而像合作关系。甚至，他比刘邦还高一级，他是孟子之后又一位自称"王者师"的人物。当刘邦做了皇帝后，张良就淡然隐退，"学辟谷，学道引，欲轻举"去了。

张良的出身与项羽有相似之处，都是六国贵族。据《史记》的记载，张良的祖父和父亲在韩国连做了五代国相。到了张良，这位世家子弟还未来得及在政坛上展露身手，韩就被秦的铁骑踏平了。年轻气盛又自负其才的张良一下子被葬送了大好前程。自此，他就在心中埋下了仇秦的种子。他与项羽一样，在秦末，都是一位复仇者。

> 韩破，良家僮三百人，弟死不葬，悉以家财求客刺秦王，为韩报仇……良尝学礼淮阳，东见仓海君。得力士，为铁椎重百二十斤。秦皇帝东游，良与客狙击秦皇帝博浪沙中，误中副车。

在秦末，项羽和刘邦在反秦斗争中是有不同的风格的。对项羽而言，秦是国难家仇的债主，"项氏世世为楚将，封于项，故姓项氏"。（《史记·项羽本纪》）连他的姓氏都是由楚而来，楚与其家族可谓连筋带血。秦灭六国，楚最无罪，这是国难；项羽的祖父，楚大将项燕，被秦将王翦逼杀，这是家仇。带着家国的双重仇恨，项羽扮演的乃是一个血腥复仇者的角色。他并非天性残暴，这方面他一点也不比刘邦更突出，他只对他认定的敌人残暴。而在另一些场合，他是被称为有"妇人之仁""仁而爱人"的人，这是典型的贵族家风。只是他所认定的"敌人"的范围太宽泛了：凡秦人——关中之人，都是他的敌人；凡秦人之物，比如那空前绝后的阿房宫，都是敌人之物，他都要毁灭。他是鲁迅所讥诮过的，那种"勃然大怒，放一把火烧光"的"昏蛋"。凡是敌人反对的，他就要拥护；凡是敌人拥护的，他就要反对，很有简单形而上学的毛病。

刘邦则不同。刘邦在七国时，一无所有，所以，秦灭六国，他无所失。在秦时，日子过得倒不错：做个亭长，耽几杯酒，好一些色，赖不多不少的酒账，要不大不小的流氓。游手好闲，不事生产，悠哉游哉也挺快活。他与秦，并无个人的那种刻骨铭心的仇恨。在某种意义上，他的反秦，倒像是激于"大义"，又像出于投机，有一种浑水摸鱼的味道。他以特有的敏感和贪婪，一定是觉出了，这个世界已是一座没了主人的花园，谁都可以进来薅一把，把名花贵树拿回去当烧火柴。所以他在整个反秦过程中，能较平和从容地行事，较宽容地待人，从而，显出一种较雍容的气度。

从复仇上说，张良和项羽相似。当韩灭亡时，张良的好日子也到头了，就算他不为韩报仇，他也得为自己讨回失去的一切。况且秦对六国贵族很严厉，他的三百家僮及其家产，迟早也会被没收，而他自己，就算不被杀死，也会被聚之咸阳，严加看管。这里我提一点疑问：《史记》说张良的祖父、父亲在韩国连做五代的国相，可是韩国历史上姓张的国相却于史无征。我以为，"张良"这个姓名未必是真的，很可能是为了避免迫害而"埋名改姓"的——尤其是在他博浪沙狙击秦始皇未果，秦始皇大索天下之时，埋名改姓尤其必要。张者，弓长也，是否暗示他将要"会挽雕弓如满月，西北望，射天狼"？而这个"良"字，则更具有反讽的意义，恰好表示他对秦有着"不良"的企图，不是一个"良民"。这很有"此地无银三百两"式的幽默。

张良后来以处变不惊的"柔弱"著称，苏轼称这种气质为"大勇"。但在一开始，张良并不是这样的。当韩初亡，目睹血腥，他也是一个咬牙切齿的人物。如《史记》载，"悉以家财求客刺秦王"，是孤注，以百二十斤铁椎掷击秦皇帝；是"一掷"，真正的"孤注一掷"。这与项羽在巨鹿之战中，"悉引兵渡河，皆沉船，破釜甑，烧庐舍"，不是如出一辙么？

确实，张良和项羽一样，都是血性之人。项羽的血性见之于外，张良的血性后来蕴之于内，两者并无本质的不同。只是由于项羽不读书，这种血性一直没能内敛，精光外露，而不能韬光养晦。而张良的血性经过一番修炼，由外露而内蓄，从而优游不迫。一般人见到张良弱不禁风的外貌，往往不免忽视，但偏偏是他，有着荆轲聂政式的血性。现实生活中我们常常见到一些外貌魁梧的大汉，内心却怯懦如鸡，而孟尝君田文、张良、郭解这一类"渺小丈夫"（《史记》说田文语），却往往内蓄着真气度、真英武。

历史有它自身的逻辑。司马迁论述三代之变，说后一时代必是对前一时代的逻辑否定。那么，对于强亢的暴秦的否定，也必出于柔弱。项羽以至刚至强对秦之至刚至强，只能演变为血腥的火并。当项羽轻用其锋，百战百胜，在黄河以北与秦军主力浴血奋战时，张良却以他女人一般洁白纤弱的手，指点着刘邦，如流水一般，随物赋形，绕进关中。最后，灭秦主力的固然是项羽，而兵临咸阳，让子婴降帜道旁，奉玺请降的，却是刘邦。历史似乎非常强硬地向我们表达它的意志：哪怕仅仅是一个象征，也要让代表柔弱的刘邦来取代刚强的暴秦，而不是真正对秦进行毁灭性打击的项羽。同样，杀死秦皇的，不可能是荆轲的毒剑，也不可能是博浪沙力士的铁椎。要缚住苍龙，让关河重重深锁的"祖龙居"一旦瓦解，最后需要的，还是张良这把百炼钢化为绕指柔的绵软的剃刀。

秦始皇帝大怒，大索天下，求贼甚急……良乃更名姓，亡匿下邳。

张良逞于一击的铁椎不但没有杀掉秦皇，反而差点使自己碰上秦皇的刀锋。这一次的失败，可能促成了他的成熟。就算他再不能忍，此时也得如猛虎卧荒丘，潜伏爪牙忍受着。而就在这时，他碰到了一件奇怪的事和一位奇怪的老人：

良尝闲从容步游下邳圯上，有一老父，衣褐，至良所，直堕其履圯下，顾谓良曰："孺子，下取履！"良愕然，欲殴之。为其老，强忍，下取履。父曰："履我！"良业为取履，因长跪履之。父以足受，笑而去。良殊大惊，随目之。父去里所，复还，曰："孺子可教矣……"出一编书，曰："读此则为王者师矣……"旦日视其书，乃《太公兵法》也。

苏轼认为这位圯上老人大约是秦世的隐君子，惋惜张良有伊尹太公之谋，却出于荆轲聂政之计，才有余而识度不足，所以故意出来试探张良，折辱其少年刚锐之气，使之忍小忿而就大谋。当张良面对猝然相遇于草野之人的折辱，以仆妾之役奉之而能不怪，当然他也就"秦皇之所不能惊，而项籍之所不能怒"了。

学礼的儒者张良变成了道家的张良。儒家的阳刚内核被赋予了道家的阴柔外形，精光开始内敛，血性依然，但已是一团和气，而不是杀气。

张良终于脱胎换骨了。

他在暗处成长，磨炼他的天才。这过程也是时机一步步成熟的过程。在耐心等待时机时，他沉稳地、不急不躁地铸他之宝剑：抿唇不语，不疾不徐。他所铸的宝剑，就是他自身的才具性情，就是他的那种从容、优游。深夜里，熔炉中的火焰在闪烁，在无人觉察的寂静僻远的山野，这铸剑之光先照亮了一些野花的茎和瓣。这些脆弱娇柔的生物为之颤栗不已，这些脆弱敏感的生物在天下之先感觉到了切透纤维的杀气——而此时的世界对此毫无觉察，即将被打碎的世界如暗夜中当道的瓷瓶，自以为深藏安然且自怜自爱——咸阳深宫中的秦皇及其股肱们，他们的梦中可曾出现过一个风度翩翩的柔弱书生的影子？

一个人，二十岁左右若无血性，将注定没有出息。而到了三十多岁以后仍只有血性而无深思熟虑审时度势的头脑，同样没有出息。

张良已经在博浪沙证明了他的血性。

现在该是显示他头脑的时候了。

他不再是一个不计后果、只图逞一时之快的刺客，他现在是"王者师"。他习惯于在幕后，他曾经指使力士用铁椎掷击秦皇，现在他又借刘邦之力，来完成他的复仇大业。从这个意义上讲，刘邦和那个不知名的力士一样，都是他的傀儡，是他棋盘上的棋子。

最具耐心的刘邦和最有软功夫的张良走到了一起，这是天意捏合的一对最佳搭档。天意将要用这两个人来完成自己的意志。

二

《史记·项羽本纪》以"鸿门宴"为界，明显地分出前后两个不同的部分。鸿门宴是历史的转折点，也是项羽个人命运的转折点。此前的灭秦，乃是一场以暴易暴式的革命，复仇者项羽如狂飙突起，如冤鬼索债，挟裹着民间的冲天怨气，几乎是无坚不摧，无敌不克。项羽本人无以伦比的军事天才在太史公笔下展露得淋漓尽致。他指挥倜傥，游刃有余，如火如荼，指顾从容。扫灭有数百年基业的暴秦，二十多岁的项羽，简直如同风扫残云。他几乎是凭着一己的青春热血就淹没了暴秦。

但在鸿门宴后，项羽则处处捉襟见肘，时时被动挨打，他东奔西突，指南打北，看似叱咤风云，实则声嘶力竭，心力交瘁。并不是前期的项羽冰雪聪明，后期的项羽愚蠢笨拙，而是他的对手变了！对付名誉扫地恶贯满盈的暴秦，项羽的军事天才绰绰有余；而对付一个貌似弱小实则生机勃勃的刘邦集团，他的政治才干就不敷支出了。张良，这把绵软的剃刀，在剃度了暴秦之后，并没有完成他的历史使命：还有一个同样至刚至强至暴至亢的对手，需要他来解决。是的，像项羽这样天下莫可与争锋的强梁，什么样的力量才能羁縻得住他？还是刘邦的耐心和张良的软功夫。

樊哙在鸿门宴上指责项羽是"亡秦之续"，这个狗屠出身的家伙果真是一刀见血。从作风上看，项羽确实是秦的逻辑延续：一样的暴亢，一样的强梁，一样的迷信军事而轻视政治，迷信人力而藐视时势，迷信权力而轻视民心。于是，一样的，也需要张良这把绵软的剃刀来收拾，张良的复仇之刃合乎逻辑地指向了项羽。

《项羽本纪》中，项羽的第一次"大怒"，就是在鸿门宴前听说刘邦已先入咸阳之后。然后又接连两次"大怒"。此前，无论是杀殷通、诛宋义，还是巨鹿之战，无论面对多么强大的敌人，承受多么巨大的压力，他都能保持心态。而在楚汉相争的过程中，他动辄大怒、大怒，简直是不胜其怒。显然，这是他心情烦躁的表现，是他力不从心的表现，是面对高智商的对手无可奈何的表现。他终于意识到，自己碰到了一个比自己有优势的对手。谁能说他一次次大怒，不是对自己发怒呢？他碰到了一个软绵绵的对手，这使得他的拔山之力无处施放，以至于急中生愚，竟提出要与刘邦单挑独斗，一决雌雄。刘邦显然感觉出，这个貌似强大的对手，已经失去耐心与信心了，已经面临心理崩溃的边缘了。阴险狡诈的刘邦笑着说——"吾宁斗智，不能斗力"，他凭什么与项羽斗智？凭的就是他身后的张良。

而项羽身后唯一的智力资源——范增，已经死在回彭城的路上了。孤苦伶仃的项羽如一棵孤独的树，独立荒野，四周的斧锯已经围拢而来。

羽兮羽兮奈若何？！

刘邦后来谈到他能战胜项羽的原因。他提到了三个人，第一个就是张良。他说：

> 夫运筹策帷帐之中，决胜于千里之外，吾不如子房……吾能用之，此吾所以取天下也。

刘邦取了天下，张良报了仇。两人各得其所，皆大欢喜，合作至此也算有了良好的结局。可是得天下的刘邦万里长征才走完第一步，他还要为如何坐稳天下操心，而复了仇的张良则是船到码头车到站，万事大吉。当萧何、陈平诸人继续为新王朝殚精竭虑时，张良则杜门不出一年有余。在汉初百废待兴的时期，天才的张良本应大显身手，可他好像不愿成为官僚体制中的一颗螺丝钉。他好像只是刘邦和吕后的顾问，刘、吕请教一下，张良就漫不经心地指点一下。当然，以他一贯的胸有成竹，所指所点，应该都是点睛之笔。可以说，随着项羽自刎乌江，复仇者张良也结束了自己的历史使命。我们看看他自己是怎么说的：

> 家世相韩，及韩灭，不爱万金之资，为韩报仇强秦，天下振动。今以

三寸舌为帝者师，封万户，位列侯，此布衣之极，于良足矣。愿弃人间事，
欲从赤松子游耳。（《史记》本传）

天下事解决了，现在他要解决性命之事。超度了天下，现在他要超度自己。
我们应该注意他对自己身份的说明——帝者师，而不是帝之僚。这是中国历史
上最后一个帝者师，是最后一个敢以此身份自居的文人。

司马迁接着说："后八年卒。"班固说，在刘邦死后，"后六岁薨"，那
就是说，纪元前189年，中国历史上最后一个帝者师升天。

留在神州大地上的，是上不了天的鸡犬之属。

陈平
黑暗的囊

一

　　说秦汉之际的人物，陈平不能不提。这个满腹阴谋诡计的人物，像漂浮不定的浮萍，赤条条来去无牵挂地周旋在魏王咎、项王羽和汉王邦之间。他最终落根在刘邦处，是很正常的：他如同刘邦一样无情无义，没心没肝。是的，如果说张良的出身与性情如项羽，那么，陈平的出身与作风就似刘邦。陈平与刘邦都有兄长，且这兄长还极其忠厚，能勤俭持家，从而他们都能占尽兄长的便宜，让兄长挑起家庭重担，自己则每日里游手好闲，不事生产，在外面结交流氓豪杰，寻衅滋事。我以为，刘邦陈平之流最终能成气候，能有所作为，固与他们本人的天分努力分不开，与时代的风云际会分不开，也与他们有如此忠厚的兄长分不开。是兄长让他们从家庭中解手放脚地涉足社会，交结三教九流，锻炼自己的才能，积累自己的影响。《史记·陈丞相世家》载其事曰：

　　少时家贫，好读书，有田三十亩，独与兄

伯居，伯常耕田，纵平使游学。平为人长大美色。人或谓平曰："贫何食，而肥若是？"其嫂嫉平之不视家生产，曰："亦食糠覈耳。有叔如此，不如无有。"伯闻之，逐其妇而弃之。

我们看《水浒》中的人物，宋江是宋家黑三郎，武松是武家武二郎，李逵到处自称李大，其实乃是李二，阮氏兄弟也是小二、小五、小七。这一群江湖好汉市井流氓，背后都有一个甚至几个勤勉种田养家活口的兄长。甚至孔子也是孔家老二呢，不然他哪有那么多时间去自学成圣。局外人常常觉得他们很洒脱，很不凡，而局内人，往往因为付出太多而不满。刘太公就不满刘邦，说这个刘老三不如刘老二；陈大（伯）的妻子也不满又高又肥长相俊美的陈二（平），说有这样的小叔子，还不如没有。他们成功了还好，如果失败了，还会给家人带来意想不到的祸殃。宋江带给宋家的祸殃还少吗？李逵的兄长李大就因为李逵而吃尽官司，受尽折磨。陈平使兄嫂不和，刘邦让自己的父亲在项羽那里当了多年的俘虏，还差点在两军阵前被推入油锅烹了，变成不孝子的一碗羹汤。而且，进一步，我们还可以说，由于这些人自小就生活在别人的牺牲中，养成了毫不愧疚的心态，所以，他们一般比较自私，而且还能自觉不自觉地、自然而然地损人，刘邦和陈平在这一点上就比较突出。他们确实都是没有爱憎的人，他们自小便生活在别人的爱中，在别人的宽容中，但他们从来没有爱过别人。是的，他们没有情感，只有功利计算和人生策略。我曾比较过刘邦和项羽，说项羽只有爱憎而无策略，刘邦则只有策略而无爱憎。现在我还可以再比较一下陈平和张良。张良毁家纾难，为韩报仇强秦，对韩的知恩图报是那么执著，对秦的仇恨则简直是咬牙切齿——这就是性情。而陈平虽然也有报答魏无知的举动，但从他一贯的行为看，这个举动也可能只是他策略的一部分。我们是否可以这样说，项羽张良的行为出之于"情"，而刘邦陈平的行为则往往出之于"欲"？项羽张良有大情，刘邦陈平有大欲。

我这样说一个在历史上曾发挥过重要的且是正面作用的政治家，可能会招来愤怒，但我的感觉就是如此。你看，陈平连娶妻也是他人生策略的一部分，这一点又与刘邦如出一辙。他和刘邦都因为做了富家的女婿而一下子变得人五人六，人模狗样。《史记》载，到了陈平该娶妻时，富贵人家不肯嫁女给他，而贫贱人家陈平又看不上。有一个叫张负的人，孙女连嫁五次，五个丈夫都暴死，没有人再敢娶这个克夫星了。陈平则看上了人家的钱财，想娶她来。正好张负也看中了陈平，两者一拍即合。陈平穷，张家借钱给他当聘礼（这种可笑举动只不过是为了别人好看罢了），又出钱让他买酒肉办婚宴。帽儿光光，今夜做个新郎；衣衫窄窄，今夜做个娇客。《史记》接着说："平既娶张氏女，赀用益饶，游道日广。"——确实，陈平所娶的，乃是张家的钱财而已，他急需这笔钱财来为他铺路。

二

不过，陈平与刘邦也有不同的地方。刘邦不读书，贪酒好色，喜欢耍些无赖以占一点小便宜。而陈平则好读书，尤其爱读黄老之书，没有"贪酒好色"之类的不良记录。刘邦好像很喜欢那种不负责任的游手好闲的生活，他活得有滋有味；而陈平则似乎有些落落寡欢，他的心思在别处。刘邦后来的发迹，其动力在于他的多欲，他是一个贪馋的人；陈平后来有所作为，似乎在于他的大志，他是一个有雄心的人。当然，这"欲"与"志"，本来很难区别。一些事实可以证明这一点。刘邦看到秦始皇前呼后拥，威风八面，车辇过处，山呼万岁，万民跪拜，冲口而出的一句话是"大丈夫当如此也"，这个"如此"，就是威风，就是权欲、物欲与情欲的极大满足，而刘邦贪而馋之的，就是"如此"。而陈平呢？乡里祭祀土地神，陈平为宰，负责切割分肉，分得很公平。乡里父老夸奖他说："这陈家小儿子分肉分得公平啊！"陈平喟然叹息说："唉！要让我主宰天下，我也同样公平啊。"这就是有名的"陈平佐汉，志见社肉"的故事。你看，陈平是早有大志，有理想。这是他与刘邦的不同处，甚至我们可以说，这也是他比刘邦的高贵处。

当然，陈平也是一个不择手段的人。刘邦战胜项羽，证明了在一个没有秩序的社会里，流氓战胜贵族的必然，下贱凌辱高贵的必然。陈平能在险恶的官场中成为不倒翁，当别人纷纷灭顶之时，他却能稳坐钓鱼台，善始善终，又证明了手段有时超越道德范畴而存在。或者，让道德也暂时委屈一下，为了更好地伸，有时得能屈。举一例：刘邦生前，为防止他姓危害刘家江山，与诸将及吕后立下誓约：若非刘姓而称王，天下共击之。但刘邦一死，吕后称制，便想立吕家的叔伯兄弟为王。"少文任气，好直言"的右丞相王陵坚决反对，他对吕后说："以前高皇帝宰杀白马与大家盟约'非刘氏而王者，天下共击之'，现在你要让诸吕称王，这是不合盟约的。"弄得吕后很不高兴。可当吕后转身又问陈平与周勃时，这两个心怀鬼胎的家伙竟然满口答应："高帝平定天下，把子弟封为王；现在你太后称制，要想封诸吕为王，当然也没有什么不可以的。"显然，王陵坚持的是道德标准，而陈平、周勃根据的乃是权力运行规则：刘邦掌权时可以封刘氏子弟，那吕后掌权时当然也可以分封诸吕。在这里本无是非曲直，只有权轻权重。在一个权力社会里，道德充其量只能成为个人操守，而不能运作社会，做事说话得凭实力——实际权力的大小。

罢朝后，王陵责怪陈平与周勃："当初高帝歃血而盟时，你们不在场吗？"陈平说："当面在朝廷谏争，我不如您；但保全社稷，安定刘氏后代，你就不如我了。"

王陵哪一点不如陈平？陈平哪里高出王陵？王陵不如陈平的地方就在于他执守道德信条，这本来是他的优点，但在权力社会里，道德上的优点往往成为行事的障碍，成为一个人才智上的盲点与缺点。而陈平高出王陵的地方，端在于他知道应该循着权力运行的规则去做，而不能凭着一己的道德热血。热血会流尽的，而且还会白流。这种清晰的认识与清醒的思想，是权术主义的道德基础。但这是多么丑陋而罪恶的思想啊，它使整个民族的道德堕落，使整个民族都随着权势这个魔鬼的笛音跳舞，成为权势的崇拜者、傀儡甚至伥鬼。正道直行成为幼稚与愚蠢的同义语，而枉道事人倒成了聪明与成熟的标志，枉尺直寻更被推崇为极高的政治智慧。

以道德的强项去抗击权力的重压，王陵的结局自在意料之中：王陵被架空。七年后，在愤郁不平中死去。

三

当王陵心中的块垒愈垒愈高，在重重郁闷之下不能呼吸直至灭亡时，深谙"潜龙勿用""枉尺直寻"之道的陈平则游刃有余地与吕后玩起了政治游戏。

他每日只是饮醇酒，戏妇人，好像很满足很颓唐地过着这种没心没肝的生活。其实，这是最早的《韩熙载夜宴图》的版本。南唐的韩熙载学的就是西汉的陈平。这时，一个对他有嫌怨的傻女人帮了他的忙：吕后的妹妹吕媭，记着先前陈平绑缚其夫樊哙之仇，常在吕后面前进谗言，说陈平身为丞相却不负责任，每日只是花天酒地——这头脑简单的笨女人哪里是陈平的对手！她哪里知道吕后和陈平之间的游戏！陈平知道吕媭向吕后进谗言后，不但不收敛，反而变本加厉了。而吕后知道这一切，又满心欢喜——这确实是只有陈平和吕后才了解其内涵的政治游戏——吕太后要的就是陈平的颟顸，对她及诸吕蚕食鲸吞刘氏天下睁一只眼闭一只眼；而陈平要的则是吕后对他放松戒备。这种韬光养晦的策略后来成了中国政治家的制胜法宝。

最后是吕媭丢尽了脸面——吕后当着她的面对陈平说："俗话说，妇人小儿的话不能听。你我是何等人？不要怕吕媭的谗毁。"

败在陈平手下的岂止一个"头发长见识短"的小女人。周勃、灌婴、王陵、韩信……这一连串历史名角，英雄豪杰，大丈夫，无不败在陈平含而不露的微笑之中。从某种意义上说，项羽也败在他手下：是他陈平用反间计，除去了项羽身边几位有头脑有眼光的人物，使项羽成了聋子和瞎子。其中包括被项羽尊称为亚父的范增。项羽派使者到汉，对方为之端来了最珍美的菜肴。可是，端菜的人看见使者后，假装惊讶地说："我们以为你们是亚父派来的，没想到却是项王派来的。"把好酒好菜撤去，换上粗糙的食物。使者回来把这一切告诉项羽，头脑简单的项羽果然怀疑亚父与汉有勾结，渐渐地削夺他的权力。而性情急躁偏狭的亚父果然大怒，对项羽说："天下事大致已安定了，你自己好自为之吧！我请求您放我这把老骨头回故乡吧！"项羽竟真的接受了亚父的"辞呈"。范增在回彭城的路上，又气又急又伤心，怨毒之气上攻，后背上生了一个大疮，不治而死。

范增不是死于那个大疮，而是死于陈平的计谋。一生老谋深算、"好奇计"并不择手段的范增老人，竟死于比自己年轻许多，更不择手段的陈平之手。

中国古代成功的政治家，往往在行事上有污点。如果不在个人德行上做点降格，就只能在现实政治中彻底的失败，至多做到独善其身，兼济天下的道德大善是无法实现的。这是专制政体自身的特点决定的。专制政体一天不消灭，我们就一天不能既独善其身，又兼济天下——因为若保持清白之身，首先就不可能在那样的体制中攫取权力。儒家在这一点上常常处于腹背受敌的境地——他们既要鼓吹兼济天下的功德，又要妆饰完美无缺的人格。正是这一点，使他们处在既卖矛又卖盾的境地——韩非就指出，儒家圣人往往都是德行上有污点的，同时，他也指出，德行上独善其身的，又恰恰是一无用处的废物。这也是我们在研究历史人物时常常碰到的麻烦：以君而言，刘邦是不孝不慈的；汉武是杀子杀妻的；唐太宗是逼父杀兄的；曹操功业盖世，可他的个人德行却领受了历史上一切恶谥……以臣而言，商鞅富国强兵，但卖友诈交，攻掠故国；李斯功高一世，但焚书坑儒，谗杀同学；吴起强魏扶楚，但杀妻取将，母丧不归……

卑鄙是卑鄙者的通行证，高尚是高尚者的墓志铭。究其根源，还在"专制"二字！

四

陈平的成功，端在于他能在人品这一点上不追求高尚。他终生也没有想过去磨砺自己的内在道德，他只磨砺他斩获外在世界的利剑，他追求的是手段的实用，而不是合乎仁义；是手段的高明，而不是光明。恰好这是一个需要智谋才能而不需要道德人品的时代。周勃和灌婴不满于陈平收受贿赂，又翻出他原先家庭不和的老账（只是他们把事情正好搞颠倒了：陈平和嫂子之间不和，在他们嘴里反而成了他和嫂子关系暧昧：盗嫂），以及他背叛魏王咎、项王羽等，到刘邦那里指责陈平是"反覆乱臣"（反覆无常的作乱之臣）。刘邦为此责备他的推荐者魏无知，魏无知对刘邦说："我推荐他给您，是看中他的才能，而你今天所说的，则是他的品行。现在的时势，就算有尾生、孝己的品行，有什么用？我推荐奇谋之士给你，是想着他的计策对国家有利，盗嫂受金又算得了什么？"——这话说白了，就是，有计谋就行了，要德行干什么？当刘邦当面责备陈平时，陈平同样不为自己品行辩护，他干脆耍起无赖——"如果我的计谋确实可采用，希望你用我；如果不能采用，您所赐给我的金银都在这儿，您拿走，我走人。"刘邦本是无赖，却碰到了光棍，没奈何，只得赶紧向他道歉，还升他为护军中尉，所有将领都归他监督。

后来，陈平分析项羽和刘邦的不同为人风格及其后果：

> 项王为人,恭敬爱人,士之廉节好礼者多归之……大王(刘邦)慢而少礼,士之廉节者不来;然大王能饶人以爵邑,士之顽钝嗜利无耻者亦多归汉。

流氓头子刘邦就带着这一帮"顽顿耆利无耻者"，打败了"恭敬爱人"的项羽及其"廉节好礼"之属，开国称孤！这样的历史叫人如何能不感慨万端！

扬雄曾说："仲尼多爱，爱义也；子长（司马迁）多爱，爱奇也。"司马迁确实十分偏爱奇人奇才，他夸奖人，也动辄用"奇"字，这也决定了他对陈平的偏爱。实际上，陈平人不奇，计奇。而这些计，是如何个"奇"法，则连司马迁、班固这些能看到政府不解密的档案的史官也不得其详，只是一再感叹："其计秘，世莫得闻。""奇计或颇秘，世莫得闻也。"桓谭、应劭都以为这是因为陈平这些计谋太下流（薄陋拙恶），所以"隐而不泄"，但这些计谋很管用，则是无疑的。司马迁说他"常出奇计，救纷纠之难、振（赈）国家之患"，同时，他个人得善始善终，靠的也是这些奇计。实际上，一切专制统治者搞的都是暗箱操作，利用的都是不可告人的权术。道家之祖老子说："国之利器不可示人。"专制权术集大成者韩非说："术者……人主之所执也。"这道家信徒的陈平，就是人主的智囊，是不可示人的黑暗的囊。

> 平曰："我多阴谋，是道家之所禁。吾世即废。亦已矣，终不能复起，以吾多阴祸也。"

陈平的优点，还在于他尚不能无所畏惧，无所拘忌，无所愧疚，尚有自知之明。这黑暗的囊，搞出那么多阴谋，种下那么多阴祸，让那么多英雄好汉翻船。虽则他自己一生能得善终，但阴祸所及，子孙遭殃，他虽然被封侯，司马迁把他列入"世家"，但不到五十年，国废，且"终不能复起"。

一个人，不管他有多少阴谋，可能谋及子孙？

贾谊
没有席位的发言

一

前不见古人，后不见来者。

念天地之悠悠，独怆然而涕下。

想起贾谊，我的脑海中总是浮现出幽州台上陈子昂的身影。

汉代文弱的洛阳少年，与大唐侠气纵横的蜀中豪杰，叠映在一起。

是他们的泪流到了一起。

大凡如贾谊、陈子昂这样天才卓著的人物，哪一个能避开在天地之间怆然涕下的命运呢？

我们的目光可以越过空间，却不能穿透时间。蓟北楼等高处可以抬高我们身体的高度，从而拓开我们视野的宽度，却不能让我们洞穿历史的厚壁：我们无法与和我们灵魂呼应的英雄隔着时代会面——秦琼战不了关公；贾谊碰不上屈原；陈子昂也见不了乐毅和燕昭王。过去了的只能永远过去，而未到来的，我们已经等之不及……

我们被卡在这一孤独无援的时刻。

我们也只能绝望地老死在这一时刻。

并且，死时，我们听到庸人们在窃笑。

我们触不到那些能温暖我们心灵的体温。

我们的知音总是在我们出生之前就死去。

或者，在我们死后，他们才姗姗迟来。

当那些英雄陷没于时间的漩涡时，我们握不到他们已经消逝的指尖。

而当后来者随着时间的大潮冉冉升起时，我们却被裹挟而去，触不到他们闪亮的额。

孟子曾经这样表述孤独：一个人，假如他在一乡范围内是杰出的，那么他必然在一乡中寻找同样杰出的人为友；假如他在一国中，或在整个天下是杰出的，那他就必然在一国中，或在全天下寻找同志。如果寻遍天下都找不到了呢？——

那他就只能引古人为友。

这就是那亘古的寂寞。是酒不能消的万古愁。

哀叹着"国人莫我知""哀高丘之无女"的屈原绝望地自沉汨罗百余年后，一位洛阳少年，二十四岁的汉代天才走近湘水，把手向波涛中伸去——

已是逝者如斯，伊人已渺……

屈原触不到贾谊的额。贾谊握不到屈原的手。他们隔着百年的时光，各自孤独。

他们各自独坐在自己时代的最高一级台阶上，叹息，哭泣。

二

很多英雄一生的失败在他出生时即已注定：生不逢时。

贾谊如果早生二三十年呢？他能碰上秦皇嬴政，碰上楚霸王项羽，碰上高祖刘邦。

而如果他晚生五六十年，他又可等到汉武帝刘彻。

那些都是需要英雄的时代。是英雄创造历史的时代。

偏他生在这两个浪峰之间的低谷中！

这是一个蓄势待发的时代；这是一个讲"无为"的时代；这是一个庸人都可以拱手而治的时代！

汉文帝曾对他那个时代的名将李广感喟："惜乎，子不遇时！如令子当高帝时，万户侯岂足道哉！"（《史记·李将军列传》）

其实，他身边还有一位绝对可以成为一代名相，能引导他和汉帝国超越三代、做出前无古人的辉煌业绩的人物，那就是与李广一样年轻有为、天才俊发的贾谊。文帝是否也在暗地里为贾谊惋惜过呢？

这是一个产生天才的时代，却是一个不需要天才的时代。

我很替文帝惋惜：他的手下有李广这样的将，有贾谊这样的相，却只能"无为"而治，这是多么地暴殄天物？他实在不善于用手中的上上牌，打出最高分。这怎么能不让人扼腕叹息？

显然，他是一个不大善于用人的帝王。或者说，不善于使用天才人物，使他们的天赋充分发挥，使自己的帝国辉煌，使自己的时代伟大。

在他的帝国里，李广不能封侯，贾谊不能拜相。最终李广绝望而自刎，贾谊凄伤而夭折。天生我才必有用，文帝逆天之意，杀天之才，文帝之罪亦大矣！

相较而言，文帝对贾谊更寡薄：对李广这样的英雄，他至少给了他用武之地，让他在战场上充分地展示了他的才华。但对贾谊，文帝就没有为贾谊安排政治席位，使他有折冲樽俎运筹帷幄的机会。这也不能全怪文帝，他自己也是被人从藩国请到权力中心来的。当文帝被陈平、周勃等人请入主席时，他发现，帝国的圆桌边已坐满了济济的人头。这一桌丰盛的筵席，不能再给任何其他人分一杯羹，哪怕是文帝带来的人。

是的，这个帝国在灭掉诸吕之后，只缺少一个刘姓的皇帝，而不缺少大臣。

贾谊是一个没有席位的就餐者，更不用说去当主持宴席的"祭酒"了。

他给了这个时代最好的忠告。他是那个时代最睿智的发言者，是那个时代庞然而麻痹的躯体上锋锐的虻，可他却没有席位，没有人给他话筒！

甚至，最后，连会场也不让他进！他被逐出京师。

中国历史上那么多的流放贬谪，除了对不同政见者或席位争夺者阴毒的肉体惩罚外，更重要的目的，就是把他逐出舆论中心地带，让他远离话筒，让他的声音消失。

昙花一现的政治辉煌消失了。贾谊一路哭向长沙。

三

我们先来看看贾谊的履历吧。

十七八岁时，他已博览群书，并以精通经典、善于作文而名扬郡中。李斯的学生、河南守吴公闻其名，招至门下，对他甚为爱信。

二十一岁，受学于荀子的学生、淮南丞相张苍，学习《左氏传》。同年，吕后死，吕产、吕禄居南北军，图灭刘氏而夺天下。右丞相陈平、太尉周勃、灌婴及齐王刘襄等杀诸吕，迎刘邦子代王刘恒为帝，是为汉文帝。张苍被征入朝，为御史大夫。

二十二岁，文帝元年。文帝听说河南守吴公政绩卓著，为天下之冠，是李斯学生兼同乡，征以为廷尉。

吴公向文帝推荐年轻的贾谊。文帝征召贾谊为博士。

在博士中，他年龄最小，学问却最高。文帝有所咨询时，他总能答出别人不能回答的问题，而且还颇合大家心意。侪辈都对他很佩服，文帝也对他格外赏识，一年之内，越级提拔他为太中大夫，并有意要委他以公卿之位。

就在这短暂的两年内，他提出了许多极有远见、富有建设性的意见。

关于制度方面的：上《论定制度兴礼乐疏》，请改正朔，易服色，定官名，兴礼乐，并草拟各种仪法：色尚黄，数用五，官名也应重新设定，与秦不同，以立汉制，更秦法，他说"汉兴至今二十余年，宜定制度，兴礼乐"了。显然，作为儒家信徒，他对秦有一种自然而然的反感与心理拒斥，他要新朝尽量抹去前朝的痕迹，确立大汉自己的风格与气派。

关于政治理论方面的：做《过秦论》上中下三篇，分论始皇、二世、子婴之过。首篇总论治国之本在于施行仁义。中篇讲"取与守不同术"，应"逆取顺守"，天下虽可逆取，但必须顺守。何谓逆取？——并兼者高诈力。何谓顺守？——安危者贵顺权。这一思路承续陆贾，又有发展。下篇我以为最为深刻，讲专制政体灭亡的必然性——其痼在专制自身。这三篇合而可为一大篇，洋洋洒洒，汪洋恣肆，诚为西汉鸿文。这是在理论上对残暴而失败的秦进行清算，虽不能说没给秦一点余地与尊重，也确实对秦予以了彻底的否定。这样的"破"

是为了"立"：他在认真地思考新朝立国的道德基础与统治理论。刘邦的那一帮流氓强盗式的武夫是不可能有这样的意识的。萧何、曹参等出身狱吏，可以是很出色的行政人才，但不可能站到这样的高度。叔孙通师徒更只不过是傧相司仪之流罢了。贾谊的横空出世，汉朝才算真正拥有了自己的理论家，才算开始真正认真深刻地思考自己时代的问题。

关于政治体制方面的：上疏建议列侯就国，主张削弱诸侯王的势力。

关于经济方面的：做《忧民》，上《论积贮疏》，"夫积贮者，天下之大命也"。力倡"驱民归农"，禁止末技游食之民。这是中国几千年来的一贯思想，而在汉初积贫积弱时尤为必要。

关于外交方面的：反对对匈奴忍让，主张用他提出的"三表五饵"之法，灭之于无形。

关于伦理道德方面的：作《六术》《道德》诸篇，试图全面阐述封建道德的根基。

…………

两年左右的时间，有如此众多的思想和理论建树、政策和策略建议，足见这位二十来岁的政治家的见识和胆略，足证他的政治天才，并足以奠定他在中国政治史上的地位。他可以侧身一流政治家之列而毫不逊色。

四

在这些建议中，既有眼前的急务，也有关乎长治久安的根本大计。有很多更是深入到了整个封建时代基本的政治与道德根基。其中有一点特别值得提出来，这一点显示出，什么叫真正的睿智，真正的目力。

汉初的政治家、思想家们，都在思考这样一个问题：秦为何兴暴而亡速？为何一个数百年兢兢而强的秦族，在走上履至尊而制六合的辉煌顶点后，竟至在短短的十几年里，萎萎而亡？

在思考这个问题时，人们又自然地把短命的秦和近八百年不灭的周做对比。人们很容易地看出了两者显而易见的不同：周行封建，以一家血脉盘踞天下，各路诸侯，拱卫周室，所以固若金汤；秦立郡县，诛残同姓，宗族血亲一无所封，使无尺寸之地，官长各地者皆有功之异姓，非我族类其心必异，所以一旦天下有事，没有至亲的相助！于是，结论似乎很明显：就国家的长治久安而言，封建制胜过郡县制。又由于郡县制的推行者恰恰是残暴寡恩的嬴秦，郡县制对同姓的寡恩与暴秦对天下的刻薄搅成一团，郡县制便不幸成为"不道德"的制度，而为人们唾弃。

于是，历史的倒退十分合乎逻辑：为了打败项羽，封！封功臣！为了屏障刘氏，封！封宗室！

公元前202年，也就是项羽自刎乌江的那一年，刘邦建立了自己的帝国。但这帝国的内部是什么样的建构呢？——

在帝国的中西部，有十三个郡和一个中央直辖地区。除了这十四个地区外，在辽阔而肥沃的北部和东部，则是十个诸侯国。这十个诸侯国控制了远比中央更广阔的领土和幅员更为广大的人口。到公元前196年，这十个异姓诸侯王除长沙王吴芮的后裔外，其余全部换成了同姓王——他们是刘邦的儿子或兄弟。在经过了削平异姓诸侯王的艰辛之后，刘邦仍然没有意识到问题的实质，大封同姓王。天真的刘邦以为，这些同姓王定比异姓忠心，于是他与大臣们约定："非刘姓而王者，天下共击之！"——刘邦大概只想到要预先防范吕后，但是，假如一个同姓的诸侯要挑战中央取而代之，怎么办呢？

很显然，血缘并不能保证飞扬跋扈的诸王对中央的效忠，独享资源和独擅权力的诱惑更大。自封王以来，无论是异姓还是同姓，叛乱，寻求独立于中央，甚至对中央取而代之的企图一直没有中断过。刘邦政治上的短期行为以及理论界在制度问题上的严重失误，造成了汉初几十年的动荡与生灵涂炭。

正是在这个问题上，贾谊表现出了他异乎常人拔乎流俗的见解：他认为秦统一六国，实行郡县制，乃是"除六国之忧"的远见之举；而当今的分封政策，恰恰又是"成六国之祸"的倒退行为（《权重》）。贾谊之聪明，在于知道国事不可恃于人的品行，不可恃于人的血缘亲情，而必恃于势："诸侯势足以专制，力足以行逆，虽令冠处女，勿谓无敢；势不足以专制，力不足以行逆，虽生夏育，有仇雠之怨，犹之无伤也。"（同上）此诚韩非子所谓："有使人不得不爱我之道，而不恃人之以爱为我也。"（《奸劫弑臣》）贾谊果真是荀派的后学！

那么，秦之速亡，既不在取消封建而立郡县，那又是什么呢？贾谊答：在权力制衡的丧失。

西周的政治制度乃是贵族民主政治，天子并不能对天下大权"孤独而有之"，他的行政权力要受到来自各方面的约束和限制。贾谊认为，正是这种对权力的约束与限制，而不是分封诸侯（当然，林立的诸侯对天子的权力在某些情况下，也是一种屏障），才是周近八百年不灭的原因，也是取消了这种约束的秦朝二世而亡的原因。

在《国语·周语》中，邵公劝谏一意孤行暴虐而又实行特务政治的周厉王，不能用压制的方法对待人民的意见。他对厉王说，天子的权力要受到上自公卿、下至列士的约束，还要制度性地听取乐师的献曲、史官的史训、少师的哲理之言、盲人的讽歌批评之辞。百官要进谏忠告，庶民要反映意见，左右近臣要时时规劝，皇亲国戚要监察是非。可是周厉王"不听"，继续实行他的残暴政治。三年之后，周厉王便被"国人"流放到彘地，由周公、召公共同执政。可见，这种约束机制确实可以有效地制止一些独夫民贼滥用权力残民以逞，从而也有效地防止了社会的动乱和政治的崩溃。发生变化的只是统治集团中的个别人，而社会则安然如故。这确实是一种制度长治久安的真秘诀。

《尚书·周书·洪范篇》还有一段更具体的操作性的记载：

> 天子有不能决定的大事，自己先认真思考，再与卿士们商量，再与庶民商量，再与卜筮商量。
>
> 如果都同意，就叫大同，自身安康，子孙也大吉大利。
>
> 天子同意，占卜同意，算卦同意，卿士反对，庶民反对，吉利。
>
> 卿士同意，占卜同意，算卦同意，天子反对，庶民反对，吉利。
>
> 庶民同意，占卜同意，算卦同意，天子反对，卿士反对，吉利……
>
> 原文：汝则有大疑，谋及乃心，谋及卿士，谋及庶人，谋及卜筮。
>
> 汝则从，龟从，筮从，卿士从，庶人从，是之谓大同，身其康强，子孙其逢吉。
>
> 汝则从，龟从，筮从，卿士逆，庶民逆，吉。
>
> 卿士从，龟从，筮从，汝则逆，庶民逆，吉。
>
> 庶民从，龟从，筮从，汝则逆，卿士逆，吉……

这里列出了四种制约天子的力量：筮（算卦）、龟（占卜）、卿士（大臣）、庶民。天子、卿士、庶民在发言权上是平等的，都只占一票，并且，在筮、龟同意的条件下，这三者中只要再有任一同意，就可以通过。可见，筮、龟的作用很大，这是因为筮、龟代表那个时代的知识分子，他们能究天人之际，通古今之变。这四种人加上天子，要是全同意了，自然是大吉大利大同。有分歧意见时，则有各种组合。这里特别要注意的是，天子意见并不是绝对的，而是常在被否定之列，天子的权力显然受到制度上的约束。有了这种约束，才能出现这样美好的政治和清明的社会：

> 无偏无陂，遵王之义；无有作好，遵王之道；无有作恶，遵王之路；无偏无党，王道荡荡；无党无偏，王道平平；无反无侧，王道正直。会其有极，归其有极！

这里的"王"，不是指某一具体的天子，而是指光明正大的政治。光明正大的政治是分权的政治！最强大、最稳定、最持久的政治也是权力有所制约的政治！

贾谊正是在这个意义上认识秦的灭亡和周的长久的：

> 当此时也（按：指秦亡之时），世非无深谋远虑知化之士也，然所以不敢尽忠拂过者，秦俗多忌讳之禁也。忠言未卒于口，而身糜没矣。故使天下之士倾耳而听，重足而立，阖口而不言……天下已乱，奸不上闻，岂不悲哉！先王知雍蔽之伤国也，故置公卿、大夫、士……千余载不绝。（《过秦论下》）

按专制论者的观点，天下之人对中央倾耳而听，重足而立，闭口而不言，这是多么同心同德，万众一心，但这恰恰是致亡之祸端。而周则天子而外，天下鼓噪不绝，又是诗以怨，又是乐以讽，又是史以鉴，又是箴以劝，"自公卿至于列士"，自瞽史、百工至于庶民，无不人人得而议之，弄得周天子不能专擅，不能决断，但这恰恰是致治之根基！

基于这种深刻的认识，贾谊从周代的贵族民主政治中吸取思想资源，为新的王朝，也为整个封建统治寻找长治久安之策。为了约束与限制权力，他提出应先从太子的教育入手，充分发挥保、傅、师及少保、少傅、少师的教育作用，从小就对太子进行仁义教育，从而养成孔子所谓的"少成若天性，习惯如自然"的良好品行。但他显然并不迷信人的个人品性，并不把所有希望都寄托在人的个人品行上。这是他与孟子等正统儒家的不同所在——虽然他也大倡"仁义"。等到太子"既冠成人"——

> 则有司直之史，有亏膳之宰。太子有过，史必书之……有进善之旌，有诽谤之木，有敢谏之鼓。瞽史诵诗，工诵箴谏，大夫进谋，士民传语……是殷周之所以长有道也。（《新书·保傅》）

他还是最重视外在的约束。

在国家制度上，他反周尚秦；而在权力制衡上，他又反秦尚周。在这一取一舍之间，让我们得以窥见大政治家的远见卓识！

五

但远见卓识往往"自绝"于当代。卓则必绝，远则自离。贾谊自然而然地与他同时代的人离绝了。他藐视他们，他们也排挤他；他们根深而叶茂，藤粗而蒂固，他则一无所恃——他只能恃文帝的保护，但文帝也一样脆弱——

> 于是天子议以谊任公卿之位。绛（绛侯周勃）灌（灌婴）、东阳侯（张相如）、冯敬（御史大夫）尽害之，乃毁谊曰："洛阳之人，年少初学，专欲擅权，纷乱诸事。"于是天子后亦疏之，不用其议，以谊为长沙王太傅。

平心而论，文帝刘恒还是很信任也很愿意重用贾谊的，他毕竟不是一个昏君。但他不能失去朝廷权力的平衡，他也不能为了一个贾谊而触犯众怒。一边是功高盖主的老臣，一边是初出茅庐的后生，两边既已势不两立，剑拔弩张，文帝只能倾向前者：反对前者，他自己的位子都不安稳。没有前者的拥立，就没有他的今天；没有前者的支持，也没有他的明天。

贾谊的失败是时势所必然，不是文帝个人品行所能挽救的。

于是，贾谊也只能满怀失意与挫折感，还有满怀的委屈与孤独，满怀的不平与轻蔑，一步一步地向长沙踟蹰而来。

过湘水时，情与景猝然相遇：百余年前，这儿自沉了一个屈原；百余年后，这个圣明的时代，还将埋没一个政治天才。他只能长歌当哭：

> 算了算了算了吧，
> 全国没人理解我！
> 独自忧愁独自苦，
> 有谁愿听你倾诉？
> 凤兮凤兮展翅飞，
> 远远飞离污浊世！
> 原文：已矣！国其莫吾知兮！子独壹郁其谁语？
> 凤缥缥其高逝兮，夫固自引而远去！　　（《吊屈原赋》）

六

一肚皮幽怨的贾谊被贬长沙，做了当时仅存的也是最势单力薄的异姓王的太傅。他的少年雄心大大地受了挫折。我有迷魂招不得，雄鸡一声天下白。少年心事当拏云，谁念幽寒坐呜呃？可是贾谊的少年雄心却从云端中跃落尘土，雄鸡连唱，唱出热血，天下仍然茫茫夜色。在以后的十年余生里，他聪明睿智依旧，忧国忧君依旧，高瞻远瞩依旧，精神状态却大不如前。挫折于一些人，可以使之坚韧深沉，通情达观；可以使之隐忍耐心，宁静致远。但贾谊却不然。挫折没能使他成熟，使他世事洞明，人情练达，而是使他如惊弓之鸟，战战兢兢；又使他如弃妇怀怨，凄凄惶惶。二十多岁的人，一出场，便先失去了气势，失去了气度，失去了气魄。女人在血，男人在气。男人而失了气，自顾非金石，焉能长寿考？

果然，贾谊到长沙，因为地势卑湿，更由于心气卑弱，已预感到自己不会长寿。三年以后的某一天，一件让他心惊肉跳的事发生了：一只不祥之鸟——鹏鸟——即猫头鹰突然飞入他的住室，悠然而莫测其神秘地站立在贾谊的座位上。贾谊赶紧占卜吉凶，得到的谶言是："野鸟入室，主人将去。"他一下子心如死灰。定下神来，只能以道家的达生之观慰藉自己：

偶然生而为人，何足珍贵爱惜。

忽然化为异物，何必忧虑悲泣……

生命托之命运，不当自己所有。

活如暂托人世，死为恒久休息。

原文：忽然为人兮，何足控抟，

化为异物兮，又何足患……

纵躯委命兮，不私与己。

其生兮若浮，其死兮若休。（《鵩鸟赋》）

　　二十来岁的人，就挣扎在死亡的阴影中不能自脱，这是横遭的不幸，还是内心的脆弱？贾谊才高百代，而意志薄弱如此，使其出师未捷身先死，岂能不长使英雄泪满襟？

　　后来发生的事，证明了这是一场虚惊。那"主人将去"的谶言，并不是说主人将要去世，而是将要离开这僻远卑湿之地了。就在贾谊满身虚汗地写作《鵩鸟赋》的第二年，汉文帝思念贾谊，又把他征召回长安。

　　贾谊进宫见文帝，文帝正在未央宫北面的宣室殿接受祭祀用的胙肉。在鬼神的祭祀中，文帝眼前总是鬼影幢幢，弄得他疑神疑鬼，甚至自己的行为举止也有些鬼鬼祟祟起来。他满怀狐疑，正好向贾谊请教。根据《史记》及《汉书》的说法，贾谊详细地讲述了鬼神的情状，一直讲到半夜，文帝听得入了神，不知不觉移动坐席，凑近来听。第二天，文帝对人说："我很久没和贾生见面了。自以为超过了他，看来还是不如他啊。"

　　贾谊自离开京师到重被召回，一晃已是四年。这四年里，满腹经纶的他被剥夺了对国事发言的权力。现在被征召，肯定准备和文帝谈谈他政治上的主张，但文帝未问政治，先问鬼神，他大概不免失望吧？千年之后，一位"一生襟抱未曾开"（崔珏语）的诗人，李商隐（约813—858年），也为之打抱不平——

宣室求贤访逐臣，贾生才调更无伦。

可怜夜半虚前席，不问苍生问鬼神。（《贾生》）

　　但我猜想，贾谊是夜所谈，既然是"具道所以然之故"，谈兴极好，而文帝又"夜半前席"（《史》《汉》并作"前席"，意为把坐席移前，意颇明白。
李义山作"虚前席"，意殊含混，或意正相反，误），听得入迷，大概不会仅
仅是谈鬼神变异吧？宣室不是聊斋，贾太傅在长沙是做太傅，不是去搜神，汉
文帝也不是蒲留仙，政治家不是小说家。即便是不入流的街谈巷议之流的"小
说家"，也往往"谈言微中"——暗中绾合世道人心哩，何况贾谊。所以，我
有理由相信，贾谊是在借鬼神谈政治，他本来即有些"天人感应"思想，这一
点他是董仲舒的先驱。他《新书》中有《耳痹》一篇，我以为即是此次谈话的
一个中心。这篇文章的最后一节这样说——

> 天要实施他的诛伐，不要以为自己做坏事时处在一个僻远而无人知晓
> 的地方（就可以避过天的耳目），即使（你）藏在重重石窟之中，天也一
> 定会知道的……所以说，天虽然很高，但他的耳朵却离我们很近……他的
> 目光明察秋毫。所以一个人的自我行为，不能不谨慎啊！
>
> 原文：故天之诛伐，不可为广虚幽闲，悠远无人，虽重袭石中而居，
> 其必知之乎……故曰：天之处高，其听卑……其视察。故凡自行，不可不
> 谨慎也。

原来他是这样对汉文帝谈鬼神的！那用意不是很明显么？人间的，至高无
上的绝对权威专制帝王，原本也只有鬼神才能使他们或可收敛一些啊。

七

此后不久，贾谊向文帝上《治安策》，又叫《陈政事疏》，从外交到内政，
从当前急务到长治久安根本大计，全面阐述他的主张。他是试图全面探索封建
专制条件下统治理论的第一人，是中国几千年封建社会里第一位政治理论家。

我们来看看他对"削藩"的意见。

前文我们已经说到，刘邦为了笼络人心，打败项羽，分封了一批异姓王。
到公元前196年，这些异姓王除长沙王的后裔外，一一被消灭，而为刘邦的儿
子或兄弟所取代，是为同姓王。到贾谊时，这些林立的诸侯，已到了"尾大不
掉，末大必折"的境地，"一胫之大几如腰，一指之大几如股"（《新书·大

都》），贾谊以他荀派学者的独特眼光，看出诸侯造反，并不是血缘亲疏问题，不是中央与地方的感情问题，不是地方对中央的信诺问题，更不是地方诸侯个人的道德品质问题，而是取决于他们的实力：

> 迹前事，大抵强者先反。（《藩强》）

他举了一连串事实，说明造反者，大多是诸侯中的强大有力者。同时也举了一个反例：长沙王势单力薄，虽属异姓，却不反，"长沙……功少而最完，势疏而最忠，非独性异人也，亦形势然也"。同样，假如当初让樊哙、郦商、周勃、灌婴等人占据数十城而称王，现在即使他们已被诛灭，也是可以的；反过来，假如当初让韩信、黥布、彭越等人仅仅作为彻侯，使他们失去反叛的实力，那他们今天必还安然保存着。

这里说明一下，在汉初王与彻（通）侯是不同的，王的权力很大，在所属地盘内享有行政权，包括任免官吏、征税，甚至铸币权。而侯则只享有领地内的赋税，而没有行政权，没有领土治民权，这类权力归所在郡县。所以，王有反叛的实力，并且确实在前仆后继地反叛着，而侯则能循规蹈矩，与中央相安无事。

如此看来，广封子弟，名曰爱之，其实害之。等到"所爱化而为仇，所信反而为寇"（《制不定》）时，再去征讨之，夷灭之，岂不是不仁之甚！

所以，结论——

> 欲天下之治安，莫若众建诸侯而少其力。

众建诸侯——是说，把原诸侯国划分成若干份，改变其嫡长子继承制，让其所有子孙都能有继承权，人人从已经划定的若干份中领走一份，这样，不费一兵一卒，让大诸侯国越分越小——

> 力少则易使以义，国小则无邪心。（以上《藩强》）

势力小则容易用义来驱使他们，国家小就会没有反叛的邪心，最后消失于无形。贾博士的这一策略，也真是"大道无形"，"圣人无功"！如此聪明绝顶的计策，同样绝顶聪明的文帝当然不会漠然视之。贾谊死后四年，公元前164年，齐文王去世，齐文王没有子嗣，文帝思念贾谊的话，把齐国分成了六国。又调原淮南王刘喜为城阳王，将原淮南国分为三国。这样，公元前179年的十一个诸侯国，至前164年，便成了十九个。公元前144年，梁王没留下继承人而死，景帝又把梁分成五个部分，诸侯国的数量便增至二十三个，而其总面积则大为缩小，并被由中央控制的郡分割，有些小诸侯国，如胶西、胶东，简直就如同郡县汪洋大海中的一叶孤舟，倾覆之状宛然。

武帝元朔二年（前127年），一位投机主义者、纵横家，主父偃，把贾谊的"众建诸侯而少其力"的"定制"之策，换了一个温情脉脉的名词——"推恩"，奏给武帝：

> "今诸侯子弟或十数，而适嗣代立（只有嫡生的才能代父为诸侯）。余虽骨肉，无尺寸之封，则仁孝之道不宣。愿陛下令诸侯得推恩分子弟，以地侯之。彼人人喜得所愿，上以德施，实分其国，必稍自削弱矣。"于是从其计。

这种"稍自削弱"的结果，便是，到公元前108年，也即"推恩令"颁布二十年后，诸侯国只剩下了十七个。而其所占有的土地，则形如帝国版图上的一些正待擦拭而去的零星的墨迹，也如秋后大地上散落的败叶，等待着秋风将它们最后收拾干净。

解决诸侯问题，实赖三人：贾谊、晁错、主父偃。贾谊兆其端，晁错献其身，主父偃毕其功。主父偃最后的成功，兵不血刃解决帝国肌体内的大肿瘤，就是他遵循了贾谊的思路。

八

贾谊虽然忧虑早死，但从汉文经汉景至汉武，诸侯问题解决了，他的功业由几代人完成了。从这个意义上说，贾谊宁不为伟大而成功的政治家！几乎所有人都对贾谊表示惋惜和同情。刘向称赞他"通达国体"，苏轼称之为"王者之佐"，欧阳修惋惜贾谊之才不能尽展，其策不能尽用，否则汉将追远三代，汉文帝也将功比三皇。一生困顿，两度被贬的唐诗人刘长卿，经过长沙贾谊旧宅时，昔人已乘鹏鸟去，此地空余太傅楼。抚视前迹，感慨平生，他那多愁善感的孤冷心灵，满怀怆恨——

> 三年谪宦此栖迟，万古唯留楚客悲。
> 秋草独寻人去后，寒林空见日斜时。
> 汉文有道恩犹薄，湘水无情吊岂知。
> 寂寂江山摇落处，怜君何事到天涯。（《长沙过贾谊宅》）

贾谊已成了后世不得志者抒忧发怨的"箭垛"。

贾谊之不获展其才，既有时运，也关性格。就其所陈诸策，文帝留意于心，并有所施行，诚如班固所说"未为不遇"，王勃《滕王阁序》亦云："屈贾谊于长沙，非无圣主。"这话很有意思。屈了贾谊，却并不损害文帝的圣明，为什么？事实上，后人也确实很少因为贾谊之不遇而贬抑文帝的。显然，人们都注意到了时运的影响。

贾谊登上政坛时，汉才建立二十来年。那些开国老臣们正在为国作梁作栋，为己作威作福。他们资历老，功劳大，文帝也是靠了这一帮老臣走上宝座的。试想，帝国议政的圆桌边镇坐着这些人，他们个个都是出生入死，越过如铁雄关才坐到今天的位子上的，而贾谊则无尺寸之功，仅仅因了崭露的聪明才干，被文帝赏识，一旦之间拔之草野，带入议事大厅。一进大厅，他就旁若无人，书生意气，挥斥方遒，粪土当年万户侯。欲文帝专听专信，一日之间斥尽旧臣，唯他马首是瞻，这可能吗？

所以，贾谊的性格太躁急、太傲慢，同时却又太脆弱、太纯洁。躁急则不能待人，既不能捺住性子等待时机，又不能心平气和等待文帝。

傲慢则不能兼人，他不能把那一帮老臣拉入同一战壕，与他们一同作战，而是欲凭一己的力量，挟文帝之权威而获成功。

纯洁则不能容人，他总是嫌那一批老臣太愚拙无识，不屑于与他们为伍。

不能待人兼人容人，事业还未开始，自身却早已形单影只。

偏他又那么脆弱，一贬长沙，就哭泣不止，在湘水边吊屈原，在居室内赋鹏鸟，简直是一蹶而不振，一挫而不复。后来文帝召回他，让他做梁怀王的太傅，文帝显然比贾谊更能审时度势，知道贾谊应属于下一代，所以他有意把贾谊留给子孙，让他辅助自己的儿子。贾谊大概此时也把希望寄托在怀王身上，但天不佑善，梁怀王竟然在骑马时摔死，脆弱的贾谊不堪这最后的打击，在多日的哭泣之后，赍志而殁。

九

在汉初，贾谊确是一个"望尽天涯路"的人物，具有非凡的远见卓识。但他缺乏"衣带渐宽终不悔，为伊消得人憔悴"的韧性，若非一蹴而就，便是一蹶不振。他是注定见不到那位躲在灯火阑珊处的美人了。

贾谊性格中的这些毛病，从他的文章中可以明显地看出来。他文章的开头，往往先声夺人，耸人听闻，走的是纵横家的路数；而结尾，则又往往指天发誓，信誓旦旦。这样的文章，不能说不好，但作者的躁急之性，亦于此可见一斑。问题在于，写文章与做官僚，需要的是不同的天赋与个性。简单地说，好文章要的是个性，而好官僚则往往要的是没个性。贾谊所处的朝廷，是一个老人朝廷。老人最看不惯的就是年轻人的桀骜个性与急功近利，贾谊偏偏在这两点上尤为突出。以贾谊所处的位置，若能放长线钓大鱼，上固文帝之宠信，下络大臣之亲附，何功不能奏！但要做到这一点，需要的就是稳扎稳打，不动声色，渐渐地在感情上和他们打成一片，然后可以无形无迹，引导他们跟随而来，如天道不语，四时运行，万物繁生，功成而不觉。我们看贾谊和周勃、灌婴等人的冲突，既没有利益权势之争（贾谊即便做了公卿，也不会对他们形成威胁——他们的地位是历史形成的），也没有党派之争、主张之争，更没有所谓的君子小人之争。他们之间的冲突与矛盾，应该主要是贾谊的个性引起的。他还很不熟悉如何和这些人打交道，从而取得他们的信任和支持。他太年轻了，毕竟才二十二三岁啊。

才高可贺，但自恃其才，凌傲人物，便是祸根。我们看贾谊说自己，开口闭口即对文帝说："何不一令臣得孰数之于前。""曾不与如臣者孰计之。"似乎国事必得征求他的意见，文帝要有所作为，必得与他计谋，而一切失误，又是事先没有请教他的高见。即便事实果然如此，话也不能这么说。贾谊于道家忍柔之道，确实疏离太远。

再看他如何凌傲人物。说到一般大臣（当然包括周勃、灌婴辈），则直斥为"非愚即谀""亡具甚矣"（太没才具了）"犹为国有人乎？"（还有人在为国着想吗）批评他们"恬而不知怪"（安怡享乐却不知虑事），"不知大体"。几乎所有朝廷之臣，全在他斥逐之列，说他们进言不善，献计无识。

我们再看他用什么样的口吻和文帝说话。或诘之责之："可谓仁乎？""甚可谓不知且不仁。"（《权重》）或催之逼之："陛下谁惮（怕谁）而久不为此五美？"（《五美》）"陛下奈何久不正此？"（《壹通》）或讽之刺之："陛下有所不为矣，臣将不敢不毕陈事制。"（《亲疏危乱》）或教之训之，一篇《大政》，如同耳提面命的教训，通篇都是"戒之哉！戒之哉"！"戒之戒之""呜呼呜呼"，如同老父教训不肖子，望子成龙又恨铁不成钢。我怀疑这篇《大政》是他做梁怀王太傅时的政治学教案。人说欧阳修的《新五代史》是一部"呜呼史"，贾谊的《新书》，我看也是一部"呜呼书"。所不同者，欧阳公是在呜呼古人，古人不会从坟墓中爬出来跟他捣乱；而贾谊却是呜呼君上，呜呼同僚，他们能不和他怄气？

问题不在于贾谊所指所责是否事实，也不在于贾谊在封建官僚体制中保持个人的为人风格与语言风格是否应该，甚至也不在于他对文帝的态度是否一定得恭顺——问题的关键在于，贾谊要的是有所作为，而不是泄愤；他的目的不是和他们捣乱，让他们不能快活地作威作福，并摧折他们，使他们不能作栋作梁。他是一个政治家，而不是一个文化批判者，他的历史使命是建设。所以，他需要和这些人合作。前文我慨叹文帝不能用贾谊，以致他不能成为三皇一类的人物，但文帝是情有可原的。此处我又要慨叹，贾谊也不善用文帝，使他最终不能做出伊尹、管仲那样的成绩。一个明君，一个贤臣，历史让他们相见，他们却不能相得，合则两荣，离则俱损，可惜可惜！

《汉书》引刘向说：

> 贾谊言三代与秦治乱之意，其论甚美，通达国体，虽古之伊、管，未能远过也。使时见用，功化必盛。为庸臣所害，甚可悼痛。

但伊尹、管仲的同僚中，也定是庸人居多。他们定是能与这些庸人合作，才得成功。是的，圣人，就是能与庸人合作，引导他们并借他们之力完成自己历史使命的人。

晁错
多情却被无情恼

一

最近，我读了一本很好的书，叫《道德的人与不道德的社会》，美国基督教思想家莱因霍尔德·尼布尔（Reinhold Niebuhr）著。几年前，我就意识到，人到了一定年龄，所读的书往往是与自己思想一致想法相近的，如同在寻找同志或同趣，又像在叩寂寞而求音，聆听远方的呼唤，寻找思想的印证。当然，我对这种读书方式还保持着足够的警惕，免得它把我带向一隅而不知回头。但当这本书的书名在书店排挤累叠的缝隙中跳入我的眼帘时，我还是眼前一亮。不，是心里一亮。"道德的人与不道德的社会"，一下子，我多年的繁复感受如此清晰，历史与现实的重重色相在这里简单成了一句话，如同鲁迅在字缝中看出"吃人"，我也看到了……

在这本书中，尼布尔说："爱国主义情感在现代人心灵中达到了一种如此绝对的效力，以至于国家能够任意使用个人忠诚所赋予的权力达到任何目的。"这"任何目的"，据我的观察，还包括国家剥夺忠心耿耿的个人的自由、尊严，甚至生命。尼布尔关心得较多的是国家与国家、民族与民族之间的自私相损，而我则更关心国家对个人的不公正——国家常常利用个人的忠诚，又转过来损害个人的利益。尼布尔还说："民族所具有的非常敏感的'荣誉'感，总是能用其公民的鲜血来满足的。"我在旁边注道：民族和国家所特别需要的"忠诚""效力""奉献"等，也往往需要用其公民的鲜血来满足，而在中国古代历史上，又总是能用公民的鲜血来满足，公民不应也不能计较个人的得失。

还要交待一下的是，我在读尼布尔的同时，还在读中国古代的史籍。手头放着《史记》和《汉书》，眼睛盯着汉代的一个人物：晁错。在这样的情形之下，我产生一些让中庸而爱国的中国人觉得偏激的念头，并与洋人尼布尔产生一些共鸣，想必是能得到谅解的。

二

下面我就来谈谈晁错。

在汉初，贾谊和晁错可以说是一对难兄难弟。两人都是河南人，一是洛阳，一是颍川；年岁相等，都生于公元前200年；当然，更重要的是，他俩天才相近，遭遇相似。就他们与自己所要做的事而言，可以说是贾谊不宜，晁错真错。

一般来说，要干成一件事，一件正当的、又非干不可的事，不仅需要决心与正义感，而且还要注意两点：一要时机合适；二要手段得当。贾谊与晁错都要干那削藩的大事，这确是一件顺应历史的大事，但贾谊是时机不宜，晁错是方法出错。最后，两人都是出师未捷身先死，长使英雄泪满襟，其中晁错尤其悲惨。贾谊死后，其家族颇受文帝照顾，至汉武时，还举荐贾谊的两个孙子官至郡守。而晁错则是被灭族——在此之前，他的父亲因为预见到这可怕的结局已先自杀。

我们习惯了把贾谊看成儒家，他所学的、所称道的、所依据的，确实基本上出于儒，但却也杂有道家、法家的东西。对晁错，我们又习惯于把他看成法家，但我在细读了他的文章及奏章后，发现他与先秦法家的惨礉少恩有大不同。他很厚道，也很仁义。他曾向轵县的张恢先生学习申（不害）商（鞅）刑名之学，但颜师古却说这位张恢先生是儒生，这是一个值得我们注意的细节。另外，还要注意的是，他曾认真地研读过《尚书》，这可是儒家六经之一。汉文帝时，官方还没有人研究《尚书》，只听说齐国有一老翁伏生，原是秦国的博士，是治《尚书》的，但年已九十，老不可征。文帝便下诏要太常派人去齐国就学，太常便派了晁错去。晁错学得并不顺利，因为晁错是河南人，伏生是山东人，方言差距很大，再加上伏生年老齿豁，思路混浊，语言不清，晁错常常听得云遮雾罩。伏生让自己的女儿当翻译，晁错仍有十之二三不明白，只好靠自己钻研。回来后，他给文帝上书，称述《尚书》，这大概是一次例行的学习汇报或述职吧。《尚书》中的政治价值观肯定影响了他的思维方式（这可能是他不同于先秦法家的原因），但他可能对《尚书》的道理并无兴趣。史书上提到受他传授《尚书》的学生只有一例，《后汉书·何敞传》："六代祖比干，学《尚书》于晁错。"所以他在汉代经学上也谈不上有什么贡献与地位。与之形成对照的是，当他因为治《尚书》而被任命为太子舍人、门大夫，随后又升为博士之后，他竟给文帝上书，要求对太子进行"术数"教育，以使他知道如何临制臣下而使臣下畏服；如何听言受事而不至被蒙蔽；如何安利万民；如何忠孝事上，并且危言耸听地说，历史上那些不能奉其宗庙而为其臣子所劫杀的国君，都是不知术数之故。这宛然是韩非的口吻。显然他不喜欢用《尚书》做教材来教导太子，法家人物对儒家的那套修齐之术有一种本能的蔑视。好在文帝很赞同他的观点，于是拜他为太子家令，太子刘启也十分赏识晁错的辩才，一家人把晁错称为"智囊"。

司马迁和班固都说晁错"为人峭直刻深"（当然，在对汉代人物的评价上，班固基本抄袭司马迁），但我读晁错给文帝上的有关徙民实边备胡的奏议，是深深地为之感动的。是的，他为国家的长治久安动了那么多的脑子，提出了那么多聪明的计划，但我为之感动的则是他为迁徙到边地的人民考虑得那么周到。他希望边地官吏能遵纪守法，对迁徙到边疆来的百姓，照顾其老弱，厚待其青壮，不去侵凌他们。他还假借所谓古代之法，要国家在迁徙百姓之前，先要察看地脉是否阴阳和顺，品尝水泉是否甘美可口，审察土地是否适宜耕种，观察草木是否繁茂丰饶。还要先为之建好集镇，修筑城池，为百姓修好一间堂屋两间住房，关好门户，配置器物，让百姓到达后即有屋可住，有器可用。还要在新住区派驻医生、巫神，为百姓医治疾病，主持祭祀。生老病死要关照，婚丧嫁娶要垂顾，甚至，死后，要让这些人的坟墓互相倚靠在一起。

他严厉斥责暴秦征伐罪人戍边的"谪戍"制度，认为秦专任严刑峻法来强迫人当兵，甚至战死后家人没有一点优待，弄得人人都有背叛的心理，所以，他以为最好的制度不是"罚"，而是"赏"。显然他反对秦的恐怖政策，这是他与商鞅不同而近于人道的地方。他以古代三王为例，说明治国安民要本于"人情"，他说：

> 人的本性没有不想长寿的，三王就生养人民而不伤害人民；人的本性没有不想富有的，三王就厚养人民而不使匮乏；人的本性没有不想安全的，三王就安抚人民而不危害人民；人的本性没有不想安逸的，三王就节省民力而不用尽人力。三王制定法令，符合人性然后才推行；三王劳动大众驱使人民，依据人的基本事实然后才去做。用对待自己的标准去要求别人，用宽恕自己的心情去宽恕别人。自己感情上厌恶的，不拿来强求别人；自己感情上喜好的，不要禁止人民追求。
>
> 原文：人情莫不欲寿，三王生而不伤也；人情莫不欲富，三王厚而不困也；人情莫不欲安，三王扶而不危也；人情莫不欲逸，三王节其力而不尽也。其为法令也，合于人情而后行之；其动众使民也，本于人事然后为之。取人以己，内恕及人。情之所恶，不以强人；情之所欲，不以禁民。（《汉书》晁错本传）

这里哪有一点"刻深"的味道呢？这简直是仁厚如孔子，公正如孟子啊！文帝十二年，晁错上疏请求减免农民租税，文帝下令减收租税之半；十三年，又"除民田租税"（《汉书·食货志》），谁说法家只是"切事情"呢？他们也"知人情"，体民情啊！

法家人物也往往能大公无私，晁错就是这样一个公而忘私、国而忘家的典范。司马迁说他"为国远虑，祸及近身"，并感慨地说，"毋为权首，反受其咎"（《吴王濞列传》），又说他"敢犯颜色以达主义，不顾其身，为国家树长画"（《太史公自序》）。著《汉书》的班固也有类似的观点。实际上，"祸及近身"也好，"反受其咎"也好，这都是晁错主动的义无反顾的选择。就在他力倡削藩，引天下之矢集于一身时，他的父亲从老家颍川跑来，阻止儿子，我们看看这场父子间的对话。

父亲说："皇上才即位（指景帝），你当权处理政事，便要侵削诸侯，疏离人家骨肉，引起别人对你纷纷指责，和诸侯们结下怨恨，你这是为的什么呢？"

儿子答："我早就知道会有这样的结果。但不如此，就会天子不尊，宗庙不安。"

父亲说："你这样做，他刘家倒是安定了，而我们晁家却危险了！我还是赶紧回家等死吧！"

这场父子的对话，实际上是家与国的对话。晁父代表着个人及个人所属的家族，而晁错则代表着国家。可悲的是，晁错也是家中的一分子。他是家和国这一系列社会关系的总和，他怎能从他的本质中剔除个人及家族，而仅留下单一的国？这场父子冲突就是家与国的冲突。这种冲突难道不会在晁错的内心中反复涌动？晁父是单纯的，作为家族之长，他可以完全站在晁家的利益立场上。当他把国理解为"刘氏"时，这刘氏的"国"与晁氏的"家"相比，并不具备道德优先权。而晁错却不能有如此轻松：一边是家，一边是国；一边是儿子，一边是臣子。做儿子要爱父母家族，做臣子要忠君爱国——他腹背受敌：一边是水深；一边是火热。在这种情形下，既然不能置国家安危于不顾，他便只能自欺欺人地寄望于"国"对"家"的庇护。

实际上，要解决这种国与家的矛盾，调和二者利益上的冲突使之一致，确实只有一条路：那就是"国"必须承担起保护"家"的责任，这也是"国"存在的道德基础。可惜的是，在专制社会中，这种关系是颠倒的："家"应当为"国"牺牲，个人对"国"的无私奉献是个人存在的道德基础。换言之，不能把自己的一切奉献给"国"的个人，是不道德的，是不受法律保护的。

以晁错的聪明，他不可能看不到他父亲看到的危险，但晁错做出了"国而忘家，公而忘私"的选择。他是坚定的、决绝的，几乎是义无反顾的，也可能是孤注一掷的——他可能还是太相信他身后的靠山——汉景帝了吧，他就把宝押在这个看起来很贤明的君主身上了。在这一点上，倒是他的那位没有传下名字的老父亲比他更明白，更了然那必然的结局——回到老家后，这位可敬又可怜的老人惶恐不安，思前想后，决定饮药自杀。死前，他对人说："我不忍心见到祸患降临到我身上。"

读《史》《汉》所载的这一段，我们不能不被晁错的人格与"主义"所感动，尤其是被他坚持"主义"而不惜生命的精神所感动。明代的李贽，就此议论道：

> 国尔忘家，错唯知日夜伤刘氏不尊也。公尔忘私，而其父又唯知日夜

伤晁氏之不安矣。千载之下，真令人悲伤而不可已！（《焚书·晁错》）

为什么千载之下，尚令李贽这样的思想豪杰"悲伤而不可已"？这就是他无法厘清"国"与"家"的道德关系。

三

大约在晁错父亲自杀后不到一个月的时候，汉景帝果然出卖了晁错。他听信与晁错有宿怨的袁盎的谗言，在由另外三个小人出面上奏的，要求腰斩晁错、诛杀其全部家族成员的奏章上，朱笔一挥，一个血淋淋的大字："可！"要知道，他毫不心跳毫不手软地斩草除根的，是他多年的师傅和最信任的大臣啊！十几天前他们还在一起谋划国事，是最亲密的战友啊！刘启真是英雄！真是又厚又黑的厚黑大英雄！

而这一切发生时，晁错竟然被蒙在鼓里。看他教景帝以权术，看景帝用权术收拾老师，真是青出于蓝而胜于蓝！这位好学生派中尉去召见晁错，骗晁错乘车去巡行中市。此时晁错的官职是内史，其职责即是掌管京畿，负责皇帝和首都的安全，巡行市区，也算是他的常规工作吧。晁错闻命，急急忙忙穿上朝服，登车启行。当车行至长安东市时，刽子手们突然变脸，将他推下车子，一刀结果了他的性命。可怜晁错还没明白发生了什么事，便一命归西。在忍君奸臣的合力谋划之下，汉初最有价值的头颅，滚落长安东市的尘埃之中。

接着的，便是嗜血的小人们操纵着嗜血的国家机器，诛杀了晁错家族的男女老少。

晁氏家族的血渗进了刘氏帝业的根基。

晁错死后，一个叫邓公的校尉，从战场归来，上书陈说前方军事情况，谒见景帝。景帝问他说："你从军事前线来，听到晁错已死的消息后，吴国和楚国罢兵了没有？"邓公说："吴王蓄谋造反已有几十年了，因为削减他的地盘而发怒，打着诛杀晁错的名义，但他的本意并不在晁错。我担心从此天下人都将闭口，再也不敢进言了。"景帝说："那是为什么呢？"邓公说："晁错担心诸侯强大，没法控制，所以才提议削减他们的土地，以便尊崇京师，这是万世的大利。计划才刚刚实行，竟然遭到杀戮，对内杜绝了忠臣的口，对外反而替诸侯报了仇。我私下以为陛下不应该这样做。"景帝深深叹息一声，说："你说得对，我对这件事也觉得悔恨。"好像是出于对晁错的补偿，景帝拜这位为晁错说了话的邓公为城阳中尉。

而晁错，以及他家族的一门老小，早已成为衔冤的孤魂野鬼了！

当初，汉文帝让贾谊去做梁怀王的太傅，私下里也是想让贾谊辅佐他吧！而贾谊，也定是把希望寄托在梁怀王身上。他梦想着梁怀王有朝一日嗣位，他就可以大展宏图了。可惜梁怀王坠马而死，贾谊的梦想也从此随风而逝，他为此忧伤过度，郁郁而死。而晁错，倒是极像贾谊的逻辑继承——他做着太子刘启的家令，并且真的等来了刘启登基，也真的在一段时间里"幸倾九卿"，言听计从。贾谊没有实现的梦想倒是让他做圆了，可结果呢？却遭满门抄斩！就此而言，贾谊当年赍志早死，又何尝不是大幸？祸兮福所倚，福兮祸所伏，人啊人啊，祸福怎能说得清？在专制社会里，又怎能逆料？

四

不知明哲保身的晁错终于被杀。后人对他的死，提出了各种看法。有人认为乃是因为他公报私仇，逼急了袁盎，反被袁盎咬了狠毒的一口（如司马迁、班固、李贽）；有人认为他错在敢做而不敢当，临大难而不敢自任，反而要景帝亲自统兵去和叛乱诸侯对阵，犯矢石之险，从而既使景帝不快，又给小人钻了空子（如苏轼）；也有人认为他不该用权术教景帝，更不该不知防止景帝对他用术（如司马迁、王夫之、梅曾亮）。但我以为，这一切都不重要，真正的问题出在他不该相信景帝刘启。相信帝王，背倚帝王而以术临制天下，这是法家理论的盲点——他们不知道，自己也是帝王之术驾驭之下的一分子，是招之即来，挥之即去的工具。他们所背倚凭恃的，不是坚强的后盾，倒常常是锋锐的"后矛"。

我们来看看景帝是如何玩弄晁错，玩弄"弃子战术"的。

晁错被提升为御史大夫，他上了一封按劾诸侯罪过、乘机削夺其土地的奏札。这是一个十分敏感的政治问题，应该行之机密才是。事实上，此前晁错谈这类问题都是"请间言事"（请求屏退别人，私下交谈），而景帝竟然把这封涉及如此敏感问题的奏札公之于众，"令公卿列侯宗室杂议"，一下子弄得天下汹汹滔滔，"诸侯喧哗"，仅十几天的工夫，就激起吴楚七国的叛乱，晁错成了众矢之的。不仅成了诸侯的众矢之的，而且成了那一帮得过且过、敷衍塞责的朝廷官僚的众矢之的，他们怪晁错惹出事端，使他们不能再安享"太平"。比如那个执掌军权的大将军窦婴，就"由此与错有隙"。以景帝之才智，他难道不能预见这样的结果？他可是学过"术"的！清人梅曾亮的《晁错论》一针见血地指出："削七国者，帝之素志也，而不欲居其名，故假错以为之用。""帝特以错为饵敌具耳！"刘启是把晁错当作自己的诱敌之饵了！

在此之前，晁错已明确地给景帝分析过，吴楚之反，不可避免，只是时间的早迟问题。"削之，其反亟（早），祸小；不削，反迟（晚），祸大。"景帝当然知道长痛不如短痛，养痈必然遗患，倒不如早日捅破这一溃痈，以求根治！于是，他便以晁错这一奏札为契机，抛出晁错，激出吴楚，一劳永逸，彻底解决这一自汉立国以来四代（高帝、惠帝、吕后、文帝）都没能解决的政治肿瘤。

十余日后，吴、楚、赵、胶西、胶东、淄川、济南等七国俱反，其口号即是"诛晁错，清君侧"。双方都把晁错作为幌子，也实在令人感慨。景帝与晁错商量如何退兵，晁错以为，把数百万大军交给大臣，不可信，很危险，不如景帝带兵出战，而自己留守京师。正商议未定，晁错结怨的窦婴推荐了与晁错宿怨极深的袁盎来见景帝。袁盎对景帝说，他有一个退敌的好主意，但只能单独对景帝说，不仅要屏退左右，连大臣也不能在场。晁错只得满怀怨恨快步离开。待只剩下袁盎和景帝两人时，他对景帝说："方今计，独有斩错，发使赦吴楚七国，复其故地，则兵可毋血刃而俱罢。"具备中人以下智商的人都会看得出来这是一个什么样的主意。首先，吴王刘濞为这次叛乱已苦心孤诣地准备了三十多年（三十多年前，他的太子在京师与当时做文帝太子的刘启下棋，轻狂不逊，被刘启抄起棋盘，砸烂脑壳而死，从此记下仇恨，埋下反叛宿愿，景帝刘启才是他的真仇人），用刘濞自己的话说，"寡人节衣食之用，积金钱，修兵革，聚谷食，夜以继日，三十余年矣"，他岂能真是为了一个晁错？三十多年前，晁错还在牙牙学语呢。如果说晁错真的激怒了他们，也只是使之早反而已，这点既早在晁错的洞悉之中，又岂是景帝所不知道的？

对此袁盎应该更了然于心。他曾在刘濞那里做过相。早在袁盎做吴王相时，袁盎的侄子袁种就对他说："吴王骄横日久，国家多奸人……你去后，自全之策，就是每日饮酒，不要管事，时时劝劝吴王不要反叛就是了。"吴王反叛之心，路人皆知。现在吴王打出诛晁错的幌子，袁盎也借机公报私仇，欺天欺人欺良心，他后来被刺客刺杀，也不得善终，岂非报应！

其次，即便吴楚反叛是要杀晁错，泄一时之愤，但既已连兵百万，成东西对峙之势，即便此刻杀了晁错，又岂能使高速运转的战争机器骤然停止，吴楚七国又岂能一闻晁错已杀，便偃旗息鼓，束手而待处分？当袁盎与宗正奉景帝之命，通报吴王晁错死讯后，刘濞笑着说："我已经成为东方的皇帝了，还要向谁行礼？"

再次，就算袁盎与景帝弄昏自己的脑壳，昏到相信晁错一死，吴楚叛乱"兵毋血刃而罢"了，下一步怎么走？以后中央的威权何在？景帝将不帝，帝国将不国，当初刘邦天下不归于一不歇手，难道仅仅四代，便重蹈东周覆辙？

但是，这两个卑鄙的家伙怀着各自卑鄙的念头，在密室里策划着这一卑鄙的阴谋。以他们两人的奸诈，岂不是互相都能把对方看得透彻敞亮——在冠冕堂皇的帽子下，袁盎不过是借机报仇，而景帝乃是抛出过河卒子——当景帝把晁错的奏札公之于众时，就把他拱过了河——只是，景帝刚才还在与晁错共商国是，肝胆相照，荣辱与共，一转眼，就翻云覆雨，落井下石，未免太伤自己的面子了。所以，当袁盎提出斩杀晁错时——

> 上默然，良久，曰："顾诚何如，吾不爱一人谢天下。"（看来只能这么办了，我不能因了晁错一个人而对不起天下）

当我在《汉书》中重读这一段时，看到了我以前读时，写在此页空白处的一段话：

> "默然"而又"良久"——并非在考虑是否出卖晁错。其实，袁盎的主张正打动他的心弦，与他内心中一种隐秘的冲动不谋而合——他的良久默然，是在寻找出卖晁错的道德理由，"为天下而杀一人"，多么虚伪！多么自欺欺人！这是中国政治史上最典型的虚伪范例。这种虚伪，自欺，乃是不道德向道德出示的通行证，又是道德向不道德挂出的降幡。这么一个"为天下"的借口，既是为了糊弄天下人的道德良知，更是为了弥合自己内心中的道德创伤——为了弥合自己内心中的道德创伤，他撕破天

下人的道德良心，以天下人的自私自利来接纳一个人的无私牺牲。他指着
晁错血淋淋的尸身，慷慨激昂地对天下人说："看，为了你们，我这么做了。
我做出了我的选择，你们来承担道德的责任与重负吧。"——为了掩盖自
己的道德污垢与瘢痕，他让天下人的道德良知在人性自利的催眠下休眠。

现在，我还要补充说，国家、民族、集体等等说辞，往往是政治虚伪和
虚伪政治的最好遮羞布，是集体自私与无耻的最好理由！尼布尔说，国家的最
常见的道德特征就是虚伪。在古代中国，国家常用这样的道德特征来对待个人：
捕获他的忠诚、才智，并进而占有他的一切，包括生命。

还有一个情况值得我们关注。当吴楚等七国叛乱时，帝国境内的诸侯国共
有十七个。也就是说，还有十个王国没有参与叛乱，他们的未来的动向很是可
疑，也很令人担忧。更令人不安的是，他们对晁错的态度与叛乱七国是一致
的，"诸侯……多怨晁错"（《史记·吴王濞列传》），这确实是景帝预期的
目的。而刘濞也在利用这一点，试图拉拢其他诸侯国入他麾下。如果我们了解
这一层，我们会对景帝杀晁错有新一层的理解：那就是要通过杀晁错来笼络这
一批尚未公开挂出反旗的诸侯。晁错的削藩是针对所有诸侯的（虽然有缓急轻
重之别），现在，激进的吴楚等七国已造反，可以说他们代表着所有诸侯国的
利益，因此，诸侯们在内心里拥护和同情吴楚的成分肯定会多一些，哪怕他们
不希望吴楚对中央取而代之，另立权威，也希望他们给现存的中央一点颜色看
看，让其收敛其削藩的锋芒，从而延续他们历来的政治与经济利益。景帝当然
也深察这一点。于是，他主动先让一步，潜伏爪牙，把削藩的倡导者晁错——这
是他预先为晁错包装好的公众形象——杀掉，以换得诸侯的支持。应该说，他的
这一目的果然实现了，大多数诸侯国站到了中央一边，并负起了屏卫中央的任务。

我们可以看看景帝玩弄晁错的全过程。首先，他利用晁错的忠诚和远见，"假
错为之用"，让他承当"削藩"的倡导者和设计师的角色，使之成为众矢之的，
并利用他的奏札激化矛盾，促使必反的吴楚等国早日爆发，从而能够有充足的
理由动用武力收拾他们。当这一目的实现后，再用晁错的脑袋笼络未反的诸侯，
孤立吴楚，使中央具有绝对的优势。景帝的这一连环妙计，平心而论，还真叫
人佩服！当初在棋盘旁，他动手砸死了吴王濞的太子，现在，他又用如此高妙
的一局棋，只两着，就玩死了苦心孤诣准备了三十多年，已六十二岁高龄的老

奸巨猾的吴王刘濞！

晁错，是这着棋中的一个可怜的弃子。

五

袁盎献"计"十来天后，一切暗中操作都已到位，三个小人走上前台。丞相青翟（一说陶青）、中尉嘉（未详）、廷尉张欧，上书弹劾晁错。他们奏称："错当腰斩，父母妻子同产无少长皆弃市。"我的眼睛在"父母妻子同产无少长"几个字和这三个人的名字间来回逡巡。我实在惊骇于人的残忍，就算不太会做人的晁错得罪过他们（史无明言），晁家的父母、妻子，一家老小也不至于与他们有什么过节。这种残忍若不是出于怯懦（中国历史上的政治斗争往往用斩草除根的方式来换得暴行过后的安全感），就是出于集权制度下的政治观念，这种政治观念是绝对视人如草芥的。也许两者兼而有之吧。晁家被杀的一门老小，在临刑时肯定比我今天写这文章时更能明白这样的"国"是什么，它对人民意味着什么。只可惜死人不能说话，活人更加自私而胆怯，真理就这样被死者与生者共同的沉默遮蔽了。

我的眼睛最后定定地盯在这三个名字上，无论用什么样凶恶的词来形容我的眼神都不过分，但最终只剩下一个词：怜悯。同时，起先我觉得无论用什么样恶毒的言辞来诅咒他们都不解恨，但最后，也只剩下了一种情感：鄙视。

是的，我鄙视他们，也可怜他们。他们的心智太渺小了，又专注于利己与害人，所以，他们不可能对国家做一点有益的事。当晁错在考虑帝国边界的匈奴问题、帝国内部的诸侯问题、农民问题、经济问题、政治问题时，他们只有靠边站的份儿。他们的兴趣不在这儿，他们的智力不够格，他们除了私心也从没有过责任心。他们的平庸使他们只能尸其位而食其禄，是国家的酒囊饭袋，但他们害起人来却如此果断斩决，雷厉风行。事实上，他们至今仍让我注意到他们曾经有过的卑微而又卑鄙的存在，就是因为他们曾经向一个政治天才发出恶狼一样的嗥叫，并把他撕成了碎片。这种嗥叫在中国漫长而阴暗的历史回廊上不断发出回声，至今还令我们中夜起坐，惶恐而不寐。

乔治·华盛顿说，只有在符合自身利益时，民族才是可以信赖的。我也要说，只有在符合自身利益时，君主才是可以信赖的。屈原早就以他自身的遭遇，而得出过血的教训，"君可思而不可恃"——对于君主，我们只能爱，却不能靠。君主就是这么一种单向的东西。我们一切的忠诚、才智，甚至生命都流向他，他却不可能有一点恩惠顾及我们。我们的传统文化一直把君主比作太阳，而把自己比作向阳开的葵花（杜甫诗《自京赴奉先县咏怀五百字》："葵藿倾太阳，物性固难夺。"），但君主不是正在燃烧、光热无穷的太阳，而是已死的恒星——黑洞，它只能吞噬，没有什么东西能从它那里逃逸出来，哪怕是每秒三十万千米的光。在自然界，有黑洞；在社会界，也有"黑洞"，那就是专制君主！

讲权术的晁错应该是懂得这些的，但他可能太大公无私了。个人往往是道德的，而国家往往是不道德的，在专制政体中，这一点尤其明显。中国传统文化又不断地强化这种现象，拉大两者道德水准间的差距：儒家文化就不断地、无餍足地要求个人的忠诚、奉献与道德，而对国家的日趋丑陋无耻则闭口不言。如果他们的政治理想实现了——当然是不可能实现的——那社会肯定是这样一种样子：普遍的、绝对道德的人民与绝对罪恶而不道德的政府。这太难以想象和不可思议了——所以也一直未能出现。不是未能出现一个罪恶的不道德的政府，中国历史上的政府恰恰都是不道德的，而是不可能出现这样道德的人民。是的，中国历史上从来也没有出现过群体意义上的道德的人民。

《史记》和《汉书》都把袁盎和晁错这一对死对头放在一起，合为一传，好像他们生前的恩怨未能尽了，在历史中仍纠缠一起，打得难解难分。我在《汉书·袁盎晁错传》的空白处，写有下面一段话，移过来，作为全文的结束：

> 袁盎善做人，晁错善做事。
> 袁盎只是一张嘴，要说得天下人都爱他敬他。
> 晁错只有一肚计，要把这天下事都做尽做绝。
> 天下人，众不可说，一张嘴，岂能让天下人都满意？有所爱，必有所憎；有所顾，必有所失。进退两难，顾此失彼；一刺可免，再刺难逃。天网恢恢，疏而不漏，司马迁曰："袁盎权说，初宠后辱。"
> 天下事，了犹未了，做事当有步骤，看时机，选方法。时机不到，何妨留下一些事不做？勉强去做，欲速不达。方法不当，何不三思而后行？缘木求鱼，南辕北辙，败固宜然，悔之何及！司马迁曰："晁错远虑，祸

及近身。"

唉！做人难！做事难！

从谏如流，难上难！！

在不道德的专制社会，做道德的个人而想善终，难于上青天！

东方朔

谈何容易

一

　　毛泽东一代英雄。英者，聪明秀出也；雄者，胆力过人也。虽然晚年糊涂，犯下大错，但其文韬武略，果然是震古烁今。他作词，藐视滔滔英雄豪杰，云：

　　　　惜秦皇汉武，略输文采；
　　　　唐宗宋祖，稍逊风骚。
　　　　一代天骄，成吉思汗，
　　　　只识弯弓射大雕。

　　几乎一笔抹了吾华夏数千年英雄好汉。不过，秦皇、唐宗、宋祖，以及那一生杀人无数的成吉思汗（他一生杀人在数百万以上，且多是平民及放下武器的人），毛泽东怎么对他们嗤之以鼻，我都没意见，唯独对"汉武"——汉武帝刘彻，我倒是有些不同的想法。我读过他一些诗，如《瓠子歌》《秋风辞》，苍凉幽壮，沉郁顿挫，他不是一个缺少文采的人。当然，这不是我偏爱他的主要原因。我偏爱他，是因为他活泼、好动，生命力旺盛，精神健全，好玩乐。他往往顽皮而至于无状，好意气，又常常不惜血本。更主要的，是他有幽默感。在专制体制中而有幽默感，这需要多么顽强而不屈服的个性。这种幽默，是铁树开出的花，是沙漠幻出的海，是鸟笼暂开的天的一角，是黑屋铁壁漏泄的一线光亮。我们见过"政治上正确"的严肃面孔太多了，我们简直不奢求活命，只求死前能松一口气。我们有时真的是仅仅需要屠夫唇边的一纹笑意，屠刀尖端的一弯柔美的曲线。我们有时真的仅仅希望把"屠夫的凶残，化为一笑"（鲁迅语），用他的幽默，作为我们的临终关怀……

假如我们注定做奴隶，并且这奴隶之路还刚刚开始，"路漫漫其修远兮"，还看不出这奴隶命运有摆脱的可能，那么，我以为，给刘彻这样的人做奴隶，会比给朱元璋这样的人做奴隶多一些开心。

我这样说话完全是奴隶的口吻。我的"思想的历史"写到这里，将要接连写几个由独立人渐渐沦为奴隶甚至奴才的文人：东方朔、司马相如、朱买臣……写奴隶，写奴隶人格，是必须揣摩奴隶心理的。让我以奴隶的口吻开讲吧……

汉武帝名刘彻。这"彻"字可有个来头。他母亲生他前，梦见一头猪，所以生下他后，就叫刘彘，彘与彻在古音中一声之转，后来，便改作"彻"，所以，彻就是猪。汉武帝的多欲与大度，倒真和猪的特性相像。他一生干了不少大事，是整个人类历史上最有作为的君主之一，但他一生又干了不少荒唐事。他个性太丰富，生命力太强大，以至于森严的体制并不能约束他，反倒是他给森严的体制带来了一丝活人的气息。他一生浪漫，好奇、好色、好才。他好奇，是不惜血本，为了大宛城中几十匹上等好马，他前后两次派兵达数十万以上，还有十数万头牛，三四万匹马，万余头骆驼、骡子和驴，时间花了两年多，人死了好几万。他好色，是不论出身贵贱，卫子夫、李夫人都出身低贱，但他都爱得死去活来，直至上穷碧落下黄泉，为了她们不惜和上层社会翻脸。他好才，更是不拘一格，且不求全责备。他要立"非常之功"，所以便求"非常之人"，哪怕这样的人有这样或那样的人生污点。他不大喜欢规规矩矩的人，他的长子"仁恕温谨"，他就不满意。他喜欢李广那样的奇才，可惜李广老了。他伐南越，要用两千人，庄参说不够，他就把庄参免了，韩千秋说只要两百人就够了，他便马上认为韩千秋有出息。他伐匈奴，派李陵去管辎重，可是李陵却想做前锋，他劝李陵说："你练的兵都是步兵，能行吗？我又分不出骑兵给你。"李陵说："我只要五千步兵，就可直捣单于巢穴。"他便马上认为李陵了不起，真的就让他做前锋。他就是这么一个爱听大话的人，这很像是从高祖刘邦以来的刘氏家传。

二

他爱听大话，就有人给他说大话。他刚即位，下了一道求才诏，宣称要超常规地提升他们，一下子四面八方给他上书自卖自夸的人以千数。这其中有一个滑稽大王，是这样介绍自己的：

> 我叫东方朔，从小死了爹娘，靠兄嫂抚养长大。我十三岁开始读书，只三年，所学的文史知识就足够用了。十五学击剑，十六诵《诗》《书》，一下子读了二十二万言。十九岁学孙（武）吴（起）兵法，熟知行军布阵指挥之法，又读了二十二万言。合起来我东方朔已熟读了四十四万言了……我今年二十二岁，身高九尺三，眼亮如明珠，齿美如编贝。我勇敢像孟贲，敏捷似庆忌，廉洁如鲍叔，诚实赛尾生。像我这样出色的人物，应该可以做天子的大臣了吧。我冒死把这些报告给您。

我们可以想象武帝读这封"文辞不逊，高自称誉"的自荐信时的表情。他一定是一边读，一边笑。读完了，他马上就觉得此人了不起，把他留下来，让他在公车令那里等待诏命，每月发给一袋粟，外加二百四十个零花钱。

可武帝此时不过才是个十六岁的小青年，贪玩误事，过后他竟把东方朔忘了。东方朔等了很久，还不见任用他的诏书。这样下去可不行。此时与他一同住在公车令处的还有一群也在"待诏"的侏儒，东方朔吓唬他们说，皇上准备把他们这些不能耕田不能打仗的人全杀了。侏儒们吓哭了，东方朔又假装好心地指点他们说："等皇上车子经过这儿时，你们去向他磕头求情。"过了没多久，武帝的车子从这儿经过，这一班侏儒全都跑到马路中间大哭，磕头如捣蒜。武帝莫名其妙，问："你们要干什么？"侏儒们说："东方朔说皇上要杀我们。"武帝知道东方朔诡计多端，把他招来，问他："你为何要吓唬这些侏儒？"东方朔说："我东方朔活要说，死也要说。侏儒们身长三尺，每月领一袋粟，二百四十钱；我东方朔身长九尺多，也是每月领一袋粟，二百四十钱。侏儒们撑死了，我却饿死了。我的言论若可用，希望您把我和侏儒区别对待；不可用，您把我罢归得了，不要让我在这儿白吃长安的粮食！"武帝大笑起来，让他待诏金马门，可以接近皇帝了。

武帝和几个术数家玩"射覆"，将一种叫"守宫"的虫放在盆下盖住，让他们猜，他们都猜不中。东方朔自夸说："我曾学习《易经》，我来猜。"他就装模作样地在地上摆著草，布下卦阵，嘴里念念有词："说它是龙没有角，说它是蛇又有足，善于爬墙能攀壁，不是守宫即蜥蜴。"武帝大叫一声："好！"拿来十匹丝绸赐给他，又让他猜其他东西，他竟连猜连中，身旁的丝绸越堆越高，却让旁边的另一个人越来越不服气。

这人就是很受皇上宠爱的倡优郭舍人。这也是一个滑稽大王。他在旁边看着东方朔连连得手，不禁醋意大发，说："东方朔太狂妄了，他只不过是侥幸猜中罢了。请允许我来让东方朔猜。他猜中，我甘愿被捶打一百下，他猜不中，请皇上也赐给我丝绸。"郭舍人把树上的寄生物（大概是干菌之类吧），覆在盆下。东方朔说："这是草结成的圆圈圈。"郭舍人说："我就知道他猜不中。"东方朔说："生肉为脍，干肉为脯；长在树上是寄生，覆在盆下是圈圈。"皇上就让倡伶们捶打郭舍人，舍人受不了疼痛，大声呼叫。东方朔说："嘿！嘴上没有毛，喜欢叫嗷嗷，屁股翘得高！"郭舍人不服，又和东方朔斗暗语。舍人问，东方朔答，层出不穷，滔滔不绝，举座大惊。武帝就此让东方朔做了常侍郎，大得爱幸。

这就是东方朔接近皇上，走上朝廷的三部曲。

三

上中学时，读鲁迅先生的《从百草园到三味书屋》，就知道东方朔，觉得他是一个怪人，竟能认识一种叫"怪哉"的虫，还知道用酒一浇，就化了。后来对他了解多了，才知道，他认识的东西还真多。有一次，建章宫后阁中突然跑出一个怪物，形状像麋鹿。武帝跑去看，问左右大臣，没有人认识这是什么东西。于是大家就想起东方朔了，把他叫来认。东方朔看了看，说："我认识。

不过，得先请皇上赏赐我美酒好饭，我才说。"武帝说："可以。"于是大家
都等着他，他吃饱喝足，打着饱嗝过来了，却又说："某某地方有几顷公田、
鱼池和薄苇地，望陛下把它赐给我，我才说。"武帝说："可以。"这样他才
开了尊口："这就是驺牙嘛，这可是个好兆头哩，如果远方有人来归服，驺牙
就先出现。它的牙齿前后一样，大小相等，排在一起像没有牙一样，所以叫驺牙。"

很显然，这是他自己根据这个动物的特点胡诌的，反正别人都不认得，他
乘机大捞了一笔。也真是运气，一年后，匈奴浑邪王带领十万众来降汉，似乎
应验了他的胡说，汉武帝又再赏赐他很多钱财。

他也喜欢故作怪诞，以引注目。他与武帝之间的谈话，大多都是寓言、卮
言、无端崖之辞和谬悠之说，这大概是他的处世之道吧？

有一个夏天，武帝赐侍从大臣肉。按照规矩，肉由一个专门的官员以皇帝
的名义分赐给大家。可那天大臣们到了宫殿，看见肉在那儿，分肉的官员却迟
迟不出来。东方朔等得不耐烦，拔出宝剑，自割一块，掂上就走。那分肉官知
道后，奏明皇上，要皇上惩办东方朔不敬之罪。武帝召来东方朔，批评他一顿，
东方朔摘了帽子，趴在地下赔不是。武帝知道这家伙滑稽，说："先生起来，
自己骂自己让我听听。"东方朔就站起来，数落自己的不是：

> 东方朔东方朔，做事太仓促！
> 赐肉不待诏，为何等不及？
> 拔剑割肉固莽撞，倒是更雄壮！
> 割肉不多也不少，廉洁又谦让！
> 带回家去送老婆，爱心没有忘！

武帝哈哈大笑："让你自己骂自己，你反倒夸起自己来了！"武帝知道这
家伙又新娶了一位娇妻，就又赐他一石酒、百斤肉，让他带回家讨好去。

东方朔给武帝说的庄重之语也有，不过都没有什么效果。武帝要把南山一
带的山林、河道、田地圈起来，把老百姓迁走，然后在四周砌上围墙，修一个
极大的上林苑，供他玩耍。在那一年（建元三年，前138年）正碰上水灾，黄
河决口，山东平原一带的庄稼全都淹了，老百姓饿死很多，后来弄得人吃人了。
东方朔就是山东平原厌次（今阳信县）人，武帝不去赈灾，他已经生气了，现

在还要修上林苑，他这下可不再跟他说笑话逗他乐了，他要跟他严肃地谈谈了。他先从几个方面分析造上林苑的错误，然后正言厉色地威胁说：

> 以前商朝的纣王建九市官，诸侯叛变；楚灵王建章华台，人心离散；秦始皇造阿房官，天下大乱！

这果真是"忘生触死，逆盛意，犯隆指，罪当万死"，但他还真是豁出去了！

武帝也真是一个滑稽人：他觉得东方朔说得好极了，忠心耿耿，忠心可嘉。于是他拜东方朔为太中大夫，给事中，还赐黄金百斤。但那上林苑的工程呢？还是轰轰烈烈地展开了。

滑稽的东方朔先生这下觉得还有人比他更滑稽。他只有哭笑不得。

他给武帝说的"庄重之言"还有一些，如贺武帝杀昭平君（武帝妹妹之子），请斩馆陶公主（武帝姑母）的面首董偃等等，所以《汉书》说他"虽诙笑，然时观察颜色，直言切谏"。但由于他常常"以假当真"，武帝便也装糊涂，"假作真时真亦假"，君臣玩了一辈子的哑谜，彼此心照不宣。最后，把自己玩老了，自顾生命即将结束，滑稽了一辈子的东方朔，鸟之将死其鸣也哀，人之将死其言也善，对武帝说："希望陛下远离奸巧佞臣，斥退那些好进谗言的小人。"武帝说："原来你也会说一些很正经的话么。"他觉得奇怪。说了这样"庄重"的话，东方朔就死了。

四

汉代人物中，东方朔是有特色的。他不能如贾谊、晁错等在政治上深谋远虑，为国家树长画；也不能如董仲舒，在理论上经天纬地，为封建社会奠基础；不能如公孙弘通国家之务，晓天下之事，在行政上左右逢源；更不能如司马迁，总揽人物，包举宇宙，在史学上立丰碑。但武帝时代群星灿烂的天宇中，却似乎少不了他。别人都在干着大事，做着大官（连司马迁都做了中书令），而他呢——

> 举眼风光长寂寞，

满朝官职独蹉跎。

《汉书》说他"与枚皋、郭舍人俱在左右，诙啁（嘲）而已"！

他也曾上书，阐述农战强国之计，并乘机抱怨自己独独做不了大官，想得到重用。文章写得诙谐放荡，达数万言，但在武帝眼里，他的人格角色已经固定。他当初与侏儒争，与郭舍人争，争来争去，就争得了与他们一样为皇帝开心"搞笑"的角色！

他在历史上是以滑稽传名的，司马迁就把他列入《滑稽列传》，与历代优孟放在一起。班固说他是"滑稽之雄"，以至于后世好事者往往把一些奇谈怪论都附会给他。他让皇帝笑，让后人笑，可他自己却笑不出来。他心冷得很，眼毒得很。别人在那里干事，他没事干，他就在那儿看；别人在那里做官，他没官做，他就坐坐冷板凳。坐冷板凳，用冷心毒眼看，一看几十年，还真是给他看出了问题，看出了思想——我是说他的两篇杰出的赋，《答客难》《非有先生论》和一篇四言韵文《诫子》，这三篇文章在中国历史上有特殊的意义。我们分别来看看。

《答客难》假设有一个"客"向东方朔问难，然后由东方朔解答。客人问"苏秦、张仪一当万乘之主，而都（居）卿相之位，泽及后世"，而你东方先生呢？"修先王之术，慕圣人之义，讽诵《诗》《书》百家之言，不可胜数，著于竹帛"，"自以（为）智能海内无双"，"悉力尽忠以事圣帝"，何以至今还只做个小小侍郎呢？大概还是品行上有问题吧！

我先得交待一下，汉武帝是一个爱才、识才、爱提拔人才且不拘一格的人，他的丞相公孙弘，就是从一介布衣位至卿相的。他手下人才之盛，也是历代君主难以比拟的。在那么爱才识才擢才的武帝身边，却得不到重用，除了自打嘴巴，承认自己无能，他还能说什么？

没想到，这个眼毒心冷的东方朔还真的看出了大问题：

> 彼一时也，此一时也，岂可同日而语！
> 当苏秦、张仪的时候，周王室崩坏，诸侯不再朝拜，反而争权夺利，以武力相斗，互相并吞为十二个国，相持不下。（在这种时候）得到士人者就强大，失去士人者就灭亡，所以，谈说之人得行其道……

现在则不然。圣明的帝王广布德政，天下为之震慑，诸侯也都服从，四海之外都连为一体，国家安全稳定得如同覆过来放置的钵盂，如果有所行动，也易如反掌。（在这种时候）贤才与不肖之徒又有什么区别呢！

原文：彼一时也，此一时也，岂可同哉！

夫苏秦、张仪之时，周室大坏，诸侯不朝，力政争权，相禽（斗）以兵，并为十二国，未有雌雄。得士者强，失士者亡，故谈说行焉……

今则不然。圣帝流德，天下震慑，诸侯宾服，连四海之外以为带，安于覆盂，动犹运之掌，贤不肖何以异哉！

原来，人才的地位，取决于社会机制。战国纷争时代，人才往往决定着君主老爷的身家性命，所以，他们不得不尊重人才。而今天下一统，于皇帝言，无人与他争权夺利，无人与他争地争城，当然也就无须什么才与不才、贤与不肖。在中国这样只重安定而不重发展的国家，当然更是如此。如果我们把安定作为首要目标，那么不才的人往往比有才的人更合适，不肖之徒往往比贤人更称职。

于人才言，以前有多个雇主，尚有选择的自由，背离一个国君而投奔另一个国君，如同扔掉一双破鞋子。而今却只有了一个雇主——中央政府，除此以外，别无混饭吃的地方。主动权现在转到皇帝手上后，对士人，他——

安抚他就能使他安适，劳动他就能使他劳苦；尊用他就是将军，贬低他就是囚房；提拔他就使他在青云之上，压制他就能让他在深泉之下。使用他，他就是虎；不用他，他就是鼠。

原文：绥之则安，动之则苦；尊之则为将，卑之则为虏；抗之则在青云之上，抑之则在深泉之下。用之则为虎；不用则为鼠。

想怎么折腾就怎么折腾。总之，你要吃饭就得做官，你要做官就得到皇上那儿领乌纱，皇上给你什么乌纱你就吃什么样的饭。饭稀饭稠，全看皇帝老儿给你的官帽的级别。

当然，历代皇帝也不能说就全凭自己的喜怒而不重人才，至少汉武帝就重人才。毕竟封建社会还是"家天下"，天下是他"家"，他也不至于对自己这个"家"完全不负责任。那时代，"产权"还是明晰的。但——

天下之大，士民之多，那些竭精谈说，像车轮中的辐条全都指向轴心一样聚集到朝廷的辩士，多到数不过来，即使朝廷想尽全力来募用他们，也没有足够的衣食俸禄，或者没有足够的位子。要是让苏秦、张仪和我一同生在今天，他们怕是连一个掌管礼乐旧事的小官也做不到，还能像我一样做到常侍郎吗？所以是这样：时代变了，事态也不同了。

原文：天地之大，士民之众，竭精谈说，并进辐凑者，不可胜数，悉力募之，困于衣食，或失门户。使苏秦、张仪与仆并生于今之世，曾不得掌故，安敢望常侍郎乎？故曰：时异事异。

天下之大，人才之多，出路却只有一个。车条很多，但轴心却只有一个。千军万马挤独木桥，落水者，相蹂践而死者，当然不可胜数。一元时代来了，文人的悲剧也就开始了！

这是多么透彻的洞见？

两千多年后，1937 年，托洛茨基说了一段大意相同的话：

在一个政府是唯一雇主的国家里，反抗就等于慢慢饿死。"不劳动者不得食"这个旧的原则，已由"不服从者不得食"这个新的原则所代替。

这段话我是在哈耶克的《通往奴役之路》中发现的。读哈耶克时，我一直在想着东方朔；读东方朔时，我也一直在想着哈耶克。

五

孔子"恶利口之覆邦家者"（《论语·阳货》），认为是言论自由把家国弄崩溃了。一言可以兴邦，一言可以丧邦，言论的威力可谓大矣！孔子更憎恨"巧言"，把它与"令色"一样，看成是德性的污点。与之相反，他把讷口少言又看成是近于仁德的优点——所谓"木讷近仁"（《论语·子路》）。巧言令色鲜矣仁，刚毅木讷近于仁，所以孔子告诫人们不要多说话，要"敏于行而慎于言"（《论语·学而》），他还规定说话要看场合，要看时机，还要看脸色——"言未及之而言谓之躁，言及之而不言谓之隐，未见颜色而言谓之瞽"（《论语·季氏》）。我的一个学生写读书笔记，写她看到这几句话后的感慨是："做人真难！"

孟子自己好辩，哓哓不休，口若悬河，但他只准大狗叫，不让小狗叫，他把许行就骂为"南蛮鴃舌之人"，说他生属南蛮，地处偏远，满口听不懂的方言，叽叽喳喳不停，可恶得如同伯劳鸟在叫。你看，连身处的地方偏僻也成为禁止说话的理由。

这些还都是"在僻处自说"（朱熹说庄子语），而那些凑到君主耳根去说——说（shuì）、谏、奏等等，就可能更危险，更让人胆战心惊。韩非的《说难》，就是说这种冒险行为的。

不过，平心而论，那个时代还是谈说之士的黄金时代。张仪被别人打得一身稀烂，昏死过去，还被洒了一身的膆尿，当他被老婆哭醒过来时，张开嘴，用手指着问："我的舌头还在吗？"他老婆答："舌头倒还在。"张仪说："舌头在，就够了。"（舌在，足矣）他后来还真的凭这三寸不烂之舌，挣得了自己的福禄富贵，也挣得了他在青史上的名声——不管是美名还是骂名。所以，那个时代，像韩非这样的倒霉蛋，有，但少，韩非子碰上李廷尉，算是大白天见了鬼，嗑瓜子嗑出了虫，属于偶然"事故"，没有必然性。

随着汉代大一统的建立与逐渐巩固，"说难"的时代就真的"来了"。董仲舒谈灾异，差点给自己带来杀身的灾；司马迁惜李陵，倒把自己弄得阉去了根，他们还真的没说过什么大逆不道的话，关键在于他们已不是独立的知识分子，而是人家官僚机构中的一分子，在人家花名册和工资簿上。武帝手下的丞相，除了那个顶善于拍马的公孙弘，有几个善终？公孙弘以后，武帝就连杀了三个丞相。所以当武帝要公孙贺当丞相时，公孙贺趴在地下哭个不休，把头磕得咚咚响，请武帝饶了他。武帝拂袖而去，公孙贺不得已当了丞相，出来时，对人说："我从今完了。"——后来还真的完了，不光他本人完了，一家都被族灭。

有一个人把这一切都看在眼里，他就是东方朔。他自己凭着一张油嘴，在武帝那儿混饭吃、混衣穿，漂亮女人是娶了一个又一个。但他知道，那个凭三寸不烂之舌便可纵横天下的时代过去了，"士"的时代过去了，眼下是"优"的时代，所以他就以"优"的面目立于朝廷之间。他一定是明白了，"士"的"讽谏"已然过时，现在，君主的耳朵只要"优"的"取悦"。他对武帝不大说什么正经话，即便说，也是看准了再说，滑稽着说，半真半假地说，试探着说，以至武帝都以为他常常充事后诸葛，放马后炮，是个大滑头。他更多的是在宫中与武帝"搞笑"，逗皇帝老儿开心。他是一个明白的人，也是一个自视甚高、很有自尊心的人，但他却不敢一本正经义正辞严地和武帝谈政治。他怕，他怕这个时代。他写了一篇很有意思的赋体文章，叫《非有先生论》。这个在吴王宫中"默默无言者三年"的非有先生，有什么样的高论呢？就是那非有先生再三感慨的四个大字："谈何容易！"

韩非的《说难》，是理智冷静的分析，是对游说经验的总结，也是对游说者指导门径，其目的乃是积极的——增加游说的成功率。而东方朔的"谈何容易"，则是对血的教训的感慨，也是对言谈者的告诫，其目的则是消极的——要人们三缄其口。这是东方朔对自己时代的观察。一个是总结经验，再接再厉；一个是吸取教训，退避三舍，时代不同了！

颜师古注释这"何容易"，是"不见（被）宽容，则事不易，故曰何容易也"。原来，"容易"这个最常用的口语，却有一个如此雅致深奥的含义；"谈何容易"这句我们常挂在嘴边的感叹词，却有这样一个古老而现代的意义：容易容易，宽容了，话才易说，事才易成，人才易做；不被宽容，这一切哪得容易！

能否宽容，不是一两个君主的个人道德问题，而是社会制度、体制问题。君主个人的道德水准或个性或许会导致他的行为作风的不同，甚至一些明智的君主会有某些"宽容"的表现，但这种"宽容"是由于其对自身利益尤其是自身长远利益的"明智而审慎"的考虑，而不是对宽容本身价值的肯定。宽容是制度的宽容，不宽容也是制度的不宽容。周代（尤其是东周的春秋战国）的宽容，是由于其贵族民主政治，以及后来由于政治分裂而导致的社会多元。秦朝的不宽容则正是由于贵族被消灭，并因天下一统，多元被一元所取代。汉初诸侯林立，先秦的宽容之风又有了回光返照之象，而到武帝与东方朔时代，新的大一统更稳定，一元政治更巩固，"宽容"也就如影遁形了。

东方朔的文章和颜师古的注释让我感触良深，我就在这儿稍微多说两句。我以为，我们不能用实用的态度来看待宽容，比如说，宽容有什么价值？宽容的价值不在宽容之外，或宽容的效用，宽容本身即具有绝对不倚不傍的价值，它的价值应该是自足的，不需要论证，正如穆勒说自由的价值是不需要论证的一样。而中国封建社会一直不能有这样的有关宽容的信念。我们有过相对宽容的时代，那正如我前面所说的，乃往往是由于政治分裂而导致的多元社会，而不是在政治统一之下的价值多元与宽容信念。所以，即使在那些看似宽容的时代，我们也没有宽容的价值观，只是由于我们实际上无法不容忍，我只是由于暂时无法惩治异端，表现得似乎宽容罢了。而一旦进入一元社会，政治统一，便毫不犹豫实行不宽容，这种不宽容还会得到社会价值评价系统的高度肯定。比如，对历史的评价，众多史学家持论，从未想过为形成宽容的社会价值观做些努力，恰恰相反，他们在不断证明中国历史上"中央集权""中央专制"存在的合理性和必要性，证明秦始皇式"统一思想"的正确性和历史合法性。

六

东方朔的另一篇意义非同寻常的文章是四言韵文形式《诫子》，它提供了一种非同寻常的处世之道。

不论怎么说，孔子生活的时代是一个蓬勃活泼、七彩纷呈的时代。那时代真是怪人盈路怪论盈耳。既有像孔子这样颠颠簸簸周游列国，知其不可而为之的热心人；也有甘与鸟兽同群的冷了心的长沮、桀溺和楚狂们；更有为季氏聚敛，自以为顺应历史潮流的孔门叛徒冉求，他的行为把孔子气得咻咻不已，接着便令弟子们鸣鼓而攻之，以清门风。这三种人的人生态度，可以认为是济世、隐世和顺世。另外还有一种可以叫作"傲世"的态度存在，孔老先生说"狂者进取，狷者有所不为"，这"狷者"，便是"傲世"的人。狂和狷都执于一端，或锋芒太露，峣峣易折；或袖手冷笑，皎皎易污，所以仲尼先生以为只有在求中庸而不得，退而求其次时，才"必也狂狷乎"！可见狂和狷乃是中庸之两端，傲世的狷者，总是一副轻蔑嘲弄的神气，总嫌世俗肮脏。比如"尧让天下于许由，许由洗耳"的许由可算一个，还有那一生都站在野外对着城市谩骂冷笑，等着看笑话的庄子也可算一个。

可见，当时，在人生态度这个大问题上，实在是山头林立，"圈子"也不少。光大派就有四个：济世、隐世、顺世和傲世，这四大派中又可分出许多的小宗派。比如济世者有中庸的济世和不知深浅热情充沛的狂者的济世；傲世者中有冷笑的傲世和不冷笑的傲世，有故作怪诞以撄人心的傲世和平平淡淡不屑一顾的傲世；顺世者中的差别就更大：有无可奈何之顺，所谓顺民，后来变为奴隶甚或奴才；有推波助澜摇旗呐喊并从而暴贵之顺；又有窥测方向，以求一逞，浑水摸鱼终于暴富之顺，而这暴贵暴富的人往往一举成为新贵，一扫当初龌龊，开始气宇轩昂地向欢呼的群众演讲。

总之，那个时代非常热闹，各类人物不受约束地粉墨登场，且一样能得到喝彩或喝倒彩，他们把春秋战国时期闹得虎虎有生气，蓬勃如夏花之绚烂，真正令人心旷神怡。直至今天，我们只要打开尘封的历史书页，就能看到他们正满怀激情地对我们说话，表情生动无比。他们的生命激情竟穿透如此厚重的历史岩层，锐不可当地使我们心旌摇动。

但以上这几类人，都还不能说具备了真正的人生智慧。真正的终极人生智慧，须有圆满丰富的物质生活，以应付各种肉体之欲求；且又拥有对此种生活圆满解释的哲学，以应付各种出自内省的或外来的诘难。这二者都具备，方可以恢恢乎若游刃有余。上述四种人，除了顺世者因顺时者昌之故，代代昌盛，其他几类，愈到后来便愈不景气，只是由于社会还少量需要，才没有收摊子。先看圣人仲尼先生，即便按孟轲先生或司马迁的看法，也是要五百年才出一个的，且这还太乐观，因为从孔子以后，虽出现了诸如画圣、诗圣、书圣、医圣等等人物，但像孔子这样的思想之圣，却再也没有出现过。可见这种圣人珍贵得很，非提供特殊的天时地利是不能生存的。济世者虽代代不绝，但几乎无得志者，还往往被杀头、被囚禁、被流放，且罪名又正是"乱世坏道"。而傲世者就更惨淡了，新贵旧勋在那边享乐欢宴，他们既不能坦荡荡地去一同狂饮大嚼，又不能掉头不顾，去觅江上之清风与山间之明月，只在那里说三道四，吹冷风，煞风景又倒胃口。像嵇康"狂顾顿缨，赴汤蹈火""每非汤武而薄周孔"，既不能像他的山涛朋友那样顺世，又不能像他的阮籍朋友那样缄口，偏要冷嘲热讽发议论，最后终于惊动并惹恼了那专心致志地蚕食鲸吞曹魏江山社稷的司马昭，被杀了头。李贽也算这一类，他惹恼的不是个别的权贵，他惹恼的是整个社会上依赖吞吃古人牙慧从而营养不良弱小易制的"学者"和需要这种"学者"的奸诈的统治者，最后也被逼得在狱中夺刀自杀。孙登评嵇康说："才则具矣，保身之道不足。"傲世者最大的毛病可不就是保身之道不足？但像孙登这样的隐世者，虽然免于杀头也免于流放（他们自己早已自我流放了），但放弃锦绣粱肉，朱门高楼，去过那种吃竹实住山洞的穴居生活，也不能算智慧。当然，像那些"充隐"或以隐为终南捷径者，就另当别论了。由此，济世者、傲世者、隐世者都可以归入保身和养身之道不足的，当然不能算是智慧。那么，能保身和养身从而官肚肥挺的顺世者是否可算作有人生智慧呢？也不能，因为他们虽则能窥测方向从而苟顺之，永不犯错误，档案上清白如东家处女，但他们是欠缺道德感的，深夜独卧，不免有鬼敲门之虚惊。

所以，用人生智慧的标准看，以上"四类分子"都还不够格。他们有的富贵胜达，却缺少精神上的安慰和道德感；有的虽有精神上之道德纯洁感甚或高贵感，实际生活中则又贫贱交加甚或颓唐寥落如"丧家之犬"——这是孔子认可的对自己落魄行状的描述。

如果说，济世者除孔子外大致可称为"狂者"，傲世者称"狷者"，隐世者称"隐者"，顺世者称"时者"（这是借孟子的概念），那么，我们很明显地看到，这里缺少真正人生智慧的代表——"智者"。"智者"的理论在大耳朵李聃那里已经有了，可惜的是他不能真正实行，最终还是坐不住，出关去了。由现存的资料看，理论和实际相结合的智者最先出现在汉朝，在伟大的汉武帝刘彻的富丽堂皇的宫廷中隐居着一个极了不起的天才、颖悟者——这就是东方朔了。他创立了一种妙不可言的新玩意儿：游世。真是石破天惊逗秋雨，此"游"字，是"游刃有余"之"游"，也是"游心太玄"之"游"；是"游于豪门"之"游"，也是"游于山林"之"游"；是"游方闲僧"之"游"，也是纣王"游于酒池肉林"之"游"；可作"云汉游"，也可作"淫冶游"；既可"力争上游"，也可"乐居中游"；"游手好闲"也是此"游"——真是宇宙万有，任我作"逍遥游"。至此，中国人的心脑真是豁然开朗，自由无碍。且看东方朔先生的传世秘诀《诫子》：

> 明者处世，莫尚于容，优哉游哉，与道相从。首阳为拙，柱下为工，饱食安步，以仕代农，依隐玩世，诡世不逢……圣人之道，一龙一蛇，形见神藏，与事变化，随时之宜，无有常家。

这种大智慧真令人五体投地。在武帝那么一个天真浪漫的时代，在那么一帮子天真幼稚热情冲动的人群中（这群人中有司马迁李广李陵，甚至武帝本人），竟有这么一位睿智的人隐藏其中，真是鹤立鸡群，难怪他只能以滑稽做面具了。后来南北朝时有一位叫孙绰的，说"居官无官官之事，处事无事事之心"，都是从这东方大智囊中探取的智慧。你看，既可尸位素餐，饕餮天下，中饱私囊，又可游手好闲，心地闲雅似神仙；既像国之栋梁，一言九鼎，宰割天下，因而名利双收；又像山中隐士，名节俱全。真是好极了！武帝身边那么多汲汲于有所作为的人都掉了脑袋或栽了跟头，独有他一生锦衣粱肉，美女如云，寿终正寝，不亦宜乎？！自此而后，除非天资极忠厚、极愚钝者外，中国人大都变成两类：顺世和游世。顺世是游世的预科，不先上预科，去其狂狷之气，是不能登堂入室的，顿悟者终究是少数。游世是顺世之绝顶，顺得久了，看出门道，终于得道而悟，摇身一变，从此随心所欲不逾游规，自由无碍。

有人会出来反驳我，说我这种估计不合事实，因为我们见到的还是济世者多，有他们留传下来的作品可证，谁又见过几个东方朔这样的游世者——我说，大凡像游世者那样混得心应手的，往往天衣无缝，来无踪去无影，羚羊挂角，无迹可求，只有不得志的济世者，因有委屈与断肠的牢骚，才会在处处碰壁中，不独自己身心伤痕累累，也在历史之壁上碰出痕迹——这就是他们的诗歌散文了。

所以，可以这样说，顺世者无暇也不屑作诗文；游世者已入佳境，物质与心灵同时充实丰盈，不必作诗文；只有不如意的济世者、傲世者或隐世者，才"饥者歌其食，劳者歌其事"地穷途哀号。至于东方朔也作文，可以这样解释，他前期作品比如一些赋啦等，是顺世的预科作业，或入学凭证；至于遗嘱形式的《诫子》，题目就很明显，是给他儿子看的，祖传秘方，本来就对你我保密。

司马相如
A Playboy

一

　　汉景帝后元元年，也就是公元前 143 年的某一天，地属蜀郡的临邛县（今四川邛崃市）县城里，来了几个神秘人物。他们的古怪作派引起了人们的注意。那为首的一员，大袖飘飘，风度翩翩，在大街上驾车行进时，目高于顶，视人如无物。那几个随从跟班，趋前忙后，倾耳而听，侧目而视，对他几乎是奉若神明。更让县城里的百姓大惑不解的是，这几个人住在城门旁叫作都亭的官家客房里，临邛县令王吉每日一大早必去那里请安听训，晚上还得到那里问候汇报。而那位大人物呢？一开始还出来接见王县令，没几日便不耐烦，推说身体不舒服，让随从出来打发县令走人。这大人物架子越来越大，王县令的官职似乎越来越小，胆子也越来越小，态度越来越诚惶诚恐。人家推说有病不见他，他则每日必去问病，唯恐怠慢了对方。

　　王县令一县之长，平日里颐指气使，在县城里是何等威风八面？今日里如此翼翼小心地去侍奉别人，此中必有蹊跷，那骄横日盛的人物是何方神圣？

有什么样的背景?

　　临邛县是个比较富裕的地方,县城里大小财主成堆。其中有两位开铁矿的,更是了不得。一位叫卓王孙,家里的财产多得怕是连他自己也数不清,光僮仆就有八百多人。膝下有一男二女,女儿之一名卓文君,新寡在家。另一位财主叫程郑,也有好几百的奴仆。俗云树大招风,财多招贼,二人在县城里小心谨慎做事,八面玲珑做人,生怕得罪了哪方神圣,招来祸患。现在这二人眼瞅着王县令每日里如此这般这般,心中狐疑不安,便碰头商量,说:"县中来了个人物,不知是什么背景,也不知此来何意,看王县令那个巴结样儿,定不是等闲人物。咱们应该出面招待一下,一来看对方是何方神圣,我们也与他套套近乎,二来也算是给县太爷一个面子。"两个家伙怀着鬼胎,去见王县令。王县令哈哈一笑:"没关系没关系,此人叫司马相如,只是敝人的一个朋友而已。"看王县令遮遮掩掩之状,这两位财主更是忐忑不安,一定要王县令出面,请司马相如赏个脸,到卓王孙家吃顿饭。王县令被他们缠得无奈,只好答应出面去请。为了显示排场和诚意,卓王孙和程郑给本县有头有脸的人物都下了帖子,约有一百多人,一起来为司马大人做陪客。

　　到了那一天,百来个陪客全到了,卓家门前停车场上车马停了一长溜,酒席也都摆上了,大家都在翘首等待着司马大人莅临。可是,左等右等,就是不见司马大人的影儿,派人去打听,一个僮仆过来说:"我家主人身体不舒服,不能去赴宴了,他让我谢谢大家。"

　　大家一时都把眼光投向卓王孙,卓王孙心中十五个吊桶打水,七上八下,腿如筛糠,汗如雨下,只得把哀哀的眼光投向王县令。王县令不敢大意,慌慌张张地喊上县里几个最有脸面的人物,一起到这司马大人住处,几乎是死乞白赖地请他一定赏个脸,满县城的精英人物都晾在那儿呢。司马大人没办法,只好毫不利己,专门利人,万般无奈地抱病去卓王孙家赏大家脸。这一刻,卓家已是上上下下,乱作一团,一看到司马大人豪华马车稳笃笃地进了院门,都有如遇大赦般的感激。那百来人的宴席场面刚才还在交头接耳,气氛紧张,现在顿时热闹起来,大家一齐鼓掌,满座的人都为司马大人的风采颠之倒之。果真是非凡人物啊!卓王孙更是觉得自家蓬荜生辉,脸上堆满受宠若惊的笑容。大家酒越敬越热情,话越说越肉麻,司马大人呢?也渐渐丢开了矜持,与民同乐了。

　　酒酣耳热之际,只见王县令双手捧着一把琴,高高举过头顶,捧到司马大人面前："听说您喜欢弹琴，希望您能演奏一曲，哪怕我们不配欣赏您的音乐，您自己娱乐一下也好啊。"司马大人一脸不高兴，直怪王县令多事，但禁不住大家同声恳求，只好给大家弹了一个过门曲，引得那一帮人阵阵喝彩。

这时，客厅与内室之间的一扇窗帘挑起了一角。司马大人机敏地用眼角一扫：好一个俏丽的女子！他的脸上掠过一丝不易察觉的微笑。他知道，在场喝彩的百来人中并无真正懂琴音的，真正"知音"的伊人，在室一方。于是，他手挥五弦，目睨美人，一曲《凤求凰》的音乐直飘向那扇窗户：

> 凤兮凤兮归故乡，
> 游遨四海兮求其凰，
> 有一艳女在此堂，
> 室迩人遐毒我肠，
> 何由交结为鸳鸯。

再看那窗帘，早已落下，但里面人影依稀，玉人仍在。他的琴音越发大胆而露骨：

> 凤兮凤兮从凰栖，
> 得托孳尾永为妃。
> 交情通体必和谐，
> 中夜相从别有谁。

一曲终了，司马大人与王县令相视一笑，莫逆于心。司马大人再无心继续在这儿纠缠，推说困倦起身离去，卓王孙家的客人也相继散去。

待家中一片狼藉收拾停当，卓王孙正待歇息，忽然家人匆忙来报：他新寡的女儿卓文君与司马大人私奔了！

卓王孙匆忙带人赶到都亭，哪还有司马大人的影子？房间里一片零乱，一问，说是他带着一个年轻女子奔成都去了！

卓王孙这才知道上大当了。破费钱财请客，却被客人拐走了女儿，他简直七窍生烟，大怒说："女儿没出息，我也不忍心杀了她，但她既这样跑了，我的家产她一分也别想！"

二

上述这个堪称经典的诈骗故事，并不是小说，而是历史真实——是公认最诚实的史学家司马迁和班固在《史记》和《汉书》中都加以记载的真实故事。故事的主人公司马相如，因为写得一手好赋，后来被列为"汉赋四大家"之首。他是中国历史上第一个纯种文学家、作家（此前的先秦诸子包括屈原以及汉初的陆贾、贾谊等都是政治家或思想家），以摆布文字、玩弄技巧沾沾自喜，也是第一个文学小白脸、拆白党，游手好闲，却精通种种专蒙女人的小道，所谓一纸八行（会写几句歪诗邪文），两句皮黄（会吹拉弹唱），三杯老酒（会借酒装疯），四季衣裳（风度翩翩，油头粉面），他是兼备了。我们历史上第一个纯种文人是这路货色，难怪几千年来我们的文人往往无行。

司马相如，字长卿，蜀郡成都人，年轻时读了不少书，尤其是对怪僻生冷的字特感兴趣，记了不少，常以此在人前炫耀自己学问艰深。他后来著《凡将》篇，通小学，这都可见他学问的兴趣，与孔乙己研究"回"字有四样写法，大致是同一路数。他还练习过以短乘长的"击剑"，有点类似于"飞镖"吧。人是生得一表人才，又乖巧伶俐，颇讨人喜欢，他父母更是爱若掌上明珠，给他取了名叫"狗儿"（犬子），一天到晚"狗儿狗儿"地叫个不停。长大后，他自己不喜欢叫司马犬子，他羡慕蔺相如从贱人一跃而为卿相，便也用了人家的名，叫司马相如。你看，他不仅老婆是拐来的，连大丈夫行不改坐不改的名儿，也是从别人那儿拐来的。他父母爱他，总想让他能享福而不受苦，便用尽家财为他买了一个郎官，到汉景帝那里做了一名骑马的卫士。他虽然有击剑的功夫，但他不喜欢这种武装到牙齿的职务，他游手好闲惯了，哪受得了这种军事化的生活？所以他干得没精打采，三心二意。不久，梁孝王刘武来朝见景帝，随身带来了几个大名鼎鼎的文章高手，邹阳、枚乘、严忌等，司马相如与他们一见如故，不久便混熟了。到梁孝王回梁国的时候，他也辞了职，与他们"同去"了。在梁国，他做的是孝王的门客，与那班文朋诗友，整日游玩饮宴，登高作赋，体物浏亮，雕虫篆刻，文丽以淫。这活计正合他的身手，他认识的生冷字怪僻字全都派上了用场，他在享受着何等的调兵遣将之乐呢。这游手好闲的生活也最合他的意，是他自小在娇惯中养成的终身不改的生活作风。日月如梭，年华似水，这一游手好闲便是好几年，这几年中他的成绩便是作出一篇名震遐迩后来也名震古今的满篇生冷怪僻字眼的《子虚赋》。《子虚赋》里有三个假托的人物，分别叫子虚、乌有先生、亡（无）是公。子虚与乌有先生分别夸耀楚王和齐王的田猎生活，而亡是公则是夸饰天子的田猎威风，文势一浪高过一浪，后者压倒前者，就这样把文章推向了高潮。这是司马相如的模式，后来这一模式一再被人模仿，司马相如也就成了祖师。

一个时代的审美风尚真是不可思议，那时代就喜欢堆砌和填满，看这《子虚赋》，如同类书，写山的一段，全用山的部首组成的字布列在一起，瞪大了眼一行行细细读去，真是雄关如铁，五岭逶迤，非有穿山甲的功夫不能穿越；而眯缝了眼漫不经心满纸朦胧看去，又见群山峨峨，怪石嶙峋，负下争高，令你心折骨惊。写树的一段，是林无静树，风声萧萧。写水的一节，又似川无停流，流波浩浩。兽则惊慌哀嚎，东西奔窜，青面獠牙，应弦而倒；人则兴奋叫嚣，南北合围，骏马利箭，弓不虚发……一篇《子虚赋》，合綦组以成文，列锦绣而为质，一经一纬，一宫一商，控引天地，错综古今，包举宇宙，总揽人物，鼓噪喧天，血肉满眼，令你血压高，血脂高。他写得兴高采烈，又殚精竭虑，我们读得手舞足蹈，又神衰体劳。司马相如的看家本领，吃奶力气，全用在这篇文章中了。据说他写这篇文章时，是"意思萧散，不复与外事相关……忽然如睡，焕然而兴，几百日后而成"。这种散体大赋的创作，往往都是旷日持久，连年累月，甚至有十年乃成者，他们写得这么累，我们能读得不累？

可这种游手好闲象牙塔中吃蛋糕写赞美诗的生活终于到了头，前144年，梁孝王死了。树倒猢狲散，一班文士零落四方。司马相如垂头丧气地回到已一贫如洗的成都老家，为他做官而倾尽家财的老父老母也只能向隅而泣。

大凡游手好闲之徒总有那么一两个心术不正的朋友，司马相如就有这么一个朋友，那就是前文写到的临邛县令王吉。王吉看准了一个发财的机会，正要司马相如这样的 playboy（根据英文朗文词典，playboy 的原意是：Wealthy young man who lives mainly for pleasure）来合作，就派人去找司马相如，对司马相如说："你在外这么久，还是混得不如意。到我这儿来，哥儿俩一块儿捣腾。"这样，司马相如就到了临邛，演出了上文所写的临邛骗婚的一幕。

三

现在不少人称文君私奔相如是什么"佳话"，这可真是"仁而近于愚"了，这一幕乃是心术不正的王县令与小白脸公子哥司马相如精心设计的一场骗局。《汉书·司马相如传》中有这么含蓄的一句："卓王孙有女文君新寡，好音，故相如缪（假装）与令相重而以琴挑之。"你看，他们是先瞄准了猎物——新寡而又迷恋音乐的卓文君小姐，然后才演出王县令崇拜司马相如，抬高其身价的闹剧的。他们迷惑卓王孙，琴挑卓文君，最后大功告成。可惜卓王孙一世英明，却被这两个骗子骗得如同白痴，竟自己引狼入室！

但这倒霉的卓王孙的霉运还没走到头。当卓文君与司马相如私奔到成都后，才发现，这个"从车骑，雍容闲雅，甚都（美）"的司马公子，竟然是"家徒四壁立"。我们不知道这个拆白党是如何花言巧语向卓文君解释的了，但从米箩里跳到糠箩里，那边父亲断绝了来往，这边生米做成了熟饭，文君小姐心里能不懊恼？没几天，那情欲的热乎劲儿一过去，干柴烈火刚烧完，这物质的炎凉却已逼面而来。娇媚而任性、又满身艺术细胞的文君虽然陶然于司马相如的"会风流"，但又怎能吃得了这等苦？她总不能拿情人的甜嘴儿当饭吃吧？她对司马相如说："我们还是回临邛吧，哪怕是向兄弟借贷，也足以过好日子了，何必在此受这个罪。"这又正中司马相如的下怀。这王县令与司马相如的妙计才完成一半呢，骗拐卓王孙的女儿只是第一步，或者说只是手段，骗诈其家财才是他们的真正目的。这可怜而无辜的爱情至上主义者文君，她怎能知道，眼前这蜜枣儿一样的情人，甜嘴真想亲吻的不是她，而是她老子的钱财？司马相如与文君一起大咧咧地回临邛来了，全没了当日私奔时的惶急，倒有讨债的债主的自负。你卓王孙不是说不分一文家产给文君吗？等着瞧吧！

这司马相如做人也真是到了境界，做鬼做人，他翻脸便来，自由无碍，上可陪玉皇大帝，下可陪卑田院乞儿，后来川剧的变脸技术，怕也比不上蜀人司马相如倏忽变幻，或者竟是受这乡党的启发？他不多日前，在临邛县城里雍容尔雅，风度翩翩，何等高贵也哉？而这次二进山城，派头却让临邛一城的百姓大跌眼镜——我写错了，那时还没眼镜——那就是目瞪口呆吧——他司马相如把那辆骗人时当道具的马车卖了，租了一家小酒店，让弹箜篌读诗书的文君小姐亲自站柜台卖酒，和那一班引车卖浆者流打情骂俏；而他自己则穿着大裤衩，围着牛鼻子形状的大围裙，光着上身，同一帮雇工仆从一起在临街的市口洗碗碟，语言粗鄙肮脏，高声大气……

我家乡有一句歇后语：老母猪拱骚泥——把个脸不要了。用在司马相如身上，真是太贴切！他实在太肮脏、太无所不为、太无赖、太可耻、太可怕！

他这是作践自己吗？是的，他通过作践自己，作践文君，来糟蹋卓王孙，逼他拿出家财！

果然，在一个如此无所不为，又无廉耻的"女婿"面前，卓王孙羞得大门不出，二门不迈，他的儿子、兄弟及一帮老朋友，全都羞得不敢上街。这偌大的一个临邛县城，现在只看到一个光臂短裤的无赖在街头掉臂来去，风言风语，指桑骂槐，阴阳怪气。他越是这样要泼弄刁，别人对他越是退避三舍，况他背后还有一个王县令在为他撑腰打气？这个成都来的流氓，在临邛大街上简直如入无人之境！

俗云：好汉怕光棍，光棍怕无赖。没几天，卓王孙的心理就崩溃了，撑不住了。大家不敢去谴责无赖，谁愿意去惹一身骚，弄一身污泥浊水？只好全来劝卓王孙："您只有一个儿子两个女儿，所缺的不是钱财，如今文君已失身于司马相如，豆腐掉到灰堆里，打不得吹不得。相如虽穷，也算是一表人才吧？况且他背后还有县令，你们彼此这样羞辱对方何苦呢？"卓王孙被逼得走投无路，像这样对抗下去，实际上就是比谁更无赖，谁更无耻了，卓王孙丢不起这个人，在临邛这地面上，他还得做人，还得做事，而司马相如有什么好怕的呢？他失去的只是贫穷的锁链，得到的却是这世界上卓王孙冤大头的钱。于是，卓王孙只好认输，给了文君百名家僮，百万钱财。文君小姐"挂上招牌，一声喝彩，旧店新开"，司马相如成了她的新如意郎君。司马相如自己岂不更如意？他横财就手，美人在抱，如愿以偿，心花怒放，忙不迭地赶紧雇了几辆大车，带着这万贯家财和大红大紫的细软（其中包括文君小姐初次出嫁时的嫁妆），荣归故里，得胜回乡。回乡后，在成都老乡面前好一阵得意与炫耀，然后便是买田置宅，光光鲜鲜地做起了富家翁，又可以游手好闲了。

四

这样过了三四年光景吧，节俭的景帝已死（就冲他不好辞赋，让司马相如无缘出头，也该死），即位的是十六岁的小青年刘彻，即武帝。武帝年轻气盛，好大喜功，尤其喜欢那些大言不惭铺天盖地的辞赋。他因为喜欢《七发》，就安车蒲轮地去征请已年老垂死的枚乘，可惜枚乘命中无福，死于途中。司马相如与枚乘是共过事的，自觉自己的赋不比枚乘差。他听到这事，心中一阵狂喜，一阵狂跳。他心目中的武帝，也就是一个更富有的卓王孙吧。他把他以前在梁王那里作的《子虚赋》上半部分给他的同乡杨得意，让他找个适当的机会呈给武帝。武帝已经读过《七发》了，可还没读过他的《子虚赋》，多可惜哩。杨得意何许人也？狗监一个，主管武帝田猎用的猎犬。既管猎犬，当然就是侍候武帝田猎的。武帝此时正和小歌星卫子夫搞婚外恋，和陈阿娇闹矛盾，不想回家看媳妇和丈母娘兼姑姑的脸色，更怕祖母窦太后的责骂，便一心在外游猎不回家。他少年轻狂，驱马纵犬，千骑卷平冈，把老百姓的庄稼地踏了个稀里巴，闹得长安郊外百姓怨声载道，但他却乐此不疲，想干脆把他看中的南山和临近的山林、河道、田地圈起来，叫老百姓搬出去，民房拆掉，修一个极大的上林苑，专做田猎用。但他的这个想法遭到了不少大臣的反对，其中一个就是写得一手好文章的东方朔。武帝还指望上林苑修成后，东方朔能为他写一篇辞赋"润色鸿业"呢，不想东方朔倒先奏上一本，反对修上林苑，弄得他好不懊恼，他直觉得家里家外，男人女人，全都跟他对着干。杨狗监看准了这个机会，把司马相如的赋奏上了。这个时机进呈司马相如写诸侯田猎的赋，武帝能不高兴？况且这《子虚赋》还写到了，哪怕是一个小小的诸侯王，也是楚有专供田猎用的极其广大的云梦泽，齐更是天高地广，专门用于游猎的地方大得"吞若云梦者八九，于其胸中曾不蒂芥"，那我堂堂天子，修一个上林苑又算什么呢？

不出司马相如所料，武帝读完《子虚赋》后，大为欣赏，立即让管狗的杨狗监去召见这位蜀郡"狗儿"，狗儿"仰天大笑出门去"，好不得意。途经成都北面的升仙桥，桥边有送客观，他就在观门上写了一行字："不乘高车驷马，决不回来。"和他当初二次杀回临邛时一样的狠劲儿。

"狗儿"到了长安，一见武帝，听武帝称赞他的《子虚赋》写得好，便又拿出他第一次在临邛城里的气壮如牛的做派，随随便便地对武帝说："那算不了什么，只是写写小诸侯们的自得其乐罢了。如您允许，我可以为您写一篇描写天子游猎的赋，那才是天地壮观呢。"武帝也来劲，便命令尚书给他搬来笔砚与木简，司马相如装模作样地在武帝面前一挥而就——其实是默写出《子虚赋》的下半部——亡是公言天子田猎的事，只不过他巧妙地把武帝正在轰轰烈烈地修筑的上林苑加了进去，写成了田猎的场所。[1]赋成，"奏之天子，天子大悦"，马上任命他为郎官。自我失之，自我得之。当初他弄丢了父母为他买来的郎官，现在他半篇旧文，又弄回来了。

五

　　司马相如为郎官以后，还写过一些赋，如《长杨赋》，劝阻武帝勿拿生命当儿戏，应少冒险射猎；《哀二世赋》，感慨胡亥持身不谨，信谗不寤，以致亡国失势，宗庙灭绝，但这一类东西他写得没什么深度与特色。他确实有"不能持论，理不胜辞"（曹丕评孔融）的毛病。他这样的人，哪里有什么思想呢？更遑论思想深度。倒是他的另一篇《大人赋》，是他后来最出色的作品，他对这类题材与写法确实是驾轻就熟。当初武帝沉湎于田猎之乐时，他对武帝说，《子虚赋》中所言"诸侯之事未足观"，所以就为武帝写了一篇铺写天子游猎上林的《上林赋》。现在，田猎之乐也已不足刺激生命力旺盛而多欲的武帝，武帝开始沉湎于神仙幻想，于是司马相如又对武帝说"上林之事未足美"，还有更奢靡的生活，那就是神仙，我给您写篇《大人赋》吧。《大人赋》写成，奏给武帝，"天子大悦，飘飘有凌云气，游天地之间意"。

　　从云梦到上林到神仙，从《子虚》到《上林》到《大人》，这是司马相如

1　《子虚赋》的最后部分，即在亡是公夸说天子田猎的一段里，提到了汉武帝时才圈建的上林苑（上林苑修于武帝建元三年，即公元前138年，而司马相如的这篇赋则是写于前143年之前），所以，虽然《史》《汉》把它们当作一篇，到了《文选》就把它分成了两篇，子虚和乌有先生相互辩难的部分为《子虚赋》，被当作写诸侯田猎之乐，而亡是公言辞的部分则为《上林赋》，是司马相如见武帝后的作品。但我以为这样分法也欠妥，原因是，文章的开头，在写了"子虚过姹乌有先生"之后，赫然的就是一句"亡是公存焉"（亡是公在场），所以，这文章的最后一部分，亡是公谈上林苑的一段与上面的部分应是一次写成的。同时，就赋的一般结构而言，也是有这样的逐层展开的三部分的。这就涉及这篇赋是何时写成的问题了。由于写到了上林苑，所以，后人遂疑这篇赋就是司马相如见武帝后所奏的《天子游猎赋》，而《子虚赋》当别有一篇。日人泷川资言说："愚按《子虚》《上林》，原是一时作，合则一，分则二……相如使乡人奏上篇，以求召见耳。"（《史记会注考证》）泷川的话虽然没能说明为何在前143年前作成的赋中就有了后来的上林苑的提法，但仍给我以很大的启发。我认为，所谓《子虚》《上林》，原是司马相如在梁时所作的一篇赋，只不过原作中写到天子游猎时，没有"上林"一词。后来，司马相如截取文章的前半部分，让同乡狗监杨得意奏上，而留下后半部分，以俟召见时冒充当场作文。当武帝召见他时，他说要写一篇天子游猎赋，实际上就是默背出他的旧作，只不过根据现实情况，汉武帝的上林苑正在隆重施工，他就在里面添上"上林"一词而已。这点手段，于他而言，易如反掌。

最伟大的创作成绩，也是他步步高升的三个台阶。我们注意到这三个台阶也是武帝趣味与胃口逐级升高的阶梯。司马相如的文学才能，能随帝王口味的升高而升高，能随帝王口味的变化而变化，这正是御用文人的大本领！

据《汉书·艺文志》载，司马相如的赋有二十九篇，但今日传下来的只有六篇，其中《长门赋》与《美人赋》是骚体赋。骚体者，如《离骚》一般以抒情为主者，但细读《长门赋》，我感到他只是在描摹痛苦，而不是在体验痛苦，他把痛苦作为对象，作为不关痛痒的客体，而不是作为主体的感受。甚至，可以说，他是在别人的痛苦中磨拭自己刀笔的锋利，他不是在表现陈皇后的痛苦，而是在炫耀自己刻画痛苦的技巧。他不能感受陈皇后的痛苦，这正如一个脑筋急转弯的题目：针扎在哪里不感到疼？答案：扎在别人身上。现在武帝绝情的针扎在陈皇后身上，他司马相如正享受着武帝的恩宠呢，他不感到疼。陈皇后的痛苦不能感动他，不能引起他的同情心，倒是唤起他的表现欲。眼睛盯着"痛"这个字，与眼中有根刺的真痛感觉是不同的，司马相如就用满篇的"痛"字来糊弄我们的眼睛，糊弄我们的"痛觉"。这篇赋前有一篇序，假如那真是相如自己作的，倒很符合他沾沾自喜、夸夸其谈的天性，他在序中说：看！我把陈皇后的不幸和痛苦描写得多么感人！连武帝都回心转意了！可是司马迁的《史记》告诉我们，陈皇后被贬入长门宫后，并没有再次获得武帝的宠幸。这至少说明了，连他的文学崇拜者武帝都没有被他的这篇赋感动。

从状物上讲，他是一流的；从抒情上讲，他是二流三流的；从论理上讲，他是末流的。没有思想，没有感情，只追求感官的快乐，本来就是 playboy 的基本特征。

六

司马相如一生飘飘于"文学"之上，对实际事务决无兴趣，但他还是被善用人寸长的武帝派往他老家去"通西南夷"。在所谓的"通西南夷"过程中，我们发现他也只是皇帝的一个特使，去向西南夷人及巴蜀父老传谕皇帝御旨，与经营西域的张骞、班超、傅介子决不是一回事。这三人是何等的筚路蓝缕艰苦卓绝？而司马相如却是一路凯歌一路风流。在这过程中他毫无主见，如墙头草，反复无常，好在他虽然口吃，却善写文章，一有问题，马上就写篇文章，盖上公章，打上文件头，下发各级贯彻执行。把自己的文章当成朝廷的红头文件，是颇有说服（压服？）之效的，这样总算没出什么大漏子。

在这次使命中，他倒是为自己干了两件事：一是衣锦还乡，在家乡父老面前出尽了风头，摆足了威风，"太守以下郊迎，县令负弩矢先驱"，弄得卓王孙又喜又怕，直怪自己当初没能主动把女儿嫁给司马相如，且嫁得晚了，于是赶紧把家产重新分配，让文君所得与儿子所得一样，司马相如终于实现了三分卓王孙家产有其一的目的。二是，在此过程中，他还大受贿赂，这一点后来被人告发，导致他短期丢官。不过，不到一年，就又复职了。

据《西京杂记》载，当司马相如"与卓氏婚，饶于财"（《汉书》）后，饱暖而思淫欲，不顾自己患有严重的糖尿病（消渴疾），要聘茂陵女为小妾，真是见色不要命。最后还是卓文君的嫉妒心救了他的老命。据说卓文君闻知，作《白头吟》以自绝：

> 皑如山上雪，皎若云间月。
> 闻君有两意，故来相决绝。
> …………
> 凄凄复凄凄，嫁娶不须啼。
> 愿得一心人，白头不相离。
> …………
> 男儿重意气，何用钱刀为。

《西京杂记》上载，相如读了这首诗后，"乃止"。我以为，假如这事是真的，那么相如也决非被卓文君感动才止淫的，而是被卓文君威胁住了。注意最后两句"男儿重意气，何用钱刀为"——您如此看重茂陵女，还要钱干什么？这偌大的家业本来就是我娘家的，还是让我带走吧——没了钱，他还能干什么呢？饱暖都没了，淫欲也就消歇了罢。

后人讪笑司马相如："《长门》解为他人赋，却惹闺中怨《白头》。""相如解作《长门赋》，竟遭文君怨《白头》。"（转引自钱锺书《管锥编》）其实，这并不奇怪，因为，他司马相如，心中是不曾真有过"痛"的感觉的！

七

以上几节，算是我为司马相如做的"行状"吧。依例，"行状"描述之后，还有"太史公曰""赞曰""异史氏曰"一类的议论文字，我也模仿先贤，聊作数言，附于后吧。

司马迁和班固都提到司马相如因为与卓氏结婚，饶于钱财，所以不愿参与公卿讨论国家之事，常称病闲居，不慕官爵。这话是很有意思的，司马迁是倾向于认为"天下熙熙，皆为利来，天下攘攘，皆为利往"的，司马相如既已得利，自然就不关心政治了。班固把司马相如列入"言语侍从之臣"（《两都赋序》），后世的赋家，如扬雄，如班固，如张衡，如左思，都一面模仿他，一面又都批评他、轻视他。他的文字技巧确可让人佩服，甚至成为模范；但他的为人处世，却也确实无法得人尊敬。他是一个人格不健全、精神很庸俗的人，一个趣味低级的人。他是一个"为艺术而艺术"的作家，可是他对艺术的理解大约相当于工艺，对于真正的艺术，他还缺少悟性。他文字功夫极佳，但艺术悟性极差。他不关心政治，不关心民生，他在武帝身边从没有在这方面建言献策。他没有思想，没有情感，只有欲望，他是那个时代的"新新人类"，以消费与能消费会消费为荣。他对那个时代的苦痛毫无关心，他只关心自己的消费能力，并努力提高自己的消费能力与消费档次。所以，就人格言，他远远不能望陆贾、贾谊、晁错、董仲舒等人的项背。他是一个良心沉睡而欲望常醒的人。甚至，终其一生，他也没有觉得什么时候需要过良心。当然，他在朝廷上没做过什么坏事，但这主要是由于他没有做事的能力，他既无能力做好事，也无能力做坏事，他只能"做"文章。他的文章倒都是刻意"做"出来的。

他除了缺乏贾谊等人的良心与责任心，他也缺乏东方朔那种对社会人生的洞察力。也许是他从未使用过他的洞察力。他好像朦胧地觉得，人不需要理性的判断力，只要肉体的判断力；不需要是非善恶的价值判断，只需要利害苦乐的肉体感觉。一句话，不要心灵，只要肚子和性。在他的作品中，有一些"劝百"之外的"讽一"，但这微不足道的"一"，与其说是他讽谏别人，不如说是他试图表明他还有起码的良知，向我们表明他在最起码的价值判断面前还站在我们这边，以此获得我们对他作品的允可，甚至奢望着我们的欢呼（这一点他成功了，历代都有人对他欢呼）。但实际上，在奢靡与节俭之间作出选择，这实在不是一种需要较高判断力的选择题，他即便选对了，我们也不必给他判高分，更何况他的真正用意与真正兴趣还不是节俭呢！他只是顺便给我们一点安慰一点麻痹罢了。

　　一个人，若缺乏是非的判断力，在其人生旅程中，当然也就无须良心的参与。司马相如是一个典型的例子。在他的作品中，我们看不到痛苦，他既不为别人痛苦，也不为自己痛苦，我们在他的作品中找不到文学的最本质的东西：怜悯。他既不怜悯被残杀的动物，也不怜悯在专制车轮碾压下的人民。他描写帝王的田猎场面时，他的判断力——甚至可以说他的所有感官，包括视觉与听觉，都已经失去，他分不清哪些是被围猎的野兽，哪些是围猎的士兵，人与兽全都成了帝王抖威风的道具，也成为他鸿文中的抽象符号。这符号是王权的象征，也是御用文人对王权忠心的象征。

　　他没有敬畏心，除了对王权的匍匐心态，无论是对宇宙的秩序，还是对自然的伟大；无论是对人类的痛苦，还是对人类的良知，他都没有敬畏心。由此，哪怕他在文字上有多大功力，他的心灵仍跌落在临邛县小酒店街口泼满泔水的地下。以消费为人生全部目的的人，其灵魂（假如他们有灵魂的话）永远与泔水在一起。如果我们能看到灵魂，那么，司马相如的灵魂实在很庸俗，甚至没有灵魂。这不仅与一个大作家极不相称，甚至也不是一个道德意义上的人。

　　当然，作为文人，司马相如是划时代的。他是一个重技巧，尤其是重文字技巧的作家；他是一个求形式之美而轻视求道德之善的作家；他是一个不重诗情而重画意的作家；他是一个不关心人、不关心人类生存，而只关心自己的“艺术”的作家；他是一个对社会背过身去，却又去屠宰自然的作家。这一切，都使他与前辈作家割裂开来，也与一切伟大作家，拉开绝大的距离，自成一道风景。我理解并容忍一些人对他的喜欢，对他的肯定，但我在此对他表示不满：他不能得我之尊敬，更不能得我之热爱。作为一名古典文学研究者，我眼中的司马相如只是一个事实，一个文学现象。实际上，这么多年来，我也从没给我的学生讲解过他的作品。我让学生自己看，或许司马相如大人能从中碰到一个两个知音也难说，那就看他们的缘分吧。我们读他的作品，可能会惊叹，但不大会被感动，因为他只惊骇我们的感官，却无关乎我们的心灵。是的，他是一个没有痛感的、没有眼泪的，空壳作家。终其一生，他都是一个 playboy。

董仲舒

巫师与媒婆

一

　　十多年前，我在复旦大学听章培恒先生讲"中国哲学与中国文学"。讲到汉代时，章先生说，董仲舒是把君主个人专制与重集体讲道德的民族传统完美结合的人物。这句令我茅塞顿开的话我一直铭记至今。说老实话，作为一名中国古典文学与哲学的教学者和研究者，我以前一直没能直接读董仲舒的《春秋繁露》，我对汉代经学包括《春秋》学的繁琐敬而远之。对董子本人，由一些一知半解而得到的印象也并不太好。上中学时我就知道他为了读书而三年不窥园的故事，这故事与其说让我佩服还不如说让我恐惧，我那时赞成王安石。王安石写诗讽刺董仲舒，说如果像董氏这样读书，倒不如把书全都扔了，然后"杖策窥园日数巡"（《窥园》）。同时，在我的印象里，他还是一个神叨叨怪兮兮的人物，头脑中装满古怪而又可怕的思想，一张口便是阴阳神灵，阴风习习，鬼火闪闪。在志怪类的《幽明录》《抱朴子·论仙》《神仙传》《汉武内传》等书中，都有他鬼鬼祟祟的影子出没其中。

　　我开始较为踏实地读他的作品，是在 1999 年。我用的本子是苏舆的《春秋繁露义证》，厚厚的，且密密麻麻的，我的感觉是进入了蚁国。但我可不像那个幸运的唐朝书生卢生，卢生在蚁国里是享尽春光，我在董子的蚁国里却是弄得焦头烂额，形神委顿。老实说，这一读，我很失望。我发现，董子的思想实在很简朴（如果不是很肤浅的话），他的值得一提的"精华"，也就是我以前在各种间接材料中读到的那些——在读过一些相关书籍对他的思想介绍后，再读《春秋繁露》，确实难有什么新收获。一个影响中国封建政治两千多年的人物，其思想和理论如此贫乏乏味，实在令我惊讶，而我对我们的传统文化——或称之为"国粹"——如此简陋，也很为羞愧。简言之，董仲舒的所有议论几乎都可以在先秦诸子那里找得到，他没有原创性，只是给我们弄出了一盘大杂烩，大拼盘。更令我惊讶想不通的是，这一盘残羹冷炙凑成的杂烩，让我们津津有味地吃了两千多年，并且竟然还有人想继续吃下去。

　　董仲舒在中国政治史上投下了巨大的阴影，影响深远，但与之相映成趣的是，他在思想史上却苍白而无血色，思想史上的后来者往往对他视而不见，他如同一块透明的玻璃：人们的眼光从他那儿穿过，如同越过一个虚空。他不能成为思想的资源，董家店里卖的全是仿制品，二手货，甚至是破烂货。我还发现，他的思维能力实在是薄弱，一部厚重的《春秋繁露》，也就是一些比附和类似推理，通过这些似是而非的类似推理和不相关的比附，把这世界一厢情愿地想象成一个结构相同的多层复叠的状貌。在他的著作中，我们找不到因果关系，只有无处无时不在的阴阳关系。他没有兴趣或者没有能力去探讨世界中的因果关系，或者说，他自以为已经一劳永逸地发现了所有的因果关系。他把世界简单成相生相克的两极：阴与阳，二元对称。可是，我们心里明白地知道的是，因果关系的思维结构导致科学，导致无限性及对这世界无限性的无限探索；而阴阳关系的思维结构则只能导致"玄学"，导致封闭性及世界的重复性，自满于内心感悟的小聪明，并把这小聪明当作终极大智慧———一个"阴阳"，把一切自然与社会的疑惑都终极性地解决了，也真是大聪明大智慧，但这是不是一种极其危险的智慧呢？它是偷懒的大聪明，它只需要感悟而不需要证明，很适合懒惰者的口味。同时它也毫无实际用处，是不能解决任何问题的"大智慧"。当然，中国文化往往不以解决问题为目的，而以超越问题为高明。中国文化的粗疏无用以及其无穷的魅力全在于此。直至今日，某些新儒家一边在日常生活中享受着一切科学成果，一边对西方科学嗤之以鼻：西洋人科学了半天，还是我们祖先早就说过的那个"阴阳"嘛！他们就是不能反思：我们根据阴阳，搞出了什么科学成果呢？即便在中国古代，根据李约瑟的《中国科学技术史》，哪一项发明创造，是用阴阳方法造出来的呢？连有东方文化狂热的辜鸿铭都说："必须承认，就中国人的智力发展而言，在一定程度上被人为地限制了。众所周知，在有些领域，中国人只取得很少甚至根本没有什么进步。这不仅有自然方面的，也有纯抽象科学方面的，诸如数学、逻辑学、形而上学。实际上欧洲语言中'科学'与'逻辑'二字，是无法在中文中找到完全对等的词加以表达的。"（《中国人的精神》）

读董仲舒的《春秋繁露》，我的脑海中就一再回味着辜氏的这段话，并为之深深叹息。董子实在是谈不上有什么真正的逻辑抽象思维，谈不到真正意义上的形而上学，恰恰相反，他是典型的形下学，实用主义。他的功劳，在于为庸人的笨脑瓜找到了最简单最好理喻的答案，为聪明人的偷懒找到了最好的遁辞。他通过比附，让自然与社会、天道与人道，变得有目的、有次序、可理解了。把复杂的世界与世界上无穷尽的问题绝对地简单化了——不就是"阴阳"嘛！那么简单的世界，那么简单的本质，那么简单而明晰的意义，我们无须思想它。世界的目的性如此明白和简单，思想显得多余。他几乎一劳永逸地解决了所有科学问题，科学显得不必要了。至于基础科学，要么不必要，要么把它实用化，甚至干脆变成政治——中式天文学就是这样由自然科学变成政治的。陈炎先生曾正确地指出：在中国，"指南针不是电磁学，造纸术不是物理学，传统的火药不是依据化学方程式配制出来的，而活字印刷也用不着电子科学的参与……如此说来，我们长期以来引以为自豪的'四大发明'并非理论科学，而是工艺技术！"（《积淀与突破》）

读董子的文章，我的思想如同在溜冰——我们在冰面上顺溜地滑行，几乎没有什么障碍需要我们克服，但我们却什么也没有得到，我们远远不能哪怕是蜻蜓点水式地接触事物的真正本质。他的语言和思维使事物的表面冻结起来，让我们通过，我们一下子就跨越了千山万水，但我们却没有摘到一片真正的翠绿的叶或红鲜的果，也没有啜饮到一滴真正的水。他使我们民族在自然科学上懵懵懂懂心安理得地偷懒了两千多年，又让我们在等级社会中各得其所心甘情愿地生活了两千多年。他是一个巫师，一个仅用"阴阳"两个字的咒语，让一个民族的聪明才智沉睡两千多年的巫师！

二

一个稍具现代科学观念的人（不论他是否有，或有多少具体的科学知识），读董仲舒的著作，都会感到乏味透顶。他那么自信，他自信他发现了自然人生的永恒之道，并且这道是"天不变，道亦不变"的，这又让我们觉得好笑。这是一个绝对不幽默的人弄出的大滑稽，所以，我们笑也不是哭也不是，不知道该显示什么样的表情。

在中国古代，先秦而后，凡被称为"大儒""纯（醇）儒"的人，都不可爱。董仲舒就是被班固称为"纯儒"，又被朱熹称为"纯粹"的人。老实说，他确实没有什么可爱的地方。我们知道，孔子是整日和弟子们厮混在一起的，想笑便笑，想哭便哭，想唱便引吭高歌一曲，感触便涕泗滂沱一番，歌哭自如，幽默风趣，甚至拿弟子们开开心，和他们打打嘴仗，高兴了便夸他们几句，不高兴了便斥喝几声，这是一个家常老头，可敬更可爱。而董仲舒传授弟子，却是深居简出，和弟子们不打交道，弄得壁垒森严。后来的弟子们更是面都不让见——他让他的几个高足代他设席授课，高年级教低年级，就一直这么"次相授业"。架子端得大，面目弄得玄，人踪变得神，俨然一个神龙见首不见尾的教主，所以他不可爱，而可笑。他干什么事都那么认真，那么自信正确，所以他毫不马虎，一丝不苟，但从我们今天看来，在很多事情上他是绝对错了。既如此，他那种认真不敷衍，严肃不马虎就显得十分可笑了。写到这里，我向读者承认，读《春秋繁露》，我一直皱着眉头，捺着自己的性子，以使我不把这本书扔到窗外去。但读到后来，有两篇文章还是让我粲然一乐：《求雨》《止雨》，并且越读越乐，乐不可支。

我们是农业国，雨水直接影响着国民经济，从而影响着政治。就此一点说，说中国的政治是雨水政治，也不算过分。几千年来的多次政治动荡与内战，都与旱涝灾害有关。《汉书》在记载董仲舒的一生功绩时，专门讲到了他在这方面的"贡献"——

仲舒治国，以《春秋》灾异之变推阴阳所以错行，故求雨，闭诸阳，纵诸阴。其止雨反是。行之一国，未尝不得所欲。

　　照班固的看法（司马迁《儒林列传》竟也如此吹捧他的老师），则董仲舒已经彻底解决了旱涝自然灾害问题，只要我们学用董氏的求雨止雨之法，要风得风，要雨即雨，要晴有晴，这实在是人类有史以来的最大福音了！从此吾华夏神州真变成天国了！

　　这种神话一般的记载出现在中国两个最诚实的史学家笔下，让人有些不可思议，尤其是司马迁，他本来极具理性精神。在《五帝本纪》中，他说："百家言黄帝，其言不雅驯。缙绅先生难言之。"难道说董仲舒能随心所欲地指挥上天下雨或放晴，这样的"言"就"雅驯"了？如果不是董仲舒自己记录他如何求雨、止雨方法的文章至今还保留在《春秋繁露》中，出于我们对司马迁、班固的信任，我们可能真以为一种伟大的技术失传了呢。那么，在他的这两篇文章中，他给我们留下了什么样的记载呢？

　　董仲舒对自己求雨止雨的理论根据及具体操作步骤的合理性是深信不疑的，所以，他对求雨止雨的效果也应该是深信不疑的。不知道上天是否真的每次都照顾了他的自尊心，他要雨，便给他落水滴；他要晴，便给他出日头。看他的《求雨》篇，说到春夏秋冬四季求雨，各有不同的操作方法，如何祭祀，祭品都需要什么，选什么样的人向上天陈辞等等，非常具体，极其认真。此时的董仲舒，哪里是学者、思想家？完全是一个巫婆神汉、江湖骗子。看他那么煞有介事地做一件不可能有结果的事，真为他感到累，又感到好笑，同时还有一丝同情，以及对不能应验时他内心所要经历的创痛的担忧：如果像《诗》所云，他那边"其雨其雨"的祷告不止，这边老天爷偏偏"杲杲出日"，他一张老脸往哪搁？在那么多奉他为神明的地方官吏和百姓面前，他如何走下神坛？他凭什么那么自信呢？他的依据是那么薄弱，是那么想当然。他从他的阴阳理论出发，认为大旱是由于阳气太甚阴气不足引起的，所以要烧化公猪、公鸡，要埋死人骨头，说这是为了闭阳；他要通桥之壅塞不行者，要决渎（挖开水沟），要开山渊（掘开山泉），说这是为了纵阴。他禁止男人们出门上街，禁止他们相聚饮酒，这还是闭阳；要发动女子们满街跑，要她们满面春风，欢欢闹闹，这又是纵阴。最后他有一个总括性的要求或注意事项：无论哪个季节求雨，都要选在水日进行——

凡求雨之大体，丈夫欲藏匿，女子欲和而乐。

而下面这一句更让我噗地笑出声来——

令吏民夫妇皆偶处。

原来，男女行房也是求雨不可缺少的一环！这也是雨露滋润的气象么！看来天下雨便是天和地在做性事。真是妙不可言！而一想到求雨那一天的晚上，为了激起天老爷的"性趣"，也为了响应政府的号召，所有成人男女都一齐干那事，就更令人忍俊不禁。这董仲舒治理下的国家，真是奇风异俗啊。读到此处，我迫不及待地翻到下一篇：《止雨》，看看他若要止雨，是否要禁男女之事？果然！除了其他诸项和"求雨"正相反，要纵阳闭阴，要女人藏起来，男人满街跑外，赫然就是一句：

书七十县，八十乡，及都官吏千石以下，夫妇在官者，咸遣妇归。

——通告七十县，八十乡，以及官职在千石以下的，夫妇在官署同居者，全都把老婆赶回家去，暂停男女，免得引得天老爷纵淫不止。当然，千石以上的大官仍然可以行云布雨，这与多年前我们规定只有副厅级以上干部才可以读《金瓶梅》一样有道理！

看到这里，我不无小人之心地想：这董仲舒平时奉为至尊，让人顶礼膜拜的"天"，怎么好像是一个爱看黄色录像并且不能自控的家伙？！

至此，我想读者会有同我一样的感觉：我们的传统文化中确实有不少荒唐的东西。不过，一种文化中有一些荒唐的东西并不可怕，可怕的是这些荒唐的东西竟成为这种文化的根基，那这座文化大厦就太脆性、太浅薄、太庸俗、太简陋了。董仲舒是被人称为"封建理论大厦的构建者"的，而他的理论构想后来也确实成为中国封建社会的基本原则，成为世俗政权的理论支柱，但这是一种什么样的理论、什么样的原则啊，我看这实在不能叫"国粹"，叫"国丑"还差不多。

三

阴阳观念若只用于说明自然界，则只是浅陋，当然由于其大而化之的"终结者"语气，用阴阳这"一言"把一切自然奥秘就"蔽之"了，使我们满足于放之四海而皆准的"阴阳"，从而几千年来对自然界的认识不能再进步。但董仲舒是比附大家，他对自然界本来没有特殊的兴趣，也没有把自然科学作为一门单独的特殊的门类来研究，他只是把它们作为政治实用学科的一部分。所以，他讲自然的阴阳，其目的在于讲社会政治的"阴阳"——阴阳理，人之法也（阴阳的道理，乃是人间的法则）：

> 君臣、父子、夫妇之义，皆取诸（来源于）阴阳之道。君为阳，臣为阴；父为阳，子为阴；夫为阳，妻为阴。（《王道通三》）

同时按他的阴阳理论，阴是绝对从属于阳的，从而"君为臣纲，父为子纲，夫为妻纲"。这就是维系整个封建之网的"三纲"，封建之网的一切"目"，都受制于此"纲"，此纲一举，万目俱张。这"王道之三纲，可求于天"，是天的原则在人间的体现，所以，"天不变，道亦不变"。这"三纲"，再加上他的"天人感应"，便成了毛泽东概括的"束缚中国人民特别是农民的四条极大的绳索"——政权、族权、夫权和神权。它们"代表了全部封建宗法的思想和制度"，董仲舒是四大绳索的完美阐述者和最后完成者！

董仲舒还告诉我们，一切在上的，都是他下面的阳；一切在下的，都是他上面的阴：

> 诸在上者，皆为其下阳；诸在下者，各为其上阴。
>
> （《阳尊阴卑》）

举个现在的例子：科长对处长来说，是阴；对科员来说，又是阳，所以阴阳是一种关系。处长给科长一个嘴巴，科长就会转身给科员一个耳刮子。当然，处长还要承受厅长的耳刮子。以此类推，则天子得承受天的耳刮子。天的耳刮子就是一些灾异谴告，如地震、山崩、日蚀、月食等等，最严厉的耳刮子便是给他来一场"革命"，把他一掌扇下宝座。这是董仲舒对君主采取的吓唬战术。

这种阴阳观念下建立的社会制度，当然是等级制。鲁迅曾在《灯下漫笔》中分析过这种等级社会——

> 有贵贱，有大小，有上下。自己被人凌虐，但也可以凌虐别人；自己被人吃，但也可以吃别人。一级一级的制驭着，不能动弹，也不想动弹了。因为倘一动弹，虽或有利，然而也有弊……
>
> 因为自己各有奴使别人，吃掉别人的希望，便也就忘却自己同有被奴使被吃掉的将来。于是大小无数的人肉的筵宴，即从有文明以来一直排到现在。

实际上，"纲"就是权。权力社会之所以是一个人吃人的社会，就是因为"权吃人"或"有权者吃人"，因此，正如谭嗣同所一针见血地指出的——

> 独夫民贼，固甚乐三纲之名，一切刑律制度皆依此为率，取便己故也。（《仁学》）

"三纲"者，权势者凌虐弱者的方便之门也！

四

看先秦人谈上下关系，是"君君臣臣父父子子"（孔子语），不特要求臣像臣，子像子（臣臣，子子），而且应该逻辑在先地要求君尽君道，父尽父道（君君，父父），"君使臣以礼，臣事君以忠"（《论语·八佾》）。这责任和义务是双向的，并且看孔子的语气和说话顺序，在上者还应当先尽责，然后才能取得在下者忠诚的报答。孔子是提倡"以直报怨"的，别人怎么对待我，我就怎么对待他。

激烈的孟子干脆拆穿点透地说，君若把臣看作手足，臣就把君看作腹心；君要把臣看作一般人，臣就把君看成陌路人；君要把臣当草芥践踏，臣就把君当作寇仇杀掉!

但到了荀子，天平发生倾斜，他开始片面强调下对上的顺从。他的学生韩非著《忠孝》，专谈臣对君的忠，子对父的孝，妻对夫的顺："臣事君，子事父，妻事夫，三者顺则天下治，三者逆则天下乱。"对在上者的责任，只字不提。

那个在"虎狼之秦"炮制出来的《吕氏春秋》，更是有了这样的混账理论："父虽无道，子敢不事父乎？君虽不惠，臣敢不事君乎？"（《行论》）正是这种单项义务的极不道德的"道德理论"，孕育出暴秦及其暴君。而董仲舒的"三纲"理论，则又正是对这种理论的高度首肯，并成为其最高形态。

那么，身处暴秦之后的董子，他对这前车之鉴就没有预防吗？有。那就是他的"革命"理论和"五常"体系，这二者是对"三纲"的必不可少的补充，如同他的"宪法修正案"。

景帝时，博士辕固生与黄生当着景帝的面，展开了一场关于汤武伐桀纣是"弑"还是正当受命的争论。这种争论在孟子与齐宣王之间就展开过，并且孟子已经在理论上充分证明了革命的合理性，所以，辕固生与黄生的争论乃是旧论重提。我们知道，"弑"在《春秋》中是一个重要的词，它不仅指认一种事实，一种行为，一种事实判定，而且还被孔子赋予了价值判断的意义，那就是："弑"还包含有"犯罪"的含义，这是它不同于"杀"的地方。"杀"只是一种行为，并不包含对这种行为的价值判定，杀鸡杀鸭杀瓜，就没有价值意义，即便是"杀人"，也看杀什么人，杀敌人杀强盗就有正面价值，杀无辜人才是犯罪。而"弑"的词义则是：一种严重违背人伦物理的杀害行为，专指下对上，尤指臣对君，子对父。由于一切革命都是推翻现行统治者，实际上也就是下对上的革命，造成君臣易位，所以，在辕固生与黄生争论中，黄生即认为汤武推翻桀纣的行为乃是弑君大罪，而不是受命，他的理由很有意思——从这理由可以看出简陋的比附式思维所能结出的是何等样的恶果。他说：

> 冠虽敝，必加于首；履虽新，必关于足。何者？上下之分也。今桀纣虽失道，然君上也；汤武虽圣，臣下也。（《史记·儒林列传》）

他把君主比喻为帽子，把臣民比喻为鞋子，帽子再破，也得戴在头上；鞋子再新，也只能穿在脚上。话说成这样，简直是无耻了。御用学术之必然堕落为无耻，以及无耻到何种程度，都可以从这里窥见一斑。这种比附性论证的荒谬性太明显了：首先，为什么君主就是帽子，而臣民就是鞋子？其次，即以帽子论，难道破帽子就应该永远戴在头上？就不能扔到垃圾堆中去？就算我们必须有一个帽子，难道我们没有权利换一顶像样一些的帽子吗？

更严重的问题还在于，这个无耻的黄生一心想讨景帝的欢心，无条件地鼓吹皇权的尊严性与不可侵犯性，他想论证当代的皇权将与天地同终，但他忘了，任何一个皇权都不是与天地同始的，任何一个皇权都是在对前一个皇权取而代之的前提下建立起来的，也就是说，都是从鞋子变成帽子的。所以，无条件地鼓吹皇权的尊严性，就无法说明皇权的合法性。这黄生如一只孔雀，一心想开屏展示其美丽的羽毛，以博皇权一粲，但他没想到，孔雀一兴奋，一开屏，便会露出脏屁股，这脏屁股现在被辕固生一招致命：

> 必若所云，是高帝之代秦即天子之位，非邪？

——定像你所说的那样，则当初本朝高祖皇帝取代秦朝而即天子之位，也错了吗？！

黄生哑口无言，景帝尴尬不已！

辕固生的话可以推出这样一个简单的道理：皇权（实际上可推及一切政权）的绝对尊严性是违背逻辑的。任何政权的尊严来自人民的承认与维护，一句话，来自人民的尊严。只有人民才拥有尊严，合法政府的尊严只是人民尊严的自然延伸。与之相关，我们只要有最起码的理性，就不会对革命的合理性有所怀疑。因为否定革命的合理性，非特不能维持现实存在，反而从根本上否定了现实存在。因为现实就是革命的产物。而未来是革命的下一个产物。鲁迅说："'革命'是并不稀奇的，惟其有了它，社会才会改革，人类才会进步，能从原虫到人类，从野蛮到文明，就因为没有一刻不在革命。""凡是至今还未灭亡的民族，还都天天在努力革命。"（《革命时代的文学》）"革命"的合理性，这个西周初年即已成为政治常识，到孟子更完成其理论论证的问题，竟然一直到鲁迅还得再三"启蒙"，吾国吾民的这一"蒙"也太厚重了！

五

《春秋繁露》中，有一篇与辕固生的观点基本一致的文章《尧舜不擅移，汤武不专杀》。苏舆《义证》认为"此篇非董子文"，而断定就是辕固生驳斥黄生语，后人误采入《繁露》。从文章的语气看，确实很像是辕固生驳斥黄生的口气，但我以为董仲舒有这样的思想也合乎他的一贯之道。

这篇文章不长，五六百字，但却从多方面论证革命的合理性及所谓弑君之罪的荒谬性。就学理和政治角度言，我以为最有价值的意见是他的"有道伐无道"理论，这套理论上承孟子，是对荀派绝对尊君的一次清算——

> 况且天生出百姓人民，不是为了一个王；恰恰相反，天树立王是为了人民。所以，王的德行足以安定人民使人民幸福享乐，天就把天下给他；王的恶行足以伤害人民，天就改变他的任命（剥夺他的王权）……夏无道而殷来讨伐它，殷无道而周来讨伐它，周无道而秦来讨伐它，秦无道而汉来讨伐它——有道的讨伐无道的，这是天的正理。
>
> 原文：且天之生民，非为王也；而天立王以为民也。故其德足以安乐民者，天予之；其恶足以贼害民者，天夺之……夏无道而殷伐之，殷无道而周伐之，周无道而秦伐之，秦无道而汉伐之——有道伐无道，此天理也。

话说到这一步，简直是图穷匕首见，剑拔弩张：那汉又将由谁，在什么时候伐之？当它无道的时候！隋炀帝揽镜自照，不胜感慨："好头颅谁当斫之？"头颅尚可斫下，何况破帽子？炀帝虽则暴亢，但终究有好悟性！天道本无情，天若有情天亦老，人间正道是沧桑！

了解了董子的"天立王以为民"，我们就可以为他的"屈民伸君，屈君伸天"做一解说了，这几句话曾引起不少聚讼。原话见于他的《玉杯》篇：

> 《春秋》的笔法，让人民随顺君主，让君主随顺天道……所以，委屈人民而伸张君主，委屈君主而伸张天道，这是《春秋》的大义。

　　原文：《春秋》之法，以人随君，以君随天……故屈民而伸君，屈君而伸天，《春秋》之大义也。

　　有人说这种理论乃是封建专制的"护符"（侯外庐语），侧重的是"屈民伸君"；有人则认为这是对地主阶级"代理人权力的适当限制"（冯友兰语），侧重的又是"屈君伸天"。其实，这"屈民而伸君，屈君而伸天"不是呈上下垂直的线性关系，而是一个循环的圆，因为这中间隐含着一环，那就是"天随人愿"式的"天立王以为民"。民，君，天，董仲舒把这三者的关系弄得圆通了。这三项中，每一项都突出，每一项又都平等——董子设计的是一个圆桌会议，大家彼此都满意——也就是说，有了"天"这一项，"君"与"民"就不再是二元对立，彼此都有了依靠：民以为天可以约束君，君又可以借天以吓唬民。聪睿的王充早就看出了这其中的机关：

　　六经的文字，圣人的言语，动不动就说天道如何如何的，实际上乃是想依靠天道来教化无道的君，恐吓愚昧的民。

　　原文：六经之文，圣人之语，动言天者，欲化无道，惧愚者。（《论衡·谴告》）

　　为什么圣人们动不动就大谈天道？因为这天道实在是好东西：一方面可以驯化无道之君；一方面可以威吓无知之民。这中国古代政治的圆桌会议，一开就是两千多年！

　　但我以为，天而能有此驯化和威吓的功能，首先必须君与民都得信天。若碰上不怕天的君（如秦皇汉武）与不信天的民（如陈涉洪杨），那这一招便要失灵，圆桌会议便因为天的缺席而君与民大打出手，弄得江山变色，生灵涂炭。所以，这一招，有效，然而其效也有限，且要有效，还要先做好两方面的工作：一方面要"愚民"，一方面还得"愚君"，君与民都被糊弄住了，民以为天总会为他做主，于是只一味忍耐；君以为天威将至，所以自动放下屠刀，立地成佛——只有这样，这儒家的"天人感应"才能见效。所以，儒家的文化以及历代的大儒们，所做的事情往往只有两件：对上唬君，对下哄民。如果愚得好了，双方回到圆桌旁了，那就是他们鼓吹的风俗敦厚，天下太平了。

当然，愚君，还有一种后果，那就是若这君不好愚，情形就很危险，像汉武帝刘彻，精神和理智都很健全，董仲舒对他谈灾变，谈天谴，他不但不害怕，反而勃然大怒，差点砍了董的脑袋。而董仲舒经过这次惊吓，"遂不敢复言灾异"，圆桌会议也不张罗了。

六

除了公开鼓吹革命无罪造反有理，董子还有一个约束君父之权的法宝，那就是"五常"。"三纲"与"五常"并列，可见二者之关系乃相辅相成。如果如前所述，"三纲"是根据"阴阳"推出来的，"五常"则是根据自然界相生相克的所谓"五行"推出来的。这五种规范作为单项，早在先秦即已出现，到汉代，才逐渐经过淘汰、组合而并称。贾谊就说过"人有仁义礼智信之行"的话（《六术》），但把它们作为一个完整的道德体系，作为人的整体道德修为，并冠以"五常"之名，以作为"三纲"的补救，则是董仲舒。他一方面用"三纲"来羁縻臣民，一方面又用"五常"来约束君父。仅有三纲，必然导致秦的悲剧重演，所以要用"五常"来弥补：作为绝对权威的君主，必须具备"五常"，否则，他便是"无道"，"有道"便要来伐他，他也自然失去了"三纲"所保证的权力。董仲舒一再提醒君主：

> 夫仁、谊（义）、礼、知（智）、信五常之道，王者之所当修饬也。（《天人三策》之一）

告诫君主：

> 君不可以不贤。（《天地之行》）

君主：

> 必仁且智。（《必仁且智》）

《春秋繁露》中有《仁义法》一文，谈仁与义的适用对象，很有些意思，比孟子谈仁义的区别又进了一步。他告诫君主，要——

> 用仁来安顿他人，用义来端正自己。
>
> 仁的用法在于爱别人，不是爱自己；义的用处在于端正自己，不在端正别人。
>
> 原文：以仁安人，以义正我。
>
> 仁之法在爱人，不在爱我；义之法在正我，不在正人。

这显然包含有不以道德要求别人的思想，这是后来的理学家们万万说不出的。

而一个君主，只爱自己，不爱别人，无论怎么"爱"也不能叫"仁"，只知"自爱"而不知爱人——

> 虽立天子诸侯之位，一夫之人耳，无臣民之用。如此者，莫之亡而自亡也。

——君主如不爱人民，那他也就没有为他所用的臣民——臣民也就不必对他尽臣民之责任，那这君主也就不待别人来灭他，他自己就失去君临臣民的资格了。

相反，他对一般人并不做过高的道德要求。他认为，庶人的天分即是求利的，而天子大夫才是应当求仁义的，从而不能与庶人争利（《天人三策》之三），这就颇合乎孔子的"君子喻于义，小人喻于利"（对君子应当用义的道理来要求他，对小人应当用利来鼓励他）的思想。这实际上是在说，小人可以求利，小人求利是合理正当的，符合他们的社会地位及其应当承担的责任；而统治阶级，君主、大夫、君子等官僚上层及其文化代言人，才应该承当起道义的重担。他们既享有了这个社会的特权，难道不应该要求他们有所承担吗？但中国的封建统治阶级，享受一切特权，却大言不惭地"教化"人民，让下层人民去承担"仁""义"的责任，而他们自己，不愿也不能承担社会的哪怕一点的道义责任。最腐烂的是他们，最缺德的也是他们，一旦国家有事，最先逃跑的是他们，无路可逃时，最先投敌的也是他们……看董仲舒及先秦诸子对特权阶层的道德要求，真令人感慨万端！中国社会的渐渐糜烂，终至天下鱼烂河决，不可收拾，全在我们有这样一群只有肚子和性而没有心灵的上层社会啊！

所以，抽象笼统地看一个社会一个民族提倡什么并不能抓住要害，要害在于那些道德规范是向哪一部分人提倡的，要哪一部分人来实行。如果一切道德要求都是针对下层民众而不是针对特权阶层的，或者说，当权力阶层在腐烂缺德时，却要求下层人民遵守道德规范，这种道德要求本身即是不道德的。同样，假如整个社会都在争利，却要求某一类人去恪守仁义，讲奉献，也是不道德的。鲁迅曾说："道德这事，必须普遍，人人应做，人人能行。"（《我之节烈观》）实际上，从彻底的马克思主义立场看，对人做道德要求本身即不符合唯物主义原则——

> 共产主义者不向人们提出道德上的要求，例如你们应该彼此互爱呀，不要做利己主义者呀等等。相反，他们清楚地知道，无论利己主义还是自我牺牲，都是一定条件下个人自我实现的一种必要形式。（《马克思恩格斯选集·德意志意识形态》）

董仲舒的"有道伐无道"革命理论，他的有关道德的理论，确有其高明之处。

但对董仲舒，人们最熟悉的还是他的"罢黜百家，独尊儒术"的建议。这个建议由于汉武帝的赞同以及丞相——另一儒生公孙弘利用行政权力的推行而大行其道，儒家终于实现了与政治的联姻。二百多年前，荀子就已经在向世俗权力频频明送秋波，春心发动，春情难耐；二百多年后，"及仲舒对册，推明孔氏，抑黜百家"，儒家学术在董媒婆的撮合下，"出闺成大礼"，嫁与世俗权力，取得正妻的地位。在后来的两千年里，虽然其他学派如小妾一般暂时得过一些恩爱，但从没有撼动过儒家文化的正妻地位——董仲舒是旷古及今最大最成功的媒婆！

司马迁

生存还是毁灭

一

面对着司马迁，面对着这位"史界之造物主"（梁启超语），我惶恐不能下笔已经很久了。汉代人物，在司马迁之前的，我已写了多位，我满怀渴望却又小心翼翼地走近司马迁，待终于走到他的面前，面对他那迫人的光辉，我有一种无法睁眼的感觉。我感觉到他无比巨大的存在，却无法把握他的一丝踪影。于是，一个白天一个白天我在校园里转悠，一个夜晚一个夜晚我在书房中叹息，我的纸上没有写出一个字。

现在，又是凌晨一点多了，万籁俱寂，城市沉睡了。那受尽屈辱而傲岸光辉的灵魂，醒来吧！给我以教导！

我不知不觉地低声吟诵出下面的文字：

生存还是毁灭，这是一个值得考虑的问题。默然忍受命运暴虐的毒箭，或是挺身反抗人世无涯的苦难，通过斗争把它们扫清，这两种行为，哪一种更高贵……谁愿意忍受人世的鞭挞和讥嘲、压迫者的凌辱、傲慢者的冷眼、被轻蔑的爱情的惨痛、法律的迁延、官吏的横暴和费尽辛勤所换来的小人的鄙视，要是他只要用一柄小小的刀子，就可以清算他自己的一生……

对了，这是朱生豪所译的莎士比亚《哈姆莱特》中一段有名的台词。这一段我在大学时光就倒背如流的台词，在我的内心时时激起生命的激情。我不相信还有人译莎翁比朱生豪更好了。现在，夜深人静，我再一次被这段台词所感动，而当我吟诵到"一柄小小的刀子"时，我的心头一惊：太史公！你的那柄小小的刀子呢？！

我至今还记得第一次领略到太史公精神世界时的激动。那是在大学，也是夜深人静，漫长而令人倦怠的暑假，同学们大部分都已回家。我独自一人坐在赭山脚下被黝黑的山影树荫掩盖住的教室里，一篇一篇地读着项羽、屈原、贾谊、李广，滑稽与龟策，游侠与刺客……一夜，整整一夜，我没有回宿舍，整整一夜，一边拍案，一边叹息，时而热血沸腾，时而热泪盈眶。山深处不时传来宿鸟梦中的怪叫，蝙蝠不时地从窗子飞进，掠过头顶，扇起几缕头发，又从另一边窗子飞出。世界如此安静，大楼有些阴森，但我感觉到了司马迁的存在：他就在这儿，就在这静夜里，就在我身边！我走到窗前，望着赭山山顶上的满天星斗，太史公！哪一颗闪亮的星星是你？

二

直觉告诉我，司马迁和一般史家大不相同。不要说和后来的那些头脑冬烘满纸道德废话的史家不同，就是和孔子、左丘明也不相同。孔子的面孔太严肃了，他是历史的审判者，历史人物都是他的道德法庭的嫌疑人；左丘明的面孔太中庸了，他是历史的书记官，为孔子的判词做道德注释；而司马迁，则似乎是与他笔下的人物同生死于时代，共挣扎于命运，他们一起歌哭悲笑，一起升沉荣辱。包世臣说："史公之身，乃《史记》之身。"（《安吴四种》卷九）延伸一点说，《史记》中所传的历史人物之身，亦即史公之身；史公之身，与他笔下的人物同遭难，共受苦，同欢乐，共命运！

带着这种直觉，我试图寻找太史公与一般史家的区别。我想，在孔子传统下的中国史家，大都是用他们头脑中固有的价值观念——主要是社会主流意识形态即儒家的价值观念来考据历史、记录历史、评价历史。史家必须兼具书记员和审判官的双重职能，他们是把历史当作这样的对象来处理的：历史是一个事实，但却是一个已经"过去了"的事实；是一个经历，但却是人类"曾经有过"的经历，它对我们的意义与价值，乃在于为我们提供一种道德案例。我们关注的乃是这些已经过去的事实中透析出的道德意义，而不是事实本身。这样，作为对象的历史，就被我们判为死亡的东西。事实上，也正因为它们是死亡的——或说已经终结、完成、结案，它们才具有道德案例的资格。从这个意义上说，历史必须死亡，至少我们应该假定其死亡，或命令它死亡，因为这样我们才能毫无后顾之忧地对历史盖棺论定。

已经死亡的历史当然不具备让我们关心的资格，"历史是不能假设的"，历史学家们常常这样说。这话假如不是出自感慨，那就一定出自他们长期的史学训练而练就的冷酷的心。面对历史，我们常常如同面对一个蒂落的熟瓜，我们只是榨取它们，而不必牵挂它们；又如尸检官面对一具尸体，只是解剖它，判定其死因，写出尸检报告，而不必对死者表示尊敬与哀挽。

我并不否定这样做的意义，大多数历史学家都是这样做的。这样做符合历史事实——历史确实已经过去了，消失在另一个时空了——也符合学术操作规范。

但司马迁则异乎寻常地为我们展现了另一种对历史对象的处理方式：他抚尸痛哭，为历史招魂，让历史复活，他让历史的幽灵飞临我们现实的天空，与我们共舞。他的历史，是"活的历史"（living past）。在司马迁笔下，那些已经过去的人物永远生动。生动者，有生命而灵动也。太史公笔底的"当下性"，让这些人物永远与读者同在一个时空，一样生龙活虎——甚至，正如前人已经指出的，太史公笔下的历史人物栩栩如生，而一些活着的人却死气沉沉。他笔下的历史比现实还生动。

孔子及其传统下的史家，要在历史中发现必然性，发现逻辑的力量及人类德性的力量；而司马迁，他虽然也满怀无奈与感喟地承认历史的必然性并在其著作中对之加以勾隐索微，但他真正的兴趣，则是关注人类天赋中的自由精神、原始的生命激情、道德勇气下的义无反顾的心灵；关注历史人物的血性、气质、性情，以及那种冲决逻辑的意志力量。一个不相信不承认不尊重历史必然性的史家，不是一个老实的、心智健全的史家；但仅有历史必然性而没有自由精神，仅有逻辑而没有意志，仅有理性精神而没有宗教崇高，匍匐在必然性法则之下而不能歌颂个体生命对必然性的抗争，必不是一个伟大的史家。这种伟大的史家必具有一种无与伦比的悲剧精神，所以也往往是伟大的悲剧家。我们在古老的史诗中可以仰望到这样的人物，比如荷马及荷马史诗，那是一种怎样的伟大呀！史与诗的结合，可不就是历史必然性和个人自由意志的结合么？在史诗中，历史必然性与个人自由意志的永恒冲突，不就是其作品内在张力与其无限魅力的来源么！

　　在中国，若要找出这样一个绝顶的人物，一个无师无友、无复依傍而卓然特立的人物，可不也只有一个太史公么！

三

　　有一个值得我们深思的问题：以"绍圣《春秋》"为使命的司马迁怎么会抛弃孔子既定的历史纪年法,而改用纪传体？我想,这绝不仅仅是一个技术问题,而是观念问题。抛弃纪年法，就是对所谓包含历史必然性的"历史进程"的蔑视，是对"事"的过程、"事"的整体有序性的放弃，是对"人"的命运、"人"的生命历程的重视。他对那冰冷的历史巨轮投以轻蔑的一哂，然后他满怀慈悲地去关心轮子下面的那些泣血的生灵：无论善恶美丑，贤愚不肖，他们都被轮子碾过去了，死亡与苦难使他们重获尊严，重获被尊重的资格……

　　一切伟大的作家都是大慈大悲的，哪怕他表面上多么冷酷无情——有时愈冷酷则愈深情：西方的荷马、雨果、托尔斯泰……中国的司马迁、杜甫、曹雪芹、鲁迅……都是如此。读《太史公书》，我们感受到的不是历史的必然性，而是形形色色的人物的歌哭悲笑。《红楼梦》是千红一哭，万艳同悲；《太史公书》亦是千人一哭，万代同悲，一代一代的人物以及他们对历史必然性的反抗，对自身命运的体认，构成了《史记》中最绚烂、最悲壮、最华丽、最哀婉的主色调。史学成了人学，必然性成了戏剧性，逻辑的链条崩解了，生命的热血喷涌而出……

　　尼采说，一切书中，我爱那以血写成的。司马迁的《太史公书》，不仅是以血写成的，而且还是重重的血：历史的血，历史人物的血，再加上他自己的血……

　　时间是一切中最逻辑的东西，最必然的东西，甚至可以说，它就是必然性本身，是必然性之母，也是必然性之载体。它冷酷，准确，一丝不苟，毫不通融于我们心灵的感受。时间之于心灵，犹如飞速旋转的电锯之于树木：戕残，切割。在时间的序列里，我们如同树木般被切割了，我们的生命形态消灭了。编年体是最完美的历史形式，但它同时是最残忍、最令人目不忍睹的生命形式。它以时间的有序与完整来切割人物生命的有机与完整，它拥有历史形态的抽象的完整，却肢解了每一个具体人物、具体事件的具体的完整，这是为了所谓历史的必然性而牺牲人类心灵的最典型的案例。孔子够忍心的了！

　　而司马迁，我们伟大而人道、内心充满对“人”的仁爱的太史公，就是要来一场革命：他断然抛弃编年体而采用纪传体，他把此前被孔子、左丘明等人阉割的个体还原，他让那些肢体的碎片重新聚合，使它们复活了！他简直是嘘枯吹生、生死肉骨的司命之神！

　　史学界一般称司马迁“开创”了纪传体的体例，就史著体例而言，果然如此，但就内容与体裁的关系而言，我以为还是用“采用”纪传体为好。因为人物的行为及人生历程，就其个体来说，本来就是首尾相贯的，纪传体仅仅是还原其本来生命形态而已。我注意到了《春秋》中的“六鹢退飞，过宋都”及“陨石于宋五”的语言序列实际上就是事件的发生及我们主观感知的次序，它是语言对事实的追摹与投诚，这可算是孔子淳朴的一面吧。而司马迁之还原生命形态，则显示出对生命的尊重，这是司马迁博大人道的表现——无论怎么说，历史总归是“人”的历史，不是天的意志史，不是神的历史，也不是哲学家们所想象的“观念”（或“理念”、绝对理念等等）的历史。司马迁纪传体之“以人代史”“以人叙史”，实际上乃是历史观念的伟大觉醒：没有人，便没有历史，历史的主体正是那形形色色的人及其命运。而历史的意义，也恰好就是人的意义，而不是抽象的道德观念。

　　所以，司马迁是一个自觉的“人类的史学家”，而不是“天”或“绝对理念”的账房先生。说他是“人类的史学家”，还有一个不算多余的证据：他的《史记》，是一部通史，追溯到他可能追溯到的人类源头；又是一部多民族史，载录了那个时代所能知道的所有族种，而且他让这些族种同祖同宗：这不仅显示出他对人类同源的信念，更有民族平等的超时代的理想。在他的心目中，他是把他的《太史公书》当作整个人类的历史来对待的，他也是以为全人类作传的使命感来从事他的神圣工作的。

<h1 style="text-align:center">四</h1>

司马迁让血重新流回历史的血管，历史恢复了心跳。但为什么后来那些同样采用纪传体的历代正史却不能有这样栩栩如生的效果呢？这就要提到《太史公书》中另一独特东西：细节。只有个体复活，历史才会复活；而只有细节生动，个体才会复活。所以，司马迁那么关注细节，他云游天下，就是要在史料之外搜罗活生生的细节，寻找生命的原始形态，甚至他不惜动用自己的想象来弥补细节的不足，恢复生命的血肉。《史记》"全书中有许多都可作小说看"（施章《史记新论》），"《史记》记事中十之二三不可尽信"（唐兰《古史辨》卷六），可不就是他的细节描写太生动、太具体，如在目前，如己亲睹，才会让人对他有这些不信任么！他要笔补造化，代人传情呵！

如果我们承认，对于史学而言，历史本体本来就是不存在的，存在的只是我们对历史的回忆与记忆，那么，司马迁的这种对历史细部的"小手术"，毋宁是值得肯定与赞赏的。

一般史学家编著历史，有史料即可。孔子作《春秋》，也是仅仅利用鲁国史官的记录，所以弄得如同"断烂朝报"（王安石语），令人不忍卒读，即使读了也不得要领，还得要谷梁赤、公羊高和左丘明为之作传注。司马迁做太史令时，"百年之间，天下遗文古事，靡不毕集太史公"，他有足够的史料。但为了写出活的历史，他不惜在"读万卷书"后，又"行万里路"，去搜寻具体的细节材料：他到齐，看齐之辽阔广大，然后领悟齐之泱泱大国之风（《齐太公世家》）；去大梁，在大梁废墟中踏访乡野之人，询问秦破魏时水淹大梁的情形（《魏世家》）；又搜访信陵君礼侍侯生的所谓夷门旧迹，满怀深情地想象着这位礼贤下士的公子的音容笑貌（《魏公子列传》）；在鲁，观仲尼庙堂车服礼器，看诸生演习周礼而低回流连（《孔子世家》）；登箕山，踏访许由墓冢，抚碑怆恨（《伯夷列传》）……其他如"适楚""适长沙""如淮阴""适丰沛""过薛""适北边""南游江淮，上会稽，探禹穴，窥九疑（嶷），浮于沅湘，北涉汶泗，讲业齐鲁之都，观孔子遗风，乡射邹峄，厄困鄱薛、彭城，过梁楚""西至空峒，北过涿鹿，东渐于海，南游江淮"——他的笔，横扫千古，他的足，更是踏遍青山！

"太史公行天下，周览四海名山大川，与燕赵间豪俊交游，故其文疏荡，颇有奇气。"（苏辙《上枢密韩太尉书》）是的，在他踏遍青山的旅程中，那些名山大川，英雄豪杰，更是扩张了他的心胸，陶冶了他的气质，解放了他的性情。他的文章，就是那大自然的穆穆长风，洋洋流水，峨峨高山，就是那人间社会的激荡风雷，诡谲云波，风雨晴晦。《史记》之身，犹史公之身，有史公之伟大卓绝，才有《史记》之磅礴千古！

五

激情是生命的最极端的形式。司马迁就是一个充满生命激情的人，他一生"西至空峒，北过涿鹿，东渐于海，南游江淮"，在那样一个交通不便的时代，这需要多大的生命激情？对外部世界的兴趣与热情，尤其是持久的热情，是衡量一个人生命力的尺度。

他"少负不羁之才，长无乡曲之誉"，他岂能是一个循规蹈矩，于乡党鞠躬如也的"好青年"？到了长安，他也是无师无友，无倚无傍，特立独行。人称他受《春秋》于董仲舒，受《尚书》于孔安国，实际上于据未足，天才无师，我们就不知道老子、孔子、庄子有什么老师。南宗六祖慧能在悟道之前，也没受谁指点。不过，有一点是可以肯定的，二十出头的司马迁，在他踌躇满志地仗剑漫游天下时，他已成为他那个时代最博学的人，最有见识、最有思想，或者说，最具思想家素质的人。他是继贾谊、晁错以后，又一位年轻的思想家。

到了郎官任上，他感激涕零，一心营职，"以求亲媚于主上"，这是他天真淳朴的个性表现。在那个意气风发百舸争流的大时代，他免不了也兴高采烈，摇旗呐喊。冠盖满京华，谁甘心让自己独憔悴？况他是那么热情洋溢，天才勃发。

年轻的司马迁是一个张骞、傅介子式的人物，希望脱手斩得小楼兰。功业在向他招手，他几乎要投笔从戎了，二十岁时，他单骑走天下，一意孤行去，是不是就是一次人生的演习呢？此时，他的心思已不在书上，或许他已读完了那个时代民间所能找到的书，一些大的学问也精研过了。他又不是一个白首穷一经的学究，他毫无做一个博士的兴趣。书斋外面的世界太精彩了，书斋外面的人物也太风流了，行动的魅力远胜过玄思，剑锋的威力远胜过笔锋。天高地迥，宇宙无穷；心旷神怡，前程万里；少年心事当挈云，谁念幽寒坐呜呃？不恨古人吾不见，恨古人不见吾狂耳。他漫游江淮，山水之胜如过眼云烟，他所关心的，乃是那些在历史上、在现实中叱咤风云的人物，暗自羡慕着他们的盖世功业和绝世风采。面对着那些"赴公家之难之人""伟烈奇杰之人""有国士之风之人""有奇功于世之人""奋不顾身殉国之难之人""倜傥非常之人"（上引皆《史记》称人之辞），他的心胸风云激荡。

三十四五岁，他如愿以偿：奉命出使巴蜀，去了结唐蒙、司马相如都没能解决好的西南问题。唐蒙武人，专以武力服人；相如文士，唯知登高作赋。司马迁则文武兼备，宜能对此做一彻底了断。司马迁此行，兴致很高，也颇自信。在他看来，大约与张骞之远征漠北，方向不同，事则相类，功宜相当。总之，直到此时（他奉使西南在公元前111年秋，第二年，即公元前110年，元封元年春，从西南还，复命武帝），他都在谋求着自己人生功业的辉煌，他的人生目标，还在于追求"立功"。

但用司马迁自己的话来说，"事乃有大谬不然者"。就在他远从西南风尘仆仆往回赶时，这边的长安城里正进行着让每一个人都兴奋不已的大事：封禅。在经过一番准备后，汉武帝带着十八万骑兵，旌旗招展数十里，浩浩荡荡地向泰山出发了，偏偏把一个使命感极强、自尊心极强的人物丢在了洛阳。这个人，就是司马迁的父亲，太史令司马谈。这么一件历史大事，有记事记言之责的太史令却不能亲与其盛，司马谈是何等绝望、何等自责与惭愧？他一病不起，奄奄一息。司马迁来不及去武帝那儿复命，报告他的成功，就急忙赶到父亲的病榻旁。就在这病榻旁，司马迁受到双重打击：父亲的垂亡，以及自己人生目标的转向！

在病榻旁，父亲拉着他的手，对他未来的事业进行了不容置疑的安排，这个一辈子信奉道家思想讲究无为而治顺应自然的老人，此时显得很为专断。司马迁无法拒绝垂死的父亲，更无法拒绝由父亲交给他的伟大的事业——为这个大时代，完成一桩绝大的使命：论载"天下之史文"！

三十六岁，他正当盛年，立功事业刚开个好头，前程似万里长江之初发源，生命如蓬勃春花之绚烂。但是，他必须收敛其花瓣，内敛其热情，蛰伏其雄心，宝剑入鞘，骏马卧槽，无论外面的世界多精彩，官场多炫赫，疆场多壮烈，他必须寂寂寥寥，年年岁岁，青灯古卷，石砚羊毫。谁能甘心宝剑折断为锄犁，平戎策换得种树书？又有谁能放弃逐日，弃其杖，化为邓林？

这个心路历程定是艰难曲折,但那是我们看不到的。我们现在所能知道的是,三年之后,元封三年（前108年）,他由内廷的郎官调任为外廷的太史令。他"征略"西南时,为郎中将或中郎将,两者一是"秩比千石",一"秩比二千石",而太史令只是"秩比六百石"。司马迁终于做出了他最艰难也最重要的选择,他从官僚系统的主干上退下来,一如当今的官员从实权部门退到地方志办公室。他终于摒弃了诱惑,排除了干扰,去"绍明世,正易传,继春秋,本诗书礼乐之际"了,对这样巨大的文化事业,他终于明白了,"小子何敢让焉"!

这也是"当仁不让",他隐隐地觉得了自己的真正使命。汉家开边拓地的人物很多,但像他这样能洞察全人类命运、梳理人类历史的人物,却绝无仅有。从他个人来说,若去立功,他可能成不了一流人物,他视卫青、霍去病如何? 卫青不败,去病常胜,这里有"天幸",也有汉武的眷顾,他未必有这样的天时地利与人和。但若他转而去做史官,他反而能做出旷古及今第一流之成绩,他将成为他的时代的最大光荣! 天降大任于他,他不能违父命,不能违天命。他父亲对他说,圣人五百年出一个,"周公卒五百年而有孔子,孔子卒后至于今五百岁",那么,应运而生的今日圣人,非他而谁?

以下的事便顺理成章。做了太史令,便可以遍览皇家藏书,以及那些政府档案,"绌史记石室金匮之书"。这个"绌"是缀集、整理、辩证、考订、弃取、译解诸意的总和。以司马迁的功底,他做得得心应手,这是为著作《史记》做资料的准备工作。

大约三四年的工夫吧,这个工作顺利完成。

太初元年（前104年）,四十二岁的司马迁倡议并参与了历法改革,创立了有名的"太初历"。这是一部指导未来的大书。对于一个农业国来说,历书中的斗转星移,就是春种秋收,就是豆棚瓜架,禾麻菽麦。一句话,就是国计民生。同时,这也是一个理顺历史的大工程,有了这部太初历,以前的历史就可以确定其坐标了。

因之,随着太初历为武帝正式诏颁天下,司马迁的《太史公书》也写下了最初的一个字。

对历史的总清算就在那样一个不为人知的夜晚,在司马迁的羊毫笔下开始了。

天雨粟,鬼夜哭!

六

也许是司马迁所从事的事业太伟大了，上天不得不给他一些曲折与折辱；他将要达到的成就太伟大了，他的经历似乎不能太单纯。就在他的创作进行到第六个年头时，天汉二年，公元前99年，李陵战败投降匈奴。司马迁为了援救李陵一家老小的性命，为李陵辩护，武帝大怒，下司马迁狱。第二年，公元前98年，司马迁被判死刑。

仔细揣摩这件事情的前因后果，是颇有意味的。当李陵率五千步卒深入匈奴未遇抵抗，图画地形派部下陈步乐回京报告时，一帮大臣都向武帝祝贺，而此时司马迁不豫此列。当李陵兵败投降的消息传到长安后，那一帮前几天还在祝贺武帝的大臣们——全躯体保妻子之人——马上一百八十度大翻脸，又一起说李陵的坏话。《汉书·李陵传》上有这样一句话："群臣皆罪陵，上以问太史公司马迁。"我在想，为什么在舆论一边倒时，上——汉武帝，还要专门把司马迁叫来，问问他的看法？难道他的看法真的很重要？很为武帝重视？如果他的看法与群臣一致，武帝不缺这相同的一声；如果不一致——

想到这里，我一激灵，一股寒意笼罩全身：这是欲因其辞而致之罪，引蛇出洞。这是阳谋，中国历史上最典型的"阳谋"！汉武帝早就对司马迁不满了，他一直在找机会收拾司马迁！

孔子论人之德行，总有消极意味，他总是偏重于肯定人的消极德性，比如他说"狷者有所不为"，就是肯定"不做坏事"的德性。但道德最高的善，不应该是消极的不做坏事，而应该是积极地去"做好事"，孟子在这方面对孔子做了很好的补充，那就是，为了义，"患有所不避"。不避祸患，挺身而出，对社会、对人类有所担当，或当弱势群体或个体受到损害时，能为之鼓与呼。法国的左拉即属此类人物，他在有名的德雷福斯间谍案中，为了无辜的德雷福斯，不惜和法国军方对抗，和政府对抗，和不合理的司法程序对抗，从而被逼流亡国外。但即便流亡国外，他仍不放弃这种对弱者的援救，对强权的反抗，直至胜利。而中国的知识分子，自古及今，这类真英雄实属罕见——司马迁当属稀有金属：当满朝文武都在对一个没有申辩机会的败将李陵，"媒孽其短"，必欲置那哀哀无告的一门老小妇孺于死地时，他挺身反抗！而这反抗的结果，却不仅不能挽救李氏一门老小被斩尽杀绝，连同他自己也被判极刑！

同是为弱势者申诉，左拉以喜剧结束；司马迁是悲剧结局。此间胜负，端在于体制的不同。无可如何！

汉律，死刑可以用钱赎，也可以改施宫刑。钱，秩比六百石的司马迁是没有的，亲朋好友们如何呢——"交游莫救，左右亲近不为一言"，既没有帮他出钱的，也没有帮他求情的。看来他只有独自面对那些冷酷的刀笔之吏，在死刑与宫刑之间做无比艰难的抉择！

"死生亦大矣！"这是庄子的感慨。

"所得莫甚于生，所失莫甚于死。"这是陆机对庄子的注解。

《史记》写到一半，司马迁面临着这样的生死抉择。

那柄小小的刀子在眼前晃动。是抓起它，闪电般了结自己的一生，一了百了，还是对它投以轻蔑的一笑，挥挥手，拂去它，忍辱负重，继续完成自己的人生使命？

这一年他四十七岁，早已不惑而届知天命，以他的学问与境界，早已视死如归。

但，"君子疾没世而名不称焉"！（孔子语）

"人固有一死，或重于泰山，或轻于鸿毛。"为什么？因为"用之所趋异也"！（《报任安书》，以下不注者皆出于此）

如何使用这死的权力，何时使用这死的权力，乃是决定死的价值的关键。

"知死必勇。非死者难也，处死者难。"（《廉颇蔺相如列传》）

如果他此时死了：

"若九牛亡一毛，与蝼蚁何异？"——他人微位轻，死了，也没有人注意到他。

"不能与死节者比"——现在去死，不是死于节，而是死于罪，人们会认为他是由于"智穷罪极，不能自免，卒就死耳"。

不能死！

但活着总要有个理由，或者说，在遭受极辱时仍隐忍偷生，必须有其代偿物——这就是《太史公书》的创作。

司马迁赏识那些轰轰烈烈的死，也歌颂那些隐忍就功名的生。他喜欢屈原、项羽、李广这样的掷生命如碎碧玉的壮烈；他也喜欢伍员、勾践这样的保生命如保青山的坚韧。留得青山在，不愁没柴烧。在伍子胥传后，司马迁议论道：

故隐忍就功名，非烈丈夫孰能致此哉？

这就是在说自己啊！

这一类烈丈夫，在《史记》里是一长串的名单：季布、程婴、魏豹、彭越、韩信、豫让、范雎、蔡泽……

这些都是忍辱之人！都是忍辱而成就大功之人！

一篇《报任安书》，通篇就写一个字：辱！

极辱之痛，忍辱之难，偿辱之志！更了不起的是，司马迁已经认识到了，专制乃是"辱"的根源：

> 猛虎处深山，百兽震恐；及其在井槛之中，摇尾而求食，积威约之渐也……
>
> 今交手足，受木索，暴肌肤，受榜箠，幽于圜墙之中，当此之时，见狱吏则头抢地，视徒隶则心惕息，何者？积威约之势也……
>
> 且西伯，伯也，拘羑里；李斯，相也，具五刑；淮阴，王也，受械于陈……此人皆王侯将相，声闻邻国，及罪至罔加（罪至极点）不能引决自财（裁）。在尘埃之中，古今一体，安在其不辱也！

好一个"古今一体，安在其不辱也"！是什么使猛虎"摇尾而求食"？是暴力权威；是什么使人心惊肉跳以头抢地以乞活命？是暴力权威；在专制之国，谁能快乐而自由？从周之西伯，到秦之丞相，到淮阴侯，王侯将相，谁能免乎？当小文人们歌颂着"溥天之下，莫非王土；率土之滨，莫非王臣"的"大一统"时，他们可曾意识到，这也是"无所逃于天地之间"（庄子语）的专制大网？而专制制度，永远是"侮辱人，不把人当人"（马克思语）的？

所以，"言不辱者，所谓强颜耳"！在这种体制中，说没有耻辱，乃是自欺欺人，而不感到耻辱，必是奴性已深！

有辱，必有"偿辱"。司马迁"偿辱"之法，不是揭竿而起，铤而走险。他是文人，他的"偿辱"，就是那未竟的名山事业！

《史记》草创，还未完成，恰逢此祸，痛惜《史记》不能完成，所以我接受这极辱之刑而没有愤怒之色……（当我完成《史记》）我就报偿了此前奇耻大辱的债务。即使让我一万次受戮，难道有什么后悔吗？

原文：草创未就，适会此祸，惜其不成，是以就极刑而无愠色……仆偿前辱之责，虽万被戮，岂有悔哉？

有人把司马迁著《史记》称为"文化复仇"，我在感情上接受这种说法，并为之击节：好！复仇！向汉武复仇！向秦皇复仇！向商纣复仇！向夏桀复仇！向一切专制君主复仇！向践踏人，不把人当人的专制制度复仇！

三年后，随着李陵冤情的洗雪，司马迁也走出监狱。五十岁了！知天命之年了！

在血水中洗过的司马迁，双目炯炯。他的思虑已非常人可比，他的见识之高，在中国历代史家中，可以说是空前绝后。他的浪漫情怀，为现实之残酷所折辱，如同一树婆娑而为秋风掠夺，却恰好删繁就简，真骨凌霜，苦难风流；他的多爱品性，为专制之铁蹄所践踏，如同一池荷花而为严寒凋杀，又正似去伪存真，傲枝听雨，艰苦卓绝。他的眼光更辛辣，心智更深沉，而文字手段臻于炉火纯青。他的文字中再也没有一句废话，那些道德废话。不像班固，那样废话连篇，而后来之史，即如欧阳修的《新唐书》《新五代史》，更是连篇废话。中国古代史书与现代德育教材和德育教授的演讲稿一样，简直是废话的集散地。而司马迁，以其删繁就简，去伪存真清洁淳朴的精神，与其清洁明净的语言，成了中国古代史书这——塌糊涂的泥塘里的光彩和锋芒！

七

班固曾以一个废话大家的口吻，批评司马迁"是非颇谬于圣人"。明代倡"童心说"的李贽反击道：

此班氏父子讥司马迁之言也。班氏以此为真足以讥迁也，当也。不知适足以彰迁之不朽也……

夫按圣人以为是非，则其所言者，乃圣人之言，非吾心之言也，言不出于吾心，词非由于不可遏，则无味矣……

《史记》者，迁发愤之所为作也。其不为后世是非而作也，明矣。其

为一人之独见也者。(《藏书·司马迁传》)

《史记》,在价值判断上,"颇谬于圣人",但这正是司马迁不朽的地方。按圣人的是非为是非,那岂非千部一腔千人一面?司马迁言词出于己心,出于自己不可遏止的情怀,是自己发愤之作,是自己的"独见"。"独见"者,"独持偏见"也。李贽自己以"异端"自居,而称赏司马迁之"独见",果然是知己之言。司马迁当初一意孤行,今日独持偏见,一意孤行行世界行鬼界,独持偏见见史心见人心。若班固,又何知!

班固确实不能认识到司马迁之伟大杰出,他称赞司马迁有良史之才,实在是避重就轻,舍本逐末。他甚至把司马迁出狱后任中书令称之为"尊宠任职",与《盐铁论》中那一帮小文人一样没腔没调,没脸没皮。《盐铁论·周秦篇》攻击司马迁"身以尊荣,妻子获其饶",他们何足以知道司马迁内心的痛苦?司马迁所遭受的苦难,在班固那里,是永远不得昭雪了。

班固生活在儒学取得独尊地位的时代,也是奴性渐深的时代,他也是奴性已变为自觉的人物。官僚体制中的级别,专制社会中的地位,是他唯一看重的。如果说司马迁看重人的内在精神品质与才能智慧,以及由此而包孕的人的发展的可能性;那么,班固看重的就是人的外在地位,荣耀,在专制社会中权力的等级大小,等等。

班固还把司马迁与东方朔等人一同列为"言语侍从之臣",这显然也是有意的贬低。他既不能认识到东方朔之深刻与无奈,更无以了解司马迁之伟大与痛苦。东方朔与司马迁,有着很大的区别。

东方朔是智者;司马迁是迷者。

智者冷,迷者热;智者理性,迷者性情。

智者只有冷笑;迷者往往痛哭!

东方朔乃先知先觉之人:他狡猾,自私,志向低贱而智慧高超,聪明压倒良心,动物本能压倒精神追求,眼高而手低。眼高,故视人如无物,满朝文武哪个入了他的法眼?手低,故袖手旁观,当代大事哪件是他办成?他因此圆融精粹,功德圆满,明哲保身,全身而退又寿终正寝。

司马迁则不然,他是痴情痴性之人:早年他"忘室家之业","务一心营职",原为建功立业;后来作为史家,又岂能一无信奉?一有执著,便陷痴迷。他热情,多爱，志向远大而性情天真，良心压倒聪明。作为史家，多少历史悲剧在提醒他勿重蹈覆辙？然而他竟重蹈覆辙。公无渡河，公竟渡河。渡河而死，当奈公何！？

如果说，游刃有余的生存智慧使东方朔显得聪明、幽默、滑稽而可爱；那么，苦难，使司马迁伟大。苦难，唤醒了他的天才，唤醒了他内心的人道良知，使他对一切非人性、反人性的东西异乎寻常的敏感与反感。

八

大约在公元前90年，司马迁的行踪消失了。

一位伟大的历史记录者，他为多少人留下了从生至死完整的行状？但他自己，却走向历史的迷蒙中。

多少学者在考究他死亡的时间与原因。我想我能明白：他的《报任安书》就是他的绝命之作。任安给他写信请求荐举那么久了，他不回信，偏等到任安被打入死牢一切都不可挽回时，才给他回这封信——而这封信，又并不是对任安有什么交代，而是交代自己的遭遇及心灵——这难道不奇怪吗？是的，他的这封写给狱中死囚的信定会被狱吏上交，所以，这封信是写给武帝的！他要对他进行控诉，而后世的一切读者，都将做他的目击证人——他控诉武帝对他的迫害，也对之报以轻蔑的哂笑：我，司马迁，以一个人的微弱的个体力量，顶住了来自庞大体制及国家机器给我的一切压力，完成了《太史公书》的创作！我究天人之际，通古今之变，成一家之言，我不朽了！现在，我已无所畏惧了！因为我已经完成了我的使命，我曾经如勾践、伍子胥一样隐忍，而现在，我可以学学项羽、李广的壮烈了！

于是，我似乎看到，当司马迁让人把这封信送走后，转过身来，平静地走到书桌前，在案下拿出了那把"小小的刀子"。这"小小的刀子"闪着精致而冰冷的光，司马迁端详着它，脸上露出了如释重负的微笑……

死亡是人类集体对个体的背叛。但假如这死亡的个体是"自裁"呢——那当然是个体对集体的背叛。

集体因之蒙羞。

因之负罪。

我们一直负着这笔血债。

朱买臣

我们为什么站在他这边

一

　　写两汉人物而写到朱买臣，实在对不起读者，有污尊目了。此前我写的人物，非圣，即贤，即如前面已写过的东方朔、司马相如，虽则不大能称贤，但总还有其可贵处，如东方朔的社会文化观察力与批判精神；或有其一技之长，如司马相如在文学上的贡献。而朱买臣何许人也？一个令人恶心的小丑而已。是的，我对朱买臣的感觉就是这两个字：恶心。我在《汉书》上第一次见到他，就恶心，这大约在二十年前吧。比这更早一些时候，我在其他的一些读物上读到过有关他的文章、诗词还有戏剧作品，印象中他是人们赞赏的人物。与他相关的还有一个大家都义正辞严口诛笔伐的人物，那就是他的妻子——不，应该叫前妻吧。可我一读《汉书》，这个原版的朱买臣原来这么恶心。那时我还年轻，怀疑自己的鉴赏力有问题，就张皇四顾，发现没人注意到我恶心的样子，才放心。很长一段时间，我都避免谈朱买臣及与之相关的话题，怕让人家说我没有传统文化修养。

渐渐地，我意识到，对朱买臣恶心不恶心，欣赏还是厌恶，与一个人的感觉有关，原不足怪。对生活对社会的感觉不同，对历史人物的感觉也会不同，两者原不大容易沟通。如有人爱李白而贬杜甫，也有人敬杜甫而抑李白，这纯属个人趣味。当然，这是艺术趣味，其不同正有利于百花齐放，百家争鸣。而对朱买臣的爱与厌，我以为是属于道德趣味。再比如，有人把韩愈捧得很高，如陈寅恪；又有人把韩愈贬得一钱不值，如周作人。有人特别敬爱周作人，我呢，虽则喜欢他文章的自由散漫，但却不喜欢他为人的不阴不阳温吞吞。可我虽然不喜欢周作人，在对韩愈的态度上又与他很一致：我也不喜欢韩愈。我们的文学史上说韩愈挽救了散文，是司马迁之后最伟大的散文作家，东坡先生竟夸张到说韩愈是"文起八代之衰"，把韩愈看成如同天地毁坏之后补天的女娲。而我在大学里讲散文史时，却很认真负责理由充足地对学生说，散文是被韩愈毁了的，直到现在我们还在受他的害，整个民族的理性思维都让他那种文风与思维方式弄坏了，简直可以说是"文惹百代之衰"。可我又特别喜欢苏轼，尤其喜欢他的《东坡志林》——我觉得那和韩愈大不一样。若韩愈再世，定不喜欢东坡先生，东坡先生拍他马屁也不行。

我不喜欢朱买臣，甚至觉得他的名字都让人不快。我原本爱走极端。你看，买臣、买臣，还朱买臣：分明是富贵朱门家里收买的弄臣。确实有些人的名字里就透着庸俗与低级趣味。但我还要写写他，对恶心的东西，总不能丢在那里不管，总得处理掉吧？这朱买臣已惹我难受二十多年了，就让我这次痛下决心把他处理掉吧！这二十多年来，他确实一直在破坏我的好心境，这可能是出于一种古怪而常见的心理：大凡让我们视觉难受的东西，我们会在理智上告诫自己不要看，却禁不住地要多看一眼，比如看一个泡在药水里的怪胎……相信读者也有相似的心理经验。那就让我们也看看朱买臣这个文化怪胎吧。

二

我们先来读读《汉书》朱买臣本传上的一段文字：

> 朱买臣字翁子，吴人也。家贫。好读书，不治产业，常艾（刈）薪樵，卖以给食。担束薪，行且诵书。其妻亦负戴相随，数止买臣："毋歌讴道中。"

买臣愈益疾歌，妻羞之，求去。买臣笑曰："我年五十当富贵，今已四十余矣。汝苦日久，待我富贵报汝功。"妻恚怒曰："如公等，终饿死沟中耳。何能富贵！"买臣不能留，即听去。其后，买臣独行歌道中，负薪墓间，故妻与夫家俱上冢，见买臣饥寒，呼饭饮之。

我不知道班固是带着什么样的心情来记叙这一细节的，我怀疑他是欣赏。我对班固的道德趣味一直不太放心。他为什么要记述这一细节？是要写出朱买臣穷且益坚的志气？写他在乡下愚夫愚妇面前的傲气？写他的胸怀大志，出类拔萃，与众不同，鹤立鸡群？还是在写庸人如朱妻，没有识鉴英雄的眼光，没有欣赏英雄的素质，没有为英雄肝脑涂地的精神？但我在读这一节时，是不停地恶心。后来我读到一篇文章，说班固是用巧妙的笔法写出了朱买臣的丑态。虽然这篇文章可能过高地估计了班固的道德趣味，但我仍然特别高兴有人和我一样觉得朱买臣丑。从宋元以后，觉得朱买臣丑的人越来越少了，而带着一种莫名其妙的心理去糟蹋朱妻的人却越来越多。我们的文化越来越高尚精粹，我们的男人越来越光荣伟大，那他们就必须越来越凌践女人，从中找到自己的信心。

我们稍微动一下脑子，来分析一下。

很显然，就这一段描写来看，朱买臣夫妻之矛盾起源，及其最终导致夫妻离异的原因，不是朱买臣穷。朱妻后来改嫁的那位丈夫，也是穷贱人家，可见她并非如后人所指责所诬枉的那样，是嫌穷爱富。朱买臣"常艾薪樵，卖以给食"，既是"常"，一直如此，可见朱家也不是乍穷，而他的妻子则一直"负戴相随"，颇能吃苦，很适合传统观念之"夫唱妇随"的口味。但她不能容忍朱买臣之酸：他担着柴火，灰头土脸，还要"行且诵书""歌讴道中"！这就与环境极不和谐。主观地制造出与周边环境的不和谐，且沾沾而自喜之，就显得滑稽。这里朱买臣有多种不和谐：他的外形与生计与他吟诵的圣贤之书不和谐；他的古怪做派与丘墓之间打柴人的整体环境不和谐，于是道人侧目，指指点点，且不少人窃窃私语，掩口胡卢而笑。朱妻羞得恨不得钻入地下——她能守着一个穷贱的丈夫，但她不能无羞于守着一个为别人所嘲笑的丈夫——朱买臣没有自尊心，丧失现实感，她却没有，这就是她悲剧的根源。她是因"羞"而求去的，而不是因为生计的困苦，我们得摸着良心为她说句公道话。我们能要求她在她的酸老公那样的"夫唱"时，她必须"妇随"吗？一对在乡下丘墓间，在衣衫褴褛的乡民面前，一边打柴，一边搞圣贤诗书二重唱，就那么好玩儿吗？我可没有这么心理变态。

朱买臣之丧失现实感，是典型的精神病症状。一个功名心特强，富贵欲特强，一句话，嗜欲深而天机浅的人，年近五十仍伐薪南山，若不变成范进那样唯唯诺诺，委琐卑微，那就该是朱买臣这样的自我膨胀，以丧失现实感，麻木不仁来保护自己的创伤不被触及。他在丘墓之间，是"歌"是"笑"，这纯是无赖本色，而他的妻子则是"羞"与"怒"。我们若不被传统文人那一套"自高尚其事"的文化傲慢毒害了头脑，我们会判断出，此时此地，在这两口子中间，谁是有理性的，谁有正常的心态。是的，如果朱妻是一个正常人，而不是和朱买臣一样由热切巴望一朝富贵而导致精神分裂，她的反应是正常的、合理的。朱买臣的这种自轻自贱不以为耻反以为荣的逆反心态，后来鲁迅笔下的孔乙己身上就有——那种文化的毫无道理的傲慢使他们自认为比周围的人伟大而高尚，他们贱视那些与他们的实际社会地位相同的人，以为自己属于另一高贵的群体。而这另一类的高贵群体又根本不承认他们，他们于是只能生活在夹缝中，两头受气、受嘲笑——孔乙己就陷在这样的尴尬中：他是唯一穿长衫而又站着喝酒的人。朱买臣是唯一吟诵圣贤语录却又负薪叫卖的人。他们都不伦不类，不三不四，姥姥不疼，舅舅不爱，拖着长鼻涕，自以为是狂狷。所不同者，孔乙己可怜，朱买臣可厌。算起来，他们还是同乡呢，都算是会稽人吧。

有些文化确实能把一个健全的人变成丧失现实感的精神病人，同时还是道德上的下流坏子。

仔细揣摩，我们还能发现，朱买臣其人还有一种无赖而邪恶的本性。当他的妻子因为他的讴歌招来路人侧目而羞愧难当，劝阻他不要再讴歌时，他竟然"愈益疾歌"——更加放大了声，扯着腔子嚎了起来，毫不顾及他妻子的感受。这是更典型更严重的精神病状，其表现为对周围环境的敌意与故意挑衅，比不和谐更甚一步。

显然，他对他身边的环境是仇视的，他对社会是存有报复之邪念的，他只缺少机会。至此，他可怜的妻子无路可走，别无选择地提出离婚（很可能仅仅是对他进行威胁，使他有所收敛），否则她便只有一条路，那便是随他一起疯癫。我很理解并支持朱妻做出这种明智的选择——当然有很多人不赞成，道德学家会骂朱妻不能从一而终；善良的人也会为她惋惜，因为朱买臣很快就真要富贵了。我不这样看，我们走着瞧，看看这个贱人下流坏到底会有什么下场。实际上，如果我当时在场，我只会上去照着朱买臣那咧开的臭嘴就是一记直拳，我要把他的臭嘴打得"狗窦大开"。我打了多年的沙袋，这一拳够他受的。

当他的妻子"求去"时，他应该有些紧张，有些严肃，有些收敛，而不该再如此"活泼"了吧？不。他竟"笑"。这一笑，让我对他彻底失望。我觉得这是一个万劫不复的笑，彻底背叛为敌的笑。他从骨子里烂掉了，臭掉了。这"笑"里包含着他对世界的全部藐视与仇视。这世界没给过他什么，他也不会给这世界一点敬畏与庄重，他是一个彻头彻尾的痞子。

他一直什么也没有得到过，现在再丢了一个老婆也无所谓。他潦草地说了一通白日梦般的昏话，无一句落在实处，"即听去"——就痛快地听任老婆离去了。注意这个"即"字，何等随便轻松，满不在乎？班固大约是要写出他的潇洒。他确实潇洒。我们的文化也一直在鼓励与鼓吹这种了无牵挂弃天下如弃敝屣的潇洒。什么叫无赖？无赖有两层意义：无所赖与无人赖——没有他能依赖的，也没有什么人依赖他，既无权利亦无义务，赤条条来去无牵挂。朱买臣没了老婆，正是入此胜境。要说到男人对女人的责任心，我以为又是中国传统最为薄弱。中国传统男人从女人那里得到了性快感、道德感（以女人的牺牲比如做了烈女为男人的光荣）、虐待快感、成就感、物欲的满足，等等等等，偏偏我们的男人没有从女人那里得到责任感。这可是一个人品性高贵的基本前提啊，要命的是我们的文化缺少这稀有元素。我们的文化是不保护女人的文化，我们的文化是要求女人为文化牺牲的文化。这是一个大题目，几句话又说不清楚，还惹人不高兴，还是不说罢了。

好，现在朱买臣先生是"独行侠"了。他一身轻松，好不快活。只是这个绝对孤独的乡村歌手在"歌讴道中"时，肚子时常不合时宜地咕咕作响，如同噪音。好在他的那位前妻已寻到了一个本分老实的人家，当他们发现朱买臣在丘墓间饿得两眼发绿时，常喊他过来，给他一些吃的喝的，朱亦受之不羞不愧。我们应该知道，他早已没有自尊心了。

三

就这样一个破落户、无赖，受尽旁人的白眼，一旦撞上大运，真的富贵了，是什么样子呢？我们来看看。

在他五十岁那一年，他充当士卒，随官吏到了京师。他给武帝上书，武帝没予理睬。他的同乡严助此刻正大得武帝宠幸，朱买臣便以同乡之谊巴结严助，严助遂向武帝推荐朱买臣。武帝召见朱买臣，此刻他数年歌讴的效果显示了出来，他在武帝面前滔滔不绝，夸夸其谈，"说《春秋》，言楚词"。正好武帝又是个喜好夸夸其谈的人，他身边已收罗了好几个这样的宝贝，再多一个也无妨。国家此时粮草正足，多喂一个又何如？于是拜朱买臣为中大夫。可这家伙就是品性不正，加上多年饥寒养成的对富贵的猴急，他几乎是迫不及待地人为财死，犯了法，被免职。过了很久，武帝可怜他，又让他在会稽郡设在长安的郡邸（相当于今日各地设在北京的驻京办事处）待诏。何为待诏？就是可以领一份口粮或者可以直接去郡邸食堂吃免费餐。这大概也是严助为他争取的，他的前妻远在江南，没人接济长安的小老儿，还能让他饿死？武帝到底还是宽仁。

这时他终于瞅准了一个千载难逢的机会。与会稽郡接壤的东越王据保泉州山地，数次反叛汉朝。泉州山地险固，汉朝廷一时也拿他没办法。可东越王一时糊涂，竟弃此有利地形而不守，往南五百里，居大泽中。在会稽郡邸每日吃白饭吃闲饭的朱买臣听会稽郡来往的官吏说到此事，觉得他的机会来了。他给武帝上了一书，要武帝乘机发兵，一举破灭东越。武帝觉得有道理，又感念他位卑未敢忘忧国，就拜他为会稽太守，让他先到郡府，治楼船，备粮食，修水战之具，等正式诏书一到，大军一同出发。武帝知道朱买臣的无赖本性，临行召见时，故意逗他："富贵不归故乡，如衣锦夜行。现在你的感觉是不是好极了？"朱买臣见被武帝窥破心机，又惶又羞，马上磕头致谢。我一直比较喜欢武帝，他有幽默感。他有洞悉人性后的残忍毒辣，而在无关紧要处，这种对人性的洞悉又使他理智明澈而富有幽默感。

从武帝那儿出来，怀揣太守的官印与绶带，他的感觉确实好极了，他要去郡邸发号施令了。但他似乎很喜欢一种戏剧性的效果，这也来源于长期压抑，一朝富贵后的变态心理。他故意还穿着旧衣服，怀里藏着印与绶，步行去郡邸，与以前去吃白饭一个样。这时，会稽郡到京城来办事的官吏们正在一起喝酒，也没人理他（可见他的人缘）。他直接走到门房，与门房大爷一起吃饭。快吃饱的时候，故意露出绶带的一角。这门房大爷觉得不大对头，走上前去拉扯那绶带，一拉，官印也掉出来了。一看是郡太守的官印，这大爷赶紧跑去告诉那一帮喝酒的官吏。那些人正喝在兴头上，大声说："胡说！"大爷说："不信你们自己来看。"那些历来瞧不起朱买臣的人进来一看，赶紧往外跑，大声叫道："确实是这样！"大家又惊又怕，互相推推搡搡地排好队，站在中庭拜见新太守。这时朱太守才慢慢走出来，端着那张丑陋下流的脸，让大家看他的脸色。不久，厩吏赶着四匹马的驾车来送朱太守到任，朱买臣便乘驾南行，一路往故乡而来。

四

会稽郡那边早已沸沸扬扬了。听说新太守要来上任，官吏们发民除道，下属的各县县令一律都来迎接，小轿车排了百余辆。朱太守的大驾到了吴县境内，在熙熙攘攘的人群中竟看见了他的前妻及妻夫，正在为他洒扫除道呢。他停下车，想起当初这淳朴的两口子对他的接济，让后面的车子把这两口子捎上，一同到了太守别墅，让他们住在后园，每日供给他们饮食。一个月后，他的前妻受不了这刺激，上吊自杀。

一个女子，嫁给了一个穷酸丈夫，陪他度过了漫长的艰难时光（以朱买臣二十岁婚娶算，至他们离异，后人多定为四十九岁，以四十五岁算，也有二十五年了），却在最后时刻离异，不能共享他后来的"富贵"，这对于一个普通妇女来说，确实是一个巨大的心理打击。作为一名普通妇女，我们要求她有多高的德行？我们自己又有多高的德行？如果我们自己都不能免于在人生的道路上瞻前顾后，患得患失，不能免于得计的得意与失算的懊恼，我们凭什么嘲笑一位普通农家女子？所以，她的自杀，本来很好理解，并且应当引起我们的同情与对人生无常的浩叹，而不是像后来的中国文人那样，对她竭尽嘲讽之能事并抱着幸灾乐祸的阴暗心理。幸灾乐祸是最恶劣的品行之一。

另外，朱买臣把她安置在自己别墅的后花园，哪怕其本心是出于善意，但让一位可怜的女人每天见他吆五喝六，威风八面，富贵胜达，其心理上所承受的压力与刺激可想而知。如果朱买臣是出于一种别的什么心理，比如故意刺激她——这也不能排除，以他的一贯作风来看，他会捞足他以前丢失的东西——那我们就可以直截了当地说，朱妻之死，乃是朱买臣的谋杀。

五

吴天成云："朱买臣史传本是极好传奇。"（《曲品》卷下）朱氏夫妻的离合悲欢，生死阔绝，《汉书》所记虽略，但由于其戏剧性强，具备了戏剧所需的基本要素，自宋代说唱文学与戏剧文学兴盛后，便一再被演绎：

宋元间有戏文《朱买臣休妻记》（今存残曲四支）；

元庚天锡《会稽山买臣负薪》（已佚）；

元佚名作者杂剧《渔樵记》；

明清之际单本《霞绶记》、顾瑾《佩印记》（已佚）；

清佚名作者昆曲《烂柯山》；

汪笑侬根据《烂柯山》改编的京剧《马前泼水》；

…………

班固是史学家，《汉书》是史，所以虽然班固趣味不高，但终究要照顾史实，对人物尚无刻意之褒贬。而以此为母题的后出的文学作品，则具有了文学的自由：它们可以根据作者所处时代的审美趣味与道德趣味——我们的审美趣味也一直从属于道德趣味——来任意加工。所以，我们下文中讨论的朱买臣及其妻，已经由历史人物变为艺术人物。有趣的是，对这出悲剧的处理方式，越到后来其倾向性越明显，作者们艺术家们越来越坚定不移地站到朱买臣一边，而对朱妻则大加挞伐。唯一可能的解释，就是鲁迅《狂人日记》所暗示的，全社会都疯了，精神失常了。

文化是层垒式积累的，我把它称之为"滚雪球"，它实际上并不存在一个核心或原始的意义。对那些崇尚原始意义揭示、崇尚什么历史真相揭示的人，我只想对他们说一句话：一切事件都不是为了意义与价值而发生的。意义与价值都是后来在阐释中渐渐附着上去的，把这些阐释去掉，意义与价值也剥蚀干净了。对一个母题，不同的时代会给它不同的文化阐释，阐释就是意义的诞生，意义不在事件发生时诞生，而在对事件的阐释中诞生。当然，事件必须具有阐释的可能性并暗示甚至规定出阐释的方向，不同的阐释，不同的意义指认，可以见出不同时代不同的文化性格与文化品格。那么，在朱买臣夫妻人生悲剧的母题之下，我们的文化品性走过一条怎样的演变之路呢……

六

元人到底忠厚，那佚名的《渔樵记》是以喜剧结束的，这大出我的意外。它的剧情大意是：朱买臣娶妻玉天仙，妻家富裕，朱买臣于是偎妻倚丈，不思进取。他的岳丈刘二公很为担忧，为了激励朱买臣，乃使出逼休一招，让女儿玉天仙在大雪夜把朱买臣关在门外，逼他写休妻文书，于是夫妻离婚。刘二公又暗中给朱买臣的好友王安道送上银两，让他以朋友身份送给朱买臣做盘缠，上京取应。朱买臣得中高官后回乡，大骂玉天仙，王安道揭破底细，朱买臣悟出妻子丈人为自己的一片苦心，夫妻二人言归于好……

在这出杂剧中，刘二公、玉天仙乃是作为正面人物来描写的。事实上，这出剧里没有反面人物，可见那佚名作者还没有文化心理上的怨毒，所以也不需要一个假想敌来供其发泄仇恨，并且，朱买臣的仕进之途也由汉代的荐举策问而改为科举时代的考试取应。

而清代佚名作者的昆曲《烂柯山》，可就是一副狰狞面目：它敌我分明，是非分明，恩怨分明，朱妻为恶人，买臣为君子。当朱买臣当了太守回乡时，那"正义之剑"就因正义而无情，非斩杀那小女人不可。可是，从我们今天的趣味来看，朱买臣的凿凿之言，看起来义正词严，实际上是得志猖狂；看起来是道德胜利，实际上是小人报复……

据此改编为京剧的汪笑侬的《马前泼水》，继承并发展了这一文化思路，且文化怨毒到了晚清，更其浓烈。顺便说一句，我对汪先生本人并无恶感，在我眼里，他是属于狂狷一类的人物，我这里只是谈他的这出剧本。在该剧中，汪先生竭力把朱妻写成一个刁蛮、粗蠢、放荡、懒惰的人物，有趣的是，汪先生还让她带上了当年上海滩坏女人的色彩：他把《汉书》中朱买臣打柴时朱妻的"负戴相随"，改写成她逼夫上山打柴后，自己在家典当衣物，得钱后找人打小牌，又输了个精光；与朱买臣离婚后又与街头光棍张三搞起了"自由恋爱"，不媒不聘，非法同居；花完张的钱财后又扬长而去沦落街头做起了流莺。而朱买臣呢？也不再是《汉书》中所写的"常艾薪樵，卖以给食"的人物，而是一个儒雅的秀才。生计的艰难是存在的，但在汪笑侬眼里——应该是说在传统文化观念里，生计之艰难怎么能让一个高尚的读书人去负责呢？这应该由女人去负责，所以，汪剧的开头便是这样：

隆冬大雪，朱家无柴无米，饥寒交迫。朱买臣一大早就出门与文朋诗友会文对诗去了，朱妻一人在家，饥肠辘辘，神情悲凉。到了中午，朱买臣回来了，一进门，便要饭吃，勉强从米缸中搜刮出半碗米，便指使妻子：拿去与我做来！

我这一百来字的叙述完全没有感情色彩，全是从汪剧中来的，大家可以去对照原文。在剧中，作者固然不遗余力地丑化朱妻，不惜把一些现代的恶德都加到古人身上，但令人奇怪的是，汪剧极力美化朱买臣时，却并没有写出朱的可爱可敬，哪怕是可怜，倒是让人生厌。汪剧贴在朱买臣脸上的，自以为是金子，自以为如此可以使朱形象生辉，但在我们今天看来，却是鬼画符，且越画越丑，越画越恶。这使我很为诧异，结论只能是：在一种病态的文化传统中，审美是病态的，道德是病态的，以至我们的文化有了一种以丑为美认丑作美以恶为善认恶作善的恶习，对丑陋的东西，不以为耻，反以为荣。我们的文化所宣传、所鼓励、所鼓吹、所提倡的，乃是有违人性的，有违世界先进文化潮流的。所以，汪剧极力抬高朱买臣，践踏朱妻，但我以一个现代读者的眼光，却怎么也不能发现朱买臣高尚的地方，倒是对朱妻充满了同情：所适不良，所嫁非人，可怜可怜！

中国的传统文化，由于太偏袒男人，以致把男人全惯成汪剧中的朱买臣这一类货色：没本事有脾气，没正气有无赖气，没良心没同情心没责任心，只余一点自私心小人心。传统的中国男人中，确实有一些吃喝嫖赌无恶不作的"大丈夫"，而他们的身边，总有忍气吞声、忍辱负重、以一生的幸福甚至生命为这些臭男人做牺牲的"小女人"。这还不够奇怪，更离奇而让人难以心平气和的是，我们的"道德"对这样的男人毫无作为，无能为力，听之任之，而一旦这种男人身边的女人有些不满或反抗，我们的道德家们，文化大师们，全都赤膊上阵，口诛笔伐，手之"捂"之，足之蹈之，必欲置她们于死地而后快！

历史上的朱买臣，还有些责任心，至少在生计艰难时，还能与妻子共同承担责任，上山打柴。一边打柴一边"讴歌"也好，一边"讴歌"一边打柴也好，反正他还去打柴。而到了汪剧中的朱买臣，面对着空空的米缸，甚至自己空空的肠胃，竟是毫不挂心。被隔壁徐大嫂劝说上山打柴后，犹自怨毒不已，最后空手而归。我不知道汪笑侬先生有没有考虑当晚朱氏夫妻吃什么，有没有考虑到，若饿死了朱买臣，下面的戏就没法演。朱买臣发迹后，在对前妻咬牙切齿的仇恨中，就有他妻子逼他上山打柴一事——他永远都不知道，至少养活自己是自己的责任。我不知道我们的文化为什么不需要男人对生活负责任，而偏要女人对男人的一切负责任——甚至包括对男人的堕落负责任。同时，我们的文化又给了男人绝对的驾驭女人的权力。绝对的权力当然就在逻辑上否定了相应的义务，但要求没有丝毫自主权利的群体去负道德的责任，却是无论如何也讲不过去的。难道我们的文化没有一点点——只要一点点就足够避免这类简单的不人道与荒谬绝伦的——理性？

七

朱买臣的妻，实际上是两次被谋杀。第一次是朱买臣谋杀了她，而第二次乃是文化的谋杀。这种文化谋杀的意义在于，它使朱妻变成一个道德上的负号，然后合乎"正义"地把她抹去。朱妻冤沉大海，千载不雪！戴震曾经说过："酷吏以法杀人，后儒以理杀人。"且"人死于法，犹有怜者，人死于理，谁复怜之"？没有人同情朱妻，我只见到那些文化大师道德卫士们在率领大众，向她的尸首上吐口水，并且大众还得到这样的许诺：谁吐出了口水，谁便获得了高尚。这是与耶稣的故事正相反的情景：一对偷情男女被当场捉获，并被绑赴广场。依当地习俗，他们将被众人用石头砸死。耶稣对人群说："谁的内心是纯洁的，谁就可以扔石头。"结果是人众散去。而我们则是：谁扔出了石头，谁就是纯洁的。结果会是怎样的呢？

历史上的朱妻，是朱买臣任太守一个月之后悄悄自杀于朱家后花园的。但这样的死是多么没有意味啊，简直是在浪费道德材料。于是从《烂柯山》到《马前泼水》，这个女人就死在朱买臣最得意的时刻，地点则是在朱太守的"马前"，并且还要"泼水"以羞辱之。这种处理，确实使剧情大为增色，达到高潮。更妙的是，这样处理不仅使朱买臣有了当众羞辱前妻的机会，让古代吴县大街上的百姓与现代剧场中的观众都有了发怨毒逞一快的机会，实现戏剧的宣泄与净化功能，而且，还进一步丑化了朱妻：朱妻一见前夫富贵发达了，马上奴颜媚骨，跪在马前，哀求收留。我们知道这不是历史事实，而是文学。在文学作品中，一个艺术的形象乃是文学家眼中和心目中的形象，那么，女人形象的丑陋，往往是因为女人在文学家眼中是丑陋的。即，在许多作家那里，在他们的心目中，女人是这样的下贱无廉耻。我想提的问题是：为什么我们要如此不遗余力无微不至地丑化与践踏一个可怜的、两千多年前就悄悄地悲哀自尽的女人？

在汪笑侬的戏剧世界里，在吴县大街上，朱买臣衣锦还乡了。一个女人在万人围观中跪在他的四匹高头大马前，哀求他的宽恕与怜悯：这就是他的前妻。作家们把这一幕写成了朱买臣和道德的盛大节日，同时还把它写成了一个小女人的可耻末日。朱买臣多年郁结的仇恨终于得报——是的，朱妻此时出场并发出哀求，其意义就在于让朱买臣及朱买臣所代表的那一帮鸟男人鸟文化来发泄仇恨——他在大街上当着万人之面，痛斥前妻，致前妻崔氏羞愧难当，撞死马前。朱买臣斥责崔氏的那段台词，是《马前泼水》一剧的高潮，是感情——就是仇恨——的最后宣泄。我照录如下，恳请读者自己判断：

> 狗贱人说的是哪里话！
> 朱买臣心中自觉差。
> 想当年我将你娶家下，
> 实指望夫唱妇随宜室又宜家。
> 书生我日用三餐费用并非大，
> 皆因是家徒四壁手中无钱花。
> 立逼我去深山把柴打，
> 偏遇着北风凛冽大雪纷飞山又滑，
> 我无可奈何转回家。
> 立逼我休书来写下，
> 从此后夫妻两分家。
> 千差万差你自己差，
> 恩爱夫妻反成了活冤家。
> 料不想买臣福分大，
> 你看我身穿着大红，腰横着玉带，足蹬着朝靴，
> 头戴着乌纱、颤微微两朵芙蓉花。
> 今日里你跪在道旁下，
> 你一心叫我带回家。
> 我若是将你带家下，

岂不被邻居亲友耻笑咱。

来、来、来，将桶水泼地下——

你若能收覆水我带你回家！

结果是崔氏当场撞死，朱买臣接着唱：

崔氏当年不念旧，

后悔不及面惭羞。

今日撞死在街口，

这就是不是夫妻不到头！

左右！买上一口棺木，将崔氏尸首收殓起来，抬到郊外掩埋。打道回衙！

（全剧终）

全剧终了。可我看不出这一出剧有什么意义。汪笑侬为什么要改编这样的剧，并把它拿到上海、北京去公演？我想了半天，忽然明白，这类作品本来就不在乎什么意义，它只是一种心理发泄。崔氏只是一个符号，一个发泄对象而已。整个一出剧，就是要杀那么一个女人，并杀鸡给猴看，让还不够驯服的女人们有所震慑与畏服。朱买臣之落魄，是为了让女人露出其丑陋的本性，从而为扫除她们给出一个道德借口；朱买臣之得志，其唯一使命，也就是为了扫除这样一个女人。好像整个国家的考试制度、官僚体制、国家机器，都是在向女人宣战！而其他一切，什么征服东越呀，安邦治国呀，泽惠下民呀，全都不重要了，女人的祸水比什么都危险，治服了女人天下便太平了！

八

历史有时候真让人啼笑皆非。这些后来发生的事，竟然在唐代就有人指点了出来，那便是罗隐。生活在晚唐的，脾气不大好（其他一切都很健康）的罗隐先生，对朱妻之死，有这样的推测：

买臣之贵也，不忍其去妻（怜悯他的前妻），筑室以居之，分衣食以活之，亦仁者之用心也。

一旦，去妻言于买臣之近侍曰："吾秉箕帚（即侍侯）于翁子（买臣字）左右者，有年矣。每年饥寒勤苦时节，见翁子之志，何尝不言通达后，以匡国致君（治理国家引导君主走正道）为己任，以安民济物（安顿人民救济百姓）为心期（志向）。而吾不幸离翁子左右者，亦有年矣，翁子果通达矣。天子疏爵以命之（把爵位任命给他），衣锦以昼之（让他衣锦在大白天还乡以炫耀富贵），斯亦极矣。而向所言者，蔑然无闻（可是以前所说的志向，却一点也听不到了），岂四方无事，使之然耶？岂急于富贵，未假度者耶？（难道是急于谋求自己的富贵，没有时间再去考虑那些么）以吾观之，矜于一妇人，则可矣，其他未之见也（向一个女人炫耀，他是挺在行的，其他的本事么，没见到），又安可食其食！"

乃闭气而死。

这篇名为《越妇言》的杂文，实际上写的乃是"罗隐之言"。罗隐对朱妻之死提出了一个别出心裁的观点：朱买臣（字翁子）在贫寒之时，是立誓要在通达之后，以匡国致君、安民济物为己任的。但当他真的富贵以后，他却把这一切都忘了，急于谋求个人的富贵而没有工夫再去想这些了。朱妻在经过一个月的观察以后，终于发现，朱买臣当初的所谓志向，"心期"，不过是自欺欺人的把戏罢了，像他这样的人，在女人面前炫耀——当初炫耀志向，而今炫耀富贵——是挺在行的，其他么，没发现什么好的特长与德性，更不用说读书人津津而乐道之的什么治国平天下了，他们连家都维系不了。于是，朱妻自杀。她不是为自己的羞惭与绝望而自杀，她是为朱买臣羞惭而自杀，她是对这个虚伪的文化绝望。罗隐不愧为"一塌糊涂的泥塘里的光彩与锋芒"（鲁迅评晚唐小品文语），他看出了这种文化的虚伪与虚弱，看出了中国知识阶层的虚伪与肮脏，无能与自大，夸夸其谈而其实自私绝顶，所以，他"好言人之恶"（此乃他的著作《谗书》中"谗"字之意），而他的《谗书》，"几乎全部是抗争和愤激之谈"！（鲁迅语）

既然朱买臣的道德支撑不过如此，我们就可以发问了：他的正义在哪里？他凭什么道德力量惩罚他妻子？他对他妻子的道德优势在哪里？我们又为什么站在他一边？

其实，朱妻是大可不必自杀的。她现在与那一位本分的丈夫打打柴，过着平静的日子，有什么不好？就如汪笑侬《马前泼水》中徐大嫂所说的："想吾的丈夫，也是贫苦人家，终日上山砍柴，打了些柴卖些钱，回到家中，打点酒买点肉，买些柴米，吃吃喝喝，好不惬意快活。"朱妻现在过的就是这种生活。这种生活，不高尚也不下贱，没有道德上的光荣，可也绝不下贱耻辱，何苦要跟着这一个投机钻营的宵小之徒，况他还有精神病？他的富贵，来得偶然，却去得必然。本来专制社会中的富贵，一如花枝，一朝风雨侵台阁，看尔繁华到几时？他做了官，却两次被罢官，这中间多少忧愁风雨，患得患失，耻辱无奈？官场倾轧，勾心斗角，甚至血雨腥风，你死我活，又有什么"惬意快活"？最终，朱买臣还是被武帝诛杀。我很可惜朱妻没有耐心，她完全可以带着走着瞧的信念等待着朱塌台的一天的。当然，她可能很善良，不像我这样恶毒。

顺便说一说历史上的朱买臣之死，给罗隐的观点提供些佐证：

当初朱买臣与严助一起深受武帝宠幸时，张汤是小吏，在他们面前奔走效劳。后来朱买臣自己几次丢官再复职，耽误了升迁（他也没有才干再升迁），只做到丞相长史（丞相的下属）。而张汤则后来居上，做了御史大夫，并多次代理丞相职权，成了朱的上级。张汤不买朱买臣和另外两位长史王朝、边通的账，还故意给他们脸色看，再加上张汤曾在治淮南王反叛案时杀了严助，朱买臣便对张汤刻骨仇恨，"常欲死之"（颜师古注曰："致死以害之。"）。朱的心理一贯如此阴暗，前述已详。后来，他便与王朝、边通勾结丞相青翟，诬陷张汤与商人勾结，泄露国家机密，贪污敛财。武帝斥责张汤，张汤无奈，只得自杀，死前上书武帝："谋陷汤者，三长史也。"死后，抄查家产时，发现张汤家产总值不过五百金，且都来自于官俸和赏赐，不但无贪污之事，连灰色收入都没有。朱买臣等人诬陷朝廷大臣一事真相大白，武帝大怒，"尽按诛三长史"，青翟吓得自杀。

这个文化小丑，就这样玩完了。

扬雄
从向隅而泣到向隅而笑

一

扬雄在西汉末年，是个不尴不尬的人物，在当时及后世的名声，也是不腥不臭。我写他，觉得难，因为他不伦不类；不写他，也不好，因为他不大不小。弄得我左右不是，就怕写出来不疼不痒，不三不四，让读者读着不咸不淡，如同嚼蜡。

但扬雄是做"纯学问"的人，在学界鼓吹与奖赏做纯学问的今天，写写他还是有意思的。今天有很多学者在标榜"纯学问"，在"学术规范"里操作出不涉当今而传之后世的伟大学术，并且他们还当自己是前无古人，殊不知在传统中国，尤其是明清两代，多的恰恰是做纯学问的人，而真正意义上的知识分子则寥若晨星。据我观察，在中国，这种"纯学问"越发达，越繁荣，所谓"学术成就"越博大，越精深，这样的学术大师越多，社会生活反倒越萎缩，社会进步越趋于停滞，甚而倒退。这可以称之为学术中的"零增长"。

扬雄（也可以写作杨雄，只要不和《水浒》中潘巧云的丈夫混淆，没有关系的），乃是纯学术之鼻祖。在他之前，无论是先秦，还是汉代人物，如此退守于人间一隅，退守于学问一隅，向隅而泣的人，没有。

扬雄是不得已的，是别人把他逼到这一学问之隅，让他在此耗尽青春与热血，所以我说他是向隅而泣。别人在那儿玩政治、玩权力进而玩世界，不带他玩，他只好自己一个人玩儿，玩学术。"纯学术"研究从形式到实质都近似于手淫——一种焦虑的自慰，一种无奈的替代，并且通过想象来满足。当然，政府有时会鼓励这种行为，因为符合安定、稳定的大局。清政府就对此特别奖赏。当初扬雄退守学问一隅，竟至向隅而泣，汉政府不及清政府高明，不知道通过奖励把这类人的精血引到学问上去，让他们为繁荣学术安定团结做贡献。清代由于政府的赏赉与夸奖，做"纯学问"的学者们可是向隅而笑的——在那里偷着乐，乐不可支。

二

说扬雄在那个时代不尴不尬，我是指他的处境与心境。他历仕三朝（成帝、哀帝、平帝），又赶上了王莽的新朝。可自从在成帝时因文学创作小有名气，让成帝联想与怀念另一个蜀人司马相如，爱屋及乌让他做了黄门侍郎后，到哀、平二帝，竟一直没能再升迁。三世不升迁，此前大约只有被左思与王勃同情的冯公——冯唐能比。冯唐也是历仕文帝、景帝、武帝三朝而位不过郎署的，左思同情他"白首不见招"（《咏史》），王勃感慨他"冯唐易老"（《滕王阁序》），拿生命去等皇帝老儿的垂青，却最终人老珠黄，还是不见委任状。扬雄也一样长寿，可他的长寿不能让他在官场上大器晚成，苦尽甘来，倒是应了庄子的话："寿则多辱。"他苟活到王莽新朝，王莽终于提拔了他一下，让他做到中散大夫。不过，这样一来，他的名声——在当时的名声及在后世的名声，也就弄得不腥不臭了。班固在《汉书》本传中这样叙述：

> 雄……奏《羽猎赋》，除为郎，给事黄门，与王莽刘歆并。哀帝之初，又与董贤同官。当成、哀、平间，莽、贤皆为三公，权倾人主，所荐莫不拔擢，而雄三世不徙官。及莽篡位，谈说之士用符命称功德，获封爵者甚众，雄复不侯。以耆老久次，转为大夫。恬于势利乃如是。

唉，最后"转为大夫"，还是看他的资历太老了，人人冠盖，斯人憔悴，弄得王莽动了恻隐之心，王莽的私人品德本来就是不错的。至于扬雄他"恬于势利"，我不大相信，因为有他自己一些发牢骚的文章可证。再者，那个时代，读书人除了做官，还有什么方式来体现自己的价值及满足自己的成就感？以今证古，既然今天的读书人已经有了更多体现自身价值的途径与方式，比如发明创造，比如赚钱，比如做文化名人或骂文化名人，最不济还可以评教授——教授的待遇据说大约相当于副厅级了——而他们仍最热衷于做官，那么，古代的读书人，凭什么要淡泊呢？他到哪里去淡泊呢？我们又有什么道德优势要求他们淡泊呢？

事实上，扬雄的"恬于势利"，不过是在终身不得志既成事实之后的遮丑之词罢了。这也是那只说葡萄酸的猴子的办法：用贬低自己得不到的东西来摆脱自己的失败感挫折感。

当然，扬雄的不升官，自有他的正面价值，这正面价值不在于他不想升官，而在于他虽想升官，却不屑于为此不择手段。要知道，在专制时代，要想升官保官，往往需要不择手段，虽然即使不择手段也未必能升官保官。所以，像扬雄这样，能坚持这一道德底线并不容易，尤其是身处一个不择手段各显神通以邀官的时代。我们看看他身边的那些同事都是些什么人——小白脸兼性倒错董贤，大奸雄王莽，机会主义者刘歆，还有那一群"用符命称功德"从而"获封爵"的谈说之士。奸雄王莽与机会主义者刘歆还好，这两人至少还不让人恶心。而董贤是什么人？一个嗲声嗲气的白脸小后生，哀帝的同性恋对象。哀帝三千后宫美女都不爱，却偏偏爱上这个小白脸，每天与他同宿止，那个有名的"断袖"故事，就发生在他俩身上：一次他俩同宿，董贤睡着了，压住了哀帝的衣袖，哀帝要起床，却又心疼董贤，不想弄醒他，便用剪子把自己的衣袖剪断。

后来，"断袖"或"断袖之癖"便成了男性同性恋的特称。董贤油头粉面嗲声嗲气，我们都可以不管，他有同性恋倾向也可以，但他以此为资本而位至三公，甚至弄得哀帝要把天下让给他，就显然坏了官场升迁的秩序，更坏了封建社会的权力交替规则。扬雄是颇以清高自命的，可他偏偏与董贤同官，真有"白沙在涅，与之俱黑"的窝囊。连神经特坚强的王莽，一看董贤受宠，都赶紧打报告回自己的封地去做寓公。扬雄却只能勉力忍受，这是因为他家里太穷，他不能没了那份俸禄。王莽回封地有太后王政君赐的百万钱财，他扬雄小科长不当只能算是自动离职，或做下岗处理，所以他没资格没条件要脾气。清高，洁身自好，独善其身，等等等等，都是要条件的。于是，一肚子窝囊气的扬雄，大官做不了，小官丢不了，眼前不干净，却还避不了。做官于他，真是鸡肋，弃之可惜，食之无肉。但这无肉，是没有多少肉的意思，不是全然没有。这一星半点的肉，于他还很重要，他还要赖以活命。后来，王莽篡汉，他也只能接受任命，毕竟他要吃饭。

可这样一来，他的名声，也就被弄得不腥不臭了，这可以说是他自尊心所受的最大伤害。他本来自期很高，年轻时在蜀，还没有走进社会混事的时候，就写过一篇《反离骚》，专同屈原唱反调。他认为屈原不会做人，人生智慧不足，所以，死得不值，且死有余辜。那时他是很自信的，他自信自己可以处理好一切，既可内圣，亦能外王。但他后来做得怎样呢？

按说，他也不是一个糊涂的人，尤其不是一个无耻的人。当王莽大红大紫篡代之迹已显之时，那么多人用符命称功德，他颇能自持，没有同流合污。要知道，他同时代的大学者，汉家宗室刘歆都已倒向王莽成了王莽的军师。编造几句没头没尾的黑话，再释以没边没际的瞎话，吹捧吹捧王莽，这种造符命的功夫，他扬雄要是愿意做，定做得比别人漂亮，但他就是没有做。按说他够清白的吧，可不知怎的，弄到最后，还是把他弄了个不腥不臭。原来，王莽时，刘歆、甄丰皆为上公，王莽以符命为根据代汉自立为皇帝后，符命的历史使命已经完成，于是他想杜绝符命，以神其事。但有两个傻子献符命上了瘾，刹不了车，又给王莽上了新"符命"。这两个傻子便是甄丰的儿子甄寻，刘歆的儿子刘棻。王莽大怒，杀了甄丰甄寻父子，把刘棻流放边荒。这事本来与扬雄无关，但扬雄有一个小毛病，喜欢研究"古文奇字"，这是最纯最纯的纯学问哩，还没事写几个拿出来炫耀，刘棻就跟他学了几个去。治狱的人在刘棻那儿见了这几个奇形怪状谁也不认识的鬼画符，以为又是什么符命，一问，乃是扬雄教的，便马上火急火燎地来抓人。那时扬雄正在天禄阁上校书——好个安于寂寞的书生！天下乱成这样，他还如此心静———看来者凶神恶煞，他又口吃，平时就结结巴巴，期期艾艾，一急更说不清，干脆从天禄阁上跳下自杀。偏偏天禄阁不高，他只摔个半死，还是被捕进狱中，受那侮辱。后来事情报到王莽那儿，王莽心里明镜儿似的，说："这人从来不参与政事，怎么也抓来了？"叫人去查。一查，弄清了，那几个字乃是古文奇字，不是符命，就放了他。可是，京师的童子们早已拍着手唱开了歌谣：

> 唯寂寞，自投阁。
>
> 爱清静，作符命。

那意思是讽刺他：你不是标榜安于寂寞吗？怎么自己从天禄阁上跳下来了？你不是追求清静吗？怎么也做起了符命？这歌谣够损的。但细细一想，也有道理，躲进学问之中，就真的能寂寞、能清静么？

中国读书人，在有关自由空间的态度上，有两类：一类是不觉得没有自由空间，因为他们已自觉地成为政统的传声筒与维护者，没有独立意识，自然也就没有自由意识；没有自由意识，自然也就无所谓自由空间，他在鸟笼子里也不觉得难受。另一类呢？是感受到自由空间的狭小逼仄的，但他们不是通过反抗来获得较大空间，而是通过个体的自我压缩，寻找与外部环境的妥协，避免与环境发生冲突；或退回内心世界，在所谓的学问之中消磨自己的生命，但这种学问，往往既冷僻，又无聊，无趣兼无用，所以往往也无助于社会的进步，无助于自由空间的拓展。所以他们注定只是悲剧角色。

更可悲的是，当他们退居世界偏僻一隅，自以为不找世界麻烦了，但他们不知道世界会来找他们麻烦。我们知道怎样才能避免犯错误么？扬雄不知道，我们也不知道。因为很多时候，错误不是我们犯的，而是别人鉴定的。

我不知道，扬雄在家卧床养伤时，听到这样的歌谣，是什么样的心情，他一定心灰意冷吧。但"众不可户说"——可这就是他颇不屑的屈原的名言啊，他这时能理解屈原的那种被全世界误解与抛弃的痛苦了吧？看来他只能隐忍，他身体的摔伤可以治愈，他心灵的创伤怕是永远难以愈合了。

三

扬雄死后，他的名声在历史上仍然不腥不臭，与王莽的关系是他跳进黄河也洗不清的污点。王莽当了皇帝，他不但没当前朝遗民，为前朝殉葬或遁迹山林，反而升了一级，这让他纵有一千张嘴也说不清了。据说他还作《剧秦美新》来称颂王莽，更为他招来一片责骂。但关于这一点，我愿意为他辩护几句。即便他确实作了《剧秦美新》，秦指暴秦；新，指王莽的新朝。但王莽的新朝是从汉朝蝉蜕而来的，所以，既要赞"美新"朝，应当"剧汉"才对，他为什么要拿不相关的秦朝来与它相对应？看来，扬雄对"汉"还是留有情面的，是留着感情的，那么，对这个篡汉而来的新朝的赞美，当然也就留有余地了。这也算是文人的小聪明吧，这种文人的小聪明其实没有什么用处，但在专制政体下，唯这点小聪明可以让人喘喘气。也有人说，《剧秦美新》是后人的伪造，非扬雄的作品，这也是出于为他洗刷的良苦用心。

但扬雄确实是称赞过王莽的。他的《法言》最后有两节就在赞美王莽，其中一节是这样的：

> 周公以来，未有汉公之懿也，勤劳则过于阿衡。

"汉公"即王莽，扬雄把他比作周公、阿衡（伊尹）。但我以为这实在算不得什么大错，"汉公"是汉家朝廷赐给王莽的称谓：安汉公。名正言顺。周公、阿衡都是辅命之臣，不是篡臣。扬雄这样称赞他，绝没有鼓励他篡逆的意思，倒是有点约束他的意味。况且王莽未篡之时，名满天下，称赞他的人，滔滔者天下皆是也，朝廷就收到近五十万份称赞王莽的上奏。

还要说明的是，即便王莽篡汉以后，扬雄在他那里做官，从我们今天看，也不算什么大错误。

四

说他不伦不类，不大不小，则是指他既写赋，算作赋家，他也果然与司马相如、班固、张衡并称为"汉赋四大家"；但他又作《太玄》，模仿《周易》，算得上一个哲学家；又模仿《论语》作《法言》，没有弟子问，他自己问自己答；还作《方言》，算是一个语言学家，且他这方面的兴趣还很突出。刘歆《西京杂记》载：

> 扬子云好事，常怀铅提椠，从诸计吏访殊方绝域四方之语以为裨补。

带着书写之具，与朝廷派往各地统计户口与税收的官吏一起，到那"殊方绝域"去收集"四方之语"，一做写赋时的词汇储备，同时又撰成了一部研究方言的著作《方言》。我常疑惑，"纯学术"时代往往是语言音韵学之类特发达的时代——大概在所谓人文学科里，最超脱政治、最缺少人文元素同时最不需要人文精神的参与便可以从事纯学问研究的，就是这最容易被技术化的语言学了。扬雄的语言学兴趣，与他做"纯学问"的姿态，是和谐的。

所以，我说他"不伦不类"，可不是贬义词，至少是个中性词，我只是说他不好归类。他是作家、语言学家、哲学家、道德家、文学批评家、政府官员，但他在这所有方面又都没有一流的成绩。语言学比不上许慎；道德创见与哲学构想比不上董仲舒；辞赋比不上司马相如；文论也比不上桓谭；至于做官，那当然更是等而下之：他的上司多的是，他的下属没几个。所以，我说他不大，但他在这诸多方面又都有些成绩，所以，也不小——我们写历史，还得给他留些不短不长的篇幅，花一些不多不少的笔墨。不信诸位可以去翻翻诸如中国哲学史、中国伦理学史、中国社会思想史、中国文学史、中国文学批评史、中国语言学史等等，都要提到他。他确实是一个具有多方面兴趣与成绩的人，这与他的文化雄心是相称的。

他的文章，往往有自作聪明之论和故作高深之说。自作聪明之论最典型的是《反离骚》，写这篇辞赋时，他还未出蜀，大约三十岁还不到（按，《汉书》本传说"雄年四十余，自蜀来游京师"，此四十当为三十之误。清周寿昌《汉书注校补》辨之甚精，当从），正是人一生中雄心勃勃过于聪明而自信狂妄、妄訾古人的时候。在《反离骚》中，他把屈原称为"累"或"湘累"——累者，死不以其罪之谓也，他这样批评屈原：

> 怀王既然已听信了令尹子椒、子兰的谮言，
> 你为什么忽视这一点而不能早点看出？
> 原文：灵修既信椒兰之唼佞兮，
> 吾累忽焉而不蚤睹？

这是批评屈原的不智。

　　你既然知道那些小人满怀嫉妒，

　　又何必张扬你的才华去刺激他们？

　　原文：知众嫭之嫉妒兮，

　　何必飏累之蛾眉？

　　这是批评屈原自找麻烦，逞才惹祸。

　　其他如批评屈原不能判断时机，潜龙勿用，无保身之道；批评屈原自杀，乃自绝于君父的罪行，不会获得宽宥；批评屈原一边修身延年，一边自投汨罗，猝然中断生命而自相矛盾；批评屈原修行芳香，却又用自杀来自灭其芳；费财劳神请灵氛占卜，却又不听从灵氛的劝告；赞美傅说，却不能从其道，反而要学自杀的彭咸；求女反复无常，还可见屈原执心不一……他的这些批评，只是他自作聪明之论，甚或只是他要借此显露聪明，而不一定是他深思熟虑的结果，但他却开了汉代否定屈原的先河。我们知道，此前的刘安、司马迁，对屈原都是由衷地称颂的，而扬雄之后，便是班固对屈原的恶意否定。

　　扬雄嘲笑、否定屈原自杀，认为自杀是不智、不才、不德，但他自己不也从天禄阁上跳下来么？屈原是经过两次流放的磨难，在深信自己及自己深爱的祖宗之国都已彻底无望之后，才自沉汨罗的。而扬雄则是在仓猝之间，面对突然的变故，就经受不住而跳楼了。他若不跳楼，最坏的结果不过是流放：因为刘棻就是被判了流放的。我想，当扬雄被王莽放回家，在家中养伤之时，他不会不悔少作的吧，此时的他，视屈原如何？

　　故作高深之论的典型就是他的《太玄》。其实这部他自视甚高的哲学著作没有多少创见，它只是模仿《周易》而作的卜筮之书。《太玄》本文五千字，模仿《周易》卦爻辞，另作《玄首》《玄冲》《玄错》等十一篇分别模仿彖传、象传、序卦、杂卦、文言、系辞与说卦。扬雄是一个对"古文奇字"有特别爱好的人，他作《太玄》时就用上了这些古文奇字，许多文句都弄得扑朔迷离，在可解与不可解之间，隐晦难懂。"观之者难知，学之者难成"，结果当然是"众人之不好也"，大家都不要读，不仅后世人不喜好，他当代人就读不懂了，而且不仅当时普通人读不懂，连大学者刘歆都觉得晦涩而不要读。刘歆对扬雄不无讥嘲地说："白白地自找苦吃！现在学者们有国家的利禄在背后支持与诱导，尚且不能通晓《周易》，何况你这部模仿之作《太玄》？我担心后人要拿你的书去当醋坛的盖子。"这话说得很难听。刘歆还在他的《西京杂记》中煞有介事地写了这样的事：

> 扬雄读书，有人语之曰："无为自苦，《玄》故难传，忽然不见。"
> 雄著《太玄经》，梦吐凤凰而集《玄》之上，顷而灭。

这"自苦"与"吐凤凰"一样，都是指扬雄呕心沥血，但其结果却是"忽然不见""顷而灭"。我把这"忽然不见"断句到引号里面，因为"有人"对扬雄说话，怎么会"忽然不见"？所以，这"忽然不见"的，应是指扬雄的《太玄》，而不是那个"有人"。这"忽然不见"与下面的"顷而灭"一样，都暗示《太玄》将被遗忘。

看来刘歆还真的对扬雄的《太玄》大放厥词。实际上，当扬雄"好古而乐道"，大作模拟之文时，"于时人皆忽之"，当时人都轻视他，"唯刘歆及范逡敬焉，而桓谭以为绝伦"。总体而言，刘歆还是敬重他的，刘歆毕竟是一流的学者，他可能只是不喜欢扬雄的故作高深。

而比扬雄小十多岁（以扬雄三十多岁入京师论）的桓谭，则一直是扬雄的铁杆啦啦队。扬雄死后，有人问桓谭："你一直称颂扬雄的著作，你看他的书能传之后世吗？"桓谭答："必传。"并且还说扬雄将"度越诸子"，超过先秦诸子。

班固在扬雄传的最后说："自雄之没至今四十余年，其《法言》大显，而《玄》终不显。然篇籍俱存。"

说到"度越诸子"，扬雄确实是除了孟子之外，其他人都瞧不上眼的。他批评诸子说：

> 庄（周）杨（朱）荡而不法，墨（翟）晏（婴）俭而废礼。
> 申（不害）韩（非）险而无化，邹衍迂而不信。
>
> （《法言·五百》）

其他如对老子、公孙龙子、荀子，他都有批评。他自以为是儒家信徒，所以特别赞扬孔子，而"自比于孟子"（《法言·吾子》）。对荀子，他说是"同门而异户"。这种"度越诸子"，是挺有气魄与胆量的，有此胆量与气魄，他才会铺那么大的摊子，简直要把古代学术囊括而尽：

> 其意欲求文章成名于后世，以为经莫大于《易》，故作《太玄》；传
> 莫大于《论语》，作《法言》；史篇莫善于《仓颉》，作《训纂》；箴莫
> 善于《虞箴》，作《州箴》；赋莫深于《离骚》，反而广之；辞莫丽于相
> 如，作四赋。皆斟酌其本，相与放依而驰骋云。
>
> （《汉书》本传）

在他内心里，他是什么呢？——作《太玄》时，他就是文王；作《法言》时，他就是孔子；作《训纂》时，他就是仓颉；作《州箴》时，他就是舜；他是屈原；他是司马相如。另外，晋常璩《华阳国志》又说，扬雄以为"典莫正于《尔雅》，故作《方言》"。扬雄扬雄，真是胆大如天，心雄万夫！难怪当时就有人"以为雄非圣人而作经，犹春秋吴楚之君僭号称王，盖诛绝之罪也"！诸侯中有实力有野心者，想问鼎中原；学者中有实力有野心者，如扬雄，也有问鼎圣人之心！

五

扬雄的《法言》在后世"大行"，但我读过之后，以为不过是圣贤语录的重复与展开。这类讲究心性修养道德的东西，在中国多如牛毛，又都"不诡于圣人"——与孔圣人不二，有了一部《论语》就足够了。既然半部《论语》就可以治天下，《论语》都只需一半，还要那么多同类重复的著作干什么。读过《论语》者，大可不必再读《法言》。后世此类著作宜作如是观。所以，扬雄的《法言》，我们也就撇开不谈。

我喜欢的扬雄文章，有两篇，一是《逐贫赋》，一是《解嘲》。

《逐贫赋》是扬雄赋中极特别的一篇。扬雄之作，多模仿别人，唯这一篇，却让后人模仿他。鲁褒《钱神论》，韩愈《送穷文》，都从此脱出。另外，韩愈《进学解》之正话反说，诙谐幽默，寓庄于谐，也学的是《逐贫赋》。《逐贫赋》读起来，确实有让人忍俊不禁的地方，这是最古老的黑色幽默。他写自己贫穷，是：

别人穿着花绸子——人皆文绣，

我老粗布也破烂——余褐不完。

别人吃着精细粮——人皆稻粱，

我煮野菜当三餐——我独藜飧。

背着行李徒步走——徒行负笈，

出门才把好衣换——出处易衣。

亲自操劳百样活——身服百役，

老茧满手满脚板——手足胼胝。

又是除草又挖土——或耘或耔，

霜露把我肌肤沾——露体沾肌。

朋友全都不来了——朋友道绝，

官职多年不升迁——进官陵迟。

这些过错谁造成——厥咎安在，

原来却是你捣乱——职汝为之。

看来，这个"穷神"还真害他不浅。于是他想方设法东躲西藏要躲开这个
"穷神"，而"穷神"却如影随形缠住他不放：

离你远远去逃窜——舍汝远窜，

一直躲到昆山巅——昆仑之巅。

你竟紧紧跟随我——尔复我随，

如鸟振翅飞上天——翰飞戾天。

躲你远远登高山——舍尔登山，

岩穴底下把身藏——岩穴隐藏。

你又死死缠住我——尔复我随，

步步紧随上山岗——陟彼高冈。

避你远远入大海——舍尔入海，

从容不迫去泛舟——泛彼柏舟。

我行起来你也动——我行尔动，

我静下来你便休——我静尔休。

最后是这个"穷神"跟主人讲了一通"贫"的好处：

> 我在你家——处君之家，
>
> 让你福禄如山——福禄如山。
>
> 你忘我大德——忘我大德，
>
> 却记着小怨——思我小怨。
>
> 你能承受寒热——堪寒能暑，
>
> 是我让你从小习惯——少而习焉。
>
> 寒暑伤不了你——寒者不忒，
>
> 你不就寿比神仙——等寿神仙？
>
> 夏桀盗跖不想你——桀跖不顾，
>
> 小偷小摸不惦念——贪类不干。
>
> 别人重重保险防盗门——人皆重闭，
>
> 你敞开大门睡得安——子独露居。
>
> 别人提心又吊胆——人皆怵惕，
>
> 你无忧无虑多平安——子独无虞。

宋人洪迈《容斋续笔》云："韩文公《送穷文》、柳子厚《乞巧文》，皆拟扬子云《逐贫赋》。"明人张溥说："《逐贫赋》长于解嘲，释愁送穷，文士调脱，多原于此。"（《汉魏六朝百三家集题辞》）这种独特的幽默，确为子云独创，而为后人承续。

汉人本来质朴务实，追逐富贵在他们看来自然而然，并不像在后世那样，总是面临道德审判的危险。司马迁在《货殖列传》中对各种追逐富贵的行为，甚至包括一些不光彩的行为，一概予以宽容，天下熙熙攘攘，皆为利来利往。东方朔、司马相如这样的文人，也一概赤裸裸毫不掩饰地追名逐利，而至于不择手段，而至于不以为耻，反以为荣。班固批评司马迁"崇富贵而羞贫贱"，殊不知这正是那时代的风气。与之相关，夸耀富贵洋洋自得而不像后世那样财不外露藏着掖着，也是那时代的一大特色。《陌上桑》写罗敷，《羽林郎》写胡姬，《孔雀东南飞》写刘兰芝，都用浓墨重彩写她们衣饰的华贵，这正是汉人朴实本色，一念之真，不矫情，不掩饰。这种心理不高尚，但健康；不纯粹，但也不低级趣味。

而扬雄《逐贫赋》则显示了一种新的态度，那就是对贫穷——物质穷乏的态度。在他酸溜溜的口气中，我们能发现中国人"一分为二"思维方式对生活本身发生的影响。在这种思维方式里，关键不在于我们怎样生活，或生活得怎样，而在于我们如何解释生活，解释得怎么样，这种典型的唯心主义生活观幸福观后来构成了我们文化传统的重要部分。显然，这种生活观的负面影响是较大的，它往往导致我们随遇而安，安于现状，不能或不愿改善生活，而只是改变对自己生活的判断。我们看扬雄，他的虚弱无力无可奈何在这里表现得很充分，他没有能力过上更好的生活，他便设法把不好的生活解释为好的生活，自欺欺人没关系，心理平衡最重要。他试图找出贫寒生活的优点，找出富贵生活的不足。这种努力，后来在道德层面上得到了完成，那就是：富贵的，总是不道德的，至少是道德可疑的；贫寒的，则往往是因为道德高尚。富贵变成了道德负号，贫寒则成为道德正号。于是，精神的奖励就弥补了物质的匮乏，甚至成了我们生活中的画饼。扬雄的这篇《逐贫赋》，它可能就暗示着我们民族文化心理的这一深刻转换。

六

张溥说扬雄善于解嘲。实际上，自我解嘲是消除内心紧张缓解心理压力的最便宜的方法，它需要的是主体自身的心智与幽默感。扬雄不缺这些，扬雄而下的中国历代落魄文人，大部分都有足够的解嘲的能力，其末流，便是鲁迅所揭示的，能力大得能把屠夫的凶残化为一笑。

这话题太大，我们打住。我要说的是，扬雄恰好有篇赋，题目就叫《解嘲》——扬雄确实在很多地方都可以称得上是后世文人的鼻祖。他们共同的特征就是：都在体制之内，而深感逼仄。在无力感、虚弱感下，面对强大的外部压力，咀嚼自身的失败，而产生精神上的保护性的幻觉。

这篇赋，模仿东方朔《答客难》的地方很多，它们都是剖析中央集权时代知识分子的处境的。不过，细细揣摩，两者仍有差别：东方朔虽在体制之内，但满身纵横家气息，桀骜不驯，目空一切，虽则不得志，但决不认输，尤其不承认自己无能，而只斥责社会无道，用人者无目。扬雄则满身书卷气，温文尔雅，谦恭退让。他自认失败，故甘心自守学问一隅，满纸都是无奈与虚弱。是的，他比东方朔更悲哀，更绝望。比如扬雄一开始，借客嘲笑自己后，便是这样的句子：

> 扬子笑而应之曰："客徒欲朱丹吾毂，不知一跌将赤吾之族也！"

巧妙地利用"朱""赤"的同义与多义，把爬得高跌得重的专制官场一般规律揭示了出来。这也是历史经验的总结，是血的教训的写照。从汉高祖杀功臣，到汉景帝杀晁错，再到汉武帝残酷诛杀大臣，多少权倾一时的人物被灭族？朱丹其毂者，往往接着就是赤族之家！

> 当今……言论新奇的人被怀疑，行为杰出的人被杀头。所以，想表达观点的人卷起自己的舌头而闭嘴不出声，想有所行动的人抬腿就循着前人的脚印走。
> 原文：当今……言奇者见疑，行殊者得辟。是以欲谈者宛舌而固声，欲行者拟足而投迹。

一言一行，一举一动，莫不如履薄冰，胆战心惊。言论新奇的被监视，行为出众的要杀头，所以，想发表意见的都卷起舌头闭了嘴，有所作为的也只能小心翼翼循规蹈矩。大胆的思想没有了，新颖的创造没有了，专制的最后目标，便是消灭个体特征。一般而言，怪癖性多，个性也就丰富；个性丰富了，社会的活力与创造力也就旺盛。专制政治的最终结果，正是消灭个性，从而扼杀一个民族的生机。扬雄敏锐地看出了，汉代大一统之下的社会与先秦诸子时代的社会，有着截然不同的风貌！

在这样的大一统之下，我们不可能有大智大勇，我们也不可能堂堂正正，我们所有的，就是那种绝对委琐的保身之术与蝇营狗苟的可怜生态：

> 炎炎者灭，隆隆者绝……矫矫者亡，默默者存。位极者宗危，自守者身全。是故知玄知默，守道之极。爰清爰静，游神之廷。唯寂唯寞，守德之宅……

这一段文字极精粹，完全是格言，所以，我也不再译它，以免损害其神韵。它表达的是——生存权成了我们唯一的追求，什么神，什么德，什么清静玄默，全是遮丑布，里面的本质只有一个："活命哲学"！

钱锺书先生的字就叫默存，默默者存。为了存活，我们必须默默；只要能存活，什么都能放弃，并且，只有做懦夫装肉头，我们才能存活！只是，这样的活，能活得高贵，活得舒张，活得堂堂正正，活得合乎道德吗？汉代的大学者扬雄，当代的大学者钱锺书，这样层次的知识分子，都只能奉行这样的生存哲学，这是什么社会？是什么生态？难怪我们民族一直缺乏精神力量。

而这一切，都是专制政治的结果啊！

最后，扬雄表明他不能与前代成功人物比："为可为于可为之时，则从；为不可为于不可为之时，则凶。"时代不同了，他只能"默然独守吾《太玄》"。

谁说我们没有超越政治的"纯学术"呢？我们从汉代扬雄那里就有了。

七

扬雄是用悲哀的语调来谈自己的选择的，他无可奈何。他没有沾沾自喜，他虽然有对自己学问价值的自信，但他是想以此传名后世的，而不是靠这些学问来挣到当下的好处的。他没有因为著《太玄》《方言》《法言》而要求政府津贴，要住房，要职称，这几部书的撰写也不是政府项目，没有项目经费。要说"纯学问"，他的才是真正的纯学问，没有一些腌臜的想法掺杂其中。他的学问做得清静，做得寂寞，在这个丰富的物欲横流的世界里，他只退守一隅，退守学问一隅——

> 寂寂寥寥扬子居，年年岁岁一床书。
> 独有南山桂花发，飞来飞去袭人裾。

这是初唐诗人卢照邻在《长安古意》一诗中，写下的有关扬雄的诗句。

初唐的长安，是怎样的花花世界啊，可卢照邻得了麻风病，他被这个世界拒之门外，于是他想到了扬雄。

同样的无奈，同样的虚弱，同样的无力。同样的向隅而泣。

王充
文化清洁工

一

西汉末年，天下大乱，刘秀"卖谷于宛，宛人李通以图谶说光武……遂与定谋"（《后汉书》卷一）。有一本谶书《赤伏符》写道："刘秀发兵捕不道，四夷云集龙斗野。四七之际火为主。"南阳的豪门集团就利用他们假造的这个《赤伏符》为刘秀制造舆论，收服人心。后来刘秀真的做了皇帝，他的经历与图谶相符了，大约他也就因此真的信了符命，于是在中元元年（56年），"宣布图谶于天下"（《资治通鉴》卷四十四）。当时王充三十岁。刘秀以后几代王朝，无不推崇图谶。到章帝，更把图谶提高到和经书同等重要的地位。白虎观会议以后，章帝让班固把这次会议记录整理成一部《白虎通德论》（简称《白虎通》）。从此，图谶这种垃圾，堂而皇之地成为官方哲学，并且成了文人的必修课程之一。

在写董仲舒的文章中，我曾提到，在中国古代文化中，有着大量的荒唐的东西，甚至，这些荒唐的东西竟成了文化根基，渗入民族心理的核心，从而深刻地影响着民族的思维习惯、思维方式，当然也就决定着我们的行为方式，使我们的行为也变得荒诞不经莫名其妙。董仲舒本人的一些行为，比如他求雨止雨时的怪模怪样怪行为，就是一个典型的例证。

如果把文化比作园圃，那么，一方面种瓜得瓜种豆得豆，但另一方面也不能排除物种变异以及杂草丛生。中国文化自先秦发育，诸子们种下了各种种子，至两汉，有的发育，有的夭亡；有的种下龙种收获跳蚤，有的种下跳蚤收获龙种。总之是，文化园圃一片葱茏，也良莠不齐。秦实行文化专制，把偌大个园圃一把火烧光，委实是干净，却没有了文化；汉代对文化实行宽松政策，虽则独尊儒术，对儒术特加灌溉，但其他文化也并未因罢黜而灭绝。所以，可以说，汉世有文化，却也一片芜杂，尤其夹杂一些荒唐的东西，且这些东西还特对统治者的胃口，于是便特别畸形地发展起来，比如图谶、天人感应等等。这些荒唐的东西竟然成为官方哲学思想，而为统治者宣布天下。像图谶这样的文化垃圾，几乎毫无正面价值，它既不能提高人们的认知水平，也不能提高人们的道德水平；既不能有益于认识自然，也不能有益于认识社会。它本身既不是知识与智慧，又不能启发我们去发现知识、增长智慧，它只能为一小撮人、个别野心家的政治野心提供手段。是的，它甚至不能为整个统治集团提供利益保护。

所以像图谶这样的文化垃圾，稍微有些理性的人都会抛弃它，哪怕曾利用过它，比如王莽。王莽利用图谶登上帝位，但一登帝位即禁绝图谶，把再上图谶的刘棻等人严加治罪。他是从中受益的人，所以在操作过程中，他也深知其荒谬性虚假性，并对其隐含的种种危险有切身体验。

谶纬，是有谶有纬，谶为预言，纬为经解。预言用的是迷信方法，解经用的是神学方法，所以二者能同流合污，合称谶纬。谶的预言据说是符合天命（意）的，或者说谶就是天命的显示，二者相符，所以又叫"符命"。上面有图画有文字，所以又叫"图谶"。又因为往往染成绿色，又叫"符箓"。这种乱七八糟的东西，西汉就有了。它们原先主要是出自一些民间粗通文墨的人的手笔，大概是以此自神，唬骗乡党，混口饭吃，所以文字往往半通不通，极幼稚。可到了上层后，这些文法上的缺点，不但不减少它的可信度，反而增加了它的神秘、威严。怪得很。

至于"天人感应"，则兆端于周的德治文化，经贾谊而至董仲舒，已经系统化、理论化。天人感应与"王权神授""圣人天知"等一系列思想相联系而存在。它的基本逻辑思路是人间的世俗政权，其权力来源于有意志的天。天是老子，人间的王是天的儿子，儿子的权力与王位都是天老子给的，所以天老子也能收回去。天的意志是扬善惩恶的，所以，"有德者有天下"，相反，失德者失天下。德是可以世袭的，因此王位也是世袭的，子孙可以承祖德而王天下，并且自己也应该积德。积德时，天要降下"祥瑞"，比如灵芝、龙凤等吉祥物，以示褒奖。若不积德而作恶，在用尽祖宗的遗德前，他仍拥有王位。在这吃老本和透支的过程中，天要对他进行谴告，降下灾异。"灾者，天之谴也；异者，天之威也。"（《春秋繁露·必仁且智》）天的仁慈就表现在这儿：他不是毫不留情的，相反，他给予种种灾异警告，这是给天子改正的机会，直到这个天子屡教不改，不可救药，天才来一场革命，把世俗的最高权力与职位任命给下一个有德行的人。

谶纬来自民间，天人感应来自官方。谶纬之神秘性——谶纬本质上是天神及具备天神能力或能感应天神的人圣的神迹，预示或警示世俗人间的事件与结果——与天人感应的神秘性，基本上是相通的，所以能一拍即合，共同构成了汉代的重要文化景观。它们恰好把官方与民间立场整合为一体，把官方价值与民间价值融为一体。这种诗性的、直觉感悟性的东西毫无逻辑性与科学性可言，在迹象与事实之间，缺少可以确定的逻辑与事理联系，从而可以信口胡说。而长期的信口胡说，在毫无逻辑联系的两点之间任意构筑语言通道，也必将严重损害一个民族的知性与知识体系，使一个民族的思维能力严重受损。

这时候就出现了王充。刘秀宣布图谶于天下的那一年（56年），他正好三十岁。三十而立，在一片披靡之中，他挺身立起。

王充的对手其实很虚弱。这个对手仅以数量取胜，是量的积聚与庞杂，而缺乏起码的科学基础。作为一个文化清洁工，王充只是把一些垃圾装进垃圾箱然后处理掉，他要芟夷的，不是大树，而是一些形态丑陋的杂草。所以，王充愤怒却并不吃力，亢奋却并不伤神。愤怒亢奋是因为他觉得那么低劣的东西竟能有那么大的市场，简直是乌烟瘴气，铺天盖地，弄得上至朝廷下至山野，智如学者，愚至村夫，都对之奉若神明——是的，使他愤怒的是人们的愚蠢与轻信，而不是对手的高明与强大。不吃力与不伤神，是因为他的对手既是如此的弱智低劣，毫无学理可言，他破败他们，当然就稳操胜券，游刃有余。但王充还是为此付出了自己智慧的代价：他也许是一把牛刀，却一直都在割鸡。对手的弱小使他也不能在更高的智慧层次上与之较量，从而展示并磨砺他思维与思想的锋锐。那么，王充的平实、浅显，不乏机智聪明却又终乏深沉博大，也就在意料之中了。

二

《后汉书》里面的王充传，极其简略，不到三百字。比较详细一点的王充生平史料，是《论衡·自纪》，这篇文字一般人都把它当作王充的自传，但我以为说是他的"自辩"更恰当。因为，这篇长文的绝大部分都是王充在为自己的作品做辩护。那时有不少"俗人"对王充的为人、仕进、著作、著作的风格，甚至著作资格与权利都提出了一些质疑。我们知道，扬雄也曾碰到过这类问题，可见，那时代一般人的观念里，还认为著书传世乃圣贤所为（赋家的赋作似乎不在此列），一般人（扬雄、王充的同时代人，同僚、同乡等等，也就把他们看作一般人的）是不具备这份资格的。所以当他们潜心著述的时候，"俗人"们便投来疑惑、质疑，甚至不屑的眼光，对他们进行讥讽、嘲笑。稍不同的是，王充的著作平实通俗，俗人批评他；扬雄的著作深奥晦涩，俗人也批评他。这是一个有趣的现象，吹毛求疵的批评总是当代人对当代人的拿手戏。

《自纪》还显露了王充的性情。我们可以从中看出王充为人的平实、恬淡、随遇而安。对别人的种种讥嘲、质疑，甚至攻击，他表现的不是愤怒与攻击态势，而是心平气和地讲道理。他好像很有"道理崇拜"的味道，说起来没个完，不仅要说透彻，说明白，还要说充分，所以别人是讥嘲，他是唠叨。等他唠叨完，别人怕早已不知去向，他只好悻悻然回自己的家去，拿起笔，在纸上讲道理，眼前浮现的对象就是愚夫愚妇，以及更为愚蠢的学者教授。他是好脾气。但他这样絮絮叨叨不绝，不也显示出他内在的执著？有些东西他不能忘怀。

《自纪》中还较为详尽地写到了王充对自己著作的评价与说明，包括著作一系列论文的目的，写作上的自我期待，写作的特色，及自我辩护。从这些文章中我们可以看到王充家族的遗传特征：对自我的强烈关注与肯定，对自身安全的焦虑，以及一触即发的倾诉欲。他有点像汉代的祥林嫂，不能忘记自己的阿毛（他的阿毛就是他的著作，他很怕世俗之狼把它叼走了），于是不断强化自己的记忆，对最后细节反复追忆。

在《自纪》里，王充提到了他家族的精神特征："勇任气""勇气凌人""不
揆于人"，甚至在凶岁里还曾有过"横道伤杀"的强盗行径。到王充，他把乃
祖乃父在具体人事上的攻击性掩藏起来，压抑下来了。但这一心理能量依然存
在，它需要寻找另外的出口，那就是文化。为人处世一派和气甚至还颟顸肉
头的王充，在文化上却显得极其敏感，极具攻击性，而一旦他的著作遭人非议，
他更是异乎寻常的敏感：他放弃了现世，求的就是在文化上的不朽。这是他
最后的领地，他当然不会容忍别人把这一点也毁了，他已无别的退路。在《自
纪》里，他列举了当时人对他的著作的种种评价，如"充书形露易观""充书
违诡于俗""充书不能纯美""充书不类前人""充书文重"（篇籍太多而不
简约）等等，并一一加以辩解，或认为不是缺点，或认为即便是缺点，也是不
可避免的不掩瑜之瑕。正是在这些地方，我们可以见出王充的思想特色及文章
特色。

《自纪》中的王充：

经常说别人的长处，很少说别人的缺点。专爱推荐没有做官的读书人，
给已经当了官的人开脱过错……能够原谅别人的大错，也惋惜别人细小的
过失。喜欢隐藏自己的才能，不好自我炫耀。尽力把修养操行作为做人的
根本，而羞于靠才能来沽名钓誉……受到污蔑中伤也不愿自我辩解，官位
不升迁也不怀恨。穷得连蔽身的简陋住宅都没有，心情比王公大人还要舒
畅。卑贱得连斗石的俸禄都没有，心情却与吃万钟俸禄一样。做了官不洋
洋自得，丢了官也不懊恼悔恨……

原文：常言人长，希言人过。专荐未达，解已进者过……能释人之大过，
亦悲夫人之细非。好自周，不肯自彰，勉以行操为基，耻以材能为名……
见污伤不肯自明，位不进亦不怀恨。贫无一亩庇身，志侠于王公。贱无斗
石之秩，意若食万钟。得官不欣，失位不恨……

当被上司了解，破格提拔的时候，不因官大而高兴；当不被上司了解，
被降职罢官受压抑的时候，也不因职位低而怨恨。几次被任为县里的小吏，
也没有挑挑拣拣……说：地位高时与地位低时操行一样，身份低贱与身份
高贵时品德相同，就可以了。

原文：为上所知，拔擢越次，不慕高官；不为上所知，贬黜抑屈，不耻下位。比为县吏，无所择避……曰：处卑与尊齐操，位贱与贵比德。斯可矣。

我怀疑后来陶渊明的《五柳先生传》都从中化出。这段文字确实写出了一位修养很深的温良君子形象，一大堆的"无"与"不"，活脱脱一个无是无非无贵无贱齐生一死的高人。事实上，我们文化传统中所谓的修养与成熟，就是养成这样一种否定生活欲望、模糊道德是非的人生态度，王充也得向这种文化观念表示敬意与投诚。可是，我们再看看下一段——这是《对作》篇中的一段：

所以《论衡》这部书，是权衡是非的言论，判断真伪的标准，并不是仅仅玩弄笔墨修饰文辞，故作奇伟的文字观瞻。写作它的根源全起因于人间有许多错误，所以我用尽心思，以此来讥刺社会上的不良风俗。社会风俗的特性，是喜好奇异怪诞之语，喜欢虚假荒诞的文章……明辨了这些是与非，我痛心忧伤，怎能不加评论呢？

原文：《论衡》者，所以铨轻重之言，立真伪之平，非苟调文饰词，为奇伟之观也。其本皆起人间有非，故尽思极心，以讥世俗。世俗之性，好奇怪之语，说虚妄之文……明辨然否，疾心伤之，安能不论？

原来还是"有非"！还是要铨轻重、立真伪、辨然否、讥世俗！而且还弄得自己"疾心伤之"！

接着便是正大之论，引古圣贤为榜为样，为自己的道德愤怒找一道德标高：

孟子痛惜杨朱、墨子的议论大大压倒了儒家的议论，援引公平正直的论说，赞扬正确的贬斥错误的，世人却认为他好争辩。孟子说："难道我好争辩吗？我是不得已啊！"——现在我也是不得已啊！

原文：孟子伤杨墨之议大夺儒家之论，引平直之说，褒是抑非，世人以为好辩。孟子曰："予岂好辩哉！予不得已也！"——今吾不得已也！

孟子不得已于古，我王充不得已于今！再往下看：

虚妄的比真实的更显眼，实诚的被虚伪的所迷乱，世人不醒悟，是非分不清，紫色与朱红混杂在一起，瓦块和宝玉夹杂在一堆，凭情感而言，我的心怎么能忍受得了啊！

原文：虚妄显于真，实诚乱于伪，世人不悟，是非不定，紫朱杂厕，瓦玉集糅，以情言之，岂吾心所能忍哉！

那种勇势凌人的王家热血，终于喷薄而出。只不过这次他"横道伤杀"的，不再是过往行人，而是文化垃圾；他所得罪结仇的，也不再是一两个名门大户，而是整个虚伪虚弱的知识界！

三

中国古代也有如同今日的对做学问的奖励政策。明代清代不说，光汉代经学，就立了那么多的博士，只要是搞经的，就有饭吃，其待遇绝不比今天的博士教授们低。但那么多的经学博士，又有几个有真学问？他们做出的东西，最终被证明不是学问，国家花了那么多的俸禄去养活他们，真是喂了狗了。我想说的是，真正的学者，决不是压抑生命去"做"学问，恰恰相反，学问正是他生命冲动的表现。学问而至于"做"，且要做（坐）得十年板凳冷，生命早已成了干尸，学问也不会是好东西。没有现实的人生关怀，算什么学问！不介入现世的纷争，没有正义正直的心胸，对苦难没有关怀，对丑恶没有批判，又算什么学者！他们学了什么，又问了什么？！没有求真求道的热情，"做"什么学问！即便研究纯自然科学的西方科学家们，也是以宗教一样的情怀去追寻世界的因果，找到了一两个原因的解释，他们自然就成了科学家，而不是为了"做学问"而"做"成的科学家。王充正是这样一位真正的具有求真求道热情的哲人。他血脉中的勇决之气，在现实生活中被成功地压抑住了，他的立身处世，为人为官，好像已经够有涵养，够温良恭俭让了。但压抑于此则反弹于彼，这种勇决之气，最终表现为他对文化的热情：他要捍卫文化的纯洁，捍卫知识的正派，捍卫人们思维的清晰性、逻辑性、合理性，至少合乎常识而不是违背它。面对生活中的种种不幸，官场的挫折，同僚的"累害"（这是他一篇文章的题目，专谈官场中的人际倾轧），甚至还有匿名信的诬告，他都很坦然，甚至不愿去辩白，他说他要"同安危而齐死生，钧吉凶而一败成"（《自纪》）——你看，连句式都是庄子式的，算是冷眼看穿了。但面对文化上的荒唐荒诞，他却"不得已"，不能忍受，挺身而出，与之理论。我们看他谴责当代：

> 对的反而成了错的，假的反而成了真的，怎么能不说呢？世上的传闻已经错了，世上的记录又是假的……浮妄虚伪的说法，淹没和压倒了正确的事实。
>
> 原文：是反为非，虚转为实，安能不言？俗传既过，俗书又伪……浮妄虚伪，没夺正是。

面对这一切，他——

> 心中涌动着愤怒，笔在手中疾书，怎么能不说说？！
>
> 原文：心愤涌，笔手扰，安能不论？！（《对作》）

看来他还是不能像庄子那样"齐物论"，那样无是无非地面对关于"物"（世界）的一切花里胡哨的理"论"。有这样一种战斗豪情，他就真是一位斗士了，我以为这才是真正的学问之心。学问学问，没有疑问，哪有学问？没有真问题，哪有真学问？王充对他的时代，对他时代的知识与信仰，有大疑问，所以他致力于辨识，而从中得大学问。他那时代的文化及人们的思维，有真问题、大问题，他致力于解决这些问题，而从中得真学问。他没有像别人那样，雅兮兮地自以为清高地去做什么"纯学问"，终其一生去搞一部什么"经"的研究，混个什么经学博士，然后以此心安理得沾沾自喜地领取他的津贴，到他白发苍苍而穷一经的时候，他就可以受人尊敬了。王充没有走这条聪明的路。他被他的问题与疑问纠缠住了，不能脱身，于是他真的有学问了。面对问题有真热情、真关注，其关注程度甚至超过对自身利害的关注，才能成为一流的学者，且可以保证他在学问上坚持真理，而不肯出卖良心，出卖学问。官场上的王充，与书斋里的王充；同事眼中的王充，与《论衡》读者眼中的王充，确实形成了巨大反差。这种反差，可以告诉我们，什么是真学者，什么是假学者。

四

如果让我对王充的思想特色下一最简洁明了的判语，我将选择这样四个字：回到常识。

我们常常偏离常识。我们甚至不是不聪明、没思想、没主见、没学问、没见识，我们简直没了常识。甚至，谁离常识越远，把违背常识的话说得越头头是道，谁就越有学问，思想就越正确，觉悟就越高。同时，越是空话、废话，越容易说得头头是道，说得义正辞严，说得冠冕堂皇，说得精神上伟大、政治上正确、道德上光荣。还能显示出立场上坚定，思想上纯洁。

而那些要人们回到常识的努力，则往往是遭非议的，被扼杀的。王充及其著作，就有这样的遭遇。

不过王充有一点也不算太明白，他以为圣贤都是让人明白事实的人。这一点他就比我差：我宁愿说，圣贤们竭力做的，是让我们明白道理，而不是明白事实。王充说：

> 圣人写经，贤人作传，是为了纠正挽救浇薄的风俗，驱使老百姓回复到质朴纯厚上来。
>
> 原文：圣人作经，贤者传记，匡济薄俗，驱民使之归实诚也。（《对作》）

这就是王充误解圣贤了。圣贤之中，孔子尚有常识，看《论语》，可知孔子虽则在政治上常常迂阔，但在日常生活中，尚有老实的一面。而孟子，则开始常常疏离常识。庄子也从哲学角度反对常识，他认为常识阻蔽了人对终极真理的追问，阻蔽了人们对绝对自由的追求。到了汉代，那些违背常识的、荒诞不经的文化杂草，文化垃圾，开始四处滋生，到处污染。

我不知道王充算不算一流的思想家，在中国思想史上，就后人对他评价的总体印象看，好像算不上（当然也有不少人极力推崇他）。他研究的问题，好像不那么深刻博大。如果是这样，我又不知道是什么限制了他，是他自身的智慧和思维能力不够呢，还是他面对的对手太无操作的价值？图谶这一类破烂，确实不具备作为思想对象的资格，而"天人感应"之类也是老话题，在理论上早经解决，西周初年的人就在谈这话题，并且赋予它伦理学而非认识论的意义，到了汉代，这类老话题已不再具有多少理论潜力。汉初的贾谊、董仲舒把这个文化包袱捡回来，如同废物利用一般，让它作为君主专制时代约束君权的法宝，他们也是把它作为道德工具来使用的。经他们这一利用，竟使这废物在汉代重获认识论的地位而污染天下心智，这是历史的不幸。

这样的文化破烂确实不能衬托王充思维之刃的锋锐。但我们可以这样想，在那个时代，王充是否可以避开这类问题，而去寻找新的思想对象？好像不可能。面对满目的垃圾不去打扫，这不符合正常人的心智。实际上，王充同时代，稍前稍后的一些思想家，除了班固（他是倡导"天人感应"鼓吹图谶的《白虎通德论》的最后整理者定稿者，他是官方思想家，是官方立场在文化界的代表），都没有回避这类问题。扬雄、桓谭、王符，好像谁都得面对图谶，面对"天人感应"，面对弥漫整个社会的虚妄之气。按韩非的标准，圣人就是为我们解决当前问题的人，那么，王充即使不算圣人，即使他不算第一流的思想家，就冲他为我们打扫卫生，我们也应感谢他。

读王充的"九虚"（包括《书虚》《变虚》《异虚》《感虚》《福虚》《祸虚》《龙虚》《雷虚》《道虚》）、"三增"（《语增》《儒增》《艺增》），我很惊讶那时代的虚妄之气，诸如人能感天动地啦、天地亦能应人祸福啦、行善能消灾啦、作恶能招祸啦，什么有龙能升天啦、人亦可以得道仙去度世不死啦、雷电乃上天发怒惩罚"阴过"啦，等等等等，不一而足。汉人头脑中简直是一片污泥浊水，世界也因此被弄得乌烟瘴气。我们民族到此时实现统一才二百多年，思想与思维就已如此荒芜，就已如此失却清晰性、逻辑性，实在令人惊讶。

王充说："《论衡》篇以十数，亦一言也，曰'疾虚妄'。"（《佚文》）他面对这一切虚妄之气，陡生万丈战斗豪情。不过，要打扫这些琐碎的垃圾，实在也不需要太高明的智慧与思想能力，它较少需要脑力劳动而更多需要体力劳动。我是说，王充较少在原则问题上用力——他本来可以确定一个原则，然后让那些东西在原则面前接受检验。但他是这样干的：他把汉代官方与民间所有的虚妄言论收集起来，一一加以辩驳，所以才"九虚""三增"，数量芜杂，这实在是有些吃力不讨好，有人就批评他的文章"实事委琐"。"实事委琐"者，琐碎之事实也。这正是王充"回到常识"的表现。当"实事"被人弄得云遮雾障，

"实事没而不见"，"平常之事，有怪异之说；径直之文，有曲折之义"（以上《正说》），"实事不见用"，"虚妄显于真，实诚乱于伪"，"浮妄虚伪，没夺正是"，以至弄得"是反为非，虚转为实"（以上《对作》）时，王充只能"《论衡》实事疾妄"（《对作》）——《论衡》以实事来批驳虚妄。这是他的优点，也是他的不足。优点在于他的朴实，用事实来说明，易于为一般人接受；不足在于，这种方式使他缺少更精致深刻的思维。他主要不是从理论角度来指证这些垃圾的罪恶，他只是从事实角度来证明其虚妄。

王充说："《论衡》诸篇，实俗间凡人之所能见，与彼作者无以异也。"（《对作》）——世俗凡人与王充没有不同的见解。是的，当我们都面对事实与常识时，大家是一致的。那么，是什么使我们出现了分歧呢？或者说，我们的分歧在哪里呢？在于是否面对与承认眼见的事实。

当我们被一种文化观念弄僵了头脑与思维时，我们确实不承认事实！

这简直可以说是中国思想与文化的传统。我们这代人更深有体会。

五

"三增"（《语增》《儒增》《艺增》）是王充梳理汉语表达习惯的一种可贵努力。汉语经儒、道而来，成为一种诗性语言，讲究的是表达的效果，以耸人听闻，而忽视的是事实与分寸。

《儒增》批评道：

> 说多一定说以千数，说少则说一个也没有。这是社会上一般人的情况，是叙述事情的错误。
> 原文：夫言众必言千数，言少则言无一。世俗之情，言事之失也。

这种诗性成分一天天加重，语言的逻辑性、科学性便一天天疏离，最后连给一个事物下一个定义都无法做到清晰明确，内涵外延一派模糊。

《艺增》道：

> 世俗所犯的毛病，毛病在于说事情夸大事实，写文章著书，文辞超过

真实情况。赞扬美的超过好处，批评坏的超过过失。为什么呢？因为一般人好奇，说得不奇，话没人听。所以称赞人不夸大他好的地方，那么听的人心里不痛快；诽谤人不增加他的过错，那么听的人心里不满足。听说一要夸大成十，看见百要增加成千，这使那些很简单的事，分成十种、百种复杂的事，很明白的话，变成千种、万种相互背离的说法。

原文：世俗所患，患言事增其实，著文垂辞，辞出溢其真。称美过其善，进恶没其罪。何则？俗人好奇，不奇，言不用也。故誉人不增其美，则闻者不快其意；毁人不益其恶，则听者不惬于心。闻一增以为十，见百益以为千，使夫纯朴之事，十剖百判，审然之语，千反万畔。

"三增"与"九虚"，王充是有意识地把它们作为一组文章来看的。事实上，王充要揭示的，乃是语言的不良表达习惯对世界本相的遮蔽，同时并产生了一连串的虚妄之事。在王充批评的种种虚妄之事里，确实有不少是由于古代典籍与古代传说中夸饰的、诗性的语言表达所造成的。假如语言不能保持它的清晰性、纯洁性、科学性、逻辑性、严密性，不能保持它内在的秩序与平衡，不能保持它自身的不可亵玩的尊严，而任由人们随心所欲地去宰割，那么，这个已经成为我们思维工具的语言，必将毁坏我们的思维，我们经由语言建立起来的对世界的知识体系也会坍塌。一旦语言混乱了，这个世界在我们意识中的面貌也将混乱；一旦语言消失了，这个世界也必将消失。要知道，我们对于这个世界的一切观念、知识、感受与印象，都是由语言来完成并保存的。世界是语言的世界，世界只有具有逻辑性，才能被我们理解与把握。而实现世界逻辑化的工具，正是语言。是人类的语言，完成着世界的逻辑化。甚至，人的头脑与世界一样，也是在经由语言的秩序之后，才开始具有逻辑性的。语言不仅是客体之所以成为客体的原因，也是主体之所以成为主体的原因。没有了语言，不仅客体世界隐蔽了，主体也消失了——我思故我在——思是用语言来进行的，所以，这句笛卡尔名言，可以转换成：我有语言，故我在。

所以，过分诗性的、缺少逻辑性与科学性约束的语言是有害的，它将因自身的不确定性、不安全性，使人与世界都不确定起来。语言中过分的诗性，如同病毒一般，最后会令我们整个思维秩序瘫痪。同时，诗性语言也是权力语言，一切专制者都喜欢诗性语言。我们若编一部独裁者演讲录或文集，便可以明白地看出，他们是多么热衷并擅长使用诗一样的语言。诗意可以跳出逻辑的约束，带领我们逃逸理性，而随着权力的魔棒起舞。

我给王充的"三增"以较高的评价，就是以为，他几乎天才一般地（无论他是否自觉）警觉到了这样一种危险，并且在中国语言学史上，第一次指出语言中的诗性病毒，并试图杀灭它。非常可惜的是，王充以后，后继乏人，以至我们的语言，带着我们的思维，一天天地疏离科学，疏离世界真相，而代之以对世界的诗意眼光与诗意观念。从王充以前的董仲舒，到王充以后的魏晋玄学，再到宋明理学，无一不是诗化哲学，我们的哲学已经不需要科学的根基，而只要诗性的感悟，我们重视的是心灵的感悟而不是对客体世界的科学把握。了解了这一点，我们也许可以明白，为什么"五四"新文化运动，要提倡民主与科学，却先从语言与文学开始。"五四"的知识精英们对语言问题的认识，是其来有自的。

六

但王充身处污泥浊水般的思想环境，虽然可以鹤立鸡群，却不能出淤泥而不染，亦不能保证他这只鹤总是比鸡飞得高。现存《论衡》八十四篇中，思想之混乱与自相矛盾比比皆是，有时看他自打嘴巴，打得自己晕头转向，既替他着急，也替他惋惜。他自相矛盾处之多，之致命，在古代思想家中简直可以说是绝无仅有。这种现象说明，当全社会的思想一片混乱与下流时，最超绝的思想也会受到不同程度的戕害。

比如，他要"宣汉"——颂扬汉代的伟大成就，却用瑞应做依据，反对感应论却又宣传瑞应，这是最典型的时代综合征。那班腐儒用瑞应之多来歌颂周朝与殷朝，王充为了压倒他们，也用瑞应之多来证明汉代胜过前代——

> 唐尧、虞舜的时候，各种野兽都欢舞，当今也有八条龙游玩嬉戏了很长时间。灵芝草可以延年益寿，是仙人吃的东西，以往长出来不过一二棵而已，当今连同前后长出的共十一棵……甘露降落，以往降在一个地区，当今散布五个县，符合土德所崇尚的数字，这是由于汉朝的功德广泛传播的缘故。

原文：唐虞之时，百兽率舞，今亦八龙遨戏良久。芝草延年，仙者所食，往世生出不过一二，今并前后凡十一本……甘露之降，往世一所，今流五县，应土之数，德布濩也。（《验符》）

他不知不觉地就上了人家的圈套，还自以为是以其人之道还治其人之身。在《恢国》《感类》《雷虚》《吉验》诸篇中，他竟然鼓吹了他在另外的文章（如《纪妖》《奇怪》）中极力驳斥的"高祖母妊之时，蛟龙在上，梦与神遇"的鬼话。

用元气自然论反对神学目的论，但对人的穷通祸福及社会国家的治乱兴衰，则又坚持"命定论"，而命又是在娘胎里就决定了的，人终其一生，无论如何努力也不能改变之。这一点，不光使他无法真正否定神学目的论，而且还将引发道德价值的危机。我们将在下面专门讨论这个问题。

反对神学图谶，却又宣传所谓"吉验"，"吉验"与"图谶"何别？否定人死为鬼，却又说鬼神实有，并认为有妖存在，鬼与妖又有何别？反对鬼有知能害人，却又承认有种阴气构成的鬼带毒，其毒能击杀那些命中该死的人，此害与彼毒又有何别？这些理论及主张上的含混，必使王充露出破绽而为对手所乘。

谈人性，既言人性为环境所致（《率性篇》），又说什么"上智与下愚不移"，"性有善不善，圣化贤教，不能复移易也"（《本性篇》）。

这一类自相矛盾处太惹眼、太显豁，一个思想成熟的思想家出现这样的低级错误实在是匪夷所思，我们只能认为，是那样一种思想环境毒化了他的思维。一旦思想的土壤失去了生育力，是很难长成思想的大树的。

七

否定世界的目的性当然有助于破除迷信，破除神学，但王充却为此而彻底否定了因果思维，而主张自然命定论与偶然论。否定世界万物的因果关系与联系，就根本上杜绝了真正科学产生的途径，因为科学正是在追寻一切现象的因果中才出现并得到不断发展的。现在人们已经发现了基督教神学与西方科学在思维起点上的同一性，在动机与动力上的同一性。这些同一性就是因果思维与对因果的追寻热情。同时王充鼓吹自然命定论，又根本上否定了人的主观能动性，否定了人的行为与自身命运的因果，从而导致人的认命而不为，甚至堕落而不惧。一为道德的消极，一为道德的破坏，对这种后果的忽视也当然成为他思想的盲点，并理所当然地受到后人的批评。比他晚一些的王符，在这一点上就比他高明，王符就竭力维护人的行为和道德水准与人的祸福穷通的联系。

前人批评王充，常说他于破有余，于立未足，我以为王充最大的毛病不在哲学上的创立不足，正如一些学者所推崇的那样，王充在哲学上确有不少贡献，有不少建树。他的不足，是他的思想不足以维护道德上的价值。他把原先的道德基础摧毁了，却没能给出一个新的道德立足点。原先的道德立足点固然建立在虚构的基础上，但道德立足点是可以、事实上也一直就是建立在虚构的立足点上的（比如宗教，以及一些迷信）；像"天人感应"、行善得福、作恶招祸之类的因果报应，应该说对一般人而言，还是具有一定的道德约束力的。这一类观念，在解释现有社会的合理性方面，确有为之辩护的一面，那些富贵权势者，好像都是因了他们的德行而享有这一切；而命运不济者又似乎是因了他们的道德缺陷，人的地位、财富与人的德行联系了起来。这固然有其消极的一面，但在另一方面，它又在预防人作恶上有其价值：为了未来的富贵，现在不能作恶。而王充遽破之，若不能建立新的道德立足点，那整个社会的道德体系便面临崩溃，这确实是个大问题。我们看下面这些议论：

> 富贵有命禄，不在贤哲与辩慧。（《命禄》）
>
> 人之死生，在于命之夭寿，不在行之善恶；国之存亡，在期之长短，不在于政之得失。（《异虚》）
>
> 教之行废，国之安危，皆在命时，非人力也。
>
> 世治非贤圣之功，衰乱非无道之致。
>
> 世之治乱，在时不在政；国之安危，在数不在教。贤不贤之君，明不明之政，无能损益。
>
> 祸福不在善恶，善恶之证不在祸福。（以上《治期》）
>
> 礼义在身，身未必肥；而礼义去身，身未必瘠而化衰。以为有益，礼义不如饮食。（《非韩》）

这样的议论，确实是笔走偏锋，里面包含合乎事实的一面，但又不尽合乎事实，谬误更是显而易见。更大的问题是，王充这样立论，实际上是把传统的道德根基一网打尽。而他自己，似乎并未意识到，一种哲学，总要有伦理上的价值才能为人所接受而得到承认。在《幸偶》篇里，他把一切都归于"幸与不幸"，"偶与不偶"，小到一时祸福，大到一个人的一生及一国之命运，都由一个偶然因素在一个偶然时间决定的。一时祸福如蚂蚁被行人践踏与否，小草被燔烧与否，都属此类。而一个人一生命运，全在母体受孕的那一刻被终身决定，以后——

> 命应当贫贱的，即使现在富贵了，也还会遭受祸患，失去富贵；命应当富贵的，即使现在贫贱了，也还会遇上福善，脱离贫贱。
>
> 原文：命当贫贱，虽富贵之，犹涉祸患矣；命当富贵，虽贫贱之，犹逢福善矣。（《命禄》）

而命运既已铁定，但又不可预知，那么，一切既成之事实便成命运，我们唯安守之；而未来命运既无法安排与主宰，便只能安待之。所以，王充驳汉儒神学目的论、天人相与论、谴告论，固痛快淋漓，但一切既经摧毁，他自己却并无新的蓝图。

一种学说，须有道德价值方能为社会所尊崇。王充的学说，恰缺少这一点，所以他的思想，在破坏的时代，或乱世，如魏晋，往往受推崇；而在建设的时代、安定的时代，则总是受排斥。他反对把人的行为与人的命运、祸福联系起来，把一切都归之于偶然的幸与不幸，这样，他就把道德的前提弄没了，则人可以不对自己的行为负道德责任，自然也就没有道德约束。为善既无好报，为恶既无恶报，则只剩下自私自利，恣意逞快一途。后来张湛《列子·杨朱》中的极端反道德观点，盖兆源于此。

从王充回过头来看董仲舒，两者呈现的不同文化景观是很值得回味的。董仲舒致力于建构封建的理论大厦，诸如政治、道德、文化等等，他无不试图给出一个根基；而王充则致力于清除文化垃圾，对一切不合理性、不合常识之奇谈怪论，一概予以推倒扫除。他恰好把董仲舒呕心沥血的建筑物当成垃圾了。董仲舒重价值建设而轻事实考察，他的理论有"价值"而无"事实"；王充重事实考察而轻价值估定，结果就是有"事实"（至少是一部分事实），而缺少"价值"。董仲舒的价值观建立在一套虚构的世界"事实"之上（这儿的"事实"用的是维特根斯坦的"世界是事实的总和"中的"事实"），所以说他无事实，是因为这一套事实，比如他认为客观存在的那种世界上下尊卑秩序等等，都是他的一种理论假定，而且他又把这假定当成了自己道德理论的前提。假定的事实成了"前道德"的依据，成了价值的依据，起着一种相当于宗教的职能，在中国这样一个重道德之善而忽视科学之真的文化传统中，董仲舒能大行其道，是很好理解的。

王充走的则是与董仲舒相反的道路，他致力于对事实的认定，哪怕这事实与道德观念多么冲突，他也在所不惜。在这一点上，他很有韩非式的心理坚强，但并不是所有人都如他一般坚强。中国文化传统下的道德神经，正如鲁迅先生所指出的，是极敏感极脆弱的，所以，王充这样不顾一切地揭示真相，也就冒犯了道德的尊严，并冒天下之大不韪，犯了众怒。事实上，绝对地尊崇事实与科学，而没有超验的信仰，我们确实找不到了道德的依据。道德的依据不在事实，而在于我们的心灵。道德的依据本来就是我们假定的，正如同价值乃是我们赋予世界的，而不是世界赐予我们的一样。地平线是不存在的，但我们只有假定一个地平线，我们才能在工地上建筑大厦；道德依据也是不存在的，但我们只有假定有依据，并真的找到依据，才能建筑道德的大厦。王充是离经叛道的，是文化异端，他受冷遇是必然的，他弄破了道德家的面具，使道德提倡的正当性受到了嘲弄。

汉儒鼓吹"三命"：正命、随命、遭命。所谓正命，乃天生好命，"不假操行以求福而吉自至"；遭命则正相反，"行善得恶，非所冀望，逢遭于外，而得凶祸"（《命义》）；随命则是"戮力操行而吉福至，纵情施欲则凶祸到"，即人的命运与人的行为之善恶、道德水平之高低有关。"三命说"中，所谓正命、遭命毫无科学依据，更无任何正面价值，它显然是维护现存秩序并为之从超验世界寻找根据的，而随命说则有道德价值的潜力可挖。但细揣王充学说，我们发现，王充并不反对正命、遭命之说，他所竭力反对的，却偏偏是尚有正面价值的随命。对官方哲学《白虎通·寿命》中的"三命说"，他有疑义的只是随命。《白虎通》认为人的祸福受人的道德行为的影响，而他则把人的祸福解释为"幸"与"偶"。所以，王充并不反对命运，他实际上倒是"命运"说的热情鼓吹者。他所攻击的，乃是所谓命运与道德行为之间的关系，一句话，他认为人的命运与人的道德水平无关，他给了"命运"最为准确的定义：既是"命定"的，就是不可改变的，任何因素（包括道德因素）的介入，都不能使"命运"偏离既定的轨道，否则，就不能称之为"命运"。为此，他举了很多例子来说明，比如孔子的弟子颜回、伯牛，就是德行高尚而命运不好短命夭死的；而盗跖庄蹻这样的坏人，"无道甚矣"，偏偏"乃以寿终"。这样举例，确实是很有说服力的，其对道德观念的破坏，也更有威力。

八

王充在《变虚》与《福虚》中，先各叙一个宣扬善有善报的故事，再力证其伪。我们简单复述一下，然后对王充的观点略加分析。

《变虚》的一则是：宋景公时，天象出现灾变之兆，宋景公很害怕，叫来子韦问吉凶。子韦告诉他，这是天要惩罚他了，但是，只要景公愿意，可以把惩罚转移到宰相身上去。景公不愿意。子韦又说可以转移到老百姓或收成上去。景公不愿意让老百姓遭难，又拒绝了，宁愿一个人去死。于是子韦向景公表示祝贺："我要祝贺您。天虽然很高，但他的耳朵却离人很近，现在您有三句仁慈的话，天一定会三次褒奖您，要延长您的寿命二十一年。"——后来果然如此。

《福虚》的一则是：楚惠王吃酸菜时发现了一条蚂蟥，他就吞了下去，弄得肚子有毛病而不能吃饭。令尹问他怎么得的病，他说："我在酸菜中发现了蚂蟥，不杀厨师等人就废了国法和国君的威严；杀吧，又不忍心，就只好偷偷地吞了它。"令尹离席拜贺惠王说："我听说天道无亲，唯德是辅，您如此仁德，天一定保佑您，您不用担心蚂蟥。"当天晚上，惠王排出了蚂蟥，肚子中的老毛病也一并好了。

王充在这两则故事后，都遽下断语："此言虚也。"这是假的。我也相信它是假的，这类故事编造的痕迹太明显，事理上的破绽很多，逻辑上更不能自圆其说。但我想的是，人们为什么要编造这样的故事，并热衷于传播这样的故事？

很显然，这类故事的编造并广泛流传，正是由于人心中的道德信仰，它表达的是一种劝人为善的良好愿望。就这一点而言，这类故事自有它的价值。实际上王充也明白这个道理，他在《谴告》篇中说：

六经文章，圣人的话，动辄就说天，那是想教化无道的君主，恐吓愚昧的百姓。他们想说这些道理不仅仅是自己的意思，也是天的意志。实际上圣人说到天，还是根据人的心理进行描绘，而不是指上天蓝蓝的天体。

原文：六经之文，圣人之语，动言天者，欲化无道，惧愚者。欲言非独吾心，亦天意也。及其言天，犹以人心，非谓上天苍苍之体也。

你看王充多明白——王充在事实面前总是很明白的，但一到价值层面，他就犯糊涂——他知道圣人也好，六经也好，动不动就拿出天谴来，是要教化无道的君主，吓唬愚昧的民众，而使他们都走上正道。相当于说，劝你们走正道，不仅是我的心愿，也是天的意志啊！所以，当他们动辄抬出天时，实际上指的就是人心，而不是我们头顶上苍蓝的东西。人心即天道，天道即人心，人心向往道德，"天"就充当了道德的前提或"前道德"的设定——我们为什么要道德？因为天要我们这样。

他还说：

世人说行善的人福会降临，作恶的人祸会找他……这种话或许是圣贤们劝人为善……

原文：世论行善者福至，为恶者祸来……斯言或时（或许）贤圣欲劝人为善……（《福虚》）

那么，王充不劝人为善么？或者，他准备用什么信仰来劝人为善？一个没有宗教信仰的国家，其道德根基本来就常常岌岌可危，王充这样的人，偏要不断地挖墙脚。

从先秦的墨子到汉代的贾谊、董仲舒，他们都冷静地认识到了这个问题的严重性。墨家学派本来就是一个宗教意味很浓的学派，墨子本人也有着为天下苍生奠定道德根基及规范道德信条的雄心。董仲舒同样雄心勃勃，他的庞大的理论体系就是建立在天人相与的基础上的。墨子、董仲舒都竭力在理性主义的一统天下中重建天的权威，重树人对天的信仰，他们可能意识到，没有信仰——没有对超越自身的伟大外力的信仰，道德的前提是不可想象的。就这一点而言，我们实在不知道在王充与董仲舒之间，谁更有理智，谁更有良知，谁更正确，谁更有责任感，谁更让我们信任。

<h2 style="text-align:center">九</h2>

王充反对善恶报应的因果，进而以他的自然命定论反对一切因果——因为他坚信他已找到一切事物与事件的最初的也是唯一的因，那就是命。于人而言，就是受胎之时所禀之气。这种最初的"命"再加上"幸"与"偶"，他就把一切事物之间的因果关系统统否定了。在《偶会》篇中，他告诉我们说，一切都是早就注定了的，比如有关伍子胥、屈原的悲剧：

> 社会上一般人认为伍子胥以剑自杀，屈原自投汨罗，是由于子兰、宰嚭诬陷进谗，被吴王和楚王冤枉杀害的。
>
> 原文：世谓子胥伏剑，屈原自沉，子兰、宰嚭诬谗，吴楚之君冤杀之也。

这是世俗的一般看法，但王充的看法却不同：

> 其实正好二人的命该绝，子兰、宰嚭碰巧去进谗言，而楚王和吴王夫差恰巧又相信这些奸言。君主正巧不贤明，臣子碰巧去进谗，他二人碰巧该短命，三种因素凑合在一起，好像是有外物的作用，其实是顺应自然，并非子兰、宰嚭的影响。
>
> 原文：偶二子命当绝，子兰、宰嚭适为谗，而怀王、夫差适信奸也。君适不明，臣适为谗，二子之命偶自不长，二偶三合，似若有之，其实自然，非他为也。

原来这二人之死与子兰、宰嚭的谗言，怀王与夫差的昏聩无关！三者之间没有因果关系，只是偶然碰到一起罢了！

人类历史也是这样：夏朝、商朝的期数碰巧快尽了，夏桀、商纣的罪恶也正好恶贯满盈，商朝、周朝也命定就要兴起，商汤、周武的德行也正好圆满——总之是，兴也好，亡也罢，全是命！

再看他谈自然界：

世谓秋气击杀谷草，谷草不任，凋伤而死。此言失实。

秋气击杀谷草，谷草受不了，就死了。王充又说这话不对。那他怎么解释呢？

夫物以春生夏长，秋而熟老，适自枯死，阴气适盛，与之会遇。

谷草秋天老了，正好自己要枯死，而天道的阴气又正盛，二者正好碰到一起了。

再看他说社会：

杀人者罪至大辟。杀者罪当重，死者命当尽也。

杀人者罪行至可杀头。杀人者罪行是很重，但从死者来说，他也是命当尽了。

我真担心他说，被杀的都是该死的（这话他就是说了），从而杀人者无罪。在这最后的底线面前，王充的理智尚未崩溃。但他却给法律出了一个难题：既然被杀者命当绝，那么杀人者就不是被杀者死亡的原因；既然二者无事实上的因果，也就不该承担法律上的责任。那他的"杀人者罪至大辟"的依据是什么呢？

丈夫有短寿之相，娶必得早寡之妻；早寡之妻，嫁亦遇夭折之夫也。

王充仗着他的自然命定论，偶幸论，胆子真够大，真敢胡说啊！

这样的在自然界和社会界否定因果，其后果怎样呢？

在自然界否定因果，就根本杜绝了科学思想产生的可能，因为科学正是由因果思维产生的，自然科学的因果，就是寻找对一切事物的解释。我们寻找一切事物之因，这寻找的过程便是科学探索的过程。无因可求，当然也就没有了科学。王充与董仲舒一样，都试图一次性地一劳永逸地解决自然问题（后来的理学家们也一样，他们的理论可以圆满地解答一切自然问题）。科学是阶段性的，凡试图一次性终极解决自然问题的哲学，都是反科学的。同时，哲学不能用来解释具体的因果，这是科学的领地，哲学一旦试图越俎代庖，便会与科学相排斥。

在社会界否定因果，就必然会否定道德，否定人求善求真求美求欲的正当性与必要性，从而导致人性的堕落下流。我们在王充的思想里，确实已预见到了魏晋的放诞之风，而魏晋人物之受王充的影响，也早已为学界所公认。

十

人类社会的秩序虽然从来没有建立在道德的基础上，但不道德的社会应当给人以革命的权利，其不道德应该成为革命的理由。事实上，人类历史的进步固然常以恶为动力，但社会制度的演进则显然向着更高层次的文明迈进。即以马克思主义的社会形态分类看，文明时期的人类社会（自奴隶社会起），其社会制度确实是向着更高的文明与更自由的人权发展的。我们应该承认，人类理性在其中起了重要作用。我们不能没有这种理性，我们能左右我们的命运——我们必须有信心，用自己的行为与选择来为我们自己开拓更幸福更自由的生存空间，建立更完善的社会制度。

王充攻击道德行为与人的命运的关系，实际上已经暗示出这个社会的不合理——因为不合乎道德。他的理论既然可以引出这样的结论，那就应该为改造这个社会预留了极大的逻辑空间。我们有信心期待着他为我们提供一种改造旧世界创造新世界的崭新理论，我们有希望看到董仲舒"天不变，道亦不变"的沉闷的历史铁屋子被打碎。但非常令人遗憾也令人为他惋惜的是，王充把自己封杀了，他的"自然命定论"挫断了自己理论的矛头，他卷起了本已在飘扬的战旗，换上了向现实世界招安的白旗。他只认事实而不关心价值；他只有事实判断而拒绝价值判断。他即使在攻击福善祸淫时，也没有把矛头对准现实生活中的种种不平等与阶级悬殊，倒好像在鼓励人们大胆作恶而无须顾忌后果。什么样的人才能有条件作恶而不受或逃避惩罚呢？什么样的人才能有能力仗势凌人欺压良善呢？当然是掌握政权或从权力体系中分一杯羹的人。王充是比黑格尔还早的历史逻辑崇拜者，"存在的就是合理的"理论鼓吹者。面对社会的压迫与剥削，他不心跳，不难过，他不仅不能提出革命的理论，甚至董仲舒式的改良与社会各阶层的制衡都不提倡，他是绝对的单向的压迫式的而非制衡式的：

> 人之在世，势不与适（本来就不能相匹敌），力不均等，自相胜服……夫物之相胜，或以筋力，或以气势，或以巧变。（《物势》）

　　人类社会就是这样"筋力勇怯相胜服"。董仲舒以五行相生相克解释自然与社会，相胜乃是五行"相贼害"的结果，是"天意"。王充反击这种"合理性"，却又从另一方面解释这一合理性，那就是"命定"。在承认现存社会合理性这一点上，他与董仲舒是没有区别的，他只是把董仲舒的道德秩序变成了强权秩序，董仲舒的"德"变成了王充的"势""力"。董仲舒在相克之外，还有相生，他还给我们一个圆桌会议，而王充则赤裸裸的一条食物链。王道变成了霸道，而已！而已！

　　王充不明白或不能发现的是，人类社会中的强与弱，不是生物属性的强与弱，而是社会属性的强与弱。人是一切社会关系的总和，人之势、之力，也是社会关系的总和，这个总和的大小，决定了一个人的社会地位，决定了他在等级社会中的层次。中国的封建社会（权力社会），乃是一个人相食的社会，一个人在社会中的层次，也就是他在这条食物链中的层级。在诸种决定人的层级的社会关系中，最主要的一项乃是社会制度、社会的运作秩序。而这一点，恰恰不是命定的，是人通过有意识的活动来实现的。哪个阶级掌握政权，哪个阶级便可以对他人实行专政。在这个领域，应该说，事实往往取决于一种价值，即价值选择会造成这样的事实：一个阶级必须对另一个阶级实行专政，才能实现本阶级的最大利益（价值）；那么，一个阶级就谋求并最终实现了在事实上对另一阶级的专政（事实）。

　　反过来，被压迫阶级要争得自己的价值，同样需要这样一个先确定价值再争取实现价值的过程：被压迫阶级必须推翻压迫阶级，建立新的社会秩序，才能摆脱自身受奴役的地位，进而使全人类摆脱受奴役的地位而走向自由（价值）。那么，被压迫阶级就往往事实上实现了自己的目的。

　　这就是"革命"理论的前提与依据。它是建立在价值追求的基础上的。而对现有秩序进行辩护与维护，屈从并歌颂事实，则是"反革命"的。

　　董仲舒的圆桌理论建立在五行相生相克的基础上，它的相生相克观有可能在现代社会秩序理论中有助于构建一种人类共同生存、互相制约的秩序。这里面有一个价值前提是必须先指出的，即人类社会不仅有你死我活的"相胜""相克"，而且还有相互依存互为存在条件的"相生"。即使在动物界，其食物链的相胜也呈现一种制约的平衡。我们能否把"相胜"理解为一种制约体系，而制约的目的不是为了吃掉对方，而是保持双方的平衡，而达到相生的目的？

我想，马克思的阶级斗争学说，应该是就推翻专制制度及压迫制度剥削制度而言的，而不是（至少最终目的不是）为了某一阶级的利益而建立新的专制。恩格斯在《法兰西内战·导言》中指出：

国家最多也不过是无产阶级在争取阶级统治的斗争中胜利以后所继承下来的一个祸害；胜利了的无产阶级也将同公社一样，不得不立即尽量除去这个祸害的最坏方面，直到在新的自由的社会条件下成长起来的一代能够把这全部国家废物完全抛掉为止。

显然，马克思主义的共产主义理论，应是全人类的共同解放，是人类集体中的所有人——而不是某一阶层人——的全面发展。

也许董仲舒的圆桌理论对社会进步还有兼容的空间，而王充的"势力""相胜"理论，则使人类的天空永远没有阳光与自由。

十一

王充著作既以批驳为主，他的驳论方法，亦当有值得我们注意之处。但正如前文所说，他所面对的，既是一些荒诞不经的东西，在事实角度，毫无根据，他的批驳，也不必要特别的手段与功力。章士钊认为王充"开东方逻辑之宗"（《答张九如书》），我以为言重了。就形式逻辑而言，王充的研究较墨子、公孙龙子有很大的不足——他几乎没有进行过纯形式的研究，一般而言，他只是在具体论辩过程中使用了一些很聪明的技巧而已。当然，这些技巧往往很实用。

就我的研究，他的驳论法，主要有以下三端：一曰常识法；二曰类比（推）法；三曰推极法，以下简单说明。

常识法：对方既是反常识的，用常识一比照，往往可以收黑白分明之效。王充常用生活常识、自然常识以及人之一般能力来验证一些奇谈怪论，这是他最常用的手法，并且这一点也构成了他的思想特色，形成了他思想的主要价值。

类比法：类比法是同类相证的手法。比如，当时传说伍子胥被杀沉江后，怨气不灭，于是推动波涛而危害百姓。王充问：伍子胥有怨，屈原没有吗？为什么屈原不推动波涛来泄愤？当时又传说邹衍无罪被囚，仰天而叹，天为之感动而夏天下霜。王充问：那么，申生伏剑而死，子胥被谗而亡，并且临死时，也都发出悲痛的言辞，天为什么不为之感动？

这种类比法，可以说明所谓的天人感应，并不是常常应验的，因而也就是无法证明的。在现实中，也是不能期待的，从而也就不具备道德价值。或者说，这类东西，既不能通过事实判断，也不能获得价值判断的肯定。

推极法：就是把一种荒唐之言推向极点，从而显示其逻辑上的荒谬。比如，汉儒说天人感应，君主若不德，天当降下谴告，如山崩、地震、日食月蚀等等，王充问：天既然有这样的道德责任感与威力，他为何不直接选一个贤明的人当君主？而要这样麻烦？"何天之不惮烦也？"又有一种说法，说太子丹想回燕国，秦王对他说，如果偏西的太阳再回到正中，天上降下谷子，乌鸦白了头，马长了角，木象长出肉脚，就让他回去。天同情太子丹，就让这五件事都实现了，秦王赶紧放回了太子丹。王充问：天既然同情太子丹，能生出这么多的祥瑞，那么也一定能让秦王改变主意，直接放太子丹回去。它为什么弃易求难，弃简求繁呢？"何天之不惮劳也？"

这样的推荒谬到极点，然后加以质问，确实是凛凛不可犯。《祸虚》中有一段，不仅作为驳论，其层层剥蚀而至于水落石出的手法应为逻辑史所注意，而且，它实际上用逻辑方法（而非自然科学的实证法）彻底地解除了人的行为道德与命运穷通祸福的一切神学联系。所以，它也应成为伦理学史上的名论而载入史册。我把这一段引录于下，并做简评：

> 传书上说，李斯忌妒与他才能相同的人，在秦国囚禁并逼死韩非，后来遭受被车裂的惩罚；商鞅欺骗老朋友，捉了魏公子卬，后来遭受车裂的灾祸——这种说法是要说明李斯和商鞅残害贤人欺骗故交，所以遭到祸患的报应。

> 原文：传书李斯妒同才，幽杀韩非于秦，后被车裂之罪；商鞅欺旧交，擒魏公子卬，后受诛死之祸——彼欲言其贼贤欺交，故受祸患之报也。

揭出谬论，以为标靶。

那韩非有什么过错要被李斯囚禁呢？公子卬有什么罪要被商鞅擒捉呢？

原文：夫韩非何过而为李斯所幽？公子卬何罪而为商鞅所擒？

撇开李斯、商鞅，而注意于韩非、公子卬：他们有罪吗？此一问惊心，为破竹之始，以下则势不可当：

如果说商鞅遭受车裂李斯被处死，是由于陷害贤人欺骗朋友，那么韩非被幽杀，公子卬被擒，又是因为什么造成的呢？

原文：车裂诛死，贼贤欺交，幽死见擒，何以致之？

操斧伐柯——以子之矛攻子之盾，其必曰韩非、公子卬自有其罪。诱敌深入。

如果韩非、公子卬有罪，天让李斯、商鞅来报应他们，那么李斯、商鞅是奉天命惩罚他们，理应受到奖赏，不该遭到祸灾。如果韩非、公子卬没有罪，不是天要惩罚他们，李斯、商鞅就不能囚杀韩非，擒捉公子卬。

原文：如韩非、公子卬有恶，天使李斯、商鞅报之，则李斯、商鞅为天奉诛，宜蒙其赏，不当受其祸。如韩非、公子卬无恶，李斯、商鞅不得幽擒。

矛、盾之说。

评论的人解释说："韩非、公子卬有隐蔽的罪恶，人们听不到、看不见，只有天知道，所以他们遭到杀害的灾祸。"

原文：论者说曰："韩非、公子卬有阴恶伏罪，人不闻见，天独知之。故受戮殃。"

"论者"慌不择言，宜有此说。但这一说法只能顾此失彼：它为了说明韩非、公子卬为何遭祸，却又否定了李斯、商鞅的"贼贤欺交"。但王充却将此节轻轻放过：他不要吃子，他要将军了！且看他的下一手：

凡是有罪恶的人，不是陷害贤人就是违背"道"。如果陷害贤人，那么被陷害的人又有什么亏心的地方呢？要是违背"道"，那么被违背的"道"又有什么不对的地方呢？

　　原文：夫诸有罪之人，非贼贤则逆道。如贼贤，则被所贼者何负？如逆道，则被所逆之道何非？

　　具体的人和事化为抽象的逻辑推理：凡不道德而犯罪，不出两端：贼害贤人与违背道义。那么，要构成犯罪，必有贤与道被贼害，要套住犯罪之"狼"，必须舍得贤、道之"孩子"。而贤、道之被害，又否定了善报之说。

　　这是一个循环否定。如要证明恶有恶报，必须先承认有善被害（因为这样才能构成恶），可这样一来，就否定了善有善报之论。因为"善"有时要被作为套"狼"的诱饵。

　　如果说善有善报，那善人就不该被贼害；可没有善人被害，哪里会有"恶"呢？"恶报"之说更无从谈起。

　　但事实上，从道德立场看，恶是存在的，善也是存在的。那么，不存在的只能是善恶报应之说。

　　我以为，一切唯心主义的道德论，建立在因果报应基础上的道德论，至王充此节文字，可以让它们寿终正寝。

　　这段直捣巢穴的文字，终于让我们窥见了他作为大思想家的思维锋芒，真是来如雷霆收震怒，罢如江海凝清光。他的匕首只闪电般一击，已一剑封喉，而诛杀之后，这匕首之光，又敛迹而去，无迹可求。

十二

　　大约在元和三年（86年）以后，王充写了一组论文：《须颂》《齐世》《宣汉》《恢国》《验符》等，毫不掩饰地颂扬汉帝国，力证汉帝国的成就已经远超包括周代在内的百代。这正是王充在丹阳、九江、庐江一带辗转任职（亦说避难，谬），且年已六十，做官场最后一搏的时候。

　　这一组文章是特殊的，以王充的狂狷脾气，好像不至于摇身一变而至于如此妩媚。有些研究者（如蒋祖怡）认为这是王充畏罪而做出的讨好之举，让他的著作能不受政府干预，流传久远。但我在细心揣摩上述文字尤其是《须颂》

篇后，觉得王充的目的不这么单纯，也不这么消极。他有求官，且是求大官的意愿在着。大概是写了那么多的文章，科研成果多了，名气大了，总该让政府给个说法，弄个头衔，若能一步登天，能成为皇帝的秘书，或如班固那样，一下子当上兰台令史，那当是他最美的梦想。我不知道他在这美梦中待了多久，被这美梦折磨了多久，总之是，王充老了，倒做起了黄粱美梦，令人觉得他可怜又可惜。他一再表明他热心于歌功颂德，且从理论从历史来证明做臣子和做儿子的为皇上与父亲歌功颂德是多么正当，简直就是道德义务。然后他大骂一般汉儒不称颂大汉，反而称颂古代，简直就是放弃自己的家室而羡慕别人的房子，忘了自己的父亲而称颂别人的老子，而汉就是自己的家，汉朝历代皇帝就是自己的父亲啊。王充大概说得自己都感动了。那么大年纪，老泪一旦纵横，着实令人感动。他表白说：

> 当今皇帝即位，没有颂扬的记载，《论衡》的作者我，为此费尽了精力，所以著有《齐世》《宣汉》《恢国》《验符》等篇。
> 原文：今上即位，未有褒载，《论衡》之人，为此毕精，故有《齐世》《宣汉》《恢国》《验符》。（《须颂》）

在他看来，歌颂当今皇上，这是一桩为人忽视，但却万万不能忽视的道德义务。但王充真的就纯粹为了歌功颂德吗？下文笔调一转，我们看出了王充的私货，看出了他泪光隐蔽处的贼眼一闪——一切拍马屁者，总是夹着私货的：

> 秦始皇到东南方巡视，登上会稽山，李斯刻石立碑，记载和颂扬秦始皇的功德。到了琅琊山也一样……当今并不是没有李斯那样的人才，而是没有像李斯那样登上会稽山、琅琊山的阶梯啊。
> 原文：秦始皇东南游，升会稽山，李斯刻石，纪颂帝德。至琅琊亦然……当今非无李斯之才也，无从升会稽、历琅琊之阶也。（《须颂》）

他也真够胆大的。为了把自己和李斯比，让自己有李斯那样跟随皇帝身边的荣幸，竟然把汉人极忌讳的秦——尤其是秦始皇抬了出来，来谬比当今皇上。他太需要有一个升历之阶了！

可是，一直到他"年渐七十"，要退休的时候，仍然"仕路隔绝，志穷无如"，他只能徒叹奈何。他的晚景，是悲凉的，心境，也尤其惨颓。

> 头发白了，牙齿掉了，日子一天天地逝去，同辈的朋友越来越少，可以依靠的人很少了。生活贫困，得不到供养，心情很不愉快。
>
> 原文：发白齿落，日月逾迈，俦伦弥索，鲜所恃赖。贫无供养，志不娱快。（《自纪》）

这时，他悲凉的内心中，一切雄心都已退去。唯一愿望便是能多活几年，《养性》之书十六篇就是在这种心情下写成的。他不仅悲叹自己生命的衰老，甚至，担心自己的著作能否保存下去，这是他生命的结晶。

> 只是人的寿命，长短有一定的期限，人也就是个普通的虫物，生死有一定的时间。历年写下的东西，托付给谁将它们流传下去呢？最终将进入坟墓，化作灰土。
>
> 原文：唯人性命，长短有期，人亦虫物，生死一时。年历但记，孰使留之？犹入黄泉，消为土灰。（《自纪》）

不过，差可告慰他的是，他的著作，虽然经过了相当长时期的埋没，并可能有较多的散佚，但他"垂名示后""名传于千载"的愿望还是实现了。在魏晋，经蔡邕、王郎的介绍，他的著作在中土广为传布，"东汉晋唐之间，特为贵重"（胡应麟《少室山房笔丛》卷二十八《九流绪论》）。明刘光斗《论衡天启本序》言《论衡》：

> 旷荡似漆园，辨析似仪、秦，综核似史迁，练达似孟坚，博奥似子云，而泽于理要，于是又似仲淹……

我这样看：王充及其《论衡》，是中国思想史上的异端、另类。他的思维方法与我们传统的圣贤理数与思路大不相同，大相径庭，他改变了我们的思维，让我们知道还可以这样去看世界，看社会。

第三部

绝地生灵

（纪元 2—纪元 5 世纪）

李固

头颅掷处血斑斑

一

东汉顺帝阳嘉二年（公元 133 年），天象一再显示凶兆。四月，京师地震；六月，大旱，赤地千里，洛阳宣德亭的地面无端裂开一条大口子，长达八十五丈。加上上年年底客星出天苑，顺帝父亲安帝陵寝恭陵发生火灾，这一连串的灾变弄得顺帝刘保心惊肉跳。

汉代自董仲舒以后，便是相信天人感应的谴告说的。这种迷信的道德观念至东汉由于谶纬的盛行而更加巩固。迷信在很大程度上是一种道德手段，是道德的重要实现形式之一。顺帝自永建元年（126 年）即位至今，已经八年。可这是什么样的八年啊！内忧不断，外患频仍。他的神经已经很脆弱，他的自信心也一再被动摇。现在，面对这接连出现的灾异现象，他相信这是上天在给他警告：他一定是在行政上及个人德行上有重大过失，他必须及时纠正与悔改，以换取上天的宽宥。于是，同以前的做法一样，他下诏罪己，并要求群公卿士尽忠心，陈直言，指出政治上的阙失，不要有什么忌讳。

这时，一位十年磨一剑的人物走上政治舞台，并崭露其峥嵘头角，他就是李固。顺帝下诏后，公卿一致推荐年已四十却一直拒绝仕宦的李固对策。

李固，字子坚，长相奇特，头顶有三处隐隐凸起，如鼎足，又似隐伏在发间的犀牛，脚底还有龟文。相书言，"足履龟文者两千石"，可见他命定要做大官。可他一直不应州府的征辟，"五察孝廉，益州再举茂才，不应。五府连辟，皆辞以疾"（《谢承书》）。这种屡次拒绝征召的做派是汉代读书人入仕之前常有的矫情行为，其目的在于显示自己的稳重，显示自己对权势的淡薄，从而为自己将来最终出仕争得一个道德的花环：君子之仕，行其义也，而非为个人的富贵，因为对富贵我已经拒绝过了。这种矫情的拒绝，还能抬高自己的声誉与身价，并有助于寻找一个最佳的出山时机。所以，李固这样屡次拒绝征召，并不表明他真的愿意终老林下。这还可以从他几年前给黄琼的一封书信中看出。后来位至三公的黄琼也曾经有过"五府俱辟，连年不应"的经历，有一次朝廷公车征召，黄琼勉强上路，可车到半路，黄琼又称疾不再前行。李固闻知此事，便给黄琼写了一封信。这封信有两层意思，一是鼓励黄琼积极用世，不能再消极等待。他说：

> 如果您真的就想隐居山谷，学习巢、由，这样是可以的；如果您准备辅助政治大济苍生，现在就正当其时了。自有人民以来，善政少而乱政多，一定要等待尧舜之君才出来做事，这样志士们会永远也没有机会的。
>
> 原文：诚遂欲枕山栖谷，拟迹巢由，斯则可矣；若当辅政济民，今其时也。自生民以来，善政少而乱俗多，必待尧舜之君，此为志士终无时也。

时机已经到了，更好的时机没有了，就立足现有条件，干一番事业吧。

第二层意思显示出李固对士人的总体失望，以及他作为名士之一而对名士集体声誉的关怀——这显示出，至少从李固开始，名士们的集体意识自觉意识已经很突出，他们已经意识到，"名士"已经成为社会的一个独特的阶层，这个阶层有区别于其他阶层的独特的社会价值与道德追求。但至少李固认为，这个阶层迄今为止，还没有出现过杰出的人物，为这个阶层带来光荣与社会声望。他一边是失望，一边便把希望寄托在黄琼身上。他接着说：

> 常闻语曰：峣峣者易缺，皦皦者易污。阳春之曲，和者必寡。盛名之下，其实难副。

那些开始名声很大，被朝廷征召任职后却"功业皆无所采"的人太多了，以至于已经影响到名士群体的社会评价："俗论皆言处士纯盗虚声。"所以，他极希望黄琼这样名副其实的人物出来，做出一番慷慨事业："弘此远谟，令众人叹服，一雪此言耳。"

这封给黄琼的信，实际上也在向社会发出信号：他李固肯定不会一辈子枕山栖谷学巢、由；而且，如果他出山，他决不会尸位素餐，他要干出一番事业。

二

果然，此次公卿荐举他对策，他不再忸怩，国事糜烂至此，有责任心的士人自当出手补天。他给顺帝提了两条有针对性的建议，一是：

> 剥夺外戚的大权，政事归皇帝处理。
> 原文：权去外戚，政归国家。

另一条是：

> 罢免宦官的官职，剥夺他们的大权。
> 原文：罢退宦官，去其权重。

外戚与宦官迭相为政，危害国家，播乱政序而至天下汹汹，鱼烂河决，是东汉中期以后的政治肿瘤。李固的这两点建议表明他对当代政治弊病的深刻洞察，也代表了全社会要求恢复正常政治秩序的愿望。实际上，李固以后的党锢群英，所倾力去做的，也是这项工作。我们见不出他们有什么政绩，是因为政治秩序的颠乱，政府权力运作的无序，已经使得他们无法利用国家权力来做什么"大济苍生"的事业，国家政治权力本身都出了问题，哪里还有什么政绩？

那个时代，国家权力已经异化为个别贪婪之徒或个别利益集团的私人权力。但权力既已旁落，要收回它，无异于与虎谋皮——那些窃得权力的人定会利用权力来保护自己，打击反对者，这也是"国家权力异化"这个词中的应有之义：国家权力被用来反对与损害国家。

李固碰到的就是这种状况。他的对策击中要害，当然也就会招致陷害。很快，诬陷他的匿名信就传到了朝廷。幸赖梁商、黄琼救助，他被出为广汉雒令。这第一回合，他显示了锋芒，却也看到了对手的强大，他可能隐约地觉出了冲突之不可避免并预感到其灾难性的后果，于是，在去广汉任职途中，解印绶而归故里，杜门不交人事，不干了。

当然这也是名士做派之一种，发一下脾气，露一丝不屑，给一点颜色，示一个姿态，出处绰绰有余地，人事无可无不可——这正是名士之所以为名士，而不是他真的不干了。他叫李固，字子坚，他足够坚定坚决坚固，不会如此一蹶不振。

不久，大将军梁商请他出来做从事中郎。他一到任，还没给他派活呢，他先给梁商写了一封信，劝他"退辞高满"，辞职回家养老去。事情做得真绝。当初人家救了他，现在人家又请他出来做官，他反而让人家回家休息。但话说得还真在理：

> 爬到最高处就会危险，完全充满就会溢出。月亮最圆时就会转向损缺，太阳到最高处就会西下……天地的规则，福要谦退忌讳过盛，所以贤达的人总是功成身退，保全名声保养寿命，没有恐惧压迫的忧患。
>
> 原文：穷高则危，大满则溢。月盈则缺，日中则移……天地之心，福谦忌盛，是以贤达功遂身退，全名养寿，无有怵迫之忧。

就算梁商能听李固的话，他的儿子梁冀也不会听。梁冀全然一个官场流氓，二杆子。研究李固之死，研究李固之败于梁冀，是可以见出道德政治之不道德的：在这种政治中，在道德与不道德之间，在君子和小人之间，谁才是胜家？这样的政治及其历史，一再让我们感慨万端。

还要提及的是，在这封信里，李固还操心到了皇位继承人的问题。后面我们将看到，正是这个问题导致了李固被杀，也正是由于在这个问题上汉廷一再出错，才导致汉家天下倾坍而不可收拾。东汉后期朝政数十年的动荡，主要问题就是政权交接不能正常完成，而政权交接不能正常完成，往往在于老皇帝死时，或无子，或子幼，从而为别有用心的权臣所乘。

顺帝即位十有余年，圣嗣未立，鉴于汉家历代皇帝英年早死的教训，李固不免担忧。所以他劝梁商挑选宫中及民间生育能力强的女子，"进御至尊，以顺天意"，而一旦产下皇子，要妥加保护，让生母亲自抚养，免遭"飞燕之祸"（汉成帝皇后赵飞燕，妒甚，后宫贵人生皇子，皆杀之，是谓"飞燕之祸"。民谣又曰"燕啄皇孙"）。考虑到历代这类事件频频发生，李固的建议当是有所预戒。后来桓帝的梁皇后、灵帝的何皇后，都有过此类恶行。但此时顺帝的皇后正是梁商之女、梁冀之妹，"飞燕之祸"可不就隐指她么？梁商、梁冀岂能容忍？李固正道正行，不知权宜，说话做事，全凭道德信念，而不知婉转，缺少弹性，从他的立场而言，固然忠心耿耿光明正大，但对方听起来，一定很不入耳。其效果也就可想而知：信写去后，"商不能用"。

三

梁商虽对他不能用，但还能容。等到梁商死（永和六年，141 年），后来被质帝称为"跋扈将军"的梁冀当上大将军，李固的厄运就到了。

先是李固在做荆州刺史平定盗贼时，他发现所谓盗贼都是本分老实的农民，是贪官污吏逼得他们造反的。这些贪官污吏中，南阳太守高赐尤其罪恶累累。李固就上奏朝廷，要治高赐的罪。高赐等人害怕，就重金贿赂大将军梁冀。梁冀竟从京师派人快马加鞭一日千里地给李固送去讲情的书信。李固一看，不但不给情面，反而追究得更急。梁冀又恨又气，利用自己在朝廷的职权及他妹妹梁皇后，把李固调离，让他去做太山太守。

太山也是一个盗贼屯聚的地方。显然，梁冀是给了李固一个烫手的山芋，然后找他的茬整治他。但李固到太山后，故技重施，依然是"以恩信召诱之"，赦免了那些屯聚的盗贼，让他们好好回家种地去。不到一年，别人数年不能平息的盗贼之患，被他不声不响地解决了。

这是李固与梁冀的第一次较量。李固固执，梁冀霸道；李固大忠，梁冀大奸；李固真君子，梁冀真小人；李固是绝对的正直不阿，梁冀是无以复加的邪恶。他俩的冲突，不仅是道德冲突、政治冲突，还是个性冲突。或者说，他俩的绝对化个性使他们的道德、政治冲突更加尖锐而激烈。

司马光在《资治通鉴》中对顺帝在梁商死后把大权交给梁冀大为诧怪，认为这是顺帝昏聩之极的表现。梁商活着的时候，尚且不能制止梁冀作恶，梁商死后，梁冀得到了梁商的位置，这个长相丑陋、说话口吃的家伙简直成了天下恶势力的总后台、流氓总头子，各路妖魔鬼怪魑魅魍魉在中央的总代表。梁冀当权，表明汉廷已经堕落为流氓朝廷。

汉安元年（142年），朝廷派杜乔、周举、张纲等八位特使，分行州郡，考核官僚政绩，察举奸恶。刺史、两千石以上官员有恶行者，立报朝廷处置；县令以下官员有罪者，八使有权直接查办。这算是顺帝狠下决心清洁吏治的行为。可是，八使中最年轻的一位，张纲，却在接到任务后，把车轮埋在洛阳都亭，不愿前往。他说："豺狼当路，安问狐狸！"——豺狼者，当朝的梁冀也，而州郡以下的贪官污吏，比起大奸大恶的梁冀，只不过是小狐狸而已。于是他不急着去下面察奸，倒先奏上一本，弹劾梁冀及其弟河南尹梁不疑。说他们"专肆贪叨，纵恣无极"，列出梁冀大逆不道罪行十五条。他的勇气和胆识震动了整个京城。顺帝不听他，梁冀恨死他。这样有胆有识的人物，偏偏不能长寿，不久张纲就英年早逝，壮志未酬。

四

这时，与梁冀成为恶势力的总后台一样，李固已成为天下清流名士正直官僚的旗帜。八使案察天下的结果，是报上来一大堆贪官的名单，其中大多数人都是宦官的亲属。宦官们向顺帝求情，顺帝自打嘴巴，不惜失信于天下，赦免了这些贪官。李固与廷尉吴雄觉得顺帝如此出尔反尔，前后乖谬，实在不像样子，便奏称八使所案报的贪官，易急行诛罚，重新选拔官吏到任。顺帝没有任何理由拒绝，只能照准。李固此举，为国家清污除垢，除残去秽，为百姓除暴去奸，但他本人，却又与宦官集团，结下了仇恨。

顺帝死，两岁的儿子刘炳即位，是谓冲帝。梁皇后变成了梁太后，临朝，大权在握。好在这位梁太后也知道自己兄长是什么货色，不敢过分放纵了他。而对李固、杜乔给予了足够的信任，任命李固为太尉，参录尚书事。这样，李固与梁冀就天天见面，日日商榷，冲突也就更直接更激烈了。

冲帝即位一年，死。朝廷征召清河王刘蒜和勃海王刘鸿的儿子刘缵同至京师，好像是把他两人作为新皇帝的候选人。就个人条件而言，两者相比，刘蒜占有绝对优势：他已成人，且为人庄重，举止有法度，在朝廷公卿中颇有人望，公卿实际上都在心中投了他一票。而刘缵只是一个八岁的孩子。李固对大将军梁冀说："现在要拥立新帝，应当选择成年的，高明有德并能亲自主持政事的。"但梁冀在他那滞浊的白眼仁背后，有他自己的打算：立了能亲自主持政事的，我梁冀还能干什么？于是他坚持立了八岁的刘缵，这就是质帝。

这时李固有太后的信任，觉得在现有状态下自己还能有所作为，也不再坚持。他在太后支持下，干了两件事，一是奏请太后把黄门宦官全部斥退，不让他们干预朝政；一是奏请太后把顺帝时不按常规升迁的不称职官员全部免去，一下子免了一百多人。这些被免官的人当然对李固恨之入骨，他们配合梁冀的意图，写了一封诬告李固的匿名信。这封匿名信的文风实在应该拿出来做一分析，其无中生有、捕风捉影的手段是中国几千年攻讦文章的缩影。限于篇幅，我只好略过了。

这封匿名信本是梁冀暗中操纵而炮制出来的。此时拿着匿名信的梁冀如同拿着李固的生死牌，他马上把它送给了太后，要求太后把李固收狱审讯。梁太后没有听从。李固在太后的保护下，又躲过了一次暗算。

梁冀近来也颇有烦心的事。先是名正言顺立两岁的刘炳，他自以为可以控制小皇帝而独揽大权，长享富贵，没想到天不作美，小皇帝不到一年即死去。后是名不正言不顺强行立八岁的刘缵，他自以为仍可以控制天下而穷奢极欲，又不料这个八岁的小皇帝偏非常聪明有主见。有一次在朝廷上，八岁的质帝指着骄横不可一世的梁冀对众大臣说："此跋扈将军也。"梁冀"跋扈将军"的绰号即由此而来。梁冀回去一琢磨，心里就犯了难：这么小就这么明白，对我不满，等你长大，还有我的好果子吃？梁冀本来就是二杆子，什么事都干得出，干脆来了个一不做二不休，弄死他再说。他就让手下人在质帝吃的面条中下毒。质帝食后，痛苦不堪，派人急召李固。李固一进来，便问："陛下怎么得了这种病？"质帝此时还能说话，对李固说："吃了一碗面条，现在腹中憋闷，给我水喝还能活。"梁冀站在旁边，心怀鬼胎，赶紧制止："不能喝水，喝水要吐出来的。"这个恶棍，一句话便泄露了天机，他怕的就是质帝把毒药吐出

来，这实在是做贼心虚一时紧张所致。弗洛伊德曾从心理分析角度研究人的口
误，认为口误往往正是内心中的真想法。梁冀一紧张，就把他的真想法泄漏出
来了。可他话音刚落，质帝就长嘘一口气，气绝身亡。李固伏尸痛哭，嚷着要
验尸，要追查。梁冀更恨死了李固。

　　注《资治通鉴》的胡三省，于此节下，感慨李固不能够抓住此事而穷究梁
冀弑君之罪，后来反为梁冀所害，是"忠有余而才不足"。我怀疑，李固没有
穷究此事，固然可能有权宜的想法，但最大的可能是李固没有力量做到这一点，
应该是"心有余而力不足"。李固一直依赖梁太后的护佑，但李固的行为一旦
危及梁家成员的安危及梁家利益，太后自不会听之任之，恰恰相反，会随时弃
之不惜。接下来的事态发展，就证明了这一点。

　　质帝既死，立嗣便又重新成为问题。清河王刘蒜又重新获得了机会，再
次被提到候选人的地位。此外又增加了另一位候选人，那就是蠡吾侯，十五岁
的少年刘志。蠡吾侯刘志长得俊俏可爱，一双眼睛水波流转，黑白分明。梁太
后此前就见过他，一见就喜欢，打算把自己的妹妹嫁给他，并已着手操办婚事。
他们把蠡吾侯刘志征到夏门亭，正赶上质帝被杀，婚事暂时耽误了下来。但蠡
吾侯刘志既已成为太后未来的妹夫，他的胜算就大得多。况且他脸蛋漂亮却没
有头脑，没有头脑对梁冀来说，正是最合适的人选。可怜清河王刘蒜永远都是
一个陪练的角色：他的缺点就是因为他有太多的优点。专制官场中最常见的现
象就是优汰劣胜。至此，他已两次被淘汰，而且等着他的，还有更悲惨的命运——
梁冀因恨李固进而恨他，最后把他逼得自杀了事。

　　上次李固欲立清河王刘蒜，梁冀却立了刘缵，李固也认了。这次李固决
定不再让步，他联络了司徒胡广、司空赵戒，还有司农杜乔，一同倡议立刘蒜，
并给梁冀上书，从汉祚存亡角度来认识此次立嗣的意义。书中有这样的句子：

　　　　悠悠万事，唯此为大。国之兴衰，在此一举。

　　但梁冀考虑的大事，不是国之兴衰，而是他个人及梁氏家族的兴衰。立场
一换，结论立马不同。从梁家利益来看，当然还是蠡吾侯刘志合适（这当然很
短见，因为后来还是蠡吾侯刘志灭了梁氏家族）。这时一个宦阉小丑也起了极
坏的作用：曹腾。曹腾一生行事，有不少善行，但这次他却显示出典型的小人

之心：他因为曾经拜访清河王刘蒜而清河王刘蒜对他不礼貌，便怀恨在心，此时便夜见梁冀，对梁冀说："你家累世为外戚，大权在握，宾客纵横天下，多有犯罪不法的，清河王刘蒜严厉明智，如果他立为皇帝，你很快就要遭受大祸了！不如立蠡吾侯刘志，你的富贵可以长久保持。"

第二天，梁冀重新召会公卿，他甚至不再假作谦虚，而是意气汹汹，言辞急切，拿出他的看家本领：流氓无赖加恶棍屠夫，吓得胡广、赵戒以下一众官员胆战心惊，马上改变了既定立场，赶紧表态："一切听大将军的。"只有李固、杜乔坚守自己的立场。而李固位为三公，若不点头，梁冀的动议无法通过。梁冀暴跳如雷，大声叫道："散会！"

会后，梁冀运动太后，先策免李固官职，搬去这块绊脚石；任命已经倒向他这边的司徒胡广为太尉、司空赵戒为司徒，与大将军梁冀参录尚书事。组织问题解决好了，政令自然就畅通了。

五

梁冀、胡广、赵戒这三驾马车迎来了蠡吾侯刘志。刘志就此成了中国历史上最臭名昭著的皇帝：汉桓帝。"汉桓帝"三个字成了中国传统道德政治中昏聩与无道的象征符号。眼波流转的小男人往往心智不全而淫乱，让他做皇帝，他除了得到宫女的肉体外（桓帝的后宫竟有五六千之多），只能得到百姓的仇恨与唾骂。

当这个小男人搂着梁冀的小妹妹走向婚床的时候，梁冀知道，他又赢了，他又赢得了继续擅权纵恣的时间。

他们都在纵情纵欲，有权力为他们做保障，怕什么。而信仰儒家道德政治的李固，则作为一个失败者回到家中。他大概觉得对方不会放过自己，便让自己的三个儿子回故乡汉中南郑。这三个儿子中最小的李燮才十三岁。他有一个姐姐叫李文姬，已出嫁同郡赵伯英，娴淑而有智慧。她看到两个兄长和一个弟弟回来，便预感到大祸将临。她说："李氏要灭族了！自祖父以来，我李氏一直在积累仁德。为什么最后竟是这样？"——她的这种疑问与后来范滂临死前对为善为恶的疑问一样，都是中国传统道德政治理念铁屋子里面少数清醒者的疑问。他们都是在付出了血的代价后，才清醒的。可惜的是，这些鲜血换来的真理，并不为我们承认，直到现在还有所谓新儒家在鼓吹这种道德政治，并且还以为这种道德政治将要拯救世界。更可怕的是，这种无知而自恋的说法竟有很大的市场。

为了保存李家血脉，她与二位兄长商量，把弟弟李燮藏起来，对外说是去京师寻找父亲去了，然后就在家中等着祸患的到来。

第二年十一月，清河人刘文与南郡人刘鲔准备拥立清河王刘蒜，代替被梁冀控制的桓帝，而清河王刘蒜并不知情。后来清河王刘蒜自己抓住了刘文与刘鲔，把他俩交给朝廷处置。这本是光明正大并试图证明自己清白的举动，也表明了刘蒜对朝廷的尊重。但梁冀却不领情，贬刘蒜为尉氏侯，徙桂阳。刘蒜对人生已完全绝望，自杀。

可梁冀却要一箭三雕。他诬称李固与杜乔都与此事有关。太后保护了杜乔，却抛弃了李固。李固被逮捕。李固的门生王调自己带着刑具上书，证明李固冤枉。赵承等数十人也腰间别着杀头的刀斧，到朝廷上诉。太后赦免了李固。李固出狱，京师百姓欢呼雀跃，皆称万岁。梁冀大惊，他可能没想到李固在民间有如此巨大的声誉。他担心李固的声望最终要危害他，便再次把李固收监。那个与李固一起受策问而出名的经学大师马融，帮梁冀做章表，诬陷李固。大将军长史吴祐斥责马融："李公的罪名，是你捏造的。李公如果被杀，你有什么脸面见天下人？"梁冀大怒，站起就走。吴祐也昂然而去。李固不愿再受辱，自杀于狱中。

梁冀派人对杜乔说："识相点，早点自杀，可以保全妻儿老小。"杜乔仗着有太后的保护，怀着希望，不肯死。第二天，梁冀派人到杜府，没听到杜家哭丧，就禀报太后，收捕杜乔。杜乔亦被拷死。

梁冀是一个彻头彻尾的流氓，一个睚眦必报的小人。李杜死后，他还不解恨，把二人的尸体扔在城北四面通达的路口示众，并下令："有敢靠近尸体哭泣的治重罪。"李固的弟子汝南人郭亮，刚刚十五岁，拿着奏章，带着杀头的刑具，以必死的决心和勇气走上朝廷，要求收葬李固的尸首。不获通报，乃与南阳董班一起坐在尸体旁痛哭，为之守丧。杜乔的老部下陈留人杨匡，闻知事变，星夜里一路号哭赶往京师。到洛阳后，守护在尸首旁，一坐就是十二天。城北夏门亭的亭长呵斥郭亮等人，郭亮回答："我郭亮合阴阳二气生为人，头顶天，脚拄地。为义而动，在乎什么性命？凭什么拿死来威胁我！？"亭长被感动，叹息说："身处衰乱之世，天高而有雷霆，地厚而有沦陷，处处都有危险，人人不得其死。长着耳朵听，长着眼睛看，长着嘴可不要乱说。"这位对是非不甚关心的亭长，他的话恰恰道出了梁冀专权时政治空气的压抑。

梁太后心中有愧，也不敢把事情弄大，顺水推舟做了个人情，赦郭亮、董班、杨匡三人罪，并准许安葬死者。三人由此天下闻名，但他们事后却全部归隐山林，终身不仕。他们的心已经伤透了，这样的朝廷，他们也看透了。

李固的三个儿子，二兄被收捕遇害，最小的弟弟李燮在姐姐李文姬的精心安排下，由李固门生王成携逃，至徐州变姓改名为酒家佣。

六

十二年后，延熹二年（159 年），桓帝依靠五宦官诛灭梁冀宗族。第二年，公元 160 年正月，赦天下，诏求李固后裔。饱经磨难的李燮回到故乡。当初十四岁离家，今日已是二十七岁的英俊青年。姐弟相见，抱头痛哭，乡人闻者，莫不为之洒泪。李文姬真不愧中国古代杰出女子，她此时对弟弟李燮说的话，至今仍让人觉得亲切——我是说，亲近切合我们经历过的现实：

> 我们李家差点断了香火。今日你幸得保全，难道不是天意吗？从今以后，应当杜绝与人来往。千万不要发表对梁氏不满的言论。对梁氏不满不就牵连到皇上了吗？那大祸就又要来了！我们唯一正确的态度，就是承认自己的错误（歌颂皇上的英明伟大）。

后来这个李燮做了一件大快人心的事，值得我在这儿说说。有一个小人，颍川人甄邵，因为巴结梁冀而做了邺县县令。他有一个朋友因得罪了梁冀而无处藏身，来投奔他。他假装收留却暗中报告了梁冀，梁冀捕杀了他的这位朋友。甄邵因为这件"功劳"而升任为郡守。可不巧她母亲偏偏这时死了，按规矩，母丧期间不得为官，这也算是阴报吧。可这小子想做官想昏了头，况这官还是拿一个朋友的命换来的哩，他直怪母亲死得不是时候。这小子一不做二不休，干脆把母亲偷偷地埋在马房里，先去受封，把官职拿到手，然后再发丧。李燮做河南尹时，一日，正好在路上碰着了甄邵。李燮让手下人把甄邵的马车推翻到路边沟中，用乱鞭抽打甄邵，把这小子打得皮开肉绽。然后又用一块大布写了八个大字贴在他的背上，让他游街。这八个大字是："谄贵卖友，贪官埋母。"同时把这小子的肮脏行状上报朝廷，这小子的一生算是完了。

梁冀
过把瘾就死

一

研究中国封建官场，梁冀是一个典型。他充分显示出中国封建官场的流氓特征。汉自立国以来，其开国君臣，就是一群流氓。若不是叔孙通用"礼"对之约束，汉朝廷就如同汇聚各色流氓的地下酒吧。但叔孙通的礼仪只是使那一群流氓表面上像文雅人而已，骨子里，他们仍然如同陈平所指出的，都是一些"顽钝耆利无耻者"。这种官场秘密可以说是一直延续下来，没文化，没教养，嘲弄贵族而以粗鄙自炫，这是我们文化骨子里的贱种。所以，在中国，凡是玩这一招的，在官场，必得志，如梁冀；在市场，必称霸，如牛二；在文场，也出彩，如……我不说了。甚至在情场，天鹅也总是被敢于耍流氓的癞蛤蟆吃了。反正是，我是流氓我怕谁？

我们来看一看《后汉书》的作者范晔是如何描绘梁冀的：

他双肩上耸如鸱鸮，两眼竖直如豺狼，眼珠子不转，直瞪瞪如死鱼（据我的观察，眼珠子乱转是小人，眼珠子不转是大奸），舌头僵直说话结结巴巴，不读书，只能写写常用字。他是大将军梁商的不孝之子，妹妹是顺帝皇后，姑姑是顺帝贵人。这侄女与姑姑同事一夫，不是流氓朝廷怕也不能如此。后来梁冀又一妹妹嫁与桓帝做皇后，为顺帝做皇后的姐姐做了皇太后，姐妹二人又分成两辈。汉人老嘲笑匈奴人无礼义，老以他们婚姻血统上的混乱为口实。其实匈奴婚姻混乱，往往有不得已的原因，或适应自身的发展条件及生产生活方式。而汉人如此，则只是淫乱败德。梁冀从小便作为贵戚子弟而骄纵不法，逸游自恣，他的爱好有如下数端：喝酒、射箭、弹黑白六枚弹棋、下四色五子连珠，还有所谓六博、蹴鞠、意钱等诸多我们今天不甚了然的汉代市井流氓们的游戏与赌博，又好臂鹰走狗，骑马斗鸡——手臂上站着鹰，屁股后牵着狗，跑马场、斗鸡场，场场不落，却又能官场、情场，场场得意。从黄门侍郎升为侍中、虎贲中郎将、越骑校尉、步兵校尉、执金吾，还和顺帝废掉的美人私通。

这类宝贝，本来应是市井中被狱吏追捉的对象，偏偏衮衮衣衫，煌煌冠冕，坐在官场上，还是大官，望若天人。《水浒》中的高俅，不也是这类货色？梁冀就是汉代的高俅，高俅就是宋代的梁冀。岂独汉家？每一代都有这样的人，只要这种专制政体不变。

这类宝贝的最大问题，在于没有人性，没有人智，不可理喻。防止他们为祸作恶，唯一办法，就是不让他们得志，不让他们有权。而一旦他们掌了权，那也只能是剥夺其权利，而决不能幻想通过思想工作劝他们向善，哪怕是有所收敛。因为他们根本不具备起码的受教育的素质，他们自小在市井中、在家族的骄纵中已经失去了正常的人性，他们的人性，已经发生了不可逆的变化。就是说，他们已经没有可塑性了。

二

梁冀曾与一位叫崔琦的人交往。崔琦"文章博通"，很迷信教育功能，看到梁冀多行不轨不义，便常常拿古今的那些成败的例子来劝诫他，梁冀当然不可能听得进。崔琦还不死心，又作了一篇四言韵文《外戚箴》来对梁冀进行讽谏。这崔琦老实得过分，不要说梁冀从来不知道做人做事还要有什么道理，光他这篇四言韵文中的那些古今成败的典故，那个斗鸡遛狗之徒哪里会读得懂读得通？崔琦告诫梁冀"先笑后号（哭），卒以辱残"，不但不能警醒他，反足以激怒他。

再说一遍，这类小人，是不要道理的，有权势不就可以为所欲为？什么"履道者固，杖势者危"（走正道的人是安全的，凭借权势是危险的），他哪里有工夫想这些？他弄权整人，恣意逞快还来不及呢！他是最早的"过把瘾就死"主义的奉行者，哪一个崇拜权势的人不是这种主义的信徒？汉代那些显赫一时而后被灭族的外戚还少吗？或者更直接地说，汉代凡弄权的外戚，他们的后代有存留的吗？没有。但梁冀不会考虑这些，他只要自己快活就行了。当最后的大限到来时，他与孙寿夫妻二人双双自杀，他的宗族所有人都被杀头，梁家几无孑遗。这实际上也是他早就知道的结局——但他不怕死，尤其不怕家族中其他人因他而死，他只要过把瘾。

崔琦是既老实又忠诚，他真是对梁冀忠心耿耿，才讲了那么多道理，希望能挽救梁家的灭亡。但他忠心与啰嗦的结果，却是梁冀把他叫去训斥了一顿：朝廷百官，各有职责，人人都这样干，难道只我一个？你为什么老是批评我？流氓最善混迹江湖，政治流氓最善和光同尘——大家都这样，我也这样。堕落是需要理由的，其最便宜甚至无成本的理由就是"随大流"。崔琦不让梁冀"随大流"，梁冀一怒之下，把崔琦免职，后来又假意让他去当临济长。崔琦这次算是明白了一回：去做官，就是等着梁冀找茬来收拾，还是回家种田吧！

按说崔琦也没有什么对不住梁冀的地方，稍有良心与起码良知的人都应知道这是一个忠心耿耿的人。但梁冀就是不放过，一看找借口名正言顺整死崔琦不可能了，便派刺客去刺杀。这个刺客倒比梁冀有人性，他到崔家一看，崔琦正在地里耕作，而且怀里还揣着一卷书，休息时便趴在地头吟诵。刺客被感动了，把实情告诉了崔琦，说："大将军要我来杀你，我看你是个贤者，实在不忍心下手，你赶紧逃走吧，我也从此逃亡。"崔琦赶紧逃跑，但末了儿，还是让梁冀搜寻到，杀了。

梁冀杀人，就如同捏死一只蚂蚁。他的政治手腕很简单：就是从肉体上消灭对手，而且毫无顾忌。但凡看不顺眼的，他几乎不用别的惩罚手段，他只有一个字：杀。当初他老子还在时，管他较严，但他做河南尹时，仍然坏事做绝，他确实是如韩非子所讲的那种君父管不了的货色，只有用刑律。但在中国，刑律却又服从权势，而这一类人往往最容易取得权势，取得权势后，他反倒利用刑律，把刑律作为他们犯罪的工具。他做河南尹时，洛阳令吕放与他父亲梁商关系好，吕放管不了梁冀，他想通过梁商来管管他，使他收敛一些，便到梁家把梁冀作恶的事对梁商说了。梁商叫来梁冀，训斥一顿。可这边梁商刚训斥完梁冀，那边梁冀出门就派人去追杀吕放。吕放还没回到自己家，就被杀死在路上。而且梁冀还把吕放被杀的责任推给吕放的仇家，又推荐吕放的弟弟吕禹做洛阳令，让吕禹去捕杀吕放的仇人，又杀了百来人。你看，谁主持一个地方的行政，谁就可以在那里任意杀人。这就是中国古代的王道乐土。

三

好，既然我们一直在说梁冀杀人（我们已说他直接杀死的人就有质帝、李固、杜乔、崔琦、吕放），我们就把他的贪财、奢侈、淫乱、弄权、霸道都略去，就用这篇短文单说他杀人。反正这个流氓是恶贯满盈，罄竹难书，我也就不求全面了，大家窥斑知豹吧。

扶风人孙奋，做郡五官掾，捞了不少钱，发了家。梁冀看上了人家的家财，送孙奋马一匹，找他借钱五千万。孙奋岂不知这是有借无还？当初他搜刮百姓也够狠毒，不然也不会有这么大的家业。现在梁冀开口就要五千万，着实令他心疼。但不给又不行，咬咬牙，给了三千万。梁冀大怒，到扶风郡告状，说孙奋的老娘原是梁家守仓库的婢女，盗走了白珠十斛，紫金千斤。这种借口也想得出，既诬人以罪，还污人人格，毒辣而又幽默，简直是神来之笔。他的智慧可以比美指鹿为马的赵高，真是流氓自有流氓的聪明。梁冀把孙奋兄弟二人逮捕入狱，活活整死，孙家家产一亿七千余万也就悉数归了梁冀。

梁冀怪癖，喜欢兔子（综观梁冀的作为，他确实是有严重心理疾患的人），于是花数年时间，大发徒卒，建起了一个绵亘数十里的兔苑，里面高楼相望，然后向各级政府征活兔，养在里面，谁要杀了里面的兔子，就算犯了死罪。一个西域来的胡商，初来乍到，不知禁忌，误杀一兔。梁冀大怒，连杀数十人才解恨。

梁冀弟弟河南尹梁不疑，喜欢读书，对待读书人比较和善，梁冀也忌恨。他怪梁不疑树立名声，压过了他的光辉，于是想法把梁不疑的河南尹官职拿掉了，让他自己的儿子梁胤去做河南尹。梁胤又叫胡狗（你看这流氓给儿子起的名字），当时才十六岁，长相奇丑无比，大约是继承了他那丑态百出的老子而没有遗传他那妖冶万状的娘。无论什么样的衣服穿在他身上都显怪，路上碰着的没有不偷笑的。这样的丑八怪穿上官服，坐在大堂上，简直就是流氓朝廷流氓官场的活写真。梁冀的幽默感越来越杰出了。梁不疑觉得兄弟之间有隔阂，很丢人，便与另一个弟弟梁蒙闭门自守，不问世事。

这样该可以了吧？但梁冀仍然不许他们与宾客往来。那个曾经帮他一同整死李固的大经师马融出任南郡太守，与江夏太守田明去梁不疑府上拜谒，梁冀便找碴剃光他们的头，鞭打一顿，远流朔方，田明死在路上。想想一代大经师被一代大流氓剃光脑袋是什么样滋味？专制流氓从来不乏幽默感，他们的绝对权力使他们可以随心所欲，从而有创造幽默的良好心态与条件。

梁不疑梁蒙兄弟在家苦闷，偷偷派人到上党郡打打猎，弄点野味尝尝（他们自己都没敢去），梁冀知道了，马上派人掩杀，那些出猎的三十多人无一生还。

梁冀专擅威柄，凶恣日积。百官上任，都要先去他家里拜谒，听从他的吩咐请托。辽东太守刘猛，拜官后没有去梁府谒见，梁冀便找了个借口，腰斩了刘猛。

下邳人吴树做了宛城令，去梁冀那儿辞别。梁冀有一大堆党羽在宛，便叫吴树关照。吴树正直，到任后诛杀了数十名为害地方的恶霸流氓，其中多数是梁冀宾客。梁冀岂能善罢甘休？借口升吴树的官，让吴树去做荆州刺史，吴树去梁府谒见，梁冀以毒酒鸩之，吴树出梁府，刚登车，即毒发身亡。

劝诫梁冀勿亢满致祸的人，前有崔琦，后有袁著。袁著十九岁，以童蒙被提拔，一腔热血，要报效朝廷。在别人都噤声蹑足之时，他诣阙上书，劝梁冀"功成身退""以全其身"。这可能是给梁冀的最后的劝告，也是梁冀悬崖勒马的最后机会。但梁冀对袁著的回答仍然是派人暗杀。袁著被逼得走投无路，先是埋名改姓，后来不得已而装死，结草为尸，由家人买棺材抬到山上埋掉。最后仍被梁冀察觉，暗中逮捕了他，活活打死。凡跟袁著关系好的，全都不放过，或侮辱之，或诛杀之。袁著的朋友郝絜与胡武，曾联名奏记三府，推荐人才，但却没向梁冀汇报。这下梁冀干脆下令把和郝絜、胡武联名奏记的人尽行杀光，把胡武全家六十余人阖门杀绝。郝絜原先还想逃跑求生，一看胡武灭族，便让人抬着棺材，到梁冀门前，让人送进一封书信，恳请保全妻儿老小，自己便在梁府门前，一仰脖子喝下毒药，死。

延熹元年，日食。太史令陈授通过小黄门徐璜，上书桓帝，言日食灾异，由大将军擅权引起。梁冀知道了，马上让洛阳令收捕拷打陈授，折磨而死。梁冀害死了那么多人，桓帝都不疼不痒装聋作哑，不知怎么这下子惹着了他，大怒，开始对梁冀心存忌恨。梁冀的末日快到了。

<h1 style="text-align:center">四</h1>

他也早该死了。杀了那么多的人，最终会杀到自己头上。邓香有一女儿叫邓猛，邓香死后，其妻改嫁梁冀老婆孙寿的舅舅梁纪。孙寿见邓猛很美，就把她送入宫中，大得桓帝宠爱。此时梁太后已死，梁皇后一直依仗其姐姐梁太后和兄长梁冀的权势在宫中作威作福。但也算她娘家人作恶太多，天阴报之，虽然很长时间她独得宠幸，别的宫女连桓帝面都难见着，但她就是不生儿子。她自己生不出，其他宫女只要有怀孕者，她一一加以陷害，很少能保全的。渐渐地，桓帝开始讨厌她。迫于梁冀的威权，桓帝不敢明白地表示愤怒，但"见御转稀"——这是一句很文雅的下流话——意思是很少再去和她行房做爱。梁皇后娇宠惯了的，哪受过这种气？她又怕又怒又恨，再加上性饥渴，气大伤身，活活气死了。

梁冀一下子失去了后宫中的两大后台，急于寻找新的靠山，便让邓猛改姓梁，认他为父——表妹又成了女儿了，这样他仍然可以做皇帝的岳丈。此前呢，若依他姐姐梁太后算，他是皇帝的舅舅；若依他妹妹梁皇后算呢，他又该是皇帝的大舅子。这个畜生真是人伦物理天命全不在意，全敢糟蹋。但这次毕竟是强占来的女儿，为了掩人耳目，还要杀了知情人，先杀了邓猛的姐夫议郎邴尊，接着就派刺客去杀邓猛的母亲。刺客爬到邓猛母亲的屋顶上，被人发觉，邓母走投无路，跑到宫中向桓帝请求保护。这一下梁冀的末日真到了。桓帝懦弱，但兔子急了也咬人，梁冀杀人杀到了正受宠的女人家里，他能容忍吗？况且这么多年，他的窝囊气也受够了，梁冀从顺帝永和六年（141年）为大将军，到此时，专权十九年，而桓帝就忍受了十三年（147—159年）。这么多年，天下哪是刘家的？分明是梁家的，他不愿再忍了。他自己年近三十，三十而立，不能再如此受制于人。他在厕所中召见小黄门唐衡，让他联络对梁冀不满的宦官单超、具瑗、左悺、徐璜，由具瑗和司隶校尉张彪带领御林军，出其不意包围了梁冀府。梁冀自知作恶太多，绝无生理，便与自己那一样作恶淫乱多端的妻子孙寿双双自杀。他一生杀了多少人？现在这杀人的刀子对准了自己的脖子，他肮脏而丑恶的一生终于结束了。

正如崔琦、袁著曾经警告过的那样，梁家一族及孙氏宗亲无论男女老幼全部杀头弃市。党羽公卿列校刺史两千石以上官员还有数十人被杀，三百多人被免官，一下子朝廷里除了尚书令尹勋、光禄勋袁盱、廷尉邯郸义，没人了。

仇恨的种子发芽了，便会长成满世界的蒺藜。大屠杀进行了好多天，那真是一种淋漓复仇的快意啊，全国老百姓没有不欢呼万岁的。梁冀的财产此时又到了朝廷手中，合计约三十余万万。国库充实了，当年的天下租税也减免了一半。

从现代心理学来看，梁冀是一个有严重心理疾患的人，有极明显的偏执倾向。他对政敌，甚至对小有忤逆的人的超常迫害，以及他对妻子孙寿的心理依赖（他极惧内，甚至妻子与他的监奴秦宫私通，他也睁一只眼闭一只眼），都可以见出他是一个严重缺乏安全感的人。这恰恰是汉代立国以来从未间断的对功臣、外戚的屠戮造成的。汉自刘邦杀功臣，吕后杀刘氏，刘氏灭诸吕，文景灭诸侯，以及景帝诛晁错，武帝杀大臣……哪一代不是血流成河？而且这些杀戮，动辄灭族，毫无必要地对对手斩草除根，以至于在这样一种情景下，不杀人，杀人不灭族，倒是不正常的了。这样几百年的杀下来，人人都杀红了眼，见惯了杀，习惯了杀，习惯于杀人，也习惯于被杀——梁冀自杀时已经没有留恋，他太习惯于死亡了。得势时杀人不眨眼，失势时被杀不心跳；杀人坦然，被杀也坦然；杀人无愧疚，如捏蚂蚁；被杀无遗憾，如弃敝屣；砍别人的头如割韭菜；掉自己的脑袋如风吹帽——汉代是我们汉民族最强盛的时代，可汉代也是杀人最多的时代！

这是一个残忍的时代。

可怕的是，它既不是开始，也不是结束。

更大的屠杀在后面，更多的血将要流成河，汇成海，使一个朝代灭顶于血海……

宦官
道德的唾液

一

桓帝为梁冀傀偏十三年之久，终于借五个宦官之力，剪除了盘根错节的梁氏外戚集团。这五个宦官是单超、具瑗、徐璜、左悺和唐衡。为了感谢他们，为了表彰他们的功绩，在诛灭梁冀之后，桓帝一日之间把他们全部封为侯，世称"五侯"。同时又封了另外八个小黄门为乡侯，其中有赵忠和侯览这两个将来恶名昭彰的人物。

好像不能一味责怪桓帝。他当时能利用的人只能是这几个与梁氏不和的宦官。梁冀已经把朝廷内外都安排成了自己的人，朝廷已成了梁家店。从诛梁冀后免除梁冀党羽来看，一时被免官者达三百多人，朝廷为空。这种情形可以说明桓帝利用宦官是出于无奈，也是他唯一可能的选择。这五个人不管后来怎样，甚至不管此前他们的行迹如何，至少这一件事他们做得好，做得大快人心，"百姓莫不称庆"——《后汉书》及《资治通鉴》中都是这样说的。

至于该不该把他们封侯，这实在是我们的封建政治文化自身没法说清的事情。我们的文化常常是自打嘴巴的——专制文化由于其反逻辑性，总不免前支后绌，自打嘴巴，虽然各朝各代都有一些诸如"宦官不得干政"之类的"家法"，但既然君主集权，桓帝当然有权这样做——这是政治原则与君主权力的自然而合理的延伸。"家法"之类仅属于一些特殊人物的特殊指令，且往往是临时性的，有针对性的，并不具备原则性的权威。临时性的特殊性的"家法"，相对于政治原则，是从属性的。从属性的"家法"一旦与总原则相违背，则是必须服从原则。所以，历代都有破坏"家法"而重用宦官的例子。而一旦皇帝愿意破坏"家法"，别人几乎无法加以制止，因为他有更高的政治原则支持着他——他是皇帝，皇帝是集一切大权的，当然也包括封赏的权力，不论封赏何人，甚至也不论以何种形式封赏。桓帝就是这么干的，虽然遭到非议，激起了一些反抗之声，但反对的人根本没有理论根据与制度权威来迫使桓帝改变成命。实际上，他也不是第一个这么干的。顺帝也在靠孙程、王康等十九个宦官发动宫廷政变而位登至尊后，封了十九个宦官为侯，是谓"十九侯"。前面既已有"十九侯"，桓帝现在弄出个"五侯"，也不算太过分。

问题在于，自此以后，"权归宦官，朝廷日乱"。我们的传统政治是以道德为理论根据的，但恰恰是这种道德政治，往往最无秩序，从而使越无道德感的人，无道德约束与文化约束的人，在其中越能得心应手。所以道德政治常常就是流氓政治。前文我们谈梁冀时已经看到，梁冀不遵循任何道德规范，他没有任何道德信念与政治信念，他执政也没有任何政治目标、经济目标与道德目标，他只遵循自己的欲望的引导，偏偏是他这种人，在中国式道德政治体制内最能畅行无阻。

现在梁冀伏诛，乱哄哄你方唱罢我登场，宦官代替梁冀，但流氓本性不变，朝廷仍然是流氓当道，是一伙流氓取代了另一伙流氓。一般而言，宦官的受教育水平相对较低，但他们"渐染朝事，颇识典物"。由于一直在皇帝身边，耳濡目染朝廷之事，对其中的权力运作颇为熟悉，精通权术，玩弄起政治手段，往往超过饱读圣贤的士人。他们是皇权政治的产物，必最能吃透这种政治的精髓。他们深知只要控制住皇帝或掌权的女主，便能宰割天下。作为侍奉皇帝及后宫起居，掌管后宫事务的专职人员，要控制皇帝或女主，他们正拥有无与伦比的便利。

范晔在《宦者列传》中就专门分析宦官这一特殊群体在皇权体制内的独特

存在形式及其对政治发生的影响。他说，宦官，刑余之丑，生理不全之人，既无好的声名尊荣，又无传宗接代的可能，这样，一般人就会认为这类人没有多大祸害。而他们特殊的工作性质，又使他们易于取信于君主，与君主建立私人感情。年幼的皇帝感念他们多年的照顾，女主也依靠他们联络内外。他们进进出出宫禁，没有人会猜疑他们，而且他们和颜悦色，一派柔媚，更使君主易对他们产生恩宠之情，然后他们便可以依恃皇权，为非作歹。正直大臣的上疏抗议，他们可以事先看到，既可确定是否报告皇帝（对他们不利的奏章，他们可以扣留），也可把内容泄露，给奏主惹下杀身之祸。即便是至亲外戚，也往往不是他们的对手，梁冀固是罪有应得，后来的窦武、何进也都败在他们手上。

这里我们必须指出的是，专制政治总以道德为基础，而道德政治必然是专制政治。中国的传统政治便是以道德为根基的，但这样的概念对一般人而言往往会产生错觉，这种错觉真正是差之毫厘，谬以千里：一般人会认为，道德政治肯定是道德的，这一错简直是误尽苍生，祸国殃民。我们这里必须明确指出，道德政治总是不道德的。正如民间常说的话：亲兄弟明算账，先小人后君子——这是法制政治的精髓（民间常识有时比学者政治家的理论和学说更明智），法制政治正是反道德政治，倾向于把人看成小人，其结果往往是道德的：既然防止了小人，在制度上杜绝了小人，那么，人要适应这个制度，便只能成为君子。而道德政治正相反，它是先君子后小人的——它倾向于把人想象成君子，政治目标建立在对人（当然是当权的人）的道德信赖之上。它往往只是一种崇善的信仰，而没有一种防恶的制度，结果便是，君子自君子，小人自小人。你若愿意当君子，当然可以；但如果你要做小人，我们也没办法。且由于没有奖惩制度，你当君子，你会一无所获，并且常常杀身成仁；你做小人，你会占尽便利，无往不胜。于是，为了适应这种体制，我们便只能做小人，政治正是由此变成了不道德的政治，且拖人下水：在这种体制中，为了适应，人也就变成了不道德的人。

汉末的党锢事件恰是这样的一种情形：一批高度道德自律的君子和一群肆无忌惮的小人，在一个不约束小人的体制内——我指的就是道德政治——君子理所当然地不是小人的对手。所以党锢事件也只能是这样一种结果：君子一个一个被小人吃掉——不，被这种道德政治吃掉。可悲的是，君子们自己最信奉的就是这种道德政治。

二

现在，桓帝身边的"五侯"，便是一个小人集团。

没有太多劣迹的，是五侯之首单超。他在封侯的第二年年初即病死，才做了四个多月的新丰侯，要多作恶也没有来得及。他的弟弟单安做了河东太守，侄子单匡也凭借他做了济阴太守，并且仗势贪放。河南尹杨秉的部下兖州刺史第五种追查单匡，得赃款五六千万，第五种即向朝廷奏免单匡并弹劾单超。结果却是对方毫毛未损，杨秉却被罚做苦役。单超又诬陷第五种，把他流放朔方。朔方太守董援是单超的外孙，正磨刀霍霍地等着第五种过去投死。第五种的老部下知道第五种去朔方必被害死，于是结伴于半途中劫回第五种，逃亡数年，后遇朝廷大赦，才免了一死。

仅从上面的叙述我们就可以知道，宦官势力已经不仅仅局限于宫中，他们的亲戚党羽已织成一张大网，盘踞在从中央到地方的各级政府位置上。徐璜弟弟徐盛是河内太守；左悺兄长左称为太仆，封南乡侯，左胜为河东太守，弟弟左敏是陈留太守；具瑗的兄长具恭为沛相；唐衡的兄长唐玹做了京兆尹。对了，我们来看看他们织成的这张网如何网罗正直人士：左胜做河东太守时，有一位洁身自好的小官僚赵岐正做着河东郡下属的皮氏长。赵岐觉得在左胜手下做官太耻辱，便弃官回到老家京兆。京兆尹不是唐玹么？唐玹也与赵岐有宿怨，这下正好，把赵岐一家老小并五服宗亲全部收捕，安排罪名，全部杀光。只有赵岐一人脱身独去，流浪四方多年，在北海市中卖炊饼为生。

单超早死，其他四侯横行霸道。老百姓给他们起绰号叫"左回天"（左悺势能回天）、"具独坐"（具瑗权势无二）、"徐卧虎"（徐璜狠毒如卧虎）、"唐两堕"（唐衡翻手为云覆手为雨）。他们大起楼台，楼观壮丽，穷极技巧。早被阉割而失去性能力的他们，却仍要强占良家美女做姬妾，供他们玩弄。他们重用亲戚，领养嗣子，传国袭封，以至于兄弟亲戚个个都做州郡大官，鱼肉百姓，"与盗贼无异"。

徐璜侄子徐宣做了下邳令。他以前看到原汝南太守下邳人李暠的女儿漂亮，就要强娶，被李暠拒绝。这次他一到下邳，便带着一帮狗腿子打上李家，抢走李女。到家百般凌辱后，竟将该女绑在柱子上当靶子，一边喝酒，一边取箭射着玩，就这样把一个可怜的女子一箭一箭活活射死。这种行径让人既震惊又恐怖，人性能丑陋凶残到这个程度，绝对是一种文化养成的，一种制度育成的。当时下邳属东海郡管辖，有人把这件事告到东海郡，东海相黄浮勃然大怒，把徐宣家属全部收捕拷打。同僚中有人惧怕徐璜，劝黄浮不要惹麻烦，黄浮说："徐宣这样的国贼，我今天杀了他，明天让我死，我也瞑目！"于是亲自监斩，杀了徐宣，暴尸街头。徐璜于是向桓帝诉怨，诬告黄浮，为自己的侄子"鸣冤"。桓帝竟对黄浮"大怒"——中国的皇帝很多时候都只是流氓的皇帝，代表流氓的利益。徐宣淫烂残忍，他不发怒；黄浮杀了这个十恶不赦的恶棍，他倒代表政权发怒了。他把黄浮抓来，剃头刺字，罚做苦役。《后汉书·宦者列传》在记完此事后，议论道："五侯宗族宾客虐遍天下，民不堪命，起为盗贼。"据史料记载，仅桓帝时，大小民变（农民起义）就有十二起。

三

太学生刘陶等数千人在疏救因得罪宦官而被罚苦役的朱穆的奏章中，对宦官之危害做了较为全面而形象的说明。他们先提到了宦官布在州县的父兄子弟，是"竞为虎狼，噬食小人（民）"，而宦官自己则盘踞宫中，挟持皇上，"窃持国柄，手握王爵，口含天宪"，他们要赏的话，可以让饥饿的仆隶摇身一变而为富翁；在如簧巧舌之下，他们还可以把伊尹、颜回这样的贤人说成夏桀、盗跖一样的恶人。看来，当代人已经领教够了宦官的厉害，对他们的危害也有了切身的感受与认识。但无论桓帝还是灵帝，他们都不能摆脱甚至还必须依赖宦官。帝王若不能摆脱对宦官的依赖，则宦官当然可以有恃无恐。作为某一个个体，宦官可能被剪除，但作为一个群体，则生生不息，如杂草般滋蔓无已。继五侯而起的有侯览、曹节、王甫、张让、赵忠等，并且其危害及凶残一代超过一代。他们都已与汉末的党锢有直接关系，与党人有直接的交锋。

当然，宦官群体中也不乏善良之辈，有远见之辈，但在那样一种宫廷环境中，耳濡目染政治的肮脏与黑暗，眼见种种唾手可得的"可欲"，人心焉能不乱？所以，宦官群体，总是以丑陋者居多。黄宗羲《明夷待访录·奄宦下》曰："奄宦之如毒蛇猛兽。"在专制体制内，在很大程度上确是如此。但国家之灭亡，根本原因还不在宦官，而在产生宦官并使之变成小人的制度。好的制度可以使坏人变成好人，坏的制度可以使好人变成坏人。宦官也不是天生谬种，使他们变坏，并让他们来败坏天下的，仍然是专制的帝制制度。

在一个君权至上的体制中，宦官遂成为社中器旁之鼠。宦官权力乃是皇权的自然而合乎逻辑的延伸，因而，党人和宦官们的生死搏斗，就必然冒犯皇帝，他们要投宦官这个"鼠"，便不得不碰撞皇帝这宗神"器"，宦官已经成为王冠上的污垢，龙须下的虱子，要诛宦官，无论陈蕃、窦武还是袁绍、何进，他们都必须面对皇权，面对一种祖宗传下来的制度。窦太后对自己的父亲、大将军窦武说，设立宦官，乃是"汉来故事世有"，汉家立国以来的规矩，且世世都有（《后汉书·窦武传》）；何太后也对自己的兄长、大将军何进说："中官统领禁省，自古及今，汉家故事，不可废也。且先帝新弃天下，我奈何楚楚与士人对共事乎？"（《后汉书·何进传》）窦太后说出了宦官制度的历史性，何太后更说明了宦官制度的必要性：后宫之中，不设宦官，如何保证后宫的纯洁？而一旦女主临朝，尤其是年轻的女主（如窦太后、何太后临朝时都很年轻，二十岁左右），让她们衣冠楚楚地与男性大臣直接面对奏事议事，总不方便，总须避嫌。正因为如此，中国的帝制时代，历代都有宦官之祸（且越是君主独裁程度深的朝代，宦官之祸越是为烈），可历代又都不能不设宦官制度。宦官之所以不能废，是因为它"有用"。宦官并不天然有害，宦官只有在握有权力并不受约束时才有害。宦官的权力从哪里来的？是从皇权中分化出来的。宦官权力为什么不受约束？因为这个权力就是皇权，而皇权是绝对的。当宦官"窃持国柄，手握王爵，口含天宪"时，他们就是皇权的化身，至少是狐假虎威——狐之威慑力来自它身后的虎。所以，毫无疑问地，宦官之祸，本质上乃是皇权之祸；要消除宦官之祸，只有取消帝制。

桓帝与灵帝

笑骂由你

一

　　按照中国传统的史学观念，人们一般把那个时代的人物分成小人与君子，也把这个时代看作是忠臣君子和佞臣小人斗争激烈的时代。而君主呢，则往往站在小人一边。大约半个世纪后，以承续汉祚自命的后蜀皇帝刘备与其丞相诸葛亮就经常在一起讨论东汉桓灵之际的政治问题。后来诸葛亮在《出师表》中，恳切地对刘备的儿子刘禅说："亲贤臣，远小人，此先汉所以兴隆也；亲小人，远贤臣，此后汉所以倾颓也。先帝在时，每与臣论此事，未尝不叹息痛恨于桓灵也。"实际上，桓灵及桓灵之际的政治，一直是后人"叹息痛恨"的。

　　其实，对桓帝刘志、灵帝刘宏不满的人，不必到桓灵以后去找，桓灵的当代人就已对他们失去最低限度的尊敬。桓灵之时的一些忠直之士，更是在他们的奏疏当中直截了当地表示了对皇帝智力水平与道德水平的疑问与极度失望。第一次党锢案爆发时，陈蕃就在一封疏救李膺等人的奏章中，质问桓帝："杜塞天下之口，聋盲一世之人，与秦焚书坑儒，何以为异？昔武王克殷，表闾封墓，今陛下临政，先诛忠贤。遇善何薄？待恶何优？！"这样的质问显然已经没有一点尊敬。岂止是陈蕃这样深受传统价值观影响的人，便是董卓这样的不文武夫，不道屠夫，都愤愤然："每念灵帝，使人愤毒。"

那实在是一个已经没有了向心力的时代。桓帝与灵帝的倒行逆施，糟蹋掉的，不仅仅是他们个人的名望与荣誉，更是政府的信誉和凝聚力，他们已经把整个社会弄成一盘散沙，前汉后汉四百多年培植的社会基层组织以及民众对政府的信仰都扫地以尽。苍天已死，黄天当立，实在不仅仅是野心家张角张宝兄弟的煽动性宣传，当时的一些有识之士，如郭泰，如徐稚，早已对此了如指掌。

二

但几百年的家业要把它彻底糟蹋干净，还需要那么几十年的时间；几百年根基的大厦，也不是一阵风就能令之忽喇喇而倾。桓帝刘志和灵帝刘宏所干的，就是糟蹋祖先产业的"事业"，他们确实是败家子。延熹二年（159 年），桓帝曾问侍中陈留人爰延："我是什么样的皇帝呢？"爰延答道："陛下算是汉代帝王中中等的君主。"桓帝问："为什么这样说呢？"答曰："如果尚书令陈蕃掌权任事，天下则治；如果让中常侍小黄门那些宦官参与朝政，国家就要混乱，所以，陛下您是一个可以与您为善，也可以与您为恶的人。"爰延很聪明，既给了桓帝以警告，又充分给了桓帝面子，比起陈蕃、李膺这些动辄在奏议中对他满怀失望与指责的人来，桓帝一定是感受到了一丝温情。此前桓帝也刚刚听从陈蕃的劝告，让五百多名宫女出宫，这次他对爰延也格外开恩，拜他为五官中郎将，后来还做到了大鸿胪。

从其一生行事来看，桓帝刘志确实是摇摆在士人（所谓"清流"）与宦官（所谓"浊流"）之间，说他一直偏袒宦官也是不公正的，甚至我们还可以说他颇有用人的肚量，像陈蕃、李膺这样的人，一直与他作对，简直相当于今日的反对派，但他却一直在反复地重用他们。而对宦官，甚至帮助他诛杀跋扈将军梁冀的五常侍，虽然他先把他们封了侯，后来还是让他们或自杀，或贬爵。他的左右摇摆至多说明他智力上的不足与性格上的轻浮与怯懦，而不能说明他死心塌地要做"亲小人远贤臣"的昏君。如果要真的从个人德行智慧上寻求国家衰亡的根源，那责任倒不在他，而在把他推上皇位的梁冀。梁冀为了个人权势的永固，竟然杀了聪慧的质帝，又拒绝李固等大臣立清河王刘蒜的建议，硬要把一个不成器的年仅十五岁的蠡吾侯刘志推上宝座。从这点上说，东汉后期政治之黑暗，党锢之祸，都肇祸于梁冀这样的外戚。

十五岁的傻小子果然好控制。桓帝当上皇帝的第二年，建和元年（147 年）十一月，梁冀就借故杀了李固与杜乔，不仅扫清了自己专权道路上的障碍，而且使桓帝刘志失去了向善的引导，朝廷的道德水准与智力水准严重下跌。

如果说，杀李固、杜乔还是梁冀主使的话，那么，十二年后（延熹二年，159 年）的又一次"李杜"之死，就完全是桓帝狭隘的心胸所致。这一年他刚刚依靠五侯杀了梁冀，马上大封宦官与自己的故旧恩私，天下大权，一下子又从梁冀手中落到宦官手中。白马令李云上了一封不加封的书奏，并把其奏文抄了三份副本，分送三公府，公开表明自己的立场。他愤怒地对桓帝说："梁冀这样的人，因罪被诛，就像家臣犯罪，招来杀掉就是，竟为这点小功而封谋臣万户以上，如果汉高祖听到了，难道不会生气！而那些在西北边疆浴血奋战的将士，难道不会人心离散！孔子说，帝者，谛也，就是顺应天道啊。现在皇帝这样干，他难道不要顺应天道了吗？！"桓帝得奏震怒，令有司逮捕李云，直接送到由宦官把持的、专门审讯朝廷大臣的黄门北寺狱，严加拷打。弘农五官掾杜众伤心李云因忠获罪，上书桓帝，他可能又觉得说别的话已是多余，只说："我愿意与李云同日死。"桓帝没想到又有一位挑战者，就把他们二人并下廷尉论罪，最后这两人都死在狱中。

他的行为激怒了另一位正直大臣，就是李固曾勉励的黄琼。此时黄琼做着太尉，眼见着宦官气焰日甚，他自己又没有能力控制，便伤心地称疾不起，上疏说："自从陛下您即位以来，从没有过好的政治。前有梁家专横，后有宦官霸道。李固、杜乔已经因忠言而横遭残灭，李云、杜众又因为正道直行而接着受祸。天下伤心害怕，更结怨恨之情，朝野人士，也以忠诚为忌讳。"这封奏疏，语气上因伤心失望而低回婉转，但语意上却极其尖锐而刻薄。

桓帝因为自己的所作所为，确实在失掉威信与凝聚力，失去大臣对他的忠诚与尊敬。一旦体制之内不能解决问题，问题便会暴露于天下，由体制之外的力量来解决，那就是暴力革命了。从桓帝与他的大臣们之间的不信任、不合作，及互相的失望与猜疑来看，这种结果迟早会出现。现在桓帝已习惯于大臣们以轻蔑而失望、愤怒而悲伤的口气和他说话，而他自己则毫无改进的意愿，他好像在和群臣们赌气，你们越说我不好，我越是这样，你们能把我怎么样？

四年前，也就是在永寿元年（155 年），宗室、太学生刘陶就满腔悲凉地给桓帝上过一封充满绝望之情的书奏，这篇充满否定性语汇的书奏几乎在道德与智力两方面把桓帝彻底否定了。他指责桓帝不能吸取历代败亡的教训，天灾不能痛到他的肌肤，地震日食也不会损伤他的肉体，所以他蔑视天怒，蹂践人心，弄得国家一片混乱无道，如同虎豹在鹿场掘窟，豺狼在羊群中吃奶，行商的人都做了穷冤之魂，贫馁的人早做了饥寒之鬼，死去的人仍在坟墓中哭泣，活着的人无论在朝在野，都满脸悲戚之色。作为一个有责任心的知识分子，刘陶仍在做死马当活马医的努力，他向桓帝推荐朱穆、李膺这样的人才，希望桓帝能重用他们，庶几国家还有希望。但刘陶本人却没有这样的信心，他在这封奏章的最后说：我知道，我说的都是在言论禁忌的朝廷中不合时宜的话，肯定不会被陛下听取。果然，他的奏章被扔在一边。这封奏章的最后两句，如同两行无可奈何的泪珠——

臣始悲天下之可悲，今天下亦悲臣之愚惑也。

刘陶是热血沸腾的人，又是一个洞明世事的人。热肠挂住，使他不得不有所言说；可冷眼看穿，又使他不能不如此悲观。如此绝望却又不得不做无望之争，这也令人对他"长怀叹息"——这是他奏章中对国是用的词。

刘陶正道直行，最后在灵帝时为宦官所陷害，在狱中闭气而死。他曾在顺阳这个地方做官，当他因病免职时，老百姓思念他，而歌曰："邑然不乐，思我刘君。何时复来，安此下民？"个别的清官已经无法抚慰天下的创伤。星星之火，已快燎原。

三

鲁迅先生曾说，在中国，永远都是这样，一边是庄严的工作，一边是堕落与无耻。忠直的大臣们已经绝望如此，而桓帝则仍没心没肝一样地快快活活。延熹六年（163 年）秋天，连绵阴雨，农民无法种麦。到十月，天刚放晴，农民正要补种，他却要利用这秋高气爽的天气，去广成打猎了。时任光禄勋的陈蕃有一种恨铁不成钢的愤怒，他上疏谏阻，说："平安的时候，游猎都要有节制，更何况现在是'三空'之时！田野空、朝廷空、仓库空！又加上四方兵戎未息，你本来应该急得心焦躁、颜憔悴，晚上坐在床上等天亮，你竟有兴趣打猎？！"但桓帝已经没有心肝了，你说"三空"，但正如刘陶所说的，他吃得饱、穿得暖、睡得安，心宽体胖，他急什么？就在这年年底，这个不愁不急的皇上又一次拒绝了朱穆的罢免宦官官职的谏议。朱穆性情刚毅，心里憋着的火越烧越旺，愤懑而生疮在背，死在家里。

延熹九年（166年），这个昏聩弱智的皇帝再一次被宦官控制，向正直的大臣痛下毒手。南阳太守成瑨与太原太守刘瓆因捕杀为非作歹的宦官党羽，而再次让桓帝"大怒"，把他们逮捕下狱；翟超掘破宦官侯览母冢，黄浮捕杀穷凶极恶的宦官戚属徐宣，也一并被罚做苦役。陈蕃与刘茂共谏，桓帝不悦，刘茂不敢再谏，陈蕃独自上书。这封疏奏再次见出这位忠心耿耿的老臣（陈蕃此时已七十多岁）对桓帝的极度怨恨，其语气之尖刻，一如老父教训不肖之子。他先说朝廷面临的内外交困的状况：在外的寇贼，如同四肢的疾病；混乱的内政，又如同心腹之患。然后说到自己：作为一名忠心耿耿的大臣，他是"寝不能寐，食不能饱"，然后笔锋一转，直斥桓帝：你却在干什么！他愤怒地说，小户人家蓄了一点财产，子孙尚知珍惜，败了祖传的家业尚知惭愧羞耻；何况陛下您从祖先那里继承的是整个天下！你怎敢如此懈怠轻忽！你哪怕真的不爱惜自己了，不应该想想你祖宗争得这一份家业受了多少辛苦吗？几个奸诈小人肆行贪虐，被忠直的大臣绳之以法，你发的哪门子邪火？生的哪门子邪气（你站到什么立场上了）！

大臣们的言论越来越尖刻，越来越没有尊敬。在中国古代的文化传统中，对皇帝的尊敬不仅是对一个具体的人的尊敬，而且是对这一个位置、这个职务的尊敬，是对国家的尊敬。可是桓帝的所作所为，已实在不能履行这个职务的职责，当然也就无法维护这一职位的尊严。大臣们失望之际，言论也越发尖刻，而桓帝仍死猪不怕开水烫：笑骂由你，我就这样了，你们能怎么着？逮着机会我还要收拾你们。

陈蕃式的讲道理对桓帝的猪脑子已经是针插不入水泼不进。平原人襄楷平时喜欢钻研点星象占卜之类，他从灾异谴告角度对桓帝实行恐吓战术。他给桓帝上奏说：从近两年的天象与异常自然现象上分析，天子有凶兆，而现在你不能行善避凶，反而要杀成瑨与刘瓆。我听说，杀无罪的人，诛贤良的人，祸及三世。从梁冀以来，至于李云、杜众，你杀的人还少吗？自从汉代立国以来，没有拒谏诛贤，用刑太深像今天的了！以前周文王的一个妻子太姒就生了十个儿子，现在你宫女数千，却一个儿子也没生，你难道还不明白，这是上天对你的惩罚吗？你还不及早修德省刑吗？

桓帝仍是两眼一翻，不理不睬。他喜好宗教，一会儿祭黄老，一会儿拜浮图，他大约也是对人生厌倦了，要修来生。可是他又偏偏"淫女艳妇，极天下之丽，甘肥饮美，殚天下之味"。他不理襄楷，一心崇教。襄楷气极，再上疏，说，像你这样多欲少德的人，如何能成道！

话说到这一步简直是诅咒，但仍然是没有用。你骂他治不好天下他不管，反正他在这方面已经没有自尊心，没有事业心，不要成就感。现在他还剩最后这一点乐趣，那就是对来生的追求。此生休矣，且待来生。三十来岁的桓帝，心态之苍凉也让人同情。襄楷又说他这样的人来生也修不到。骂人骂到这个份上，双方都不大像话。正像我前面指出的，对皇帝的尊敬，是对这个职位的尊敬，是对整个官僚体系、权力体系的尊敬。现在一班官僚对桓帝如此失敬甚而对之侮辱，对政权的运作是一个潜在的损害，这种损害对一个政权的稳固及其运作效益都是可怕的。同时，桓帝虽然屡头，但屡头往往有隐忍不发的怨恨，这种怨恨轻则使他在心理上与正直士大夫产生对立情绪，影响双方的互相信赖与合作，把桓帝推向便辟善柔的宦官一边；重则使他产生强烈的报复心理，一旦有机会，他会毫不留情地一泄其愤。

桓帝终于等到了这样的机会。李膺杀了预先知道将要大赦然后故意杀人的张成。善风角的张成历来与宫中宦官来往甚密，甚至桓帝也常请张成预言吉凶。张成伏诛，宦官便教唆张成的弟子牢修上书，告发李膺等人结党诽谤朝政。桓帝再次"震怒"，下令各郡国全力搜捕党人，并且布告天下，"使同忿疾"——让天下人与他一样对党人忿疾，来个全民共讨之，全国共讨之。权力意志总要左右人的情感。这就是第一次党锢之祸。非常有意思的是，这次逮捕的党人中，领袖人物又是一个"李杜"——李膺和杜密。桓帝一生，真是与"李杜"结下不解的冤仇：前有李固、杜乔，中有李云、杜众，末了，在他早衰的生命行将就木的时候，又出来一个更厉害，影响更大的"李杜"——李膺和杜密。

桓帝这一次想对一直批评他，给他种种道德和智力侮辱与贬低的士大夫一次彻底的打击，来个一次性的总清算，把他们一网打尽。他想用镇压重树皇帝的权威，维护摇摇欲坠的权力金字塔最顶端的形象。但他这种倒行逆施遭到了抱持传统道德价值与政治价值的正直官僚的全面反抗，他们并不因为受迫害而承认皇权的尊严，恰恰相反，他们把这件事件看成是桓帝彻底堕落的证明。这些人中，包括桓帝的新任丈人窦武。窦武为了表示抗议，甚至交还了他的城门校尉、槐里侯的印绶。

桓帝彻底绝望了。他对士大夫绝望，也对自己绝望。他一直没能找到与士大夫沟通的渠道，一直没能实现彼此的哪怕是最低限度的信任，因为自己人性的弱点，他一直不能摆脱肉体欲望的满足与享乐，从而使危机感极深、道德感极强的士大夫对他满怀不满与轻蔑。他们一直在侮辱他，他总是站不到他们一边。现在双方彻底翻了脸，而他却没有争到脸——普遍的反抗使他成为孤家寡人，他大约十分伤心吧，大臣们与他如此违拗，他可能也感觉得出，这个皇帝当得了无趣味。在重重压力之下，他把党人从狱中释放了，他已经没有斗志——与人斗，其苦无穷。为了保全他最后的面子，他宣布把这些党人禁锢终身，永不录用——他争的是什么？他争的是首先宣布绝交的面子。

这最后的一搏使他身心俱惫，失望与伤感时时缠绕着他，他也不久于人世了。永康元年（167 年）十二月，在对人生和来生的双重渴望与失望中，他死于德阳前殿，年仅三十六岁。

在他生前，除了我们提到的，在体制之内他所受到的蔑视，他还受到另外一种公开的侮辱：公元 147 年，陈留人李坚自称皇帝；148 年，长平人陈景自号"黄帝子"；150 年，扶风人裴优自称皇帝；154 年，蜀郡李伯诈称宗室，自立为"太初皇帝"；同年十一月，泰山琅琊公孙举伪号历年，不能破；165年，渤海盖登称"太上皇帝"；166 年，沛国戴异称"太上皇"——这些草头王，早把他这个合法的君王视若蔑如。

老子云"寿则多辱"。桓帝不寿，却已多辱，且死后也不能免辱：汉献帝初平元年（190 年），桓帝因为无功德而与他之前的和帝、安帝、顺帝一同被取消了庙号。这是他死后，后人用官方形式对他一生所做的贬抑。

而中国特有的史官文化对他的评价更低。无论是在学者的论著里还是在民间的观念里，他都是昏聩而淫乱的形象。范晔在《后汉书·桓帝纪》后的赞中这样说他：

> 政移五幸，刑淫三狱，倾宫虽积，皇身靡续。

宠幸宦官五侯，造成多起冤狱，宜乎其无后。

他一生纳三皇后，宫女五六千，却没有一个女人为他生下一个儿子。"皇身靡续"——范晔几乎是用幸灾乐祸的口气说到他的"断子绝孙"，这是中国传统文化观念中最恶毒的骂人的话。

四

桓帝死后，由窦武做主，迎立十二岁的刘宏为帝，是为灵帝。

灵帝昏庸比桓帝有过之而无不及。桓帝重用宦官，总还有些分寸，倾向于宦官，也总还顾及些面子。而灵帝宠幸宦官，竟至于说："张常侍（让）是我公，赵常侍（忠）是我母。"且他特别贪财，作为后来者，他从桓帝那里吸取的教训，对桓帝政治与为人的不满，竟然是桓帝不知聚财。为了敛财，他竟公开开西园卖官，明码标价。要做两千石的官么？拿二千万来。拿来四百万么？那就做四百石的官。看来他的数学成绩也不大好，或者就是不愿意动脑筋，只好这么简单比对。到后来，甚至连侯爵也卖了，还可以先赊欠，上任搜刮到钱财后再来偿付。最后，所有被任命当官的人，都要先至西园签合同，约好何时交来多少钱才上任。而这些搜刮来的钱，都供灵帝私用。他专门造有万金堂，来贮藏这些钱财、缯帛。他待在其中，看着环绕自己的那些钱财、缯帛，心里暖和又安全。有时，他还把钱分存在他信任的宦官那里。这种小家子气，表明他已经没有天下的概念，他虽然做了皇帝，心理上还是一个小财主，一个守财奴。另外，这也是他缺少安全感的表现，他是在为自己预备后路。这样的人，我们还能期望他为国家做什么？偏偏他还是国家的最高代表，掌握着最高权力。他卖官鬻爵，就是在用权力做交易，这不是滥用权力，恰恰是在作践权力，一次性出卖权力——他是在卖国家、卖百姓、卖他祖宗挣下的家业。他准备把这些都变卖为钱财，装入袋中，然后去过自己的财主生涯。刘邦当初多么雄才大略，不事生产而谋天下，天下不归于一不住手，怎么会传下这等孽种！

　　更为严重的是,他这样做,断绝了所有读书人的仕进之路。汉家的明经、察举、征辟、考试等官吏选拔制度遭到前所未有的破坏,吏治的严肃性公正性扫地以尽。他干脆与那些士人断绝了联系,不再与他们共有国家。权力运作已经彻底失去了秩序,灵帝已在进行末日狂欢。

　　他也以杀人开始他的政治生涯。他一上台杀掉的就是前朝老臣陈蕃与皇太后的父亲窦武,接着便是以李膺、杜密为首的党人。这些都是与桓帝磕碰多年而桓帝没杀的人。当然,此时他尚年幼,主要责任不能让他负。这就是第二次党锢案。党人除逃亡、自杀者外,全部非刑处死,家属流放,估计被杀、被关、被逼逃亡与流放的人数,在六七百之多。其牵连范围一度扩大到五服之内。一直到184年(中平元年),黄巾起义已经爆发,体制内的矛盾已转移到体制之外,和平的清议已转化为暴力革命,灵帝才听从中常侍吕强的劝告,解除党禁,但人心已经离散,王朝实际上已经崩溃。

　　灵帝作为皇帝的威信再次下跌。他在位期间,大臣的奏疏及其中流露的对他的失望与蔑视与桓帝相似,我不再赘叙。另外,他在位期间,就有人策划用另一刘姓家族成员来代替他。同时,民间野心家仍在不断地向他的皇冠吐口水:在他任期之内,172年,会稽人许昌自称“阳明皇帝”,其子许昭自称“越王”;178年,一白衣人入德阳殿,自称上帝使他来做皇帝,亡去,不获;187年,渔阳人张举自称天子;188年,益州黄巾马相自称天子,还有张角那令人生畏的宣告:“苍天已死,黄天当立。”

　　到灵帝死时,更是没有人想到要给他一个庙号。尚未盖棺,便已论定。

党锢群英（上）
道德清洁工

一

在中国，有一个有趣的现象，大凡乱世将至，总有民谣四起。研究桓灵之际的历史，读《后汉书》，便会时不时碰到各种民谣，或针砭现实，或褒贬人物，或表达社会公意，或预言社会变故。山雨欲来"风"满楼，风者，讽也。王道衰退，风诗亦起。当初李固被杀，梁冀、胡广之流反而升官封侯，便有民谣传唱："直如弦，死道边；曲如钩，反封侯。"后来这些"流言传入太学"（《后汉书·党锢列传》），太学生们就得天下"风"气之先，先"风"起来。当时太学中的太学生与全国各地来的访问学者，达三万余人，他们造作的歌谣，更是传遍天下，还有了联络同志、鼓舞士气的作用。他们往往凭着一首歌谣，即可印证"同志"，他们互称"同志"，他们贬低小人也褒扬君子：

> 天下楷模李元礼；不畏强御陈仲举；天下俊秀王叔茂。

> （《资治通鉴》卷五十五）

语言很简单，但那种引为同道、欣赏仰慕之情，溢于言表。李元礼，李膺；陈仲举，陈蕃；王叔茂，王仲举，他们成了那个绝望时代的希望，成了堕落时代的道德象征。他们确实是悲壮的英雄，欲以一己的道德智慧对抗黑暗，挽狂澜于既倒，扶大厦于将倾。到第一次党锢案，李膺免归乡里后，"天下士大夫皆高尚其道，而污秽朝廷"——朝廷已不再具有精神的引导力量，已不能在精神上感召士大夫，凝聚天下正气，也不再是道德的象征，而仅仅是国家机器的象征——这国家机器现在更多地为邪恶所掌握，成了残害正直的工具。这样，朝廷便成了一堆"污秽"。

是的，当陈蕃、李膺等人被从朝廷及各级官僚机构中清除出去后，朝廷真的是自绝于人民，而仅仅代表一小撮最肮脏的人的利益了。这样的朝廷，除了残存的强制力，已无任何号召力。对社会的号召力已下降到一批以人格魅力和精神力量为感召的士人身上，他们在民间，他们被朝廷驱赶到民间，且还遭到"禁锢"——永不录用。"党锢"的含义，即是把一批有精神感召力的党人永远禁锢，终身不得再进入官僚体系。

朝廷这样做简直让人觉得幽默。朝廷不仅失去了控制天下的能力，甚至失去了控制自身痉挛的能力，它一发作癫痫，就毫无理智；且癫痫一再发作，就损害了脑子——这个朝廷已经没有脑子了，没有精神了，它在桓帝、灵帝及一小撮宦阉小丑的控制下，只剩下了肉体欲望。本来，朝廷中的正直之士还能成为他们的遮羞布，凭着这些正直之士的个人号召力，还能为朝廷维系一些人心，这些正直之士的个人德行，也有利于提高朝廷的平均道德水平。但当朝廷把这一批清流赶出庙堂之后，这个既肮脏又愚蠢的朝廷，就赤裸着丑陋，而承受天下人的唾弃了，民心士心，也随之转向民间——

> 自是正直废放，邪枉炽结。海内希风之流，遂共相标榜，指天下名士，为之称号。（《后汉书·党锢传序》）

他们自己标榜自己，已不要朝廷的封号，甚至他们死后，都由民间自行封谥。他们不需要朝廷为他们盖棺论定，他们有自己的道德标准与道德评价，而朝廷则失去了给他们做鉴定的资格——朝廷在把党人禁锢时，就已经表明它缺乏判断是非善恶的能力。仅从失去这种权力与资格这一面来看，朝廷就是这件党锢案中最大的失败者。

在这样的互相标榜之风下，那些被朝廷否定的人物，在民间得到了莫大的肯定，朝廷在把他们免官，民间在为他们加冕；他们失去体制中的权力的同时，却无限地增大了他们的精神感召力；体制内"功"的失败，却玉成了他们体制外"德"的成就与"言"的传播，这是他们该得的报偿——他们付出了，并且还将继续付出，直至付出生命，死而后已。

我们来看看当时民间为这些英雄的加冕：窦武、刘淑、陈蕃为"三君"，君者，一世之所宗也。李膺、杜密等八人被称为"八俊"，俊者，人中之英也。郭泰、范滂等八人被称为"八顾"，顾者，能以德行引道人也。张俭、岑晊等八人被称为"八及"，及者，能引导人追宗者也。还有度尚、张邈等"八厨"，厨者，能以财救人者也。这种加冕表明了民间的立场：天下人宗奉的，不再是皇帝与朝廷；天下的人才，也不再藏于朝廷；引导人的，救助人的，给人以希望的，也不是朝廷。天下还是那个天下，朝廷已不像个朝廷，而像一个分赃集团，一个洗钱的黑店。

二

但是，问题是，当朝廷失去了控制天下的权威的时候，当国人都对朝廷吐口水时，党人及其道德能代替朝廷，担当起整合社会资源和协调各社会阶层利益的功能吗？这个社会复杂而精细的秩序能在政府职能失效后继续运作吗？

第一次党锢案爆发时，桓帝令中常侍王甫审讯党人，主要罪名是这些党人"结党"。王甫诘问范滂："你作为人臣，不思考如何尽忠报国，反而与一伙人共同结党，互相褒扬推举，评论朝廷，无事生非。你们到底想干什么？"范滂答曰："我听孔子说，见到善人就怕跟不上，见到恶人避之如同避开滚烫的水。我只想让善人与善人一同清洁，恶人与恶人一同污秽。我们以为这是朝廷所愿意的，没想到还有什么结党之说。"

仔细分析二人的诘与答，我们发现，王甫所言，乃是事实；而范滂所答，乃是对"事实"的"阐释"。当然，汉末这批清流，并没有现代党派意识，不仅没有共同的纲领与目标，甚至连名称都没有。他们只有一个词，"同志"，但就这一个"同志"，就不免党同伐异：一方面，有对自己这一群"同志"的群体意识，又有对非我族类的排斥意识。王甫接着说："卿更向拔举，迭为唇齿，有不合者，见则排斥。"这确实是党人尤其是像范滂这样激烈的人的所作所为。他们的道德意识极其强烈，群体意识极其坚定，他们以清流自居，而把宦官等奸佞之徒比作浊流。界限既已清清楚楚，好恶亦随之明明白白。

这是一个分裂的时代。皇上不信大臣，大臣不信皇上；皇上只好信宦官，宦官常常为私利蒙骗与利用皇上；皇上觉得满世界没有一个可亲可信的人，党人觉得满世界没有道德的人；宦官又觉得满世界人都仇视自己，政府体制内分崩离析到这种地步，党人的道德是不能再补天了。实际上，道德不仅不能成为社会各阶层及政府体制内各部门的黏合剂和润滑剂，更多时候，倒成了分解剂。宦官与党人仇恨之深，鸿沟之巨，一半是由于党人所抱持的道德信仰及其纯洁性、绝对性造成的——过分崇高的道德理念，如同过高的门槛，是拒人于外的。

三

在党人中，道德观念最坚定最纯洁最不容侵犯的，可以陈蕃、李膺与范滂为代表。

陈蕃一直做着高官。他是党人在朝廷的思想代言人与利益代表，他也自觉地以道德身份代表清流而与他眼中的宵小之徒及肉头皇帝对抗。他不断地给皇帝上奏，言辞激烈而缺少谦逊——他自居道德而视对方为缺德，他当然不需要谦逊。难道道德还需要向不道德讲礼貌吗？道德得到尊敬时，还要给不道德小费吗？

他性情方峻，不接宾客，史载只有一人才能成为他的座上宾，那就是徐稚徐孺子，王勃《滕王阁序》中的"徐孺下陈蕃之榻"指的就是这件事。他少年时，年十五，独居一室而庭院芜秽，一位来客说："你为什么不把庭院打扫打扫来接待客人呢？"他回答说："大丈夫处世，当扫除天下，安事一室乎！"这"扫除天下"之言，不仅是他的志向，而且也可以见出他的立场及对世界的看法：他是站在维护道德纯洁的立场上来看这个世界的。从这个角度望去，这世界中不道德的污秽太多了，他要尽行扫除。他成人为官后的所作所为，我们确实见不到他有什么建树，有什么政策与策略来改善国计民生，他只盯住那几个不道德的人物，并琢磨着如何把他们打扫掉，所以，说他是道德清洁工最合适。

只是，到最后，他没有扫除别人，倒是让别人把他清除掉了。他不知道这种专制体制是制造并保护道德垃圾的。由于他一直旗帜鲜明地与宦官为敌，处处与他们为难，所以宦官也特别恨他。当他被王甫逮捕后，没有审讯关押，宦官们骑着马在这位八十多岁的老人身上践踏，一边还骂："死老魅！看你还能与我们作对吗？"就这样，陈蕃被他们残忍地杀害。这是道德的失败与死亡。

李膺的性情与陈蕃相似。有些傲慢强亢，也不爱交接，但他的道德旗帜高高飘扬，还是让天下士人对他仰慕非常。《后汉书》本传说："是时朝廷日乱，纲纪颓弛，膺独持风裁，以声名自高。士有被其容接者，名为登龙门。"甚至他被朝廷逮捕而后禁锢，政治前途被宣判死刑后，"天下士大夫皆高尚其道，而污秽朝廷"。他的个人声望已经超过了朝廷，他的信誉已经超过了国家。所以那个本身即很著名的名士荀爽，因为曾经和李膺同乘一车并为之执御，就喜不自禁，逢人就说：我可是为李膺赶过车的！

他与陈蕃一样，以清除道德垃圾为己任。他初出茅庐，到青州做刺史，青州一带大小贪官一听李膺来了，竟纷纷望风弃官而逃。

道德目标一旦被绝对化，手段就有可能过激。他当河南尹时，有一个叫张成的术士，与宫中宦官有勾结，并且桓帝也常常找他算算命。由于他消息灵，他就预先知道朝廷将要大赦。他得意洋洋地说这是他推占出来的，然后他就让他的儿子去杀人。李膺逮捕了张成，可不久，真的朝廷大赦。按说张成应也在赦免之列，但李膺愈发愤怒，置朝廷大赦令于不顾，斩杀了这个小人。也就是因为这件事，酿成了第一次党锢之祸。从这件事能明显地看出，党人在维护道德时，与国家法令所发生的冲突。

桓帝宠幸的宦官张让有一个弟弟叫张朔，做了野王令。张朔贪残无道，甚至杀害孕妇取乐。李膺升任司隶校尉后，专门负责纠察各级官吏。张朔一看李膺做了司隶校尉，知道自己的末日到了。他弃了官，逃回京师，藏在张让家中的合柱内。李膺侦知张朔藏在张让家，带着吏卒去搜捕，最后劈开合柱，从里面搜出张朔，审讯完毕，当即诛杀。张让向桓帝诉冤，桓帝招李膺诘问："为什么不先请示就杀人？"李膺回答："孔子做鲁国司寇，七天便杀了少正卯。我到任已经十天了，才杀了这个贼子。我还以为你叫我来是责备我行动迟缓呢，没想到你竟说我杀得太快了！我知道我有罪，只求你再让我在这一职务上干五天，待我把首恶抓起来杀掉，然后你就是让我下油锅，我也心甘情愿！"一席话把桓帝说得哑口无言。小黄门们很长时间都小心翼翼，桓帝问他们："平时你们张扬得很，近来为什么这么老实？"他们都叩着头说："怕李校尉。"

但李膺的这种做法仍有值得置疑之处。杀张朔当然大快人心，也合法。但所杀的程序却有问题，杀人而没有复审，是违法的。李膺纠正违法，整肃天下，却只能用非法手段，固然是出于无奈：如遵守程序，向桓帝汇报，就不能执法。但这种做法本身，却也严重地损害了国家法律的严肃性。对法律的破坏性后果，相当严重。

这样的人，当然不会有好下场。第二次党锢案起，李膺已经在家赋闲。乡人对李膺说："赶快逃走吧。"李膺说："做事情不推辞艰难，犯了罪不逃避刑罚，这是做臣子的节义。我已经六十多岁了，死生有命。我逃到哪里去？"于是自动赴狱，在狱中被拷打致死。

范滂则是党锢案中最耀眼的星辰。他的名声由于宋代苏轼与其母亲的对话而愈加传布广远。范滂是党人中群体意识最强烈，也是最有意识援引同党的人。他在汝南任太守宗资功曹（主管人事）时，就"严整疾恶，其有行违孝悌，不轨仁义者，皆扫迹斥逐，不与共朝"，同时，又"显荐异节，抽拔幽陋"，这些"异节"之人，"幽陋"之士，必是他的"同志"。所以，郡中人当时就把他所用的人称之为"范党"，有此在先，王甫在审讯他时，才以"共造部党"罪斥问他。虽然他职务不及陈蕃与李膺高，权力也没有他们大，但他在清除道德污秽这一点上，比陈蕃、李膺有过之而无不及。

冀州饥荒，盗贼群起，朝廷任命范滂为清诏使，去案察地方官吏的政绩。"滂登车揽辔，慨然有澄清天下之志"，这句话实在写得很形象，很传神，把党人的整体精神状态，都表现了出来。他刚到冀州边境，大小官吏自知脏污，望风解印绶逃走，与李膺到青州一样。这些记载不仅见出党人的对天下或"扫除"，或"澄清"，以道德清洁工自任；同时还可见出当时吏治腐败的程度：确实是满目污秽，需要清除。那些地方官吏如同坐地虎、地头蛇，地方吏治的腐败与朝廷权力的异化，说明这个政权已经彻头彻尾地烂掉了。一个时代人的性情与那个时代的社会风貌大有关系，尤其是杰出人物，其性情更是时代的镜子。比如鲁迅先生就是一个典型例证。那些攻击鲁迅性情偏狭、抱持"仇恨哲学"的人，只是因为自身的平庸，不足以感受社会与人心的双重黑暗，不足以领受文化与现实的双重压迫，而能在铁屋子里面修身养性。汉末，陈蕃、李膺、范滂同样如此，他们一样的峻切，一样的疾恶如仇，一样的至坚至刚而缺乏弹性——满目污秽而良心醒着，怎能不性情大坏？

朝廷诏三府掾属征集民谣，以此考察官吏。范滂指控的刺史、两千石以上大官就达二十多人，别人批评他奏劾太多，他说，这还是仓促间举奏的，待我慢慢察访，还会有更多！农夫除草，才能让庄稼茂盛；忠臣除奸邪，王道才能清洁！但他也知道滔滔者天下皆是也，谁与易之？所以，他一边是除恶务尽的心态，一边却又不免对其前景颇为悲观。所以，他常常是刚在官场一露头，露一手，便很快又打退堂鼓，"投版去""投劾去"，他的性格，已经让这个社会弄得没了弹性与韧性。当初李固说"峣峣者易缺，皦皦者易污"，真是令人悲伤的政治预言。

建宁二年，第二次党锢案又起。此时范滂在家赋闲。督邮吴导带着逮捕范滂的诏书来到县上，关上驿舍房门，抱着诏书，趴在床上痛哭。范滂听说，说："肯定是因为我。"于是就自己去监狱自首。县令郭揖一见大惊，解下自己的官带印绶，对范滂说："天下很大，你为什么到这儿来？"拉着范滂要与他一起立即逃走。范滂说："我死了，祸难也就到此为止了。哪能连累你？况且我还有老母，难道还要让老母流离？"

范滂的母亲也赶来与之诀别。范滂说："弟弟足以供您养老，让我去黄泉之下陪伴死去的父亲吧，母亲不要太伤心。"母亲说："你今天能与李膺、杜密齐名，死有什么遗憾？既有了好的名声，又要求长寿，能兼得吗？"范滂感动之极，跪在地上，接受母亲的教导。后来苏轼少年时期与母亲读《后汉书》，到这一节，感激涕零，问母亲："我可以学范滂吗？"苏母说："你能学范滂，我为什么不能学范滂的母亲？"这是我们民族精神力量的一则佳话。这些埋头苦干的人，为民请命的人，抚叛徒之尸而痛哭的人，才是我们民族的脊梁与希望！可惜这种元素在我们民族的血液中越来越稀少了！

范晔行文至此，也不禁感怀万端。议论道：

李膺振拔污险之中，蕴义生风，以鼓动流俗，激素行以耻威权，立廉尚以振贵势。使天下之士奋迅感慨，波荡而从之，幽深牢破室屋而不顾，至于子伏其死而母欢其义。壮矣哉！子曰：道之将废也与？命也！

两次党锢之祸，陈蕃、李膺、范滂之死，说明了道德主义在专制体制内的脆弱与不堪一击。道德理想不能实现，道德主体反被屠戮。范滂死前，其最大痛苦还不在于一己生命的毁灭，而是其抱持的道德信念的毁灭——在生命迭遭打击并终于面临死亡时，他一生坚持的信仰终于坍塌，他对自己的儿子说："我要让你去作恶，恶不能作；我要让你去行善，可我并没有为恶（下场却是如此之惨）！"这句沉痛的话，我以为是整个党锢案中最有价值的精神遗产。如同一场炼狱大火，焚毁了一切，最后就结下这一枚舍利子。恶不能作，这是道德底线；但为善，却连一己的生命都保不住！如果道德体系甚至连道德主体的生命都不能保证，它如何能要求道德主体坚持它？由此我想到，必须有一个能支持至少容忍个人道德选择和道德坚持的制度，才能有个人的道德追求与实践；必须先承认个人的自由意志，然后才能有个人道德实践的空间。不给个人意志自由，就不能要求个人的道德。因为个人不能自由选择自己的思想与行为，他当然也就不能也不必对自己的思想与行为负道德责任。在专制社会中，道德及遵循道德的人往往与死亡与鲜血与监狱与失败为伴，道德之国总是血迹斑斑！几千年来，为什么我们民族的精英们、脊梁们，永远都是头颅掷处血斑斑？这是一个什么样的"处"？什么时候我们才能把这个"处"改变成一个宽松自由的所在？

一个社会，只要是权力社会，就永远没有道德的藏身之地。

如果我们的制度是自由宽松的，我们的个人道德还有容身之地。

如果我们的社会仍是一个权力社会，我们将无法实践我们的道德。

此时我们最大的道德行为应该是：为我们的个人自由，为我们的道德建造一个容身之所。

这是人类最伟大最壮丽最道德的事业。

四

清流名士中还有另外一种类型，可以郭泰为代表。

郭泰（《后汉书》写作郭太，范晔为避父范泰讳而改），字林宗。他年轻时也颇有志向，父亲早死，母亲想让他去县衙当差，他说："大丈夫焉能处斗筲之役乎？"与"不扫一室"的陈蕃一样，志存高远。他博通坟籍，善谈论，美音制，在洛阳太学里，是位学生领袖。他去见时任河南尹的李膺，李膺大奇之，于是两人成为好友，郭泰也因之名震京师。等他离开洛阳回乡的时候，送行的车子达数千辆，而有资格与他同乘一舟过黄河的只有李膺，岸上数千人观之，如观神仙。

可是郭泰就是不做官，他说："我夜里看天象，白天察人事，知道这世道已经不可救了。天要废掉的，不是人力能支撑得起来的。"

他真是一个极聪明的人。但聪明不难，难的是心冷心硬，哪怕你知道大厦将倾，狂澜既倒，你如何就忍心不扶一把？你看到恶人横行，百姓遭殃，哪怕你知道世事已不可救药，你如何就能忍得住？

郭泰把善恶是非看得清楚，但他不发表危言骇论。他不骂人也不骂世，他心真冷。正因了他不骂人不骂世而心冷，他"成熟"——我们历来要求人的政治上成熟就是指这种心冷的状态。他心冷了，宦官们就不恨他了，到党事起来后，知名之士多被害，他却可以安然无恙。

建宁元年，陈蕃、窦武被杀的消息传到，他到旷野上痛哭一番，悲恸不已，伤感地吟诵《诗经》中的句子，悼念为国而死的英灵：

人之云亡，邦国殄瘁。

还有悲哀国家的衰落：

瞻乌爰止，不知于谁之屋？

莽莽神州陆沉，谁是其主？

第二年春天，他卒于家，年四十二。十月，第二次党锢案爆发，他已不能知道。

对这个小朝廷彻底失望从而走远了去，不再为它操心的，还有徐稚、魏桓等人。徐稚曾托人对郭泰说："大树将颠，非一绳所维。"魏桓数被征召，乡人也劝他出来做官，他反问乡人："做官，就要体现自己的意志。现在后宫宫女四五千，能减少吗？田猎用的马有万匹，能裁汰吗？皇上左右都是坏人，能去除他们吗？"乡人只好摇头："都不能。"魏桓乃慨然叹曰："让我活着出去死了回来，对你们有什么好处呢？"于是隐身不出。

五

还有一个更聪明的人陈寔，他算作第三类。他的性格与李膺等人大异其趣。李膺等人是疾恶如仇，见辄拔刀相向，你死我活；而陈寔则是视恶如险，避之如恐不及，他权衡自己的实力，知道自己不能与邪恶斗，便与之俯仰周旋。

中常侍侯览委托高伦，重用一个人，高伦把此人用为文学掾。陈寔当时在高伦手下做功曹，正好管人事，悄悄对高伦说："这个人不能用。但侯常侍又不能违拗。还是让我出面推荐并安置他吧，免得玷污了你的清名。"你看他多明白！又多圆滑！既不得罪侯览，又讨好了高伦，以至高伦离任时把这一内幕告诉别人，把陈寔好好夸奖了一番。

等到朝廷逮捕党人，一般人多逃避求免。他却说："我不进监狱，别人就没有依靠。"于是自己请求囚禁。第二年遇赦得出。他这样做，是要表明自己立场的。

灵帝初年，中常侍张让权倾天下。张让死了父亲，归葬颍川，一县的老百姓都去会丧，但名士却没有一个人去，张让又羞耻又怨恨。这时，他看到一个人来了，他正是陈寔。张让一下子感动得不得了。等到建宁二年大诛党人时，他就刻意保护陈寔。

关于陈寔一个最著名的故事是"梁上君子"。这个故事可以说是家喻户晓。陈寔在颍川老家时，岁荒民俭，有一个小偷夜里摸进了陈寔家，藏在房梁上。陈寔已经悄悄地看到了，但他不声张，不慌不忙，穿戴好衣服，把子孙们都召来，严肃地对他们说："人不能不上进。不善的人未必生来就坏，长期的坏习惯就养成了人心恶。"说到这里，他手往梁上一指："那位梁上君子就是这样！"小偷大惊，从房梁上下来，请求治罪。陈寔说："看你的相貌，不像是恶人，你应当克制自己的恶念而返归善道。但你今天这样，肯定是由于家里太穷的缘故。"于是叫家人拿来二匹绢送给他。

这个故事颇能见出陈寔的性格：沉稳，有节制，对于人性有耐心与爱心，他知道人的道德水平与人的生存境遇有关。把小偷称作"君子"，也可见他并不像李膺等人执著于善恶二端而不能通融。应该说，在对人性的洞察上，他更有眼光；在对善恶之类的道德问题的处理上，他更有弹性。他活了八十多岁，卒于家中。如果说第一次党锢之祸他是主动入狱的话，第二次党锢之祸已经不大能影响他。

陈寔传后，范晔评论道：

> 汉自中世以下，阉竖擅恣。故俗遂以遁身矫洁放言为高。士有不谈此者，则芸夫牧竖已叫呼之矣，故时政弥惛，而其风愈往。唯陈先生进退之节，必可度也。据于德故物不犯，安于仁故不离群。行成乎身而道训天下，故凶邪不能以权夺，王公不能以贵骄。所以声教废于上，而风俗清乎下也。

这一段话说得极准确，先讲了遁身与放言两类，一类以郭泰为代表；一类以陈蕃为代表。陈蕃为进；郭泰为退，两者都只能固守一端而不能通融，如同狂者与狷者。而中庸者为谁？——唯陈先生。陈寔进退自如，有德，所以坏人不能触犯他；安仁，又使他与好人不离开。这样的人，在声教废于上的乱世，以自身的行为，保持着社会的道德水准不致下降。

看起来范晔是赞成陈寔的。

但我们再看看范晔在陈蕃传后的评论：

> 桓灵之世，若陈蕃之徒……终取灭亡之祸者，彼非不能洁情志，违（避）埃雾也。悯夫世士以离俗为高而人伦莫相恤也，以遁世为非义，故屡退而不去，以仁心为己任，虽道远而弥厉……功虽不终，然其信义足以携持民心。汉世乱而不亡，百余年间，数公之力也。

显然，他又给了陈蕃等"以仁心为己任，虽道远而弥厉"而终于被杀的名士以更大的尊敬：这些人才是真正的"仁以为己任"的精神传人！

党锢群英（下）

婞直与残忍

一

桓帝延熹九年（166年），李膺在朝廷大赦之后，仍捕杀了教子杀人的妖人张成。张成历来与宫中宦官来往甚密，连桓帝都时不时请他占卜吉凶。宦官便教唆张成的弟子牢修告状，状告李膺等人与太学中的太学生及访问学者、诸郡县生徒互相来往，结为部党，批评朝廷，疑乱风俗。桓帝震怒——历来专制君主不怒贪官污吏，不怒违法败德，最忌批评政治，所以，这些宦官与牢修只告党人谤讪朝廷，他们也没有别的罪名可以利用。但这一条罪名已经足够让桓帝震怒并付诸行动：桓帝当即下令，在全国范围内搜捕党人，并且把他们的罪行布告天下，要激起天下人的共同愤怒。案子送到三府（太尉、司徒、司空）时，太尉陈蕃拒绝联合签署。桓帝就干脆把李膺等人交给由宦官主持的黄门北寺狱刑讯逼供，同时以用人不当的罪名免了陈蕃的职务。这次党锢案牵连到二百多人，有的已经逃跑，就悬赏捉拿。逮人的使者络绎不绝，相望于道，中国历史上第一次大规模的迫害知识分子的行动就这样开始了。

第二年，已回归故里颍川的太学生贾彪，对同志说："吾不西行，大祸不解。"于是他赶到洛阳，劝城门校尉窦武和尚书霍谞疏救党人。窦武刚刚做了桓帝的老丈人，他的女儿前一年被立为皇后。他同情党人，也想借党人之力有所作为，便与霍谞一起上书为党人鸣冤。他甚至以辞职相威胁，同时又以天变来恐吓桓帝，使至今未生一子的桓帝有所惧怕。而宦官在审讯党人时，党人的供词中又涉及很多宦官及其子弟违法乱纪的事，宦官也不敢把事情闹大，也以天变为由，要求桓帝大赦党人。桓帝赦出党人，把他们全部遣送回乡，党人的姓名，都登记在王府，永不录用，禁锢终生。

灵帝即位，窦武与陈蕃掌握大权，重新起用李膺等人，桓帝的党锢令实际上已经解除。但很快，窦武、陈蕃被宦官杀害，李膺等人再次被废，并且在此后的每次朝廷文件中，都要重申当年对党人的禁锢令。建宁二年（169 年），侯览唆使张俭的同乡朱并又告发张俭等二十四人"共为部党，图危社稷"，灵帝下诏逮捕张俭等人。大长秋曹节抓住机会，要把党人一网打尽，唆使有司奏捕上届党人包括李膺、杜密在内的一百多人，把他们称为"钩党"。他拿着请求逮捕"钩党"的奏疏让十四岁的灵帝签字，灵帝不知道"钩党"是什么东西，曹节说："钩党就是党人。"灵帝问："党人干了什么坏事，要杀他们？"曹节回答说："他们结为一党，欲为不轨。"灵帝又问："不轨又怎么样？"曹节回答："不轨就是推翻国家呀！"于是灵帝同意了他们的奏章。李膺等一百多人皆死狱中，杜密等自杀。各地官吏抓住机会，大肆整人，把平日有怨仇的人，都诬告为党人，从而置之死地。全国因此而死亡、流放、免官禁锢的达六七百人之多。

熹平五年（176 年）党锢之禁又扩大化：永昌太守曹鸾上书为党人鸣冤，灵帝大怒，即刻下诏用囚车逮捕曹鸾，送槐里狱打杀。接着下诏诸州郡追查党人的门生故吏父子兄弟，其在位者，一律免官禁锢，株连的范围到了五属。

中平元年（184 年），黄巾起义已经爆发。中常侍吕强乘机对灵帝说："再不释放党人，如果他们与张角合谋，麻烦就大了。"这时灵帝才感到害怕，乃大赦党人，流放的人也还归故里。但一切都已经晚了，汉朝的气数已尽。

据何满子先生的推算，这两次党锢之祸几乎把当时全国所有知识分子都网罗进去了（《中古文人风采》），是整个民族的一次文化大灾难。

二

　　这是一个残忍的时代。整个汉代都是残忍的。到了它的末日，其残忍的程度更深。皇帝对大臣残忍，大臣之间互相残忍，清流与浊流你死我活，宦官权豪残民以逞。桓灵之际的中国，简直不似人间！

　　梁冀的残忍好杀已如前述。宦官网罗天下文人名士，尽数屠杀，是最大的残忍。前面还提到过张让之弟张朔杀孕妇取乐，徐璜之弟徐宣一边喝酒一边射杀李暠之女，都极残忍，以杀人取乐为目的。为取乐而杀人，其人心之残忍令人发指。宦官王甫的养子王吉，尤其残忍。他为沛相时，只要杀人，都要把尸体放在车上，拉着到下属各县巡回示众。夏天尸体腐烂，就用绳子把骨头穿起来，一定要把一郡都游完为止。见到的人，无不恐惧万分。他在那里做了五年官，竟杀了一万多人！

　　宦官残忍，而别人对宦官，也同样残忍。这是一个冤冤相报的时代，没有一场大毁灭不能了。王吉的残忍行径激怒了一个人，即阳球，范晔把他列入《酷吏列传》。阳球常常在家拍着大腿发恨，说：我阳球要是做了司隶校尉，还能让王吉这种混蛋活下去吗？不久，他果真出任司隶校尉。他乘王甫休假，太尉段颎因日食闭门思过的机会，面奏灵帝，收捕王甫及其养子王萌、王吉，及与宦官同流合污的太尉段颎，送洛阳狱。这下阳球可以发发多年郁积的怨毒之气了！他亲自到场，拷问王甫等人。亲自到场，为的就是满足那种虐杀的快感。这个社会已经让所有的人的内心都郁积了巨大的、可怕的、邪恶的心理能量，人人都有仇，人人都渴望嗜血，渴望复仇。阳球亲自监审，"五毒备极"——各种酷刑全部用上，但求泄恨。王萌也曾做过司隶校尉，他请求能给他的养父王甫减轻一些酷刑，阳球骂道："你们这些人恶贯满盈，死有余辜，还减什么刑！"王萌自知必死，毫无求贷的侥幸，也骂："你以前侍奉我们父子，就像一个奴仆。奴仆敢反叛主人吗？现在你这样逼迫我们，不久你自己也要完了！"（他这话倒说对了，在阳球痛杀王甫父子不到一年，他即被宦官杀害）阳球把土块塞进王萌的嘴，棍棒交加，王甫父子三人被活活打死。段颎曾禀承宦官之意，害人无数，此时也自知难逃一死，与其让人虐杀，不如早日自己了断，遂自杀于狱中。

　　阳球把王甫陈尸示众，并在尸体旁边插着一块大木牌，上书四个大字："贼臣王甫。"死后磔尸，已成了那个时代的普遍手段，即使对手死了，都不足以平息内心的仇恨。这仇恨到底有多大？有这么多的仇恨蓄积在人心里，不出黄巾才怪！不死人如麻才怪！黄巾、董卓而后，中原地区"生民百遗一"，"故土人民，死伤略尽"（俱引自曹操诗、文），祸根由朝廷种下，灾难却由人民承担，天地不仁！

阳球并非正义之人，他陷害蔡邕时也不择手段，必欲置之死地而后快。但他对王甫父子的捕杀，确实大快人心，且越酷毒，越能餍快众意，这实在是民间郁积的仇恨太多了！这还是小小的释放。大的释放，就是起义，就是无秩序的暴力，不仅摧枯拉朽，也摧拉一切秩序与道德，只求复仇，只求泄恨。

甚至，死者已埋入坟墓，也不放过。宦官侯览家在山阳郡的防东县，其家属为害一方，残破百姓。他的母亲也横行霸道，她死后，侯览大起坟冢。时翟超任山阳太守，张俭为东部督邮。张俭上书，告发侯览葬母僭越国家制度。侯览截获奏章，不报。张俭大怒，破坟戮尸，没收财产。侯览作恶多端，死有余辜，但至于被人挖祖坟，对中国人而言，就不免过分。所以，范晔在《酷吏列传》中议论道：

> 阉人亲娅，侵虐天下。至使阳球磔王甫之尸，张俭剖曹节（按应为侯览）之墓。若此之类，虽餍快众愤，亦云酷矣。

这段议论确实是很有见地。范晔对他的《后汉书》颇为自信。我在读《后汉书》过程中，常常觉得他的自信是有一定道理的。《后汉书》比之于《史记》《汉书》，其最大的优点，即在议论。范晔眼光确在很多地方远超班固而比肩司马迁。像这一段话，实际上包含着这样的认识：宦官的残忍与仇恨，换来别人对他们的残忍与仇恨，而用残忍与仇恨来报复前一个残忍与仇恨，其结果便是全社会的残忍与仇恨，且程度不断加深。更可怕的是，在这种情形下，国家法度被抛弃了，一切都变成了个人复仇。有人肆无忌惮地破坏法度，另一些人就干脆用复仇的方式将法度取而代之。仇恨生了根，残忍发了芽，国家权威却无影无踪，社会弥漫着仇恨而四分五裂，汉家的天已没法补了。

三

范晔所说的"若此之类"的事情还很多。张俭剖侯览母墓，朱穆也破赵忠父坟，陈尸出之。党人对宦官毫不留情，党人的"仁"一丝也不假与宦官，这就是所谓的"婞直"之风。在惩恶的一面，"婞直"其含义就是残忍。李膺杀张成，杀张朔，都毫不手软，不杀之不足以平民愤，变为不杀之不足以平己愤，以至于一般有污点的官员，见到这种绝对道德主义的党人，多望风弃官而逃。道德不仅成为党人的旗帜，更是他们手中的无情剑。同时，党人严惩宦官贪官时，往往牵连众多，且无视大赦令。成瑨收捕张汜，遇赦，仍杀之，并杀其家族二百余人；小黄门赵津，为一县巨患，刘质讨捕，于赦后杀之；李膺杀张成，亦于赦后强行杀之。这样下去，小人为不道德的目的玩弄法律，党人又为了道德的目的而破坏法律，国家的制度及秩序在这两面夹攻下遂告崩溃，朝廷对社会的控制亦告无效，皇帝的威信扫地以尽。

仇恨填胸，往往不分青红皂白。从陈蕃、窦武至何进、袁绍，他们要杀的，不仅仅是作恶的宦官，而且是所有的宦官。窦武对太后说，宦官"宜悉诛废"（《后汉书·窦武传》）；袁绍以为宦官"不悉废，后必为患"（《后汉书·何进传》），这样极端的认识必然导致极端的行为，而极端的行为当然会产生不良的后果并遭至异乎寻常的反抗，从而增加行动的成本。窦太后就对窦武说："但当诛其有罪，岂可尽废耶？"（《后汉书·窦武传》）何太后也对何进说，没有宦官，难道让我直接面对那么多的男性大臣？张钧上书灵帝，请斩十常侍，灵帝怒曰："这小子说话太恶毒。十常侍中有一个好人不？"这种反抗，正是党人最终导致失败的祸根之一。

窦武、陈蕃谋诛宦官，本来可以说是胜券在握，所以他们自己也十分大意。刘瑜以窦武名义奏捕所有宦官的奏章连夜送进宫中，掌管奏章的人告诉了宦官、长乐五官史朱瑀。朱瑀打开奏书一看，立刻怒火万丈，说："宦官中放纵不法的人，当然可以诛杀。可我们有什么罪？都要被灭族？"于是，朱瑀召集十七名宦官，对天发誓，誓杀窦武。他们挟持皇帝和太后，下诏逮捕窦武，形势急转直下。窦武在进行不到一天的无效抵抗后自杀，陈蕃被宦官用马踏死。像朱瑀这样的宦官，此前并无什么劣迹，此后也没做多少坏事，从他的话来看，他也并不支持作恶的宦官。党人不给他生路，把他推到对方去，让他成了决定成败的关键，是党人的重大失策。如果他站在党人这边，或者做个中间派，历史都会改写。胜败有时真的只在一线之间。

何进之死，与此相似。当何进被宦官张让挟持时，宦官斥责何进：天下一派混乱，也不单是我们这些宦官的罪过……现在你们要灭掉我们的族种，不是太过分了吗？你们指责我们内宫的人都是肮脏的，你们这些大臣，自公卿以下，哪一个是忠义清白的？！"天下愦愦，亦非独我曹罪也……今乃欲灭我曹族种，不亦太甚！卿言省内秽浊，公卿以下忠清者为谁？"（《后汉书·何进传》）于是尚方监渠穆拔剑斩何进于嘉德殿前。

但宦官仍然没有逃过这极端认识带来的极端屠杀。何进死后，袁绍闭宫门，指挥军队屠杀宦官，无论少长皆杀之，甚至有因没有胡须而被误杀的，有些人只好脱下裤子露出健全的阳物以证明自己并非宦官。此次屠杀，被杀者两千多人。宦官集团，以作恶始，而以最残酷的灭绝终。

四

而党人又怎样呢？实际上他们也被灭绝了。但他们杀了身，却并没能成仁：难道"仁"只是道德主体的自我完成？如果"仁"是指一种社会目标，那他们以惨烈的个体毁灭甚至整个群体毁灭为代价的行为确实没有达成这一目标。恰恰相反，他们的所作所为，在一定程度上还偏离了这个目标。他们以绝对道德主义的面目出现，他们以维护国家道德与法律的面目出现，但他们的所作所为却在很大程度上破坏了国家法律和秩序。他们的婞直演变为残忍，他们以道德命令来代替法律和社会秩序。这是一种制度上的倒退。甚至他们自己都不能完全正义凛然地面对来自反面集团的诘问，何进不能回答张让；陈蕃不能回答王甫；窦武不能回答朱瑀；善辩的范滂对王甫的"结党"斥问也不能从正面回答。宦官那边是弄权；党人这边是"弄德"；宦官的残忍是权力的残忍，是恶的残忍，是私的残忍；党人的残忍是道德的残忍，是善的残忍，是公的残忍。我们把党人的残忍换一个词，叫"婞直"，但不能改变这个词所指的那种精神状态，更不能改变其表现形态。

对这种婞直残忍之风有所警觉，并身体力行加以改变的，有王畅和张敞。

王畅是后来著名的建安七子之首王粲的祖父，他也曾做过司隶校尉这样最能恣意逞快表现残忍的官，而他最初的表现也确实以严明著称。后来被免官。桓帝时，让三公推荐人才，陈蕃就推荐了王畅，其推荐理由即是：清方公正，有不可犯之色。也就是说，王畅原先也是一个婞直的人物。他到南阳做太守，南阳是汉光武的家乡。帝乡贵戚多，在他之前，在南阳做太守的人，惧怕这些贵戚，都不能履行正常的法律。王畅深以为疾，一到任，"奋厉威猛，其豪党有衅秽者，莫不纠发"。当他要依法惩治这些人时，赶上朝廷大赦，他只好又把这些人放回去了。但他越想越生气，又罗织罪名，下令那些受赃二千万以上的人，不来自首，就没收家产；若外有藏匿家产，就派官吏"发屋伐树，堙井夷灶"——推倒房子砍掉树木，埋掉水井踏平灶台，弄得"豪右大振（震）"，其作风与李膺、范滂一样。此时，一个人出来，改变了他的作风。他手下有一功曹，叫张敞，以宽仁之教劝他，告诫他："发屋伐树，将为严烈。虽欲惩恶，难以闻远。"所以，"恳恳用刑，不如行恩；孳孳求奸，未若礼贤……化人在德，不在用刑。"（《资治通鉴》卷五十五）王畅这样暴烈的人，竟然对张敞的劝诫言听计从，大概他自己也确实意识到了这个问题，从此"更崇宽政，慎刑减罚，教化遂行"。在张敞的话和王畅后来的行为里，我们看到了党人中最缺少的东西：立善。党人致力于惩恶，不惜以暴制暴，其结果，则是道德之善与仁反而遁逃无形。这是他们最大的不幸，最大的失败，也是这个时代的最大不幸与失败。

建安烈士
不朽的大纛

一

　　"建安"是汉献帝的年号，但却是曹操的时代。是曹操开创了这个时代并掌握着这个时代，朝廷大权在他手中，这个时代的优秀人物也围绕在他的周围，他是真正的中心人物——无论是政治上的还是文学上的。这个时代的文人，生活在末世与乱世，目睹种种淋漓的鲜血，被迫直面惨淡的人生，但由于旧有的秩序被打乱了，他们反而有了进身的机会。纷乱的社会，也刺激了他们重整乾坤的兴趣与雄心壮志，黯淡的感伤与寂寞的无奈一扫而空。他们忽然发现，自己正面临一片荒野，拓荒的欲望与自豪油然而起。中国的文人，历来都把自己的文学才能等同于政治才能，建安之际，正有这样一群有着高度的文学自信的文人：

　　昔仲宣独步于汉南，孔璋鹰扬于河朔，伟长擅名于青土，公幹振藻于海隅，德琏发迹于此魏，足下高视于上京。当此之时，人人自谓握灵蛇之珠，家家自谓抱荆山之玉。（曹植《与

杨德祖书》）

乱世中的这批文人，在他们走上历史前台之前，就曾"独步""鹰扬""擅名""振藻"，眼高于顶（"高视"），鹤立鸡群（"发迹"）。这是一种自信心，是欲拯救苦难社会的责任心，也是一种贵族式精神状态，一种高贵的、纯粹的、脱离了低级趣味和颓废情调的品质：

咸以自骋骥骤于千里，仰齐足而并驰。（曹丕《典论·论文》）

文帝陈思，纵辔以骋节；王徐应刘，望路而争驱……慷慨以任气，磊落以使才。（《文心雕龙·明诗》）

这是历尽苦难后的意气风发，是长期受压抑后终于喷薄而出的激情。从汉代"清议"以来，我们久没有从知识阶层中发见这种激情了：

自从汉献帝流离迁移，文人也如蓬草一般随风飘转。直至建安末年，中原才得平安。魏武帝曹操以丞相和魏王的尊贵，平素就爱好诗章；魏文帝曹丕以太子的重位，善于作文写赋；陈思王曹植以公子的豪贵，笔下琳琅满目。同时，他们还体贴尊重英才逸士，所以他们身边的英俊之才如同彩云环绕：

王粲（仲宣）从汉水之南的荆州前来委身投靠；陈琳（孔璋）从黄河之北的冀州来归顺从命；徐幹（伟长）从青州来做官；刘桢（公幹）自海边来任职；应玚（德琏）集中表现了他斐然成章的文思；阮瑀（元瑜）施展表达了他风度翩翩的志趣。路粹（文蔚）繁钦（休伯）之辈，邯郸淳（子叔）杨修（德祖）之类，在酒席前风流倜傥，在坐席上侃侃而谈，挥洒之间便成酣畅之歌，研墨之际便出谈笑之文。看他们那时的文章，都喜欢慷慨激越之声，真是因为当世多年累积的战乱与流离，风气衰颓，民情怀怨，再加上作者们志向深沉感慨深长，所以他们的作品慷慨悲壮而气势不凡啊。

原文：自献帝播迁，文学蓬转。建安之末，区宇方辑。魏武以相王之尊，雅爱诗章；文帝以副君之重，妙善辞赋；陈思以公子之豪，下笔琳琅。

并体貌英逸，故俊才云蒸：

> 仲宣委质于汉南，孔璋归命于河北，伟长从宦于青土，公幹徇质于海
> 隅，德琏综其斐然之思，元瑜展其翩翩之乐。文蔚休伯之俦，于叔（当作
> 子叔）德祖之侣，傲雅觞豆之前，雍容衽席之上，洒笔以成酣歌，和墨以
> 藉谈笑。观其时文，雅好慷慨，良由世积乱离，风衰俗怨，并志深而笔长，
> 故梗概而多气也。（刘勰《文心雕龙·时序》）

建安时期的那种"志深笔长，梗概多气"一定深深地激动着和尚刘勰，以
至于他这段文字写得如此酣畅，我们一口气读完，然后废书而叹，对那一段生
活心向往之，甚至忘了那恰是一段最为苦难的时光。精神上的发舒已弥补了太
多的委屈。这段话，很形象地说明了建安文人曾经有过的"蓬转"的生活经历
以及归曹后的意气风发。

曹氏父子三人，不仅自己是文坛高手，曹操还"设天网以该之，顿八纮以
掩之"，把天下文人收罗在自己周围，且能"体貌英逸"，反对"文人相轻"，
对文学及文人，不因不懂而蔑视，也不因半懂而嫉妒，更不因太懂而多疑，所
以，才区宇之内"俊才云蒸"。曹操之外，丕、植都成了建安作家的朋友，是
文友，亦是酒友，这在中国历史上是很难得的。我们看他们的生活，除了这段
话中的"洒笔以成酣歌，和墨以藉谈笑"外，还有众多的记载：

> 昔日游处，行则连舆，止则接席，何曾须臾相失！每至觞酌流行，
> 丝竹并奏，酒酣耳热，仰而赋诗。（曹丕《与吴质书》）

> 并怜风月，狎池苑，述恩荣，叙酣宴。（《文心雕龙·明诗》）

> 公子敬爱客，终宴不知疲。
> 清夜游西园，飞盖相追随。
> ……
> 飘飖放志意，千秋长若斯。
> （曹植《公讌》诗。按：应玚《侍五官中郎将建章台集诗》："公子
> 敬爱客，乐饮不知疲。"此两处"公子"，皆指曹丕）

永日行游戏，欢乐犹未央。

遗思在玄夜，相与复翱翔。

辇车飞素盖，从者盈路旁。

（刘桢《公讌》诗。作《公讌》诗者，还有王粲、应玚、阮瑀，陈琳有《宴会》诗，皆记一时宴集之盛也）

昔我从元后，整驾至南乡。

过彼丰沛郡，与君共翱翔。

四节相推斥，季冬风且凉。

众宾会广坐，明镫熺炎光。

清歌制妙声，万舞在中堂。

金罍含甘醴，羽觞行无方。

长夜忘归来，聊且为太康。

四牡向路驰，欢悦诚未央。（刘桢《赠五官中郎将》其一）

这种生活，这种对现实政治的参与感，不正是被迫疏离政治的《古诗十九首》的作者们所梦寐以求的吗？社会的大变动，旧有秩序的崩溃，造成权力、地位、财富的再分配，建安作家在经过颠沛流离之后，通过归顺曹操，一下子成为身处政治中心的人物，成为政治圆桌会议中的一员，并且与最高权势者有良好的互相信赖与支持，甚至等同僚友。于是，他们自然而然地焕发出了极高的政治热情：

窃慕负鼎翁，愿厉朽钝姿。

不能效沮溺，相随把锄犁。（王粲《从军行》其一）

出于对曹操的敬慕与信赖，王粲要学那"负鼎调五味"（《韩诗外传》）而后成为商汤贤相的伊尹，竭尽自己的驽钝来效力于曹操，效力于时代，而不愿学那隐居不仕的长沮、桀溺。"七子之冠冕"的王粲，他的这种心态也可以代表其他六子，甚至代表当时北方的一般文人。曹操手下的如云谋士，就是在这种力求有补于世并信赖曹操的心态下投奔而来的。

《古诗十九首》的对生命短暂的体认，在这里仍然是延续的，这种感觉非但没有在"踞要路津"之后的酒酣耳热中迟钝，反而在乱世淋漓的鲜血与纵横的白骨中更加突出而刺痛人心。所不同的是，在面对这一永恒困惑的挑战时，建安作家所采取的态度不再是那种用高密度高强度的个体灵肉享乐来试图增加生命密度以相对延长生命的消极对抗，而是认识到，人的物质生命是有限的，精神的影响却可以流布千古，换句话说，人可以通过短暂的现世努力，建立永久的精神之流，从而不朽。而这种"不朽"，是必须建立在社会认同的基础上的，没有社会的认同，就没有社会与他人的传布；没有他人与社会的传布，精神之流就会中断，不朽也就成了一句空话。所以，"不朽"的前提，即是人对社会的参与与融合，是人对社会价值的认同与弘扬，是人对社会有所供奉后而获得的褒奖。

"不朽"这个词所代表的那种生命内涵与社会价值，在建安作家那里被作为了一种追求的目标，而达成这一目标的方式，除了玄虚的所谓"立德"外，可行的便只有两种：立功与立言。建功立业或著文立言，于是便成了建安文人痴痴追求的理想，也是他们对上一世纪末"人生短暂"这一挑战的出色回答。他们抛弃了"及时行乐"的无奈，而代之以焕然一新的人生拼搏。这种以立功、立言为目标的人生，是魅力无穷的，是使得后世作家们翘首企羡并私怀无限敬意的。这是血腥荒野上傲放出来的花朵，面对平原上的累累白骨，这花朵感伤但不无奈，愤怒但不痉挛，它是一片黯淡中的鲜艳，是失血的历史两颊的红晕；是艰苦中傲世而出的卓绝；是无涯的人生苦难中放逸而出的风流；是清贫中亭亭玉立的美丽；是漫长的悲怀之后爆发而出的壮烈；是充满血与泪的时代的希望。

二

一生孜孜于建功立业的，可以曹操及曹植为代表。曹操"不戚年往，忧世不治"（《秋胡行》其二），人生短暂的痛苦转化为功业未建的痛苦，这种功业心也是社会责任心与伦理责任心。我们看他的《短歌行》：

> 对酒当歌，人生几何！譬如朝露，去日苦多！
> 慨当以慷，忧思难忘。何以解忧？唯有杜康。

青青子衿，悠悠我心。但为君故，沉吟至今。

呦呦鹿鸣，食野之苹。我有嘉宾，鼓瑟吹笙。

明明如月，何时可掇？忧从中来，不可断绝。

越陌度阡，枉用相存。契阔谈宴，心念旧恩。

月明星稀，乌鹊南飞。绕树三匝，何枝可依？

山不厌高，海不厌深。周公吐哺，天下归心。

　　一开始即是"对酒当歌，人生几何。譬如朝露，去日苦多"，以至于唐人吴兢就误以为这首诗写的仍然是《古诗十九首》的主题："言当及时行乐。"（《乐府古题要解》）直到清代的沈德潜也还在这样闭目胡说，《古诗源》卷五评《短歌行》："言当及时为乐也。"但曹操"慨当以慷，忧思难忘"之"忧"，却不是"譬如朝露"的人生，而是功业未建，贤才未附，故他的结论不是"及时行乐"，而是要"周公吐哺，天下归心"，招致人才，从而"早建王业"（张玉谷《古诗赏析》），难怪张玉谷要嘲弄他们"何其掉以轻心"！全篇"曲曲折折，絮絮叨叨，若连贯，若不连贯，纯是一片怜才意思"（吴淇《六朝选诗定论》），而风格则"跌宕悠扬，极悲凉之致"（陈祚明《采菽堂古诗选》卷五）。

　　这首诗共分八解。第一解由此刻当下之"对酒当歌"之乐（"当"可理解为"合当"之"当"，也可理解为"对当"之"当"，与"对酒"之"对"同义），而突悟"人生几何"之悲，正是乐极生悲。而此"悲"，在第二解又转为"忧"，正是这一转，体现了建安诗人由生命本体之"悲哀"转向关注社会之"忧患"。但要说明这一点，我们还要往下看，以了解曹操"忧"的是什么。接下去，他两引《诗经》成句，关念"子"，牵挂"君"，欢宴"嘉宾"，乃是在提示我们，他之"忧"，是由于对一些人的思慕，"忧从中来"，且"不可断绝"。

　　那么，他所思慕的是什么样的人呢？第六解没有回答，但是写出了在想象之中，他已与他思慕的这些人"契阔谈宴，心念旧恩"了。只是到了第七解，他才用一个非常传统的比兴告诉了我们他所思慕的是什么人：他用"良禽择木而栖"，来喻"贤才择主而事"，从而我们明白，他所思慕的，就是在那样的纷争时代最稀缺也最重要的人才！他的忧，就是惧怕这些南奔北走恓惶不定的人才不来投奔他！所以第八解才用一个比兴，一个典故，表达他对人才的容纳与礼遇，以期天下人才归之如百川之归海，而以儒家的大圣人周公自比，除了表明他要做忠臣、圣臣，不做篡臣，向天下表明心迹，也是一种自我勉励，同时，还可以看出他对事功的重视，入世的精神。

钟惺《古诗归》卷七亦云："老瞒生汉末，无坐而臣人之理。然其发念起手，亦自以仁人忠臣自负。"我们看曹操的《蒿里行》《苦寒行》，知道他深感痛苦的不是那生命尽头的死亡，而是生命当下所体验到的现实的伦理痛苦与伦理关怀：社会崩溃，生灵涂炭，以及他自己作为该时代的独特分子所体味到的种种艰辛：

> 关东有义士，兴兵讨群凶。初期会盟津，乃心在咸阳。
> 军合力不齐，踌躇而雁行。势利使人争，嗣还自相戕。
> 淮南弟称号，刻玺于北方。铠甲生虮虱，万姓以死亡。
> 白骨露于野，千里无鸡鸣。生民百遗一，念之断人肠。
>
> （《蒿里行》）

是什么让他念念不忘，痛断肝肠？是万姓的死亡，是生民的涂炭，是"白骨露于野，千里无鸡鸣"的现实。这首诗充分体现了曹操对现实人生的伦理关怀，剔除了汉末以来文人的愤世嫉俗与尖刻不屑，不再是远避肮脏洁身自好的眼冷心冷，而是积极介入当时纷争，是大慈悲、大关怀，是为理想而战的战士的热心肠。

他对生命流逝的感受同样是尖锐的，"造化之陶物，莫不有终期"，但这既已是不可更改之自然铁律，"圣贤不能免，何为怀此忧？""陶陶谁能度？君子以弗忧"（《精列》），他毕竟是有内在大坚定大执著的人，他把这恼人的问题——恼了两汉多少聪明人——轻轻地拂过一边，只是叹息"年之暮奈何，时过时来微"，留给自己的生命已然不多，可要做的事又太多，这才是他真正忧虑的。能说明他思想上这种由怜惜自我转向怜悯广大众生的苦难的最好的例子，正是他的两首乐府旧题诗：《薤露》与《蒿里行》。这两首汉代的挽歌在他那里一变而为纪时事悯乱伤时的"诗史"。《蒿里行》已上见，我们再看他的《薤露》：

> 惟汉廿二世，所任诚不良。沐猴而冠带，知小而谋强。
> 犹豫不敢断，因狩执君王。白虹为贯日，己亦先受殃。

贼臣持国柄，杀主灭宇京。荡覆帝基业，宗庙以燔丧。

播越西迁移，号泣而且行。瞻彼洛城郭，微子为哀伤。

（《乐府诗集》卷二十七）

　　这里有着曹操的傲慢，凭他的智谋，他也确实有资格一笔抹杀桓灵以来的各色人物。即便是道德上，他又何尝不能傲视群雄？道德不仅是批判，还有建设。批判旧时代，固然可以很好地表现道德，而且很轻松，但重建新时代，解民倒悬，是更为道德的行为，且要有绝大的付出，绝大的承担。曹操的行为，庶几近之。

　　在汉末，那一群争势利、自相戕的军阀，哪里是什么讨凶的"义士"？只不过是一群扰乱天下，涂炭生灵的罪魁祸首罢了。在讨伐董卓的名义下啸聚到四世三公门生故吏遍天下的袁氏旗帜下的各路人马中，实际上只有曹操敢撄其锋，与董卓的军队"力战尽日"（《三国志·武帝纪》），为流矢所中，所乘之马也受创，是从弟曹洪把自己的马让给曹操，才使他得以脱身夜遁。虽然此战他以失败告终，但正由于他的不屈不挠，力战尽日，才使得董卓的军队不敢轻忽对手，也引兵而还。逃归酸枣后，曹操仍然力劝诸将以天下为重，讨伐董卓，并为之出谋划策。在汉末的群雄之中，曹操是极少的还以国家天下为念的人物，这一点，恰恰为宋明以来的士大夫所忽视，当他们在理学的道德主义史学观念的影响下，对曹操大吐口水时，他们是严重缺乏客观公正的眼光的。

　　事实上，综观曹操一生，他在大事上，是不糊涂的，是有是非的。也就是说，他的行为是推动了历史而有益于当时的人民的。还要注意到的是，虽然后来的《三国演义》把刘备塑造成明君的形象，但历史上的刘备，与当时的袁绍、袁术、公孙瓒、吕布诸人一样，只是浑水摸鱼的主儿，只是面对一块肥肉，张口撕咬的主儿。他们可能有自己的人生目标，但很难说他们有政治上的理想，有廓清天下重整乾坤拯救生灵的道德上的目标，道德在他们那里，只不过是他们争权夺利攻城略地时的幌子罢了。只有曹操，在那样的乱世之中，还抱有类似的理想并为之奋斗，这也正是他不仅成为北方的实际统治者，而且也成为文坛盟主，吸引了当时全国范围内几乎所有的一流、二流文人的内在原因，他确实具有这样的精神高度与精神感召力。我们看他的《对酒》：

　　对酒歌，太平时，吏不呼门。王者贤且明，宰相股肱皆忠良。咸礼让，民无所争讼。三年耕有九年储，仓谷满盈。斑白不负戴。雨泽如此，百谷用成。却走马，以粪其土田。爵公侯伯子男，咸爱其民，以黜陟幽明。子养有若父与兄。犯礼法，轻重随其刑。路无拾遗之私。图圄空虚，冬节不断。人耄耋，皆得以寿终。恩泽广及草木昆虫。

他的《度关山》表达了大致相同的政治理想：国家统一，君主贤明，执法公正，民人不争，百姓安乐，五谷丰登。而开头的"天地间，人为贵。立君牧民，为之轨则"，则更是在乱世一片敲扑离散涂炭之中，难得的"人权"之声。虽然他本人在特定的时刻也未必能做得到，但在那样的惨刻的时代，这样的恤护人民的声音，弥足珍贵，这种提醒，也很重要。即便是丑化曹操的《三国演义》，也一再提到，曹操攻城掠地之时，总是下令严禁杀害百姓。王粲在作于献帝初平三年（192 年）的《七哀诗》中，有这样的句子：

> 南登霸陵岸，回首望长安。
> 悟彼《下泉》人，喟然伤心肝。

霸陵上葬着汉代的一代明君——汉文帝，在王粲的眼里，文帝的时代，人民安居乐业，国势强盛，而今日他回望的长安，则是"西京乱无象，豺虎方构患"的，所以他在此时此刻，才了悟《诗经·曹风·下泉》诗中所蕴含的为昏君奸臣所凌虐而无告的痛苦以及渴望明君贤臣的心情，因此这几句诗包蕴着他盼望出现圣君贤臣，从而重整乾坤，重铸大汉昔日辉煌的强烈愿望。这是他后来力劝刘琮投降曹操的思想基础。作为"七子之冠冕"（刘勰评王粲语），王粲的诗歌一再歌颂曹操，表达他的真诚向慕之心。显然，他是把时代的希望寄托在曹操身上的。他的这种政治态度颇遭后人诟病，如许学夷《诗源辩体》就说王粲："诗虽显明，而日就猥下，殆与缪袭《鼓吹曲》相若。"但七子里面，最与曹操作对的孔融，也写过"郭李分争为非，迁都长安思归。瞻望关东可哀，梦想曹公归来"（《六言诗三首》其二）的诗句。不可否认的是，曹操确实是那个时代的希望。我并不是说曹操是多么完美的一个人——假如我们不得不用道德的眼光来看待历史人物的话。他是有能力给那个一塌糊涂的时代带来希望的，也是事实上给那个时代带来了希望的：

孤始举孝廉，年少，自以本非岩穴知名之士，恐为海内人之所见凡愚，欲为一郡守，好作政教以建立名誉，使世士明知之。故在济南，始除残去秽，平心选举，违迕诸常侍，以为强豪所忿，恐致家祸，故以病还。

去官之后，年纪尚少，顾视同岁中，年有五十，未名为老，内自图之，从此却去二十年，待天下清，乃与同岁中始举者等耳。故以四时归乡里，于谯东五十里筑精舍，欲秋夏读书，冬春射猎，求底下之地，欲以泥水自蔽，绝宾客往来之望。然不能得如意。

后征为都尉，迁典军校尉，意遂更欲为国家讨贼立功，欲望封侯作征西将军，然后题墓道曰"汉故征西将军曹侯之墓"，此其志也。

而遭值董卓之难，兴举义兵。是时合兵能多得耳，然常自损，不欲多之。所以然者，兵多意盛，与强敌争，倘更为祸始。故汴水之战数千，后还到扬州更募，亦复不过三千人，此其本志有限也。

后领兖州，破降黄巾三十万众。又袁术僭号于九江，下皆称臣，名门曰建号门，衣被皆为天子之制，两妇预争为皇后。志计已定，人有劝术使遂即帝位，露布天下。答言"曹公尚在，未可也"。

后孤讨禽其四将，获其人众，遂使术穷亡解沮，发病而死。及至袁绍据河北，兵势强盛。孤自度势，实不敌之；但计投死为国，以义灭身，足垂于后。幸而破绍，枭其二子。又刘表自以为宗室，包藏奸心，乍前乍却，以观世事，据有当州，孤复定之，遂平天下。

身为宰相，人臣之贵已极，意望已过矣。今孤言此，若为自大，欲人言尽，故无讳耳。设使国家无有孤，不知当几人称帝，几人称王。

…………

这是曹操有名的《让县自明本志令》的前半部分。我不厌其烦地大段引用，也就是要与大家一同看看曹操的"志"及其变化。从这段叙述中，我们可以看到，曹操的志向有四次变化：先是欲做一郡守，好作政教以建立名誉，此"治世之能臣"也；随后他发现在那样的黑暗世道中他不大可能保持一己的皓皓之白，便辞官待时，而有"读书之志"；再后来便是在朝廷征召之下为都尉，欲为国家讨贼立功，而有"封侯之志"；黄巾之乱，董卓之难，他又以讨伐董卓为己任，接着便是灭二袁，平荆州，定北方而平天下。是时势造出了他这个英雄，同时，他这个英雄又推动了时代。他随着时代的不同，国家需要的不同而不断调整自己的志向和目标，而他的志向又总是代表着时代的发展方向，而使大乱走向大治。

值得注意的是，他从来没有把兴趣放在汉末特别盛行的"性命"之上（性者，人性；命者，命运）。他不是内省的，而是外向的，他犀利而深刻，甚至有些毒辣虐戾的目光一直紧盯着外部世界的千变万化。这种对现实的介入，正是"平治天下舍我其谁"的儒家入世精神的最好体现。可见，即便完全从道德角度评价，假如我们不局限于所谓的"君臣大义"这一点，曹操也是可以得高分的。更何况即使在"君臣大义"这一点上，他毕竟也没有篡夺之实呢。再进一步戳穿了说，如果曹操真的"篡夺"了，他自己变成"君"了，这迂腐的"君臣大义"之网，反而打不着他了。

而他的"设使国家无有孤，不知当几人称帝，几人称王"，不仅是当时的社会现实，也是当时各色人物——比如被曹操收拾掉的董卓、二袁、刘表，没有收拾掉的包括刘备、孙权等等——的道德事实，对这些人的道德成色我们信得过吗？

为什么我们一定要信周瑜、刘备、诸葛亮们为现实斗争的需要而为曹操包装的"名为汉相，实为汉贼"的公众形象，而不相信他这样"勤勤恳恳叙心腹"的真诚之言呢？

当董承、伏完等人设计杀曹操失败时，人们都为之惋惜，但我们有没有想过，这恰恰是对国家极不负责任的行为？曹操死了，董承、伏完等人能承担荷载天下的重任吗？非独董承，当时天下英雄中谁能？

然而要我就这样轻易地放弃所指挥的军队，还给有关人物，回到自己的武平侯领地去，实在是不可以的。为什么呢？我实在是担心自己丢失军权而被别人谋害啊。这既是为子孙打算，又是因为我一旦败亡则国家也将倾亡，所以我不能羡慕谦让的虚名而让自己处于实际的灾祸之中。这就是我不这样做的原因。

原文：然欲孤便尔委捐所典兵众以还执事，归就武平侯国，实不可也。何者？诚恐己离兵为人所祸也。既为子孙计，又己败则国家倾危，是以不得慕虚名而处实祸，此所不得为也。

重重文化迷雾中的曹操，是奸诈的象征，是残忍的象征，是道德的对立面。其实，他往往就是比较真实而已。他固然不代表善，但他显然可以代表真，即使在《三国演义》这样以丑化曹操为己任的作品中，曹操也是最富于人性魅力的一位。他只是真实地说出自己的真实思想，而这些思想，实际上为大多数人所共有，问题是，只有他敢于说出来——这在文章，固是"通脱"，但于那脆弱的"道德"，则是伤害，于是，曹操就成了道德的敌人，成了文化的唾液。

你看他这里说的，就是大实话：为自己计，为自己子孙计，他不能放弃兵权，因为无论朝廷内部，还是各路诸侯，想杀他的人太多。我们谁会在他的这种地位和处境中放弃权力，尤其是兵权？而为国家计，"己败则国家倾危"，岂不也是大实话？"不得慕虚名而处实祸"，不也是合乎理性的选择？他是负责任的人，担大任的人，是一个不图虚名而办实事的人。我很喜欢央视电视剧《三国演义》主题曲中的两句："担当生前事，何计身后评。"我以为这说的就是曹操，因为，他，是那英雄辈出时代的一等英雄。

谭元春评曹操《蒿里行》说："声响中亦有热肠。"（《古诗归》卷七）吴淇评《短歌行》说："从来真英雄，虽极刻薄，亦定有几分吉凶与民同患意……观魏武此作，及后《苦寒行》，何等深，何等真。所以当时豪杰，乐为之用，乐为之死。今人但指魏武杀孔融、杨修等，以为惨刻极矣，不知其有厚道在。"（《六朝选诗定论》卷五）这"热肠"，这"厚道"，既真且深，"以仁人忠臣自负"的他意识到了自己的责任，并由这份责任心而生出时不我待的急迫感。良心一旦主动，便成为责任心；责任心一旦强烈到某种程度，又会成为一种心理焦虑。建安诗人就是循着这一条合乎逻辑的伦理关怀之路，把个人的建功立业和社会重建紧密地结合在一起，而不是那种单纯的个人的荣升或成就。

三

曹植作为一位诗人，其成就可以说是臻于极致，他之前的诗人大约也只有一个屈原能压得过他。他的"立言"成就被人称为"譬人伦之有周孔，鳞羽之有龙凤"（钟嵘《诗品》上），但他更看重的，却是为现实社会做些可见的事功，为他同时代人多做一些贡献。相对于"立言"，他更看重"立功"。由于他后半生的遭际，他对建功立业的渴望愈发强烈而执著，甚至为此而蔑视文学，蔑视他天赋所在的那个领域。其实，他的政治才能并不高，他没有继位为王并进而成为世俗政权的皇帝，而是成为了文学的"皇帝"，应该是最合理的结局——上帝的安排有上帝的道理。他的兄长曹丕的文学才能可能在他之下，但政治才能一定在他之上。其实这一点哪里需要上帝来判断与安排？他俩那目光逼人的老子曹操，在短暂的观察与犹豫之后，就做出了判断与安排。可他并不甘心就此退出世俗的功业，他可以不做魏王，不做皇帝，但他需要现实的成功。从曹丕即位一直到明帝曹叡，一直到他逝世，他耿耿而不能释怀的，就是他失去了追求现实事功的机会。他后期的痛苦，全在这一点上。

事实上，以他的敏感与多才，他对生命之倏忽的感受也不在他人之下：

> 人生处一世，去若朝露晞。
> 年在桑榆间，影响不能追。
> 自顾非金石，咄唶令心悲。（《赠白马王彪》）

他尤爱白日西驰的意象：

> 白日西南驰，光景不可攀。（《名都篇》）

> 惊风飘白日，光景驰西流。
> 盛时不再来，百年忽我遒。
> 生存华屋处，零落归山丘。（《箜篌引》）

但我们看他的"捐躯赴国难，视死忽如归"（《白马篇》），"闲居非吾志，甘心赴国忧""国仇亮不塞，甘心思丧元"（《杂诗》），就知道他对死倒不怕，怕的是死亡提前来到，而自己还功业未建：

> 惊风飘白日，忽然归西山。
> 圆景光未满，众星灿以繁。
> 志士营世业，小人亦不闲。（《赠徐幹》）

这里不但没有生命短暂的无奈和哀伤，倒颇有《易》的"天行健，君子以自强不息"的精神气度。人总有一死，所以他追求一个重于泰山的死法。他"甘心丧元（首）""视死如归"，能否用自己的这颗头颅去"赴国难""赴国仇"，换得人生功业，这才是他的真心病。

> 我私下里感叹文帝（曹丕）过早驾崩，威王（曹彰）也弃世而去，唯独我是什么样的人，能经受长久的岁月？（所以）我常常担心先于朝露而消失，身体填入沟壑，坟土还未干，名声就与身体一起灭没。
>
> 原文：臣窃感先帝早崩，威王弃世，臣独何人，以堪长久？常恐先朝露，填沟壑，坟土未干，而身名并灭。（《求自试表》）

所以，他——

> 我的志向是要在这清明之世效力朝廷，在圣明之世建立功业。每次看史书，看那些古代的忠臣义士，奉领朝廷之命，以身殉国家的危难，身体虽然被杀，而功勋铭刻在景钟，名声流誉于史册，未曾不抚心而叹息啊。
>
> 原文：志欲自效于明时，立功于圣世。每览史籍，观古忠臣义士，出一朝之命，以殉国家之难，身虽屠裂，而功铭著于景钟，名称垂于竹帛，未尝不抚心而叹息也。（同上）

可惜他的这个愿望最终未能实现，他的父亲曹操活到了六十六岁，早崩的兄长曹丕活了四十岁，而他也只活了四十一岁！

四

希冀以"立言"来传名于后，从而在精神上"不朽"的，可以曹丕为代表，我们看他的议论：

> 盖文章，经国之大业，不朽之盛事。年寿有时而尽，荣乐止乎其身，二者必至之常期，未若文章之无穷。是以古之作者，寄身于翰墨，见意于

篇籍，不假良史之辞，不托飞驰之势，而声名自传于后。

说文章，"经国之大业"，乃是皇帝口吻，"不朽之盛事"，则是个人口吻。"年寿"以下，皆从普通一人立论，"不假良史之辞，不托飞驰之势"者，当然不是皇帝，不是他这样地位的人而是普通人。而普通人最大的追求是什么？他理解为"不朽"，是"声名自传于后"。在他看来，不但生命不可依恃（年寿有时——即有特定时限——而尽），且生前的享乐——荣乐，亦"止乎此身"，二者既有时限（常期），就会中断；既会中断，就无执著的意义与价值，所以，都比不上文章，文章才是无穷无尽的人生大事业。显然，"及时行乐"的思想被他否定了。

> 古人贱尺璧而重寸阴，惧乎时之过已。而人多不强力，贫贱则慑于饥寒，富贵则流于逸乐，遂营目前之务，而遗千载之功。日月逝于上，体貌衰于下，忽然与万物迁化，斯志士之大痛也。（《典论·论文》）

此段絮絮叨叨，不厌其烦，不外两个意思：一是人生短暂，忽然与万物迁化；故，二，须重寸阴而贱尺璧，通过"无穷"的文章而使声名传于后，这样就可以人死而精神长存了。

> 伟长（徐幹）……著《中论》二十余篇，成一家之言，辞义典雅，足传于后，此子为不朽矣。（《与吴质书》）

这则是一个因文章而"不朽"的例子了。此时徐幹已死，且生前于事功方面亦不像其他人那样热心迫切，但由于有了这二十篇的《中论》，足以使他虽死犹生。而与徐幹（伟长）死于同一年的应场（德琏），虽然斐然有述作之意，但却蹉跎于岁月而没有完成，美志不遂，良可痛惜。曹丕很热心地收集与编集朋友们的文集，从要使朋友们因此不朽的意图上讲，他果真是一位够格的好朋友。甚至被他父亲处死的孔融——对了，这"理不胜辞""杂以嘲戏"的孔融，还曾非常尖刻地讽刺过曹丕本人——的文章，他都下令予以收集编纂。曹植死后，明帝曹睿下诏"撰录植前后所著赋、颂、诗、铭、杂论凡百余篇，副藏内外"，这都可以看成是曹丕作风的影响。

而他本人，越到后来，企冀通过文字而不朽的思想越是强烈。建安七子中，徐陈应刘，一时俱逝，同时死于公元 217 年流行的伤寒病，王粲也死于这一年。座中豪杰，一时凋尽，音容犹在而斯人已逝，面对深宫清冷，独忆当年热闹，曹丕不免恻于物是人非，且惊惧地从孤灯阴影中望见死亡的沉重翅膀正无声地飞来，不可阻挡。于是他又勉力起坐，焚膏继晷，与生命竞赛。他也只活了四十岁。如此早衰，与他的这种"只争朝夕"有关，他为了"立言"，连生命都不爱惜了。他似乎已经意识到了，生命的价值在于质量而不在于数量，在于它所达到的高度而不在于它所延伸的长度。液体的稀释能增大它的量，也能通过减少它的量而使其浓缩，生命亦是如此。真正领悟生命的人大约都取后一种态度。曹丕亦是如此，这是对"人生短暂"的真正有哲学价值的超越与升华——

年行已长大，所怀万端，时有所虑，至通夜不瞑。志意何时复类昔日？已成老翁，但未白头耳……少壮真当努力，年一过往，何可攀援？古人思秉烛夜游，良有以也。（《与吴质书》）

"秉烛夜游"这句《古诗十九首》中的话，在这里被赋予了全新的内容。而三十多岁即认为自己"已成老翁"，这是一种焦虑的心态，为此，他"通夜不瞑"，写自己的文章或编朋友们的遗集。他不曾料到自己只能活四十岁，但他为死神的随时到来做好了准备。既然我们避不开死，那我们就随时做好准备等着它吧！曹丕在他死时，已写出了足以让他不朽的作品，其中包括中国文学史上最早的完整的七言诗《燕歌行》以及中国历史上最早的文学批评专论《典论·论文》。当死神不期而至时，他应该可以嘲弄它：我已经抢在你到来之前收拾好了，我们走吧！能跟死神这样说话，应该是人生最完美的终结。长寿与否，倒在其次。

人类的文字，以及人类对文字历史的信仰，决定了那些建功立业者，立德立言者，永垂不朽。他们既名录史册，便也永远活在现实中，正如萨特所说，这些人只是现实生活中的"缺席者"，而不是死者（《词语》）。史官文化就是"不朽"文化，尤其是在中国的文化传统中，在没有了宗教的"天堂"许诺与"地狱"威慑后，史册便是对道德的最后褒奖或最后审判，当然也就对人构成了一种精神诱惑。甚至会有人为了使后人记住他，在不能"名垂青史"之时，不惜"遗臭万年"。追求"不朽"，确实是延长生命的唯一良方，当然，这只能是精神生命。但有对精神生命追求的人，定不会堕落，这就在一定程度上阻止了道德的滑坡。同时，正如我们前面提到的"不朽"必依赖于对社会价值的坚持与弘扬，从而，为了"不朽"，一个人必须过一种道德的生活，甚至过一种维护、弘扬道德的生活。所以，追求"不朽"，其对人生的意义，主要倒不在死后，而在生前。不在死后的虚名，而在生前的人格尊严——顾及死后的名声，我们会严肃而尊严地生活。

由此，曹氏三父子对"不朽"的追求，对"功铭著于景钟，名称垂于竹帛"的史官文化的信仰，在我们这个缺少宗教屏蔽的国家道德体系中，确实应该给以更多的正面评价，并发掘其中包含的对于道德实践的意义。

五

综观曹氏父子三人对立功立言的孜孜追求，我们可以这样结论，建安诗人是痛苦的，但痛苦的原因或为之痛苦的对象，已由人生短暂的生命本体痛苦转向功业未建或文章未显的生命功能痛苦，为此，他们显示出一种集体的焦虑。这种焦虑，像一片笼罩的云气，涵盖了他们的作品，甚至也涵盖了那个时代，使得那个时代整体地显示出一种力争上游的气象。建安七子包括魏文人圈子以外的诸葛亮，都呈现出这样的一种焦虑气象。诸葛亮晚年的"知其不可而为之""鞠躬尽瘁，死而后已"，更是这种精神气象的最感人体现。与《古诗十九首》的作者相比，他们已由"多余人"而变为"烈士"（曹操自称"烈士"），悲怀壮烈，自强不息，直至"烈士暮年"，仍然"壮心不已"：

惟日月之逾迈兮，俟河清其未极。
冀王道之一平兮，假高衢而骋力。
惧匏瓜之徒悬兮，畏井渫之莫食。
步栖迟以徙倚兮，白日忽其将匿。（王粲《登楼赋》）

骋哉日月逝，年命将西倾。

建功不及时，钟鼎何所铭。

收念还房寝，慷慨咏坟经。

庶几及君在，立德垂功名。（陈琳《游览》其二）

仍然是时间与功业的矛盾。生命本无所谓长短，生命的长短是以功业的建立与否来衡量的。建安诗人的生命意识不再是无可奈何的浩叹或内心默默的体味，而是一种溢于言表的"焦虑"，是一种按捺不住的激情。

魏晋名士
向死而生

一

　　从二世纪末到整个魏晋南北朝，一个绵延不断被反复强调的话题，就是有关生与死的话题。对社会的关注，对生命的惜护，对人生的思考，构成了这一时期文学最显豁的话题，我们可以将之概括为"死之可畏"与"生之艰难"，这两点构成了自汉末至魏晋文人暗淡人生的灰色交响曲。

　　相比永恒的时间与历史，生命太短暂了。自然给我们的"生"是那么偶然，而给我们的"死"却那么必然，这是个体生命（生命总是以个体的形式存在）最大的不平。《列子·杨朱》篇言："凡生之难遇，而死之易及，以难遇之生，俟易及之死，可孰念哉！"其愤愤不平而至于恣意逞快，亦即为此。死是对个体意志的最大违背，它中断了我们的生活，中断了我们的一切梦想，夺走了我们费尽心机得来的一切：财富、权势、名声、地位等等，还中断了我们生活中的无限可能性。这种"死之可畏"，是一种与生俱来的绝对无法补救的缺憾，且还是一种深入骨髓的恐惧，因为我们不得不离开我们熟识了的一切，所留恋所热爱的一切，去那陌生的不知道有什么在等着我们的无何有之乡。黑暗冰冷的地下墓穴使我们对这无何有之乡产生不寒而栗的可怕想象。

由个体的"死"引起的一个巨大的社会问题是，死，既是由个体承担的，个体既然最终独自离去而与群体了不相关，那么，从个体角度言，一切社会价值，社会对人的道德要求，就无法得到合理的说明，这是一个没有宗教信仰的民族必然会出现的重大伦理危机。陆机《感丘赋》（《初学记》卷十四所存佚文）云：

> 生矜迹于当世，死同宅乎一丘……
> 妍蚩混而为一，孰云识其所修？

既然死后"妍蚩混而为一"，美的丑的同为一堆腐骨，那么谁能认出他们生前的立身修为？换句话说，人生的立身修为又有什么意义？《列子·杨朱》云：

> 活十年也是一个死，活百岁也是一个死。仁人圣人也是一个死，凶人愚人也是一个死。活着时德行如尧舜般高尚，死了以后不过是一堆腐骨；活着时如桀纣一般残暴，死了以后也不过是一堆腐骨。大家最后都是一堆腐骨，谁还知道生前谁是好人谁是坏蛋？且好好地在生前及时行乐吧，哪里还管死后的事情！
> 原文：十年亦死，百年亦死（此言死之不可避免）。仁圣亦死，凶愚亦死（此又言死与人的道德水准及社会行为无关）。生则尧舜，死则腐骨；生则桀纣，死则腐骨。腐骨一矣，孰知其异（此又言生前不同不能使死后有别），且趣当生，奚遑死后！

这段话说了这么几层意思：
一、死亡是谁也不能逃脱的；
二、死亡与人的道德水准及社会行为无关；
三、生前行为、品性的不同不能使死后有别。

既如此，那么，这"且趣当生，奚遑死后"便是个体合乎理性的选择。既然他死后不过是一堆腐骨，无知无觉，那生前的道德善恶又有什么意义？这个社会在他死后是变成天堂还是变成地狱，与他何干？死亡是对社会伦理价值的最严厉的挑战。死亡是个体的，价值是社会的，个体死亡便意味着他最终不属于这个社会，他与这个社会无任何瓜葛。而他生前与社会，也不过是过客之于旅馆——而过客是无须关心旅馆的，他有向旅馆索取的权利，却没有对旅馆供奉的义务。个体与社会的最终无关，当然可以合乎逻辑地推导出：个体无须遵循这个社会的游戏规则（道德规范）。

所以，必然的死亡彻底否定了一切伦理价值，儒家的"人禽之辨"在这最终的追问面前，在死神的嘲弄面前，显得苍白而无力。事实是，除了宗教，本来就没有什么坚盾能挡住死亡刺向社会价值体系的利矛。因之，死亡意识的觉醒，也就必然预示着社会道德体系的崩溃。这在三至四世纪，已经变成不争的事实。孔子当初不谈"死"，可能就是担心这样的伦理后果吧？他不能为我们建立宗教，他就只能对我们捂起"死亡"的盖子。

二

另一方面，现实世界中的苦难，不论是肉体与环境对抗产生的低级的苦痛，还是高级的精神苦难，都是由生命去感知与承受的。生命与苦难相倚相对，没有生命，便无所谓苦难。苦难是一种关系，是生命与环境的一种关系；幸福也是一种关系，也是生命与环境的一种关系。不幸的是，现实世界中幸福快乐的关系总是短暂的，而苦难往往是人生中占主导地位的内容，因而生命也就常常处于痛苦的感觉中。这就是"生之艰难"。

"生之艰难"与"死之可畏"是生命与生俱来的两大痛苦宿命。"死之可畏"乃是生命自身的痛苦，因为短暂的时间性（相对于无始无终的时间长河而言）是生命固有的属性，任何"生"，其起点与终点，背景与归宿都是"死"，这就是老庄所云的"物方生方死"，"视死如归"。因此，对于这种痛苦，不可能有现实的、物质性的解决办法，也就是说，除了在哲学上对此加以体认从而在精神上加以淡化甚至美化外，别无他路。长生与求仙，都是愚者所为，这也是《古诗十九首》的作者们认识到的：

> 万岁更相迭，贤圣莫能度。
> 服食求神仙，多为药所误。（《驱车上东门》）

　　　　仙人王子乔，难可与等期。（《生年不满百》）

　　且他们的这种观点，为后来的魏晋文人所普遍接受。这也就预示着，魏晋的文人们必须直面死亡的狰狞，而保持心跳的平稳。这实在是很为难脆弱的文人的，所以，他们在这方面发出的感叹也十分之多，其密集的程度超过了任何其他时代，可见他们内心的恐惧紧张，以及企图通过文字而缓解这种紧张的努力：

　　　　人生有何常，但患年岁暮。（孔融《杂诗》）

　　　　对酒当歌，人生几何。
　　　　譬如朝露，去日苦多。（曹操《短歌行》）

　　　　天地无终极，人命若朝霜。（曹植《送应氏》）

　　　　人生若尘露，天道邈悠悠。（阮籍《咏怀》三十二）

　　　　天道信崇替，人生安得长。（陆机《门有车马客行》）

　　　　功业未及建，夕阳忽西流。
　　　　时哉不我与，去乎若云浮。（刘琨《重赠卢谌》）

　　　　人生似幻化，终当归空无。（陶渊明《归园田居》其四）

　　　　未厌青春好，已睹朱明移。
　　　　戚戚感物叹，星星白发垂。（谢灵运《游南亭》）

　　至于"生之艰难"，则痛苦的原因在于外在世界的不完美，甚至黑暗残忍，这种现实苦难，包括直接影响生命存在的各种暴力，尤其是专制社会中的政治暴力，使人产生厌世倾向，而强悍者往往挺身反抗。

　　很明显，当生命的存在只是体验现实的苦难而不能保有自身的尊严，或者，只是恐惧地等待不期而至的暴力来结束生命的时候，生命本身即已无可留恋。生命不能以生命自身的生物性存在为目的，不能以生命自身的安全为唯一关注对象，即便是动物，其生命的存在也还赋有传递物种繁衍后代的使命。生命必须对象化，也就是说，生命必须找到实现生命价值的渠道，然后把自己体现在对象——诸如事功、名声、成就上。这是生命自身的"欲望"，也是它不能剥夺的权力。一旦这种权力被剥夺，弱小的生命会匍匐而堕落，而那些强悍的生命就会感受到无法忍受的痛苦（如阮籍），甚至会拿生命做资本与赌注，去和黑暗现实做一番较量，让生命在它的绝境上放出夺目的光彩（如嵇康）。

三

生命不能永恒，死亡不可避免，这是那时代的共识。即便如嵇康这样讲养生的人，也只能小心翼翼地说，如果导养得理，生命可得有限延长，而一般人又不可能导养得理，总是劳而无功，以至"万无一能成"。神仙又不可相信，这也是那时代的共识。即便相信神仙实有的嵇康，也承认那只是某一些"特受异气，禀之自然"的人才能达成，"非积学所能致"（《养生论》）。

长生无望，成仙虚幻，那就只能转过身来，直接面对死亡，可死后又没有去处。到此时，儒家建立在事功与德行基础上的人生观，便土崩瓦解，其最大的武器"人禽之辨"，也成为不堪一击的银样镴枪头。倒是道家上去，抵挡了一阵，这就是那大炽的玄风。一柄麈尾，一套"三玄"（《易》《老》《庄》），给苍白的人生一种病态的血色。

除了正始名士中那些玄学大师如何晏、夏侯玄、王弼而外，我们来看看那时代老庄为人们所喜好的程度。

阮籍，著有《老子赞》《通老论》《达庄论》，"博览群籍，尤好庄老"（《晋书·本传》）。

嵇康，"好言老庄"（《三国志·王粲传》），自称"老子庄周，吾之师也"（《与山巨源绝交书》）。

刘伶，"常以细宇宙齐万物为心"（《晋书·刘伶传》），曾赴洛阳对策，在策文中主张"无为之化"，至以"无用"罢退。

向秀，"雅好老庄之学"（《晋书·本传》），并作《庄子注》《庄子隐解》。

山涛，"性好庄老"（《晋书·本传》）。

王衍，妙善玄言，"唯以庄老虚谈惑众"（《文选·晋纪总论》注引王隐《晋书》）。

郭象，"有俊才，能言老庄"（《世说新语·赏誉》）。

老庄遂成一代文人名士的解脱之门。《世说新语·文学》：

> 支道林、许掾、谢盛德，共集王家。谢顾谓诸人："今日可谓彦会，时既不可留，此集固亦难常。当共言咏，以写其怀。"许便问主人有《庄子》否？正得《渔父》一篇。谢看题，便各使四坐通……

这真是：一日风流，千载可怀。人人餍心于此，一时玄风大盛，人们在言辞之美里暂时忘却了生命的伤痛。请注意"时既不可留，此集固亦难常"这句话，因为这是他们"当共言咏，以写其怀"的动机，正是认识到生命短暂，人生无常，才要抓住难得的机遇，勿使虚度。我们看看《世说新语·文学》中的另一则，来体验一下那种哲理的认识与文辞的精妙、音节的朗畅给人带来的"高贵的愉快"：

> 支道林、许掾诸人共在会稽王斋头，支为法师，许为都讲。支通一义，四座莫不餍心；许送一难，众人莫不忭舞。但共嗟咏二家之美，不辩其理之所在。

形式之"美"，已经盖过了内容之"理"。实际上，他们需要这种"理"，以解心头之痛；他们也需要这种"群居终日，言不及义"的形式，以度空虚之日。唉，这有涯之生，偏多无聊之日！

此时的文学，便是"诗乃柱下（老子）之旨归，赋乃漆园（庄子）之义疏"（《文心雕龙》），孙绰、许询等"淡乎寡味""平典似《道德论》"（《诗品》）的玄言诗弥漫一时。但这种雅室内的玄谈吟哦之声毕竟盖不住杀戮之声，杀士于朝，杀民于野，践生命如蹂草芥，毕竟是那个时代血淋淋的现实。清谈名士们并不能运筹帷幄之中，决胜千里之外，拯时代之难，他们自己都救不了自己。王衍、胡毋辅之、郭象、阮修、谢鲲等清谈高手后来一同为石勒所执，石勒认为此辈尽是废物，一无用处，甚至，杀他们都脏了自己的刀子，道："此辈不可加以锋刃。"乃使人夜排墙压杀之。追求活得轻松，最后求来的是死得轻贱，然后才明白"一死生为虚诞，齐彭殇为妄作"（王羲之《兰亭集序》）。刘琨更是在天下分崩离析之后，脱胎换骨，由清谈名士一变而为报国志士，他在《答卢谌书》中表达了这样的认识：他当初"远慕老庄之齐物，近嘉阮生之放旷"，但世事的艰难，终于使他觉醒："然后知聃周之为虚诞，嗣宗之为妄作也。"这两句，即是上引王羲之那两句所由来。

至此，道家打通生死的达生观，亦归破灭。

四

与玄谈联袂而来的，必然是全面的堕落。精神落荒而逃后，肉体便开始了末日狂欢。疗救精神的丸散既已失效，刺激肉体的玩意儿便排闼而来——那便是药、酒和女人。

《世说新语·文学》：

> 王孝伯在京行散，至其弟王睹户前，问："古诗中何句为最？"睹思未答。孝伯咏"所遇无故物，焉得不速老"，（曰）"此句为佳"。

这个例子很典型，一则说明了魏晋名士服药乃是为了延缓衰老，激发生命力，以阻挡那"速老"的生命历程，并兼刺激自身的享乐欲望；二则说明了服药与《古诗十九首》之死亡意识的觉醒有直接的关联。王孝伯所咏这两句，正是《古诗十九首》里《回车驾言迈》中的句子。

而那些不甘心肮脏地活在凶险肮脏的官场中的人，如陶渊明，便归隐田园，写出了大量的一流的田园诗。与他同时另一个大士族大诗人，谢灵运，则到山水中去淘涤自己浮躁的心灵，他的山水诗成为玄言诗的替代品。"庄老告退，而山水方滋"，可是，无论玄言，无论山水，都是娱情解忧的工具，却又都被证明是无效的——山水不足娱其情，名理不足解其忧。倒是陶渊明，因为他把田园看成是他疲惫人生的归宿，求仁得仁，从中找到了人生的自在。

陶渊明《饮酒》其一：

> 寒暑有代谢，人道每如兹。
> 达人解其会，逝将不复疑。
> 忽与一樽酒，日夕欢相持。

其十一：

> 虽留身后名，一生亦枯槁。
> 死去何所知，称心固为好。
> 客养千金躯，临化消其宝。

寒暑代谢，人生倏忽，即使养千金之躯，临到死亡之时还是归于消释。因此，为了什么身后名，弄得一生枯槁，现世生活极其艰苦，就颇为不智。这些又都说明了"酒"缘何而来，既然"死去何所知"，当然还是追求生前的"称心"。

《世说新语·任诞》：

> 张季鹰（翰）纵任不拘，时人号为江东步兵（阮籍）。或谓之曰："卿乃可纵适一时，独不为身后名邪？"答曰："使我有身后名，不如即时一杯酒。"

另条：

> 毕茂世（卓）云："一手持蟹螯，一手持酒杯，拍浮酒池中，便足了一生。"

那个张翰，认识到身后的一切都与他无关，所以抛弃了所谓"身后名"，拒绝为此而桎梏自己，但他却正因此而留名了。可留名不留名，于他而言，仍然是无关。

毕卓的这几句话，出人意料也出他自己的意料几乎成为一首诗，而且是一边吟哦一边击节颠倒淋漓之诗。这里的"便足了一生"，"一生"乃是个体生命的全部长度，除却"一生"，别无牵挂。而这一生，亦属无聊，所以用一"了"字了结它，让它付之一杯浊酒。

五

没有来世的死，是一切最终的了结。个体的肉身局限于此一生，个体的精神与灵魂也局限于此一生，死者"澌也"，精神灭也。这是范缜坚持不放的观点。

中国关于死，还有一个说法，我们可以把它看作是中国文化对死的注释，"物化"，与物迁化，化为异物。《古诗十九首·回车驾言迈》中恰好也用了这一个词："奄忽随物化，荣名以为宝。"曹丕也写过"忽然与万物迁化"的句子。此"荣名"，乃是生前荣辱富贵之意，而非身后名。《史记·游侠列传》："今拘学或抱咫尺之义，久孤于世，岂若论卑俦俗，与世浮沉，而取荣名哉？"此条中的"荣名"，即指生前的荣辱富贵。

既已化为异物，比如一堆腐骨，与社会的道德体系、价值观念有何关系？所以我们可以进一步推论说，没有来世的死，不仅是生命的终结，而且还使得生命在有限的时间里也失去了意义：我们虽生犹死。魏晋好多名士，可不就是那样以生当死地活着？夏侯玄、何晏在生前就被人称作"鬼躁""鬼幽"，而见出死相的。生若无终极意义做背景做依托，那人生在世的所作所为也就没有意义，没有来生，便没有今生——这不是语言游戏。毕卓看出了这一点，看出了人生的无意义无聊赖无价值无方向从而可以无耻，于是他用一个"了"字来无限轻蔑地对待"一生"，打发生命。对生命的卑视轻视，也会带来一种如释重负的轻松。至此，堕落已成为一种历史的必然。

上文提到的范缜，他大倡"神灭论"，可他与之作对的不是道也不是儒，而是"佛"。儒道早已落花流水落荒而逃，外来的佛教至此终成气候，它将要收拾这片旧河山，给荒谬的人生和寥落的世界一点虚妄的希望——毕竟，人们还要生活，并且还要带着希望与尊严生活，过分堕落的生活与绝对道德化的生活一样，都是不能长久的。

诸葛亮
历史的雕塑

一

　　诸葛亮在中国是家喻户晓有口皆碑的，这固然
与《三国演义》有关。实际上，就陈寿《三国志》
而言，诸葛亮在生前的事业是成功的，却也是有限的，
而他身后的名声与成功则简直可以用"无限"来衡
量。殷芸《小说》中的一则短小的笔记可以作为象征：

　　　　桓温征蜀，犹见武侯时小史，年百余岁。
　　温问："诸葛丞相今谁与比？"答曰："诸葛
　　在时，亦不觉异；自公没后，不见其比。"

　　如果这则记录不是作者在表彰诸葛亮之无为
而治，那就可以给我们这样一个信息：诸葛亮并不
是如《三国演义》作者所描写的那样，是一个不断
抖出智慧锦囊，让时人叹为观止的人物。他是平实
的，让人不觉其异的。他确实有大的事功：三分天
下，是他谋划的；蜀国的根基，是他奠定的；就刘
备个人来说，他确实是第一大功臣。在他到来之前，
刘备已折腾了二十多年，却仍然似一个丧家犬（这

个词用在他身上特别合适，除了与他此时的狼狈情形特别吻合外，还与他动辄自称"帝室之胄"相符：他把汉家当成自己的家，把自己当成汉家的孑遗，可他这个家，当时已然丧亡，以至于他无家可归），且是一个处处乱咬又处处挨打的丧家犬。他这二十多年的折腾，只是混个脸儿熟，大家渐渐知道有一个刘玄德了，有时也带他玩玩了。孔融做北海相时，为袁谭所攻，无奈而遣太史慈向刘备求救。刘备大吃一惊，说："孔北海竟还知道天下有一个刘备吗？"马上派兵三千往救。这则《后汉书·孔融传》中的记录，见出了刘备当时不为人知更不为人所重的尴尬，所以，孔融来求救，不仅不让他为难，倒是让他感激涕零。但尽管如此，他仍然没能从当时被打碎的他的祖先疆域内占得一寸土地。

当然，在这恓惶的过程中他也不是一无所获。除了混了个脸熟外，他还得到了关羽、张飞、赵云等骁将死心塌地的追随，这几个人物即使放到当时全中国范围内，也算得上是一流的战将。刘备笼络人心的手段堪称一流，他在其他方面（包括政治才能、军事才能、文学才能）都无法望曹操的项背，但在这方面，他堪称是曹操的敌手，难怪曹操把他看作唯一能与他抗衡的"英雄"。

但是，即便如此，他的这个小集团还不具备与人争夺天下的可能性：他们还缺乏头脑，缺乏核心，缺乏能把握时局，高瞻远瞩，制定远大目标的人物。刘备一定也意识到了这个问题。尽管他此前笼络到了关羽、张飞这样的武将，却竟然没有与之相配的能运筹帷幄指挥调动这些武将的重量级谋士来投奔麾下，对此刘备一定深感焦虑。

机会终于来了。当他投靠刘表时，也许是天若有情天亦老，把个住在离襄阳二十多里地，隆中的诸葛孔明先生送到了他面前。他近乎夸张矫情的"三顾茅庐"，显示出由于长期以来主脑人物的缺乏他心态上的焦虑与迫切，并因此得到了被感动的诸葛亮的巨大回报：诸葛亮简直如开辟鸿蒙一般，把荆、益二州在理论上送给了他，并在以后逐步实施，使得他有了自己的领土，成了一个土皇帝且人五人六——由于他一直以承续汉祚自命，曹操又被视作"汉贼"（这正是刘备、诸葛亮、孙权诸人为了自身生存而极力制造的舆论，而这个舆论竟然左右了此后两千多年人们的判断），于是在一段时间里，他几乎被视为正统的、已经消失的汉王朝的合乎道德又合乎逻辑的延续。这是诸葛亮对刘备最大的贡献。而刘备死后他辅佐刘禅，表现的则是他鞠躬尽瘁死而后已的忠诚，是他用对刘氏后代负责到底的行动来报答刘备。

　　大家可能注意到了，我把诸葛亮的"功劳"，称之为"对刘备"的功劳。是的，我们假如不把什么汉家刘氏天下当回事，不为什么观念的东西忘掉现实的东西，那么，我们既给曹操统一北方消弭北方战乱减轻人民死亡以正面的评价，为什么我们就不能在感情上也希望曹操能统一南中国呢？那不同样减少了数十年的战乱纷争生灵涂炭吗？如果从这个立场上考虑，那么，假如诸葛亮归顺了曹操，或者，他谁也不帮，或者，干脆没这个人，对历史而言，对当时的人民而言，未必是坏事啊！

　　以此言之，诸葛亮的功业，并没推动历史，恰恰相反，倒极有可能是障碍了历史。

二

　　综观诸葛亮的一生，可以分成三个阶段：二十七岁走出隆中，"许先帝以驱驰"之前为第一阶段；二十七岁至四十二岁，刘备死，为第二阶段；四十二岁至五十四岁病殁五丈原为第三阶段。

　　第一阶段我们可以称之为"梁父吟"阶段，此一阶段的诸葛亮给我们留下了很多疑点，比如我们不知道，在进入隆中"躬耕陇亩"之前，他都干了些什么，从哪里求学，有何种经历，但我们却可以明白地知道，这个"躬耕陇亩"的诸葛亮并不是真正的隐士，他"好为《梁父吟》"，并常常"自比于管仲、乐毅"。自比于管仲、乐毅，是再明白不过地表明他的心志的，这二人都是赞霸业而尊共主的，可见他就是要寻找一个能成霸业，又能率诸侯共尊皇室的人吧。后来他效力于刘备，而刘备正是符合这两样条件的人物。他"好为《梁父吟》"，显然不是指他自己创作《梁父吟》（有"好为"二字可证，他总不能老是在那里创作《梁父吟》的同题诗），而是指他喜欢吟诵这首古乐府：

　　　　步出齐城门，遥望荡阴里。
　　　　里中有三坟，累累正相似。
　　　　问是谁家墓，田疆古冶子。
　　　　力能排南山，文能绝地纪。
　　　　一朝被谗言，二桃杀三士。

谁能为此谋，国相齐晏子。

《乐府诗集》题作诸葛亮作，前人已辨其非。但诸葛亮为什么喜欢吟诵这样一首葬歌呢？在这首诗里，有什么东西打动着他的心灵呢？是不是那样的一种悲怆、一种悲悯？或者是其中透露出来的生命的悲剧意识？

我们能知道的是，"好为《梁父吟》"的他，内心中定有一种压抑不住的激情：他虽然隐居，但却一点也不冷漠、不麻木，他的眼光穿过隆中的茂林修竹，轻烟晨岚，在热切地注视着外面苦难的世界。

《三国志》裴注引述的《魏略》似乎更能说明年轻的诸葛亮血液中的不安分与责任感：

> 亮在荆州，以建安初与颍川石广元、徐元直、汝南孟公威等俱游学，三人务于精熟，而亮独观其大略。每晨夜从容，常抱膝长啸，而谓三人曰："卿诸人仕进可至刺史郡守也。"三人问其所至，亮但笑而不言。后公威思乡里，欲北归，亮谓之曰："中国饶士大夫，遨游何必故乡邪！"

"抱膝长啸"的举动，是其内心情怀激荡的表现，是其年轻的、旺盛的生命力的体现，他显然想在这个世界弄出响动来，以自己的生命影响世界。并且，他对自己的才能深信不疑，对自己将要完成的功业有莫大的期待，至少在刺史、郡守之上。有人认为诸葛亮为孟公威所出之计——不要回到北方中原，那里人才太多——也有诸葛亮为自己计划的成分在，裴松之很不满，他认为，像诸葛亮这样的才具，岂是北方人才多就能掩翳的？他如果能"委质魏氏，展其器能，诚非陈长文、司马仲达所能颉颃，而况于余哉"，连陈群、司马懿都不是他的对手，何况他人？至于他宁愿冒着功业不就，吾道不行，让恢宏宇宙的大志付之东流的危险而终于不去北方，那是因为他已看到"权御已移，汉祚将倾"，所以，便立志以"兴微继绝克复为己任"，于是便耐心地待在边鄙之地，耐心地等待机会，而终于等来了刘备！

显然，裴松之已赋予诸葛亮的人生选择以更多的道德意味。这是一个值得我们注意的开始，因为，诸葛亮后来之所以在历史上有那么大的名声与影响，正是他在民间成为智慧化身的同时，在士大夫那里，在官方意识形态里，他又成了道德的象征：忠于汉室，忠于刘备，忠于刘禅，鞠躬尽瘁，死而后已。随着刘备的蜀汉被奉为正统，刘备本人成为明君的模范，诸葛亮也成了忠臣的模范，在他以前，大约有这样一些人，商之阿衡，周之姜尚、周公，齐之管仲、晏婴，汉之萧何、张良、霍光……而他的知名度与美誉度又显然超过了这些人。

但写到这里，我还是在想着那个"不忠不义"的问题：假如诸葛亮去了中原，委质魏氏，展其器能，赤壁不能纵火，三国不能成形，让曹操一举而克定天下，几百年的分裂是否可以避免？

我把这种想法说成是"不忠不义"，既是向历来的观念屈服，也是向诸葛孔明先生遥致敬意。事实是，孔明先生辅佐了刘备、刘禅，就真的算是延续了汉祚？而其根据，尤其是道德根据就是刘备到处自我标榜与宣传的，他那可疑的中山靖王的一点血脉？即便是这样，又怎样呢？从三国时代往上搜寻，中山靖王刘胜的遗胄在皇家支系中是何等远去了的一脉，中山靖王本人生前又是何等的荒淫荒唐，他又有什么道德遗产供几百年后的刘备来消受？

总之，诸葛孔明先生是待在了隆中，用他自己的话说是"苟全性命于乱世，不求闻达于诸侯"。但他终于被一个人"感激"——感动激发了，那就是刘备。刘备用三顾茅庐的举动，请出了这位旷世奇才。这一年，诸葛亮二十七岁，他进入了他生命的第二阶段。

三

诸葛亮人生第二阶段是他显示杰出才能的时期，是他的立功时期。这一时期，是以一篇有名的《隆中对》开始的，并在此后的十五年里完成了这一蓝图，成就了霸业。

当刘备在历经二十多年的折腾仍一事无成时，徐庶向刘备推荐了诸葛亮。刘备三顾茅庐，诸葛亮为之感激，遂许以驱驰，为之筹划大局，一篇也许是中国历史上最神奇的政治策划书——《隆中对》产生了：

> 自董卓已来，豪杰并起，跨州连郡者不可胜数。曹操比于袁绍，则名微而众寡，然操遂能克绍，以弱为强者，非惟天时，抑亦人谋也。今操已拥百万之众，挟天子而令诸侯，此诚不可与争锋。

此段说曹操："此诚不可与争锋。"

孙权据有江东，已历三世，国险而民附，贤能为之用，此可以为援而不可图也。

此段说孙权："可以为援而不可图。"

荆州北据汉、沔，利尽南海，东连吴会，西通巴、蜀，此用武之国，而其主不能守，此殆天所以资将军，将军岂有意乎？

益州险塞，沃野千里，天府之土，高祖因之以成帝业，刘璋暗弱，张鲁在北，民殷国富而不知存恤，智能之士思得明君。

此段说荆、益二州，这才是："天所以资将军。"

将军既帝室之胄，信义著于四海，总揽英雄，思贤如渴，若跨有荆、益，保其岩阻，西和诸戎，南抚夷越，外结孙权，内修政理；天下有变，则命一上将将荆州之军以向宛、洛，将军身率益州之众出于秦川，百姓孰敢不箪食壶浆以迎将军者乎？

诚如是，则霸业可成，汉室可兴矣。

最后说到长远规划：成霸业，兴汉室。

简单分析一下那时的天下大势是必要的。曹操已安定北方，当他在建安十三年"旌麾南指，刘琮束手"之后，他眼中的对手也只有一个孙权。事实也正是这样，如曹操此次能一举平定东吴，则刘备、刘琦以及益州刘璋等人诚不足虑，当如卷席之势一荡而平。同样，在孙权眼里，天下英雄，也仅剩下了他与曹操，正如他对周瑜所云："老贼（曹操）欲废汉自立久矣，徒忌二袁、吕布、刘表与孤耳，今数雄已灭，唯孤尚存，孤与老贼势不两立！"而他在诸葛亮面前明显表现出了对刘备实力的不信任（以上皆见《资治通鉴》卷六十五）。在《隆中对》之前，当时天下人的心目中大约也以为只是天下二分，并行将一统，他们不知道的是，在一年前，诸葛亮已经为刘备筹划了"天下三分"的大计！

并且在中原、江东之外，拨云见日一般，为刘备找到了两块安身立命之地——荆州和益州！这当然是理论上的，却也是唯一现实可行的：

曹操是诚不可与之争锋，在他的领地内不可能撕扯下哪怕巴掌大的一块土地，而孙权同样只能可以为之援而不可图。剩下的就只能是皆如豚犬（曹操贬低刘表父子语）的刘表父子及暗弱的刘璋了，偏他们又各自拥有土地肥沃人口广稠的荆州和益州，这简直如同上天预先存放在那里准备交给刘备的！

——将军岂有意乎？

这句话颇有意味，因为这里面包含着双重意思：一是，你想到了吗？二是，你能毫无道德犹豫地把它们攫为己有吗？

必须意识到的是，诸葛亮的到来，《隆中对》的横空出世，刘备集团才算正式成立，此前的刘关张不过乌合之众罢了，诸葛亮的加入，才使他们有了头脑，有了主见，有了目标，有了围绕目标的政策策略。更重要的是，刘备原来只是嚷嚷着作为舆论广告的所谓"兴复汉室"，现在可以付诸实施了，这个流寇一样的乌合之众几乎一夜之间变成了目标崇高、路线正确、方针恰当的一股新兴政治力量。

他们的阶段性目标是建立自己的两个根据地，荆州和益州，再用一系列外交和内政的正确方针（保其岩阻，西和诸戎，南抚夷越，外结孙权，内修政理），保全自己，发展自己，壮大自己，积聚力量，并等待机会，一旦"天下有变"，则两个根据地便成钳形攻势向北中国推进，最后实现第二步也是最终的战略目标与政治目标——成就霸业，兴复汉室。

所以，《隆中对》的意义，不仅在于为历来学界所评述的那样，为刘备筹划了安身立命之所，指画了天下三分的格局，也许还有最关键的一点我们应该注意到，那就是它标志着刘备集团的真正成立，自此而后，这个集团不仅一改原先军事上的流寇主义乞丐主义，有了建立自己根据地的决心和明确的计划，而且，它由一个简单的军事集团变成了有信念有主张有倡导的政治集团，它不仅有了军事目标，更有了政治目标和道德目标。只有这样的集团，才有可能长期存在，并实现自身的成长和发展。

一年以后，建安十三年，赤壁之战爆发，诸葛亮引导的刘备集团，在刘表病死，二子刘琮刘琦内讧，刘琮投降曹操，荆州失陷的仓猝之中，正确地贯彻联吴抗曹的策略，在赤壁打败曹操，迫其北还。刘备实际上控制了荆州。先是刘备上表以刘琦为荆州刺史，而连收武陵、长沙、桂阳、零陵四郡，又让诸葛亮为军师中郎将，"调其赋税以充军实"，荆州总共八郡，这江南四郡已实际上为刘备所有。第二年，建安十四年十二月，刘琦死，孙权以刘备为荆州牧(《资治通鉴》卷六十六)。

建安十六年，益州牧刘璋不顾劝阻，请刘备入境，自导自演引狼入室闹剧。他哪里知道，早在四年前，在《隆中对》中，他就已经成了刘备计划中的盘中餐? 直到现在他还把刘备看成宗亲，信赖有加哩! 建安十九年夏，刘备攻成都，刘璋出降，刘备"复领益州牧"。

至此，荆、益二州，如《隆中对》所谋划，一归刘备囊中。

当然也有人算不如天算的时候，建安二十四年，孙权袭杀关羽，取荆州。延康元年（220年）十月曹丕称帝，改元黄初。张飞为关羽报仇，暴虐士卒，为左右所害。公元221年4月刘备称帝，同年，为报关羽之仇，不顾诸葛亮劝阻，发兵讨孙权，222年，为吴将陆逊所败，223年，忧恚而死。至此，刘、关、张三杰一时俱逝，荆州亦全境落入孙权之手，诸葛亮一生中最为艰辛感人的一段拉开了序幕。

四

> 丞相祠堂何处寻，
> 锦官城外柏森森。
> 映阶碧草自春色，
> 隔叶黄鹂空好音。
> 三顾频烦天下计，
> 两朝开济老臣心。
> 出师未捷身先死，
> 长使英雄泪满襟。　　（杜甫《蜀相》）

如果说此前的诸葛亮，乃是以其雄才大略，权谋机变，深谋远虑，为后世所佩服；那么，刘备死后的诸葛亮，则更多的是以其耿耿忠心，鞠躬尽瘁的忠义，以及知其不可而为之，以近乎自杀式的疯狂向北方不断地进攻而引起后人的钦敬。前期的诸葛亮是成功的象征，他的智谋为人所津津乐道；而后期的诸葛亮则是一个悲剧人物的形象，他的精神品德为人们所感慨叹息，长使英雄泪满襟。

刘备流寇团伙一经诸葛亮加入，一变而为生机勃勃的政治集团，一跃而成全国第三大利益集团与武装力量，但显然，这个集团中的关键人物，刘、关、张前期的武夫作风流氓特性未能尽行清除。由于他们三者的特殊关系及在集团历史中形成的地位，年轻的、资历浅的诸葛亮显然对他们只能加以羁縻，而不大容易能加以改造——他本人也缺乏新的思想理论，成为其精神领袖。他所依靠的，是自己的才干与个人魅力建立的个人威望，以及他人对他的信赖，甚至他更主要依靠的，还是刘备对他的支持。当初刘备与诸葛亮情好日密时，关羽、张飞就颇"不悦"，虽经刘备劝止，羽、飞不再说什么，但在他们心里，这种资历优势还是牢固的。有两个小小的事例可以见出这一点。

一是关于关羽的。关羽听说马超来降，因为马超出身世家名门，又勇猛异常，名震四方，就写信给诸葛亮，问马超的人品才干可与谁相比。诸葛亮知道关羽好强护短，回信答复说："马超文武兼备，勇猛过人，确是一位杰出的人才，在古人中可比英布、彭越；在今人中可比张翼德张飞，但还不及您美髯公那样超凡出众，卓尔不群。"关羽看了此信非常高兴，把它交给宾客幕僚传看。

关羽不是一个"没文化"的人，他熟读《左传》，但他过于顺遂的沙场经历，过于轻易地建立的沙场英雄传奇，对他产生了不良的影响，使他越来越"目中无人"。一方面他一直与刘备、张飞在一起，哥们儿义气在很大程度上局限了他的眼光和胸襟，他眼中除了这两个兄弟，再无别人，天下滔滔人才都被他视若无物，所以，他在见识上并不高。另一方面，他在征战过程中似乎太顺利了，几乎不经意地就创造了一系列的神话，从而得到了太多人物的青睐，比如当代最大的英雄曹操，这都助长了他的骄傲与目中无人。更糟糕的是，除了与刘备、张飞的哥们儿义气，他不知道人生还有更重要的事业。

另一则是关于张飞的，清张澍《诸葛忠武侯文集》收有一篇诸葛亮《与刘巴论张飞书》，张澍引《零陵先贤传》说，张飞曾与刘巴共宿，大约是刘巴不喜欢这个屠夫出身的粗人，不与他交谈，张飞很是愤怒。诸葛亮知道后便写信给刘巴，说张飞确实是一位不文的武人，但很敬慕您，主公（刘备）当今正要收拢文武人才，以定大事，您品性高贵光明，对张飞这样的粗人，还是应该稍微宽待一些。

　　这两个例子可见诸葛亮在对待这两位元老级人物时的周到与小心，但即便如此，诸葛亮也仅只能做到羁縻二人使其为己所用，却不能改变他们的习性。他可以赋予这个集团一种政治品格与道德品格，但无法改造集团中的个人品性。岂止诸葛亮，刘备也做不到，"羽善待卒伍而骄于士大夫，飞爱敬君子而不恤小人"，虽"先主常戒之"，而"飞犹不悛"（《三国志·张飞传》）。结果，关羽正因为骄傲士大夫而被杀，丢了自家性命，也丢了苦心经营弄来的荆州；张飞也由于不恤小人，凌辱下人而被帐下将张达、范强所杀。此时刘备身上的那种江湖气又一发而不可止遏，为报关羽之仇，不惜破坏《隆中对》制定基本国策，内不听诸葛亮的劝阻，外不顾孙权的求和，兴兵伐吴，结果被吴将陆逊打得大败，自己亦愤而崩殂，丢了老命。

　　至此，蜀汉不仅失陷了荆州，而且刘、关、张三英在三年之内相继殁故。兵挫于外，才消于内，失地折将，元气大伤，四十二岁的诸葛亮，面临着独立支持危局的艰苦命运。

　　刘备不愧是一个老奸巨猾的政治家。他可能缺少识见，缺少大局观，但他有两大优点：一是善于识拔人才，且更善于笼络人物；二是做事决断果毅，同时善于伪装。我们从他死前给刘禅的诏敕中看出他的学问根柢，他开出的书单是：《汉书》《礼记》《六韬》《商君书》《申》《韩》《管子》——我们知道，至少后面五种都是特别讲究君主驾驭臣下的。他驾驭臣下的本领确实非常了得，关羽、张飞不说了，后来的赵云也终身不离，而诸葛亮更是生死以之，并把这份忠心报答到后主刘禅身上。

　　强君弱臣，是商鞅、韩非政治思想中的核心一环。但刘禅何等薄弱？即在刘备生前，也从未单独锤炼过他，使他有所锻炼，有所建树，建功立威。这与曹操总是找机会把大事交给儿子们，让他们对己有所历练，对外有所表现，树立名声与威望，形成鲜明对比。以刘备之聪明，他岂是虑不及此？他是有难言之隐：这刘禅，确实是扶不起的阿斗。

　　但刘备却把自己都没信心扶起来的阿斗，交给了诸葛亮，诸葛亮又是何等强悍的臣子？刘备如何能保证如此强势的臣子能永远忠诚于如此暗弱的君主？这定是他死前颇费脑筋的事，但他做到了。他实际上是两招：一是把丑话说明了，让诸葛亮无有退路。他对诸葛亮说："你的才能十倍于曹丕，一定能成就大事。如果我的儿子可以辅佐，你就辅佐；如不能，你可以取而代之。"这话说得确实丑，丑得诸葛亮无地自容，只能发誓："效忠贞之节，继之以死！"刘备的这种内心，早经人们指出。但他还有第二招，用诸葛亮的话说就是"临终寄臣以大事"。什么"大事"？就是"北定中原，兴复汉室"。这是很聪明的一招，他何尝不知道自己的蜀国是三国中最弱小的？他自己生前就没有北伐过，并且还意气用事，东伐孙权，自断手臂。但他死前以这样几乎不可能完成的任务来托付诸葛亮，就是让诸葛亮在北伐中原中寻找自己的成就感，达成自己的事业，从而把"成就感"的心理需求由内到外，由可能产生自立为蜀主的野心，转移到完成天下的一统。

更直接地说，当他在遗嘱中提到诸葛亮的才华十倍于曹丕时，他就是把诸葛亮才智的锋芒有意识地从愚暗的刘禅身上引开，而暗示给他另一对象：同样才智不及的曹丕。如果你必须显示出你才智的锋芒，必须凭借才智，扬名立万，建立传世勋业的话，就请到曹丕那里去试试你的锋锐吧！在蜀国之外你自有更大的用武之地，有更合乎道德的选择。我们知道《商君书》中是明白地写着，要让君主安全，必须"杀力"——把国内的生力引向对外战场，从而一举两得：既可开边拓土，又可在战场上借敌人之手杀掉国内的强民，消耗生机。刘备在这点上真是绝对高手！

果然，刘备死后，诸葛亮把他的主要精力与注意力放在了北伐中原上，"北定中原，兴复汉室"这一他自己也不相信能实现的东西，却被他定作了自己的奋斗目标，他悲怆地用"鞠躬尽瘁，死而后已"来说明自己的心态：他这个活人，真是被刘备的阴魂羁縻住了。

《后出师表》（见《三国志》裴注引《汉晋春秋》）是很能见出诸葛亮北伐的心理的：

> 先帝虑汉、贼不两立，王业不偏安，故托臣以讨贼也。以先帝之明，量臣之才，故知臣伐贼，才弱敌强也；然不伐贼，王业亦亡，唯坐待亡，孰与伐之？
>
> …………
>
> 臣鞠躬尽力，死而后已，至于成败利钝，非臣之明所能逆睹也。

这段文字，令人鼻酸。天下三分，益州疲惫，以刘备之明，诸葛之智，孰能不知，只能割据一时？若自得于偏安，自满于暂存，当然可以及时行乐，如后来五代时建都成都的前蜀、后蜀，他们照样把自己的日子过得花天酒地灯红酒绿。但正如我们前面指出过的，刘备的这个集团自负莫大的历史使命与道德使命，那就是要恢复汉家江山，清除各路"奸贼"。所以，他们不仅一直反对"名为汉相，实为汉贼"的曹魏，在曹丕称帝（220 年）刘备称帝（221 年）之后的 229 年孙权称帝时，孙权那边"以并尊二帝来告"，在蜀国士民这里，也激起了莫大的道德愤怒，引起一场争论。一般人都认为蜀汉既为正统，其他人称帝（包括此前的曹魏）当然就是僭逆，如果予以承认，就会"名体弗顺，宜显明正义，绝其盟好"（《三国志·诸葛亮传》裴注引《汉晋春秋》）。这可以明显地看出，即便在蜀国一般士大夫那里，都有一种强烈的正统意识，而这种意识，在魏、吴那里，是很淡然的，"以并尊二帝来告"，即说明了东吴的心态：他们愿意就这样并尊下去的，至少暂时愿意如此，而没有什么名分上的顾忌——他们没有那么大的道德承担与历史负担。但刘备诸葛亮却坚持认为，"王业不偏安"，溥天之下，莫非王土，率土之滨，莫非王臣，岂能容他人蚕食鲸吞？这件外交大难题，最后虽然诸葛亮揆之以当时形势，断断付不起与孙权断交的代价，才以"应权通变"的处世智慧，派卫尉陈震前去庆贺。但这件事在蜀国引起争论本身，以及争论的立论依据，都可以看出，蜀国士民有着强烈的正统意识与使命感，而这正是刘备诸葛亮多年培育的结果。这种使命感，使这个三国中最弱小的一国，承担起了它不能承担的重任，从而使它具有了一种悲剧性的崇高。而这重任，在刘关张相继撒手归西后，又几乎落在了诸葛亮一人身上，从而，也使得这个文弱的书生，有了一种悲剧英雄的命运。他的后半生，一直在和这个命运搏斗。

问题在于，他内心里深知其最后的结局——"不伐贼，王业亦亡，唯坐待亡，孰与伐之？"面对这必然灭亡的最终命运，诸葛亮选择了与命运搏斗而不是向命运委顺。他可以被打倒——这他自己已经知道，但他不能被打败！他是在与命运缠斗不休中倒下的。这悲壮的后半生，显示出了他人格的悲壮和崇高。这悲剧性的后半生，恰恰是诸葛亮最感动后人的时期。

五

仔细研读他的《前出师表》是有意思的。按说"出师表"之类，是将帅出征之前，表示要坚决执行君主的部署与战略安排、保证完成任务之类，而这篇《出师表》则颇奇怪。奇怪之一是，从表文看，这次出师并不是后主刘禅的安排，倒是诸葛亮自己的安排，而且是他根据自己的既定战略目标——也是他自己的人生目标，早就安排好了的出征。并且，更重要的是，他在此前的一系列制定计划、战前准备等问题上似乎都没有征求刘禅的意见，甚至刘禅并不与闻。直到一切就绪，大军即将开拔，他才对刘禅有所交待。这正是这篇表文的真正用意。奇怪之二，这篇表文中讲出征的只有寥寥几句，而更多的，则是对刘禅的反复叮咛，若慈父之诫不肖子。说它是借出师而进谏，当然对；但从诸葛亮的心理上讲，他可能更担心他一旦远离本土，旷日持久，这扶不起的阿斗会在家里闹出什么乱子。

他对刘禅的要求，不是让他去做什么，恰恰是让他什么也不做——"若有作奸犯科及为忠善者，宜付有司论其刑赏""宫中之事，事无大小，悉以咨之（指郭攸之、费祎、董允等）""营中之事，悉以咨之（指将军向宠）"，这实际上是剥夺刘阿斗的裁决权、处置权，而且是"事无大小""悉（全部）"。一篇之中，"宜"与"不宜"数见，何其叮咛周至？"亲贤臣，远小人"作为一个原则，提到即可，但他却一再一一指出具体人名："侍中（即郭、费、董），尚书（陈震），长史（张裔），参军（蒋琬），此悉贞亮死节之臣。"且一篇之中，此数人名字，反复出现，不光怕阿斗认错了人，还怕他记性不好，记不住，或心不在焉，没听见。我们前文说过，刘备固然有很多无能的地方，但他有一个优点，即是能知人，而刘禅显然一无是处。"陛下亦宜自谋，以谘诹善道，察纳雅言，深追先帝遗诏。臣不胜受恩感激"，这哪是大臣向君主上表？分明是慈父叮嘱庸子！读之真令人感慨万端！

文中十三次提到"先帝"：业为先帝所创、臣为先帝所简拔、将为先帝所称能、桓灵为先帝所痛恨、北伐中原为先帝之遗愿、人心为先帝所收拢、即便自己，亦为先帝三顾茅庐所感激而许以驱驰，并为临终托命之臣……一方面当然有以先帝之名目诫告刘禅，压服刘禅；一方面也可见他自己对先帝的深厚感情：这是感激，是怀念，岂不也是他人撒手而去，自己独力支持危局的满腹酸楚？

金圣叹《天下才子必读书》卷九有段话，真是火眼金睛：

> 此文自来读者，皆叹其矢死伐魏，以为精忠，殊不知此便是没了交涉也。
>
> 看先生自云："临表涕泣。"夫伐魏即伐魏耳，何用涕泣为哉？正惟此日国事，实当危急存亡之际；而此日嗣主，方在醉生梦死之中。知子莫如父，惟"不才"之目，固已验矣。岂知臣莫如君，而"自取"之语，乃遂敢真蹈也？
>
> 于是而身提重师，万万不可不去；心牵钝物，又万万不能少宽。因而切切开导，勤勤叮咛，一回如严父，一回如慈妪。盖先生此日此表之涕泣，固自有甚难甚难于嗣主者，而非为汉贼之不两立也！

六

生命最后历程的诸葛亮，七擒孟获，六出祁山（指与魏的六次交锋，其出祁山仅三两次），承担着巨大的期望，也承受着巨大的压力。他的北伐中原，在当时就并没有多少人支持，是他自己一意孤行，量西蜀之人力物力，一付之北伐这注定失败的大业，若以成败论，这是不智。而面对纷纷的谏阻与反对，诸葛亮固执坚定，心无旁骛，全蜀士民的生计他都可以置之度外，以一切殉刘备之遗诏，这是拒谏饰非，不明。不明不智，谁说他是智慧的化身呢？战争导致大量的人员伤亡，而诸葛亮并不介怀，这又可以说是不仁。晚年的诸葛亮，心理上已严重失衡，导致他不计后果，不恤民情，他简直成了一个极端主义者，一个刘备遗诏的原教旨主义者。但正是他这种近乎狂热的、病态的、偏执的行为，为他赢得了巨大的身后之誉。如果说，他的计谋经过罗贯中的夸大描状（鲁迅曾批评罗贯中"状诸葛之多智而近妖"），而成为下层人民崇拜的偶像，那么，正是他后期的这种知其不可而为之的悲剧性言行，感动了中国的历代士大夫，使他又成为忠臣的楷模，道德的象征。

裴度《蜀丞相诸葛武侯祠堂碑铭并序》称他为"道德城池，礼义干橹"，实际上，这也是一般中国古代士大夫对诸葛亮的道德心评。一个人，在中国这样的道德至上的文化传统中，获得这样的道德桂冠，是极为难得的。

像诸葛亮这类历史人物，如同胡适所说的屈原，都是"箭垛"式的人物，我则将他们称为"滚雪球"式的人物：他们作为一个活生生的人，其物理存在消失后——也就是死后，他们就进入了文化领域，成为一种文化的存在。在这个文化的世界里，他们往往获得了永恒的生命，并且永在生长：他们被不同的时代、不同的人赋予种种不同的文化意义，从而以其文化内涵不断丰富，文化价值不断递增，他们自身的形象也在不断复杂化、多面化，甚至有的被美化，有的被丑化。胡适曾说，历史是个任人打扮的小姑娘。其实，历史人物何尝不是这样的小姑娘？但，无论是美化，还是丑化、复杂化，我们得到的往往并不是所谓的"历史真实"，而是"道德价值"。有时我们需要那些已经死去的古人来承载当代的价值，成为我们的传声筒。

于是，一个历史人物被不同时代回忆的程度，就取决于他在这些时代可被利用的程度。显然，有些人物的可利用价值较高，他们就会被反复提起，直到他们成为一种特定价值的代表，成为相关的文化符号。诸葛亮就属于这类历史人物。

他的被不断地提起，有两个主要原因：第一，他有幸身处三国这样的时代。这是一个大风云时代，是一个英雄辈出的时代，他们往往以群体的魅力吸引后人的关注，并且，他们中的任一个被提起时，都会牵连出其他人物。或者说，其他人都会"沾光"——"沾"上后人关注的目"光"。当后人在谈论曹操、刘备、关羽、张飞、孙权等时，都自然而然地会牵连出诸葛亮。当然，换一种说法，上列其他人物中，除了曹操，他们可能更多还是沾了诸葛亮的光——比如我这篇文章，是谈诸葛亮的，附带谈到的，都是沾了他的光。一个人，不断地在不同时代、不同场合、不同话题中被谈起，他就有了"知名度"，如果大家都是在正面的意义上谈他，他就有了"美誉度"。

说起来很有意思，诸葛亮的"美誉度"，在很大程度上得益于曹操的"丑誉度"。实际上，我们发现，在那个时代的人物中，凡是反对曹操的，都在道德上有很高的加分。随着刘备被莫名其妙地奉为明君，曹操被定格为奸臣，诸葛亮的道德分值便一路飙升。

第二，诸葛亮除了被作为智慧的化身、道德的模范外，在南宋，他又成为主战派北伐的旗帜与道德资源。连"坐断东南战未休"（辛弃疾语）的孙权都被歌颂，更何况"六出祁山"，且写过那么感人的《出师表》的诸葛亮？

我们看看陆游是怎么写的：

> 出师一表通今古，夜半挑灯更细看。（《病起书怀》）
> 凛然《出师表》，一字不可删。（《感状》）
> 出师一表真名世，千载谁堪伯仲间。（《书愤》）
> 一表何人继出师。（《七十二岁吟》）
> 出师一表千载无。（《游诸葛武侯书台》）

下面是文天祥的：
> "或为《出师表》，鬼神泣壮烈。"（《正气歌》）

我们发现，诸葛亮晚年知其不可而为之的北伐，与南宋时期的爱国主义精神又一次合流了。在这样的时代，他成为一个不屈的民族的精神教父。他的形象，再一次深入人心，在民族的大脑记忆皮质中，又一次刻下深深的印记。最终，他深入到我们民族的血脉之中。

孔融与祢衡
文化的垢甲

一

　　汉末，党锢群英们在极度的失望中走向婞直与残忍，在一个彻头彻尾烂掉的汉末朝廷中已没有什么需要顾忌与维护。他们的道德愤怒已没有什么积极的建设性的目标，变成了破碎一切的恣意逞快。他们的潜意识里，一定是"破罐子破摔"，而他们在摔破罐子时体验到的极度快感，获得的道德喝彩，又使这种不负责任的行为，几乎成为那个时代文人身上潜伏并遗传着的生物指令。这种"道德异化"，知识分子群体的道德原教旨主义，不仅是一种严重的人文倒退，而且成为严重的社会问题。因为这种行为与思路，在摧枯拉朽的时代固然无可无不可，但在一个重建时代，则往往显示出不负责任的一面，甚至，演变为一些人物以狷洁狂妄之行沽名钓誉的手段。汉魏之际的孔融与祢衡即属此类人物。

　　孔融是中国历史上的名人，他出名极早，他的美誉度也极高且获得极早。中国人在上幼儿园的年龄就知道历史上有一个让梨的孔融，这件让他传名千载的道德盛事发生时，他只有四岁，而他上面有五个兄长，下面还有一个弟弟。据《后汉书·孔融传》李贤注引《孔融家传》云，每次与五个兄长在一起吃梨子时，孔老六（"文革"中称他二十世祖孔丘为孔老二，此处不妨一仿）总是取小的。大人问他缘故，他回答说："我是小孩子，按规矩应当取小的。"

　　为了不人云亦云，这个故事很有细细分析的必要。一是，孔融的这种"小儿取小"的道德观点，正与中国古代道德中尊老抑小的价值取向相符，所以这件事能成为道德范例，孔融也才能成为模范。若是他的行为放在美国这样重小而轻老的社会，或到处是"小皇帝"的中国的今天，都不会有那么大的道德轰动效应。二是，更重要的是，这件事发生在一个四岁小儿的身上，本没有那么多的道德附加意义，就一个四岁小儿来说，他的这种选择可能是极自然的。细揣他的行为，他并没有特别馋涎大梨，然后"克己复礼"，经过一番思想斗争，想起圣人的教导，终于决定让出"大梨"，事实可能是，他只是随便捡起一个"小梨"而已，说不定他对梨子不怎么感兴趣呢，况且一个大梨子，像今天市场上卖的那样大，岂止四岁小孩，一个大人都觉得要吃完它有压力。而孔融这样的家庭，梨子定不是稀罕物，不然他也没机会老是吃梨，没机会一再表现自己的谦让。但结果却是，一个四岁小儿，他的那么一个不经意的行为，竟被煞有介事的大人们抬到那么高的道德高度，得到那么多人的矫情夸张的夸奖。他一定觉得奇怪，但他一直愿意重复这一动作，"每与诸兄共食梨，融辄引小者"，这符合小儿想要大人夸奖的心理。

　　总之，这种小儿科的事，竟能在堂堂史传中留下记录，且为后人津津乐道，除了自司马迁以来的史官重小事与细节的史官笔法外，中国特色的道德观是关键的因素。

二

　　孔融十岁时，他又干了一件让他名扬士林的事。可能是由于他四岁时无意的一个所谓"让梨"的举动，一直受人们的追捧，使他有了异于常人的自信甚至傲慢。他听说有一个叫李膺的大名士，"以简重自居，不妄接士宾客"，命令家人，除了当世名人和通家旧好一律不见，于是孔融偏要去登门一见。这孩子挺早熟。他到了李膺的门上，直接对守门人说："我是李君的通家子弟。"

守门人告诉李膺，李膺觉得很奇怪，便请他进来相见，问他："你的祖父曾与我有什么旧交情吗？"孔老六说："有啊！我的先祖孔子和你的先祖李老君德行相等仁义相伴，又互为师友，那么我与你已是世代的通家了。"一番言论，博得座间众人的称奇叹赏。一个叫陈韪的太中大夫后来才到，有人把刚才的事告诉陈韪，陈韪大约没有意识到这个十岁小儿的超快反应能力与超强攻击性，随便说了一句："人小时候聪明伶俐，长大后未必很有出息。"孔融应声而言："听你所说的话，你小时候一定是不聪明的！"

这个记录在《后汉书·孔融传》中的故事其实还有一个版本，《世说新语·言语》中的记载是：

> 太中大夫陈韪后至，人以其语语之。韪曰："小时了了，大未必佳。"文举曰："想君小时，必当了了。"韪大踧踖。

我宁愿相信《世说新语》中的这一版本，因为这一版本正符合孔融的反应快，攻击性强，争强好胜，一丝不让于人的性格。让别人在他的谈锋前"大踧踖"（大尴尬），他十分快意。

其实呢，孔融见了李膺，也不见有什么慷慨的谈吐，他毕竟才十岁。但他那急于一见李膺的心态以及在李膺等众人面前的表现，让我们惊讶于他的早熟——他在某些方面也未免过于早熟了。他的一生，很多事情并没有一个目标，他好像只是在作秀，作道德秀，作才艺秀，作性格秀。比如《后汉书》本传的这样一段记载：

> 年十三，丧父，哀悴过毁，扶而后起，州里归其孝。

可是，他被曹操杀掉时，罪名之一即是"不孝"，把这两点放到一起看，颇滑稽。而曹操判他"不孝"，是由于他如下的言论：

> 父之于子，当有何亲？论其本意，实为情欲发耳。
> 子之于母，亦复奚为？譬如寄物瓶中，出则离矣。

把他的行为与他言论放在一起，我们会觉得矛盾，但若从"作秀"看，就完全可以理解：当初"哀悴过毁，扶而后起"，是行为秀；后来放言无惮，是追求言辞悚人，是脱口秀，目的都只有一个，引起注意，沽名钓誉。而两者之间是否矛盾，他并不在乎，本来这两者都不是出自他的真诚。

给他带来名声的还有一件事，这件事送了他哥哥孔褒的命。党锢案中，宦官侯览追捕党人张俭。张俭逃亡，投奔孔褒。孔褒不在家，十六岁的孔融留宿张俭。后事泄，张俭逃脱，而孔褒、孔融兄弟被囚。兄弟二人争着承担罪责，最后朝廷决定，由孔褒抵罪。《后汉书·孔融传》接着说：

> 融由是显名。

到此，孔融成名三部曲已经完成，从四岁到十六岁，几乎每六年他就闹一件大动作。从现代心理学的角度说，一个人童年的经历影响人一生的性格和行为，他的童年至少年这段时间里，这三次成名中，除了第一次可能出于偶然，后两次都有些刻意和冒险，而效果却都出奇的好。这种成功的经验伴随了他一生，使他成也因此，败也因此。

有意思的是，这有些莽撞的十六岁的少年，这边刚脱离了法律的罗网，那边就得到了道德的花环。当他的兄长孔褒走上断头台时，他却走上了光荣榜——各路州郡都来请他做官：

> 州郡礼命，皆不就。

法律的嫌犯一变而为道德的英雄，国家的法律与道德分裂到这种地步，真是国家的悲剧，但却是孔融的喜剧。这边他刚刚走出监狱，那边官场已经向他招手，而他却十分傲慢，"皆不就"。

当然，这"不就"，是他的傲慢，也是他抬高身份的举动。少年孔融自被李膺称誉"高明必为伟器"之后，他一直自评极高，揽镜自照，他一定觉得那镜中人必是一个非凡人物，怎么能委身下曹，所以，当司徒杨赐征辟他时，他才欣然上任。

当然，以他的性格，他不可能是一个俯首帖耳的僚属。不，岂止如此，他也不可能是恪尽职守勤勉于职的公务员，他不仅不能给人当下属做下级，哪怕平等合作也不可能，他是"伟器"，是"大圣之后"，是"仲尼不死"，他定要别人仰望他，如果不这样，他就造作事端，让人们注目他。所以，他在这个职位上，经常检举揭发宦官及其亲属的罪恶并言辞锋锐，未必真的出于正义感与义愤所激起的一种道德勇气，至少其间也有彰显自己风骨以引人注目的用意。这当然会冒风险，但我们在前面已经指出，他童年的经历使他无所畏惧，他现在不怕中官，后来也不怕曹操。他的一生好像一直不知道有什么可怕的，正如他一生都不知道有什么是可惜的。他既不怕权势，不怕权势人物，也不敬畏自然，不敬畏道德律。

三

好了，此时又一个他不怕的人触到了他的蜂蚕上。河南尹何进官升大将军，杨赐派孔融拿着名片去祝贺。由于对方守门的人没有及时通报，让他等一会，他就夺回名帖，转身即走，回到尚书府，扔下名帖扬长而去。他不干了。

这件事大大触怒了杨赐及何进，甚至他们的手下暗地里要派剑客追杀他。这时，孔融一贯的经验又应验了：何进听从了别人的劝告，不但不杀他，反而举荐他当更大的官，做了侍御史。

他在这个任上，又与中丞赵舍合不来，又托病归家。

汉末名士的婞直之风，有这样一个特点：这些名士往往要求别人无条件地、无限地尊重自己，而自己却无须对别人，包括对别人所在的职位有所尊重与理解。他们要求国家无条件地听从他们，重用他们，而他们自己却无须对国家负责，一言不合，即挂冠而去，丢下一个烂摊子，毫无愧怍。所谓任劳任怨，忍辱负重，苟利国家生死以，岂因祸福避趋之，这种精神与境界，与他们了不相关。

实际上，在他们眼里，个人的道德实践已与国家人民无关，而个人的道德名声，甚至个人的性情好恶都已高于国家人民。这种道德现象我称之为"道德异化"。

顺便说一句，孔融一生，几乎没有人喜欢他，他也不会喜欢别人。他只喜欢过一个人：祢衡（他也喜欢蔡邕，但那大约是因为蔡邕死了。若活着，他也未必喜欢）。但祢衡似乎并不喜欢他，把这个大自己二十岁的人叫作"大儿子"，这算不得是对他的尊重。一个人，若道德高峻到不招一个人喜欢，怕就有问题了。

不久他就碰到了董卓。董卓也不喜欢他，把他举荐到北海郡为相，那是黄巾骚扰最厉害的地方。孔融一到那里就"收合士民，起兵讲武，驰檄飞翰，引谋州郡"，雄心勃勃要大干一场，以建立更大的名誉。当黄巾首领张饶带着二十万人马从冀州返回时，孔融竟不量敌之众寡，主动去迎击，结果被打得大败，只得收拾残兵败将，退保朱虚县。

对孔融颇有好感因而颇多回护之辞的《后汉书》，在这里实际上略去了一个颇滑稽的细节。据《三国志·崔琰传》裴注引司马彪的《九州春秋》，说孔融此役的表现是：

> 黄巾将至，融大饮醇酒，躬自上马，御之涞水之上。

我不知道孔融为什么出征前要"大饮醇酒"，是潇洒，还是借酒壮胆？若把这场战役的结果与他"醉卧沙场君莫笑"式的豪壮对比一下，会令人哑然失笑：孔融一战而溃，还被黄巾抄了后路，最后甚至"不能保障四境，弃郡而去"。

唉，论打仗，他甚至不是黄巾这样的乌合之众的对手。

这可以说是孔融有生以来的第一次失败。这是战场规则，不是官场规则，更不是文化规则了。这次失败大概挫伤了他，从此以后，他几乎不愿在战场上有所表现，哪怕人家打到自家门前：

> 流矢雨集，戈矛内接，融隐几读书，谈笑自若。

这是建安元年他被袁谭所攻时的情景。当初他那么慷慨激昂、主动出击，今天人家打上门来他也不应战，真是滑稽。他知道他在战场上一点也不潇洒，哪怕喝醉了酒也不潇洒。于是他便把战场也变成自己的书案，这种战火中的风度堪称一流，可是，接下来就是：

> 城夜陷，乃奔东山，妻子为谭所虏。

这"谈笑自若"的潇洒与"奔东山"的狼狈很不相称啊，"妻子为谭所虏"

更是让人不忍卒读。我们知道，"谈笑间，樯橹灰飞烟灭"的周瑜是真潇洒，而孔融"谈笑间"，自己没灰飞烟灭，倒赔上了老婆孩子，这是什么呢？是残忍！是混账！

是的，他确有残忍而又混账的一面。我们可以骂曹操杀孔融，但孔融自己如何呢？他杀人更是不犹豫、不眨眼。他曾有过为租赋账目不清而一天之内杀掉五个督邮的"壮举"（司马彪《九州春秋》）。所以，司马彪说他，虽然他治理天下的能力甚为差劲，却颇能"张磔网罗"，杀虐人士；虽然一日之内可以连杀五督邮，却又对"奸民污吏猖乱朝市"一筹莫展。他无能却又傲慢，所任用信任的人都是些像他一样的"轻剽之人""凶辩小才"，而真正有才干见识的如左丞祖、刘义逊却只让他们"备在坐席而已"。

这个左丞祖颇有谋略，孔融势单力薄，而当时袁绍、曹操势力正盛，左丞祖乃劝孔融对这二人有所结纳，孔融"知绍、操终图汉室，不欲与同，故怒而杀之"。

你不愿结纳这二人，不结纳罢了，为什么要杀人呢？人家为你出谋划策，你怒发何来呢？这实际上还是在作秀，他已习惯于用极端的、反常的、超常的举动来显摆自己。

这左丞祖真叫死得冤！

而左丞祖一死，刘义逊彻底地对孔融绝了望，弃之而去。

四

还有一个类似的却更可怕的例子，是《三国志》卷十一裴注引《邴原别传》上的事。

在北海郡为相时，孔融有一个他很喜欢的人，经常在人前极力赞叹他，甚至说此人就相当于他的一个儿子。可是有一日，这人因某事不称他的意，他就执意要杀了此人。左右都为此人求情，此人也跪在地上，叩头直至流血，而孔融却坚持要杀此人。只有邴原一人在旁冷眼旁观不发一言。孔融就问邴原："大家都为他求情，你为何一言不发？"邴原说："您对此人，本来很不薄，说起他你就说他是'我的一个儿子'，可见，你手下的人受你的恩惠与喜爱没有超过他的，现在你却一定要杀他。爱他时，把他当作儿子看待；恨他时，却直至要杀了他。我在这儿犯糊涂呢，不知道你为什么爱他，又为什么恨他？"孔融理屈，乃引古人之例为自己辩护："以前有一个叫应仲远的人，向朝廷举荐一个孝廉，可是一个月左右的时间就杀了他。做上级领导的，待下属的厚与薄哪有什么常规？"邴原回答说："应仲远举孝廉，又杀了他，道理何在？孝廉是国家的人才。如果你当初举荐他是对的，后来杀他就是错的；如果杀他是对的，当初举荐他就是错的。孔子说：'爱他就恨不得使死人复生，厌恶他就恨不得让他去死，既想要他活，又想让他死，是人的一大迷惑。'应仲远够混账的了，你为什么向他学习呢？"孔融理屈词穷，干笑着说："我只是开个玩笑罢了！"邴原毫不客气地顶了回去："哪里有拿杀人来开玩笑的？！"孔融无言以对。

　　这邴原倒是孔融到北海郡后举荐的贤良。他从孔融的日常言行中大约早已发现了他的怪脾气，所以当别人都在那里着急求情时，他却能冷眼旁观。他看穿了孔融的把戏，不过是想通过草菅人命来表现他的价值观的与众不同，以及他维护这些他自以为是的价值观的决心罢了。所以，不从道理上、逻辑上驳倒他，就无法制止他的人来疯。邴原先揭出他的"矛盾"之处，再搬出孔融二十世祖孔子的教训之言，逼着他用一个更大的错误来掩盖前一个错误：拿杀人来开玩笑难道不是比一次糊涂杀人更可怕、更可恨吗？所以刚正的邴原决不轻饶他，直斥："哪里有拿杀人来开玩笑的？！"把这个刚才还盛气凌人，表演得激情四溢的家伙骂得落花流水，哑口无言。

　　孔融什么时候在口舌之争上让过别人？他后来对曹操的"嘲戏"，不是直至断送老头皮也没有停止他的如簧之舌吗？邴原使其哑口无言，极可能是他终其一生唯一的一次，有时逻辑比刀剑更有力量。后来曹操砍掉了孔融那并不尊贵的脑袋，也没能止住他的巧舌如簧，在历史上，曹操总是背负骂名，而孔融总引来人们一片同情。

　　邴原借孔子之口说出的"爱之欲其生，恶之欲其死"的偏执之性，正是孔融的性情。他在北海郡，听说有两个早死的名士甄子然、临孝存，他非常遗憾不能与他们相识，就下令在县社中为他们立牌祭祀。郡中无后人的或四方游士有在本郡死亡的，他都为他们准备棺具敛葬。他总有多余的、过剩的情感，让人觉得有些肉麻。

　　蔡邕曾经褒扬过他。蔡邕死后，孔融为了表示对他的思念，把一个相貌绝似蔡邕的兵士拉来同饮，还借《诗》中之言，说："虽无老成人，尚有典型。"

蔡邕虽死，还有一个像他的人，也足以慰我情怀了。

这种过分矫情的举动，不仅会让这个兵士困惑尴尬，旁观者也会觉得他简直太做作了。

五

孔融杀左丞祖，是因为左丞祖劝他对袁绍、曹操有所结纳。看来，在他眼里，曹操、袁绍的道德分值太低，不用说去结纳他们，就是说说也是死罪。

那时他做着北海相，自以为智能优赡，溢才命世，当代豪俊谁也比不了他。所以，他自许大志，要兴兵曜甲，与群雄一争短长。上引司马彪《九州春秋》说他要"自于海岱结殖根本，不肯碌碌如平居郡守，事方伯，赴期会而已"，他要为谁"结殖根本"？"结殖根本"干什么？后来曹操杀他，路粹的奏状上说他"昔在北海，见王室不静，而招合徒众，欲规不轨，云'我大圣之后，而见灭于宋，有天下者，何必卯金刀'"，看来并非捕风捉影。还是对他怀有好感的范晔，在《后汉书·孔融传》中这样为他遮盖："融负其高气，志在靖难，而才疏意广，迄无成功。"用"志在靖难"来为他的招合徒众辩护。但即便范晔，也不得不承认他"才疏意广，迄无成功"，岂止不成功，他也没成仁——他杀了劝他结纳袁绍、曹操的左丞祖，但当他自己"在郡八年，仅以身免"（《三国志·崔琰传》注引张璠《汉纪》）后，他还是寄身于曹操。

我们并不反对他寄身于曹操，我们只是为左丞祖叫屈。你孔融既有今日，何必当初呢？你对左丞祖如此苛刻，对自己为什么如此宽容呢？你能做，别人为什么就不能说呢？

当然他是无奈的，他一定有不少的委屈。以他一贯的傲慢，有他这样神圣出身的人不大可能看得上曹操，他是大圣之后，曹操呢？用他们同时代人陈琳的话说，不过是"赘阉遗丑"——一个宦官养子的儿子。

但曹操这样的真英雄，实干之才，也不大会瞧得起孔融这样的徒逞口舌之徒。但他仍然容忍了他，并且一直在容忍，直到孔融把他的耐心与修养逼到极限。

关于才华，中国人的观念有些特别，由于我们把文学、文章之类看成是日常生活的自然组成部分，孔融这样的人一直被认为是有才华的人。但他拥有的是什么样的才华呢？

从他后来常常挑衅曹操的言论中可以看出，他确实具有一些口舌之才。让他做现代报业、电视等媒体的主笔或栏目主持人，他定会名声大噪，但要让他去做实事，只怕会坏事。他才华的趋势，他逞才的疆域，似乎只该局限在这有限的专业内，他于此亦有大兴致，定会做得有声有色。我们来看看下面这件事。

《三国志·吴书》中有一个叫是仪的人物，此人本姓氏，叫氏仪。可是当他到北海郡为官时，他碰到了孔融，孔融以上官的身份，嘲讽训斥他的这个"氏"字是"民无上"，应该改为同韵的"是"。可怜的氏仪，他哪里知道他这个代代相传的姓氏里，竟然有这样犯上作乱大逆不道的内涵？迫于孔相的压力，他只好遵命改氏为是。

你看这孔融是多么没有逻辑而又惹是生非？照孔融的说法，这个"氏"字既然含有"民无上"的内涵，就决不仅是氏仪有罪，而是这个"氏"字就不该存在，造出这个字的人才是该杀头的，该领这个罪的。他孔融为什么不一追到底，彻底废掉这个大逆不道的字呢？后来的雍正皇帝，在《大学》里看出"维民所止"四字乃是"雍正无头"，杀了以此为题的主考官，这种智慧的祖宗，没想到正是孔融。为《三国志》作注的裴松之，引徐众的话，对孔融的这个举动表达了极大的不满：

> 古之建姓，或以所生，或以官号，或以祖名，皆有义体，以明氏族……所以明本重始，彰示功德，子孙不忘也。今离文析字，横生忌讳，使仪易姓，忘本诬祖，不亦谬哉？
>
> 教人易姓，从不改族，融既失之，仪又不得也。

其实，孔融只不过是要显示他的所谓才智，以及他与众不同的价值观罢了！为了显示自己，以至于滥用权力，寻衅到别人的姓氏上，逼人忘本诬祖，实在让人厌烦。

还有更让人厌烦的，据说他是中国古代文字游戏中"离合诗"的首创人。他作有《离合郡姓名字诗》，用二十二句四言诗，离合成"鲁国孔融文举"六字。如"鲁"字，是这样离合而成的：

> 渔父屈节，水潜匿方——"渔"字去"水"，乃为"鱼"。

与时进止，出寺弛张——"時"字去"寺"，乃为"日"。

如此"离"后，再把离析出来的"鱼""日"上下结构"合"起来就是一个"鲁"字。

这种游戏总会有人喜欢，但其中的无聊也颇明显。孔融是那种一生都在想办法显示自己聪明的人，但问题在于，他不是在解决当前要务上显示才干，而老是在一些无聊的事上作秀，通过一些乖张的行为赢得喝彩。这是智力的过剩、多余，也是智力的堕落。

我们可以想见，曹操这样注重实际事功的人，在内心里是多么藐视老是喜欢玩这种"过家家"游戏的孔融。

六

当孔融这样的口舌之徒与曹操这样的注重实际能力和实际效果的人走到一起时，他们的冲突就不可避免了。老瞒生于汉末，但有意思的是，他似乎并未沾染汉末名士那种普遍存在的矫情婞直之风，相反，他是攫取了那种自由的、开放的、不受传统约束的精神，且善加利用，使之成为追求实效的思想支撑，对那种多余的、琐屑的、过度的放浪做派，华而不实的矫情行为，他深恶痛绝。说他"乱世之奸雄，治世之能臣"（许子将语）也好，"乱世之英雄，治世之奸贼"（桥玄语）也好，这两种版本的评价其实有一点是相似的，那就是曹操是一个脚踏实地解决问题的人物，他知道这时代的主题乃是由乱而治，舍旧谋新，所以，他招揽谋士如云，猛将千员，要带领他们一起建立一个新时代。而孔融呢，却正是当代浮华风的代表人物，与曹操手下的其他人物呈现出迥然不同的风貌，所以，孔融不可能自然地融入曹操这个集体，与他们形成推动时代的合力，恰恰相反，他成了阻力。

但对孔融的容忍也成为曹操"山不厌高，海不厌深，周公吐哺，天下归心"（曹操《短歌行》）政治策略的一部分。所以，尽管曹操内心极厌恶孔融，极鄙视这个一事无成却又成天喋喋不休的贵公子，但仍给予他相当规格的尊敬。有一件事很能看出这一点。当曹操大怒之下把司徒杨彪投入大牢，要杀他时，孔融直接去见曹操，对曹操说："你如果再这样滥杀无辜，我孔融马上拂衣而去，不再上朝！"曹操马上放了杨彪。

孔融一定沾沾自喜：这曹瞒，能不怕我孔融？！

曹操确实对孔融退避三舍。他还曾借调解孔融与郗虑的矛盾，写信给孔融，警告他：

> 孤为人臣，进不能风化海内，退不能建德和人，然抚养战士，杀身为国，破浮华交会之徒，计有余矣。

这是多么杀气腾腾的警告？其实，在更早的一些时候，同样厌恶孔融的袁绍，就写信给曹操，让他杀了孔融，曹操复信袁绍说，当今正是天下用人之际，不能杀一士而失天下人心。为此曹操一直隐忍未发。

但忍耐是有限度的。孔融以为他能一直战无不胜下去，不断地向曹操挑衅。从李膺到办理窝藏收留张俭案的官员，从杨赐到何进，大家都一直在让着他，宠着他，他是被惯坏了的孩子。曹操也一直在惯着他，使他越来越没个样子。

并不是说他干的尽是淘气的事，他干的事里也有不少是正当的，但他是用淘气的方法来干的，而且往往是用过度的极端的方式。他救杨彪，当然好极了，但你看他跟曹操说的话，更多的倒是在显示自己的分量，显示自己的道德高度。还有，当他发言时，他可以对自己的观点充满自信并坚定地捍卫自己，但他总是把他的道理说得很过分，比如，当时不少人出于"乱世用重典"的思维方式，建议恢复肉刑，而孔融表示反对。我以为这是他一生中干得最正确的事。但他如何说理的呢？他说，以前纣王冬天见到有人大清早赤足过河，很好奇这个人小腿如此耐寒，便命人砍下他的小腿来看看。天下人因此认为纣王无道。现在若恢复肉刑，那么天下之大，一千八百个君王，假如每个人都砍断一个人的脚，那就造出了一千八百个纣王。

你看他的思维是多么没有逻辑性？即便他有道理，这道理也被他说得不伦不类。

<h2 style="text-align:center">七</h2>

像他这样的人，不会有什么朋友。他有一句名言："座上客常满，樽中酒

不空"。但我们可以想见，他座中的客，不大可能有端方正直之士，大多数定是如他一样的轻剽之才，泛泛之交，酒肉朋友。他也有表示友情的时候，但除了对几个死人——甄子然、临孝存、蔡邕等，他表示了过度的多余的情感，我们没见过他与哪位活人有真正深切的感情。噢，对了，有一个，那就是比他还要怪诞——事实上患有严重的疯癫病的祢衡，那个把他这个年长二十岁的人称作"大儿子"的疯子。

我不知道祢衡有什么样的资历与建树，使他如此傲慢而目中无人，难道就因为他"少有才辩"，有一张好口舌，就可以"尚气刚傲，好矫时慢物"？况且他的口舌又并不是如先秦纵横家那样对天下大势条分缕析，抵掌而谈于华屋之下，然后运筹帷幄之中，战胜于朝廷。他的口舌，仅限于骂人。哪一件事业是靠骂人建立的？哪一片江山是靠骂人打下的？哪一个敌人是靠骂人消灭的？他二十来岁，来到许下，在颍川郡，拿着自己的名刺都无处可投，直到名刺上那祢衡两个字都漫漶灭迹了，还是没送出。就这样的籍籍无名的小人物，偏偏有不知何处得来的万丈雄心，视天下英雄如无物。有人大约看他狼狈落魄，出于好心，向他建议："你何不追随陈群陈长文、司马朗司马伯达呢？"当时许都新建，贤士大夫四方会聚，陈群、司马朗更不是凡角，都已建功立业，名满天下了，但祢衡却是满脸的不屑："我怎能跟屠夫沽酒之徒游处？"这人大约很吃惊，便又抬出两个更厉害的："那么荀文若、赵稚长如何呢？"我们知道荀彧是曹操手下第一大谋士，是曹操最为倚重的人物，而赵稚长为荡寇将军，但祢衡的回答只能让人领悟到他是个缺少现实感的疯子："文若长得仪容端方，可以借他的面容去吊丧；稚长肚大能吃，可以让他做监厨请客。"他只喜欢两个人：孔融和杨修，但他喜欢的方式是这样的，二十岁的他称四十岁的孔融为"大儿子"，杨修是"小儿子"，"余子碌碌，莫足数也"——注意，天下英雄，竟都成了他的儿子，且是不肖之子。

我们不知道他"小儿子"杨修是怎么孝敬他的，只知道"大儿子"孔融是真的喜欢他，据《后汉书·文苑列传》的记录，"融亦深爱其才"。唉，"才"，是一个多么语义宽泛不定的词啊！祢衡的"才"在哪里呢？他流传下来的作品，也仅一篇据说是他写的《鹦鹉赋》，虽然连李白都表示佩服，称之为"锵锵振金玉，句句欲飞鸣"（《望鹦鹉洲怀祢衡》），但我估计这不过是大诗人随手给他的一点揄扬，并不一定是真实认真的评价。这篇赋的思想不见得有多高超，

除了托物言志，表达了过度的自恋外，下面这样的句子并不能让人觉得他有多
高的人格，有多自尊的心志：

> 苟竭心于所事，敢背惠而忘初？
> 托轻鄙之微命，委陋贱之薄躯。
> 期守死以报德，甘尽悴以效愚。
> 恃隆恩于既往，庶弥久而不渝。

　　这种卑微的心态，又哪里谈得上什么人格？这篇赋是写给黄祖的长子黄
射的，上述那么多英雄人物他都不屑，现在却用这种妾妇式的语调对黄射献媚。
黄射是个什么角儿呢？这祢衡真让人搞不懂。但在孔融的眼里，祢衡却是一个
不世出的大才：他比当年的桑弘羊更会生计理财、比张安世更默识通达。而德呢？
连任座（《吕氏春秋》载魏文侯时人）的高尚品行、史鱼（《论语》中为孔子
称道的人物）的正直气节，都无法与祢衡相比。他"性与道合，思若有神"；
他"淑质贞亮，英才卓砾"；他"忠果直正，志怀霜雪"；他"飞辩骋辞，溢
气坌涌，解疑释结，临敌有余"，像这样的"奇丽之观，非常之宝"，正是朝
廷国家"不可多得"的人才。于是孔融推荐祢衡给朝廷。这封言过其实夸大其
词的推荐疏，是孔融过剩论理的又一典型文本。我们能感觉得出，他在写这封
荐疏时，内心里涌动的激情：是的，他终于在人群中找到了一个与他如此同调
的人物。正如他后来宣扬的：他是孔子，祢衡就是颜回。这简直是古老的道德
图景的当代重现——他激动得无法自控，他再一次印证了自己的不凡。
　　所以他不仅向朝廷推荐祢衡，他还向曹操多次直接推荐。他知道，朝廷
已是曹操的朝廷，没有曹操的重视，什么人也别想有所作为。但他显然不明白，
祢衡并不是一个有所作为的人，他自己也不是。他们到这个时代来，好像就是
要捣些乱，成事不足，败事有余。他孔融干成过哪件事？他只是一直在指责别人。
　　有一次他与郗虑一起在献帝那里，献帝问孔融："郗鸿豫（虑字鸿豫）有
什么优点和特长啊？"孔融回答说："可与适道，未可与权。"这是引述《论
语》中孔子的话，批评郗虑食古不化，懂些大道理，却不知变通与应用，所以
非实干之才。献帝拿人的优点与特长来问孔融，显然是问错了人，因为我们前
面说过，在孔融眼里，除了祢衡，其他人哪有什么优点？但孔融这里批评郗虑

非实干之才，却正是以己之短，攻人之长。他孔融又有什么实干之才？所以被祢衡一下子顶了回去："你孔融以前曾主宰北海，结果却是政治崩溃，人民流离，你的实干之才在哪里？"两人从此不和，互相攻讦。

现在他推荐祢衡给曹操，说明他根本不了解祢衡，更不了解曹操。曹操是一个注重实效的人物，对浮华之士历来深恶痛绝。如果我们把祢衡此后的人生道路看成是一条取祸之路，其致死之由即在孔融这里：孔融把他送给曹操，曹操把他送给刘表，刘表把他送给黄祖，黄祖终于把他送回了"老家"。这一链条的第一环，即是孔融。孔融是愚蠢呢，还是善良？是为祢衡好呢，还是存心害他？

八

果然，我们没有看到祢衡在曹操那里有什么建树或建议，哪怕是谏议或说言也可以，但一概没有。在这一个百废待兴、百乱待理的时代，他与孔融一样，没有去治理天下的兴趣，却有骂尽天下英雄的胆子。我不是说曹操等人不可骂，但你要有一个前提，有一个道德依据，你必须把握时代主题与民生需求，然后再开口。孔融也曾关注民生，"瞻望关东可哀，梦想曹公归来"，也曾赞美曹操，"从洛到许巍巍，曹公忧国无私"（以上孔融《六言诗》）。毋庸讳言，曹操可能不是一个道德的人，但他的行为是有益于当时的国计民生的。孔融在建安初年对曹操的这种赞美态度是实在的，是他当初颠沛流离之中的真切感受。但这种态度很快就发生了变化。现在，在许都，他已过上了"座上客常满，樽中酒不空"的日子，端起碗吃肉喝酒，放下碗骂娘。骂谁的娘？骂曹操的娘。对曹操的百般挑刺与无端挑衅，是他此后的唯一事业，而他推荐来的祢衡更是有过之而无不及。

首先是在孔融的多次称述下，曹操很想见见这个在孔融眼里完美的奇才。但与曹操对这个年轻的只有二十来岁、籍籍无名尚无尺寸之功的小青年颇为重视相反，祢衡对曹操这样大名鼎鼎的人物却"素相轻疾"（历来是轻视加仇恨），不仅不肯去见，反而常常有对曹操无礼放诞的攻击性言论传出。我们不知道祢衡凭什么对曹操历来"轻"视，更不知道他为什么对曹操有仇"疾"，总之，他多次放肆的侮辱性言论激怒了曹操，但曹操仍"以其才名，不欲杀之"（《后汉书·文苑列传》），听说他善于击鼓，便任命他为鼓史，特地大会宾客，来欣赏祢衡的鼓艺，这就演出了历史上有名的"祢衡击鼓骂曹"。后来明代的徐文长还把这个故事写入他的戏剧，成《四声猿》中的一折《狂鼓史渔阳三弄》，用超现实手法写祢衡在阴间应判官之请，面对曹操的亡魂，重演击鼓骂曹的场景，并且一骂骂终生，对曹操一生的道德污点来一个总清算。

但这并不是历史的真实。历史的真实是，祢衡在此场合并未"骂曹"，而是"辱曹"，他故意在曹操面前脱光衣服，裸身而立，且"颜色不怍"，结果呢？曹操笑曰："本欲辱衡，衡反辱孤。"

在大庭广众之中赤身裸体，露出丑陋，固可以辱人，但首先是辱己，这种行为绝非一般人所忍为。连孔融都觉得他太过分了，批评他一顿，且告诉他，曹操其实一直很欣赏他。祢衡于是答应去见曹操。孔融先到曹操处，说祢衡刚才是犯了病，现在要来道歉。曹操很高兴，下令守门人，只要有客来，马上通报。等了很晚，祢衡来了，却不进来，穿着粗麻布的单衣，头上束着巾，一副布衣打扮，手里拿着一根三尺长的大杖，坐在营门外，破口大骂，每骂一下，还要用杖捶地一下。这是典型的中国民间泼妇骂。所以我说他击鼓时没骂曹，骂曹时没击鼓，是捣杖。曹操再有涵养，怕也不能再"笑"了，他怒气冲冲地对孔融说，祢衡这小子，我杀了他就如同杀了一只麻雀，一只老鼠！但曹操还是没杀他，而是派几个身强力壮的骑士，把祢衡挟持着送给了刘表，"看看刘表如何处置他"。

刘表一开始也颇看重他，他毕竟有文采。有一个例子可见他是多么蔑视众人：刘表曾亲自与手下一帮文人共同起草了一份奏章，颇费才思，也自以为很不错，拿给祢衡看。祢衡刚看了几眼便撕掉掷于地上，刘表颇惊疑，祢衡于是索求笔砚，一会工夫就重写了一篇，辞义可观。据说刘表很高兴，更加看重他。

但不久他的老毛病又犯了，又像侮辱曹操一样侮辱刘表。以宽容著称的刘表，其忍耐性比曹操实在差多了，而用心却比曹操歹毒：他知道江夏太守黄祖性情暴躁，所以故意把祢衡送给了黄祖——曹操送祢衡给刘表，还是因为刘表有好士宽容之名，想以此看看刘表如何忍受与处置；而刘表把祢衡送给黄祖，就是在等一个结果：黄祖杀了他。

粗野不文的黄祖对文人倒有一种天然的敬意，所以祢衡又一次受到超规格礼遇与重视，黄祖的长子、章陵太守黄射尤为喜爱祢衡。但很快，他的死期就到了：黄祖在蒙冲舰上大会宾客，祢衡又大放厥词，冒犯黄祖，黄祖很羞惭，就斥责祢衡。祢衡拿眼睛直视着黄祖，骂道："死东西！你叫什么叫？"黄祖大怒，令手下人拿出，要鞭打他。祢衡越发大骂不止，黄祖更加愤怒，下令杀了他。黄祖的主簿历来讨厌祢衡，马上就杀了他——他当初撕碎别人写的奏章时，有没有顾及别人的自尊心？你的写得好，别人的未必不好，何必一定要通过如此激烈的贬低别人来抬高自己？如果黄祖的主簿不是对他恨之入骨，马上杀了他，稍缓一刻，他就有可能活命——黄射听到这事，连鞋都来不及穿就赶来救他。可是黄射赶到时，祢衡的脑袋已从肩膀上分离了。

二十六岁的祢衡，像货物一样被送来转去，最后就这样卑贱地被杀掉。而他的那些什么文章，除了传下来一篇《鹦鹉赋》，其他也都散亡。

> 魏帝营八极，蚁观一祢衡。
> 黄祖斗筲人，杀之受恶名。
> 吴江赋《鹦鹉》，落笔超群英。
> …………
> 才高竟何施，寡识冒天刑。
> 至今芳洲上，兰蕙不忍生。（李白《望鹦鹉洲怀祢衡》）

严羽评此诗说："才高识寡，断尽祢衡。"但我以为这话也只对了一半：祢衡固然识寡，他又何尝才高？他的才显示在哪里？就因为他比一般的主簿、秘书之类写的章表书记这类应用文要有文采一些？除此之外，他做过什么事？做成过什么事？能做什么事？在那个生灵涂炭的时代，他有什么贡献？

九

祢衡死了，孔融有没有感到寒气的逼近？

他越来越以挑衅曹操为乐了。他的文才在对曹操的"嘲讽"中有充分的显示，可他的轻薄德性也暴露无遗。

曹操攻下邺城。袁熙的美貌妻子为曹丕所得，这就是后来的甄氏。据说曹植的《洛神赋》就是写给她的，所以又叫《感甄赋》。又据说曹操进攻邺城，原也为了这个女人，只是让他的儿子曹丕先得了手。历史上赫赫有名的"三曹"，全为这个女人堕入情网。孔融给曹操写信，说："武王伐纣后，把纣王的宠妃妲己赐给了周公。"曹操从未听到过这种说法，想到孔融读书多，就将信将疑。后来见到孔融，问他这个说法有何来历，孔融回答说："以今人的做法来看，想想当初也该是这样。"曹操这才明白原来孔融在讽刺他。

曹操北征乌桓，他也大加嘲讽。年饥兵兴，曹操上表禁酒，这更触到了这个把"座上客常满，樽中酒不空"当作人生追求的孔融的痛处，他又写信给曹操，说古来帝王，祭上帝祭神灵祭祖先，安定人民，和睦万国，无酒不办。甚至天有酒星，地有酒泉，人有酒德，可见天地人，无酒不立。汉高祖若不是酒醉斩白蛇，哪有汉朝？汉景帝若不是乘醉幸唐姬，哪有汉武帝？如此等等，不一而足。

可见孔融说理，果然如同曹丕所批评的"理不胜辞"且"时有齐气"（《典论·论文》）。"齐气"者，徒逞其辩且喋喋不休也。

曹操接此信后，曾予复信。从孔融后来的复信中，可知曹操是颇语重心长的，但孔融哪是能让别人说服的？他再复信曹操：

> 昨承训答，陈二代之祸，及众人之败，以酒亡者，实如来诲。
>
> 虽然，徐偃王行仁义而亡，今令不绝仁义；燕哙以让失社稷，今令不禁谦退；鲁因儒而损，今令不弃文学；夏、商亦以妇人失天下，今令不断婚姻。
>
> 而将酒独急者，疑但惜谷耳，非以亡王为戒也。

从这篇短札中，读者可以看出孔融是多么善于狡辩，又是多么好辩——以此为乐，以此逞才，他可以把不伦不类的东西放到一起而说得振振有词，甚至可以起到炫人耳目乱人心智的作用，但却毫无逻辑性可言，所以，也让人无法辩驳。要知道，当一个人完全不讲道理时，他是无法被驳倒的，这就叫——不可理喻。

问题还在于，在"岁饥兵兴"，大多数人民和士兵都不能吃饱饭的情况下，曹操"惜谷"，有什么不对吗？孔融在这件事上，有比曹操更多的道德支持吗？

曹操对孔融的忍耐终于到了头。他大约也意识到，像孔融这样的人，对他越忍耐越宽容，他越张狂，越人来疯，这是一个不可能与之合作而共建新时代的人，一个不可能被笼络与收买的人物。至此，孔融的路也走到尽头了。五十六岁那年，曹操的笔杆子路粹状奏孔融数罪，包括政治上的不忠于朝廷与道德上的颠倒人伦，唐突圣人——这又是一件滑稽事：他颇以出身圣人之家而自豪，却又没有对圣人——也就是他的二十世祖孔子——的相应敬畏。

曹操下令杀孔融。据说由于他的两个十岁左右的孩子完全超越年龄的特殊表现，曹操再下决心，杀了他全家。

> 言多令事败，器漏苦不密。
> 河溃蚁孔端，山坏由猿穴。
> 涓涓江汉流，天窗通冥室。
> 谗邪害公正，浮云翳白日。
> 靡辞无忠诚，华繁竟不实。
> 人有两三心，安能合为一。
> 三人成市虎，浸浸解胶漆。
> 生存多所虑，长寝万事毕。（孔融《临终诗》）

"言多令事败"，这可是他自己的招供；"华繁竟不实"也是他自己的评价；"生存多所虑，长寝万事毕"，他自己都活烦了——可见他终究是脆弱的，攻击性越强的人内心越是脆弱，这也是一般的事实。

十

孔融和祢衡，在当时都以才知名，在后世又都因为与曹操有关而更为知名。实际上，他俩可能有文才，但也算不得一流，"建安七子"，除了王粲，都算不得当时一流。当时一流，仍以三曹为先，何况祢衡连"建安七子"也比不上，而除了所谓文才，除了能引经据典，他们很难说还有别的什么才。连同情孔融的《后汉书》也说他"才疏意广"，以至于"讫无成功"。"志大才疏"的成语，就来自孔融。

他们都受过良好的教育。那时代的教育，没有我们今天的科学、技术等门类，只有古代化典籍的研读，所以，与我们今天的大学毕业生甚至硕士博士生往往有技术没文化正相反，他们没技术没职能，却是有文化的。也正是这一点，让他们生前身后，都享受到了人们对文化人的那种尊敬。但问题是，有了文化，只能说明你有了相应的素质，而并不能由此直接得到报答，正如我们今天不能拿着一张毕业证书直接向公司要薪酬，而是要通过工作一样。孔融和祢衡是有文化，但那又怎样？他们利用他们的文化素质为社会、为民生做出贡献了吗？他们对他们的那个时代有所供奉吗？没有。他们不但不是建设者，反而是"搅局者"。他们不论是非曲直，不论黑白美丑，一律用他们的文化优势予以嘲弄。较高的文化素质，对于他们，不是他们服务社会的资格和能力，甚至也不是他们自我修养的基础，反而成为他们藐视众生、唐突价值、颠倒人伦的资本。他们是有文化的人，可他们是文化的垢甲，是文化的污斑，是文化的遗传变异，是文化的堕落。

他们的成名，有特定的时代背景。党锢之后的"婞直"风气，是他们名声生长的大土壤。汉末的"婞直"之风，是一种道德的原教旨主义，在这样的主义之下，越是怪诞狂放，虐戾残忍，冷漠傲慢，越是被人视为不同寻常，越是受到尊敬。何况孔融和祢衡，还具有明显的临床心理问题。古斯塔夫·荣格就曾经提到，很多在今天被看成精神病患者的人，在过去时代，反而能得到特殊的礼遇，因为他们病态的精神状态，被视为了不同寻常。精神病理论与临床经验的欠缺，使他们不仅得以逃出精神病院，而且跻身受人尊敬的人物之列。

而他们死后，名声就更大了。正如本文一开始就说到的，孔融是中国历史上的大名人，妇孺皆知的大名人，但非常有意思的是，人们却不知道他都干了些什么。他不是思想家、政治家、军事家、经济学家、科学家，最多勉强算个"文学家"，说他勉强，不仅因为他的文学实绩实在有限，数量和质量都极少极低，他被曹丕列入"七子"，就不伦不类：他不仅年龄上比其他六人中最大的阮瑀大十三岁（陈琳生年不可考除外），比曹操还大两岁。就趣味上说，他也属于旧时代的遗老，而不是新时代的才俊。但问题是，假如他不忝列"七子"之间，凭他那点文学创作，在中国文学史上，末流作家也算不上，完全是一个被人遗忘的角色。

那么，他之出名，完全是因为他的所谓的道德：除了正面的道德建树——让梨（他就让出一个梨子啊！得到的却那么多！这真是历史上最天价的梨子了），还有反面的道德批判：几乎全是冲着曹操的。由于曹操在中国的道德唾液之河里翻了船，成了中国历史上最大的"道德靶子"，凡是反对曹操的，也都有"道德英雄"的加冕。孔融的名片上，一无所有，但他的名字前，有个限定词：道德的孔融，或者在名字后，有一行说明：反对过曹操。这就够了。

但若要说孔融是一个以道自任的人，一个不苟言笑、道貌岸然的人，那又错了，孔融只是凭着自己的性子来。他不是道学家，后世的道学家也骂人，还骂得更多；后世的道学家也做出种种道德举动，远胜过一梨子，但人们记不住他们，他们缺少人性。和道学家相比，孔融还是有人性的，虽然可能是病态的，疯癫的，但那也是人性，所以，和道学家相比，他还是可爱的，当然，任何人和道学家相比，都是可爱的。所以，这不能说明问题。

但即使以地地道道的传统道德来看，还有一个"不道德的孔融"。他的败德的言论更惊世骇俗，说父亲是为满足情欲而生子，母亲只是孩子的寄身之瓶，一旦分离，则二者了不相关，这都与特重孝道的传统文化大为冲突，与他的二十世祖孔子的思想大为冲突。孔融确是不知道什么人是值得尊敬的，什么价值是值得维护的，在价值体系的瓷器店里，他醉了酒，发了疯，一路撞过去，踏过去，听那一连串的破碎声，他快意非凡。他只是任性地挥霍完了自己的一生。这个攻击性特强的家伙，几乎是见谁灭谁，偏偏遭他毒手的人里，有曹操这样的"道德靶子"，他就一下子成了道德英雄。

但非常有意思的是，当我们的老师在幼儿园里跟孩子讲"孔融让梨"时，他们讲不讲孔融的上述败德言论呢？当然不会。为什么呢？因为：

第一，老师们不知道孔融还有这样的言论；

第二，知道了，也不会讲；长期不讲，也就不知道了。

遗忘与记忆，也是一种道德选择。

让了一个梨，骂了一个曹，丢了一条命，孔融出了名，祢衡出了名。曹操被骂到现在，孔融、祢衡被表扬到现在。曹操也好，孔融也好，祢衡也好，他们都是玩偶，而那背后的玩偶之手，就是：道德。

曹丕
缺德的禅让

话题：禅让、革命与君臣

　　禅让与革命是古代改朝换代政权更迭权力移交的两种常见方式。相较而言，不论"禅让"在实施过程中出现多少诸如迫害、杀戮和"不道德"，社会与历史所付出的代价比起"革命"所造成的破坏要显著轻微，并且，由于"禅让"过程中发生的一系列血腥事件往往只局限在上层或统治集团内部，对人民而言，其伤害是相对较少的。可以说，"禅让"是封建社会里震荡最小代价最少的政权移交方式。

　　但事实上，除了儒家盛赞的尧舜禹禅让外，我们对这种方式基本持否定态度。这显然是不合于理性的，也是不公正的。出现这种情况可能有三个原因。

　　一是，后人对禅让过程中出现的迫害与杀戮非常反感，却忘记了任何一次暴力革命所造成的死亡与崩溃远非禅让所能比。但问题在于，史书上对上层之间的屠戮异己往往记之甚详，对后来的读者有强烈的感性刺激，故而易激起"道德愤怒"；而对下层人民在暴力革命中所遭受的苦难却往往疏于记载，或仅用大而化之的空洞词汇或统计数字，非常抽象，对后来的读者也就较少直接的道德刺激，不大容易产生感性印象与深刻记忆。

二是，后人往往从纯粹的"道德"角度判断问题。这又涉及两个方面，其一是传统的正统君臣观念。由于禅让总发生在君臣之间，导致君臣易位，故而这种形式亵渎了传统的君臣观念中的一些基本原则。另一方面，由于自秦汉以来的每一次暴力革命实际上都由农民起义来引发，这些"为圣天子驱除云尔"的暴动农民、流氓无产者打碎了旧秩序，承担了一切道德谴责，最后夺得天下的人，不是从前任君主那里直接夺来的，而是从群雄（实际意思乃是"群盗"）纷争中得手的，他也就避免了道德上的尴尬。同时，他既已成新的"圣天子"，自然也就成为道德清白甚至崇高的人物，他们在领受子女玉帛的同时，也领受了文化的大奖章：他们"外王"了，谁敢说他们不"内圣"？

第三，也许是最主要的原因，那就是，革命发生在体制之外，禅让发生在体制之内。体制之外的革命当然较少受到体制之内的道德规范的约束——或者说，对"革命"，我们的知识形态已不把它看成一个道德事件，从而也就减少了对它的道德攻击。同时，只要体制之内不出现问题，体制之外的革命总是较易对付的，至少它并不直接构成对现任皇权的威胁，在地方性的造反与最高权力皇帝之间，总有重重的屏障。不易对付的革命，或最终取得了成功的革命，其发生的频率总是较少的，且要在体制之外独树一帜，挟民附众，聚集革命的资源与能量，然后推翻强大的体制，这要付出绝大的努力与牺牲，能有这样魄力、毅力与魅力的人物也是不经常出现的。而发生在体制之内的君臣禅让，一方面它直接破坏了体制自身的秩序与运作程序，这程序正是以道德的名义建立的，所以，它也就直接触犯了道德。其次，这种夺权方式，矛头直接指向当今皇权，皇权直犯其锋，所以其危险性要大得多。且对野心家而言，用这种方式攫取权力，要省力得多，他们直接从体制中分了一杯羹，而且往往是分了绝大部分的羹，然后再用体制内的这部分力量剪除另一部分力量，其付出少而其成功大。且有野心的臣子是一茬又一茬，简直令为君者防不胜防——所以，它也就自然让人百倍警惕与提防——首先当然是在道德上予以彻底否定，从理论上彻底杜绝。

在传说的尧舜禹禅让之后，是所谓的家天下。夏启破坏了禅让制度，这既标志着阶级社会的开始，也标志着一个新的政治模式的产生。鲍白令之对秦始皇说："天下官则让贤是也，天下家则世继是也。故五帝以天下为官，三王以天下为家。"（《说苑·至公篇》）让贤即是禅让，择贤者以天下让之，尧让天下于许由就是这样。世继即传子制度。传子制度以家族的延续性保证了朝代的延续性，如果不发生意外，那真如秦始皇所想象的那样："朕为始皇帝，后世以计数，二世、三世至千万世，传之无穷。"（《史记·秦始皇本纪》）但这显然只是极端自私的独裁者的一厢情愿，不要说千万世，秦王朝连三世都没有，它二世而亡（秦的子婴已经不再称皇帝，而是改称王）。所以，自夏、商、周至秦、西汉，都是传子制度和暴力革命这两种方式来实现权力的过渡和君臣的易位。自私的"家天下"的最高统治者，在他能控制局面的时候，是决不会把权力禅让给外姓的，所以，也只有暴力革命才能推翻他的暴力统治。武王伐纣时，伯夷叔齐扣马而谏，被武王拖开后，唱了一曲《采薇》小调："登彼西山兮，采其薇矣。以暴易暴兮，不知其非矣。神农虞夏忽焉没兮，我安适归矣？于嗟徂兮，命之衰矣。"遂饿死首阳山。这节歌辞中的"以暴易暴"，实在是后世改朝换代的最常见的方式。

但历史会出现一些有意思的曲折。新朝的王莽是靠"禅让"攫取权力的；东汉的末代皇帝汉献帝，是用禅让的方式把他的帝位让给曹丕的。继曹丕之后，接连出现了一连串的禅让：魏禅晋，晋禅宋、宋禅齐、齐禅梁、梁禅陈。至陈，再次恢复常态：由隋大将韩擒虎兵临城下，暴力推翻陈后主。可以说，王莽开了在阶级社会中禅让的先例，他的一些做法被曹丕继承并加以完善；曹丕在禅让过程中的一些做法则被后来的效尤者作为范式，他禅让过程中所秉持的道德根据、政治信念，甚至具体的操作程序，都被一再仿用，成为中国古代政治生活中的一个奇特现象。因此，描述曹丕受禅并对之做出研究，是很有意义也很有趣的。

事实：帝位、生命与天下

献帝是一个很令人同情的皇帝。初平元年他十岁时，即在血泊之中被横暴无复人理的董卓立为帝，其时的他未必能知晓前路艰难，但弥漫宫廷的鲜血定让他幼小心灵颤栗不已。他一生都是傀儡，即使想作恶也没有机会，所以他没有恶名，当然，想作善也没有机会，所以他也没有善名。但他的处境令人同情，作为亡国之君，他没有受到史家的诟詈，这很公平：他没有权力，当然也没有责任。

献帝即位之时，汉家天下，已土崩瓦解。由于祖上累积的罪恶，这种瓦解之势竟成既倒之狂澜。到曹操迎他于洛阳时，已实在是"尺土一民，非汉所有"。他实际上已不是天下的君王，充其量只是天下的一个"问题"。曹操迎他于洛阳并安顿他，尊崇他，就是在处理这个"问题"。当然，曹操还想利用他的那个"名号"，但这个名号也确实仅仅是个"名号"，已不能号召任何有实力的豪强。曹操迎献帝，史称是"挟天子以令诸侯"，这实在是一个错觉，没有一个有实力的豪强还听这个天子之令。但曹操也并不是全无收获：他有了献帝这面旗子，就可以招来一些食古不化，政治上愚忠汉家天下，智谋上又是一代英杰的知识分子，如荀彧。荀彧一生为曹操奔走效劳，曹操一生很多大事业都赖他的谋划而成。但他俩是很有些同床异梦的：荀彧寄希望于曹操真心拥汉，曹操则寄希望于荀彧最终能够见风转舵，舍旧谋新。所以一旦他俩各自的这一点希望破灭了，两人的合作也就到头了。荀彧后来被曹操逼而自杀。相似的例子还有程昱、孔融等人，这些人都是冲着献帝名号而来的。除了这些手无寸铁的文人外，曹操用献帝的令箭没有招降来一兵一卒。

曹操利用了献帝，但在那种情形下，毋宁说是曹操保护了献帝。曹操与献帝之间的这种交易，得利最多的还是献帝。在这件事上，可以说是曹操上了真心拥汉的荀彧等人的当了。荀彧等人当初劝曹操"挟天子以令诸侯"，实际上其真心就是让曹操把献帝保护起来，这在当时，也实在是没有办法的办法。他们未尝不知道曹操是奸雄，但天下诸侯，哪个是善角儿？所以，也只能这么走一步瞧一步。如果像我们后来史家们所说的那样，荀彧等人真的仅仅在利用献帝以"挟天子以令诸侯"，他何至于在后来功成名就之际，放着开国勋臣不当，却要站在献帝一边与曹操忤逆而自杀身亡？

还有一层，我以为荀彧等人把献帝弄在身边，也是为自己的立身处世找根据。有了献帝，他们就可以自欺（也想欺人），可以麻痹自己的良心，让自己相信自己是在为献帝效劳，为大汉效劳。天下大乱，像荀彧这样的人杰定想有所作为，但他的那一套知识形态又使他有所禁忌：不能成为乱臣贼子。而有了献帝，哪怕仅仅是名分上的，这个问题也就迎刃而解——献帝在此，百无禁忌。我们的传统文化，讲究的就是这样的一种名分，有无其实倒在其次。

所以，迎献帝，对荀彧等人而言，是一箭双雕：既保护了献帝，也保护了自己的良心，抚慰了自己的道德创伤，使自己的所作所为有了一个合乎道德的依据。从这一点讲，在迎献帝这一交易上，第二个赢家便是荀彧。当然，曹操此后便在很长一段时间内得到荀彧的全心全意的支持，他也并不是全无收获。

但把献帝挟持在身边并不是一件彻头彻尾愉快的事，至少在行事上就不能完全为所欲为，名分上还得请示汇报。袁绍也曾听沮授等的建议，要迎献帝去邺城，但他的另一谋士郭图及部将淳于琼就反对，认为在"秦失其鹿，先得者王"的情形下，把献帝弄来身边，不听他的是抗命，听他的又显得自己权轻，不是好办法。不能说他们的看法全无见地，曹操后来不正是在这一点上受到天下攻击的吗？另外，挟天子也不是每个人都可以做到的，董卓做不到，李傕郭汜做不到，杨奉等人也做不到。他们都挟持过献帝，但非但未能"令诸侯"，反而倒成了天下诸侯的众矢之的，一个个身败名裂，献帝一度简直成了招惹如蝗飞箭的祸根。曹操生前身后，被人骂了近一千八百年，也是因为如此。生前被骂为"托名汉相，其实汉贼"，死后被当作奸雄，非但是当时天下的众矢之的，承担着"清君侧"风险，甚至在历史上也仍然是众矢之的。

所以，曹操凭着自己的盖世才华，压倒群雄而"挟持"献帝，对献帝来说是一个最佳选择：一是他至少可以保住生命了，不至在混乱与流离中被杀；二是他终于有了名义上的朝廷，也有了名义上的大臣（曹操及其部属）和土地财赋（曹操的地盘），他的帝号因而得以延续。这个可怜的小皇帝，在经过六年心惊胆颤九死一生的颠沛流离之后，终于在他十六岁时，得到四十二岁、体力智力如日中天的曹操的庇护，结束了他噩梦般恐怖的流浪生活。

后来刘裕行禅代，要篡东晋，中书令傅亮去找晋恭帝司马德文摊牌。司马德文早有思想准备，坦然地说："晋室本来就已被桓玄篡夺。幸赖刘裕击败桓玄，国祚又延续了近二十年，今日如此，已无所憾！"于是他把傅亮备好带来的禅位诏书照抄一遍，下诏禅位于刘裕。

曹操与献帝何尝不是如此。若不是曹操，献帝早就没了。曹操自己说："设使国家无有孤，不知当几人称帝，几人称王。"既有曹操树起的献帝，各路豪强虽不听号令，但终不能再擅自称王或另立傀儡了；另一方面，曹操又以自己神勇威武东征西讨，使一帮野心家不得不敛手。袁术称帝而为曹操讨灭，就是一例。

所以，曹操"挟献帝"，还不仅仅对献帝有利。献帝的名号和曹操的实力结合起来，有了一个名义上的中央政府，对当时天下分崩离析的形势而言，起到了收集人心的作用，特别是杜绝了野心家们的非分之想，不知减少了多少战祸，人民因此少受多少灾难。

《诗》云："溥天之下，莫非王土；率土之滨，莫非王臣。"也许那时还有人对献帝表面上称臣，但土地对献帝来说却是一点不剩了。草莽石勒说过这样的话：曹操与司马懿都不是好汉，他们从孤儿寡母手中夺天下。这话对了一半，司马懿确是如此，而曹操就不是这样了。曹操迎献帝时，献帝的状况实在已是"丧家之犬"，他的家天下早已为黄巾砸碎，又为各路豪强瓜分豆剖而去，一草一木荡然无存，连他自己都成了被人抢夺的"宝贝"，几易人手，又像滚烫的山芋，让人丢弃。司马光在《资治通鉴》中说："建安之初，四海荡覆。尺土一民，皆非汉有。"这"尺土一民，皆非汉有"八字，极有分量，见出司马光的重事实精神。事实上，献帝自己在当时也是这么认识的，他的禅位诏说：

> 当斯之时（指董卓黄巾之时），尺土非复汉有，一夫岂复朕民……幸赖武王（指曹操）……芟夷凶暴，清定区夏，保乂皇家。

这话虽不情愿但却是老实的，假使这份诏书也是别人写好让他抄的，那也代表那时人的共同看法：天下本来即是曹家打下来的。据邵博《邵氏闻见录》卷九载，司马光的《万代论》中论曹操，认为他的天下"是夺之于盗手，非取之于汉室也"。这个结论更见出司马光的见识，远非一般只知空谈君臣道德的腐儒所能比。翦伯赞在《应该替曹操恢复名誉》一文中也说："当曹操出现在历史舞台上的时候，起义的农民军已经粉碎了东汉王朝的天下，在这残破的疆土上出现了大大小小的地主武装集团的营垒。当时的汉献帝除了保有一件褴褛的皇袍之外什么也没有了，像这样一个皇帝还能从他手中'篡'到什么？曹操的天下，是自己打出来的，不是从姓刘的手里接收过来的。假如曹操痛痛快快披上黄袍，谁说他不是太祖高皇帝，就因为他把黄袍当衬衣穿在里面，反而被人抹了一脸白粉。"

现在人们动辄说曹操"挟天子以令诸侯"，好像曹操的天下是靠了献帝的"令"得来的。这实在是一个天大的冤枉。曹操南下讨刘备、刘表与孙权时，不是自称"奉旨伐罪"？他倒是想打一回"献帝牌"，但作为"罪"的孙、刘，何尝见圣旨而叩拜呢？还不是在赤壁把曹操打得"灰飞烟灭"。后来刘备据荆、益，孙权占江东，在曹操的压力下，或者可以说，在献帝的中央朝廷压力下，还不是分庭抗礼，成功地保住了三国鼎立的局面？而刘、孙之被灭，是在献帝既废之后了，对袁绍、袁术等北方诸侯也一样。这已足证献帝的无用。曹丕称帝，如此麻烦，费如此功夫为自己粉饰，尚不免遭当时及后代一片唾骂，而刘备称帝，孙权称帝，又有几人骂呢？这又证明了献帝的有害。结论：就历史言，献帝无用；就当时人民言，献帝无功——我们一直骂曹操而尊献帝，是用的什么样的标准呢？

操作：德性、天象和图谶

上面冗长的文字，只在于说明这样一个事实：当时北方的天下，是曹操打下来的，汉献帝的帝位甚至生命，也是曹操保全的，按照"家天下"的原则，则天下本就是曹家的了。曹操当时"挟天子"，自以为可以"令诸侯"，但那些跋扈的诸侯没有一个因献帝之令而乖乖地驯顺于他，还是需要他一个一个地加以消灭。在上文，我提到，献帝此时实际上已不是天下的一个天子，而是天下的一个"问题"。人人都解决不好这个问题，只有曹操把这个"问题"暂时安顿好了，但"问题"仍然存在。现在他死了，又把这个"问题"留给了他的王位继承人、二子曹丕：这个名存实亡的汉献帝，还要保留吗？如不保留，用什么方法取而代之呢？这个"问题"到了最终要解决的时候了。

当然此时的献帝毫无反抗能力。此时他正好四十岁，已到不惑的年纪，按他比一般人更复杂艰辛的经历，也应该能知天命了。从十六岁到四十岁，这二十四五年对他而言，已是白赚的了，所以他也不糊涂，对不可阻挡的历史潮流也不迂腐，而是很善于顺水推舟，顺之者昌么。在帝位上本来就不舒服，也早想找台阶下，把别人请上去。所以，从事实看，天下本来就是曹家及其僚属们"用鲜血换来的"，应该得；而唯一的对手献帝又不啻是洪炉之一毛，容易得；并且，实际权力早已归了曹家，曹家所缺，就那一顶皇冠。献帝早已大权旁落，不，他从来便不曾有过权力，他所有的也就那一顶祖上传给他的充样子的摆设：皇冠。因此，得与失双方应该是得之固喜，失之却无忧。由此看来，实现权力交替（实际上是名分交替），改朝换代，从情从理从形势，都不难。

但是不，曹丕及其拥戴者们不是这样"没文化"。他们毕竟不是直截了当喊出"彼可取而代也"的不读书的项羽，他们有一套极其丰富的适合某种德性行标准和道德政治原则的文化知识结构，其来源于根深蒂固的文化历史传统。他们想到了备受称赞的三代禅让，这还不是关键，关键在于禅让的依据必须是"道德"，而不能是事实与情理，甚至也不能是合乎全体社会利益需要的政治选择。是的，这一切真实而具体的东西都不重要，重要的是文化意义上的抽象虚无的"道德信念"以及由此而形成的"道德律条"。因此，他们要把简单的事实置之度外，把这最有说服力的东西束之高阁，弃之不用，他们要另外寻找依据，把事情办得复杂，显得漂亮，使之成为既效法历史贤君又能垂范后代，盛德昭彰的一次时代盛典。这确实难，但难才是挑战，才能有魅力，才能激发创造力，才能使这件本极容易极简单的事情显出意义——是的，事件本身不重要了，意义才是重要的，而这意义的附着物或对象物，就是德性、天象（意）、先哲的预言和图谶。使一次宫廷的政治政变摇身一变而为道德教化的盛典，这真是妙不可言。这是整个世界政治史都应当为之浓墨重彩加以书写的一笔，因为这是典型的道德政治的范本。

下面我们就来看看曹丕受禅的操作过程。在这个过程中，我们可以看到，为了把这一宫廷政变演变为"禅让"——一种传说中存在的古老道德的象征，曹丕和他的拥戴者们是如何在虚伪和谦让、诡谀与貌似忠直之间得心应手地耍弄小聪明的。我们还将看到，道德原则的严正刚大与操作过程中的无耻卑污是如何合衾而眠并产出怪胎的。

我下面的叙述是根据《三国志·魏书·文帝纪》裴注所引的《献帝传》。裴注的这段引文一万多字，无一句情节叙述与议论，全是各种奏、诏的实录，但细细读来，却意味无穷，作此《献帝传》的人，必是文章高手。我将适当地加以点评，以助大家理解。

先是左中郎将李伏给曹丕——当时的魏王上了一道表，开始称祥瑞和图谶，这些祥瑞和图谶都明白地预言了魏将代汉。他说他早就"每为所亲宣说此意"，只是"时未有宜，弗敢显言"。这一忠心表得巧妙，不露痕迹，把见机行事的狡猾粉饰为持重敛蓄的忠正，且表明他早就自觉地进行了舆论宣传工作，当然是地下的。然后他宣言："殿下即位初年，祯祥众瑞，日月而至，有命自天，昭然著见。"再加上曹丕"洪泽被四表，灵恩格天地"，故而他也就由地下转入公开，不再顾忌"名行秽贱，入朝日浅"的不利地位；不再顾忌"事君尽礼，人以为谄"的可能有的道德上的指责（这几句实在是不打自招），而"不胜喜舞，谨具表通"了。

李伏这些句子里，"名行秽贱，入朝日浅"，是相当明白地暴露出他的动机的。在朝廷中资历浅，名声又不好，何日才能翻身？要翻身，只有闹"革命"。所以，李伏之闹"革命"，是为了自己翻身的。

曹丕接到这表后，下了一令："以示外。薄德之人，何能致此，未敢当也。斯诚先王至德通于神明，固非人力也。"这一段非常妙。裴注所引《献帝传》中就这么一段，不知是否节录。"以示外"，把李伏的表让群臣看，天下闻，公开发表了，用心当然昭然若揭，路人皆知，只有这样，才能招来更多的劝进，造成声势。第二句似自谦，实则是暗示，要求后面的人要从德行上做文章，要把"薄德"论证为"厚德"。第三句更妙，一妙是夸老子（先王），夸老子即是固自己，家天下的原则之一就是老子的德行功勋可以庇荫后代；二是"固非人力也"，即承认所谓祥瑞乃真是神灵所示，而不是谀臣的伪造，全面肯定李伏的谎言，定了调子，鼓励人们要大胆地上祥瑞进图谶，并说明自己真的是神灵所佑，天命所在。这三句话，明作谦虚，暗行鼓励，对李伏及其表奏无一句呵责之词，其窃喜之情可揣摩而见，其舆论导向更明明白白。

果然，响应号召，又一批煞有介事者出场了，一个个一脸的忠正与虔诚。这一次人数大大地增加了，最初的啦啦队已组建成功：侍中刘廙、辛毗、刘晔，尚书令桓阶，尚书陈矫、陈群，给事黄门侍郎王毖、董遇等又上奏。这是在读了曹丕批转各部门学习的李伏表奏后心领神会的举动。这次上奏没有新内容，但意义却非同一般，它表明倡议得到响应，人心所向的气氛造出来了。曹丕心中暗喜，但戏还得继续演——德性，这一关键的东西还没显示出来，而有关的天象、谶纬与先哲预言也还不够充分，于是曹丕再次下令拒绝，并且仍是："宣告官僚，咸使闻知。"注意，以后每次曹丕拒绝劝进，都有类似的"宜宣示远近""宣告群僚"之类的话，这种做法是一种聪明的虚伪。聪明在于这样做的目的乃是引起广泛的劝进，造成强大的舆论攻势，没有"革命"的舆论就没有"革命"的行动，这种道理曹丕深得三昧；虚伪在于他要用自己的反复拒绝来不断给自己"德性高尚"加分，以便造成这样一种情势，每个人都须在承认曹丕"德性"的前提下，要他完成受禅。德性并不是受禅的起点，而是在反复劝进与不断推辞的过程中积累并显示出来的，所以这过程万不可少。而在这过程中显示的"德性"是什么呢？就是"辞天下"，如此，整个受禅过程就可以这样表述：因为辞天下所以有了德性，因为有了德性所以应该得天下。这种文化怪圈正是我们文化的逻辑思路。

于是在这过程中，事实本身越来越淡出，天下已经是曹家天下这个真正的理由被丢在一边，根本无人提及，而"德性"则成了曹丕受禅的唯一理由。也就是说，曹丕不是因为历史与现实的抉择而攫取早已事实上属于曹家的皇冠，而是因了他在反复推辞中显示的德性高尚，而且还包含了禅让文化的高尚，以及遵从这种传统反复劝进甚至不惜冒"逆鳞之险"的大臣们的高尚。这种"高尚"表现在，把事实上的"家天下"粉饰为"公天下"——天下为公，唯有德者有之。所以，在这一过程中，每一个参与其中的人不仅有了个人利益的兴奋点，而且有了道德上的高尚感。不仅天人合一了，义利也合一了。演这样的戏当然令人极其兴奋，极其卖力。

果然有人心领神会。这次禅让过程，操作上极其顺利，结果心想事成，简直像事先写好了脚本。这表明在这样的文化传统中，人们对这一切虚伪的仪式和流程已经多么熟悉与心照不宣。太史丞许芝罗列了一大堆魏应当代汉的图谶与先哲预言上奏了。他下了不少功夫，可见也非一日之功。这道奏折成为曹丕代汉的最重要的政治依据和道德依据。这篇一千三百多字的奏文从经传（《周易》）、图谶（所列条目繁多）、星象讲到历史上的圣贤故事（黄帝、舜、禹、文王），周密地解释为什么魏应代汉。太史丞是史官，他的文字果然引经据典，可见他读了不少书，现在都派上了用场。他不仅在现实政治中拥立曹丕，在传统与文化道德上，他也拥立着一套知识形态。或者说，他学以致用地在用这一套知识形态来为现实政治服务，又用现实政治来体现这一套知识形态的价值。曹丕披阅此奏，高兴异常，下令顺水推舟，承认祥瑞的存在，而且是屡次出现："虽屡蒙祥瑞，当之战惶，五色无主。"这一出戏里，"祥瑞"的真实与否直接关系到禅让的道德依据，因为这是天意的表现与证明，所以曹丕在这个问题上自始至终态度都是明确的，那就是承认。既祥瑞（天意）已出，而再谦逊地拒绝，则又显示了人的德性，天人于是合一。到此，曹丕仍下令把许芝的奏札及自己的拒绝令"宣示远近，使昭赤心"，真正是一石两鸟一箭双雕。

　　学习了许芝论据凿凿的奏文，马上就有侍中辛毗、刘晔，散骑常侍傅巽、卫臻，尚书令桓阶，尚书陈矫、陈群，给事中博士骑都尉苏林、董巴等接着上奏，宣扬"皇天将舍旧而命新，百姓既去汉而为魏"，并对曹丕的屡拒表示批评了："天命久矣，非陛下所得而拒之也。"曹丕再拒绝。又引出督军御史中丞司马懿，侍御史郑浑、羊秘、鲍勋、武周等再劝进，奏文无甚新意，但这样一批批地上阵，舆论的功效很大，逼得剩下的人也坐不住了，于是争先恐后，纷纷表态表忠心，大家有了高度的一致。可以说，这反复劝进与拒绝的过程，就是统一思想认识的过程，也是招降纳叛的过程。

　　这时，那位关键人物坐不住了，他就是汉献帝。看看身边日渐寥落的人影，他再不出来表态就太不识时务了，也太坐大了。他出场了，并且几乎是一步到位，派人送来了皇帝的玺绶，下诏禅让。诏文中称，董卓乱后："九州幅裂，强敌虎争，华夏鼎沸，蝮蛇塞路。当斯之时，尺土非复汉有，一夫岂复朕民？"这是很可怜的老实话，然后他又陈说历史——由儒家所撰述并解释的历史，从中提炼出来的德性文化是大家共同遵守的游戏规则——"昔虞舜有大功二十，而放勋禅以天下；大禹有疏导之绩，而重华禅以帝位。汉承尧运，有传圣之义。"现实既如此，历史又如彼，岂能不禅？

　　尚书令桓阶等人抓住机遇，再谏曹丕，并急急地"臣请会列诸侯将，群臣陪隶，发玺书，顺天命，具礼仪列奏"。曹丕再拒绝。桓阶等又奏，这次奏章又有了新内容，即不再议受禅宜与不宜问题，而是议受禅的程序问题了。理论的论证在桓阶等人看来已经完成，如何操作应提到议事日程了，诸如参加典仪的人等、坛场选择、日期择定等，"宜会百寮群司，六军之士，皆在行位，使咸睹天命"。人越多越好，越多越显得意义重大，人心所向，奉天承运，且还可以让他们都接受一次传统文化教育。"堂中促狭，可于平敞之处设坛场，奉答休命。臣辄与侍中常侍会议礼仪，太史官择吉日讫，复奏"，场地当然越开阔越好，越开阔越显得隆重气派，越显出新王朝的气象和衮衮诸公的风采。这个桓阶心情的迫切，简直可以让我们千载之下可闻其气喘与心跳，可能他更急的是在这件大事中显示他的重要，为以后论功行赏积累功劳吧。进入操作阶段，整个国家机关都进入临界状态，越忙越显得事件重要而有意义，大家都情绪高昂，精力弥满。一个新的朝代要在他们的手中诞生了，这不足以使他们兴奋如孕妇之临盆？

　　曹丕还得拒绝，传统的"三让"还没有完成。但拒绝得很巧妙，既不提玺绶，又不制止臣僚们已实际在进行中的各项准备工作。等到侍中刘廙、常侍卫臻再奏，说明太史丞许芝已择定本月十七日的吉日，而修治坛场的士兵也在冒寒施工，一切都已箭在弦上时，曹丕才下令，发还玺绶，"罢作坛士使归"。这是打了一个时间差，到了这时，高速运作的国家机器已无法再停下，而那些为此事奔忙兴奋的官僚更不会令行禁止。这样君臣双方，在德行上各得其宜：曹丕有了谦让之德；官僚们有了为道义正道直行甚至不惜冒颜犯上之德，岂不双美！

　　这时，劝进已发展为声势浩大的群众运动了。辅国将军清苑乡侯刘若联名签字一百二十人上书劝进，形势一派大好。这一百二十人甚至批评曹丕"固执谦虚，违天逆众，慕匹夫（指许由等隐士）之微分，背圣上（指舜、禹等圣君）之所踏"，所以他们是"昧死以请"，并表示继续"整顿坛场"，为大典做准备。曹丕下令拒绝后，这一百二十人又奏，对曹丕的批评更为振振有词，说他是"违天命以饰小行，逆人心以守私志。上忤皇穹眷命之旨，中忘圣人达节之数，下孤人臣翘首之望"——骂得多么可人！骂者凿凿，理直气壮；被骂者欣欣，心旷神怡。更妙的是，这一百二十人的表奏后面，竟说到"臣等闻事君有献可替否之道，奉上有逆鳞固争之义，臣等敢以死请"，戏演到这一步真是无耻之极了！曹丕再下令拒绝。这时出现了一个颇懂屈伸之道，深谙"将欲取之，必固予之"之理的人，这就是侍中刘廙，他深知按惯例须得"三让"。于是他出面，安顿四方，由曹丕上书献帝，"并上玺绶"，这第一让到此完成。

　　以给事中博士苏林、董巴的上表为标志，再陈图谶与经传，标志着第二次劝进浪潮的开始。这表奏又提出了新的论据，限于篇幅，不录了，但有一句须注意，在一派温和谨让的表奏中，突然图穷匕见，露出一句"天下不可一日无君"来，让人甚感震惊。这话置献帝于何地？献帝至此，能不再让？果然，献帝的禅位诏赶紧又下来了。尚书令桓阶再请有关部门"修治坛场，择吉日，受禅命，发玺绶"。这时曹丕说了一句极妙的话："冀三让而不见听，何汲汲于斯乎！"——目的是一致的，但工作还没有做充分，文章还没有做够，样子还没有摆够，这不才"二让"么！于是他又奉上玺绶，二让完成了，下面是三让。

　　我不知道传统的"三让"之"三"是在一种什么样的心理状态下规定出来的，也不知道这种规定有什么样的事理依据，是出于猫捉老鼠的那种虐待心理呢，还是做贼心虚？

侍中刘廙的表奏又来了。上面赫然又是一句："群生不可一日无主，神器不可以斯须无统。"这真是觑得献帝如无物了，连曹丕都觉得太过分了，在下令中说："公卿未至乏主。"算是给了献帝一点点的面子。但下面一句又锋芒隐隐了，说，禅让"斯岂小事，且宜待固让之后，乃当更议其可耳"。这话是说给献帝听的，要求他配合。"禅让"，是你禅我让，你禅你的，我让我的，你禅是你的"义"，我让是我的"德"，"让"是一种程序，显示一种意义，而不是真让。你禅来的神器我还是要的，但要"以其道"，即要合乎天道，合乎德性，合乎文化操作规范。所以献帝要当好配角，共同演好这出戏。献帝走投无路，在反复的折辱中肝肠寸断，第三次下诏禅让，并在诏令中也说："四海不可一日旷主，万机不可以斯须乏统。"这分明是被苏林、董巴、刘廙等人的表奏伤害颇深才说出来的。可怜的献帝，在这出戏的所有演员中，只有他满腹酸楚却又不得不表现得和众人一样兴高采烈，委婉哀伤却又不得不装得和众人一样迫切燥热。因为不这样，不仅为当时情势所不允，为将来的下场埋下祸根，也显得他太没知识，太没德性，太没文化了。

到了这时，元老重臣该出来毕其功于一役了，相国华歆、太尉贾诩、御史大夫王朗率九卿出场。这出场隆重而严肃，比前面那些人少了一些热切哄闹，多了一份威严庄重。他们言重九鼎，将一锤定音，天下一下子鸦雀无声，静听他们的发言："然则禅代之义，非独受之者实应天福，授之者亦与有余庆焉。"授者的献帝是积善的开始，故有余庆；受者的曹丕则是积德积善的收获，故是应天福。一个是开始播种福田，一个是已届收获善果。这是对这出戏的最后总结，大家都有福泽了！

曹丕再行一次象征性的拒绝，三让完成后，终于下令：

　　　群公卿士诚以天命不可拒，民望不可违，孤亦曷以辞焉。

于是，登坛受禅，公卿、诸将、匈奴单于、四夷朝者数万人陪位，燎祭天地、五岳、四渎，改正朔，易服色，殊徽号，同律度量，大赦天下，新的王朝诞生了！在一片道德祥光中诞生了！

原则：文化、道德和价值

如果我们抱持这样的原则：判断事件和人物是否公正合理应该依据事实，而不能依据空洞的道德原则，那么，从历史看，天下是曹操打下来的；从现实看，天下也实际上为曹丕所掌握所控制，曹丕代汉无可厚非。献帝的存在此时已经显得不伦不类，这种存在不特于人不利，于己何尝不是一种无休止的苦役与折辱？就政体言，保留献帝固然可能有道德上的谦让，但在政治运作上却有大大的不便，极易影响政治的稳定与封建政权的巩固，于国于民都不利。况且即使从道德言，天行健，人道亦运转不息，"汉历世二十有四，践年四百二十有六，四海困穷，三纲不立，五维错行"（引《献帝传》曹丕受禅诏），已走上了它的尽头。对此我们固然可以感慨，但不可以道德家立场来强天所难，强人所难，硬要知其不可而为之地去挽留它。这样做往往对历史对现实倒恰恰是太不道德了，我们不能为了观念的东西而忘掉现实的东西。曹丕代汉，实是历史必然，也符合大多数人的利益，如从事实角度来看待这一事件，实在不必大惊小怪，曹丕也不必承担如此多的诟骂。

但是，在我们的文化传统中，道德和道德判断的依据并不来源于事实，而是来源于一些古典传统中的原则——我的意思是说，如果道德就是事实应该如此（当然不是事实已经如此）的一种肯定形式，那么，曹丕不代汉或代汉都不是道德问题，不代汉无所谓道德，代汉无所谓不道德。因为这只是一个政治问题，是政治体制问题，它自有其自身的运行规则。

而如果道德判断的依据来源于一些自古而然的文化历史原则，且这原则可以脱离事实而存在，那么，依儒家的观点，曹丕不代汉是道德的，反之则是不道德的。也就是说，在"道德信条"藐视客观事实的情况下，不论曹操有多大的功绩，不论这个天下从历史上看是谁挣下的，也不论这个天下当下事实是谁的，甚至可以不论当下的天下归谁更有益于人民，更有益于体制自身的秩序与运作效益，只要有一个名义上的汉献帝，取而代之都是不道德的——这可以用一个古老的政治比喻来说明：君如冠，臣如履，帽子再破（事实）也只能戴在头上（原则）；鞋子再新（事实），也只能穿在脚上（原则）。

我们可以就"事实"做如下假设。

假如曹操当年不迎立献帝，他真的就不能统一北方？对他而言，从个人才干上说，天下英雄谁敌手？

假如没有曹操拥护献帝，汉家天下到曹丕时还有么？还有什么能让人去篡夺么？

假如让袁绍得到献帝，他就能打败曹操？像曹操一样统占北方？即便他能如此，在像曹操一样统一了北方，良将千员，谋士如云之时，他能保留献帝而不是取而代之？要知道当初他听郭图与淳于琼的话，不去"挟持"献帝，他那时就已经弃献帝如弃不合脚的鞋子一样了！

写到这里，我想起唐代元稹《董逃行》诗中的句子："刘虞不敢作天子，曹瞒篡夺从此始。"意谓假如刘虞当初敢于在袁绍拥立他时大胆出来做天子，与曹操分庭抗礼，当可避免汉家天下被曹瞒篡夺的命运。这种见解太小儿科了，不知道元稹如何保证刘虞在袁绍手下比献帝在曹操手下好一点点的处境？他如何保证袁绍比曹操"道德"？汉家天下要避免被某个特定人物篡夺固然有可能做到，但要避免最终被人取代就是不可能的了。元稹固然诗写得不错，但看他的《莺莺传》，就知道他的见识特低，而看他的依附宦官，其自身人品也实在不怎么样，但这并不妨碍他用娴熟的道德武器去批判别人。

唐太宗在《祭魏太祖文》中盛赞了曹操的功绩："帝以雄武之姿，当艰难之运，栋梁之任同乎曩时，匡正之功异乎往代。"说他的功绩超过了伊尹和霍光。但下面接着的就是批评："观沉溺而不拯，视颠覆而不持。乖殉国之难，有无君之迹。"这实在太自相矛盾了。既有"栋梁之任""匡正之功"，为何又说他"不拯""不持"？这种显而易见的、无法自圆其说的"矛盾之论"，其根源就在于"事实"和"原则"的矛盾。"事实"是曹操的功绩，"原则"就是"君臣原则"。

前面提到的司马光，认为天下是曹操"夺之于盗手"，这是描述事实；但他也同时指责曹操"暴戾强亢""有无君之心久矣"，这又是坚持原则了。但这事实与原则是何等格格不入？总之，原则无关乎事实，事实亦在原则关注之外。他接着写道，曹操"没身不敢废汉而自立，岂其志之不欲哉？犹畏名义而自抑也"，可见这原则是何等强大，和任何事实相比，它都是无穷大，连曹操这样"暴戾强亢"的人，都得屈服于道德原则之下。这是典型的道德崇拜。苏轼《诸葛亮论》中更论述了这原则在实践中的不可战胜，他说诸葛亮"言兵不若曹操之多，言地不若曹操之广，言战不若曹操之能，而有以一胜之者，区区之忠信也"。在这些文化大师们的观念里，我们可以见出我们文化传统价值体系中的一个突出现象，即道德上的善远胜过事实上的真，价值判断远胜过事实判断，而且这个"胜"还不仅仅局限在价值评估层面，甚至到达了事实层面了——诸葛亮就靠"区区忠信"二字，打败了曹操的地广、兵多与善战！即使我们承认诸葛亮真有忠于汉献帝（注意：不能是刘备）的"区区忠信"，其荒谬性也是显而易见的。但曹丕和他的拥戴者们的"知识宝库"却恰在此：他们知道，在这种文化传统之中，从事实角度论证曹丕有充足的理由可以理直气壮地代汉自立，不如从价值角度论证曹丕代汉自立乃是道德的胜利——汉家的献帝有了"传圣之义"，魏家的曹丕有了"承运之德"，所以，曹丕代汉的过程和实现，便是一种古老的道德价值实现的过程，是一种精神的对象化过程、物化过程。

　　文章写到这里，我们就可以提出问题了：既然曹丕代汉有历史的必然性和依此必然性而来的道德上的自足性，这些足以构成他代汉自立的一切合理性解释，应该足以抵挡来自任何方面的责难，那么他和他的劝进者们为何在禅让过程中反而撤开这些，而另外找一些虚诞的、空洞的诸如谶纬、预言、天象和矫揉造作的"德性"来证明他受禅的合法性呢？前者，大家都承认其事实，但又都否认其作为禅让理由的资格；后者，大家都心照不宣地知道属于伪造和矫情，却偏偏都认定只有这些才能证明禅让的合法性，这出于一种什么样的文化心理？这是一个很难回答的问题，因为很难简单地给予一个结论就可以纲举目张。所以，本文只想引进对这个问题的思考。与读者诸君共同反思我们文化传统的一些负面的东西。

　　我以为，在一种重价值轻事实，价值判断绝对优先的文化传统中，这种做法是有其文化依据的，并且这种做法还是文化在操作层面上的实现。实际上，曹丕及其拥戴者在禅让过程中的所作所为，目的就是要把一个简单的政治问题变成复杂的文化问题，并力求得到文化的首肯。这种做法的危害性是显而易见的。事实是客观的，是不能随心所欲地伪造的，它也是一切真理的托身之所；而所谓的价值则往往是变动不居的，甚至也是可以被人利用的。曹丕以后出现的众多禅代，包括晋对魏的禅代，已不具备曹丕所具有的事实依据，但价值依据仍然可以被随心所欲地找到并游刃有余地利用。这种后果是极其令人震惊的、可怕的。通过玩弄价值而玩弄历史，玩弄人民，实现一己之私，在中国古代历史中层出不穷，屡见不鲜，而正大刚直的道德原则往往因此被蒙上一层浓厚的虚伪色彩，堕落为无耻。

这正是因为我们轻视事实判断，把价值凌驾于事实之上，让价值脱离事实而抽象存在，而给野心家们钻了空子。

总的来说，曹丕的这次禅代，从历史必然性来说，应该是一出正剧，但他们却极力想把它变成道德圣典，演为喜剧，结果画虎不成反类犬，弄成了闹剧，并且给整个上层社会带来普遍的虚伪恶习。而它的影响更坏，后来的禅代者就把无耻打扮为道德模范，闹剧迭出。司马家族篡魏，凶残加无耻，但当初为曹丕所用的文化知识形态，仍然在为他服务。文化变成了任人打扮的小姑娘，但这小姑娘自己也是一个化妆高手：她当初为曹丕打扮，把曹丕的虚伪弄成庄严；现在她更为司马炎打扮，把司马炎的凶残涂抹为正义。

禅代的意义在这里显示了出来，在事件——依据——结果这一链条中，它成了这么一种逐层进展的态势：

魏代汉——价值代事实——虚伪代道德。

还可以说：

魏代汉——价值即事实——虚伪即道德。

这种后果令我们始料未及。关键在中间一层，文化层。它是一切后果之源，也可以说是一切罪恶之源。

阮籍与嵇康
谁的去处好

一

王业须良辅，建功俟英雄。

元凯康哉美，多士颂声隆。

阴阳有舛错，日月不常融。

天时有否泰，人事多盈冲。

园绮遁南岳，伯阳隐西戎。

保身念道真，宠耀焉足崇。

人谁不善始，鲜能克厥终。

休哉上世士，万载垂清风。

这是阮籍《咏怀诗》之四十二首。前四句宛然
建安时代，俊才云蒸，英雄云集，可谓一时之盛。"阴
阳"以下四句则百花凋残，一派萧瑟，给人以"溪
云初起日沉阁，山雨欲来风满楼"之感：阴阳舛错，
天时否泰，人事盈冲，变故在须臾。曹魏政权由于
明帝曹叡临死诏命八岁的齐王曹芳继位，而以曹爽
与司马懿夹辅幼主，导致曹魏政权的急骤衰落。正
始十年正月，司马懿发动高平陵之变，从而使大权
落入中国历史上最残忍的家族之手。昙花一现的建

安时代消失了，代之而起的是正始时代；上古名臣"八元""八凯"式的"建安烈士"不见了，代之而起的是商山四皓与老聃一类的隐士，保身念道服药饮酒佯狂避世的正始名士与竹林名士。

正始名士的代表人物是何晏和王弼，竹林名士的代表人物是阮籍和嵇康，他们也代表了当时的知识分子。《晋书》阮籍本传载：

> 籍本有济世志，属魏晋之际，天下多故，名士少有全者。籍由是不与世事，遂酣饮为常。

现实逼得他们不能再像他们父辈那样（阮籍就是"建安七子"之一的阮瑀的儿子），有很大的抱负，而只能喝酒弹琴谈玄，打发无聊时光。概括地讲，正始时期与建安时期相比，不同之处有以下几点：

第一，统治上层矛盾激化，分裂为势不两立的两大派，政治权力之争演变为最极端的对对方肉体的消灭。偏偏是握有实权的一方（司马氏家族）最残忍、黑暗与无道，文人们保曹无术又不愿依附司马氏，从而在政治上无所凭依，失去了"建安七子"曾经有过的那种友朋式的政治后台。同时，统治上层对外建功立业的抱负也为对内争权夺利所取代而消解，他们不再具有曹操那样的对天下的责任心，而只关注自身的政治地位与权力之争，这也必然导致文人的精神因无所着落而渐趋颓丧。

第二，哲学上探讨的焦点由宇宙构成论转向宇宙本体论，董仲舒综合阴阳家学术而成的阴阳五行构成论大受冷淡，玄谈宇宙本体的风气兴隆。这种玄谈，和高压政治结合，便流为清谈，并以清谈代替了建安作家的实际抱负和政治批评、社会批评。比如阮籍，就是"发言玄远"而"口不论人过"，而唯一敢于"非汤武而薄周孔"，借历史批评来影射当下社会政治的嵇康，被弃身东市，表明在那个时代，时政批评已成为禁区。

第三，由此，正始文人已由建安文人的哀社会民生之多艰，而变为哀个人人生之多艰。哀社会的建安作家致力于社会改造，要重整乾坤，有廓清天下之志，要建立的是事功，事功是涉他性的；哀人生的正始作家则沉湎于人生的哲学思考，有退避山林或求仙之想，要躲避的是政治，山林与神仙乃是自涉性的。

建安作家的涉他性社会之忧，是外向的，故慷慨激昂，哀感流涕，归于一个"志"字，"志"则"志深笔长"，显示出来的是凌霜愈坚的风骨，是阳刚之美；正始作家的自涉性人生之忧，是内向的，一咏三叹，咀嚼回味，归于一个"思"字，"思"则"思心徘徊"，显示出来的是秋风萧瑟中的寒冷与怨悱，呈阴柔之态。

以上数处正始与建安的不同，限于篇幅，不做展开论述。

二

如果说，"古诗十九首"是为生命短暂而痛苦；建安作家又为"去日苦多"又功业未建而痛苦；那么，正始作家则是为如此短暂的生命中偏又充满艰辛与屈辱而痛苦。生命本已短暂，却连这短暂的天年都不能尽，这当然难以为怀。在阮籍那里，生命既不能用来及时行乐（如《古诗十九首》所宣扬），更不能用来建功立业（如建安作家所表达），生命存在的意义已荡然无存，只是体味痛苦、侮辱，甚至只是恐惧地等待外来的暴力结束这生命：

嘉树下成蹊，东园桃与李。秋风吹飞藿，零落从此始。

繁华有憔悴，堂上生荆杞。驱马舍之去，去上西山趾。

一身不自保，何况恋妻子！凝霜披野草，岁暮亦云已。（《咏怀》其三）

一日复一夕，一夕复一朝。颜色改平常，精神自损消。

胸中怀汤火，变化故相招。万事无穷极，知谋苦不饶。

但恐须臾间，魂气随风飘。终身履薄冰，谁知我心焦！（《咏怀》其三十三）

生命至此，已无意义与自身尊严。一日复一夕，一夕复一朝，生命只是恐惧地等待着暴力的降临，生命只是以自身的生物存在为唯一关心，这是生命的堕落，已堕落到连动物都不如的地步！动物的生命比起这样的生命，尚有两点尊严：其一是，动物的生命仍有繁衍后代延续物种的使命；其二是，动物并不为生命的死亡而困扰。所以阮籍一方面忧生惧死，一方面又不免觉着这样活着太无聊。前者出自生命的自我保护意识，是动物性的；后者出自对生命尊严的理性思考，是人性的。所以他发出疑问：

> 人言愿延年，延年欲焉之？　　（《咏怀》其五十五）

人人都说要延年益寿，可是延年益寿想干什么？这样活着有什么意义？我们看他的"咏怀"诗，知道他是一个矛盾的结合体，他一生在三大矛盾中徘徊不定，进退维谷。这三大矛盾是：求生与厌生；出仕与求仙；拥曹氏又惧司马氏，身处如此维谷之境，焉得不痛苦？痛苦又不能明白地倾诉，焉能不怪诞？焉能不抓住一切可以甚至不可以放声大哭的机会以一泄胸中块垒？

> 时率意独驾，不由径路，车迹所穷，辄痛哭而返。

> 母终……举声一号，吐血数升。及将葬……直言穷矣。举声一号，又吐血数升。毁瘠骨立，殆致灭性。

> 兵家女有才色，未嫁而死。籍不识其父兄，径往哭之，尽哀而还。
>
> 　　　　　　　　　　　　　　（以上三则皆引自《晋书》本传）

> ——籍邻家处子有才色，未嫁而卒。籍与无亲，生不相识，往哭，尽哀而去。（《世说新语·任诞》刘孝标注引王隐《晋书》，未知与上例是否同一件事）

真是一生俱用血泪写成。阮籍至慎，发言玄远，口不论人过，但他为他的这种隐忍付出了多么惨重的代价！他是把满腔怨毒都吞进自己的心灵中，从而使自己的心灵受到了毁灭性的毒害。

当然，在任何逼仄的环境与心灵空间里，都有人能活得好，活得游刃有余，有滋有味，他们不感到有什么不自由。自由与人的自由意识有关，一个没有自由意识的人，在监狱中也能够吃着面包，活得裕如，便是在阮籍的时代，在阮籍感到窒息而不能容忍的政治空气中，不也有人活得游刃有余如何晏、王弼；活得滋润圆满如何曾、王戎么？何曾是个典型的伪君子，经常在司马昭面前攻击阮籍，要司马昭把阮籍流放，"无令污染华夏"，这么一个以反对"精神污染"自命的"缪丑"（他死后，官议谥号时，就有人主张谥为"缪丑"，晋武帝不从，改谥为"孝"）），"性豪奢，务在华侈，帏帐车服，穷极绮丽，厨膳滋味，过于王者""日食万钱，犹曰无下箸处"。是的，这一类动物性的人，只有肚子和性，只追求穷奢极欲的物质享受而没有心灵，没有心灵当然也就不觉得不自由。

乐广说："名教之内，自有乐地。"他说的也是自由的空间问题，在他看来，有限的空间就足够了。奈何阮籍是个自由意识极强的人，竹林人物中，除嵇康外，刘伶也属于这一类。刘伶"志气放旷，以宇宙为狭"（《文选》李善注引臧荣绪《晋书》），以宇宙之大，尚不足以称自己自由心灵之意，他脱衣裸体室中，自云是："以天地为栋宇，屋室为裈衣。"（《世说新语·任诞》）这些略显变态的行为，正见出自由心灵遭受压抑后的正常反应。他的《酒德颂》写大人先生，是：

> 以天地为一朝，万期为须臾，日月为扃牖，八荒为庭衢。行无辙迹，居无室庐。幕天席地，纵意所如。

这是对大空间大时间的渴望。阮籍《大人先生传》在这点上几乎如出一辙，他说大人先生是：

> 以万里为一步，以千岁为一朝。
> 行不赴而居不处，求乎大道而无所寓。

空间大到"万里为一步"，时间大到"千岁为一朝"，犹嫌不足，因为"万里""千岁"，仍是约束，于是干脆"不处"而"无所寓"，这样才能彻底摆脱时空的约束。像阮籍、刘伶这样对大空间、大时间的追求，凌越庄周而空绝后代，正可以看成是那个不自由的时代对自由心灵压抑后，心灵产生的过激反应。这种心灵显然是变态的、病态的，这种自由也是自由的变态。

三

　　嵇康显得有些特别。他"轻肆直言，遇事便发""无万石之慎有好尽之累"，这种性情固然最终招致杀身之祸，但他的内心却因这种无所顾忌的宣泄而较为宁静。王戎说，与嵇康比邻而居了二十年，不曾见到他的喜怒之色（《世说新语·德行》）。这则记载与嵇康的一贯作风颇为不合，或者嵇康厌恶王戎的人品，不在他面前流露真性情，也未可知。我们看他的诗《赠秀才从军》：

　　　　良马既闲，丽服有晖。
　　　　左揽繁弱，右接忘归。
　　　　风驰电逝，蹑景追飞。
　　　　凌厉中原，顾盼生姿。　（其九）

　　　　息徒兰圃，秣马华山。
　　　　流磻平皋，垂纶长川。
　　　　目送归鸿，手挥五弦。
　　　　俯仰自得，游心太玄。
　　　　嘉彼钓叟，得鱼忘筌。
　　　　郢人逝矣，谁与尽言。　（其十四）

　　可以这样说，阮籍由于心灵中沉积了太多的怨苦，连想象力都没有了，失去了对美好生活的想象力，这就是莫大的心死之哀了。而嵇康的这些诗，则正是写乱世艰险中的理想生活。他知道在黑暗中仰望光明，在肮脏中向往纯洁，所以他不颓丧，不隐忍，不苟且，不赖活，不阴毒而痛快，不自卑而自尊。生活得太不自由，使得他愈加向往自由，他不仅是一位自由意识极强的人，他还是一位精神力量极强的人，上引的两首诗不就是一种自由的畅想么？生活太沉重，所以他写轻松："风驰电逝，蹑景追飞。"精神太沉重，所以他写放逸："俯仰自得，游心太玄。"这些都让我们心仪于他风度上的潇洒飘逸，心灵上的自由舒张，而"目送归鸿，手挥五弦"的心态，则竹林名士中唯他独有了。谁的心灵能有他那么纯净？谁的精神能有他那么超拔？我们尊敬嵇康，就是因为他的这种骨气与傲气，以及由此而派生的逸气。有此骨气、傲气与逸气，便是司马昭的屠刀，也不能剥夺他的精神尊严。阮籍缺少的正是这种傲气，他曾两度到司马昭那里去求官，还向他推荐人才。我们当然愿意理解为这是阮籍的违心之举，他本来就是生活中的受气包，活得窝囊而极累，只是在重压下呻吟出八十多首《咏怀》，而这怀抱与嵇康相比，也未免太过于懦弱了。

　　阮籍是一个在黑暗的时代迷失了精神的人，所以，尽管他睁大眼睛去外求，率意独驾去寻找，他仍然找不到值得追求的东西，以至于他怀疑还有什么值得坚持。读他的《咏怀》，直觉得人生的大荒凉，人心的大悲凉。而他身边最好的朋友，嵇康，则有更大的自信：一切美好的价值，就存在于我们自身的坚持之中，只要我们不放弃，不投降，不叛变，不变节，正义就不会泯灭，人类就依然拥有未来。当然，这往往需要我们有舍生取义杀身成仁的精神。

　　他杀，或自然的死亡（肉体自身机能的终止），是集体对个体的背叛。最痛苦的事实是，无论是他杀，还是肉体自身机能的衰竭直至终止，与此同时的，则是人的意识和精神的健在。健在的精神无可奈何地看着它所乘坐的肉体马车驶向悬崖，精神在意愿上与肉体的死亡趋向是背道而驰的。死亡的痛苦正源于此。一个人在面临死亡面对死神时，没有任何人能帮助他，这时，人就能感受到那绝对的孤独。只有在死亡降临时，人才意识到自己是一个孤独无援的存在，这时，人不再是一切社会关系的总和，而是一切社会关系都剥离之后的孤苦无依的灵魂。专制帝王可以命令天下所有人做一切他要他们做的，但唯一不能命令的是让他们代他去死，或挽救他的死。于是殉葬制度的心理依据就凸现出来了：你们不能代我死，你们可以陪我死，这样，他就可以认为他是带着他的"一切社会关系"死的，从而掩盖了他被集体（人类全体）背叛的真相。专制帝王最痛恨的不就是人对他的背叛么？殉葬制度是残忍的制度，野蛮的制度，但从另一方面看，它也是人类在绝境上反抗孤独的最后努力，是人类不敢面对孤独自身的表现。由此，我们可以说，死亡的恐惧，乃是孤独的恐惧的最高形式，对死亡的恐惧，就是对孤独的恐惧。

　　那么，自杀，或勇敢地反抗而赴死——这是一种更为精彩绝艳的自杀，嵇康就是这样——的意义和价值也就凸现出来：其意义不仅在于一种社会意义上的正义、良心、道德等价值，而且它还是个人意义上的人格精神完善的表现，当个人坚定地选择死亡时，他已认定孤独的个体高于集体的价值，死者比生者更有尊严———一句话，选择赴死，乃是个体对集体的背叛和遗弃。

当嵇康在刑场上顾视日影，索琴而弹时，他是何等孤独，谁能待在这种孤独的境地中而仍能潇洒沉着如嵇康？一曲终了，他长叹："《广陵散》于今绝矣！"乃引颈就戮，颜色不变。这刑场，就是一种高度。阮籍就到不了这种高度，或者，对人生的所有意义与价值都已绝望的他，早已失去了攀登人性高度的愿望。他一直在苟且偷生，以隐忍苟活来换取对方的宽宥，但他也只比嵇康多活了一年。可这是多么耻辱的一年啊！

"寿则多辱"，一生服膺老庄的阮籍偏偏忘了道家的这点忠告。一年的阳寿，他还得为司马昭写劝进表，彻底抛弃了自己的立场与人格。

苏格拉底在刑前说："我去死，你们活着。谁的去处好，只有天知道。"

嵇康去死，阮籍活着，谁的去处好，我们都知道。

四

李善用"忧生之嗟"来概括阮籍的《咏怀》诗，确是准确。鲁迅也曾用"酒、药、女人"来概括魏晋以至六朝文学，也是一针见血。其实，药是直接医治人生短暂的，因为服药的目的是要给及时行乐提供身体的保证，比如何晏，所以服药就是增加生命密度。这一点已为近世学者所论证。嵇康也服药，不知他的真正用意是什么，可能与他高傲而不愿示弱的个性有关。他身体本来不好，又疏懒于活动，要使身体健康，他自然选择服药。同时，如果说阮籍是用"白眼"来避视小人的话，他就是永远睁大明察秋毫的眼睛傲视群小的。他喜欢清醒，这显示着他的勇敢与坚持；正如阮籍好装糊涂，显示着他的懦弱与放弃。嵇康要借药来旺盛他的洞察力与战斗力，清醒地与人较量，他确然是当代最理智最冷静最睿智最锋利的思想家，所以刘勰说他"嵇志清峻"，这种清峻，就是清醒的冷傲锋利与不可漠视。我总觉得，他在很多方面都极像鲁迅，比如他俩都一边是内心的绝望，一边却呕心沥血地鼓吹希望，难怪鲁迅那么看重他，为他辑校集子。

阮籍与他正相反，他是不服药而饮酒无节的，他曾大醉六十日不醒，这等于说是在本已短暂的生命中（他只活了五十四岁）又去掉了两个月。这饮酒与服药恰是对着干：服药是想密集生命，使生命更有质量；饮酒倒像在稀释生命，打发时光。服药是觉得活着清醒着好，所以要秉烛夜游，连觉也不睡；而饮酒则是觉得活着清醒着太坏，所以求醉，刘伶不顾自己骨瘦如鸡肋，仍狂饮不止，至言"死便埋我"。我们看阮咸们的狂饮裸饮，感觉是生活太龌龊，太险恶，太失望以至绝望，便只好把生命交给酒精去慢慢毒杀，至少是麻醉以造成暂时的"假死"。醉酒是最接近死亡的一种生命形式，醉酒又何尝不是麻醉自己的良心，使良心面对一切丑恶却能酣睡？

由忧死到忧生，由怕死到求死，由形而上地觉着死之可畏，到形而下的、具体可感地觉着活的艰难，这是正始文人的新表现。应该说，中古文人中，活得最难最累最可怜的是正始文人，他们背负着沉重的正义良心，在没有正义与良心的险恶世道中委屈暂住，最后不得不抛弃自己的良心，要不就抛弃自己的生命。他们最受侮辱与折磨，最感觉到生命之无尊严，不过是权势者们手中把握的蝼蚁。除了嵇康以外，他们艰苦但不卓绝，悲怀但不壮烈，他们使人同情，甚至惹人喜爱，但较少受人尊敬。如果没有嵇康，他们在历史上几乎没有出色的表现，没有嵇康在刑场上的那一幕，他们的生命更是黯淡无光。更为荒诞的是，他们如此无所适从的痛苦与哀戚，却被称为——"魏晋风度"，这实在是对怪诞的一种怪诞的报应。

嵇康死后，他的朋友们纷纷招安，这更显示出正始文人内心的怯懦。当然，在中国历史上，文人们往往是毫不忸怩于让朋友的血白流的——当朋友化为白骨时，他们反而在那里提高了觉悟了。

这最后一句话请允许我加一点注释——虽然在现实生活中我们已经看到太多的活生生的注释：嵇康最好的朋友当数阮籍和向秀，可嵇康死后，阮籍为司马昭写"劝进表"，还一气呵成，"无所改窜"；而向秀，则赶紧抛弃既定立场，到司马昭那里去报到，《晋书·向秀传》载：

> 康既被诛，秀应本郡计入洛。文帝问曰："闻有箕山之志，何以在此？"秀曰："以为巢许狷介之士，未达尧心，岂足多慕。"帝甚悦。

龙椅上的晋王满心欢喜，他的杀戮政策奏效了。而地下，朋友的鬼魂在哭泣。嵇康一死，文人们的精神全面溃败。

元康之英
末日狂欢

一

正始之后，是元康。杀戮依然凶残而频繁，并且那带血的刀锋最终指向了司马氏家族内部。这期间的文人有所谓的"三张二陆两潘一左"，有什么贾谧的"二十四友"，还有那由当代豪富、才情也勃发的石崇主持的、盛极一时热闹非常的"金谷诗会"——西晋的皇室虽然没有文化与教养，其开国之初的文坛倒也热闹，连刘勰也赞美说："晋虽不文，人才实盛：茂先摇笔而散珠；太冲动墨而横锦；岳、湛曜联璧之华；机、云标二俊之采；应、傅、三张之徒；孙、挚、成公之属，并结藻清英，流韵绮靡。"（《文心雕龙·时序》）从人数而言，从声势而言，从文的自觉与作品的数量而言，不仅为一时之盛，而且可以说是超越前代了。

但非常可惜的是，文学是以质量胜而非以数量唬人的。与建安、正始的凛凛风骨飒飒风力比，元康之际的作家们很像是文学市场上的赶集者、打群架者、卖弄风情者，而在政治上，在为人上，他们的表现更为糟糕，完全是孔子所鄙视过"患

得患失"的"鄙夫":

> 子曰:"鄙夫可与事君也与哉?其未得之也,患得之。既得之,患失
> 之。苟患失之,无所不至矣。"(《论语·阳货》)

是的,为了"得",他们争;为了保住所得,他们也往往真是"无所不至",
不择手段。他们的才华可能并不比前代诗人差,但他们的心胸与境界和他们朝
廷的道德水准一样,和前代有不小的差距。他们的创作,既是炫耀自己的才
华,展示自己的才华,却也因此糟蹋了自己的才华。他们大量制作拟诗,拟古
人,拟乐府,拟形式,拟题材,这表明他们对现实生活的规避。对现实生活而言,
他们是一群超级驼鸟,更可怕的是,他们对现实感受能力的退化与丧失:他们
已经无法在现实世界中找到感动与感触了,从而现实生活中的苦痛与欢乐便从
他们的文学题材中消失了,现实生活竟然不再是他们文学的对象。他们把文学
雅化了,把文学变成了象牙塔中的智力游戏,而文学创作则成了一种与古人和
与朋友之间的智力竞赛,比如陆机,在他的所有作品中,我们找不出他经历过
的众多社会政治大变故的影子,倒是找出了一大堆的拟诗。他的生活是那么一
团糟,危机四伏,朝不虑夕,但他的诗却那么超然,他那么矜持地表现自己趣
味的高雅和智力的高超,大家只要去读读他的《文赋》及《演连珠》等,就可
知我言不虚。

对了,除了拟诗,还有朋友之间的唱和。是的,这也是一个唱和诗大量
涌现的时代,他们需要在不断的唱和中给自己壮胆,更兼吹吹拍拍,把彼此都
弄得舒舒服服。文学,在他们看来,是一种贵族化的修养,是他们贵族沙龙的
身份证,"金谷雅集"与"二十四友"都是有门槛的,只有会玩文学这一手的,
才能厕身其间。他们既有着曹丕曾经批评过的"文人相轻"的毛病,又染上了
更可恶的"文人相拍"的恶习,拉帮结派,自造声势,自抬并互抬身价,他们
的才华就在这些近乎无聊的互相炫耀中被葬送掉了。

二

《诗品》评张华诗云:"儿女情多,风云气少。""巧用文字,务为妖冶。"

实际上这可以看作是此时作家的普遍习性。张华在那时代算是木秀于林的人物了，他的文学趣味尚且如此，何况他人？悲怀壮烈的功业感慨没有了，哀感流涕的忧生之嗟也没有了，一切都在转向麻木与平庸。道德的麻木与思想的平庸往往是孪生的时代之子。这确实是一个麻木与平庸的时代，没有大思想家（倒有几个鬼聪明的沾沾自喜的人物），文坛上也没有大作家（有的是一些小白脸的风流才子）。没有大思想家大作家的时代是黯淡的，寂寞的，无个性的，大家都在追求平庸中的小玩意儿，小花样，并沾沾自喜。

"儿女情多，风云气少"，这是思想上的转变，一变而为无志向；"巧用文字，务为妖冶"，这是兴趣上的转变，一变而为没出息。可以说，他们都在掩耳盗铃地小心避开伦理上的痛苦，而沉入感性形式的欢愉。但无道德痛苦的人是无道德感的，没有良心的刺痛也不会产生责任心，试图避开伦理上的痛苦必然降低他们作为作家的价值。因此，他们中的大多数，不独不让我们尊敬，甚至连同情也勉强了，虽然他们的遭遇甚是悲惨——死于杀戮的就有张华、陆机、陆云、潘岳、石崇、刘琨等。但除了张华与刘琨外，他们中的绝大多数都不是为了正义而死，甚至也不是为了他们自身抱持的价值而死。也就是说，他们是不专一的无执著的，除了张华、刘琨等极少数人外，他们遭遇的悲惨使我们惋惜，但他们人品的卑贱也让我们厌恶，可以说，这简直是一个"一塌糊涂的泥塘"。

这些作家中，在艺术上可以称得上是阮籍《咏怀》诗的继续的，只有左思，而能够在思想与人格上与阮籍、嵇康相比的，则一个也没有。他们既没有阮籍的深度，更没有嵇康的强度。他们拒绝痛苦而追求享乐，不愿让思想在痛苦中沉潜，不愿让人性在苦难中淬炼，哪里能来深度？他们不愿有道德的坚持与不妥协，哪来的强度？文的自觉有了，文人——知识分子的身份自觉却没有了，古代士人那种"仁以为己任""以道自任"的精神，没有了，汉末党锢群英们身上表现出来的救世精神与道德崇高，到了这时，终于扫地以尽。

我们举陆机一段论"死"的文字，看看他们是如何小心地避开恐惧与痛苦，为自己寻找心理安慰的：

> 夫死生是失得之大者。故乐莫甚焉，哀莫深焉。使死而有知乎，安知其不如生？如遂无知焉，又何生之足恋？（《大暮赋》）

　　这显然是对生（生存现状——社会现实苦难）的委婉控诉，但他的着力点却从这一层上滑开去，而滑入自我安抚中，他们确实有拒绝对象而热衷自慰的倾向。这一时代的作家大都是宁愿自欺欺人，也不愿直面惨淡人生的。

　　如果说，建安作家有志气，他们志深笔长，慷慨多气；竹林名士有思致，他们满怀忧生之嗟，愤怨之情；那么，西晋的名士们则既无志，也少思。这是一个没有志向也缺乏思考的时代，他们随世道之波逐流，与政治之舟沉浮，听欲望之令蹉跎。他们哪有反思的闲暇？黑暗的现实不但不能激发他们的志向，反而勾起了他们的欲望。人欲淹没了人心，思想便成了多余的与可笑的，在那浮华世风的浸染之中，以身殉利还来不及，还要什么思想！

　　建安时期，曹操有"对酒歌，太平时"的理想，司马氏"三祖"（司马懿、师、昭）包括晋武帝司马炎有什么？曹操有"生民百遗一，念之断人肠"的悲天悯人，有"烈士暮年，壮心不已"的壮美情怀，司马氏又有什么？他们只有杀戮与权欲！以杀戮来满足权欲，是这个家族（可能司马炎在杀戮异己上，与乃祖不同，显得比较宽容）的祖传心诀。这是一个政治毒瘤一般的家族，一个反人类的家族。这个家族从杀政敌杀异己起家，到家族自相残杀的八王之乱，他们一直在嗜血。

　　这样的政治实体还有什么政治信念与理想？于是，自上而下的，肉欲之徒取代了慷慨之士，西晋的政坛成了饕餮天下的餐桌，百姓成了鱼肉，而西晋的文坛竟然毫无文学的良心，反而跟在嗜血的权贵之后啜食其残羹冷炙，并以此作为他们的世俗追求。而"文学"，则只是他们的"玩意儿"。

　　"竹林七贤"本来就是一个偶然相合终当必分的松散群体，现在有人怀疑这个称谓及其所指称的集体在当时是否真的存在，很有道理。嵇康、阮籍这样的真名士，与山涛、王戎甚至向秀在人生态度上有着极大的区别。嵇、阮不特反对司马氏，他们还有对世俗富贵的蔑视，这可能是他们与山涛等人的最大最本质的区别。阮籍《大人先生传》言：

　　　　故与世争贵，贵不足争。与世争富，则富不足先。

　　他追求的是"超世而绝群，遗俗而独往"，嵇康也宣传"外荣华而安贫贱"（《答难养生论》），应该说，他们二人，在思想境界上，是相称的。

　　而那个被嵇康绝交的山涛何许人也？他早年即对其妻说：

忍饥寒，我后当作三公。但不知卿堪作夫人不耳？（《晋书》本传）

其人生追求及为人趣味，与汉代小丑朱买臣一个腔调。他可能不贪财，他死时"旧第屋十间，子孙不相容"，但他太慕势，不富而贵。

王戎之贪鄙，更是入了《世说新语》之《俭啬》篇，该篇记述王戎贪鄙之状，竟有四条。一条说他侄子结婚，他送了一件单衣，后来忍不住心疼，又要了回来。岂独对侄子？自己的亲生女儿向他借了钱，回娘家来他就板着脸，女儿知道他的毛病，赶紧还了他的钱，他的脸色才好转。这简直就是果戈理笔下的文学人物——《死魂灵》中的泼留希金。他最大的快乐，是用象牙为筹，算计自己的家资，这又像极了巴尔扎克笔下的守财奴葛朗台：

戎好治生，园田遍天下。翁妪二人常以象牙筹，昼夜算计家资。

（王隐《晋书》，《世说新语·俭啬》引）

他甚至有钻李核之举：

王戎有好李，卖之，恐人得其种，恒钻其核。

难怪王隐的《晋书》说他：

戎性至俭，财不出处，天下人谓为膏肓之疾。（《世说新语·俭啬》引）

这类不可思议的悭吝行为，发生在一个"既贵且富，区宅僮牧，膏田水碓之属，洛下无比"的大富大贵者身上，令人惊奇。这是既要贵又要富的人物。

向秀同样崇尚富贵而与嵇康反对，他说："崇高莫大于富贵。"（《难养生论》）

于是，历史进入元康，嵇康就戮，阮籍忧死，而一帮贪鄙之徒则在朝廷引路人的引领下，昂首阔步进入新时代。历史在经过优汰劣胜之后，一批老滑头老贪鄙与新生代的新新人类，共扇浮华之风。一边是何曾、何劭父子，日食万钱、二万钱，一代胜过一代；一边是王恺、石崇二贵，斗富比阔，一个更比一个牛，末日狂欢开始了!

三

此时的政治,正如阮籍曾恶谑过的,是一条破烂肮脏散发恶臭的棉裤裆,只有虱子才能从中找到安逸的感觉。而此时的文人们还真从中找到了安适——不,"安"没有,"适"则是真的。末日狂欢本来就是过把瘾就死,所以只要一时适性快意,"安"早就不要了。陆机、潘岳、石崇……他们都对自身处境不"安"过,但仍离不开这个"适",这是他们的无奈,也是他们人格堕落的证明。说他们无奈,是因为他们不得不生活在其中;说他们堕落,则是因为他们涉足政坛如入鲍鱼之肆,久而不觉其臭,并且说服自己的良心,不断对自己的良心重复:这就是生活! 然后还能从中发现美。

晋以杀戮而得天下,其诞生之初,便无道德上的自足感;其既生之后,更无道德上的理想。无论君还是臣,朝还是野,君子还是小人,都没有方向,没有目标,没有追求。小人固然在那里进行末日狂欢,享受着堕落的轻松快意;君子也无所建树,充其量也只能大致维持世道的平静,让这末日延长一些。这样的君子,我指的是张华,他与刘琨,是我在这时代仅愿为之用些笔墨的人物。

读《晋书》中的张华传,觉得他可敬也可怜。他是一个出身贫寒的人物(他甚至放过羊),却立志要支撑贵族大厦的危局,而那一帮贵族自己,却在那里穷奢极欲。这个朝廷没有尊严感,倒像一个贼,一个抢劫犯,天下是他们从曹魏那里盗窃来的赃物,他们只是在尽快地,尽自己所能地享用这个赃物,糟蹋完了拉倒,典型的末日心态。倒是张华竭力想维护着朝廷的一点体面,在暗主(痴呆的惠帝)虐后(粗蠢的贾南风)之朝,在一批老不知耻贪馋不辍的老无赖(王戎、何曾之流)和新潮的穿金戴银衣轻策肥的新生代(贾谧及其"二十四友")之侧,独标风帜。

他可能不是那个时代唯一有点自尊的人物,这样的人物我们还可以举出一些,如张翰张季鹰,但张华是唯一一个不贪钱财,唯一一个对国家、对时代、对民生还有些责任心的人。他曾力主伐吴,而不惜与权臣贾充、荀勖等彻底翻脸,冒着被腰斩的危险,实现了国家的统一。武帝死后,张华在将乱之际,在一个完全没有责任心的朝廷,极力维持着这个失去人心的朝廷的权威,维持这个朝廷对全国的控制力。同时，他还以自己非凡的协调能力与柔韧性、灵活性，与各色各类人物打交道，利用他们的优点，避开他们的缺点，尽量把他们的能量聚集到利国利民上，他的行为甚至使得贾南风这样横暴的女人也有所收敛。他至少是延缓了全面崩溃的到来，延缓了大灾难的到来。

一个值得一提的话题是，张华在当时及后来，颇获"恋栈之讥"，但我觉得我们应该给予他足够的尊敬，而不是个人出处的道德批判。难道个人的出处智慧真的比天下苍生更重要？置天下苍生涂炭于不顾，而谋求一己的安逸，是我们应该鼓吹的人生智慧与德行？从个性审美角度言，我会喜欢张翰，但我更尊敬张华。张翰离开家乡去洛阳的时候，一时心动，跳上路过的马车就走，跟家人招呼都不打，家人还以为他失踪了；在洛阳做官，突然在秋风中想念起家乡小吃，便弃官而去，连辞职报告都不写，真是了无牵挂啊！但这种毫无责任心的了无牵挂真的是我们道德的最高境界？

赵王伦杀害了张华。张华临死前说，我不怕死，我只担心王室的祸难。张华眼神盯着远方，幽幽地说：这是深不可测的大祸难啊。在朝廷勉力支撑多年的他，知道这个朝廷已经烂到了什么程度，也知道天下不可收拾到了什么程度。"中心如丹"的张华死了，中原大地陷入了"八王之乱"，生灵涂炭，西晋已亡。在南奔途中，那一帮风流快活的名士，也大多流离道路，填尸沟壑——他们或在战乱中被杀死，或颠沛而死。他们娇贵的、在纵欲中掏空的身体无法经受一路的奔波和风霜。这不正是那酒醉心明的阮籍曾预言过的？破棉裤着火烧掉了，"群虱死于裤中而不能出"——他们确实没能逃出。

四

西晋文士中另一位在最后终于获得我们尊敬的，是刘琨。他本也是那帮浮华子弟中活跃的一员，他既参加过石崇的"金谷雅集"，又是著名的——臭名昭彰的——贾谧"二十四友"之一，用他自己的话说："昔在少壮，未尝检括，远慕老庄之齐物，近嘉阮生之放旷，怪厚薄何由而生，哀乐何由而至。"（《答卢谌书》）刘琨之可敬，在于他后来由象牙塔回到了生活中，并且他在那样长期的花天酒地灯红酒绿中竟还没有丧失对现实生活，尤其是生活中苦难的感受力，还没有丧失对家国的责任心。他曾醉生梦死，荒唐万状，但一旦家国有难，马上就能唤醒他的良心与责任心。殷红的时代之血从杯酒中濡散开来，他的醉眼被刺痛了，他幡然醒来。永嘉元年（307年），他出任并州刺史，此时，那些曾与他一起痛快饮酒风流快活的人物大都已饮刀而入鬼簿：石崇、潘岳、陆机、陆云……左思也失意落魄而去了冀州，即使还没有死，也是一病不起，苟延残喘。而他在赴并州途中，看到什么呢？是他们以前从未瞩目留意过的下层百姓：

> 流离四散，十不存二。携老扶弱，不绝于路。及其在者，鬻妻卖子，
> 生相捐弃。死亡委厄，白骨横野……（《晋书·本传》）

原来丽天白日之下，竟有此等受蹂躏的生灵！他开始向朝廷为这些生灵请求粮食与布帛，对他们进行安抚与慰劳，好像只有他才想起，朝廷还有这样的道德义务。这时，他才感到，人生一世，原不仅为一己之风流快活也，而一己之风流快活，又是何等易碎也。

当然，由于他"素豪奢，嗜声色"，又加上常年放浪生活形成的不良习惯，"虽暂自矫励，而辄复纵逸"（《晋书·本传》），信任并放纵通音律的徐润，并杀了性情忠直的令狐盛，迫使令狐盛之子令狐泥投奔刘聪，刘聪遣子刘粲及令狐泥攻拔晋阳，刘琨父母遇害；后又困于石勒，穷蹙难安；与段匹磾约为兄弟，共保晋室，又为段所猜疑而下狱。此时，他终于走到人生的绝境了——

> 国破家亡，亲友凋残。负杖行吟，则百忧俱至；块然独坐，则哀愤两
> 集。（《答卢谌书》）

此时他的经历与心境，就类似于建安诸子了——我们岂不是也可以说，由曹操收拾安定的北方山河，又为司马氏家族拖入战乱，西晋末年的"八王之乱"生灵涂炭，绝似汉末的董卓之乱，军阀混战，从而使得西晋末年的文人面临着与汉末的知识分子（如建安七子）极其相似的话语情境——不过，建安诸子是满怀希望，而刘琨则只有孤独与绝望；建安诸子在苦难里显风流，而晋世文人则是由"风流"而入苦难。两个"风流"，本不是一回事。好在，这"苦难"对刘琨"玉汝于成"，使他成为一位志士，一位烈士。他的诗，也慷慨悲凉，绝似建安诗歌，我们看看他的《扶风歌》：

朝发广莫门，暮宿丹水山。左手弯繁弱，右手挥龙渊。

顾瞻望宫阙，俯仰御飞轩。据鞍长叹息，泪下如流泉。

系马长松下，发鞍高岳头。烈烈悲风起，泠泠涧水流。

挥手长相谢，哽咽不能言。浮云为我结，归鸟为我旋。

去家日已远，安知存与亡？慷慨穷林中，抱膝独摧藏。

麋鹿游我前，猿猴戏我侧。资粮既乏尽，薇蕨安可食？

揽辔命徒侣，吟啸绝岩中。君子道微矣，夫子固有穷。

惟昔李骞期，寄在匈奴庭。忠信反获罪，汉武不见明。

我欲竟此曲，此曲悲且长。弃置勿重陈，重陈令心伤。

这样的诗，与曹操的《苦寒行》，风格、境界都十分相似。比较一下：

北上太行山，艰哉何巍巍！羊肠坂诘屈，车轮为之摧。

树木何萧瑟，北风声正悲。熊罴对我蹲，虎豹夹路啼。

溪谷少人民，雪落何霏霏！延颈长叹息，远行多所怀。

我心何怫郁，思欲一东归。水深桥梁绝，中路正徘徊。

迷惑失故路，薄暮无宿栖。行行日已远，人马同时饥。

担囊行取薪，斧冰持作糜。悲彼《东山》诗，悠悠令我哀。

所不同者，面临天下鱼烂河决的局面，曹操有的是周公东征式的悲慨与壮美情怀，有的是幽燕老将般的气韵沉雄；而刘琨，则只有英雄末路的穷途悲吟，是失败者的绝唱，是委屈者的怨曲。

应该说，是刘琨，而不是左思，才是建安精神的真正传人。

我们再看看他《重赠卢谌》一诗中的最后一节，它仍然那么像建安诗歌，直让我们有"一声何满子，双泪落君前"（张祜语）的感伤——

功业未及建，夕阳忽西流。

时哉不我与，去矣若云浮。

可惜的是，建安诗人是感慨之后多作为，而刘琨则是梦醒以后无路走：

朱实陨劲风，繁英落素秋。

狭路倾华盖，骇驷摧双辀。

何意百炼钢，化为绕指柔！

秋风吹落了果实，秋霜打杀了鲜花；华盖倾覆，无路可走；沉舟侧畔，无复来者；将军一去，大树飘零。

曹刘坐啸虎生风，四海无人角两雄。

可惜并州刘越石，不叫横槊建安中。（元好问《遗山集》）

建安是一个英雄云集的时代，生在那时，当不孤独。

西晋末年则是一个庸人攒聚的时代，末路英雄刘琨，只有"抱膝独摧藏"——他那些曾经的朋友，早已堕落。

陶渊明
南山种豆

一

"元康之英"过后，有作为的便是东晋末年刘宋初年的陶渊明和谢灵运了。陶是"古今隐逸诗人之宗"，田园诗的开山；谢是"元嘉之雄"，山水诗的鼻祖，他们是试图从体制中解脱自己的一代。由汉末党锢、《古诗十九首》到建安、正始以迄太康，痛苦得太久了，而且他们的实践几乎都证明着这一点：要想在实际的政治生活有所作为，实现自己的人生价值，是近乎徒劳的，甚至，"仅免刑"也难得，倒往往是"天下多故，名士少有全者"（《晋书·阮籍传》）。从汉末至西晋，除了短暂的建安时期外，知识分子走的是一条为保命而不断退却的路。他们放弃了道德，放弃了正义，放弃了良心，最后甚至放弃了是非判断力，放弃了现实感受力（如果还有感受力就往死里喝酒以求麻木），他们仅想退守活命的一隅，把自己变成没脑子、没心肝，只有高度发达的肠胃和过分亢奋的性器（如果不亢奋就猛吃春药）的猪猡。但猪猡就更是屠杀的对象了，而且被杀得毫无尊严与价值。太康的作家们虽然不像党锢、不像正始作家那样在政治生活中坚持正义感与道德感，却也不免于在忽左忽右变化莫测的政治陷阱中纷纷灭顶。没有正义的政治当然也就没有稳定，没有稳定的政治当然会使人的命运难以逆料。建功立业的希望破灭了，而官场，以其肮脏险恶倒着实教育了他们，于是他们不再像左思那样热衷于仕进了，"密网裁而鱼骇，宏罗制而鸟惊。彼达人之善觉，乃逃禄而归耕"（陶渊明《感士不遇赋》），他们恍然大悟，终于"鸟倦飞而知还"（陶渊明《归去来兮辞》），掉转头去，向自然寻求。陶渊明找到了朴实宁静充满人间温情的田园，谢灵运则纵情于清新神奇一尘不染的山水。这是一种逃避，一种远遁，同时也是一种对现实叛变的姿态，他们的行为反证着现实的黑暗。

这里固然有逃避伦理责任的味道，我们也尽可以批评他们把世界及世界上可怜的百姓毫不怜悯地拱手给暴君乱臣而独善其身，但孤单的个人在那个时代实际上也只有这一条路。他们不能改变社会的肮脏与险恶，但他们以自己的行为标示出一片洁净与宁和；他们不能反抗普遍存在且不可动摇的专制与黑暗，但他们在山水田园中保持了自己的自由的个性。这种洁净，这种自由个性，不绝如缕地为中华民族提供理想生活的范式，从而使人知道在"践踏人，侮辱人，不把人当人"（马克思语）的专制之外，还有别样的生活，从而带着希望去反抗现实，追求未来。这就是他们的价值之所在。

二

朱熹曾经说："晋宋人物，虽曰尚清高，然个个要官职。这边一面清谈，那边一面招权纳货。陶渊明真个是能不要，此所以高于晋宋人物。"实际上，在我们的文化传统中（不仅是道家，甚至是儒家），都给予洁身自好、隐遁避世以极崇高的文化褒奖，把这种行为看作是个人修养的最高境界。既有这样的文化大勋章悬挂在那里做诱惑，便少不了有人要假惺惺地去做隐士，来领这枚勋章，而领到了这枚勋章，又如同获得了特别通行证，余下的关节便一一打通。所以，隐逸，更多的是一种手段，以这种手段求名求利，甚至最后来了个逻辑上的自相矛盾：求官——这就是所谓的"终南捷径"。这种文化怪胎的逻辑思路是这样的：因为他不愿为官而隐居，所以他德行高尚；因为他有了这样高尚的德行，所以他应该为官，甚至为大官。所以，在中国，历代都有隐士，同时，历代朝廷又都去山中征召隐士，隐士与朝廷共同上演这样一出文化喜剧与闹剧。

正是在这样的文化背景下，我们来认识陶渊明及其行为的意义。与众不同的是，在他那里，隐居不是一种手段，而是一种生活方式，他喜欢这种生活方式，隐居本身即是最后之目的。虽然后世人都把陶渊明看作隐士，比如钟嵘就称他为"古今隐逸诗人之宗"，但他自己，却没有把自己当作隐士，他只是在按照自己喜欢的方式"生活"而已。你看他说的话："结庐在人境"，不是隐居，而是"结庐"；"昔欲居南村，非为卜其宅。闻多素心人，乐与数晨夕"，不是故作姿态欲做名士，不是为了彰示自己的道德化的生活，并以此与社会对立，而是"欲居"，要与那些素心人生活在一起，过平平淡淡的日常生活（数晨夕）。结庐也好，居家也罢，他是在寻找一安身之所，这一安身之所不在高山之上，崖穴之下，不是那种远离人世的高人姿态，而是在"人境"，在"南村"，做一个普普通通泯然众人的人，有"邻曲时时来""而无车马喧"。他从官场上"归去来兮"，是归来了，回到自己的老家宅院。他不是在寻找一种姿态，而是在回归一种生活，回归自己喜欢的那种生活方式：

> 引壶觞以自酌，眄庭柯以怡颜。倚南窗以寄傲，审容膝之易安。园日涉以成趣，门虽设而常关。策扶老以流憩，时矫首而退观。云无心以出岫，鸟倦飞而知还。景翳翳以将入，扶孤松而盘桓。归去来兮，请息交以绝游。世与我而相违，复驾言兮焉求？悦亲戚之情话，乐琴书以消忧。农人告余以春及，将有事于西畴。或命巾车，或棹孤舟。既窈窕以寻壑，亦崎岖而经丘。木欣欣以向荣，泉涓涓而始流。善万物之得时，感吾生之行休。已矣乎！寓形宇内复几时，曷不委心任去留？（《归去来兮辞》）

全篇洋溢着欣喜之情。这是快乐的生活，是平常的生活，而不是什么有寓意的生活，有道德负载的生活。生活就是生活啊，每天就这么快快活活轻轻松松啊，心里哪有那么多的仇恨与决绝？哪有那么多的牵挂与纠缠？天地给我以"生"，我便轻松地"活"。万物得时，我亦得生，但时易逝生将休，寓形宇内有几时？为什么不好好享受当下？

当然，他讲到了"世与我违"，讲到了"息交绝游"，还讲到了"吾生行休"，但这显然不能仅仅看作是陶渊明对他那个时代及人物的失望与决绝。

因为，什么样的时世才不与"我"相违？有多少"交游"真正知心？这是人生荒诞的一般事实，有这种荒凉感的，岂止晋末宋初的陶渊明？所以，把这些看成是陶渊明对自己的时代的反抗与失望，还不如这样来认识：陶渊明从自己的体验出发，从自己的时代出发，发现了人生荒谬的基本事实，从而超绝而去，不再沉沦于人生的悲剧本质，而是尽量享受人生的乐趣：天伦之乐，田园之趣，出游之快，对了，还有悟透人生之后，心灵的宁静。

再看他的诗：

> 孟夏草木长，绕屋树扶疏。众鸟欣有托，吾亦爱吾庐。
> 既耕亦已种，时还读我书。穷巷隔深辙，颇回故人车。
> 欢然酌春酒，摘我园中蔬。微雨从东来，好风与之俱。
> 泛览《周王传》，流观《山海图》。俯仰终宇宙，不乐复何如！
>
> （《读山海经》）

读了这样的诗，如果我们还不能倾慕他的那种生活，必是弱智或有心灵上的疾患。我们看到，他不是生活在崇高的道德境界中，以自苦为极，他是生活在闲适的艺术境界中，以自乐为美。他确实不是一般意义上的隐士，我看古人或听今人说他是隐士，感觉怪怪的。我们真的误会他了，我们自以为拔高了他，其实是贬低了他，贬低了他的境界。我们想让他可敬却损害了他的可亲可爱。一般而言，隐士是使生活道德化，而陶渊明却努力使自己的生活艺术化。道德化的生活指向崇高，艺术化的生活指向美与和谐；道德化的生活指向无，是一种否定式的生活，而艺术化的生活指向有，是一种肯定式的生活。我们看陶渊明的生活：人有屋庐，鸟有树枝，人欢鸟欣，酒香蔬美。又，道德化的生活指向"敬"与"怒"，艺术化的生活指向"爱"与"乐"：陶渊明岂止爱这八九间的草庐，他爱他触目所见的一切；他岂止听到了鸟的啁啾，他甚至一边读书，一边听到了他耕种的庄稼萌叶拔节的声音。有春酒，有园蔬，微风来，好雨俱，而《周王传》《山海图》又把灵魂带到那遥远而神奇的地方，让他做一回美妙的精神之旅，不乐复何如！

他一连用了"欣""爱""欢""乐"这样明白无误的词，来表达他从内心中情不自禁地涌现出来的愉快。他不仅屏绝道德说教，"既耕亦已种"——

生活中功利的一面他也一笔带过，现在他要在这鸟鸣成韵绿荫覆盖的北窗之下读书了，而他读书，也是他一贯的方式：泛览，流观，心无芥蒂，不求甚解，每有会意，便欣然忘食。好在，他还没有忘记作诗，为我们留下这千古一快：

少无适俗韵，性本爱丘山。误落尘网中，一去三十年。
羁鸟恋旧林，池鱼思故渊。开荒南野际，守拙归园田。
方宅十余亩，草屋八九间。榆柳荫后檐，桃李罗堂前。
暧暧远人村，依依墟里烟。狗吠深巷中，鸡鸣桑树颠。
户庭无尘杂，虚室有余闲。久在樊笼里，复得返自然。

（《归园田居》其一）

他告诉我们他的"爱丘山"本性及官场的污浊凶险，从正反内外两方面把他推离官场返回田园。实际上，"归园田居"，从语法上讲，即暗示着"从官场归园田居"的语义。这是一篇感情倾向特别明显的作品，写官场，用的是"尘网""羁""池""尘杂""樊笼"等这样否定性的词，且用"误落""久在"这样厌恶性的词来描写自己断断续续十三年的官场生活；而写田园，则用的是"旧林""故渊""自然"这类充满怀旧依恋意味的词，更有"爱""恋""思""返"这样表达强烈依恋情感的词。而中间一层（从"开荒"至"余闲"），对田园生活的细节描写，不仅写出了田园生活的情趣，而且表现了作者的性情及理想：他的性情是淡泊自守拒绝庸俗的，他的理想则是追求和平宁静的生活。苏轼说陶诗是"质而实绮，癯而实腴""榆柳荫后檐，桃李罗堂前"，桃红李白，榆青柳碧，不着一色彩语而满眼春色，岂不是"质而实绮"！"暧暧远人村，依依墟里烟。狗吠深巷中，鸡鸣桑树颠"，在纯乎白描的写景中又给我们以安详宁静的感觉，他写的是景，却让我们想到生活，想到生活的安然从容，从而爱上这样的生活。生活有条不紊，心情闲逸淡泊，且还暗中对比着官场，对比着与田园相反的官场特质：压抑、阴暗、日以心斗、患得患失。如此丰富的内涵，岂不是"癯而实腴"！

三

栖栖失群鸟，日暮犹独飞。徘徊无定止，夜夜声转悲。
厉响思清远，去来何依依。因值孤生松，敛翮遥来归。
劲风无荣木，此荫独不衰。托身已得所，千载不相违。

（《饮酒》其四）

好一个"托身得所，千载不违"！他曾如一只失群独飞的鸟，现在终于找
到了庇荫之地：田园。在诗歌中，在散文辞赋中（如《归去来兮辞》《与子
俨等疏》），他详细而津津乐道地描写了自己田园生活的乐趣与称意，他对他
的生活给予了由衷的赞美。荒谬的人生一变而为圆满的人生，这是田园的赐予，
是大自然的赐予，更是他心灵的成果。他认识到了，作为自然的产物，人，只
有与自然一体，过自然的生活（人之本性亦自然之物），才能超越荒谬性而返
璞归真。人的荒谬性起源于人心——人心是自然的产物却又是自然的反动，只
有经过否定之否定，让人心回归其本初，为老子所言的赤子之心，婴儿之性，
才能消弭荒谬。

我们看他的《饮酒》其五：

结庐在人境，而无车马喧。
问君何能尔？心远地自偏。
采菊东篱下，悠然见南山。
山气日夕佳，飞鸟相与还。
此中有真意，欲辨已忘言。

"结庐在人境"，显示他与一般隐于高山之上崖穴之下，刻意去做"隐士"
的人不同，"而无车马喧"则表现出自己是高于"避人"又高于"避世"的"避喧"，
是"避"的最高级。然后自设一问："问君何能尔？"再傲然作答："心远地
自偏。"从而引出全文之髓：心。身之所处，乃心之所恋；手之所采，乃心之
所慕；目之所见，乃心之所想；智之所悟，乃心之所求。是的，他的生活已经

心灵化，已达到心外无物之化境，他的一举一动，一语一默，一念一静，都出自这一远离尘嚣、远离庸俗、远离低级趣味的"心"。此诗是写日常生活，更是写心灵生活，写这颗悠闲心，淡薄心，高贵心。而结尾"此中有真意，欲辩已忘言"，有心领会这一切，何用言语？所以，结语仍是写心。而心灵从"山气日夕佳，飞鸟相与还"中领悟到的，大约也就是"我是谁？我从哪里来？我到哪里去"这样的人生大问题的答案吧！

陶渊明显然不是中国历史上第一位隐士，但他是第一个把隐居生活写得如此美好，如此充满魅力的。他以前的隐士们似乎在追求艰苦的生活，并乐意于向人们展示他们的艰苦生活，以便显示自己道德的崇高。陶渊明不想向人们做任何表示，这是他自己的生活，他只求自己满意。如果不违背道德，我们可能不需要特别地委屈一下自己来向道德献媚。实际上，我们过分的、矫情的、违背人性的苦行，对道德而言，实在是不必要的。我们高高兴兴快快活活地活着，有什么不对吗？陶渊明就这样给我们活出了一个样儿。我们可以说他是屈原、庄周之后最伟大的诗人，而他们三人真有着一些逻辑上的关联：

屈原是天真的、纯洁的，是被命运播弄得死去活来而仍然懵懂的，不得要领的，至死也没能大彻大悟的人。他的伟大与可爱都正因为他的执著、愚拙，看不穿命运的把戏，不明白人生的荒谬，他一直与之纠结缠斗，不依不饶，不屈不挠，决不承认"生活就是这样"。他的心里，有一理想的社会在，有一理想的人生在，他坚决认为一切都应该是合理的，从而对现实中的混乱无道与他自己遭际的非道德因素觉得不可理解，从而决不认可，决不妥协，决不让步。这是屈原的伟大，一种悲剧性的伟大，一种毁灭性的伟大，是理想主义者的伟大。

而庄子，则是生活的冷眼旁观者，他睿智、通达，对人生的荒谬和社会的混乱无道洞若观火，但他不介入，他虽然感慨万端，却并不参与是非之争，他置身事外，以此置身世外。对事，对世，他只是远远地指手画脚，冷嘲热讽。他骂这世界肮脏，他自己却站在干净地——他通过远离生活来远离荒谬，但他是无奈的，是悲凉的，因为他远离生活的生活方式，是生活荒谬性的又一证明。如果说屈原是迷者，庄子就是悟者，但无论是迷者，还是悟者，他们都生活在荒谬之中而不能自拔，正如无论是看穿了命运还是迷失于命运，都被命运播弄，而无可奈何。至少，他们在自己的生活中，是没有找到快乐的，他们的生活，与一般所言的"幸福"，是互不相关的。

陶渊明的意义从这个角度去看，就比较明白了：他是唯一能在生活之中而又能使生活回归人性，从而可以避开荒谬的大智者。他使生活即是人心、人心即是生活，从而使主体与客体，不仅在理论的层面上，而且真正从生活——尤其是平常的、日常生活的层面上，合二为一了。当他回归田园时，田园不仅是他的生活"环境"，作诗写文的"语境"，还是委心任去留的"心境"，田园、自然与他的心合一了，他生活在田园中，就是生活在自己的心灵中。生活而能得此大境界，大圆满，遍观中国古人，靖节先生一人而已！

是的，他最先影响我们民族的，是他的这种生活方式、生活姿态，以及他乐观而从容的心态，然后才是他的诗艺。而他诗的魅力则可能正是得之于他生活的魅力与心灵的魅力，三者密不可分。欣赏他的诗，实际上就是在欣赏他的生活，欣赏他这个人。我们的历史，甚至可以没有他的诗歌艺术，但却不能没有他这个人。他是我们民族文化的精品。人们最先注意到他，就是他这个人，而不是别的什么。沈约的《宋书》把他归入《隐逸传》；萧统喜欢他，是因为他的怀抱"旷而且真"，直到唐代房玄龄等著的《晋书》，他仍在《隐逸传》。对这一点，文学史家常常愤愤不平，但我以为，对陶渊明而言，他的人格魅力确实在他的诗歌魅力之先，如果不是更大的话，而他作品中的很多精彩篇章，可以看成是田园生活的广告，田园生活之乐趣，经他阐发，更是深入人心。虽然他同时代的人都为人生的病态的华艳所障目而不能追随他，但至唐宋，尤其是宋代，在那样一种沉静的文化氛围中，苏东坡等人确实是从陶渊明那里得到一种眼光与视角，得到一种灵感与境界，然后再去寻觅自然之美，体味平淡生活的真味的。实际上，中国传统文化中的自然与田园，就是陶渊明式的。陶渊明以他的心灵之光照亮了田园，而田园即着陶之色彩。

四

陶渊明是对比的大师，他的田园就是对比官场的。很多人批评他美化田园，但他美化田园不是为了反衬官场的丑污吗？而且也是他的自我安慰：在这污浊的世界上，生命简直找不到一块洁净而宁静的安恬之处。正如他说的"劲风无荣木"——世道的萧瑟秋风刮走了人生的绿叶，我们的灵魂无处蔽荫，但"此荫独不衰"——田园给了他最后的安顿与最终的补偿。于是他甚至不惜自欺欺人一般地美化田园。他不美化田园简直无法平静自己的内心，他美化田园就是说服自己：人间尚有可居之处。这是荒谬人生的桃花源。

实际上，田园生活并不总是充满诗意，往往有它艰辛的一面。不仅一般的农人通常是贫困而饥寒交迫的，即便是陶渊明自己，在他田园生活的后期，也一再陷入窘困，以至于饿得白天盼天黑，夜里盼天亮：

> 天道幽且远，鬼神茫昧然。结发念善事，僶俛六九年。
>
> 弱冠逢世阻，始室丧其偏。炎火屡焚如，螟蜮恣中田。
>
> 风雨纵横至，收敛不盈廛。夏日长抱饥，寒夜无被眠。
>
> 造夕思鸡鸣，及晨愿乌迁。在己何怨天，离忧凄目前。
>
> 吁嗟身后名，于我若浮烟。慷慨独悲歌，钟期信为贤。
>
> （《怨诗楚调示庞主簿邓治中》）

生活变成了肠胃与时间的较量，他恻然地回顾自己五十四年的生平，他发现，就世俗生活而言，竟毫无幸福可言，只是一连串的不幸与艰辛。我们知道，了悟大道的人在回顾自己生平时，总是能感受到生活的逼迫，命运的播弄，而不像一般得志小人那样，沾沾自喜，夸夸其谈以炫其成功。更何况陶渊明时代是一个不可能有什么个人成功的时代，一个不可能既不违背道德与人性，而又能有所作为的时代。生活是那么无聊赖，无意义，无价值，甚至，物质贫乏到了连肉体存在都变成了问题，这时，官场那边又总有人在不断地向他招手，赠以梁肉，邻居这里也有人不断地劝他"一世皆尚同，愿君汩其泥"，妻子更是抱怨生活的穷困——但他仍然坚定不移：吾驾不可回——谁能像他这样在四面楚歌中悠然见南山？

和凶险而肮脏的官场相比，田园生活至少没有性命之忧。对庄稼收成的担忧，"常恐霜霰至，零落同草莽"（《归园田居》其二）与"密网裁而鱼骇，宏罗制而鸟惊"（《感士不遇赋》）的对死亡的恐惧相比，毕竟是轻松，且躬耕垄亩的生活比起官场倾轧盘剥百姓，其道德上的自足，也是不言而喻的。

当然，他也有他脆弱的一面。在极度的贫困中，他也曾慨叹"人生实难，死如之何"（《自祭文》），这时，他就眺望他的南山上的"旧宅"了：

> 家为逆旅舍，我如当去客。去去欲何之，南山有旧宅。
>
> （《杂诗八首》其七）

他死后可能即葬于此"旧宅"中，那可能是他家族的墓地吧。据说现在那儿还有他的墓。

在那么一个专制社会里，在一个权力肆虐而秩序混乱的社会里，一个人要正派地生活确实比较艰难，他真的必须有陶渊明式的坚定坚韧与对苦难的容忍。在这个意义上，追求生活的自然适性的陶渊明，出乎意料地又成了道德的模范。实际上，中国传统文化中对退隐生活的道德褒奖，其另一面，即隐含着对专制体制的道德贬低，这可能是文化本性对专制体制的一种天然敌意。陶渊明无意中表现了这种敌意而体现了文化人的公意，于是大家一致推崇他为道德英雄。

其实这是很无谓的。我倒觉得，与其说陶渊明为我们树立了一种道德理想，倒不如去肯定他为我们建立的有关幸福的信仰与观念。这种幸福，与世俗欲望的满足无关，而与心灵的境界有关。陶渊明把人的幸福与人的道德境界联系了起来：一种合乎道德的生活未必是幸福的生活；而幸福的生活一定合乎道德，这种带有明显唯心色彩的幸福观后来成为中国传统文化对幸福的基本诠释并深入人心。

不过陶渊明自己可没想这么多。他只是到田园中找他的归宿，找符合他本性的自然纯真的生活。当他"晨兴理荒秽，带月荷锄归"时，他就是一个地道的农夫，他哪里想到自己还有那么重大的道德承担，更没想着去成为一种文化符号，他是认定他一死，就会被人忘记的——

> 亲戚或余悲，他人亦已歌。死去何所道，托体同山阿。
>
> （《挽歌诗》其三）

你看他对他身后的哀荣，是多么眼冷心冷，所以他只要好好地活在现在——

> 虽留身后名，一生亦枯槁。死去何所知，称心固为好。
>
> （《饮酒》其十一）

　　田园就是他的称心的伊甸园，在这里他找到了生命的安全，良心的平静，人性的完整，所以他为他的这种复归欣喜不已，也自豪不已。虽然一度穷困潦倒，以至于乞食于人，但他再也没有反悔过，而是在农村一待就是二十多年，直到仙逝。物质穷乏了，精神却丰富了，他觉得这才是人的生活。

　　从正始到元康，精神泅没如泥牛入海，至陶渊明才又如小荷出水，且如此清清净净，出淤泥而不染。他不再追求"先踞要路津"，也失望于"建功立业"。我们看他的诗："桑麻日已长，我土日已广。常恐霜霰至，零落同草莽。"（《归园田居》其二）他真的有所谓常常存在的"恐惧"吗？他这是在自豪啊！我们比较一下以前阮籍的诗："但恐须臾间，魂气随风飘。"一个是常恐桑麻遭霜；一个是但恐生命有殃，孰轻孰重，不是一目了然了吗？"四体诚乃疲，庶无异患干。"（《庚戌岁九月中于西田获早稻》）这是陶渊明式的自豪，诙谐、坦荡、机智，明了而又含蓄，得意却故出反语。这是一种轻松的心境才能具有的特征啊，我们从汉末党锢至建安至正始至元康至陶渊明，二百多年了，很久没这样轻松与从容了！

　　对官场的逃避实际上就是对体制的逃避。体制是以权力来维持的，而权力天然具有反民众、反人性的属性。中国古代的隐士现象，我们可以看成是一种个人的道德选择，但一些隐士对体制的避之唯恐不及，实有避免体制约束的原因在。另一方面，在中国古代，个人的所谓"建功立业"，往往是指当世事功，更多的时候更直接体现为个人在体制中的地位：官职的高低、权力的大小等等。所以，合乎逻辑地，一个人要保有自己的个性自由，逃避体制，他就必须连带否认功名。在陶渊明的时代，要追求功名，不仅要牺牲个性，出让自由，甚至要搭上性命——淋漓的鲜血与纷纷滚落的人头一再把这个事实展示出来。回归田园的陶渊明终于摆脱了弥漫士林的生命恐惧，他可以待在家里，静等生命大限的到来。他退出体制而"纵浪大化中"，所以能"不忧亦不惧"，他坦然而从容的三首挽歌及一篇自祭，见出他对自己的生命是多么的有把握，《与子俨等疏》对后事的从容安排，足见他心灵的平静。对于死亡，他是哀伤的，但不再是恐惧的，他的生命，是他与自然大化之间的约定，别人不得干预了。

　　回归田园在陶渊明看来，实际上是从官场上体制中赎回了自己，使自己重获自由。那能拥有自己的人有福了。陶渊明就是这么一个有福的人。幸福不是取决于一个人有什么，而是往往取决于一个人没有什么。如果从"有什么"的角度来看陶渊明，那陶渊明所拥有的太少了：名声、地位、财富，他都缺乏。但这并不妨碍他成为一个令后人无限羡慕的幸福的人，因为他"没有"我们一般人所不能摒弃的庸俗之心趋利之心得失之心荣辱之心———一句话，那一切使我们大不起来的"小"人之心，他都没有。我很喜欢汉语中"安心"这个词，它比"安身"更重要。安顿好我们这颗心，对人对事安好心，对自己安平常心，做到了这些，我们也就有福了。陶渊明实际上也一直在与自己谈"心"，又对我们交"心"的，他告诉我们"心远地自偏"的道理，他说他"心念山泽居"，他还自得地说"虚室有余闲"。什么叫"虚室"呢？庄子有言："虚室生白。"意思是说，清空而无世俗欲念的心灵才能充满阳光。心灵充满阳光，可不就得大从容大安宁大幸福？可不就是一个高尚的人，一个纯粹的人，一个脱离了低级趣味的人？陶渊明就是这样一个人，这样的一个幸福的人。

五

有一点我必须提到，那就是，陶渊明与他的那个时代的冲突并不像我们文学史家们所想象所描述的那样激烈。他断断续续地在官场上十三年，虽然他自己说"性刚才拙，与物多忤"，但这极可能只是一句推托之词，至多表示他自身对体制的不适应。实际上，我们没有发现他与哪一位上司特别不和，也不见他在官场上受过什么特别的打击与排挤。他一开始做官，就做州祭酒，据逯钦立先生考论，这不算是小官，起点颇高。并且在后来，只要他愿意，他似乎随时有官做，官场上的人对铁了心回归田园的他，也一直很眷顾，给他送酒钱，送粱肉，并虚位以待。应该说，他的人生历程，是比较平顺的，所以，他的心态，也是比较平和的，刘克庄《后村诗话》云：

> 士之生也，鲜不以荣辱得丧挠败其天真者。渊明一生惟在彭泽八十余日涉世故，余皆高枕北窗之日。无荣恶乎辱，无得恶乎丧，此其所以为绝唱而寡和也。
>
> （转引自《文渊阁四库全书》集部二《陶渊明集·总论》）

他没有追求过荣，当然也就无所谓辱；他没有得，当然也就没有失（丧），而无得失荣辱的人生磨难，其本性的天真也就没有被挫伤。看他的诗文，确实是一派温敦气象，即便是"金刚怒目"的作品，如《咏荆轲》，实际上也是内热烈而外不露声色。他的诗，除了四言就是五言，没有杂言，没有乐府，拟古也不是真拟古，这在那个时代是很特别的。四言是诗歌中最安详静穆的形式，五言是诗歌中最从容不迫的形式，它们与陶渊明人生的从容、心态的安详相吻合。情感不平衡，内心心理能量大的诗人，往往喜欢用杂言，句式的长短错落一如其情绪的高下低昂，如鲍照、李白。在《诗经》之后写作四言，是必须有极强的平衡能力的，或有对平衡的强烈的追求的欲望，爱写四言的曹操、嵇康与陶渊明恰恰都是竭力追求平衡、竭力维持自己内心平衡的人。只不过曹操与嵇康求之不得，陶渊明则是求仁得仁。曹操是"忧思难忘"，他如何能求得平衡？嵇康是"狂顾顿缨，赴汤蹈火"，也最终失去平衡，只有陶渊明，做到了"纵浪大化中，不忧亦不惧"，于是，他真的平稳地站住了。

当然，在谈陶渊明的幸福与安详时，必须提到的是，陶渊明的内心往往又是悲凉的，他的人生观，是建立在悲剧意识之上的。他那篇热烈而阳光的《归去来兮辞》的最后，就已经告诉了我们：委心任去留的旷达，是因为认识到了人生短暂——寓形宇内复几时？是因为看到了自己生命的易逝——感吾生之行休。木欣欣向荣，泉涓涓始流，天之行健，万物得时，而人亦当顺时委命，纵浪大化。对生命的悲观意识构成了他人生幸福的平台，这一点也不矛盾，一点也不难理解。恰恰相反，幸福的观念与感受必须建立在有节制的、理性的、客观的认识论的基础上，必须建立在对人生整体悲剧性的了悟上：

> 久去山泽游，浪莽林野娱。试携子侄辈，披榛步荒墟。
> 徘徊丘垄间，依依昔人居。井灶有遗处，桑竹残朽株。
> 借问采薪者："此人皆焉如？"薪者向我言："死没无复余。"
> "一世异朝市"，此语真不虚！人生似幻化，终当归空无。
>
> （《归园田居》其四）

这是写人生如梦，终归于空无。本来一片废墟，可能是一个很具体的悲剧，一场很具体的苦难导致一户或数户人家"死没无复余"，但陶渊明超越这一层面，而直达一般人生的悲剧本质，从而引起我们的感慨怜悯之情，且是感慨怜悯我们自身。"井灶有遗处，桑竹残朽株"，让我们想起生命曾经的存在，以及这些生命个体曾经的生活。这些生活曾经是热烈的，红红火火的，有情有义的，有喜怒有哀乐，有追求有向往，但在生命历程的最后，却是归于空无，一片荒虚，一声叹息，一滴清泪。这是人生荒谬的典型案例。陶渊明不能不感怀万端，不能不面对这一真实而残酷的人生真相，但，正由于他能在理性上承认了这种荒谬的必然性或不可避免，他又很能节制自己的情怀，他的感慨是深沉的，却又是平和的，而不是激烈偏执的，是体认的而不是控诉的。他与人生的荒谬性相安无事了，然后他才能有余暇从容不迫地安享当下生活的种种趣味与快乐：

> 白日沦西阿，素月出东岭。
> 遥遥万里晖，荡荡空中景。
> 风来入房户，夜中枕席冷。
> 气变悟时易，不眠知夕永。
> 欲言无予和，挥杯劝孤影。
> 日月掷人去，有志不获骋。
> 念此怀悲凄，终晓不能静。　　　　　　（《杂诗》其二）

这一首则又写出了人生的寂寞，"欲言无予和，挥杯劝孤影"，落寞寡欢的诗人形象如在目前。值得注意的是，到了后面，竟愤愤不平起来，以至于"终晓不能静"。"欲言无予和，挥杯劝孤影"时，还是平和的、感伤的、容忍的，诗的风格也是"静穆"的，而一想到"日月掷人去，有志不获骋"，生命流逝，而曾经的志向泯没无成，就满怀悲凄，而至于"终晓不能静"，这就颇有些"金刚怒目"的样子了。这是真实的陶渊明的又一面。人之亲切与可爱，往往不在于他的优点，而恰恰常在于他的一些缺点或不足。看到如此通达的靖节先生也有愤愤不平的时候，我们会会心一笑，莫逆于心。确实，陶诗平淡自然的风格之外，另有"金刚怒目"一类。《咏荆轲》之作，正是作者愤愤不平愤世嫉俗的表现：

> 燕丹善养士，志在报强嬴。
> 招集百夫良，岁暮得荆卿。

君子死知己，提剑出燕京。

素骥鸣广陌，慷慨送我行。

雄发指危冠，猛气冲长缨。

饮饯易水上，四座列群英；

渐离击悲筑，宋意唱高声。

萧萧哀风逝，淡淡寒波生，

商音更流涕，羽奏壮士惊。

心知去不归，且有后世名。

登车何时顾，飞盖入秦庭。

凌厉越万里，逶迤过千城。

图穷事自至，豪主正怔营。

惜哉剑术疏，奇功遂不成！

其人虽已殁，千载有余情。

此诗显示出陶渊明的内心仍积聚着大量的心理能量，虽然他那么善于疏导自己。不公正的社会总是要在人心中积聚大量的不良心理能量。这种不良心理能量，若体现在强梁身上，便是暴力；而体现在陶渊明这样的文人身上，便是一种文字上的升华——升华为对暴政的控诉和反抗，对反抗的赞美与期待，这是最能体现陶渊明"金刚怒目"风格的作品。

但陶渊明终究是关怀人生的。在苦难重重世风浇薄的时代，他向往着和平宁静的世道和和睦淳朴的世风，这体现在他的名作《桃花源记》中：

晋太元中，武陵人捕鱼为业。缘溪行，忘路之远近。忽逢桃花林，夹岸数百步，中无杂树，芳草鲜美，落英缤纷。渔人甚异之，复前行，欲穷其林。林尽水源，便得一山。山有小口，仿佛若有光，便舍船从口入。初极狭，才通人。复行数十步，豁然开朗。土地平旷，屋舍俨然。有良田、美池、桑竹之属。阡陌交通，鸡犬相闻。其中往来种作，男女衣着悉如外人。黄发垂髫，并怡然自乐。见渔人，乃大惊。问所从来，具答之。便要还家，设酒杀鸡作食。村中闻有此人，咸来问讯。自云先世避秦时乱，率妻子邑人，来此绝境，不复出焉，遂与外人间隔。问今是何世，乃不知有汉，无论魏晋。此人一一为具言所闻，皆叹惋。余人各复延至其家，皆出酒食。停数日，辞去。此中人语云："不足为外人道也。"

　既出，得其船，便扶向路，处处志之。及郡下，诣太守，说如此。太守即遣人随其往，寻向所志，遂迷，不复得路。

　南阳刘子骥，高尚士也。闻之，欣然规往，未果，寻病终。后遂无问津者。

　文中所记述的桃花源，即使在那时代可能有类似的地方，也不能否认陶渊明虚构的特点。这种理想化的社会，可以上溯至老子的"小国寡民"理想，又明显带上了陶渊明自己心灵的色彩。"有父子，无君臣"，人与人之间没有了阶级、国家、体制等的社会关系，而只有建立在血缘基础上的淳朴的道德关系，这是对"家"的肯定，更是对"国"的否定。这是心造的世界，是美的世界，善的世界，却不是"真"的世界。"真的世界"就是"外人"的世界，是包括陶渊明自己在内，渔人、太守、刘子骥以及所有人的世界，这个世界却是丑的、恶的、混乱无道的、弱肉强食的、道德败坏的。在对桃花源做诗意描写之后，我们可以想象到的是，陶渊明掷笔于地，一声浩叹！

六

　种豆南山下，草盛豆苗稀。晨兴理荒秽，带月荷锄归。
　道狭草木长，夕露沾我衣。衣沾不足惜，但使愿无违。

（《归园田居》其三）

　我注意到了这首诗中的三个圆形意象：豆、露、月。它们代表了陶渊明生活中的三种境界：豆代表着现实生活的圆满；露代表着道德上的纯净；而月，则代表着精神世界的高超。

　梭罗在他的《湖滨散记》中问自己："我为什么喜欢种豆？"然后他自答："只有上帝知道。"

　假如有人问：陶渊明为什么喜欢种豆？

　我会回答：我知道。只是，欲辩已忘言。

谢灵运
生活在别处

一

谢灵运（385—433年），陈郡阳夏（今河南太康）人，东晋名将谢玄之孙，袭封康乐公（入宋后降为康乐侯），故世称谢康乐，又因小时曾寄养他家，称"客儿"，人又称"谢客"，又与谢朓并称"大小谢"，而单称"大谢"。曾任永嘉太守、侍中、临川内史等职，后因起兵反叛被杀于广州。他是第一个大力模山范水的山水诗作家，对扫荡"淡乎寡味"的玄言诗有大功劳，在诗歌形式的探索上也有相当贡献。

文学史家们喜欢强调陶渊明与谢灵运的不同。是的，他们的为人风格与为文风格都有极大的不同。由于陶渊明的杰出成就与崇高地位，把谢灵运与他放在一起比较，本来就不大公平，况且他俩风格既不同，以读陶之眼光与趣味来读谢，当然格格不入。叶嘉莹教授就提到过，不能用欣赏陶诗的方法来欣赏谢诗。清之沈德潜在《古诗源》中也提到，陶诗之不可及处在真在厚，谢诗之不可及处在新在俊。真而厚，是合乎中国诗审美的传统的；新与俊，则是突破了传统。大谢费了不少力去突破，却不大讨得好，当然，这是指从赵宋至今。赵宋以前，尤其是谢灵运生前，他的诗名是了不得的，他在老家始宁写诗，一传到京城，贵贱莫不传写，连皇帝见到他，都要先问他最近又有什么新作。京城里那一帮附庸风雅之徒、诗歌爱好者，更是伸长脖子等待他的大作传来，他的新作发表成了京城人的节日。那时候，除了会稽郡的谢大诗人，谁还知道在庐山脚下，浔阳柴桑，还有一位自称"五柳先生"的陶潜也在写诗？陶渊明（365—427 年）与谢灵运，这两个同时代的诗人，在文学史上的地位，如同在玩跷跷板：这个上来那个下去，这个下来那个上去。当初谢灵运高高在上，陶渊明简直低得没了影儿；赵宋以后陶渊明上来了，谢灵运却一直没能抬头，他一生都愤愤不平，若死后有知，这一点不知会令他多么愤慨。

二

在我看来，陶与谢之最大区别，在于陶已安好他那颗心，而谢则没安好心——这话有点歧义，不过有点歧义正好。他既没有安顿好自己这颗心，从而这颗心永在浮躁，使得他"多愆礼度""猖狂不已，自致复（覆）亡"（《南史·本传》），同时，他在有些时候也真是对人对事不安好心。比如，他既不能够抛官不做，却又不好好做官，在做永嘉太守时，只顾自己肆意游遨，而"民间听讼，不复关怀"，这样不关心民间疾苦，大概不能算是好官，好人也算不上。我们不要求你有终极关怀了，承担社会良心与公理了，即以最基本的要求看，"不在其位，不谋其政"，你在其位，也不谋其政，如此不负责任，轻忽职责，你能算好人？徐九经说，当官不为民做主，不如回家卖红薯。这话送给他正合适。

他岂止不关心民间疾苦，他有时简直是地方一霸。他因父祖遗产，生业甚厚，本来已是养尊处优，钟鸣鼎食，衣轻策肥，却还是不知餍足，不断凿山疏湖，功役无已。为扩充田产，他甚至不惜破坏生态，剥夺民生，通过宋文帝，让会稽太守孟𫖮把会稽郡东面的回踵湖放了水，让他做良田。孟太守因此湖离城很近，"水物所出，百姓惜之"，坚决不给他。他又要另外一个湖，孟太守也犟上了，还是不给。他就攻击人家，说孟𫖮不是爱惜百姓而是因为自己信佛，不愿伤害湖中水族生命。我想，这件事显然是谢诗人不对，不管孟太守动机如何，保住这两个湖，对当地老百姓而言，还是有好处的，谁知道有多少百姓赖湖而生呢！

孟太守的动机可能不是爱护百姓，但他这样做的客观结果，却确实有益于百姓，而谢诗人这样做，定是不爱惜百姓，有害于百姓。所以我说谢灵运没安好心。

后来孟𫖮告他有"异志"，图谋不轨，摆出要逮捕他的架势，吓得他赶紧进京，伏阙上书，可怜兮兮地称自己是一介文人、隐士，历史上哪有这类人造反的？文帝不杀他，却也不让他再回会稽，让他做临川内史。他到了新地方，旧态却不改，依然是游放不止，又为有司所纠，要逮捕他。这次他自己大约都厌烦自己，干脆拉起旗子造反，兵败被捕并流放广州，不久在广州被杀。

从这件事可以看出，孟𫖮说他有"异志"，那是诬告；但他没安好心，倒是真的。一个大诗人，谈起玄理佛法，头头是道，最后却为争一湖而送命，说是"贪夫殉财"亦未尝不可。所以谢灵运的境界，比起陶渊明，确实差了一截。

而要说对体制的不适应，谢灵运比陶渊明更甚。陶虽不适应，但其性格尚不至于如谢那样骄躁，他有些事还有得商量，比如在彭泽县当县令，公田一百亩，他一开始要全种上秫，以便酿酒，说："吾尝得醉于酒足矣。"但他妻子固请种粳，他也就五十亩种秫，五十亩种粳，向妻子让步。《责子》诗前面痛斥五个儿子不肖，但最后却是这样的两句："天运苟如此，且进杯中物。"打孩子的手又收回来，端起了酒杯。王弘要见他，他不愿意见，但王弘在路边摆酒诱他，他就酒也喝了，人也见了，并不为忤。自家酿酒，酒熟，手边无漉酒的工具，便从头上解下葛巾漉酒，漉毕，再把葛巾盘回头上。他好像无可无不可。他知道很多事并非你死我活，非要斩尽杀绝不可。所以，他与世道人心的冲突也就比较平和，其间还有较大的周旋余地，这余地，就够他逍遥了。

而谢灵运则不然。他皎皎易污，峣峣易折。他与刘裕不合，与刘义符不合，与刘义隆还不合——三个皇帝，他得罪完了，而他们却都还想笼络他。他又"构扇异同，非毁执政"，与徐羡之等人结仇。他与孟𫖮不和，与御史中丞傅隆不和，与临川郡上上下下不和……他总是与人冲突，且他与人的冲突又总是太尖太锐，事情又总是做得太绝，所以结果总是大挫大折。他的性格缺少弹性，他的为人处世缺少回旋空间，他做什么事都往极端的路上走，这种弹性的缺乏和空间的逼仄，是他一生的悲剧。

而这又正好形成他诗歌的特色——繁复。景物繁复，意象繁复，词汇繁复，甚至用字，他都喜欢笔画繁复的。读他的诗，我们感到压迫，有时有喘不过来气的感觉。他的诗中，空间太逼仄了，不像陶渊明那样疏疏朗朗有透气感，诗境的繁复与他内心中对这个世界的繁难感受有关。实际上，我们可以把他的诗歌看成是他追求弹性空间的心灵记录：山水的搜寻，乃是心灵对空间渴求的外化；谈玄奉佛，则是他试图增加自己性格弹性的努力。

但奇怪得很，他的这种努力竟然也是贪得无厌而走上极端的：他对山水的搜寻，像是一个疯子：在永嘉做太守，竟然"肆意游遨，遍历诸县，动逾旬朔。民间听讼，不复关怀"。在朝廷做秘书监，天子眼皮底下，他也竟然"出郭游行，或一日百六七十里，经旬不归。既无表闻，又不请急（假）"。在老家赋闲，他带着百多位义故门生加仆从，"寻山陟岭，必造幽峻，崖嶂千重，莫不备尽"，曾从始宁南山出发，"伐木开径，直至临海"，把临海太守王琇吓了一大跳，以为来了一群山贼。

他就这样毫无节制，"游娱宴集，以夜续昼"（以上引文皆出《宋书·谢灵运传》）。《古诗十九首》作者所艳羡的那种生活，他是过上了，可惜他毫不快活。这样无节制地搜求山水，我们看得出他内心的燥热，他实际上已不是在从容地游山玩水，而是在迫切地寻找一种能使他心灵平衡的东西。这东西怎能外求？它是一种自我调节的能力，是一种"安心"的功夫。可惜的是，他缺少的就是这样一种能力和功夫。

我们从谢灵运的行为和他的诗作及诗作中大量充斥的玄理中，可以看出他为了"安心"是如何努力，但却不见其努力的结果。他说他已经"安心"了，他说："持操岂独古，无闷征在今。"但他真的有这样的操行吗？真的能做到"遁世无闷"吗？不要说我们不相信，他自己怕也不信。对陶渊明，我们觉得他可爱可敬，还可美可慕，但对谢灵运，有时我直觉得他可怜。他把自己弄得首鼠两端，东奔西突，四面出击直至疲惫不堪，却最终也没有突出一条生路。他永不停歇地寻找——是的，陶渊明的生活与心态都以"静"为特征，而他则是永无休止的"动"，穷折腾，不，富折腾——可折腾到最后，仍然两手空空，心中空空，他自己都失望，都厌烦。他活腻了。他游山玩水，竟然一日百六七十里，这哪里还是游玩，这简直是在赛跑，是和自己烦躁的心赛跑，想把它丢在后面。他这样疯跑，既是在向未知的快乐追寻，又是对此在的生活的逃逸：他永远生活在别处。他不能安心，此在也就不能安身。陶渊明是安于现状的，谢灵运则不能有片刻的安歇，此在的一切都让他心烦，他要跑起来，在跑动中抖落一身烦恼，但最后，他跑不动了，他自认失败，干脆自杀性地打起叛旗。他哪里是在和别人较量冲突？他是在和自己较量冲突；哪里是别人杀了他？他是自杀的。

三

上述谈陶谢之不同，主要是谈他两人在性情上的不同，修养上的不同。在思想层面上，他们则是有大相同的：他们在价值追求上是相同的。不管谢灵运实际上对功名富贵多么向往，但在价值层次上，他仍然赞成对世俗富贵的超越。他诗中有些句子，和陶渊明如出一辙：

谢诗	陶诗
虑淡物自轻，意惬理无违。 （《石壁精舍还湖中作》）	问君何能尔，心远地自偏。 （《饮酒》）
羁雌恋旧侣，迷鸟怀故林。 （《晚出西射堂》）	羁鸟恋旧林，池鱼思故渊。 （《归园田居》）
虚馆绝诤讼，空庭来鸟雀。 （《斋中读书》）	户庭无尘杂，虚室有余闲。 （《归园田居》）

这是随意捡出的几句，未做全面细致的捡点，但已足可见出两人的共同思考。他俩是没有交往的（陶年龄也比谢大二十岁），他俩生活的差异更是迥若云泥。但诗中的相似点这么多，确实令人惊讶——谢的《斋中读书》与我们上文曾引述过的陶的《读山海经》（孟夏草木长）更是通篇立意相近，取象相似，我们只能说，面对同一个时代，一流诗人在感受上是相同的。对体制的警惕，对个人自由的维护，是他俩共同的价值坚持。

说谢灵运是一流诗人，应该是没有问题的（不过可能有不少文学史家不同意）。从中国文学史上讲，像他这样开拓一种诗题材，并在形式上有多方面探索，而标志着审美理想的一个转折——这个转折的转向指示牌直指唐诗——的诗人，中国历史上不多。唐人对六朝很贬低，但是对谢灵运很尊重（这些纯学术的话题此处不赘）。从传统道德观念的标准看去，他的人格不很高尚，他作诗抒情也不很真诚，但像他这样性格的人，造假作伪也破绽多多，甚而至于赤裸裸而无遮无掩。看他大言不惭高谈阔论，并且还以为别人真信了他，也有天真可爱处。他好歹不是大骗子，他只是好说大话，好吹牛。这话头暂时按下不提，这里只特别点出他的山水诗说一说。

谢灵运虽然在纵情山水时仍然不忘"飞鸿响远音"（《登池上楼》），以至于山水不足娱其情，名理不足解其忧，但他毕竟用他游荡在山水之间的身影指出了一个方向，那就是和凶险的社会相对立的和谐而可亲近的生机盎然的自然山水。自然在建安诗人那里是凶恶的，是社会凶恶的陪衬和帮凶，一如曹操在《苦寒行》和曹植在《赠白马王彪》中所描写的。一直到陆机，我们看他的《赴洛道中作》，自然也是令人厌恶的，是令人退避的，是人生险途的征兆。但在谢灵运那里，自然却是心灵的益友了："清晖能娱人，游子憺忘归。"（《石壁精舍还湖中作》）不但能由迷恋而忘归，而且还能启发心智，安慰心灵："观此遗物虑，一悟得所遣。"（《从斤竹涧越岭溪行》）应该说，他是第一个发现山水的美感的，他虽然没有说山水"可居"，但他指出了山水的"可游"，并在山水的美感与人的心灵之间架起了第二条山水与人之间互通的桥梁（第一道桥梁是孔子架设的）。

在这之前，一些哲人谈到过山水，比如孔子，他就说过"仁者乐山，智者乐水"之类的话，但孔子的山水往往是伦理道德的象征，孔子由此架起了人与山水相通的第一道桥梁：即山水的"以形媚道"与人内心的道德情操之间的桥梁。在中国历史上，总有一些人隐于山水，但隐于山水的原因正是看中了山水的险恶，因为山水的险恶恰可衬显隐者的道德崇高。山水在这些隐者那里是没有美感而只有道德感的，也就是说，他们和孔子一样，是只有第一道桥梁的：如首阳山上的伯夷、叔齐；阮籍所遇的苏门山上的无名氏真人"苏门先生"；嵇康所遇的汲郡山上的孙登。伯夷、叔齐至采薇而食终于饿死，苏门先生的全部生活资料也只是"有竹实数斛，杵臼而已"（《世说新语·栖逸》刘孝标注引《魏氏春秋》），这些都是通过山水的险恶来反衬隐者的道德的。这种道德化的山水，及其以自身的凶险对人所做的道德考验，我在上一篇谈陶渊明时也有涉及。但到谢灵运，他向我们展示的，则是山水之美。正如陶渊明没有去描写田园生活的艰辛，而是描写田园生活的美一样，谢灵运虽然没有真正归隐山水，但山水之美，经他阐发却深入人心了。也就是说，他架设了人与山水相通的又一桥梁：孔子的是伦理的桥梁；谢灵运的是美学的桥梁。伦理的山水使我们敬畏，而美感的山水却可供我们退避栖身。

我们看看他的山水诗代表作《登池上楼》：

> 潜虬媚幽姿，飞鸿响远音。
> 薄霄愧云浮，栖川怍渊沉。
> 进德智所拙，退耕力不任。
> 徇禄反穷海，卧疴对空林。
> 衾枕昧节候，褰开暂窥临。
> 倾耳聆波澜，举目眺岖嵚。
> 初景革绪风，新阳改故阴。
> 池塘生春草，园柳变鸣禽。
> 祁祁伤豳歌，萋萋感楚吟。
> 索居易永久，离群难处心。
> 持操岂独古，无闷征在今。

此诗很明显地分为三层：一层叙事，一层写景，一层议论。叙事乃叙自己进退失据的矛盾心境：仕不如飞鸿而隐不及潜虬，终于在一穷海之地，做一永嘉太守，亦官亦隐，却又一病一冬，卧床不起。然后是在不经意中拉开窗帘，远眺青山，遥闻海涛，观池塘青草之生，聆园柳黄莺之鸣，终于引发感慨，对人生有一番彻悟。写景中的"池塘生春草，园柳变鸣禽"是他的名句，他自己得意，后人也激赏。议论部分却给人言不由衷之感，且这种生硬近乎蛇足的议论，更被后人称之为"玄言的尾巴"，遭致一片批评。

就全诗来看，事、景、情的结合并不十分自然，尤其是从"池塘生春草，园柳变鸣禽"的春光怡人突然转入"祁祁伤豳歌，萋萋感楚吟"的"伤感"，是了不相关而强作高明。"持操岂独古，无闷征在今"的自我称许，也只会让读者掩口而笑。堆砌辞藻，雕凿失真的弊病也不免，且全诗除了"衾枕昧节候，褰开暂窥临"外，都用偶句，平板少变，滞涩不畅。"祁祁伤豳歌，萋萋感楚吟"两句用典，却只为表出典中归隐之"归"一字，也卖弄得太笨太费力气。

总之，就题材开创和形式创新而言，谢灵运虽差可与陶渊明比肩，但若论单篇质量和总体艺术成就，如情、景、理的圆融无碍，人格与诗格的浑然一体，他怕还不能望陶之项背。

但是，撇开诗艺不谈，到和社会政治相对隔绝的田园或山水中去寻求摆脱痛苦，逃避现实中的种种纠缠，以巨大的代价来换取心灵的平静，这就是陶、谢这一代的新姿态。由于代价巨大，谢灵运犹豫反复，并最终被体制吞噬；也由于肯付出这一巨大的代价，陶渊明不仅赢得了自己的生命与本性，而且赢得了后世广泛的尊敬与向往。

沈约在《宋书·谢灵运传》后，有一段类似于中国文学史概说的文字，他可能隐约觉得谢灵运是一个里程碑式的人物。实际上，谢灵运不仅是诗歌史上的新变，从另一方面看，从汉末党锢至陶、谢，也是一个完整的政治历程，所以，我在此也以谢灵运做收束。

党锢群英实际上是一群政治精英。他们试图恢复政治秩序和权力运作规范，从而维护皇权的纯洁性，维护皇权与士大夫的联盟，维护政统与道统的和谐。但不幸的是，破坏秩序和规范的正是皇权自己，宦官权力实际上是皇权的自然延伸，因而，他们和宦官的生死搏斗，就必然冒犯皇帝。这里用得着一个成语：投鼠忌器。宦官之鼠隐身器侧——这岂是一般的"器"？这是神器。结果便是，清流士大夫们要投宦官这个"鼠"，就往往不惜冒犯也不得不冒犯皇帝这个"器"。这就决定了他们的必然失败。

《古诗十九首》的作者们被排除在政治之外，他们遥望着政治，遥望着政治权力后面的富贵荣华，流着一丈长的口水。但政治权力于他们，乃是"禁脔"，哪容他们染指？所以，他们只有艳羡与嗟呀，甚至连野心都不敢有，他们是在精神上被挫败而让自卑压垮的一群。

到了建安时期，情形为之一变。社会的大变动，旧有秩序的崩溃造成权力、地位、财富的重新分配，建安作家在经过颠沛流离之后，一下子成为身处政治中心的人物，并且与最高权势者有良好的互相信赖与支持，甚至等同僚友，一时间他们焕发出了极高的政治热情，有了平治天下，舍我其谁的雄心。

而正始作家呢，他们虽一样处在政治中心，但由于权势者内部矛盾的激化，他们所支持的偏又是注定要灭亡的腐朽的曹魏，他们所厌恶的司马氏却又大权在握，操纵一切生杀予夺，这不能不令他们尴尬而进退维谷：

朝阳不再盛，白日忽西幽……去者吾不及，来者吾不留。

愿登太华山，上与松子游。渔父知世患，乘流泛轻舟。

（阮籍《咏怀》三十二）

王闿运说此诗的意思是表明自己的态度："不为魏死，耻与晋生。"（黄节《阮步兵咏怀诗注》引）两边都不能靠，不愿靠，到了这个份上，就无法借助权力资源成就事业，而不借助权力资源，当然在政治上就无所作为，不愿作为，从而显示出对政治的一种离心力。这种离心力显示了嵇康、阮籍及其他正直的正始作家的一种政治品格：当政治演变为权力集团之间的争权夺利时，这种政治已肮脏不堪且残酷无比。如果无力改变这种现状，只有高蹈远引，嵇康与钟会的矛盾以及他后来与山涛的决裂，就是因为钟会和山涛缺少这种政治品格。

概括地讲，建安作家和正始作家都是关心政治的，但关心的内容不一样了，关心的目的也不一样了。建安作家关心的是政治中的正义原则，他们关心的是建立一个清明和强有力的政治，从而建立一个公正而稳定的社会。因此，他们关心政治的目的是为了平定天下，廓清宇宙，"悟彼《下泉》人，喟然伤心肝"（王粲《七哀诗》），就是对有力而清明的政治的呼唤。而正始作家关心的是政治中的权力斗争，以便窥测方向，保住生命，躲过一次又一次的残酷政治斗争的风浪袭击，"万事无穷极，智谋苦不饶"（阮籍《咏怀》三十三），就是对这种变化无常政治斗争的无可奈何劳神竭虑的应付。

建安作家是不大谈哲学的，他们有现实的具体的事要做，满目荒芜需要他们去清理与开拓；正始作家却大多趋于玄思，如阮籍"发言玄远，口不论人过"，现实已不容他们多嘴多舌评头论足，他们便只好退回书斋或小场合（如竹林），养起哲学的盆景。精致固然是精致了，但也失去了建安时期春色满野的大气象。"建安风骨"在内容上的特质——对社会大乱的真实描写及建功立业的抱负，在"正始之音"里，便为另外两种特质所代替——忧生之嗟和愤怨之情。建安作家是不大感慨自身遭遇的，只把自身遭遇作为黑暗社会无数不幸的一个例证来写，落脚点仍在感慨社会，是对社会的愤怒控诉。即便女作家蔡琰也是如此，她的五言《悲愤诗》所悲愤的，既有自身的遭际，而更多社会民生的苦难。

正始作家呢，他们不敢有任何政治作为，也不敢控诉谴责任何人，只好在抽象的人生痛苦中徘徊，退避竹林，于酒酣耳热之际扪虱而谈玄理；或中夜不寐，于清风朗月之际独怆然而涕下。此时的政治，不但不能用来建功立业，反而是一把悬于头顶的达摩克利斯之剑，随时可以使他们人头落地，他们对政治的信赖至此荡然无存。所以，阮籍说他要"上与松子游"或"乘流泛轻舟"，这也就是陶、谢远避政治的伏笔了。

西晋，仍在政治中心沉浮挣扎的人纷纷灭顶，如张华、陆机、潘岳、石崇等，这些人都很难说他们有嵇康、阮籍那样的政治品格。而试图进入政治中心的不知深浅天真热情的乡巴佬左思，虽然自以为才兼文武，德行高尚，仍不免在无公正的政治厚壁面前碰壁而死。他还有些不满与抗议，这是他的价值。而大多数同时代人，其中很多是他的朋友们，则连对政治的不满与去意都没有了，他们既不像建安作家那样对政治抱有信念与热情，也不像正始作家那样对无道无秩序的政治抱有反感甚至反抗，他们若有不满，那是在政治分赃中分得不够多。山涛、王戎、张华等人都已成为政治大员，连陆机也曾统领过二十多万的大军，超过了乃祖乃父，在那一瞬间，他感觉自己已经成为管仲、乐毅式的人物。张华在他的诗作里还表现过一些谦逊及对官事鞅掌的厌倦（如《答何劭》）；而陆机，这样一个以作家名世的人，这样一个经历了杨骏之乱、贾后之乱、八王之乱的人，深陷其中不能自拔而最终灭顶其中的人，在他的诗赋中竟无一语道及时政。他不是一个远避政治对政治麻木的人，他也不是不在乎他在官场上的沉浮，但他的作品中就是不涉及政治，为什么？很简单，他内心里颇不以政治为然，他把文学看成是雅的，是关乎德行人品的，而政治则是脏的，政治已经肮脏到不能成为文学的对象了，在诗赋中涉及政治，就是亵渎文学，是政治对文学的猥亵。就他保护文学的贞操这一点而言，他比用文学去歌功颂德的潘岳之流，还是有值得褒奖的地方。从陆机内心对政治的评价及他热衷于官场的态度，显然可以看出，他已经把政治看成一纯然谋求功名富贵的工具。这不是理想的政治，这种政治已经没有理想，只有欲望。

这种政治是"站队"政治，站对了队，就富贵胜达；站错了队，就人头落地，如此而已，岂有他哉？张华在废贾后问题上站错了队；潘岳、石崇错站到了贾谧一边；左思一直没有站好队，他总是若即若离，所以谁也不喜欢他，可谁也不把他当成敌人；陆机则错站到了成都王司马颖一边——不过，谁能永远站得对？官场即如跷跷板，城头变幻大王旗，今天对了，明天就未必对；今天杀人，明天被人杀；今天我整人，明天人整我——我们还是别太过分指责他们，给他们以怜悯吧！因为这样的政治让我们身处其中，也会首鼠两端，无所措手足，我们不缺少这样的体验——道德堕落往往是政治逼的。

有了这样血写的历史，陶渊明与谢灵运对政治的逃避也就不难理解了。陶渊明创造了"尘网"（《归园田居》其一）这样的词来指代官场，包含了肮脏和凶险两层意思，这是他对当时政治的感受与概括，于是他由避人而避世而避喧，完全隔绝于政治之外；谢灵运也试图用逃避的方法来舒解内心中对政治的失望和残酷政治斗争造成的焦虑和紧张。他未能做得像陶渊明那么彻底，一步三回头，反复无常，终于还是死于政治斗争。

综观以上文人与政治之关系，可以这样说，关心政治有多种方式和多种目的。党锢群英、建安作家、《古诗十九首》的作者们、正始作家、西晋文人就给我们提供了四种范式：关心政治中的正义原则；关心政治权力背后的荣华富贵；关心政治中的权力斗争和站队政治。这后两种没有明显的界限，关心权力斗争就是为了决定自己站在哪一边。区别在于，正始作家决定站在哪一边时，考虑到了正义，如嵇康、阮籍，特别是嵇康，他是自觉地站到必然失败者的一边，而承受个人毁灭的。而西晋文人的站队则纯然没有是非，只有得失。中国古代文人几乎没有不关心政治的（只有像陶渊明那样在关心中失望而逃避的），但有价值的关心有多少呢？或者说，真正以政治中的正义原则为关心对象和目的的，又有多少呢？即使有，又有多少不遭流放、贬斥甚至杀戮呢？

中世纪的文人在政治问题上走了一个怪圈：由《古诗十九首》的渴望进入政治中心而最终到陶、谢的试图走出政治中心。他们在政治的漩涡中亢奋、畏惧、颓丧甚至堕落，然后又在这种堕落中清醒——这是一个大大的怪圈，发人深省而后人又没有真正深思的怪圈。

图书在版编目（CIP）数据

风流去／鲍鹏山著. — 北京：中国青年出版社，2009（2025.8重印）
ISBN 978-7-5006-8562-3

Ⅰ. 风… Ⅱ. 鲍… Ⅲ. ①思想史—研究—中国—古代
②思想家—人物研究—中国—秦汉时代 Ⅳ. B21

中国版本图书馆CIP数据核字（2008）第185855号

策划：吴晓梅工作室
原版责任编辑：吴晓梅
本版责任编辑：马绒
书籍设计：瞿中华
衬纸钤印：陈刚

出版发行：中国青年出版社
社址：北京市东城区东四十二条21号
网址：www.cyp.com.cn
编辑中心：010-57350510
营销中心：010-57350370
印刷：三河市君旺印务有限公司
经销：新华书店
开本：700mm×1000mm 1/16
印张：34.5
插页：1
字数：600千字
版次：2009年1月北京第1版　　 2012年1月北京第2版
　　　2017年10月北京第3版　　2022年3月北京第4版
　　　2023年12月北京第5版
印次：2025年 8 月河北第44次印刷
印数：521001— 531000
定价：88.00元

如有印装质量问题，请凭购书发票与质检部联系调换
联系电话：010-57350337